블록체인 혁명

옮긴이 박지훈

서울대학교 법과대학 사법학과를 졸업하고 동대학원에서 회사법 석사과정을 수료하였다. 현재 금융 전문가로 일하면서 출판 및 번역 에이전시 엔터스코리아에서 출판 및 번역 전문가로 활동하고 있다. 주요 역서로 『숫자는 어떻게 세상을 지배하는가』, 『세상의 과학은 어떻게 시작되었는가』, 『인간이 만든 빛의 세계사』, 『인디스펜서블』, 『왜 그런 사람과 결혼할까?』, 『사이코지오그래피』(전 2권), 『패닉에서 벗어나기』, 『밀가루만 끊어도 100가지 병을 막을 수 있다』, 『아주 중요한 거짓말』, 『50인의 인물로 보는 고대 그리스의 역사』, 『누가 더 끝까지 해내는가』가 있으며, 다큐멘터리 〈에이즈 가설의 저편 너머〉, 〈하우스 오브 넘버스〉의 번역을 담당했다.

감수자 박성준

암호학 박사로 전자서명법 제정 기술 책임자, 국제 표준 암호 알고리즘 SEED 개발 총책임자, 정부 G4C 민원서류 인터넷 발급 서비스 사업 책임자 등을 역임했다. 한국인터넷진흥원(KISA) 기반 기술팀장과 국가보안기술연구소(NSRI) 선임연구원 등을 거쳐 현재 한국 핀테크 연합회 이사이며 동국대 국제정보보호대학원 겸임교수이자 블록체인 연구센터 센터장이다. SK증권, 대신금융그룹, 신한금융그룹, 우리은행 등에서 강연 및 교육을 통해 블록체인을 소개하고 있다.

블록
BLOCKCHAIN
체인
REVOLUTION
혁명

4차 산업혁명
시대를 이끄는
혁신적인 패러다임

돈 탭스콧 · 알렉스 탭스콧 지음
박지훈 옮김 | 박성준 감수

증보판

⊗ 을유문화사

블록체인 혁명

4차 산업혁명 시대를 이끄는 혁신적인 패러다임

발행일

2017년 1월 20일   초판 1쇄
2018년 7월 15일   초판 18쇄
2018년 12월 25일 증보판 1쇄
2022년 1월 15일 증보판 7쇄

지은이 | 돈 탭스콧 · 알렉스 탭스콧
옮긴이 | 박지훈
감수자 | 박성준
펴낸이 | 정무영
펴낸곳 | (주)을유문화사

창립일 | 1945년 12월 1일
주소 | 서울시 마포구 서교동 469-48
전화 | 02-733-8153
팩스 | 02-732-9154
홈페이지 | www.eulyoo.co.kr
ISBN 978-89-324-7397-0 03320

차례

1부 당신의 눈앞에 닥친 디지털 혁명, 블록체인

1장 정보의 바다에서 가치의 바다로

일러두기
1. 본문의 후주는 원서의 주이며 각주는 역자 주이거나 편집자 주이다.
2. 인명은 외래어 표기법에 따랐으나 일반적으로 굳어져서 사용된 명칭은 그에 준했다.

추천사

『블록체인 혁명』을 감수하면서 나는 오랜만에 마음속에서 커다란 행복감을 느낄 수 있었다. 블록체인 패러다임을 역설하는 내 마음을 정확히 꿰뚫어 보는 사람이 존재한다는 것이 너무 놀랍고, 내가 예측하는 인류의 미래 세상을 남의 손을 빌려서라도 세상에 드러낸다는 사실에 벅찬 희열을 느꼈다.

내가 20여 년 전에 사이버 패러다임을 역설하고 인터넷 세상의 도래를 준비해야 한다고 확신한 이유가 엘빈 토플러가 쓴 『제3의 물결』을 읽고서이다. 물론 인터넷의 본질이 많이 퇴색되어 엘빈 토플러가 그리던 세상은 아직 완성되지 못하고 있지만 말이다. 그러나 블록체인이라는 거대한 흐름을 이해하여 사이버 패러다임 이후 새로운 블록체인 패러다임을 역설하고 다가올 '블록체인 세상'에 대해 다양한 분야의 사람들에게 교육과 강연을 하는 나에게 『블록체인 혁명』은 나의 생각을 확신하게 해 주었다. 블록체인 기술은 어쩌면 인터넷 세상에서 이루지 못한 진정한 보편적 인류 가치가 실현되고 우리의 세상을 완성시킬 수 있게 해 주는 혁신적인 기술일 수도 있다는 기대감 때문이다.

『블록체인 혁명』은 블록체인 기술의 의미와 본질을 정확히 이해하고, 그로 인해 긍정적으로 변화될 미래 세상을 정치적, 경제적, 사회적 관점 면에서 구체적이고도 논리적으로 설명한 책이다. 특히, 블록체인 기술이 '인터넷 세상'의 다양한 문제점을 근본적으로 해결할 수 있는 인류의 보편적 인프라(제2의 인터넷)임을 역설하며 '블록체인 세상'의 탄생을 논리적으로 타당하게 설명했다.

물론 해결해야 할 기술적 문제와 블록체인이 가져다줄 미래의 공정한 세상에 대한 사회적 합의 등 우리 모두가 함께 풀어야 할 어려운 난제들이 존재한다. 그러나 초기 인터넷이 탄생했을 때 논의되었던 다양한 문제들이 오늘날 상당 부분 해결되었듯이, 아마도 현재의 블록체인이 가지고 있는 기술적 문제뿐 아니라 블록체인 세상을 구현하기 위한 다양한 정치적, 경제적, 사회적 문제들도 인류의 보편적 가치에 접근하는 방향으로 잘 해결되리라 믿는다. 그리고 인터넷 세상이 구현된 속도보다 훨씬 더 빠르게 블록체인 세상이 구현될 것이다. 내 생각에는 10년 안에 우리는 구체적인 블록체인 세상을 경험하게 될 것이다. 아니, 어쩌면 우리가 블록체인 세상에 관심을 갖게 된다면 이미 우리 앞에 나타났다는 것을 느낄 수 있다(블록체인 기술을 활용한 비트코인 같은 암호화폐, 외환 송금 등).

현재 우리나라뿐 아니라 전 세계적으로 핀테크, 빅 데이터, 사물 인터넷, 인공 지능, 공유 경제 등 향후 다가올 미래 세상에서의 주요 기술에 대해 전략적으로 개발 및 산업화를 추진하고 있으며, 이러한 거대 흐름을 제4차 산업혁명으로 간주하고 있다. 그러나 제3차 산업혁명의 근간에 인터넷(제1세대 인터넷)이 있었듯이, 제4차 산업혁명의 근간에는 블록체인(제2세대 인터넷)이 있다는 것을 간과해서는 절대 안 된다.

아무쪼록 익명의 누군가가 우리 인류에게 가져다준 선물인 블록체인의 본질을 정확히 이해하고, 우리나라의 공정한 미래 구현을 위해 우리 모두 함께 노력했으면 한다. '블록체인 세상'이야 말로 현재 우리나라가 가지고 있는 다양한 정치적, 경제적, 사회적 문제점 들을 해결해 줄 수 있기 때문이다.

'블록체인 세상'을 위해, 그리고 'deb_blockchain(블록체인의 이상향)'을 위해.

동국대학교 국제정보보호대학원
블록체인 연구센터 박성준 센터장

이 책에 대한 찬사

블록체인은 컴퓨터 과학의 역사를 통틀어 가장 근본적인 발명품에 속한다. 블록체인의 심오한 의미를 이해하고 싶다면 『블록체인 혁명』을 꼭 읽어 보라.

마크 앤드리슨Marc Andreessen (넷스케이프/앤드리슨 호로위츠 공동 설립자)

탭스콧은 기술이 주도하는 파괴의 물결 속에서 살아남고 융성하는 방법을 다루고 있다. 우리 시대를 상징하는 책으로 길이 남을 것이다.

클레이 크리스텐센Clay Christense (『혁신가의 딜레마』 저자)

생각이 있는 모든 사람들은 이러한 혁명적 기술이 세상을 어떻게 바꿀 수 있을지를 이해하려 하고 있다. 탭스콧 팀이 전면에 나서, 우리가 기다리고 있던 책을 세상에 내놓았다.

댄 슐만Dan Schulman (페이팔 CEO)

한 권의 책이 이 세상의 담론을 바꾸기도 한다. 이 책 또한 그러한 책이 될 것이다. 블록체인은 산업혁명의 핵심을 차지하며, 탭스콧 부자는 왜, 어떻게 기회를 잡고 위험을 피해야 하는지를 명료하게 설명하고 있다.

클라우스 슈밥 Klaus Schwab(『클라우스 슈밥의 제4차 산업혁명』의 저자)

세심한 연구를 마친 멋진 책이다. 『블록체인 혁명』은 '가치의 인터넷'이 우리의 삶을 바꿔 놓을 것이라 주장한다. 파괴적 혁신의 시대에 반드시 읽어야 할 책이다.

도미니크 바튼 Dominic Barton(맥킨지 글로벌 집행 이사)

돈과 알렉스는 미래의 신뢰, 보안, 프라이버시 문제를 다루는 방법에 지대한 영향을 미칠 수 있는 기술을 멋지게 조명하고 있다.

인드라 누이 Indra Nooyi(펩시콜라 회장 겸 CEO)

인터넷에서 가장 크게 간과되는 요소는 '신뢰 프로토콜'이었다. 신뢰 프로토콜이란 거래가 검증되고, 진실하다는 것을 알 수 있는 방법이다. 블록체인 기술은 이러한 수단의 근간을 제공해 준다. 이는 혁명적인 아이디어이며, 이 책은 그 이유를 명료하게 설명해 준다.

월터 아이작슨 Walter Isaacson(『스티브 잡스』 저자)

스펙터클한 책이다. 광범위하고도 심오한 화두에 마음을 빼앗길 수밖에 없을 것이다. 이 책을 읽으면 우리가 처한 시대가 한계를 모르는 기술적, 경제적, 사회적 역사의 일부라는 생각이 들 것이다.

스티브 워즈니악 Steve Wozniak(애플 공동 설립자, 프라임 데이터 주무 과학자)

블록체인은 인터넷의 정보에 신뢰를 주며 인터넷의 모든 것을 잠재적으로 변화시킬 것이다. 당신은 이 책을 읽고 그러한 변화를 이해해야 한다.

이토 조이치 Ito Joichi(MIT 미디어 랩)

아주 흥미진진하고 새로운 인터넷 기술을 훌륭하게 조사했다. 이례적일 정도로 명확하고 폭넓으며 깊은 통찰력을 지닌 책이다.

안드레아스 안토노풀로스 Andreas Antonopoulos(『비트코인, 블록체인과 금융의 혁신』의 저자)

증보판을 위한 서문

 **빅 아이디어**

필자들이 집필한 『블록체인 혁명』에서, 블록체인(암호화폐의 저변에 놓인 기술)을 가치의 인터넷으로 규정한 것은 괜찮은 출발이었다고 자평한다. 책에서 설명한 것처럼, 우리는 지난 40년간 정보의 인터넷에서 벗어나지 못했다. 정보의 인터넷은 기업과 개인들의 안팎으로 정보의 흐름을 현저히 개선했지만 사업의 방식을 바꾸지는 못했다. 인터넷은 가치가 아닌 정보를 한 당사자로부터 다른 당사자에게 전송하는 방식으로 고안되었기 때문이다. 우리가 누군가에게 문서, 사진, 음향 파일을 전송한다면 실제로는 원본의 복사본을 전송하고 있는 것이다. 이러한 넘쳐 나는 정보들은 신뢰성이 떨어지고 금세 사라진다. 누구라도 이를 복사하거나 수정하는 것은 물론, 다른 누군가에게 전송할 수도 있다. 이러한 행위가 꼭 법에 어긋나는 것은

아니며, 유용하게 활용되는 경우도 많다.

하지만 빠른 거래를 위해 돈을 이메일로 송금할 수는 없는 일이다. 돈을 복제하는 것이 불법이어서가 아니라 이메일의 주인이 진짜 그 사람인지를 100퍼센트 확신할 수 없기 때문이다. 신원 정보는 최소한에 그치고, 변경이 불가능하며, 항구적이어야 한다. 여기에서 우리는 신뢰를 수립하고 무결성(진실성, 정직성)을 유지하기 위해 강력한 중개 기관에 의지한다. 은행, 정부는 물론 최첨단 일류 기업들도 우리의 신원을 확인한 다음에야 자산의 이전을 허락한다. 그들은 거래를 정산하고 기록을 남긴다. 하지만 이러한 중개 기관들은 불투명한 운영, 해킹에의 취약성, 불성실한 인력, 취약한 공급자로 말미암아 확실한 한계에 부딪힌다. 우리에게는 새로운 돌파구가 필요하다.

블록체인은 암호 전문가들이 말하는 이른바 이중 지불 문제를 해결한다. 우리는 처음으로 오롯이 가치를 담는 디지털 중개체를 갖게 된 것이다. 이 기술을 통해 돈, 음악, 투표 용지, 스트라디바리우스 바이올린 등 모든 종류의 자산을 노출되지 않고 안전하게 P2P 방식으로 전송할 수 있다. 신뢰를 확보하기 위해 꼭 중개 기관이 필요한 것은 아니다. 암호 기술, 협업, 세련된 코드만으로도 충분히 신뢰를 확보할 수 있다. 필자들은 이 책에 '신뢰 프로토콜'•이라는 제목을 붙일 뻔했다.

하지만 『블록체인 혁명』이라는 제목이 더 명료한 느낌이 드는 것

• 컴퓨터끼리 정보를 주고받을 때 사용되는 통신 방법에 관한 규칙.

은 사실이며, 이 글을 쓰는 지금도 이 책은 베스트셀러의 자리를 지키고 있다. 필자들은 독자들의 성원에 한껏 고무되었다. 「파이낸셜타임스」, 「포브스」, 「포천」, 「가디언」, 「하버드비즈니스리뷰」, 「뉴스위크」, 「NPR의 올싱스컨시더드」, 「로이터」, 「타임」, 「월스트리트저널」과 같은 저명한 언론들 또한 이 책에 많은 페이지를 할애했다. 「뉴욕리뷰오브북스」는 이 책을 특집 기사로 소개했고, PBS 방송은 특별히 이 책의 소개를 방송으로 내보냈다. 이 책은 15개국 언어로 번역되어 세계 각국에 출판되었고, 이 글을 쓰는 지금 아시아 5개국 언어로 번역되어 베스트셀러 자리를 지키는 유일한 책으로 자리매김했다. 돈의 두 번째 TED 강연(TED의 첫 번째 블록체인 강연)은 300만 뷰를 훌쩍 넘겼다. 2017년 TED×SanFrancisco에서 알렉스는 블록체인과 금융 서비스를 강연했고, 알렉스의 강연은 이 주제와 관련해 가장 인기 있는 동영상으로 올라섰다.

이 책을 처음 출판한 2016년 5월에만 해도 이 주제를 진지하게 다룬 책들은 많지 않았다. 하지만 지금은 비중 있는 책들이 꽤 출판되었다. 몇 가지만 언급하면 마이클 케이시와 폴 비그나의 『진실기계*The Truth Machine*』, 크리스 버니스케와 잭 타타르의 『암호자산 *Cryptoassets*』, 프리마베라 데 필리피와 애런 라이트의 『블록체인과 법 *Blockchain and the Law*』 등이 있다.

필자들의 『블록체인 혁명』은 블록체인 분야의 베스트셀러 자리를 지키고 있다. 우리는 이 책에서 중대한 아이디어를 여럿 소개했고, 긍정적인 반응을 얻을 수 있었다.

1. 이 책은 신원의 중요성 및 이른바 디지털 봉건제의 종말을 강
   조한다. 필자들이 보기에 기존의 '인터넷 서핑surfing'은 인터넷
   지주들에게 우리의 데이터를 빼앗기고 현금화당하는 '인터넷
   착취serfing'에 불과하다. 그러나 각 개인들의 자주적 디지털 신
   원self-sovereign identity은 새로운 시대의 근간을 이루는 개념으로,
   개인 정보가 가상의 블랙박스에 저장되는 것을 의미한다. 이처
   럼 블록체인을 통한 '가상공간의 나'로 말미암아 우리들의 신
   원, 우리들이 만드는 자료, 기타 우리들의 권리에 대한 통제 권
   한을 되찾을 수 있다. 우리는 말한다. 착취 서핑serf surfing은 끝
   이 났다고.

2. 사고실험의 일환으로, 우리는 사토시의 의식 속에 들어가 블록
   체인의 설계 원리를 알아내려 시도했다. 이 원리는 일곱 가지
   로 요약된다. 해당 내용을 처음 다룬 1부 2장은 기술적인 면을
   소개하므로 기술자나 비즈니스 엔지니어들에게 더욱 흥미로
   이 다가왔을 것이다. 우리는 이러한 일곱 가지 원리를 일곱 가
   지 분야에 응용해 보았다. 일곱 가지 분야는 금융 서비스(2부
   1장), 기업의 아키텍처(2부 2장), 비즈니스 모델 혁신(2부 3장),
   사물인터넷(2부 4장), 경제적 편입(2부 5장), 정부와 민주주의
   (2부 6장), 창의적 산업(2부 7장)으로 요약된다. 나아가 우리는
   블록체인이 분산 경제를 위한 일곱 가지 하부구조를 새로이 창
   출할 수 있다고 주장했다.

3. 우리는 금융 서비스 산업을 여덟 가지 기본 기능을 수행하는 몹시 복잡한 루프 골드버그 장치에 비유했다. 이러한 여덟 가지 분류법은 기업의 임원들은 물론 규제 당국에게도 유용하게 쓰일 수 있다. 2부 1장과 여덟 개의 황금률을 읽어 보라. 하지만 블록체인상에서 이루어지는 스마트 계약*(분산형 애플리케이션)은 이론적으로 이러한 여덟 가지 기능을 대체해 금융 서비스 산업의 중개적 역할에서 벗어날 수 있다. 해당 업계의 인력들은 블록체인을 도입해 그들의 비즈니스를 더 나은 방향으로 개선할 수 있다.

4. 노벨 경제학상을 수상한 로널드 코스의 이론에 따르면 블록체인은 기업의 아키텍처에 영향을 미칠 수 있다. 블록체인은 개방된 시장에서 상대를 물색하고, 조건을 조율하고, 계약을 체결하고, 신뢰를 형성하는 거래 비용을 현저히 줄여 준다. 필연적으로, 이러한 효율성 덕분에 분산형 모델이 가능해진다. 새로운 제품, 서비스, 효용을 생산하는 데 필요한 역량을 분산형 모델을 바탕으로 조합할 수 있는 것이다. 이처럼 새로운 '블록

• 스마트 계약은 블록체인에서 작동하는 자율성, 자급자족, 강제 실행력 기능이 있는 분산화된 소프트웨어이다. '스마트 계약'이라는 말을 처음 듣는 사람들은 블록체인에 '계약'이라 불릴 만한 '문서'를 업로드하고 이를 준수하도록 '약속'하는 것이라는 막연한 상상을 하고는 한다(실제로 있었다). Contract(계약)라는 용어가 그런 오해를 살 수도 있는 게 사실이긴 하다. 말을 약간 바꿔 보자. '스마트 계약'은 블록체인에 모든 노드가 접근할 수 있는 '코드'를 업로드하고, 이를 '실행'하도록 하는 '프로토콜'이라고 한다면 좀 더 이해하기 편할 것이다.

체인 비즈니스 모델'은 무사히 자리를 잡았고, 이 책이 출판된 이후 이러한 비즈니스 모델이 다수 등장했다. 분산형 비즈니스 모델은 네트워크 효과•를 누리며, 그에 따라 노드의 수가 늘어날수록 네트워크 또한 늘어난다. 암호화 자산이 급속히 늘어나는 현상도 이러한 맥락에서 설명이 가능하다.

5. 블록체인은 번영의 역설을 해결하도록 도와준다. 선진국의 경세 성장에도 중산층을 비롯해 많은 국민들의 형편이 나아지지 않는 문제를 해소할 수 있는 것이다. 세금을 통한 부의 재분배라는 진부한 해결책을 넘어, 블록체인은 수십억의 세계 인구를 글로벌 경제로 끌어들여 부를 재분배하도록 도와준다. 예컨대, 우리는 블록체인의 도움으로 변경이 불가능한 토지 소유권을 확보해 재산권을 보장받을 수 있고, 공유형, 개방형, 분산형 플랫폼을 통해 진정한 나눔의 경제를 이룩할 수 있다. 외국인 노동자들은 수수료가 낮은 모바일 지불 시스템을 통해 송금이 가능하며, 기업인들 또한 대기업에 뒤지지 않는 내부 인프라를 확보할 수 있다.

6. 이제 곧 사람이 아닌 사물들 사이에서 대부분의 거래가 일어나게 될 것이다. 우리는 센서, 카메라, 마이크, GPS 칩, 자이로스코프와 같은 스마트 기기를 심어 우리의 주변 인프라에 지능을

• 특정 상품에 대한 어떤 사람의 수요가 다른 사람들의 수요에 의해 영향을 받는 효과.

주입할 수 있다. 이러한 스마트 기기들은 대역폭, 저장 공간, 기타 용량의 가용 범위에 따라 스스로를 재구성해 가동이 중단되는 상황을 방지한다. 여기서 블록체인은 핵심적인 역할을 담당한다. 이러한 사물인터넷은 사물 원장을 바탕으로 모든 노드를 추적하고, 노드의 보안성과 신뢰성을 확보하며, 생산과 소비 내역을 기록하고, 유지와 교체를 계획하며 그에 따른 비용을 지불한다. 모든 분야에 이러한 응용이 가능하다.

7. 정부 분야, 민주주의 제도, 문화 영역에서도 블록체인을 응용할 수 있다. 이 책이 다뤘던 화두는 많은 관심을 불러일으켰다. 도널드 트럼프가 대통령이 되고 나서 우리들의 통찰이 더욱 빛을 발하는 느낌이다. 민간, 공공을 가리지 않고 곳곳에서 블록체인의 활용 방법을 탐구하고 있다. 그들 모두가 블록체인의 도움을 받아 정부를 재편하고, 언론의 자유를 방어하고, 합법성이 회복된 민주주의 제도를 구현하고, 인터넷을 차별 없는 공론의 장으로 활용할 수 있다. 이 기술로 말미암아 언론인들은 '가짜 뉴스'의 굴레에서 벗어나기 쉬워지고, 음원과 미술품과 같은 문화적 자산 또한 그에 합당한 대가를 향유할 수 있다.

8. 필자들은 리더십과 거버넌스governance••에 별도의 장을 할애

•• 국가 경영 또는 공공 경영이라 하며, 해당 분야의 여러 업무를 관리하기 위해 정치적, 경제적, 행정적 권한을 행사하는 관리 체계.

할지 고민이었다. 하지만 별도의 장으로 기술하기를 잘했다고 생각한다. 이 장은 스타트업, 블록체인 컨소시엄, 규제 당국에서 머리 역할을 담당하는 리더들의 이야기로 가득하다. 공식적인 리더이건, 리더 역할을 담당하건, 이들의 혜안과 재능은 매력적인 동시에 커다란 영향력을 보유한다. 말하자면, 장애 요인을 기회로 바꾸려는 이들의 결연한 노력은 블록체인이 성공적으로 안착하는 데 아주 중요한 역할을 담당했다. 블록체인 스튜어드쉽Stewardship 또한 중요하다. 다보스포럼World Economic Forum은 이와 관련해 필자들에게 거버넌스에 대한 특별 보고서를 작성해 달라고 요청했고, 이 포럼은 우리들의 보고서에 따라 중차대한 프로그램들을 발족했다.

여기에서 나아가 필자들은 블록체인 연구소Blockchain Research Institute, BRI를 공동 설립했다. 이 기관은 분산형 원장 기술을 바탕으로 한 싱크탱크로 블록체인의 사용 실례와 변혁적 사고 리더쉽, 실행상의 난맥을 탐구하는 기관이다. 수백만 달러 규모의 프로그램은 10개 산업 분야에 걸쳐 75개 프로젝트를 진행하는 중이며 민간, 공공 분야에서 7개의 핵심 업무를 담당하고 있다. 이 서문에서 인용한 여러 가지 내용들 또한 이 프로젝트의 리더들이 제공한 것이다.

BRI는 대기업, 정부, 비영리단체, 스타트업 공동체의 일원들로 구성되어 있다. IBM, 액센츄어Accenture, 캡제미니Capgemini, SAP, 나스닥NASDAQ, CIBC, 펩시콜라PepsiCo, 리버티글로벌Liberty Global, 텐센트Tencent, 후지쯔Fujitsu, 페덱스FedEx, 톰슨 로이터Thompson Reuters, 센

트리카Centrica와 일부 국가의 정부가 창립 멤버로 참여했다. 기쁘게도, 『블록체인 혁명』의 편집을 담당했던 커스텐 샌드버그Kirsten Sandberg가 이 기관의 편집장을 맡아 주었다.

　온갖 고마운 상황에서도, 돌이킬 수 없는 많은 새로운 일들이 벌어졌다. 이 책의 위상은 굳건하지만, 필자들은 증보판을 통해 새로이 발견한 내용들을 다루고 싶었다. 전체 원고를 수정하기보다, 추가로 집필한 서문과 후기에 그 내용을 추가했다. 새로운 내용의 출처는 필자들이 지속했던 연구와 투자 활동, 전 세계를 돌아다니며 실시한 강연이다. 우리들은 독자들의 피드백을 언제든 환영한다 (www.blockchainresearchinstitute.org/contact-us).

 ## 암호 자산과 금융 서비스의 새로운 혁명

『블록체인 혁명』이 출판된 2016년 5월, 암호 자산 시장의 규모는 90억 달러에 불과했다. 당시 이더리움•은 전체 가치가 막 10억 달러를 넘어 가면서 비트코인에 이어 세계 2위의 블록체인 유니콘••으로 올라섰다. 초창기의 그림이다. 암호 자산 시장이 상장 기업이라면, S&P 500지수에 가까스로 편입되는 정도였다.[1] 그로부터 2년이 못 되어 암호 자산 시장은 4,200억 달러 규모로 성장했다.[2] 암호 자

• 스마트 계약을 위한 블록체인 플랫폼.
•• 자산 가치 10억 달러 이상의 기술 기업.

산 시장의 폭발적인 성장은 정부, 중앙은행, 공공 기금, 규제 당국뿐 아니라 개발자, 기업인, 비영리기관, 언론 매체의 상상력을 자극했다. 또한 열띤 소수의 기술자들이 독점했던 디지털 자산들과 저변에 깔린 블록체인 기술이 이제는 주된 관심사로 급부상했다. 열혈 팬들은 장밋빛 꿈에 휩싸인 반면, 노벨상 수상자들은 회의적이었고, 기존의 억만장자들 또한 불편한 기색이었다.[3] 버크셔해서웨이Berkshire Hathaway의 찰리 멍거Charlie Munger는 비트코인을 '유독한 독약'[4]이라고까지 지칭했다(유독하지 않은 독약도 있나?).

이더리움을 창시한 비탈리크 부테린Vitalik Buterin은 암호 자산의 시장 가치가 5,000억 달러를 넘어선 2017년 말에 이 분야의 불협화음을 감지했다. 그는 트윗에서 이렇게 언급했다. "정말 '번'게 맞나요?"[5] "금융에서 소외되었던 사람들을 얼마나 금융 속으로 끌어들인 거죠?"[6] "조금이라도 흥미를 유발하는 스마트 계약에는 어느 정도의 가치가 저장된 걸까요?"[7] 부테린은 이러한 성과 자체는 긍정적이지만, 시장의 크기를 대변할 정도로 유의미하지는 않다고 지적했다. "이 모든 질문에 대한 답이 0인 것은 아닙니다. 경우에 따라 꽤 큰 수치를 보여 주지요." 그는 이렇게 덧붙였다. "하지만 5,000억 달러의 가치를 지닌다고 말하기에는 무리입니다. 무리에요."[8]

이 시장에 거품이 많이 낀 것은 사실이다. 성공적인 암호 자산 하나가 등장하기 위해 얼마나 많은 암호 자산들이 망했을까? 사기꾼들이 암호 자산 시장 전체에 미치는 부정적인 영향 또한 막심하다. 「로이터」에 따르면 "트위터는 암호화폐 광고를 금지할 것이다. (…) 페이스북과 구글과 마찬가지로 사기 광고 및 투자자의 대규모 손실을 피하기 위한 단속 체제를 도입할 것이다."⁹ 나아가 이 산업은 심각한 도전을 이겨 내야 한다. 이러한 기술을 확장할 방법은 무엇일까? 기존의 플레이어들은 어떻게 반응할까? 정부와 규제 당국은 어떤 조치를 취할까? 이 산업에서는 투자자를 보호하고 사기꾼을 물리치기 위해 건전한 규제가 시급하다. 사기꾼들을 완전히 배제하지는 못하더라도 최소한 그들을 처벌할 수는 있어야 한다. 나아가 이 기술 안에서 꾸준히 무언가를 개발하고 창조하려면 시장 참가자들이 규칙을 이해할 필요가 있다. 한편, 나쁜 규제는 최선의 의도에도 의도치 않은 결과를 초래하고 혁신을 억압할 수 있다. 일부 국가에서는 복수의 규제 당국이 중첩되는 규제를 발동해 규제 간에 모순을 일으키기도 한다. 규제자라는 지위는 쉬운 지위가 아니다. 스위스나 싱가포르와 같은 일부 지역은 기업이 정주해 지역 경제에 긍정적인 결과를 가져올 수 있는 선호 지역으로 부상했다. 비공식적인 일례를 들자면 지난 몇 년간 추크와 취리히 주변의 이른바 '크립토밸리'에는 3000개의 일자리가 만들어졌고, 크립토밸리 협회Crypto Valley Association, CVA는 600명 이상의 회원을 보유하고 있다. 이 지역들은 몸집이 작고 재빨라 새로운 산업을 펼치기에 유리하다. 물론 이러한 지역들이 표준으로 자리 잡은 것은 아니며, 아직은 예외적인 경우에 불과하다. 하지만 지금은 규제가 명확하지 않다 보니 불확실성이 커져 가고 있다.

워낙 중요한 이슈이다 보니, 3부 1장 전부를 "실행을 가로막는 열 가지 도전"이라는 제목으로 이 이슈에 할애했다. 이 문제는 신기술을 안착하기 위해 극복해야 할 장애물이다. 두려움, 불안, 의심은 물론 집착과 흥분에서 벗어나 현상을 냉정히 바라보자. 뭔가 심오한 일이 벌어지고 있다. 비트코인은 인터넷에서 새로운 기술 체계를 창조하기 위한 기나긴 여정 속의 첫 결과물이었고, 가치를 대변하는 최초의 디지털 매개체였다. 이것이 바로 블록체인이며, 우리의 상상력에 따라 무한히 그 가능성을 넓힐 수 있다. 개발자들은 완전히 새로운 종류의 자산을 고안했고, 이러한 자산들은 최소 일곱 가지로 분류할 수 있다고 생각한다.

- 암호화폐(비트코인Bitcoin, 제트캐시Zcash, 모네로Monero, 대시Dash)
- 프로토콜 토큰*(이더Ether, 아이콘ICON, 아이온Aion, 코스모스 COSMOS, 네오NEO)
- 유틸리티 토큰**(골렘Golem, BAT, 스팽크Spank)
- 시큐리티 토큰***(크립토에퀴티cryptoequities, 크립토본드cryptobonds)
- 자연 자산 토큰Natural asset tokens
- 크립토수집품(크립토키티Cryptokitties, 레어 페페Rare Pepe)

* 블록체인에서 신원 확인 기능, 화폐 기능 등을 갖고 있는 정보 매개체를 토큰이라 함.
** 이 유형의 토큰은 이 토큰의 보유자로 하여금 특정 플랫폼이나 네트워크 안에서의 제품이나 서비스에 접근할 수 있도록 해 준다. 유틸리티 토큰은 다기능(multi-functional)이며, 이더리움 같은 주어진 블록체인에 전형적으로 거주하고(reside) 대부분은 그들의 각각의 네트워크 안에서 사용된다.
*** 이 유형의 토큰은, 이 토큰을 보유하고 있는 사람들로 하여금 상품이나 서비스를 구매할 수 있도록 해 주는 것 이외에도 투자 수익(investment returns)과 가치 증가(value appreciation)를 종종 약속한다. 바로 이러한 특징 때문에 시장 참여자들과 규제 당국, 특히 미국의 증권 거래 위원회(SEC)는 이들 토큰을 증권으로 분류한다.

- 크립토법정통화와 스테이블코인(페드코인Fedcoin 제안, 싱가포르
  의 프로젝트 우빈Project Ubin, 메이커다오MakerDAO)

우리는 종이 형태의 아날로그 자산에서 디지털 자산으로 이동하
는 인류 역사상 가장 큰 변화를 목격하는 중이다. 2,650억 달러는
큰돈이다.•••• 하지만 주식, 채권은 물론 탄소, 토지, 물에 대한 담보
권 등 모든 종류의 자산을 고려하면, 암호화의 문턱에 겨우 들어선
수준이다.

이러한 디지털 자산들은 모두 거품에 불과할까? 컨센시스의 CEO
이자 이더리움의 공동 창립자인 조셉 루빈Joseph Lubin은 이렇게 말한
다. "이 분야는 거품의 연속일 거예요. 상한, 하한을 막론하고 과장
된 수치의 연속일 겁니다. 어찌 보면 너무나 당연한 일입니다. 사람
들은 닷컴 시대의 거품 붕괴가 파국적이었다고 말하지만, 나는 이를
가리켜 기꺼이 '창조적 파국'이라 말하겠어요."10 일확천금을 노린
사람들은 손해를 입었을지 몰라도 지속 가능하지 않은 비즈니스 모
델에서 지속 가능한 비즈니스 모델을 추려 낸 것과 비효율적인 작동
을 솎아 낸 것만은 분명하다.

하지만 더 중요한 것은 이처럼 새로운 경제 분야에 인재들이 영입
되고 새로운 인터넷 시대의 기대가 달아오르면서 신기술 인프라에
수십 억 달러의 투자금이 유입되었다는 사실이다. 아무튼, 블록체
인은 인터넷과 두 가지 면에서 크게 다르다. 우선, 인터넷은 다양한

•••• 2018닌 4월 기준, 암호화폐 시장은 거래 규모로 2,650억 달러에 육박했다.

이해 관계자들이 구축하는 무료 공공재이며, 이들 중 다수는 금전적 동기가 약한 자발적인 참여자들이다. 하지만 블록체인은 널리 사용되는 확장성 기술을 성공리에 구축할 경우 저변의 자산 가치를 향유해 엄청난 경제적 보상을 누릴 수 있다. 초창기의 인터넷 개척자들도 수조 달러 가치의 설비를 구축했다면 경제적 보상을 기대할 수 있었으나, 그렇게 하기란 불가능했다.

블록체인은 인터넷과는 다르다. 개발자와 얼리어답터들이 제2세대 인터넷의 성장에 직접 참여해 경제적 보상을 누릴 수 있다. 그 결과 '하나 된 블록체인'이란 존재할 수 없으며, 다양한 유인에서 비롯되는 경쟁적, 중첩적, 상호 보완적인 플랫폼들이 기하급수적으로 생겨날 뿐이다.

둘째, 블록체인은 언론·출판과 같은 정보 산업은 물론 금융 서비스와 서플라이 체인Supply chain•과 같은 가치 산업에 손을 뻗치는 중이다. 따라서 블록체인이 미치는 영향력은 물론 영향력이 작용하는 가치의 합계 또한 늘어나게 될 것이다. 사람들의 기대 또한 달아오르기 마련이나, 누구 말대로 미래를 건설하려면 합리성을 초월한 활력이 어느 정도 필요할 때가 있다.

1. 암호화폐

『블록체인 혁명』이 처음 출판될 무렵 비트코인의 가치는 70억 달러 언저리였다. 비트코인은 암호화폐 세상의 선두 주자로, 수천 종

• 연쇄적인 생산 및 공급 과정.

에 이르는 암호화폐의 등장을 촉발시켰다. 비트코인은 인류 역사상 가장 탄탄한 컴퓨터 네트워크를 통해 천문학적 숫자의 가치를 저장할 수 있고(완벽한 부트스트랩•• 실행을 구현한다), 안전한 결제 시스템으로 자리매김해 매일같이 수십억 달러의 거래를 성사시키며, 급증하는 암호 자산 분야의 준비 통화이자 현금화에 사용되는 최종적인 정산 수단으로 자리 잡았다. 또한 전 세계의 애널리스트들이 책상에 앉아 입방아를 찧는 대상이다. 역설적으로, 비트코인의 가격이 급등하면서 더 이상 무시하기 어려운 시장으로 성장하다 보니 새로운 투자자들이 이 시장에 들어올 명분이 생겼다. 덩치가 커지면서 더 많은 수단들이 생겨난다. 2018년 이후 라이트닝 네트워크Lightning Network•••를 비롯해 많은 솔루션들이 등장하면서 비트코인은 대부분의 극성팬들이 품었던 기대를 채워 주는 한편, 기존의 금융 서비스 중개자들을 더 이상 필요 없는 존재로 지워 버리는 중이다.

더 자세히 들어가면, 최근에 와서 일부 대형 은행들의 비트코인에 대한 태도가 바뀌고 있다는 것에 주목하라. 『블록체인 혁명』을 출판할 당시, 대부분의 은행들은 블록체인의 가능성을 전략적으로 옹호하면서도 비트코인(또한 기타 암호화폐)은 백안시했다. "비트코인은 나쁘고, 블록체인은 좋다"가 하나의 구호로 자리 잡았다. 2017년에도 제이피모건 체이스JPMorgan chase의 제이미 다이먼Jamie Dimon은 비

•• 그 자체의 동작에 의해 어떤 소정의 상태로 이행하도록 설정되어 있는 방법.
••• 모든 거래들을 오프체인에 등록한 뒤 모든 거래 내역을 종합해 한번에 온체인으로 처리하는 방식.

트코인을 사기라고 폄하했다(그는 이후 마음을 바꿨다). 「타임」지도 태도를 바꿨다. 2018년 2월, 골드만삭스의 지원을 받은 서클Circle은 세계 최대 규모의 암호화폐 거래소로 꼽히는 폴로니엑스Poloniex를 인수했다. 이는 곧 골드만삭스 또한 암호자산의 기회와 리스크에 주목하고 있다는 사실을 드러낸다. 2017년 연간 보고서에서, 제이피모건은 암호화폐가 사업 리스크를 증가시킬 수 있다는 뱅크오브아메리카의 의견에 동조했다. "중개기관이 필요 없는 암호화폐와 같은 기술로 말미암아 지급 처리를 비롯한 여러 금융 서비스들이 몰락할 수도 있다. 두 금융 기관은 물론이고 그들의 비은행권 경쟁자들 또한 이러한 리스크에 직면해 있다."[11]

비트코인 하나만 보더라도, 이 암호화폐가 문화와 경제에 미친 영향은 남달랐다. 비트코인이 이 세상에 미치는 영향은 꾸준하고도 지대할 것이다. 최근에는 프라이버시가 강조됨에 따라 암호화폐를 사용하는 과정에서 새로운 진입자들이 생겨났다. 제트캐시Zcash와 같은 새로운 암호화폐를 비롯한 '프라이빗 코인'들이 등장했고, 이들 코인들은 비트코인의 원리를 따르면서도 새로운 기능을 추가적으로 도입한다.[12] 이들은 결코 사이퍼펑크cypherpunks•나 기타 인터넷 커뮤니티의 영역에 국한되지 않는다. 제이피모건은 제트캐시의 핵심 익명화 기술(영지식증명Zero-Knowledge Proof)을 그들의 쿼럼Quorum 블록체인에 통합해 다양한 종류의 자산과 비즈니스 기능을 사용하는 데 활용한다.[13] CEO가 폄하하는 와중에도 제이피모건이 시간, 정력, 자

• 수신자만이 알 수 있는 암호로 정보를 보내는 사람.

본을 투입해 이 기술의 험난한 지평을 넓히고 있다는 것은 최소한 경영진보다 기술진이 블록체인의 가능성을 더욱 잘 이해하고 있다는 점을 시사한다. 여기에서 빠뜨릴 수 없는 새로운 진입자로 메트로놈Metronome을 들 수 있다. 메트로놈은 비트코인, 이더리움, 이더리움 클래식, 퀀텀의 네트워크에서 처음 발굴되고, 이후 여러 체인들을 넘나들며 진입하고 방출된다.14 플랫폼을 다룬 아래 항목에서 언급하겠지만, 상호운용성interoperability은 이 분야에서 해결해야 할 커다란 도전 과제이자 엄청난 기회다. 제트캐시와 메트로놈은 대시, 모네로 등과 암호화폐 분야 점유율을 두고 치열한 경쟁에 뛰어들었다. 화폐로의 활용 사례는 스토리의 시작일 뿐이다. 이더리움을 생각해 보라.

2. 플랫폼

바깥에서 보기에 이더리움과 비트코인은 같은 동전의 양면에 불과한 것으로 오해되기 십상이다. 이러한 시각에서는 이더리움도 비트코인도 인터넷에서 현금으로 기능하기 위한 암호화폐라고 생각한다. 하지만 완전히 틀렸다. 비트코인은 그러한 용도로 사용되는 데 반해 이더리움은 플랫폼 기술로서 애당초 분산형 애플리케이션을 구현하기 위해 고안되었다. 닉 서보는 분산형 애플리케이션을 가리켜 "블록체인상에서 신뢰가 최소화된, 분산형 방식으로 작동하는 애플리케이션"이라고 설명한다.15 분산형 애플리케이션의 중추에는 스마트 계약들이 존재한다. 스마트 계약들은 비즈니스 계약의 로직을 흉내 낸 소프트웨어로, 탈중앙(분권형) 방식인 데다 블록체인상에서 작동하므로 이행을 보장하기 위한 중개기관(은행, 브로커, 변호사, 법원, 에스크로* 중개인, 기업)의 필요성이 최소화된다.

필자들이 이 책을 집필할 때만 해도 이더리움의 전망은 이론적인 수준에 머물러 있었다. 이더리움이 처음 선보인 것은 첫 원고를 편집자에게 넘기기 불과 몇 주 전이었다. 하지만 지금은 이더리움의 고유 토큰(이더)의 시장 가치가 700억 달러에 달한다. 더욱 중요한 것은, 이더리움이 ICO를 선도하는 플랫폼으로 부상했다는 사실이다. ICO는 투자자와 후원자들이 모인 글로벌 커뮤니티 속에서 P2P로 수백만 달러를 모집할 수 있는 프로젝트를 의미한다. 최근까지 수십 개의 새로운 분산형 애플리케이션이 이더리움 네트워크에 등장했다. 이더리움상에서 ERC-20 프로토콜을 통해 총합 약 30억 달러의 자금을 조달했고, 이로써 이더리움은 디지털 경제 최초의 투자 은행이 될 수 있었다.

모 통계에 따르면, 모든 분산형 애플리케이션의 70퍼센트가 이더리움 블록체인상에서 돌아가며, 이러한 애플리케이션들은 몰아내기 힘든 강력한 네트효과 효과를 선사하고 있다. 이더리움은 마이크로소프트, 제이피모건, BP와 같은 대기업들에게도 많은 활력을 불어넣었고, 이들 기업들은 2017년에 이더리움기업연합Enterprise Ethereum Alliance, EEA을 결성했다.

당연하게도 이러한 분산형 애플리케이션 중에는 엄청난 진전을 이루는 애플리케이션이 있는 반면, 방향을 잃고 헤매는 애플리케이

* 일정 조건에 이를 때까지 결제 금액을 예치해 두는 계정.

션도 많다. 세상을 바꾸는 위대한 스타트업들의 뒤안길에는 실패한 스타트업들이 즐비하고, 이들의 이름은 대부분 잊힌다. 아무튼 이더리움과 같은 플랫폼들은 어떤 분산형 애플리케이션이 성공할지 예측할 수 없다. 얼마나 대단한 애플리케이션이 언제 또 등장할지 알 수 없기 때문이다. 더 많은 분산형 애플리케이션(디앱DApp)이 네트워크에 등장할수록 이와 관련한 플랫폼 토큰, 즉 이더의 수요 또한 자연스럽게 증가한다. 암호화 세상의 용어로 비유한다면 이더리움은 도로망이고, 분산형 애플리케이션은 자동차이며, 이더는 연료에 해당한다. 우리는 분산형 애플리케이션을 활성화하는 스마트 계약을 실행하기 위해 네트워크를 사용하고, 그 사용 대가를 이더로 지급한다. 하지만 이더리움은 분산형 애플리케이션의 차세대 플랫폼이 될 수 있을까? 새로운 '가치의 인터넷'의 핵심 프로토콜 가운데 하나로 자리 잡을 수 있을까? 아니라면 다른 무언가가 그 자리를 대신할까? 지금은 이더리움이 '플리프닝(역전극)'의 1순위 후보다. 플리프닝이란 비트코인이 참여자 수와 자산 규모 1위 네트워크의 자리를 다른 대안적 블록체인에 내어 주게 되는 순간을 의미한다.[16] 캐스퍼••, 샤딩•••을 비롯해 지분 증명 방식으로 전환하기 위한•••• 움직임 등, 이더리움의 역량을 확대하기 위한 광범위한 작업들이 진행되고 있다.

•• 테스트넷의 하나로, 지분 증명 메커니즘을 2017년에 도입했다.
••• 분산 원장에 올라가는, 블록으로 알려진 새로운 도큐먼트를 승인하기 위해 필요한 컴퓨팅 작업을 분산하는 하나의 방식.
•••• 지분 증명 방식은 작업 증명 방식에 비해 빠르다는 장점이 있다.

새로이 등장하는 수많은 플랫폼들이 이더리움에 도전하거나 보완적 효과를 담당할 수 있다. NEO(중국), ICON(한국)을 비롯해 다른 지역에서도 디앱에 초점을 맞춘 플랫폼들이 다수 등장했다. 아이온Aion과 같이 대규모 기업형 애플리케이션들을 염두에 둔 프로토콜들(거대한 시장이 될 것이라 예상하지만 아직은 갈 길이 멀다)도 등장했다. 폴카닷Polkadot이나 코스모스Cosmos와 같이 아직 공개되지 않은 프로토콜들이 그들의 말대로 확장성과 상호 운용성의 난맥을 제거하고 모든 블록체인들을 통합해 거대한 블록체인망을 형성한다면 아무리 그 성과를 떠벌려도 부족할 것이다. 모든 프로토콜들이 성공하는 것은 아니겠지만, 성공하는 프로토콜은 분명히 있기 마련이다. 또한 실행의 난점을 극복하는(3부 1장) 프로토콜들이 차세대 인터넷의 중추를 형성하게 될 것이다.

3. 유틸리티 토큰(앱 코인)

필자들은 2부 1장에서 오거를 설명했다. 오거란 다수의 지혜를 담기 위해 고안된 예측 시장이며, 이러한 예측 시장은 사실상 세상의 모든 만물을 취급할 수 있다. 필자들은 오거를 통해 블록체인 기술의 잠재력을 엿볼 수 있었다. 또한 오거는 블록체인상에서 크라우드펀딩을 통해 자금을 조달했던 최초의 프로젝트 사례에 속한다. 필자들은 이러한 자금 조달에 '블록체인 IPO'라는 이름을 붙여 보았지만, 이 용어는 대중성을 얻지 못했다. 그 대신 사람들은 '암호화폐 공개initial coin offering, ICO'라는 아주 잘못된 명칭을 고집했다. 사람들은 오거를 필두로 향후 어떤 일이 벌어질지 짐작할 수 있었으리

라. 2016년, ICO를 통해 조달된 자금은 대략 1억 6천 5백만 달러에 달했다. 제법 흥미로울 수는 있어도, 외부에서 보기에 놀랄 만한 금액은 아니었다. 하지만 2017년에는 아무리 적게 추산해도 30억 달러를 넘어섰고, 아마도 대략 70억 달러에 육박했을 것이다. 조 루빈에 따르면 이러한 새로운 자금 조달 방식은 "전 세계를 시장으로 토큰화된 증권을 발행하거나, 유틸리티 토큰을 파는 방식으로 프로젝트의 자금 조달을 민주화한다. 여기에서 유틸리티 토큰은 소비자 멤버십을 제공하고, 소비자를 서비스에 접근할 수 있도록 도와주고, 희귀한 리소스에의 접근을 가능케 한다. (…) 기본적으로 무언가를 선도 매매로 매각하고, 매각 대금으로 필요한 바를 구축하거나 단순 수령한다는 원리다. 선도 매매와 대금 수령이 기초적인 수준에서 세련된 방식으로 변화한 셈이다."[17]

오거의 토큰은 에쿼티 토큰•이 아니라 사용자가 네트워크와 상호 교류하기 위해 필요한 유틸리티 토큰이다. 실제로 이 토큰은 프로그램이 가능한 블록체인 자산으로 분산형 애플리케이션 안에서 기능성을 보유한다. 2018년에는 '유틸리티 토큰'이 ICO 사례의 대부분을 차지했다. 하지만 이들 중 상당수는 아마도 시큐리티 토큰의 역할을 겸했을 것이다. 골렘Golem을 생각해 보라. 골렘은 아마존이나 애플 등 디지털 공룡 기업들이 운영하는 중앙 집중형 클라우드를 대체할 탈중앙 집중형 대안 기제다. 골렘의 목표는 컴퓨테이션을 분산

• 이 토큰의 보유자들은 해당 토큰을 발행한 사람의 자본에서 일정 부분의 소유권을 가진다.

하기 위해 매일같이 수십억 개 디바이스의 파워를 이용하는 것이다. 이러한 모델이 제대로 작동하려면 여기에 참여하고 싶은 동기를 유발해야 한다. 그래서 사용자들은 2017년에 골렘이 발행한 유틸리티 토큰으로 플랫폼상에서 대금을 지급하거나 수령할 수 있다. 골렘이 출범한다면, 작금의 클라우드 컴퓨팅을 허물 수 있다.

또 다른 실례로 스위트브릿지를 들 수 있다. 스위트브릿지는 '디스카운트 토큰'이라는 개념을 잉태했다. 사용자들은 스위트브릿지 월렛에 토큰을 보관하는 한, 매달 상품과 서비스의 할인 혜택을 누릴 수 있다. 스위트브릿지의 스콧 넬슨Scott Nelson은 이렇게 말한다. "할인액은 네트워크에서 벌어들이는 수입과 월렛에 보관하는 토큰의 개수에 따라 정해집니다. 이는 곧 디스카운트 토큰이 다음과 같은 속성을 지닌다는 사실을 의미합니다. 네트워크를 활용하는 고객이 늘어나면서 디스카운트 토큰 또한 늘어나는 것이죠." 그는 이렇게 덧붙인다. "디스카운트 토큰은 비즈니스의 실체를 바꿔 줍니다. 주주의 가치를 위해 움직이는 비즈니스가 고객의 가치를 위해 움직이는 비즈니스로 바뀌는 것입니다."[18] 이들뿐 아니라 무수히 많은 곳에서 유틸리티 토큰을 위한 암호 경제 모델을 개발하고 있으며, 이들이 시도하는 모델은 사실상 모든 산업 분야에 걸쳐 있다.

유틸리티 토큰은 독립적인 블록체인이 아니기 마련이며, 오히려 이더리움, ICON, EOS와 같은 플랫폼상에서 작동한다. 분명한 것은, 유틸리티 토큰과 저변의 플랫폼 사이의 경계가 허술할 수 있다는 사실이다. 아무튼, 프로토콜 토큰은 이더리움 네트워크상에서 거래 비용을 지급하기 위해 사용되는 이더처럼 나름의 유용성을 자랑한다. 오늘날 일부 프로토콜은 한 가지 애플리케이션만을 보유하지만, 내일은 훨씬 많은 애플리케이션을 갖게 될 것이다. 분산형 파일 공유 시스템인 파일코인Filecoin은 2017년 여름, 스스로를 ICO 시장에 내놓았다. 파일코인 역시 개방형 네트워크에 속하므로 개발자들은 파일코인상에 애플리케이션들을 마음껏 구축할 수 있을 것이다. 예외는 있겠지만, 대부분의 유틸리티 토큰들은 애플리케이션을 바탕으로 이더리움과 같은 네트워크상에서 작동하게 될 것이다.

4. 시큐리티 토큰

암호화폐 시장의 규모는 2,650억 달러에 이른다. 무시할 만한 숫자는 아닐지라도, 2,650억 달러라는 숫자는 여느 자산의 규모에 비해 작은 수준에 불과하다. 예컨대 글로벌 주식 시장의 규모는 100조 달러를 넘어선다. 하지만 암호화폐의 저변에 깔린 블록체인 기술은 이 세상의 어느 자산에도 폭넓게 응용할 수 있다.

향후 10년간, 현재의 암호 자산은 증권security의 지위를 독점하지 못할 테고, 주식/채권과 같은 유가증권은 실물의 발행 없이 이 기술에 편입되어 점차 시장을 지배하게 될 것이다. 무엇보다도, 왜 주식 거래 시 중개기관을 끌어들여 T+3일에 정산해야 하는가? 매도자와 매수자가 1대 1의 탈중앙 집중 방식 거래로 T+0일에 정산할 수 있는데도? 왜 모든 주식, 채권, 배당, 선도, 선물, 스왑, 옵션 및 기타 금융 자산은 블록체인상에서 순전한 디지털 형태로 존재하면 안 되는가? 예컨대 '에쿼티 토큰'은 단지 블록체인상에서 오프체인 자산을 나타내는 엄지손가락 지문에 그치지 않는다. 에쿼티 토큰은 이를 넘어 수탁 기관, 어음 교환소, 브로커, 거래소, 은행의 개입 없이 P2P로 거래할 수 있는 고유의 디지털 자산이다.

ICO는 이미 벤처 캐피탈을 거꾸러뜨렸다. 월스트리트가 다음 차례일 수 있다. 피델리티, 웰링턴을 비롯한 대형 자산 운용사들은 이러한 '멋진 신세계'를 준비하고 있다. 폴리매스Polymath, 오버스톡 Overstock의 티제로tZero● 지브렐 네트워크Jibrel Network(시큐리티 토큰 공개를 위한 플랫폼, ERC-20을 활용한다), 캐나다 증권거래소와 같은 기업 및 프로젝트가 이러한 역사적 전환을 위한 기술 인프라를 구축하는 동안, 업계에서는 선명한 규제 인프라를 기다리고 있다. 기술과 법규의 괴리는 법학자이자 블록체인 전문가인 프리마베라 데 필리피가 말한 '규제 시차regulatory lag' 또는 '거버넌스 갭'을 초래한다. 이로써 "기존의 입법 및 사법 기제가 흔들리고, '활동의 안정성state of play—무엇이 용인되고, 무엇이 금지되는지'에 대한 대중의 신뢰가 무너진다."[19] 시큐리티 토큰은 자신들이 '아닌' 것으로 자신들을 정의해 이러한 괴리를 해소할 수 있다. 이들은 암호화폐, 프로토콜, 유틸리티 토큰이 아니라 블록체인에 전속한 '디지털 저장 자산(증권)'이다. ICO의 자식뻘인 시큐리티 토큰 공개security token offerings, STO는 벤처 캐피탈과 금융 서비스에서 더욱 지평을 넓히게 될 것이다.

이처럼 아날로그에서 디지털로의 가치 전이는 시장과 중개 기관의 역할을 변화시킬 것이다.

● 티제로는 오버스톡의 자회사이다.

5. 자연 자산 토큰과 원자재 토큰

물, 탄소, 공기와 같은 자연 자산은 경제의 근간이자 지구의 생명체를 위해 필수적이다. 하지만 초기의 일부 탄소 배출 거래제를 제외한다면 이러한 자산들은 거의 시장의 논리에서 소외되어 있었다. 그러다 보니 자산들을 낭비하게 되고, 경제학자들이 '음의 외부성'이라 부르는 사회적 비용 부담을 초래했다.

사회학자 가렛 하딩Garett Harding은 이를 '공유지의 비극tragedy of commons'이라는 말로 설명했다. 이는 곧 다수의 공유 자원은 사용과 소비를 제어하는 시스템이 없을 경우 고갈된다는 것을 의미한다. 『신뢰기계—블록체인과 모든 것의 미래』의 공동 저자인 마이클 케이시Michael Casey는 하딩의 연구를 활용해 블록체인의 역할을 기술한다. 그는 이러한 거버넌스의 문제를 해결하기 위해 블록체인이 어떤 역할을 담당할 수 있는지 제시한다. 그는 이렇게 언급한다. "블록체인 기술과 암호화폐, 암호 토큰, 블록체인이 잉태한 기타 자산들이 등장하면서 우리는 프로그래머블 머니 모델**을 활용할 수 있을 겁니다. 이 모델을 활용하면 공공 자원에 대한 내부 거버넌스를 더욱 자동화된 시스템으로 펼칠 수 있습니다. 실제로 우리는 기술 프로토콜technology protocol, 애플리케이션, 시큐리티(증권)를 토큰화하는 방식에 따라 현실의 물리적 자산 또한 토큰화할 수 있습니

** 암호화폐는 흔히 '프로그램할 수 있는 돈programmable money'이라는 용어로도 불린다. 미리 정해 둔 조건이 충족되면 자동적으로 암호화폐가 이체되도록 코딩할 수 있다는 의미이다.

다. 토큰 이코노미는 공유지의 비극을 해결할 수 있다는 점에서 큰 장래성을 지니고 있습니다."[20]

　보통, 기업인과 기업들은 이러한 개념을 금, 원유, 천연 가스 등 전통적인 원자재 시장에 적용했다. 실제로 시큐리티 토큰의 원리를 이러한 원자재에 적용할 수 있는 것은 분명한 사실이다. 블록체인 스타트업 누코Nuco가 토론토 증권거래소의 소유주인 TMX 그룹과 협업한 사례에서 드러나듯, 원유 선물계약의 비즈니스 로직 또한 블록체인상에서 재현할 수 있다. 계약 만료 시점에 실물을 확보해야 하는 당사자도 있겠지만, 최소한 기초 자산의 결제 및 정산 메커니즘을 단순화할 수 있는 것만은 분명하다. 우리는 다방면에서 금을 기초 자산으로 한 토큰을 거래 수단으로 활용할 수 있다. 이러한 토큰은 유동성 측면에서 유리하고 변동성이 적다는 장점을 지닌다(2부 5장을 참조하라). 예컨대, 영국 조폐국Royal Mint은 시카고상품거래소Chicago Mercantile Exchange와 합작해 로열민트골드Royal Mint Gold를 발행했다. 로열민트골드는 영국 조폐국의 금고에 보관된 금 현물을 기초 자산으로 하는 디지털 골드 토큰이다.[21]

　분명 현재의 시장을 간소화할 수 있는 방법이 생겨났다. 하지만 모든 기술과 마찬가지로, 과거에는 불가능했던 새로운 사례에 더 큰 기회가 놓여 있다. 예컨대, 오늘날의 탄소거래제도는 탄소를 위한 시장을 개설해 탄소 배출을 감축한 기업에 보상을 안겨 준다. 기업은 탄소 배출을 감축한 것에 대한 보상으로 탄소 배출권을 취득할 수 있다. 기업들의 선한 행위가 보상을 받을 수 있다면, 사람이라고 안 될 이유가 있을까? 실제로 표준이 자리 잡지 못하고 시장이 지역

별로 특화되어 흩어지다 보니 시장의 기능이 제어되는 결과를 초래한다.

블록체인은 이러한 문제를 해결할 수 있다. 탄소 배출 감축과 같은 공동의 집단적 목표를 세워 동기를 하나로 일치시킨다.[22] 카본 X(캐나다)와 베리디움Veridium(미국)과 같은 미국 기업들은 탄소를 대체 가능한 유동성 토큰으로 토큰화해 이 시장을 뒤흔들고 있다. 개인들은 탄소발자국*을 감축해 현실에서의 기타 가치로 전환할 수 있는 탄소 배출권을 획득할 수 있다.

암호화폐, 유틸리티 토큰, 심지어 시큐리티 토큰과 비교해 보아도 자연 자산 토큰은 작은 시장에 불과하다. 지금 소개한 내용들의 대부분은 이론적인 가능성이며, 블록체인만으로는 풀기 어려운 정부 정책이나 규제와 같은 난맥이 존재한다. 하지만 아직 손을 대지 않은 대규모 시장이 존재하고, 어떻게든 해결해야 할 사회적, 경제적, 환경적 이유가 있는 이상에는 이 토큰이 제일 큰 수준의 암호 자산으로 부상하는 것은 시간문제일 뿐이다.

6. 크립토 수집품: 가상과 실제

2017년 12월, 크립토키티CryptoKitty 열풍이 암호화 세상을 휩쓸었다. 크립토키티는 사람들이 구입하고, 키우고, 심지어 다른 크립토키티와 교배시킬 수 있는 독특하고도 거래 가능한 가상의 애완동물이다. 2018년 1월, 크립토키티 게임은 23만 5천 명 이상의 사용자를 확보

• 개인 또는 단체가 직간접적으로 발생시키는 온실 기체의 총량을 의미함.

했고, 5천 2백만 달러 규모의 거래를 처리했다. 크립토키티는 유명해졌고, 크립토키티가 구동을 의지하던 이더리움 네트워크는 처음에 이 특별한 앱을 소화하기가 버거웠다. 크립토키티로 말미암아 유명 애플리케이션이 얼마나 강력한 네트워크 효과를 초래하는지, 현시점의 저변 플랫폼 기술이 얼마나 열악한지를 알 수 있었다. 크립토키티는 한껏 주가를 올릴 때 10만 달러 이상의 매출을 기록하고 있었다.

　이러한 현상은 개인들의 삶에도 깊이 파고들었다. 가까운 친구 한 명이 필자들에게 말해 주기를, 그는 자신의 여자 친구와 관계를 발전시키기 위해 서로의 크립토키티를 짝지어 새끼 크립토키티를 만들 계획을 세우고 있었다. 세상이 바뀌면서 "강아지 만들자"라는 말 또한 신선하고 새롭게 바뀐 것이다. 자신의 스포츠카를 우주 공간으로 쏘아 올린 일론 머스크Elon Musk는 사람들이 획기적인 기술과 친해지려면 이처럼 "황당하고 흥미로운 요소가 중요하다"고 말한다.23 크립토 수집품의 실례인 크립토키티에 그대로 적용되는 이야기다.

　크립토 수집품에는 두 가지가 있다. 하나는 현실의 사물에 대응되지 않는 고유한 디지털 자산이다. 크립토키티와 가상의 트레이딩 카드(레어 페페Raer Pepe 등)는 의식 속에서만 존재한다. 게임 세상의 특별 아이템을 구입하는 행위 또한 마찬가지다. 아티스트들은 버추얼 아트에 암호 경제를 응용하고 있다. 예술의 가치는 상당 부분 희소성에서 비롯된다. 하지만 정보의 인터넷은 이미지나 음원의 무한 복제를 용인하다 보니 가치를 0으로 만드는 것은 물론, 원본을 찾기도 힘들어진다. 블록체인은 창의적 활동을 독특하고도 희귀한 토큰과 연결해 준다. 스코트 레이번Scott Reyburn이 「뉴욕타임스」에서 한 말이다. "암호화폐가 예술 시장의 차세대 화두가 될 수 있을까?" 그는 가상현실에서 외로이 일하고 있는 수많은 아티스트들을 탐구했다.[24] 이 시장은 기대를 자극한다. 미술과 기타 표현 수단이 디지털 매개체로 등장하면서 새로운 카테고리로 등장한 버추얼 아트, 수집품, 기타 독특한 자산들의 가치가 폭발적으로 성장할 수 있다. 둘째는 현실의 사물을 대변하는 암호 수집품이다. 비트코인은 2,100만 개가 유통될 수 있는 반면*, 크립토키티 하나하나는 로스코, 피카소, 모네, 폴락의 작품처럼 이 세상에 하나밖에 존재하지 않는다. 2부 7장에서 아트레리라는 회사를 언급했다. 이 회사는 클리오CLIO라 불리는 미술 기반 암호화폐를 활용해 현실의 미술 작품을 등록한다. Dada. nyc를 비롯해 더욱 많은 당사자들이 이 경쟁에 참여하고 있다.[25] 버추얼 아트가 커져 가는 시장인데 반해, 지금의 미술 시장은 현재로서도 엄청난 규모를 자랑한다. 2016년 미술품과 골동품의 거래 총액은 450억 달러에 달했다.[26] 투명하지 못하기로 악명이 높은 이 시장은 블록체인이라는 햇살로 소독되고 있다. 예술품은 이를 추적하고 인증해 주는 암호 자산을 통해 디지털 발자국을 획득하게 된다.

7. 크립토법정통화와 스테이블코인

2017년, 베네수엘라는 '페트로The Petro'라는 이름의 새로운 암호화폐를 발행했다. 이 화폐는 베네수엘라의 방대한 원유 매장량을 기초

---

* 비트코인의 발행 상한은 2,100만 개다.

자산으로 삼는 암호화폐다. 암호화폐 커뮤니티는 어이가 없고 화가 난다는 반응이었다. 초인플레이션을 초래해 자국의 통화를 휴지 조각으로 만든 부패하고 비민주적인 정부가 이 기술을 끌어들인다는 것은 이 기술이 지닌 신뢰, 보안, 불변성을 부당하게 이용하려는 의도가 아닐까?

애널리스트들에 따르면, 페트로를 신뢰하기에는 세 가지 문제점이 있다. 첫째, 페트로의 기초 자산이 원유라는 것을 신뢰할 수 없다. 둘째, 이 화폐가 어떻게 작동하는지, 어떤 블록체인상에서 돌아가는지 아무런 기술적인 정보가 없다. 셋째, 볼리바르(베네수엘라의 화폐 단위)를 휴지 조각으로 만든 세력이 이 화폐를 관리한다.[27]

베네수엘라 정부는 세간의 비난에도 아랑곳하지 않고 계획을 밀어붙여 7억 3천 5백만 달러를 모집했다. 단, 이는 베네수엘라 정부가 발표한 수치일 뿐 이 수치가 정확하다는 객관적인 증거는 존재하지 않는다. 페트로가 알려지면서 이란과 러시아 정부도 그들만의 암호화폐를 만들려 한다는 소문이 돌았다.

이 나라들은 세 가지 공통점이 있다. 세 나라 모두 권위주의 국가(혹은 지극히 비민주적인 정부)이자, 석유 자원이 풍부하고, 국제 사회의 제제를 받고 있다는 점이다. 결국, 필요가 발명의 어머니인 셈이다.

여기에서 무엇이 문제일까? 확실해 보이는 것은 불량 국가들이 국제법, 조약, 국제 제제를 잠탈하기 위해 암호화폐를 이용할 수 있고, 그 결과 취약한 경제를 더욱 불안하게 만들 수 있다는 사실이다.

브루킹스연구소Brookings Institution는 페트로가 다른 적법한 암호화폐에 부정적 영향을 미치거나 국제 제제를 무력화시킬 수 있다고 경고했다.[28] 더욱 중요한 것은, 정부가 이러한 행위를 할 수 있다는 사실이다. 3부 2장에서, 우리는 정부가 지원하는 암호화폐의 가능성을 검토했다. 물론 그 당시에 이런 화폐는 존재하지 않았고, 잉글랜드은행, 캐나다은행, 연방준비제도와 같은 번듯한 기관들이 가장 떠오르는 후보들로 생각되었다. 하지만 이러한 기관들은 별다른 행보를 보이지 않았고 심지어 퇴보하는 경우마저 있었다. 그들은 이 문제를 다시 생각해 보아야 한다.

크립토법정통화는 비트코인처럼 완전히 탈중앙화(분권화)되거나 검열에서 자유롭지는 않을 것이다. 하지만 적절히 안착한다면 실시간 정산을 통해 시장을 더욱 효율적으로 만들고, 진입 장벽을 낮춰 편입inclusion을 개선하고, 금융기관들이 더욱 투명해지도록 도와주고, 대응성을 개선해 중앙은행의 정책을 효율적으로 변화시킬 수 있다. 비트Bitt가 카리브해에 구축 중인 사례를 생각해 보라. 이 회사는 이 지역의 금융계 수장들과 협업해 경제에 이바지할 수 있는 디지털 달러 표준을 만들었다. CEO 가브리엘 아베드Gabriel Abed는 이렇게 설명한다. "카리브해에서 필요한 일입니다. 하나의 작은 도가니에 온 세상이 들어있는 거예요. 지불하는 데 아무런 국경의 제약이 존재하지 않습니다. (…) 목표는 스마트 계약과 비트가 만든 디지털 달러, 디지털 달러 표준을 따르는 기타 디지털 달러를 활용해 두 중앙은행 사이에 돈을 이동시키는 것입니다."[29] 이러한 작업이 필요한 이유는 경제적, 사회적 이유 때문이다. 아베드는 이렇게 말한다. "송금이 비싼 이유는 지역 간 정산 시스템이 존재하지 않아서입니다. 카리브해 사람들의 40퍼센트는 은행에 가 본 적이 없습니다. 해외 은행들은 신용카드 거래에 3퍼센트의 수수료를 부과합니다." 카리브해의 디지털 달러 표준은 이러한 문제를 저감해 줄 수 있다.

또 다른 장점은 가격의 안정성이다. 역사적으로, 교환 수단으로서의 법정통화는 비트코인과는 달리 가격의 변동성이 높지 않다. 크립토법정통화는 이러한 문제를 해결해 줄 수 있다. 기존 암호화폐들의 역할이 축소될 수도 있지만, 신경을 쓰지 않아도 무방하다. 우리는 여전히 비트코인(또는 기타 암호화폐)이 법정통화의 적법한 대안으로 자리 잡을 것이라 믿는다.

스테이블코인은 법정통화나 금과 같은 기초 자산에 연계하거나, 공급을 조절해 가격을 조정하는 방식으로 가치를 유지시키는 암호화폐를 의미한다. 이 스테이블코인은 복합적 성격을 띤 하이브리드성 디지털 화폐로 등장한다. 스테이블코인은 사실상 사기업을 운영하는 기업인들의 머리에서 나온 아이디어다. 요즘 제일 큰 규모를 자랑하는 스테이블코인은 테더Tether이며, 테더는 USDT라는 약어로도 표현된다. 테더의 개발자들은 테더가 미국 달러로 담보되며, 보유하는 달러의 가치를 그대로 반영한다고 말한다. 하지만 애널리스트들은 공개적으로 이러한 설명에 의문을 제기한다.[30] 메이커다오MakerDao, BitCNY, 베이스코인(안드레센 호로위츠와 기타 유명 벤처 캐피탈 회사들이 베이스코인의 개발에 투자했다) 또한 등장했다. 비트코인과 같은 암호화폐의 변동성이 계속 높은 수준을 유지하고, 정부가 독자적인 디지털 화폐를 만들지 않을 것이라 가정한다면 스테이블코인은 충분한 매력을 발휘할 수 있다. 최소한 지금은 이 두 가지 전제가 지속되는 중이다. 그 결과 스테이블코인은 관심 속에서 꾸준히 혁신을 거듭할 것이다. 하지만 의혹을 완전히 거두기는 어렵다. 테더와 같은 스테이블코인은 달러 화폐를 분권화하는 반면 발행을 집중화한다. 결국 일종의 조폐청이 되어 버린 단일 당사자를 믿어야 하는 것이다. 아베드는 이렇게 질문한다. "연방준비제도보다 나은 거예요?"[31]

결국에는 정부가 이 시장에 진입할 것이고, 전 세계는 미래의 준비 통화를 크립토법정통화(디지털 달러 등)와 비트코인과 같은 분권화(탈중앙) 암호화폐로 구성하게 될 것이다. 캐리비언의 디지털 달러 표준과 같은 지역별 혼합 방안도 성공할 확률이 높다. 단, 페트로는 이 목록에서 배제하자.

승인형 네트워크

필자들이 마지막 원고를 제출할 무렵, 제4차 산업혁명뿐 아니라 산업사물인터넷과 같은 산업을 위한 특수 목적 블록체인이 부상하고 있었다.

시장 점유율 기준 3위 안에 드는 리플은 비트코인의 기업 친화적 대안이며, SWIFT*와 기타 글로벌 지불 네트워크의 대체를 촉진하는 데 맞춰져 있다. 리플은 채굴자보다는 신뢰받는 일부 노드에 의

---

* Society for Worldwide Interbank Financial Telecommunication. 유럽 및 북아메리카의 239개 은행이 참가해 국제 간 지급 결제에 관한 메시지를 안전하고 신속하게 처리할 수 있는 시스템을 구축하고 운영할 목적으로 창설된 비영리 법인.

지해 블록체인을 보호한다. 리플은 이러한 아키텍처 덕에 더 많은 거래를 처리할 수 있는 한편, 더욱 중앙화된 체계를 갖추게 된다. 따라서 일부 비평가들이 보기에는 공격에 취약해지며, 변덕스럽고 독단적인 행위에 쉽게 노출될 수 있다. 하지만 대형 은행들과 다른 기업 사용자들은 리플에 이끌려 그들의 제품과 서비스를 사용했고, 이들 중 일부는 XRP라 불리는 네트워크의 고유 토큰을 활용한다.

오픈소스 프로젝트의 생태계를 조성하는 리눅스 재단도 한동안 분산형 원장 기술에 주목했다. 짐 젬린Jim Zemlin은 업계의 몇몇 리더들로부터 이야기를 들은 다음, 리눅스에서도 블록체인 프로젝트를 시작해야겠다고 마음먹었다.

2015년 12월, 리눅스 재단은 하이퍼레저Hyperledger●를 발표했다. 이는 "기업 규모의 오픈 소스 분산형 원장 프레임워크"를 개발하기 위한 협업 프로젝트로, 개발자들은 이를 통해 "비즈니스 거래를 지원하는, 산업에 특화된 탄탄한 애플리케이션, 플랫폼, 하드웨어 시스템을 구축하는 데 집중할 수 있다."[32] IBM, 후지쯔, DTCC, 액센츄어 등 30개의 기업이 창립 멤버로 참여한 이 프로젝트는 기술적이고도 조직적인 거버넌스 구조를 구비하고 있다.[33] 이로써 지적재산권 출처 관리 및 보호 작업, 소프트웨어 개발을 리눅스 재단을 통해 공개된 투명한 거버넌스에 따라 진행할 수 있다.

비트코인과 이더리움은 오늘날 가장 중요하다고 생각되는 두 가지 플랫폼이다. 이 책은 비트코인과 이더리움과 같은 퍼블릭 블록체

● 리눅스재단이 이끌고 있는 오픈소스 블록체인 기술.

인을 다루고 있다. 퍼블릭 블록체인은 공개형 블록체인이다. 이 책의 독자들 모두가 타인의 허락 없이 거래하고, 거래 데이터를 검증하고, 블록의 생성에 참여하고, 분산형 애플리케이션을 개발할 수 있는 것이다. 코드베이스 업그레이드는 다수의 합의에 의해 실행된다. 특정 업그레이드(예컨대 비트코인의 블록 사이즈 확장)에 동의하지 않는 사용자들은 반대 의사를 표명할 수 있고, 이러한 경우 블록체인은 두 갈래로 포크(분화)된다. 비트코인과 이더리움 또한 이 책을 쓴 이후 포크를 거쳤다. 하이퍼레저는 '컨소시엄' 모델의 개념을 발굴했다. 컨소시엄 모델은 이러한 업그레이드의 거버넌스를 공식화하고, 표준 수립에 필요한 산업 지식을 통합한다.

비트코인과 이더리움과는 달리, 하이퍼레저의 초점은 승인형 블록체인에 맞춰져 있다. 승인형 블록체인의 특징은 네트워크들이 검증되고, 비익명 노드들이 원장에 거래를 기록하거나 거래를 승인할 수 있다는 점이다. 이러한 네트워크를 읽을 수 있는 권한은 보통 검증된 노드들의 네트워크에게만 주어진다. 하지만 더 많은 주체들에게 데이터를 읽도록 허락할 수도 있다. 네트워크들 가운데 일부는 읽기-쓰기 권한을 제한할 수 있고, 그 결과 더욱 간소화된 합의 절차를 도입할 수 있다. 비트코인, 이더, 기타 코인들이 활용했던 CPU 집중형 작업증명(CPU-intensive PoW)에 의지하기보다, 노드들의 '초다수결'에 따라 적당히 결정을 내릴 수도 있다. 이러한 네트워크는 작업증명 블록체인보다 훨씬 많은 거래량을 소화할 수 있다. 금융 산업과 산업용 사물인터넷을 위한 분산형 원장 애플리케이션을 구축하는 이들 가운데 상당수는 이 모델을 선호한다. 또한 이 모델은 교육 수료 증명, 탄소 배출 모니터링, 법정통화 관리와 같은 공용 애플리케이션을 구축하는 데 유용할 수 있다.

하이퍼레저만이 승인형 사용을 가능케 하고, 고유 토큰이나 암호 자산의 필요성을 분화시키는 블록체인 플랫폼을 구축하는 것은 아니다(최소한 지금 이 순간에는 그렇다). 컴퓨터 과학자 리몬 베어드 Leemon Baird가 개발한 해시그래프Hashgraph는 거래 인증을 채굴자들에게 의지하지 않는다. 해시그래프는 거래를 블록에 담지 않고, 시간 순서로 이루어지는 거래를 방향성 비순환 그래프Directed Acyclic Graph, DAG*에 따라 진행시킨다. 이 방법은 이론적으로 거래 시간을 훨씬 단축시킬 수 있다. 이 기술을 옹호하는 기업들이 제일 강조하는 부분이며, 블룸버그는 해시그래프가 미국의 수많은 신용협동조합은 물론 21개의 기업들과 협업하는 중이라고 발표했다.[34]

이러한 새로운 시스템이 성공할지는 아직 두고 봐야 한다. 하지만

---

* 블록체인은 블록을 체인처럼 이은 것이며, 두 번째 형성된 블록은 첫 번째 블록의 해시 정보와 거래 정보를 담는다. 먼저 형성된 블록이 뒤에 형성된 블록을 검증하며, 블록이 형성되기 전에 노드들이 블록 형성에 동의하지 않으면 그 블록은 무시되나 노드들이 동의하면 바로 전에 생성된 블록의 해시 정보를 담아 블록이 형성되고 체인으로 연결된다. 이러한 특성으로 보안에는 정말 강하지만, 그만큼 느리다는 단점을 지닌다. 그러나 DAG(방향성 비순환 그래프)는 이와는 다소 다른 원리에 따라 작동한다. DAG에서는 블록 대신 유닛이라는 용어를 쓰며, 블록과 달리 유닛은 먼저 형성된 블록의 해시 정보를 담지 않는다. 유닛은 동시 다발적으로 발생하는 트랜잭션이며, 실시간으로 나보다 먼저 발생한 트랜잭션이 검증을 하다 보니 어떤 유닛은 두 개, 세 개의 유닛을 검증하기도 한다. 블록 생성을 하지 않으므로 트랜잭션이 실시간으로 처리되며, 블록 검증을 위한 합의 과정이 필요하지 않으므로 그로 인한 보상(=수수료)도 필요가 없어진다. 트랜잭션이 많이 발생할수록 더 빨라지는 구조가 DAG의 특징이다.

해시그래프의 발전은 매우 고무적이다. 일부 비평가들은 승인형 블록체인이 1990년대 중반 인트라넷의 판박이라고 주장한다. 인터넷이 건실해지고, 안전해지고, 널리 퍼지면서 인트라넷의 상당수가 사라졌다. 하지만 그때와는 달리 블록체인 기술은 거래를 실행하고 가치를 관리할 수 있도록 도와준다. 개인 자산을 담는 틀이 된 이상에는 공개형, 폐쇄형을 불문하고 더욱 다양한 형태를 갖추게 될 것이다.

하이퍼레저는 리눅스재단이 주도했던 프로젝트 가운데 가장 빨리 성장하고 있다. 수많은 산업군에 걸친 200개 이상의 기업이 이 프로젝트에 참여하며, 다섯 개의 블록체인 프레임워크와 네 가지 툴을 지원하고 있다.[35] 하이퍼레저의 회원들은 전 세계에 걸쳐 있다. 39%는 아시아 · 태평양(중국이 25%) 지역, 20%는 유럽 · 중동 · 아프리카 지역, 41%는 북아메리카 지역에 분포한다.

하이퍼레저 기술과 관련해 수많은 시범 테스트와 개념증명PoCs들이 진행되고 있다. 조만간 가시적인 성과를 보일 것이라 기대된다. 블록체인 애플리케이션은 농업, 금융, 헬스케어, 부동산, 에너지, 다이아몬드와 같은 다양한 산업들의 밸류 체인을 무너뜨릴 것이다. 월마트는 서플라이 체인 관리에 블록체인 기술을 시험하고 있다. 특히 월마트는 하이퍼레저 패브릭을 활용해 중국의 돼지고기와 미국의 농산물을 추적 관리하고 있다.[36] 2017년 5월, 덴마크 해운 회사 머스크는 하이퍼레저 패브릭을 활용하는 최초의 실시간 블록체인 시범 서비스를 완성했다고 발표했다. 개념증명은 수십 조 달러에 달하는 전 세계 상품들의 운송 방법을 단순화하는 것이 목적이다. DBG Deutsche Börse Group는 핵심 비즈니스와 관련한 세 가지 업무를 하이퍼레저 패브릭에 바탕해 수행하려 한다. 이 세 가지 업무는 역외 담보 이전, 거래 사후 처리(증권 거래에 따른 정산을 포함한다), 블록체인상에서의 자산 관리 서비스와 (상업 은행의) 자금 제공(이로 써 지불, 정산, 자산 관리 서비스가 가능해진다)으로 요약된다. 마침내, 소니글로벌에듀케이션Sony Global Education은 차세대 크리덴셜 플랫폼을 개발하기 위해 하이퍼레저 패브릭에 바탕한 블록체인 솔루션을 고안했다. 이 솔루션의 프로토타입은 필요한 모든 기능을 갖추고 있었다. 현재 3단계까지 진행되었고, 소니글로벌에듀케이션은 이 솔루션을 글로벌매스챌린지Global Math Challenge●에 참여한 25만 명의 교육 자료를 관리하는 용도로 활용할 계획이다.

블록체인 애플리케이션용 기반 소프트웨어를 개발하려는 기관이나 개발자들은 하이퍼레저를 중심으로 모일 수 있다. 이로써 더욱 효율적으로 협업하고, 코드를 쉽사리 나누고, 불필요한 노력을 아낄 수 있다. 블록체인 솔루션을 고려 중인 기업이나 단체는 하이퍼레저를 깊이 검토해 볼 필요가 있다.

메놈MENOME : 블록체인에서의 신원 확인

아이덴티티(신원)를 생각하면, 필자들이 아픈 곳을 건드린 느낌이다. 한 개인이 자신의 신원을 수립하며 개인 정보를 관리하고 통제

● 소니글로벌에듀케이션이 주관하는 온라인 수학 경시 시스템.

할 수 있을까? 1부 1장에서는 이러한 개인의 권리를 어떻게 행사하고 실행할 수 있는지 언급했다. 이는 생각 이상으로 엄청난 아이디어다. 스스로가 관리하는, 양도 불가능한 디지털 신원을 생각해 보라. 중앙 기관은 이러한 디지털 신원을 부여하지도 않았고, 개인이 관리하는 신원 정보를 변경할 수도 없다. 디지털 신원은 온라인, 오프라인을 가리지 않고 어떤 경우라도, 세상 어디에서도 효력을 발휘한다. 디지털 신원은 다음과 같은 움직임에 바탕을 두고 있다. 최근에는 시민들 한 명 한 명이 과학자가 되어 스스로를 계량화한다. 계량화된 개인들의 물리적 활동은 핏빗Fitbit이나 기타 기구를 통해 생체 정보로 기록되고, 가상의 활동은 인터넷 브라우저나 모바일 애플리케이션에 기록되어 습관이나 건강 상태 등 우리 스스로에 대한 정보를 파악할 수 있다.[37] 사람들이 자신의 고유 정보에 관심을 갖고 관리하며, 더 바람직한 목표를 위해 활용하는 것은 아주 긍정적인 현상이다.

필자들은 분산형 자주식 신원 체계를 개발하는 것이 특히 시급하다고 생각한다. 여기에서 우리는 사회적, 문화적, 정신적 실체를 의미하는 신원identitiy과 명칭 공간에서의 식별자identifier(128비트 IP 어드레스, 전역 증명서 등)를 구분해야 한다.

신원과 식별자는 대형 중앙 집중 시스템(구글 이메일, 퇴역군인관리국Veteran Benefits Administration)에 접속하고 이 시스템을 관리하기 위해 필요하다.[38] 많은 사람들은 인생을 통틀어 수많은 식별자를 보유하게 된다. 어떤 식별자(사회보장번호)는 다른 식별자(사번)에 비해 수명이 길며, 이러한 식별자들은 사용과 더불어 개인 정보를 양산한다. 생체 정보와 같이 타고나는 식별자도 있고, 패스워드와 같이 임의로 선택 가능한 식별자도 있고, 주민카드와 같이 배정을 받는 식별자도 있다.

이러한 식별자들은 신원과는 다르다. 신원이란 각자의 경험을 반영하며, 우리는 시간의 경과와 더불어 형성한 우리들의 신원을 적절하다고 생각하는 만큼 타인에게 공개한다. 이렇게 할 수 있는 이유는 우리들 모두가 주체원천권위sovereign source authority를 보유하기 때문이다. 개발자 목시 말린스파이크Moxie Marlinspike가 말한 주체원천권위란 "사회에 첫걸음을 내딛는 '등록' 절차에 앞선, 인간 정체성의 실제 초기값 설계 매개변수"[39]다.

하지만 식별자는 개인의 신원이 갖춘 다양한 속성 가운데 하나일 뿐이다. 식별자에는 다섯 가지 문제점이 있는데, 블록체인 영역에서 이루어지는 몇몇 신원 프로젝트들이 이 문제들을 해결하기 위해 애쓰고 있다. 제일 큰 문제부터 생각해 보자. 대부분의 식별자 발급인들은 여느 식별자를 발급하기에 앞서 정부가 인증한 제일 확실한 식별자를 요구한다. 보통 이러한 식별자로 출생증명서를 요구하기 마련인데, 출생증명서를 발급받는 것은 결코 사소한 일이 아니다. 유니세프에 따르면, "5세 미만의 전 세계 아동 가운데 4분의 1이 출생증명서를 발급받지 못한다."[40] 출생증명서가 없으면 삶 자체가 파탄을 맞을 수도 있다. 이러한 아이들은 교육이나 의료 · 보건 혜택을 받기가 어려워진다. 성인이 되기 전에 결혼을 강요당하고, 일터에 끌려 나가고, 강제로 징집되어 총을 들어야 할 수도 있다.[41] (아동들이 여성 다음으로 인신매매 위험에 노출되어 있는 것은 우연에 불과할까?

전 세계적으로 2012~2014년 사이, 이러한 위험에 노출된 아동들의 비율은 25~30%에 달한다.)[42] 이들은 성인이 되어도 재산을 상속받거나, 선거에 참여하거나, 직업을 갖거나, 여권을 발급받지 못할 수 있다. 은행 계좌를 개설하지 못하는 것은 물론이다.[43] 세계은행은 지구촌에서 법적인 식별자를 갖지 못하는 인구가 15억 명에 달한다고 추정한다.[44] 시리아의 난민 사태로 국가 기반의 신원 확인에 문제가 있다는 것이 드러났다.[45] 우리는 지금 행동을 취해야 한다.

신뢰할 수 있는 신원 확인 수단을 제공하는 것 또한 중요하다. 그래서 국제연합은 지속 가능 개발 목표Sustainable Development Goal 16.9항에 이 내용을 규정했다. 모든 회원국은 2030년까지 모든 국민들에게 법률상의 신원 확인 수단을 제공해야 한다.[46] 세계은행이 주도한 개발을 위한 신원 확인The World Bank's Identification for Development(ID4D) 이니셔티브는 이러한 과제를 지원하기 위해 출범했고, 이를 통해 더 많은 사람들이 글로벌 경제에 편입될 수 있다.[47] 인도는 상당한 진전을 이뤄내 성인의 99퍼센트를 등록했다.[48] 필자들의 블록체인 연구소는 P2P 시장을 분석한 보고서에서 인도의 이러한 노력이 경제에 얼마나 큰 영향을 미치는지 강조했다. 2009년 아다르법Aadhhar Act이 첫 출발점이었고, 인도고유신원확인청Unique Identification Authority of India(UIDAI)은 이 법에 따라 모든 주민들에게 적용할 아다르aadhaar(힌디어로 '바탕'을 뜻한다)라는 12자리 디지털 ID를 만들었다.[49] 등록 담당자들이 전 지역에 파견되어 인구통계학적 정보와 생체 정보를 수집하고, 언제 어디에서건 ID를 확인할 수 있는 저장 공간에 이 정보를 업로드한다. 2016년 4월, 인도의 NPCINational Payments Corporation of India는 지불 결제를 확인하기 위해 아다르를 수용할 수 있는 통합 지불 결제 인터페이스를 공개했다. 모든 사람들은 아다르 하나로 거래를 완료하고, P2P 상거래를 진행하고, 정부의 복지 서비스를 받을 수 있다. 이 계획은 성공한 듯 보였다. 2017년 11월, UIDAI는 "아다르 데이터가 전적으로 안전하고, 완전히 보호되며, UIDAI에서 그 어떤 데이터 유출도 없었다"고 공언했다.[50]

UIDAI가 조금 성급했던 모양이다. 2018년 1월 초, 익명의 누군가가 잘란다르 소재 「더 트리뷴The Tribune」의 소속 기자 라흐나 카이라 Rachna Khaira에게 10억 건의 아다르를 마음껏 볼 수 있게 해 줄 테니 500루피를 달라고 제안했다. 돈을 지불한 그녀가 12자리 숫자를 처넣으니 사진, 이름, 주소, 전화번호, 이메일 등 특정 개인과 관련한 모든 정보를 볼 수 있었다. 300루피를 더 내니, 진짜처럼 보이는 아다르 카드를 만들 수 있었다.• 시스템이 해킹되어 10억 건의 기록이 노출된 것이다.

이처럼 정부가 주관하거나 정부가 인가하는 신원은 행정적인 면과 철학적인 면 모두에서 큰 문제다. 왜 정부가 우리가 누구인지를 규정하는가? 조 루빈이 말한 것처럼 우리는 스스로의 신원을 확립하고, 경제적 자주권을 지켜 내야 한다![51] 이러한 발상이 불순하거나 무분별하다고 생각하는 독자들이 있다면, 지금의 신원 확인 체계에 놓인 네 가지 문제점을 강조하고 싶다. 첫째, 시스템 중심적이고, 시

• 라흐나 카이라는 보도 목적을 위한 행위였다고 주장하나, 인도 경찰은 라흐나 카이라를 기소했다.

스템에 의해 통제되며, 증발, 위조, 도난에 취약하다. 접근을 금지하고, 접근과 사용 권한을 변경하고, 학생증, 건강보험증, 토지 소유권 증서를 삭제할 수 있는 시스템 관리자에게 의지하고 있는 것이다.

둘째, 우리가 생성해서 식별자와 연계시키는 모든 개인 정보(생체 정보, 성적표, 의료 기록)는 중앙 시스템 관리자의 손에서 벗어날 수 없다. 하지만 이들 관리자는 못 미더운 잡상인에게 이 정보를 통째로 넘길 수도 있고, 결코 용인할 수 없는 제3자에게 일부를 몰래 팔아넘길 수도 있다. 이러한 시스템은 불투명하다. 만일 학적이나 국적을 바꾸려면, 스스로의 책임 아래 한 시스템에서 다른 시스템으로 우리들의 데이터를 이전해야 한다. 이 작업에는 수수료가 붙기도 한다. 그리고 이러한 작업을 위해 따라야 할 절차가 복잡하며 자주 바뀌기도 한다. 날이 갈수록 스스로의 개인 정보를 더 많이 생성한다는 사실에 유념하라. 적어지는 경우란 없다.

셋째, 이러한 식별자 중심 시스템에서는 사용자 친화적인 요소를 찾아볼 수 없다. 개인 또는 개인을 대표하는 정부나 NGO들은 사실상 모든 식별자를 대상으로 등록 절차를 반복해야 하고, 늘 같은 형식의 신원 정보를 제출해야 하며, 한두 개가 아닌 ID 넘버, 유저 네임, 패스워드, 신원 확인을 위한 질문의 답을 기억해야 한다. 상위 통합 시스템인 셈이다. 그들은 우리 모두가 로봇이기를 바라며, 우리 로봇들은 스스로의 신원 확인 수단을 갖지 못한다. 전기를 구입하고 싶은 로봇에게는 바람직하지 않은 현실이다.

넷째, 막대한 이득에 수반될 수 있는 리스크와 책임을 온전히 우리가 부담해야 한다. 해커들은 중앙 시스템에 침투해 식별자와 개인 정보를 탈취할 수 있으나, 우리들은 이렇게 유출되어 제3자가 사용한 개인 정보의 대가를 전혀 누릴 수가 없다. 미국 최대의 건강보험 회사, 앤섬Anthem의 기념비적인 개인 정보 유출 사례를 생각해 보라. 앤섬은 2015년에 일어났던 7,900만 건의 개인 정보 유출 관련 소송을 1,150만 달러로 조정하는데 합의했다. 변호사들은 이 건이 정보 유출과 관련한 최대 규모의 조정 사례라고 입을 모았다.[52] 하지만 2017년 10월, 그들의 고객사에 의해 똑같은 사태가 발생했고, 회원 18,000명의 의료 · 보건 관련 ID가 유출되었다.[53] 과연 언제까지 더 속아야 할까?

이것은 식별자와 두더지 게임을 하는 것일 뿐, 신원 관리라고 말할 수 없다. 우리들은 스스로 신원을 선택할 수 있어야 하고, 식별자를 관리할 수 있어야 한다. 그렇지 못하면 이러한 식별자들이 우리의 신원을 왜곡하게 된다. 스스로 식별자를 관리하지 못한다면 평등하지 않고, 소속되지 않은 상태에 있는 것과 다를 바 없다. 하지만 스스로 식별자를 선택하고 관리할 수 있다면 알아서 조심해야 하고, 정보 유출은 참여의 대가로 부담하는 리스크이며, 프라이버시가 과대평가되고 있다는 사실을 깨우칠 수 있다. 식별자는 권위주의적인 규율에 순응하도록 강제하는 조종의 수단으로 전락하고 만다. 그 어떤 선택도 이익이 되지 못하는 상황이다. 개인 정보가 날이 갈수록 늘어나는 세상에서 관리해야 할 식별자 또한 늘어나고, 이처럼 많은 식별자들로 말미암아 상황은 더욱 악화된다.

신원을 스스로 관리하려면 분산형 모델이 필요하다. 사람들 사이에서 분산되어 유지되는 이 모델은 각자의 신원을 보호해 준다. 사용자들은 스스로의 신원을 관리하고, 각자의 개인 정보에 접근해(타인의 접근을 허가할 수도 있다) 이를 현금화하며, 유지와 사용을 위한 공동 규약 작성에 참여할 권리를 보장받는다. 이러한 방법을 통해 모두의 일치된 동기를 유도(신원 자조 조합identity commons을 조직한 셈이다)할 수 있다.54 이 모델은 기업, 정부, 기타 제3자로부터 독립적이어야 하고, 정부나 정당에 의한 대리인 리스크에서 자유로워야 하며, 이러한 기관들을 능가하더라도 기관들과의 상호 운용 관계는 유지해야 한다. 사용자들에 비해 수명이 길어야 하고, 잊혀질 권리를 실행할 수 있어야 한다. 잊힐 권리는 권리자가 자료를 삭제할 수 있도록 실제 자료와 자료에 대한 권리를 분리하는 것에서 비롯된다. 또한 전반적으로 단순한 모바일 인터페이스와 저비용 분쟁 해소안을 마련해 사용자 친화적인 환경을 구축해야 한다.

여기에서 블록체인 기술이 등장한다. 1부 2장에서 우리는 저변에 깔린 기술적, 이론적 바탕을 살펴보았다. 공개 키 인프라를 구축하고, 트랜잭션 레이어에서 신원 확인 레이어와 인증 레이어를 구분하는 일 등이다. 하지만 우리가 좀 더 집중했던 주제는 프라이버시의 설계 원리로, 여기에서 곧 신원의 양면성이 드러난다. 우리는 왜 PGPPretty Good Privacy•를 활용하기가 어렵고, 널리 활용되지 못하는지를 언급했다. 이를 논의하기 위해 제로코인Zerocoin Electric Coin Company의 주코 윌콕스Zooko Wilcox O'hearn 팀이 어떤 야심찬 계획을 진

• 인터넷에서 전달하는 전자우편을 다른 사람이 받아 볼 수 없도록 암호화하고, 받은 전자우편의 암호를 해석해 주는 프로그램.

행했는지 돌이켜 보자. 이들이 개발한 제트캐시는 퍼블릭 블록체인으로, 비트코인과는 달리 거래를 실행하는 동안 식별자와 거래 금액을 숨길 수 있다. 제트캐시는 이른바 영지식증명zero knowledge proof 체계를 활용한다. 부연하자면, zk-SNARKs(zero knowledge succint noninteractive argument of knowledge의 약자)라는 알고리즘을 활용하며(필자들은 이들에게 'Gesundheit'라는 덕담을 해 주고 싶다)• zk-SNARKs에서는 참여자들이 거래를 인증하고, 이 거래들을 모르는 채로 블록 안에 집약시킨다. 비탈리크 부테린은 「포천」에서 이렇게 말했다. "zk-SNARKs는 너무나 중요한, 획기적인 기술입니다. (…) 지금, 암호화 분야에서 가장 저평가된 기술을 하나만 꼽으라면 이것을 꼽겠습니다."[55] 필자들 또한 이 기술이 프라이버시의 중요한 혁신이라는 것에 동의한다.

신원 관련 기술로 돌아가 보자. 베테랑 개발 인력 크리스토퍼 앨런Christopher Allen은 자주적 디지털 신원이 가능해지는 현실을 탁월하게 분석했다. 암호화폐 전문매체 「코인데스크」에 실린 그의 글에 따르면 '중앙집중화된' IANA•• 및 국제인터넷주소관리기구ICANN는 '분권화된' 마이크로소프트 패스포트Microsoft Passport와 선마이크

• 크레이그 쇼 가드너Graig Shaw Gardner가 쓴 '에베네줌 트릴로지The Ebenezum Trilogy'라는 제목의 판타지 소설에 나오는 내용이다. 소설의 주인공인 Ebenezum은 악마 Guxx로부터 마법을 사용할 때마다 재채기를 하게 되는 저주를 받게 된다. Ebenezum은 저주를 풀고자 여행을 떠나며, 여행 중 Snarks라는 이름의 또 다른 악마를 만나게 된다. Snarks는 진실만을 말하는 마법에 걸린 캐릭터로 Ebenezum의 편에 서서 그를 도와주려 한다. 'Gesundheit'는 재채기를 할 때 '몸 잘 챙겨라'는 뜻으로 해 주는 인사말이다.

로시스템스의 리버티얼라이언스Sun Microsystems Liberty Alliance에게 주도권을 넘겨주고 있다. 이러한 변화와 맞물려 사용자 중심이면서도 레지스트리가 통제되는 OpenID 또한 등장했다.56 블록체인이 등장하면서, 개인 정보의 로깅, 저장, 접근과 관련한 수많은 ID 프로젝트들이 등장했다. 이 책의 1부 2장에서는 엄청난 내용을 다뤘다. MIT 미디어 연구소의 에니그마와, 에니그마가 활용하는 준동형 암호화homomorhpic encryption 및 안전한 다자간 계산secure multiparty computation은 정보 수집의 최소화data minimization와 알고리즘 투명성algorithm transparency으로 요약되는 ID의 기초 원리를 충실히 구현할 수 있다. 데이터 사용자는 계산(연산)에 필요한 데이터에 접근할 수 있으나 볼 수는 없으며, 데이터 소유자는 데이터 처리 과정에서 활용되는 알고리즘을 보고 해독할 수 있다. MIT 휴먼 다이나믹스 그룹MIT Human Dynamics Group의 OpenPDS/SA(개인 정보 저장/안전한 답변을 위한 플랫폼)는 우리들의 모든 개인 정보들을 취합하고, 제3자가 우리들의 정보를 물었을 때 자세하지 않은 대략적인 정보만을 제공하기 위한 플랫폼이다.57

블록체인 사용자들은 지금이라도 시빅Civic, 쇼카드Shocard, 유포트uPort와 같은 스타트업을 통해 식별자를 확보할 수 있다. 이 분야에 뛰어든 기업들은 최소 20개사가 넘는다.58 예컨대 유포트의 식별자는 독특하고도 영속적인 20바이트 크기의 16진수 숫자로, 유포트의

•• 인터넷 소사이어티(ISOC)의 산하기관으로, 인터넷에 접속하기 위한 인터넷 프로토콜(IP)의 전 세계적 주소에 대하여 최종적인 조정과 관리를 하는 기관.

신원 인증 시스템에 적용된다. 이 식별자는 프록시 계약proxy contract 이라 알려진 특수한 스마트 계약의 어드레스로 사용된다. 프록시 계약이란 블록체인상에서 신원을 비롯해 복잡한 지시를 실행하는 특수 목적 코드다. 사용자는 거래, 행위, 요청에 대한 디지털 서명과 인증을 프록시 계약을 통해 수행할 수 있다. 또한 암호화폐나 기타 토큰화 자산을 관리하고, 이더리움 블록체인상에서 다른 스마트 계약과 소통하며, 이른바 분산형 IPFSInterPlanerary File System•에 저장된 사용자의 오프체인 정보에 접근할 수 있고, 일정한 가치를 대가로 제3자에게 특정한 데이터 파일을 읽거나 쓰도록 허락할 수 있다.

무인 차량이나 3D 프린터와 같은 디바이스, IBM의 왓슨Watson과 같은 가상 시스템, 블록체인 연구소와 같은 기관들도 유포트 시스템을 활용할 수 있다. 사용자 편의성과 보안을 위해, 유포트는 사용자의 암호화 키를 지닌 모바일 애플리케이션을 제공한다. 프록시 계약에서 이러한 키를 분리하는 것은 또 다른 유형의 스마트 계약으로, 이러한 스마트 계약을 가리켜 컨트롤러 계약controller contract이라 부르며 이 계약은 신원 회복을 위한 로직을 담고 있다. 디바이스가 분실되거나 도난당하면, 사용자는 프록시 식별자와 모든 관련 자산을 대체하지 않고 개인 키를 대체하는 것만으로 충분하다.59 정말 놀라운 일이다.

이러한 스타트업들 가운데 다수는 탈중앙화인증재단Decentralized Identity Foundation, DIF이라는 기구 내에서 상호 협력하고 있다. DIF는 하이퍼레저, R3, 소브린을 비롯해 액센츄어, 마이크로소프트, IBM

• 데이터 탈중앙화를 위한 웹 프로토콜.

과 같은 기업들로 구성된 컨소시엄이다. DIF는 앞서 언급한 신원 자조 조합 모델과 같은 맥락에서, "언제 어디서건 확인할 수 있는 탈중앙 신원, 블록체인 ID, 제로 트러스트 데이터 스토어"을 결합하기 위해 결성되었다.[60] DIF의 실무 그룹은 사용 사례의 축적과 표준 개발을 염두에 두고 다음 세 가지 영역에 초점을 맞추고 있다. 첫째는 식별자, 둘째는 데이터의 발견, 저장, 연산, 셋째는 인증과 평판이다.[61] 파비안 포겔스텔러Fabian Vogelsteller는 "ERC-725(Ethereum request for comment-Issue 725의 약자)"를 고안했다. ERC-725는 자주적 디지털 신원 인터페이스를 특정할 표준이며(그가 고안했던 ERC-20이 ICO를 용이하게 만들었던 것과 비슷하다)** ERC-725에서 신원은 유포트와 마찬가지로 스마트 계약에 들어 있다.[62] 이 표준이 ICO 표준처럼 일반화되면, 블록체인 혁명과 힘의 균형에 필수적인 새로운 신원 관리 시스템을 구현하기 위해 힘찬 발걸음을 딛게 될 것이다.

완전한 변화를 이루려면 시간이 걸리기 마련이다. 그 사이에 개인 정보를 보유하는 기관들은 사람들의 신뢰를 얻기 위해 최소한 두 가지 행동을 취해야 한다. 첫째, 데이터 거버넌스에 주의해야 한다. 많은 대기업과 정부 기관들은 그들의 고유 자산을 보호하기 위해 강력한 거버넌스 체계를 갖춘다. 하지만 2015년 MIT에서 주최한 정보품질국제회의International Conference on Information Quality의 프로그램 의장을 맡았던 엘리자베스 피어스Elizabeth Pierce 박사에 따르면 "정보 자산은

** ERC-20은 이더리움 기반의 토큰으로 최근 ICO는 대부분 ERC-20으로 진행된다.

대부분의 기업들이 가장 허술하게 관리하고, 이해도가 떨어지고, 제대로 활용하지도 못하는 핵심 자산이다. 그 이유는 다음과 같다. 날이 갈수록 정보를 수집하고 전산화하기가 쉬워지며, 제품과 서비스에서 담당하는 의의 또한 늘어난다. 하지만 값을 매기기가 매우 어렵고, 갈수록 가치가 떨어지며, 보안 위험과 프라이버시 위험에 노출되고, 대부분의 기업에서 상당한 비용이 소요되기 때문이다."[63]

피어스 박사는 강력한 데이터 거버넌스를 옹호한다. 필자들 또한 적극 찬성하는 입장이다. 그녀는 데이터 거버넌스를 "데이터 사용 시 바람직한 행위를 장려하기 위해 의사 결정의 권한과 책임의 틀을 특정하는 것"이라고 정의한다. 그녀는 데이터 거버넌스와 데이터 매니즈먼트를 구분한다. 이 두 가지의 구분은 매우 중요하다. "거버넌스란 누가, 어떻게 의안을 상정해 의사 결정을 내리느냐의 문제인 반면, 매니즈먼트란 결정을 내리고 실행하는 과정을 의미한다."[64]

둘째, 고객 정보를 수집하고 저장하는 관행을 타파하며, 방대한 고객 데이터베이스를 통째로 파기하거나(파일과 기록을 고객들에게 되돌려 준 다음에 실시해야 한다) 이러한 데이터를 IPFS와 같은 분산형 스토리지 시스템에 이전해 통제권을 고객들에게 돌려주어야 한다.

의사 데이비드 제퍼리David Jaffray가 환자들의 정보를 어떻게 다루는지 생각해 보라. UHNUniversity Health Network의 기술 혁신 부사장이자, 테크나(의료기술혁신연구소Institute for the Advancement of Technology for Health, TECHNA)의 이사로 재직 중인 제퍼리는 토론토의 UHN 환자 포털을 구현하는 데 관여했다. 환자들은 이 포털을 통해 테스트 결과, 영상, 병리 보고서, 진단 결과, 의료 보건 기관이 보유하는 대면 또는 통화 기록, 건강 관리 계획, 전출 및 퇴원 요약지에 완벽히 접근할 수 있다. 환자들은 적당하다고 생각하는 모든 정보를 공유할 수 있다. 포털을 시행해 보니 환자와 의료진 모두에게 너무나 긍정적인 결과가 나왔고, 제퍼리는 이러한 경험을 한 단계 고양시키는 데 매진하고 있다. 그는 이러한 정보의 소유권을 환자에게 완전히 돌려주려 한다.

그는 블록체인 기반 시범 사업을 설계하기 위해 IBM 및 하이퍼레저와 협업하고 있다. 블록체인은 환자 데이터에 대한 생각을 바꾸는 구심점이 될 수 있다. 환자들에게 정보의 소유권을 넘겨주면서, 전국의 각종 기관들(연구 병원, 보험회사, 조제실, 실험실, 보건소, 제약회사, 국립의료보건원National Institutes of Health 등) 사이에 존재하는 복잡다단한 규제, 규칙, 계약을 없애 버린다. 그 결과 환자의 프라이버시와 안전을 보호할 수 있다. 환자들은 정보의 이동성 문제를 해결하는 혜택을 누릴 수 있을 뿐 아니라, 스스로 의료 · 보건 이슈를 둘러싼 이익 공동체를 형성할 수 있다(제퍼리 박사의 표현에 따르면, 개인이 소유하고 관리하는 '보건협동조합'이다). 이러한 협동체를 관리하는 개인들은 특정 질병에 대한 집합적 정보에 시간 제한부로 접근(제퍼리 박사는 이를 가리켜 '스냅차트'라고 표현한다)하도록 허락하고, 그 대가로 특정 약제들을 더 나은 가격에 협상할 수 있다.

제퍼리 박사는 블록체인이 대규모 동의 의사를 표시할 법적 틀을 제공한다는 점에 흥미를 느끼고 있다. 환자들은 블록체인을 통해 정보 공유 계약을 세밀하게 검증할 수 있을 뿐 아니라, 스스로의 행적을 자세히 추적할 수도 있다. 이러한 두 가지 강점으로 말미암아 환자들은 제3자에게 제공할 유례없던 수준의 표현형 정보를 생성할 수 있고, 이러한 정보들 및 자신의 유전자형 정보에 아주 자세한 조건을 붙여 의학계에 특허를 신청할 수도 있다. 이러한 일련의 바이오 데이터를 인간 메놈menome이라 불러보자. 인간의 유전자 연구는 아주 유용했지만, 유전자형과 표현형(개인의 신장, 체중, 건강, 질병, 체력 등의 상시 정보) 사이의 관계를 보여 준다면 의학에 지각 변동을 가져올 정도까지는 아니더라도 섭생, 운동, 직업, 환경에 대한 기존의 관념을 바꿀 수 있을 것이다. 나 자신에게 특화된 단 하나의 의료·보건 서플라이 체인을 상상해 보라. 나 자신의 메놈이 이러한 공급 사슬의 재정 지원을 담당하기도 한다.

"유전자 검사보다 인생살이가 훨씬 돈이 많이 들죠." 제퍼리의 말이다. "한 개인과 그의 후손이 일생 동안 형성해 온 표현형 자료를 활용할 방법이 필요합니다."65 불멸의 여성, 헨리에타 랙스Henrietta Lacks와 그녀의 유전자 및 표현형을 생각해 보라.* 지금이라면 그녀는 개인 정보를 통제할 수 있으므로 자신의 세포를 세포주에 심도록 승인하거나 거절할 수 있고, 이러한 정보를 가족과 후세에 물려줄 수 있다. 질병을 부담이 아닌 자산으로 전환하는 수단이 생겨났고, 이러한 정보는 하나의 유산이 되는 것이다.

(비교적) 값싼 대량의 정보에 접근하고 정보 분석을 실행할 수 있는

---

* 1951년 헨리에타 랙스라는 여성의 자궁경부암 세포를 헬라 세포라 부른다. 연구자들은 헬라 세포를 이야기할 때 '불멸의immortal'라는 표현을 쓴다. 기본적인 세포 생존 조건이 맞는다면 배양 접시에서 무한정 분열할 수 있기 때문이다. 이 세포는 암 연구와 유전자 지도 작성, 독성 물질, 방사능 영향 연구 등 다양한 분야에 활용된다.

능력은 경쟁력을 인정받을 수 있는 핵심 역량이다. 하지만 개인들이 이러한 자료의 통제권을 되찾고 그들의 정보를 대변하는 고유한 아바타를 만들면서(다바타davatar라고 이름 붙일 수도 있다) 무게추의 중심이 이동한다. 투자자들은 분산형/신뢰 최소화 방식으로 이러한 정보들을 보호하는 역량 및 개인들이 자신의 정보를 관리하고 현금화하는 역량을 빅 데이터 분석 역량에 비해 높이 평가하게 될 것이다. 기업의 재무 상태표에서 떨어낸 불량 자산이 개인의 타고난 근본적인 인적 자산으로 탈바꿈하는 것이다. 이러한 변화는 정보 분석 비즈니스 모델을 완전히 뒤바꿀 테고, 기업은 개인을 대변하는 정보 브로커로 탈바꿈할 것이다. 정보를 긁어 내 저장하고 빌려 주지만, 정보를 보호하지 못하는 중앙화된 대형 정보 낚시꾼들의 종말을 보게 될 것이다.

역사학자 유발 하라리Yuval harari가 소개한 마인드 해킹mind hacking의 가능성은 캠브리지 애널리티카**의 심리 특성 지도 프로파일링과 2016년 미국 대선에 영향을 미치기 위한 러시아의 소셜 미디어 조작 건에 의해 증명된 바 있다.*** 하지만 이제는 날이 갈수록 증폭되는 마인드 해킹에 대한 두려움을 해결할 수 있다.[66] 하라리는 이렇게 기술한다. "종교적 신화가 신의 권위를, 인문 사상이 인간의 권위를 정당화한 것처럼 하이테크 전문가와 실리콘 밸리의 예언가들은 새로운 보편된 이야기를 만들어 알고리

** 데이터 분석회사인 캠브리지 애널리티카Cambridge Analytica는 페이스북 스캔들에 연루된 것으로 회자되어 문을 닫은 바 있다.
*** 그러나 원문과는 달리 트럼프의 러시아 스캔들은 오바마와 힐러리 세력이 트럼프를 낙마시키려 민주당 캠프를 통해 조작한 것이라는 증거가 드러나고 있다는 사실을 참조할 것.

즘과 빅 데이터의 권위를 정당화한다."[67] 실제로 광고연구재단Advertising Research Foundation은 캠브리지 애널리티카의 빅 데이터 사용 예를 높이 평가해 2017년 데이비드 오길비 상David Ogily Award•을 이 회사에 수여했다.[68] 하라리는 이러한 세계관을 가리켜 "데이터이즘(데이터교)"이라 부른다. 이 교파의 신도들은 "전 우주를 정보의 흐름으로 파악하며, 유기체를 생화학적 알고리즘 정도로 바라보고, 인류의 타고난 숙명이 모든 정보를 아우르고 처리할 수 있는 시스템을 개발해 여기에 편입되는 것이라고 믿는다."[69] 이러한 정보-생체-의식의 섞임 속에서 우리는 자유 의지를 잃을 수도 있다.

하지만 이러한 게놈 해킹에 대한 두려움이 근거가 박약하다고 주장하는 사람들도 있다. "모든 인간의 대사 기능과 두뇌 활동을 극도로 정확히, 완벽하게 매핑한다는 것은 몽상일 뿐입니다." 이론 물리학자이자 교수이며, 다트머스 컬리지 학부교류위원회Cross-Disciplinary Engagement at Dartmouth College 집행임원으로 재직 중인 마르셀로 글라이저Marcelo Gleiser는 이렇게 말한다. "기술이 할 수 있는 것에도 한계가 있는 법입니다. 모든 기계에는 정밀도를 발휘할 수 있는 범위가 있습니다. 이 범위를 넘어서면 까막눈이나 마찬가지입니다. 850억 뉴런의 활동과 수십조 개의 시냅스를 통한 신경 전달 물질의 흐름을 모니터링한다는 것은 사실상 불가능합니다. 아무리 과학적 상상력을 발휘한다고 해도 말이죠."[70]

필자들은 몹시 조심스러운 입장을 견지하면서도, 블록체인 기술과 신원 자조 조합을 통해 내 모든 정보의 소유권을 내가 보유하고,

---

• 데이비드 오길비는 미국 '광고 명예의 전당'에 헌액된 광고계의 유명인사다.

자주적 디지털 신원이 안착하는 것을 강력히 지지한다.

스마트 계약의 시대가 도래하다

스마트 계약의 활용은 이 책에서 다루는 주요 화두다. 계약이란 우리들의 신원, 경제, 사회를 쌓는 벽돌과도 같다. 따라서 각 장에서는 스마트 계약을 활용한 예를 강조한다. 1부 2장에서 우리는 스마트 계약이 무엇이고 어떻게 작동하는지를 설명한다. 상호 합의를 이룬 규칙은 일정한 조건을 충족하면 자산에 어떤 변화가 생기는지를 규정하고, 그 결과 스마트 계약은 기존의 계약과 마찬가지로 이행 결과에 대한 동기(보상과 페널티)를 담게 된다. 다만 스마트 계약은 이행이 수시로 자동화되며(앞서 설명한 암호 자산처럼), 다양한 조건들이 충족되었는지 객관적으로 판단하기 위해 알고리즘과 센서가 필요하다는 점에서 기존의 계약과 차별화된다.

스마트 계약의 아버지뻘인 닉 서보는 초심자가 쉽게 이해할 수 있는 실례를 떠올렸다. 구형 자동판매기를 스마트 계약이라고 생각해 보라. 아주 간단한 거래 조건이 기계 장치 안에 프로그램화되어 있다. 자동판매기는 알맞은 가격에 제공할 알맞은 음료가 있다면 투입한 금액을 확인하고 고객이 선택한 음료를 내보낸다. 돈이 남으면 거스름돈을 돌려준다.[71] 이렇게 본다면 스마트 계약은 서기 원년부터 존재해 왔다. 그리스의 수학자였던 알렉산드리아의 헤론은 경배자들이 지급하는 금액에 따라 성수의 양을 측정하는 장치를 발명했다.[72] 오늘날 미국에 있는 자동판매기의 수는 7천만 대에 이른다.[73] 우리는 스마트 계약에 둘러싸여 있는 것이다.

그렇다면 스마트 계약에도 법적 구속력이 있을까? 아마도 그럴 것이다. 하지만 아직 명확한 답을 주기에는 이르다. 예컨대 미국 보통법은 구두 계약이나 묵시적 계약의 효력 또한 인정한다. 법적 구속력을 발생시키기 위해 반드시 서면으로 계약을 체결해야 하는 것은 아니다. 법학자 프리마베라 데 필리피와 애런 라이트에 따르면 "법적 계약의 내용을 청약하는 스마트 계약은 미국법 아래서 집행 가능성을 인정받을 확률이 높다. 당사자들은 서면 계약과 마찬가지로 코드를 활용해 청약의 의사 표시를 전달한다. 반복적 급부 의무를 규정하는 의사표시 또한 가능하다. 스마트 계약은 이행의 관행 a course of performance •과 거래의 관행 a course of dealing ••을 수립할 수도 있다."[74] 시간이 지나면 각국의 법원들을 통해 증명되는 날이 올 것이다.[75]

2부 2장에서 우리는 스마트 계약이 코스의 이론에 따라 어떻게 기업의 거래 비용을 낮추며 기업의 아키텍처를 바꿀 수 있는지 살펴보았다. 스마트 계약은 핵심부의 필요 불가결한 직원들의 수를 줄이는 동시에 주변부의 임시직 직원들의 수를 늘려 준다. 핵심부의 직원들은 충성스런 심복들처럼 조직에 필요한 모든 종류의 일을 역할을 바

• 계약을 이행하는 당사자가 어느 정도 수준으로 계약을 이행할 경우, 상대방이 별다른 이의 없이 이행 결과를 반복적으로 받아들여 성립하는 계약 이행 수준의 관행을 의미함.
•• 계약 당사자들 사이에 거래 계약의 조항이나 절차 등에 대한 해석의 관행이 수립되는 것을 의미함.

꿔서라도 수행한다. 주변부의 직원들은 특정하기 쉽고, 완료 여부를 쉽게 검증할 수 있는 더욱 정형화된 업무를 담당하게 된다. 이러한 변화로 말미암아 기업의 임원들 앞에는 과거에는 거의 경험하지 못했던 일들이 놓여 있다. 서보는 이처럼 기업의 계약 관계를 재구조화하는 작업이 "가장 가치 있는 진전인데도, 기존의 과학적 경영 기법은 이를 인지하고 도입하는 데 실패했다"고 말한다. 여기에서 왜 스타트업들이 상대적으로 유리한지를 알 수 있다. 기존의 기업들은 좀처럼 그들의 계약 전략을 '완료해야 하는 업무'의 관점에서 생각하지 않는다.

스마트 계약을 통한다면 더욱 다양한 거래를 수행할 수 있도록 전략적으로 블록체인 기술을 응용할 수 있다. 그저 싫으면 그만두라는 식의 단순한 거래에 그치지 않는다. 법적 관할권을 넘나들며 수많은 협상안과 다양한 배경을 지닌 사람들을 조정할 수 있다. 또한 암호화폐를 글로벌 지불 체계로 활용할 수도 있다. 모든 단계에서 비용을 절감하고, 제3자 플랫폼의 필요를 최소화하고, 생산성, 보안성, 프라이버시를 개선할 수 있다.76 서보는 우버의 방식을 확장할 수 있다고 말한다. "우버는 기존의 고용 형태를 알고리즘에 따라 협상되고 검증된 업무로 대체합니다. (…) 많은 사람들이 실시간으로 이루어지는 시장에서의 계약 관계에 비해 고용 관계에 더욱 많은 정력을 소비하고 있습니다. 따라서 우버와 다른 물류 산업의 유사한 사업체들은 이베이나 아마존에 비해 규모가 클 수도 있습니다. 실제로 그 규모는 상당했지요."77

사용자 정보가 보호되지 못한다면 확장성이 떨어질 수 있다. 2016년, 해커들은 우버 계정에 접근해 5천 7백만 건의 개인 정보를 누출했다. 하지만 회사는 2017년 11월까지 누출 사태를 공개하지 않았고, 공개한 시점에조차 계정 보유자들에게 누출 사실을 통지하지 않았다.[78]

블록체인 기반의 자동판매식 차량을 생각해 보라. 이 방식이 좌석, 트렁크, 매핑 소프트웨어, GPS, 알고리즘 프라이싱 모두에 적용되어 우버에 의지하지 않는 무인 차량 이동 서비스가 가능해진다(2부 4장에서 이를 수버SUber라 지칭했다). 만물원장으로서의 블록체인은 워런티, 생산지, 등록, 보험, 검사 확인서, 배기가스 배출과 같은 규제 사항을 충족하기 위한 소프트웨어 구동에 이르기까지 모든 사물의 스마트 계약을 구동할 수 있다. 각 스마트 계약은 각 사물의 운영을 통제할 수 있으므로 무인 차량이나 중장비가 안전 검사를 통과하지 못하거나 보험 계약이 만료된다면 장비를 작동할 수 없다.

2부 3장에서 우리는 분산식 자율형 기업의 이론적 가능성을 언급했다. 이러한 기업은 경영진이나 직원이 없는 대신 스마트 계약의 포트폴리오로 이루어져 있다. 자동판매기의 형태가 아니라 "컴퓨터 네트워크상에서 안전한 합의 프로토콜에 따라" 구동되는 분산형 애플리케이션의 형태인 것이다. 달리 말하면, 개인의 별도 컴퓨터나 중앙 서버에서가 아니라 블록체인상에서 구동되며 네트워크를 구성한 컴퓨터들의 소유주를 신뢰하지 못하더라도 정상적인 작동이 보장된다.[79]

이 책이 출간되자마자, 첫 사례로 DAO(탈중앙자율화조직Decentralized Autonomous Organization이라는 의미를 띠고 있다)라는 사업체가 등장했다. DAO는 전 세계 수십만 투자자로부터 1억 6천만 달러의 자금을 크라우드펀딩으로 끌어모았다. DAO는 기존의 경영 개념을 탈피했다는 점에서 종래의 스타트업들과 차별화된다.

소규모 블록체인 개발사인 Shock.it이 개발한 DAO는 스마트 계약의 일종으로, 투표권이 인정되는 토큰을 통해 운영된다. DAO의 참여 당사자(주주와도 같다)인 개인은 소수의 참여 당사자가 제안한 DAO의 재원 할당 방안을 결정하기 위해 해당 제안을 검토하고 투표할 수 있다.

잠시 이 사례를 생각해 보자. 경영자가 없으므로 경영진과 주주들 사이에 정보의 비대칭이 있을 리 없고, 대리인 비용 또한 발생하지 않는다. 경영자가 개인적인 책임을 부담하지 않아도 되는 경우, 사적 이익을 얻고자 더 큰 리스크를 감수하며 주주의 이익에 반해서 행동하는 도덕적 해이의 문제 또한 없어진다.

다른 기업과 마찬가지로, DAO는 새로운 비즈니스에 투자할 수 있다. 또한 DAO의 이익을 대변하고 옹호할 로비스트나 변호사를 고용할 수 있다. DAO는 스마트 계약을 활용해 일반적인 조직 활동을 충분히 수행할 수 있다. 단, 한 가지 예외가 있다. DAO의 대리인은 블록체인상에서 계약, 강령, 기업 가치, 운영 원리를 거스를 수 없다. 반드시 광범위한 주주들의 토론과 합의를 거쳐야 하며, 이는 대단히 중요한 부분이다.

계약 코드와 관련한 문제점으로 말미암아 DAO는 실패했다. 해커가 순환 명령의 결점을 이용해 해킹을 감행한 것이다. 이러한 순환 명령은 비트코인 스크립트 언어에 부재한 이더리움의 튜링 완전 특성에서 비롯된다.

서보에 따르면 "이더리움은 튜링 완전 스마트 계약 언어와 고급 언어로 가능해진 비교적 풍부한 애플리케이션 탓에 비트코인보다 큰 공격 영역에 노출된다." 하지만 DAO의 존재 자체만으로 기존의 중개자를 배제한 P2P 방식에 따라 대규모 자금을 조달할 수 있다는 사실이 드러났다. 프리마베라 데 필리피와 애런 라이트에 따르면 "이더리움의 출범 이후 수많은 스마트 계약이 등장했다."[80]

하지만 기업들은 조심스럽게 움직이고 있다. 그들은 시범 사업을 제한된 환경 하에서 실험하는 중이다. 2부 4장에서 우리는 실험에 적합한 새로운 비즈니스 모델을 그려 보았다. 예컨대 Shock.it은 MotionWerk와 협업해 독일에서 DAO 방식의 Share&Charge 서비스를 시작했다. 전기자동차를 소유한 사람들은 이더리움 기반 스마트 계약을 통해 다른 전기자동차 소유주들과 충전소를 공유할 수 있다. 스마트 계약은 100% 업데이트가 가능하므로 MotionWerk는 비상시에 신속히 대응하거나 스스로 조율할 수 있다.[81] 사용자들은 Share&Charge 애플리케이션을 내려받아 블록체인 기반의 충전소 및 정산 제어를 실시할 수 있다.[82] 디지털 유로는 이 시스템을 충실히 뒷받침해 거래의 정산을 촉진한다.[83] 무엇보다 이 서비스는 퍼블릭 블록체인상에서 운영되므로 투명성과 개방성을 자랑하며, 누구라도 스마트 계약을 통해 여기에 직접 참여할 수 있다.

2부 5장에서는 스마트 계약을 활용해 인도적 원조를 책임 있게 집행하고, 기업들에게 평등한 활동 무대를 제공하기 위한 방안을 논의한다. 예컨대, 지멘스는 Shock.it과 협업해 블록체인 기반의 DAO를 실행하는 중이며, 이러한 DAO를 통해 사회적 목적의 프로젝트에 참여할 수 있다. 유니세프 벤처스UNICEF Ventures는 자산을 투명하게 이전하고 추적할 수 있도록 다중서명 스마트 계약을 활용한다. 기존 방식의 국가 간 거래는 추적이 어려운 경우가 종종 있기 때문이다.[84]

지식 네트워크의 중요성을 간과할 수는 없다. 스마트 계약을 만드는 일은 기존의 서면 계약을 작성하는 것보다 어렵다. 수백 년에 걸쳐 축적된 경험뿐 아니라 정비된 법률 양식이 없기 때문이다. 굿로봇GOODROBOT을 설립한* 앨런 메이저Alan Majer에 따르면 "스마트 계약의 코딩 언어인 솔리디티Solidity는 사용하기 쉬워 보이지만, 알고 보면 상당히 복잡하다. 사용자들은 가장 핵심이 되는 안티패턴 anti-patterns을 이해해야 한다. 안티패턴이란 흔히 사용되지만 의도하지 않은 방향으로 실행될 수 있는 소프트웨어 디자인 패턴을 의미한다."[85] 유능한 스마트 계약 개발자들은 전 세계를 통틀어 500명 정도로 매우 드물다.[86] 서보는 기관들에게 컴퓨터 과학 지식을 갖춘 변호사와 법적 지식을 갖춘 소프트웨어 엔지니어를 고용하라고 권장한다. 대학, 로스쿨, 평생 교육 프로그램들 또한 이러한 전문가의 양성을 위해 교육 과정과 훈련 과정을 개발해야 한다.

애셋 체인: 블록체인이 공급과 보급을 책임지다

필자들은 종종 다음과 같은 질문을 받는다. "블록체인에서 차세대 킬러 앱으로 자리 잡을 애플리케이션은 무엇일까요?" 글로벌 경제의 3분의 2를 담당하는 글로벌 서플라이 체인이 가장 강력한 후보

---

* 관심 있는 독자는 goodrobot.com을 방문해 볼 것. IoT 관련 컨설팅 서비스를 제공한다.

다. 우리가 소비하는 모든 것들은 서플라이 체인의 결과물이다. 전 세계의 모든 자산은 글로벌 상거래를 지탱하는 서플라이 체인을 통해 추출되고, 설계되고, 조합되고, 운송되고, 판매된다. 새로운 기술이 기존의 산업을 지속적으로 파괴하고 있지만, 이러한 상품의 흐름은 오랜 기간 제자리걸음에 머물러 있다.

이 책에서 필자들은 다음과 같은 입장이다. 블록체인은 기존의 서플라이 체인을 탈중앙화하며 이를 인공지능, 적층 가공, 확장 중인 사물인터넷과 결합해 새로운 가치 네트워크를 형성할 수 있다. 이러한 가치 네트워크는 기계 수요와 인력 수요를 모두 증대시킨다.

필자들은 블록체인 연구소 창설을 기획하면서 이 분야의 우수 인력과 전문 인력을 찾아 나섰다. 밴프Banff에서 열린 2016년 TED 서밋TED Summit에서 돈 탭스콧은 베티나 와르부르그Bettina Warburg와 톰 세레스Tom Serres를 만났다. 베티나는 아주 총명한 인물로, 그녀의 강연 동영상은 300만 뷰 이상을 기록했다. 그녀는 노벨상을 수상한 경제학자 더글러스 노스Douglass North의 제도경제학을 인용했고, 블록체인을 경제와 가치 교환 수단을 바꿀 수 있는 새로운 기술적 제도로 설명했다.

필자들 또한 이를 계기로 블록체인이 이 세상에 뿌려 놓을 유례없는 규모의 정보들을 생각해 보았다. 이러한 변화로 말미암아 지금껏 경험하지 못한 엄청난 규모의 경제 시스템을 분석해 볼 수 있다. 이 시스템의 주요 카테고리를 차지하며, 대부분의 글로벌 무역을 관장하는 글로벌 서플라이 체인은 상당한 변화를 앞두고 있다.

우리는 이 연구를 주도하기 위해 베티나와 톰을 비롯해 그들이 설립한 애니멀 벤처스Animal Ventures와 협업하기로 마음먹었다. 결과는 놀라웠다.[87] 대화 중 서플라이 체인을 자율식, 분산식으로 운영하는 블록체인의 이야기를 듣고 나서 애셋 체인이라는 문구가 전광석화처럼 떠올랐다.

그들의 연구는 모든 종류의 자산을 취급하는 모든 사람들을 자극하는 한편, 이러한 자산을 다루는 바탕을 제공한다. 왜냐하면 모든 자산은 서플라이 체인을 통해 움직이기 때문이다. 이러한 새로운 서플라이 체인들은 효율성과 반응성을 위한 구조적인 자기 개선의 기회를 습득하고 규합한다는 점에서 자율형, 분산형, 인지형 특성을 띠고 있다. 인지형 서플라이 체인은 단일한 보편적 진리를 제공하는 '네트워크 국가' 기능을 요구한다. 이러한 네트워크 국가 기능은 베티나와 톰이 말한 이른바 "머신 트러스트*"의 밑바탕으로 작용한다.[88]

이 틈에서 애셋 체인이 등장한다. 이 새로운 발상으로부터 기계가 서플라이 체인과 시장에 자발적으로 참여할 수 있는 틀이 생겨난다. 인력이 개입하지 않아도 기계 스스로 거래할 수 있는 세상이 열리는 것이다.

이러한 성과 덕분에 암호 경제와 블록체인을 활용하는 획기적인 시도를 할 수 있었고, 이로 말미암아 근본적인 변화가 도래했다. 스위트브릿지를 생각해 보라. 이 회사가 기업들에게 제공하는 네 가지 서비스는 블록체인이 없으면 불가능하다. 첫째, 대금을 조속히 지불하고 지불받으므로 유동성을 남길 필요가 없고 매출채권이 발생할 틈도 없어진다. 둘째, 신용 조사나 대출 신청 없이도 보유 자산을 담

---

* 기계처럼 보장되는 확실한 신뢰를 의미함.

보로 저리 또는 무이자 대출을 받을 수 있다. 셋째, 다른 기관과 서플라이 체인 자산의 미활용 역량을 공유해 미활용 역량을 새로운 수입의 원천으로 전환한다. 넷째, 서플라이 체인 전문가들에게 동기를 부여해 측정 가능한 결과(매출 증가와 비용 감소 등)를 바탕으로 서플라이 체인의 서비스 비용 지급을 최적화한다.

성과는 긍정적이다. 스위트브릿지 프로토콜 덕분에 신용장, 무역 금융, 운전 자본 없이도 서플라이 체인이 무사히 작동할 수 있다. 어떻게 이런 일이 가능할까? 스위트브릿지는 스마트 계약을 활용해 자산의 담보 가치를 바탕으로 사용자가 선택한 법정통화에 페그된 안정적인 암호화폐를 발행한다. 프로토콜은 회사가 차입하고, 동종의 암호화폐로 상환하는 대출채권처럼 작동한다. 스위트브릿지 프로토콜은 모든 자산의 가치를 현금 등가물로 전환하며, 회사는 이를 재무상태표에 현금으로 기입하고 다른 회사와 현금으로 거래할 수 있다. 또한 법정통화가 필요하다면 현금으로 교환할 수도 있다.

스위트브릿지는 앞서 논의한 디스카운트 토큰을 고안했다. 이는 국가 인프라부터 서플라이 체인의 유통 자산에 이르기까지 모든 자산을 담보로 자금을 조달할 수 있는 새로운 아이디어다. 고객들은 이러한 디스카운트 토큰을 구매해 사용하거나 다른 고객들에게 팔 수 있다. 스콧 넬슨Scott Nelson에 따르면, "더 많이 구입해 예치할수록, 더 많은 할인을 받을 수 있다. 네트워크가 더 많이 성장할수록, 더 많은 할인을 받을 수 있다." 말하자면, 고객들은 "네트워크를 성장시키고, 제품과 서비스를 활용하는 것에 대한 보상을 향유한다."[89] 그 결과 네트워크에 대한 충성도가 높아질 수 있다.

이 플랫폼은 서플라이 체인에서 거래 상대방에 따른 리스크를 제거할 수 있는 정산 절차를 제공해 준다. 이러한 정산 절차에 따르면 대금을 지불하기 위해 은행이나 신용카드 네트워크에 의지할 필요가 없다. 당사자들은 블록체인상에서 몇 분 만에 가치를 이전할 수 있기 때문이다. 대출채권이 상환되는 시점까지 중개 기관이 담보자산을 보유할 필요가 없다. 스위트브릿지는 네트워크상에서 충분한 유동성을 보유하기 위해 프로젝트 연합체를 결성했다. 회원들은 더욱 빠르고, 더욱 저렴하고, 더욱 안전하게 생산물을 취득할 수 있는 서플라이 체인을 시장에 구축하고자 협업하며, 이러한 공급 사슬에 따라 생산물을 유통하기 위해 스스로를 재편성하고 있다. 그들의 인지형 특성이 발현되는 셈이다.

베티나와 톰에 따르면, 각 조직의 리더들은 피할 수 없는 탈중앙화의 미래를 대비해야 한다. 첫째, 그들은 투명성을 받아들여야 한다. 투명성은 기업의 사회적 책임과 경쟁력을 확보하기 위한 핵심 요소다. 베티나와 톰에 따르면 "서플라이 체인의 투명성을 구현해 가장 정밀한 네트워크 국가를 추구하는 주체"가 탈중앙 경제의 최종 승자가 될 것이다. 둘째, 인력을 개발해야 한다. 스마트 계약을 프로그래밍할 수 있는 변호사 코더들뿐 아니라, 자신들의 설계작을 인류애와 결부시킬 레오나르도 다 빈치와 같은 아티스트 엔지니어들을 육성하는 것이다. 셋째, 공동의 목표를 위한 연합체를 구성해야 한다. 애셋 체인의 공유 거버넌스와 표준/모범 경영의 개발은 이러한 목표의 한 가지 실례다.[90] 이제 발동을 걸어야 할 시점이다.

블록체인과 고위 임원

지난 100년간, 학계와 비즈니스 리더들은 현대식 경영의 관행을 수립했다. 주요 이론, 학설, 경영자의 행위가 어우러져 기업을 효과적으로 조직해 왔다. 위계적, 배타적, 수평적, 수직적 통합을 전체적으로 병용했고, 이러한 기법은 지금까지도 효과를 발휘하고 있다.

2부 1장과 2장에서 우리는 블록체인이 기업의 속성뿐 아니라 자금 조달과 경영, 가치의 창출, 마케팅과 회계를 비롯한 기본적 기능의 수행 방식을 어떻게 뒤바꾸는지 다룬다. 경우에 따라 알고리즘은 기존의 경영 방식을 통째로 대체할 수도 있다.

블록체인이 기업의 저변 구조와 아키텍처를 바꾸다 보니 경영 모델과 임원들의 역할 또한 바뀌게 된다. 상황에 따라서는 수직적 통합이 타당할 수도 있으나, 전체 네트워크가 제품, 서비스, 주주의 가치를 창출하는 데 더욱 나은 구조로 자리 잡을 수 있다.

MIT 슬론 경영대학원MIT's Sloan School of Management의 초청 강사 어빙 블라다우스키 버거Irving Wladaysky-Berger는 이렇게 말한다. "고위 경영진의 핵심적인 책무는 과도한 기대와 유력한 전망 사이의 균형을 찾아가는 일입니다."[91] 그렇다면 기업의 임원들은 무엇을 준비해야 할까? "경영진은 블록체인을 지금 도입해 실험을 시작할지, 아니면 기술이 성숙할 때까지 기다려 더욱 공격적인 경쟁자에 비해 적은 리스크를 감수할지 선택해야 한다."[92]

CEO

블라다우스키 버거는 처음부터 블록체인을 '거래의 인터넷Internet of Transactions'이라 불렀다. 거래의 인터넷이란 지금까지 일어났던 모든 거래를 안전하게 기록하는 시스템이다. 그는 CEO들에게 "가장 단순한 소통 수단을 찾고, 왜 모든 기업이 블록체인 기술을 도입해야 하는지 알아야 한다"고 조언한다. 블록체인을 "갖추면서" 회사의 비즈니스 전략이 바뀌고, 회사의 브랜드 또한 미래 지향적으로 탈바꿈한다. 해외 언론 인터뷰와 국제 비즈니스 회의, IT와 금융 애널리스트 회의, 웹 문서, 고객과의 수많은 계약을 비롯해 다양한 채널을 통해 수많은 정보가 쏟아진다. 비즈니스 전략이 바뀌면서 기업의 블록체인에 끊임없이 이러한 정보를 투입해야 하며[93], CEO 자신이 이러한 분위기를 조성한다.

어빙 블라다우스키 버거는 이와 같은 제2세대 인터넷의 시대를 맞아 '거친 서부 정신'을 경계해야 한다고 주장한다. 그에 따르면 리더들은 경제 원리나 일반적인 행위 준칙에서 '이 규칙은 우리에게 해당 사항이 없어요'라는 투의 비생산적 메시지를 남발할 수 있다. '회사의 이익보다 주변의 평판이 중요하다'거나, '성희롱을 해도 괜찮다'는 등의 일탈적인 메시지 등이다. 하지만 그는 리더들에게 강력한 메시지를 전달한다. 조직 구조가 어떻게 변하건, "이러한 규칙들은 분명히 적용된다."[94]

대부분의 블록체인 이니셔티브가 초기 단계에 있으므로, 블록체인의 미래와 비즈니스에 대한 영향을 알고 싶은 CEO들은 기대 수위를 조절하며 집단적인 실험과 참여를 통해 배우겠다는 자세를 견지할 필요가 있다.

최고정보관리책임자CIO, 최고기술경영자CTO

기업의 최고정보관리책임자Chief Information Officer와 최고기술경영
자Chief Technology Officer•는 늘 조직이 적시에 필요한 기술을 갖추고
펼치는지 점검해야 했다. 제4차 산업혁명은 블록체인뿐 아니라 머
신 러닝,•• 로보틱스, 사물인터넷, 생명공학까지 아우른다.95 조직은
CIO와 CTO에게 비즈니스 전략을 실행하는 일뿐 아니라, 일련의 기
술을 활용하기 위해 비즈니스 전략을 만들어 내는 일까지 요구하고
있다. CIO와 CTO는 예지력과 소통력을 발휘해 업계의 임원 동료들
에게 이러한 기술의 잠재력을 이해시키고, 관련 사례를 공유해 같은
방향으로 유도하고, 시범 프로젝트를 제안해야 한다.

그들은 또한 기업을 넘나들며 혁신을 조율해야 한다. 수상 경력에 빛
나는 CIO이자 CTO인 올리버 버스맨Oliver Bussman에 따르면, "블록체
인 기술은 비즈니스 로직과 프로세스를 기업의 저장 창고에서 뽑아내 더
욱 넓은 생태계와 공유된 블록체인들에 이식하면서 기업의 외부 프로세
스뿐 아니라 기업 내부의 조직 구조에 심대한 영향을 미칠 수 있다."96

이러한 준비를 위해 CIO와 CTO들은 기업 내부 또는 네트워크 차
원에서 필요한 기술, 능력, 관계의 개발에 착수할 수 있다. 이미 유
능한 블록체인 개발자와 스마트 계약 및 블록체인 통합 분야의 전문
가들이 품귀 현상을 겪고 있다. 블록체인 회의와 관련 컨소시엄에

• 보통 금융권과 제조업권에서는 CIO를 최고투자책임자, CTO를 최고세무책임
자로 지칭하는 것이 일반적이나 이 장에서는 두 용어를 각각 최고정보관리책임자
와 최고기술경영자로 사용하고 있다는 점을 유의할 것.
•• 인공 지능의 한 분야로 인간의 학습 능력 등을 컴퓨터에서 실현하려는 기술.

참여하는 것은 인적 네트워크를 쌓는 데 도움이 될 수 있다.

이들은 또한 퀀텀 컴퓨팅에 관심을 기울일 필요가 있다. 퀀텀 컴퓨팅quantum computing •••은 극도로 난해한 수학 문제를 훨씬 빨리 풀기 위해 기존의 비트가 아닌 퀀텀 비트(또는 '큐빗')을 활용한다. 필자들은 3부 1장에서 퀀텀의 위협을 언급했다. 생각보다 퀀텀 컴퓨팅이 가까이 다가왔다는 사실을 깨닫는다. 워털루대학 퀀텀 컴퓨팅 연구소의 전문가들에 따르면, 2026년까지 일곱 명당 한 명 꼴로 퀀텀 컴퓨터를 사용할 것이라 말한다. 10년도 남지 않은 셈이다! 2031년이 되면 이 비율은 두 명당 한 명 꼴로 줄어든다. "엄청나게 강력한 퀀텀 컴퓨팅이 도래한다면 지금 사용되는 공개 키 암호 방식을 무너뜨리고 대칭 키 암호 방식 또한 약화시켜, 우리의 인프라와 시스템을 방어하는 사이버 보안을 뒤흔들 수 있습니다." 워털루대학의 미셸 모스카Michele Mosca 팀이 한 말이다. "공개 키 암호 방식에 철저히 의지하는 블록체인이 이러한 외부적 위협으로부터 자유로울 것이라 장담할 수 없습니다."[97] CIO와 CTO들은 그들이 도입한 블록체인이 퀀텀의 위협을 방어할 수 있도록 조치해야 한다.

최고인사책임자: 인재를 확보할 더 나은 방법

인적 자원은 제대로만 관리한다면 비용 부문이 아닌 전략 자산이 될 수 있는 분야다. 계약 직원의 고용이 늘어나고, 기존의 조직 경계

••• 원자의 집합을 기억 소자로 간주하여 원자의 양자 역학적 효과를 기반으로 방대한 용량과 초병렬 계산이 동시에 가능한 컴퓨터.

를 벗어나는 활동이 많아지면서 인사 관리가 점점 어려워지고 있다. 가장 시급한 걱정거리는 다양성이리라 짐작된다. 알려진 바대로, 블록체인 업계는 남초 현상이 두드러진다(업계의 기술 인력 가운데 최고로 꼽히는 사람들 중 상당수가 여성인데도 그렇다). 기술 분야는 다른 업계와 비교해 보면 유색 인종의 비율이 16~18%로 많이 낮은 편이며, 모든 컴퓨터 관련 업종에서 여성의 비율 또한 25%에 그칠 뿐이다.[98] "실리콘 밸리의 모든 인력들은 성차별에 불만이 많다. 블록체인 생태계는 특히 이러한 현상이 심하다." ICANN의 부위원장 및 인터넷학회의 이사를 역임했고, 현재 홍콩 베리파이VeriFi의 위원장으로 일하고 있는 핀다 옹Pindar Wong은 이렇게 말했다. "바람직하지 못해요. 다양한 의견을 충분히 들을 수 없죠. 인공두뇌학의 첫 번째 원칙인 애시비의 필요한 다양성의 법칙Ashby's law of requisite variety으로 돌아가 보면, 내 생각이 어떻건, 남성, 여성, 동성애자, 이성애자, 연령을 가리지 않고 다양한 시각을 들어볼 필요가 있습니다."[99] 문제 해결이 난관에 부딪혔을 때, 자문해 보아야 할 핵심 질문은 다음과 같다. "이 방이나 온라인상에 있는 사람들이 다양한 사람들로 구성되어 있나요?" 여기에서 목표로 삼아야 할 것은 생각의 오류를 피하기 위해 '필요한 다양성'을 유지하는 일이다. 옹은 이렇게 말했다. "동등하게 취급되는 다양하고 폭넓은 시각들을 확보한다면 생각의 오류를 피할 수 있습니다."[100]

HR Human Resource 전문가가 블록체인을 활용해 적합한 사람들을 발굴하고, 고용 계약을 협상하고, 계약 조건을 이행하고, 성과를 조율한다면, 다양한 인력을 규합하고 할당하는 과정을 기존의 인력 관리 모델에 비해 훨씬 효율적이고 이익이 되는 방향으로 진행할 수 있다. 글라스비드컨설팅Glass Bead Consulting사를 창립한 앤디 스펜스Andy Spence는 블록체인이 세 가지 방면에서 HR 기능을 바꾸리라 예상한다. 첫째, 채용과 관련한 근본적인 이슈를 해소할 수 있다. 지원자의 블랙박스를 탐문하는 방법으로 신원 관리와 자격 사항의 검증이 가능하며, 업무 성과나 일한 시간에 따라 실시간으로 보상이 가능하다. 둘째, 더욱 광범위한 인재 생태계를 촉진할 수 있고, 풀타임 고용 계약을 줄일 수 있다. 셋째, "자율적으로 인력과 서비스를 끌어들여 프로젝트를 소싱하고 실행하는 것이 가능해진다."[101]

스펜스는 최고인사책임자들에게 "충원해야 할 인력의 관점보다 조달해야 할 업무의 관점에서 생각해 보고", 포트폴리오 커리어*, 검증된 커리어 프로필, 디지털 자격증(오픈배지** 라고도 알려져 있다)을 우위에 두라고 조언한다. 그는 "HR이 블록체인뿐 아니라 인공지능, 로보틱스, 사물인터넷 등 신기술의 개척자가 될 수 있다고 주장한다. 이들 분야는 기존의 직업을 없애고 새로운 직업을 만들 수 있다." 결국에는 HR 전문가가 담당하는 기능을 재편해야 할 수도 있다. "급여 관리, 기업 교육, 인력 육성, 채용, 성과 관리, 복지 관리"와 같은 기존의 HR 활동이 더 이상 필요하지 않기 때문이다. 그 대신, 기업들은 효율성, 공정성, 포용성을 유지하기 위해 자율적인 팀의 결성을 권장하고, 팀의 성과를 계량하고 예측하며, 인력 시스템

---

* 파트타임 직업 여러 개를 동시에 수행한 커리어를 의미함.
** 특정 교육 과정을 이수할 경우 부여하는 일종의 확인서.

을 보호하는 데 집중해야 한다.[102]

최고마케팅경영자: 고객과 이어지는 더 나은 방법

온라인상에서의 행위를 추적하거나 포착해 고객의 특성을 파악하는 것이 불가능하므로, 회사의 마케팅 및 세일즈 담당 직원들은 잠재 고객군의 블랙박스를 탐문할 필요가 있다. 어떤 소비자는 사은품을 받고 자신의 정보에 접근하도록 허락할 수 있고, 어떤 소비자는 수수료를 받고 자신의 정보를 기업에 양도할 수도 있다. 하지만 기업들은 더욱 정밀하게 타겟 고객층을 특정할 수 있으므로 분석 결과의 품질은 향상되기 마련이다. 블록체인의 속성은 웰스파고의 고객 명의 도용과 같은 부정 사례를 예방할 수 있다.

중개 수수료를 없애고 제도적 편견을 불식하는 장점도 있다. 네버스톱마케팅Never Stop Marketing*의 CEO, 제레미 엡스타인Jeremy Epstein은 스마트 계약이 SEO**와 가격 협상을 개선할 수 있다고 생각한다. 광고주들은 그들의 광고 예산 가운데 어떤 요소가 성과를 냈는지 정확히 알 수 있다. "관심을 끌기 위한 비용 및 내 고객으로 만들기 위한 비용을 정확히 알 수 있습니다. 대규모 분석도 가능해질 겁니다." 그는 이렇게 기술했다. "블록체인 기반 ID 시스템으로 전환되면서, 우리는 관심 끌기에 대한 보상pay for attention 모델을 목격하게 될 것입니다."[103] 엡슈타인은 브레이브소프트웨어Brave Software

---

* 블록체인 마케팅 업체.
** 검색엔진최적화.

의 접근 방식을 설명했다. 브레이브소프트웨어는 이른바 '베이직 어텐션 토큰BAT'을 소개하는 한편, 광고와 쿠키를 차단하는 무료 웹 브라우저를 내놓았다. 엡스타인은 이렇게 설명했다. "토큰은 광고주가 개인의 관심 노력을 보상하는 메커니즘입니다. 우리는 브레이브와 BAT를 통해 최종 사용자에게 관심의 대가를 직접 지급할 수 있습니다. 페이스북이나 구글에 광고비의 73퍼센트를 지급하지 않아도 되는 것이죠."104 주지한 바처럼, 유통업체와 제조업체들은 보관 비용을 제거하고 소비자 정보를 보호할 수 있다.

법무책임자: 변호사들이 코드 개발에서 담당하는 새로운 역할

단기 계약을 협상하고 이행을 강제하는 데 너무 많은 노력이 들어간다면 장기 계약의 필요성이 대두될 수 있다. 로널드 코스와 그의 후학들은 기업이란 본질적으로 이러한 장기 계약을 창출하기 위한 틀이라고 주장했다. 블록체인은 장기 계약, 단기 계약을 불문하고 계약 체결을 촉진할 수 있다. 기업들은 스마트 계약을 통해 계약의 내용을 자동화하고, 원자재 가격이나 환율과 같은 외부 데이터 필드를 참조하기 위해 오라클과 같은 에이전트를 활용할 수 있다. 또한 스마트 계약은 경고를 발동하고, 지급을 보장해 줄 수도 있다.

스마트 계약은 스스로 집행되기에 기업들은 스마트 계약을 섣불리 체결할 수 없다. 변호사들이나 기타 중간 책임자들은 스마트 계약의 양식을 어떻게 검토하는지 배워야 하고, 스마트 계약의 소프트웨어가 계약 당사자들이 합의한 내용을 반영하는지 점검해야 한다. "너만의 암호를 펼치지 말라"는 경고 문구를 기억해야 한다.

피어 리뷰Peer Review나 제3자의 검증 없이, 스마트 계약을 보호하기 위해 검증되지 않은 새로운 암호화 수단을 만들지 말라는 뜻이다. 여기에서 아이오타IOTA의 사례를 경계해야 한다. 아이오타는 컬Curl 해시* 기능을 자체 도입했다.105 아이오타는 사물인터넷을 무너뜨리기 위해 탱글(tangle, 해시그래프가 활용하는 방향성 비순환 그래프로도 알려져 있다)의 개념에 따라 개발한 블록체인 프로토콜이다. 아이오타 팀은 이들의 해시 기능을 '컬'이라 이름 붙였다.106 보스턴 소재 코몬웰스크립토Commonwealth Crypto와 MIT디지털커런시이니셔티브MIT's Digital Currency Initiative 암호학자들은 컬과 관련한 보안상의 문제를 밝혀냈다. 하지만 아이오타의 반응은 미온적이었고, 우려스러웠다.107 스마트 계약을 만들고 구동하려면 검증된 방법을 활용해야 하고, 새로운 블록체인이나 ICO 이면의 디앱 코드를 분석할 수 있는 전문 인력을 갖추는 게 바람직하다.

변호사들도 블록체인, 스마트 계약, ICO, 특허를 속속들이 알고 있어야 한다. 이러한 지식은 특정 관할지에 한정되지 않고, 헬스케어, 금융 시장, 제약업, 의료 기기와 같이 규제가 심하고 특허가 풍부한 분야를 아울러야 한다. 기업의 법무 책임자는 이 분야의 특허 전략에 정통하고 싶을 것이다. 폴시넬리Polsinelli**의 주주이자 변호사인 토머스 아이작슨Thomas Issacson에 따르면 블록체인 혁신가들은

---

* 해시는 정보의 위변조, 즉 정보의 무결성을 확인하기 위한 방법으로 임의의 문자열을 고정된 길이의 값으로 변환하는 것을 말함.
** 20개 사무소에 800명의 변호사를 두고 있는 미국의 대형 로펌.

발명품으로부터 이익을 얻고, 타인이 그들의 발명품을 사용하지 못하도록 방지하고, 제3자에게 발명품의 사용을 허락하기 위해 특허를 신청한다. 특허의 장벽은 높은 편이다. 아이작슨은 이렇게 기술한다. "블록체인 특허 신청은 세 가지 기준을 충족해야 한다. 이 세 가지 기준은 적격성, 독창성, 비자명성이다. 자명성을 판단하기 위한 질문은 풍부하고도 심오하다. 블록체인 기술에 바탕한 유용한 신규 프로세스가 특허 적격성을 지니는지는 불명확하다. 특허법원은 불특정 컴퓨터들상에서 지금도 실행되는 비즈니스 관행을 우호적인 시각으로 보지만은 않을 것이다. 신청 내용이 더욱 한정되고 집중될수록, 해당 내용이 받아들여질 확률은 높아진다."[108]

기업의 임원들을 위한 공정한 거래

2017년에는 고위급 인사들의 스캔들이 또 한 번 불거졌다. 우버는 단속 인원을 피해 가기 위해 불법적으로 작동하는 '그레이볼'이라는 프로그램을 사용했다는 이야기가 들린다. 에퀴팩스는 충분히 사전에 예방할 수 있었는데도 개인 정보 1억 4천 5백만 건을 도단당했다. SEC애틀랜타 사무소에 따르면 에퀴팩스의 이사 한 명이 "이 뉴스가 공표되기 전에 자신이 보유하던 에퀴팩스 주식을 처분하는 내부자 거래를 저질렀다"고 한다. 고베제강과 미쓰비시자동차는 품질을 조작했고, 웰스파고는 140만 개의 가공 계좌 개설을 묵인한 것은 물론(이미 저질렀던 210만 개는 별도로 한다), 57만 명의 고객을 필요 없는 자동차 보험에 가입시켜 일부 고객들이 채무불이행에 빠지는 사태를 초래했다.[109] 해가 갈수록 기업의 이사들은 부정직한 행동을 들키는 경우가 많고, 직원들에게도 정직하게 행동하라는 유인을 불어넣지 못한다.

주주들은 스마트 계약을 통해 이사들에게 책임을 부담시킬 수 있다. 이사들은 소프트웨어가 정해 주고 집행하는 대로 약정 사항을 이행해야 한다. 기업들은 계약 관계와 이행 결과의 파라미터를 프로그래밍해 계약 당사자가 무엇을 약정했고, 각 당사자가 계약을 잘 이행하고 있는지를 누구에게라도 알려줄 수 있다. 주주들은 다중 서명 계약으로 리스크가 높은 경영 의안에 투표권을 행사할 수 있다.

블록체인상에서 경영진은 재무상태표의 적정성을 1년에 한 번씩 감사받지 않아도 된다. 경영진의 호불호와는 무관하게 기업의 재무상태표는 10분 단위로 적정성을 검증받으므로 외부감사를 받을 필요가 없다. 블록체인은 사람의 실수를 없애 주고, 회계 부정을 예방한다. 주주들과 규제 기관은 어느 시점에라도 기업의 재무상태표를 점검할 수 있다. 투자자들은 사실을 바탕으로 그들만의 투자 적격 등급표를 만들 수 있다. 각자의 주관을 내세우는 신용평가기관은 더 이상 필요가 없어진다. 주주들은 현실의 결과를 대가로 이사진에게 보상을 안겨 줄 수 있다.

새로운 시대를 위한 거버넌스와 리더십

블록체인 혁명의 관리 감독
블록체인 혁명은 어떤 방향으로 전개될까? 이 책에서 언급한 것처럼 필자들은 "미래는 예측하는 것이 아니라, 성취하는 것이다"라는 입장이다. 그래서 우리는 블록체인 시대가 제1세대 인터넷과는 달리 국가, 국가 주도 기관, 기업들에게 지배당해서는 안 된다고 주장했다.

물론 규제 기관의 역할은 존재한다. 제1세대 인터넷은 초창기 시절 규제에서 자유로웠다. 하지만 요즘은 스팸과 프라이버시부터 이른바 망중립성net neutrality에 이르기까지 여러 국가들이 법을 만들어 인터넷을 규제하고 있다. 제2세대 인터넷에서는 더욱 광범위한 정부의 개입이 필요하다. 제2세대 인터넷은 정보와는 다른 '자산'을 다루다 보니 공공의 이익이라는 개념이 더욱 확실히 부각될 수밖에 없기 때문이다.

하지만 글로벌 자원으로서의 '정보의 인터넷' 규제는 가치의 인터넷이라는 새로운 자원을 규제하기 위한 참고 모델이 될 수 있다. 블록체인은 정부에 의지하기보다, 상향식으로 자율 규제되어야 하며 이른바 '글로벌 거버넌스 네트워크'를 활용하는 다수 당사자의 접근 방식을 취해야 한다. 글로벌 거버넌스 네트워크란 3부 2장에서 언급한 개념으로, 글로벌 문제를 해결하기 위해 다수 당사자의 네트워크를 탐구했던 필자들의 수백만 달러 규모의 프로젝트에서 처음으로 소개했다.110

그 이후로 우리는 이 이슈를 더욱 깊이 파고들었다. 우리는 블록체인 생태계의 핵심 인사들을 캐나다 온태리오 무스코카Muscoca의 호수가 딸린 우리 집으로 초대해 이야기를 나눴고, 그 결과 블록체인 스튜어드십에 대한 무스코카 그룹 성명서Muscoca Group Manifesto를 기안할 수 있었다.111 또한 다보스포럼이 의뢰한 백서를 완성했다.112 블록체인 연구소의 연구진은 이 백서를 탐독해서 아주 유용한 교재를 만들었다.

우리는 블록체인에 몸담고자 하는 모든 사람들에게 알려줄 중요한 결론에 도달했다. 정보의 인터넷은 유사한 네트워크들의 네트워크다. 하지만 블록체인은 이와 다르다. 블록체인은 기초 플랫폼이나 프로토콜 단계에서 세분화된다. 따라서 유사한 네트워크들의 광대한 네트워크인 정보의 인터넷과 달리, 가치의 인터넷인 블록체인은 한 단계가 아닌 세 단계의 스튜어드십이 필요하다.

1. 각 '플랫폼'은 스스로를 관리·감독해야 한다. 생태계, 표준, 용례를 개발하고 기술의 건실한 선개를 보장해야 한다. 지난 2년간, 이와 관련해 중요한 개선들이 이어졌다. 비트코인 커뮤니티들은 분화를 거듭하는 한편 확장성을 위한 다양한 솔루션들을 실행하는 중이며, 라이트닝 네트워크가 등장해 급속한 확장이 이루어진다. 이더리움은 합의에 의한 위기관리를 시도하는 한편 지분 증명의 실행도 계획하는 중이며, 표준을 조율하기 위한 시급성으로 말미암아 하이퍼레저가 부상했다.

2. '애플리케이션' 단계에서는 온갖 컨소시엄이 결성되는 중이다. 페덱스나 펩시와 같은 기업들은 표준을 수립하고 공통의 애플리케이션을 개발하기 위해 산업 파트너, 심지어는 경쟁사와도 협업하고 있다. EEA의 결성에서 드러나듯, 플랫폼들은 이러한 애플리케이션 단계의 파트너십을 권장한다. EEA는 이더리움을 사용하는 기업들의 애플리케이션 단계 표준을 수립한다.

3. 전반적인 '생태계' 단계에서는 연구를 수행하고 지식을 전파하는 블록체인 연구소와 같은 네트워크와, 글로벌블록체인비즈니스협의회Global Blockchain Business Council나 디지털상공회의소Chamber of Digital Commerce와 같은 지원 그룹이 있다.

필자들의 '글로벌 솔루션 네트워크' 틀을 이러한 각 단계에 적용해 볼 수 있다.[113] 이 분야의 이해관계인들은 표준 네트워크를 통해 공통된 기반을 코드화할 수 있다. 또한 네트워크형 기관을 통해 현안에 대한 다양한 시각을 품는 사람들이 늘어날 수 있다. 지원 네트워크를 통해 회원들의 관심사와 제약 사항들을 존중하고, 감시 네트워크를 통해 해악을 끼치는 사람들이 없도록 예방할 수 있다. 정책 네트워크를 통해 정책 토론에 참여하고 규제 정책을 조율할 수 있으며, 지식 네트워크를 통해 정보를 빨리 파악할 수 있다. 전달 네트워크를 통해 대량 협업의 이점을 누릴 수 있다는 것을 기억하면 좋겠다.

이는 아주 핵심적인 작업이다. 기술을 제공하는 측이나 기술을 사용하는 측 모두 유의해야 할 부분이다. 내가 속한 조직에서 얼마나 이 기술이 필요하느냐를 넘어, 기술적 도전에서부터 악법의 입법에 이르기까지 온갖 미로와 같은 난관을 뚫고 블록체인 혁명을 어떤 방향으로 끌고 갈지를 아울러 고민해야 한다.

블록체인 무대의 윤곽: 성공을 위한 일곱 가지 조건

실리콘 밸리는 디지털 혁명, 금융, 비즈니스 모델을 잉태하고 변형시켜 온 현대적 엔진으로서의 역할을 수행해 왔다. 실리콘 밸리는 벤처 캐피탈과 기업 활동의 중심지이자 FANG(페이스북, 애플, 넷플릭스, 구글)의 본산지였다. 하지만 제2세대 인터넷의 시대에는 자리를 물려주어야 할 운명으로 보인다. ICO와 STO가 벤처 캐피탈의 자리를 대체하는 중이며, 구 패러다임의 리더들은 새로운 패러다임을 받아들이는 데 고충을 겪고 있다.

블록체인을 위한 단일 허브가 가능할지도 의문이다. 블록체인 기술은 탈중앙화 방식에 따라 설계되었다. 실리콘 밸리 바깥에서 활동하는 각 지역의 개척자들이 초국가적으로 협업해 초기의 프로토콜을 개발했다. 이 과정에서 블록체인의 기반 혁신을 주도하는 허브들이 세계 각지에서 등장했다.

실리콘 밸리가 아니라면 차기 후보지는 어디일까? BRI의 연구자 힐러리 카터Hilary Carter와 질 런들Jill Rundle에 따르면 모든 블록체인 허브들이 동일한 속성을 띠는 것은 아니지만, 앞서가는 국가적 규모의 생태계들은 대략 다음과 같은 특징을 보인다고 한다.[114]

인큐베이터와 기업 활동

혁신이란 오로지 혁신을 위해 조성된 환경에서 싹튼다. 토론토에 소재한 마스MaRS, 원일레븐OneEleven, 라이어슨대학의 DMZ와 같은 인큐베이터들은 블록체인 기업 활동이 융성할 수 있는 우호적인 환경을 제공해 왔다. 인큐베이터가 있는 지역은 없는 지역에 비해 유리하기 마련이다.

기업 리더십

블록체인 혁신의 핵심 당사자들은 기존의 사업체들과 긴밀한 관계를 맺기도 한다. 기업들이 호기심을 갖고 혁신의 주체로 나설 수 있는 분야에서 블록체인 개발이 남달리 융성할 수 있다.

교육 기관

명망 있는 컴퓨터 과학 학교들이 엄청난 블록체인 혁신 생태계를 창조할 수 있다. MIT, 싱가포르국립대학, 스위스취리히연방공과대학, 스탠퍼드대학, 미들섹스대학, 토론토대학, 워털루대학, 요크대학의 노력에 경의를 표한다. 캘리포니아버클리대학은 '버클리의 블록체인' 프로그램으로 실리콘 밸리를 부활시킬 수도 있을 것이다.

투자 환경

앤젤 캐피탈, 벤처 캐피탈 및 막강한 금융 서비스 산업들은 혁신을 위해 리스크를 감수해야 한다. ICO를 활용하는 기업들은 금융에서의 장벽을 극복하기 위한 분산형 금융 메커니즘으로 블록체인을 이용한 것이다. 규제 장벽을 가장 시급히 극복해야 하는데도, 기존의 금융 관련 장벽들은 많은 벤처들이 비상할 수 있는 기회를 꺾어 버렸다.

정부 지원

정부의 역할 가운데 가장 중요한 것은 스스로 이 기술의 모범 사용자가 되는 것이다. 정부 차원의 커뮤니티 기반 계획은 직접 혁신을 위한 자금을 지원할 수 있다. 중국 정부는 항저우와 광저우에서 블록체인 개발에 천문학적 금액을 쏟아붓고 있다. 캐나다의 슈퍼클러스터 혁신 프로젝트는 블록체인 관련 다수 프로젝트에 10억 달러를 투자했다. 이스라엘의 인당 유니콘* 수는 세계 최고를 자랑한다.

규제 환경

앞서 설명한 것처럼 정부는 혁신을 도울 수도, 방해할 수도 있다. ICO는 새로운 자금 조달 수단이며, 이를 과도히 규제하거나 규제를 하지 않는 것 모두 바람직하지 않다. 벨라루스나 우크라이나처럼 ICO를 마음껏 허용하는 국가는 큰 문제를 겪을 수도 있다. 하지만 일부 국가의 생각대로 비트코인, ICO, STO, 암호화폐 거래소를 금지한다면, 향후 수십 년간 혁신을 포기해야 할지도 모른다. 이것 말고도, 과세 문제를 비롯한 수많은 규제 관련 이슈가 존재한다.

인력 커뮤니티

많이 공부한 인력들은 혁신을 뿌리내리기 위해 중요하다. 어떻게 해야 인력의 유출에 비해 유입을 앞당길 수 있을까? 캐나다가 이러한 흐름을 유리하게 끌고 간 것은 도널드 트럼프 덕분만은 아니다. 2017년 11월, 토론토 시장 존 토리John Tory가 필자들의 블록체인 연구소를 상대로 공언한 바에 따르면, 토론토를 글로벌 기술 리더로 만들기 위해 다른 나라의 인재를 끌어들이고, 미국으로 건너갔던 캐

---

* 자산 가치 10억 달러 이상의 기술기업을 말함.

나다 인력들을 다시 돌아오도록 설득할 예정이다.

리더십을 발휘하는 국가들: 선두 주자 10개국

블록체인 혁명을 누가 이끌 것인지는 아직 지켜봐야 한다. 여기에서 승리하는 국가는 향후 몇 십 년간 혁신 경제의 선두 주자가 될 것이다. 블록체인 경쟁에 뛰어든 국가들을 알파벳 순으로 나열해 본다.[115]

호주

호주에서도 블록체인 혁명이 만발하는 중이다. 호주블록체인협회Blockchain Association of Australia, 호주전자화폐상업협회Australian Digital Currency Commerce Association를 비롯한 업계 커뮤니티와 지원 그룹이 늘어나는 중이며, 크로노뱅크ChronoBank와 같은 혁신적인 애플리케이션이 시장을 선점하고 있다. 최근에 호주는 비트코인을 사용하는 거래에 면세 혜택을 부여했다. 호주증권거래소Australian Securities Exchange는 2년간의 시험 끝에 블록체인을 도입한다는 역사적인 발표를 감행했다.

캐나다

필자들이 보기에 캐나다는 세계 최대의 블록체인 생태계를 갖춘 나라다. 비탈리크 부테린은 이더리움을 개발하기 위해 워털루대학을 자퇴하기까지 했다. 세계 최대 규모의 인큐베이터들 중 상당수가 토론토에 본사를 두고 있으며, 5개의 은행이 금융 산업의 혁신에 매진하고 있다. 누코/아이온Nuco/Aion, 페이케이스Paycase, 텐더민트/코스모스Tendermint/Cosmos, 디센트럴Decentral과 같은 전 세계적으로 촉망받는 스타트업들은 토론토 지역에 단단히 자리를 틀고 있다. 반벡스Vanbex, 액시엄젠Axiome Zen, 프런티어파운드리Frontier Foundry는 밴쿠버에 기지를 세웠다. 시원한 날씨와 풍부한 에너지 자원을 자랑하는 퀘벡은 암호화폐 채굴을 위한 선호지로 부상하는 중이다. 정부는 지원을 아끼지 않고 있으며, 캐나다중앙은행Bank of Canada 또한 혁신을 선도하고 있다. 필자들의 블록체인 연구소가 소재한 토론토는 블록체인의 철학을 선도하는 글로벌 센터라고 말하고 싶다.

중국

중국에서의 블록체인과 디지털 화폐는 복잡하다는 표현이 제일 잘 어울린다. 중국은 지배층의 입장에서 이익이 될 기술을 실행하거나, 위협이 될 사항을 규제하기 위해 방대한 자원을 움직일 수 있는 나라다. ICO, 암호화폐 거래소, 비트코인 채굴을 금지하는 대규모 정부 주도 계획은 기업 활동을 방해했다. 하지만 중국은 블록체인 기반 법정 통화와 경제 성장을 촉진할 기타 혁신안을 용인하는 등, 다른 측면에서 블록체인의 혁신을 장려하고 있다.

두바이(아랍에미리트)

블록체인 혁신가 비니 굽타Vinay Gupta가 주도한 두바이의 블록체인 전략은 기술 혁신을 추구하고 평가하고자 2016년에 기획되었다. 블록체인의 도입에 따른 기술 혁신은 안전하고 단순한 거래를 실현해 두바이를 가장 효율적인 도시로 만들어 준다. 아랍에미리트의 왕자는 2020년까지 모든 정부 문서를 블록체인에 탑재하도록 계획하는 중이다. 아시아와 아프리카의 관문인 두바이가 서플라이 체인, 운송 계획, 정부 서비스에 미치는 영향은 엄청나다.

에스토니아

발트해 연안의 이 작은 국가는 블록체인으로의 변신을 위한 엄청 난 행보를 보여 주고 있다. 신원 관리를 비롯해 거의 모든 공공 서비 스는 디지털화된 지 오래다. 에스토니아의 데이터는 탈중앙화되어 대량 유출의 가능성을 차단한다. 저변의 블록체인 자산들은 법적 효 력을 인정받아 의료, 교육, 금융, 행정 정보들이 플랫폼을 통해 즉 시 검증된다. 예컨대 비상 구조 인력은 응급환자에게 도달하기 전 에 환자의 의료 기록을 열어 볼 수 있고, 병원에 가는 길에 이 정보 를 사전 등록할 수도 있다. 에스토니아에서는 멀리 떨어진 전자시민 e-residents을 위한 스마트 계약을 실행할 수 있으므로 지역 주민과 지 방 정부는 반드시 밀착할 필요가 없어진다.

싱가포르

싱가포르는 미국과 스위스 다음으로 세계 3위의 ICO 시장을 자 랑하며, ICO의 선두 주자로서 아시아의 허브 역할을 담당하고 있 다.116 두바이와 마찬가지로 이 도시국가는 나름의 '스마트 국가'를 향한 행보를 가속하며, 의료 · 보건, 핀테크, 교육, 자율주행차, 대중 교통과 같은 분야의 신기술 도입을 능률화하기 위한 정책을 세우고 인프라를 구축한다.

2016년, 토지 거래를 완료하는 데 걸리는 시간이 몇 개월에서 몇 분으로 줄어든다는 사실이 밝혀지자 스웨덴에서는 토지등록부에 블록체인 기술을 도입하기 위한 프로젝트가 시작되었다. 스톡홀름은 유럽의 선도적 디지털 도시로 자리를 굳혔고, 런던에 뒤이은 핀테크 허브로서의 명성을 자랑하고 있다. 비트코인 채굴 커뮤니티들은 데이터 팜*을 냉각시키기 위해 스웨덴의 추운 날씨를 이용한다. 북부 스웨덴 도시 보덴Boden은 북극점을 의미하는 노스 폴North Pole의 발음을 재치 있게 활용해 '노드 폴The Node Pole'이라는 별명으로 스스로를 지칭한다.

스위스의 정치 체제는 세계에서 가장 분권화(탈중앙화)된 체제이므로, 탈중앙화 원장 시스템이 새로운 기회로 부상할 확률 또한 그만큼 높아 보인다. 추크 시에 '크립토밸리'라는 별명이 붙은 것은 금융에서의 프라이버시를 중시하고, 낮은 법인세를 유지하는 스위스의 전통이 한몫을 담당한 느낌이다. 추크 시는 다수의 비트코인 애셋 매니저, 브로커, 화폐 교환소를 끌어들여 디지털 화폐의 중심지로 자리 잡았다. 업계의 인력들이 모여들자, 추크의 고위 공무원들은 이 기술을 포용하는 방향으로 화답했다. 추크에서는 비트코인으로 공공요금을 납부할 수 있고, 비트코인 거래소인 비트코인 스위

---

* 대용량 데이터 저장소를 의미함.

스Bitcoin Suisse는 6억 3천 5백만 달러의 ICO를 성사시켰다. 크립토밸리협회The Crypto Valley Association는 정책, 규제 개선, 스타트업, 투자를 위한 워킹 그룹을 지원하고 있다.

영국(런던)

영국의 블록체인 스타트업 활동은 미국에 비해 16.7% 수준이다. 영국의 핀테크 분야는 활기가 넘치고 경쟁 또한 치열하다. 런던블록체인위크The London Blockchain Week는 매년 개최되는 컨퍼런스로 최근에는 정부 차원의 계획에 화두를 집중했다. 영국에서는 ID 도난 사례가 많다 보니, 정부가 새로운 ID 관리 모델에 우선순위를 두고 있다. 영국중앙은행 총재 마크 카니Mark Carney는 2016년 맨션 하우스 연설에서 금융 서비스의 블록체인 애플리케이션 개선을 우선순위로 두겠다는 의지를 표명했다.

미국(뉴욕과 실리콘 밸리)

블록체인 개발 분야의 최대 시장이 미국인 것은 당연하며, 이 분야의 스타트업 40%가 미국에 모여 있다. 미국은 인터넷 시대를 주도하면서 유리한 지위를 선점했지만, 레거시 시스템**에서 비롯된 장애 요인이 적고 규제를 완화한 소규모 지역들이 늘어나면서 이러한 지위를 위협받고 있다. 실리콘 밸리에서 성장한 기존의 강자들 가운데, 마크 앤드리슨이나 스퀘어코인Squarecoin 프로젝트를 시도한

** 기업 내에서 오랜 시간 사용해 온 플랫폼이나 애플리케이션.

트위터의 잭 도시Jack Dorsey처럼 블록체인 기술을 끌어안은 혁신가나 벤처 캐피탈리스트들은 이 분야에서도 여전히 강자로 남을 것 같다.

앞서 나열한 10개국은 진정한 리더십을 보여 주고 있다. 이들은 규제와 거버넌스의 불확실성을 헤쳐 나가 블록체인 이니셔티브를 끌어안는 데 아주 유리한 지위를 선점했고, 일부 사례에서는 특히 이러한 경향이 두드러진다. 제2세대 인터넷에서 실리콘 밸리와 같은 지역은 탄생하지 않을 것 같다. 블록체인이 경제적 가치를 지리적으로 사전 분산하며 합리적인 규제를 통해 새로운 경제 질서를 실현한다면, 글로벌 중심지 또한 기술의 탈중앙화에 따라 자리를 잡아 가리라.

제2세대 인터넷을 선도하려는 국가는 성공을 위한 일곱 가지 조건을 갈고닦아야 한다. 업계, 정부, 민간에 포진한 사려 깊고 존경받는 리더들을 영입해 국가 차원의 디지털경제 태스크포스를 조직하고 명망 있는 민간 인사를 위원장으로 선임하도록 고려해 보라. 이 태스크포스에 6개월 정도의 시간을 허락해 핵심 이해 당사자뿐 아니라 모든 국민을 대상으로 삼는 국가적 토론을 기획하고, 모두가 역할을 할당받는 액션 플랜을 개발해 보라.

리더들의 역할

이러한 혁신을 맞아 지난 2년간 있었던 가장 흥미진진한 진전은 새로운 리더 세대의 등장이었다. 필자들은 30개국에 포진한 다양한 기업가들을 만났다. 페덱스의 프레드 스미스Fred Smith처럼 혁신을 지향하는 대기업 CEO들, 톰슨 로이터의 짐 스미스Jim Smith, 센트리카의 이언 콘lain Conn을 비롯해 스스로의 자리에서 무엇을 할 수 있는지

호기심을 갖고 주도적인 역할을 하게 된 CFO, CIO, CLO(최고 법률 책임자Chief Legal Officer) 들, 각종 대기업의 전문가들과 매니저들을 접할 수 있었다. 중앙은행의 임직원, 정부 기관, 정책 입안자 등은 금융 시장을 계도해야 할 인력들이다. 블록체인이 선사하는 혁신, 성장, 기회의 균형을 찾는 도전과 맞닥뜨린 이들은 필자들에게 많은 영감을 안겨 주었다. 저널리스트, 학자, 전문가들은 블록체인에 대한 각양각색의 입장을 표명하고 있다. 회의적인 입장을 버린 이들 덕분에 영감이 지속된다. 필자들이 언급한 새로운 '암호 주민' 세대를 주목하라. 이들은 블록체인 기술과 더불어 성장하며, 블록체인에 투자할 뿐 아니라 이 분야에서 일하며 경력을 쌓아 가고 있다.

흥미진진하고도 아슬아슬한 시기다. 비즈니스 리더라면, 『블록체인 혁명』을 전략 자료로 활용하기 바란다. 하지만 게임의 규칙이 계속 바뀐다는 사실을 염두에 두어야 한다. 다른 자료들도 마음껏 활용할 수 있다. 구글 얼럿Google Alert에 '블록체인', '비트코인'을 비롯해 여러 핵심 키워드를 등록해 놓는 것도 한 가지 방법이다. 늘 업데이트되는 안드레센 호로위츠의 '크립토 캐논(a16z.com)' 사이트를 모니터링하라.[117] 『신뢰기계』, 『암호자산』, 『블록체인과 법』을 탐독하라. 'crypto Twitter'라는 키워드를 염두에 두고 트위터를 통해 암호 자산 관련 정보를 소통하라. 당신의 회사에서 누가 이 기술에 관심을 보이고, 이미 암호화폐를 쓰고 있는지 알아보라. 당신이 속한 부서의 최고책임자와 IT 부서 최고책임자에게 이 기술이 지닌 의미를 설명하라. 법정통화를 비트코인으로 환전해 직접 재화를 구입해 보라. 이미 수많은 업체들이 비트코인을 결제 수단으로 받아들인다.[118] 가까이 있는 블록체인 스타트업을 확인한 다음, 그들이 어떻게 운영되는지 둘러보고 창립자와 대화를 나눠 보라. 지금 당장 행동하는 것이 제일 중요하다. 새로운 방법으로 가치를 창조하는 절호의 기회가 다가왔다. 당신이 이 기회를 잡지 않으면 다른 누군가가 먼저 나설 것이다.

이 책에서 눈을 떼지 말고 블록체인 혁명에 합류하라!

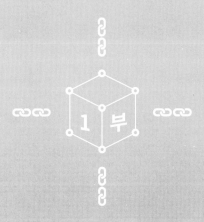

1 부

당신의 눈앞에 닥친
디지털 혁명, 블록체인

1장
정보의 바다에서 가치의 바다로

램프의 요정이 또 한 번 우리 앞에 나타난 걸까? 기술력을 관장하는 램프의 요정은 누군지 모르는 사람, 뚜렷한 목표가 없는 사람들에게 시도 때도 없이 소환되어 명령을 기다리고 있다. 이 요정들은 경제 구도와 기존 질서를 더 나은 방향으로 바꿀 수 있으리라. 물론, 우리의 의지가 있어야 가능한 일이겠지만.

더 쉬운 말로 설명해 보자.

우리는 인터넷이 세상에 등장한 이후 40년 가까이 이메일, 월드 와이드 웹, 닷컴, 소셜 미디어, 모바일 웹, 빅 데이터, 클라우드 컴퓨팅, 사물 인터넷의 초기 형태와 같은 다양한 신기술을 접해 왔다. 이러한 기술들은 검색, 협업, 정보 교환에 소요되는 비용을 비약적으로 줄여 주었고, 다양한 분야로의 진입 장벽을 허물어뜨렸다. 그 결과 새로운 매체나 엔터테인먼트 서비스를 더욱 쉽게 활용할 수 있고, 새로운 방식의 유통망이 활성화되며, 조직화가 쉬워지고, 유례를 찾아볼 수 없는 디지털 벤처 사업도 가능해졌다. 센서 기술이 발달하면서 인공 지능이 지갑, 의복, 자동차, 건물, 도시, 심지어 인체에까지 스며들었다. 이러한 인공 지능이 주변 곳곳에 깃들고 있으므로 우리는 더 이상 '로그인'할 필요 없이 비즈니스를 즐기고, 우리의 삶 또한 주변 곳곳에 스민 기술의 바다에 온전히 빠질 것이다.

전반적으로, 인터넷은 접속하는 사람들에게 여러 가지 긍정적인 변화를 가져왔으나, 비즈니스와 경제 활동에는 심각한 한계를 지니고 있다. 「뉴요커The New Yorker」는 피터 스타이너Peter Steiner의 1993년 만화를 원본 그대로 상영할 수 있었다. 이 만화에는 개 한 마리가 다른 개에게 말을 거는 장면이 나온다. "인터넷에서는 그 누구도 당신이 개인지 사람인지 알지 못하죠." 온라인상에서는 서로가 누군지 정확히 알기 어려우며, 은행 또는 정부가 확인해 주지 않는 이상 서로를 믿고 돈을 거래할 수 없다. 이러한 중개 수단은 상업적인 이윤이나 국가 안보를 명목으로 우리의 데이터를 수집하고, 프라이버시를 침해한다. 인터넷이 초래한 비용 절감 효과로 말미암아 글로벌 금융 시장에서 25억 명이 직장을 잃었다. 일대일로 정보를 나누는 피어투피어peer to peer, P2P 세상이 도래했지만 정치, 경제적 이익은 여전히 평등하게 분배되지 못하고 있다. 권력과 풍요는 오직 기득권자들에게 집중된다. 그들이 부가가치를 창출하지 못하더라도 이러한 현상은 개선될 기미가 보이지 않는다. 돈 자체가 일하는 사람들보다도 더 많은 돈을 벌고 있는 것이다.

기술은 풍요를 가져오는 만큼이나 프라이버시를 침해한다. 우리가 살고 있는 디지털 시대에 기술은 선과 악을 가리지 않고 거의 모든 현상의 중심에 자리 잡고 있다. 기술을 등에 업은 사람들은 유례없는 새로운 방식으로 서로의 권리를 평가하고, 타인의 권리를 침해한다. 온라인 통신과 온라인 거래가 폭발적으로 늘어나면서 사이버 범죄는 더욱 기승을 부리고 있다. 반도체의 처리 능력이 매년 두 배씩 늘어난다는 무어의 법칙은 사기꾼과 절도범의 능력 또한 두 배로 늘려 놓았다. 이러한 현상을 이른바 '무어의 위법Moore's Outlaws'1이라 부르며, 스팸 메일, ID 도둑, 피싱 사기꾼, 스파이, 좀비 파머,• 해커, 악플러, 데이터 내퍼(데이터 볼모data hostage용 랜섬웨어••를 유포하는 범죄자) 등은 당연히 이러한 범죄자들에 포함된다. 물론, 사이버 범죄의 유형은 여기에서 그치지 않는다.

램프의 요정 같은 신뢰 프로토콜을 찾아

1981년, 개발자들은 인터넷에서 발생하는 프라이버시, 보안, 암호 내장 등의 문제를 풀기 위해 애쓰고 있었다. 아무리 제반 과정을 개선해도, 제삼자가 끼어드는 탓에 늘 빈틈이 발생했다. 사용자들은 신용카드로 결제하기 위해 너무 많은 개인 정보를 입력해야 했고,

---

• zombie farmer. 디도스 공격의 숙주가 되는 좀비 컴퓨터를 여럿 만들어(이러한 컴퓨터들의 집합을 좀비 농장(zombie farm) 또는 보트넷(botnet)이라 부르기도 한다) 디도스 공격을 감행하는 해커를 의미함.
•• 악성 코드의 하나로 시스템 접근을 제한시켜 이를 해제하기 위해 악성 코드 제작자에게 일종의 대가를 지불하게 만드는 프로그램.

그러다 보니 보안에 문제가 발생할 가능성이 높아졌다. 또한 소액 결제에 쓰이는 거래 비용이 지나치게 높았다.

1993년, 데이비드 샤움David Chaum이라는 영민한 수학자는 새로운 아이디어를 떠올렸다. 그가 떠올린 이캐시eCash는 기술적으로 완벽한 제품이었다. 이 제품을 이용하면 "인터넷에서 안전하게, 익명으로 결제할 수 있었다…… 페니, 니켈,* 다임 등을 전자화폐 형식으로 전송하는 데 최적화되어 있었다."2 워낙 완벽하다 보니, 마이크로소프트를 비롯한 IT 기업들은 그들의 소프트웨어에 이캐시를 삽입하는 방안을 검토하기 시작했다.3 하지만 온라인 고객들은 도통 프라이버시와 보안에 관심이 없었다. 결국 샤움이 네덜란드에 세웠던 디지캐시DigiCash는 1998년에 파산했다.

그 당시, 샤움의 동료였던 닉 서보Nick Szabo는 '신의 프로토콜The God Protocol'이라는 제목의 짤막한 논문을 발표했다. 이 논문은 노벨상을 수상한 리언 레더먼Leon Lederman이 현대 물리학에서 힉스의 보스 입자가 중요하다는 것을 강조하기 위해 만든 '신의 입자the God particle'라는 문구를 변형한 것이다. 서보는 이 논문을 통해 최후의 해답이 될 수 있는 기술 프로토콜을 천착했다. 그의 생각에 따르면 모든 거래의 한복판에는 신뢰받는 제삼자가 자리 잡고 있었다. 그가 말하는 제삼자란 프로토콜이 지명한 신적인 존재였다. "모든 당사자는 신을 상대로 신호를 입력한다. 신은 믿을 만한 결과를 결정지으며, 이러한 결과를 바깥으로 내보낸다. 신이 최종적인 결정의 재량

* 5센트짜리 동전.

을 보유하므로, 모든 당사자는 스스로의 입력 값과 출력 값에 비해 다른 사람의 입력 값이 어떤 결과를 가져올지 더 잘 알기란 불가능하다."4 그는 아주 강력한 메시지를 던졌다. 인터넷상의 비즈니스는 대단한 신뢰가 필요하다. 하지만 인터넷의 인프라는 보안이 취약하므로, 미들맨middle man을 신적 존재인 양 취급하는 수밖에 없다.

10년이 지난 2008년, 전 세계의 금융 산업이 붕괴되었다. 때맞춰 나카모토 사토시Nakamoto Satoshi라는 익명을 쓴 누군가가(여러 사람일 수도 있다) P2P 식 전자 결제 시스템을 위한 새로운 프로토콜을 구상했다. 이 전자 결제 시스템은 비트코인이라 불리는 암호화폐를 사용했다. 암호화폐는 국가가 발행하거나 통제하지 않는다는 점에서 기존의 법정화폐와는 구별되었다. 이러한 프로토콜은 분산 계산 방식을 통해 일련의 규칙을 수립했고, 이러한 규칙 덕분에 믿을 만한 제삼자의 검증을 거치지 않고서도 수십억 개의 디바이스를 통해 교환되는 데이터의 진실성을 보장할 수 있었다. 이처럼 절묘한 작동은 컴퓨터로 돌아가는 세상에 파문을 불러일으켰다. 이러한 파문은 사람들의 상상력을 자극하는 한편, 이 세상을 흥분시키고 긴장시키며 들불처럼 퍼져 나가 비즈니스, 정부 기관, 개인 정보 전문 변호사, 사회 운동가, 대중매체 이론가, 저널리스트 등을 비롯한 거의 모든 사람에게 영향을 미쳤다.

"그들은 이런 반응이었죠. '오 세상에, 바로 이거야. 이거야말로 파격적인 변화인걸. 바로 우리가 기다려 온 거야.'" 세계 최초 웹 브라우저인 넷스케이프의 공동 개발자이자, IT 벤처 업계의 큰손인 마크 안드레센Marc Andreessen이 한 말이다. "'그는 모든 문제를 풀어 버렸어요. 그의 정체가 무엇이든, 노벨상을 받기에 충분해요. 천재임에 틀림없어요.' 바로 이거예요! 인터넷이 항상 갈구해 왔지만, 한 번도 경험한 적 없었던 분산형 신뢰 네트워크가 우리 앞에 등장한 거죠."[5]

오늘날에는 세상 어디에서든 사려 깊은 사람이라면 이러한 프로토콜의 함의를 이해하려 애쓰고 있다. 이 프로토콜은 영리한 규칙을 통해 유한한 존재들 사이에 신뢰를 불어넣는다. 이는 유례가 없는 일이었다. 둘, 아니 그 이상의 당사자들 사이에서 신뢰할 수 있는 거래가 성사된 것이다. 또한 개인 각자의 이해관계가 집합적으로 작동해 이러한 거래를 성사시키며, 대규모 협업으로 말미암아 거래의 진실성이 보장된다.

이러한 프로토콜이 전지전능한 절대자가 될 수는 없다. 하지만 신뢰할 수 있는 글로벌 플랫폼의 실체가 막대한 규모를 자랑하는 것만은 분명하다. 우리는 이를 가리켜 신뢰 프로토콜Trust Protocol이라 부른다.

최근에는 블록체인이라 불리는 분산 원장distributed ledger이 전 세계적으로 늘어나고 있다. 앞서 말한 프로토콜은 이러한 블록체인의 근간을 구성한다. 블록체인 가운데 가장 큰 규모를 자랑하는 것은 비트코인 블록체인이다. 이와 관련한 기술은 복잡하고, 블록체인이라는 발음이 듣기에 썩 좋지는 않다. 그러나 여기에 깃든 주된 발상은 간단하다. 블록체인을 통한다면 은행, 신용카드사, 페이팔PayPal을 거치지 않고서도 한 사람이 다른 사람에게 돈을 무사히 보낼 수 있다.

이로써 인터넷은 '정보의 인터넷Internet of Information'이라기보다는,

'가치의 인터넷Internet of Value' 또는 '금전의 인터넷Internet of Money'으로 탈바꿈하며, 모든 사람에게 진실이 무엇인지 알려 주는 플랫폼으로도 작동한다. 최소한 구조적으로 기록된 정보에 관해서라면, 무엇이 진실인지 알려 줄 수 있다. 블록체인의 근간은 오픈 소스 코드다. 누구나 공짜로 내려받아 실행할 수 있고, 이를 활용해 온라인 거래를 관장하는 새로운 툴을 개발할 수 있다. 이 과정에서 무수히 많은 새로운 애플리케이션이 등장하는 동시에 많은 것을 변화시킬 수 있다.

월드 와이드 웹을 넘어 월드 와이드 원장으로

거대 은행들과 정부들은 블록체인을 분산 원장으로 사용해 정보 저장과 거래 수단을 혁신하고 있다. 그들의 목표는 스피드, 저비용, 보안 강화, 오류 감소, 공격 지점과 실패 지점의 제거 등이며, 이러한 목표는 칭찬받기에 충분하다. 이 모델은 반드시 암호화폐를 포함하지는 않는다. 하지만 가장 중요하면서 범위가 넓은 블록체인은 사토시의 비트코인 모델에 바탕을 두고 있다. 여기에서 그 원리를 소개해 보자.

비트코인이나 전자화폐는 어딘가의 파일에 저장되지 않는다. 이러한 종류의 화폐는 블록체인이 기록하는 거래로 표시된다. 마치 전 세계적으로 통용되는 스프레드시트나 원장과도 같이, 방대한 P2P 비트코인 네트워크 자원을 활용해 개별적인 거래를 확인하고 승인한다. 각 블록체인은 비트코인을 사용하는 블록체인과 마찬가지로

'분산'된다. 말하자면, 전 세계에 퍼진 개인용 컴퓨터에서 작동하는 것이다. 따라서 해킹에 노출된 데이터베이스란 존재하지 않는다. 블록체인은 '공공성'을 띤다. 늘 네트워크상에 존재하므로, 그 누구라도 어느 때든 지켜볼 수 있다. 거래 내역을 감독하거나, 기록을 남기는 기관을 통해서만 볼 수 있는 것이 아니다. 또한 블록체인은 '암호화'된다. 블록체인은 강력한 암호를 활용하며, 가상 공간의 보안을 지키기 위한 이러한 암호는 공공의 열쇠와 개인들의 열쇠를 포함한 것과 마찬가지다(금고를 열기 위해 각기 다른 누 개의 열쇠가 필요한 것과 비슷하다). 타깃Target이나 홈데포Home Depot의 취약한 방화벽, 모건스탠리나 미국 정부 내의 부정행위자를 우려할 필요가 없는 것이다.

10분마다 비트코인 네트워크의 심장이 박동한다. 모든 거래가 검증되고, 청산되고, 블록에 저장된다. 이 블록은 이전의 블록과 이어져 하나의 체인(사슬)을 형성한다. 각 블록이 유효하려면 이전 블록을 참조해야 한다. 이러한 구조는 영구히 타임스탬프로 작동하며, 가치의 교환을 기록하고, 원장의 변조를 방지한다. 비트코인을 훔치려면, 대낮에 블록체인에 들어 있는 모든 코인의 역사를 다시 써야 한다. 그것은 사실상 불가능하다. 즉, 블록체인은 분산된 원장으로서 지금까지 네트워크상에서 발생한 모든 거래의 총체를 반영한다. 정보를 담고 있는 '월드 와이드 웹World Wide Web'과 마찬가지로, 가치를 담고 있는 '월드 와이드 원장World Wide Ledger'이 되어 모든 사람이 내려받아 개인용 컴퓨터에서 실행할 수 있게 된다.

일부 학자들은 복식부기를 발명하면서 자본주의와 국민국가가 성장할 수 있었다고 주장한다. 경제적 거래를 기재하는 새로운 디지털 원장은 인류에게 중요하고 가치 있는 거의 모든 것을 기록하도록 짜일 수 있다. 출생증명서, 사망증명서, 혼인증명서, 등기부 등본, 졸업 증서, 금융 계좌, 의료 절차, 보험 청구, 투표, 식품 원산지 표시 등 코드화될 수 있는 것들은 모두 기록할 수 있다.

새로운 플랫폼 덕분에 실시간으로 이루어지는 거의 모든 것의 디지털 기록이 한데 융합될 수 있다. 실제로 이 세상에 존재하는 수십억 개의 스마트 디바이스들이 감지하고, 응답하고, 소통하고, 필요한 전기를 구매하고, 중요한 데이터를 교환하는 것은 물론, 환경을 보호하는 일에서부터 건강을 관리하는 일까지 모든 일을 하게 될 것이다. 만물 인터넷Internet of Everything은 '만물 원장Ledger of Everything'이 필요하며, 비즈니스, 상업 거래, 경제는 '전자적 정산 Digital Reckoning'이 필요하다.

그렇다면 왜 이것이 중요할까? 우리는 진리가 우리를 자유롭게 할 것이며, 분산된 신뢰가 각계각층을 막론하고 모든 사람에게 깊은 영향을 끼칠 것이라 생각한다. 당신은 작곡가가 다른 벌이가 있기를 바라는 음악 애호가일 수도 있고, 햄버거 고기의 원산지가 어디인지 알고 싶은 소비자일 수도 있다. 모국에 돈을 부치기 전에 수수료를 부담스러워하는 이민자일 수도 있고, 자신만의 패션 잡지를 출판하고 싶은 사우디 여성일 수도 있다. 지진이 일어난 이후 토지 소유자를 찾아 집을 지어 주는 봉사 인력일 수도 있고, 투명성과 신뢰성이 부족한 정치 지도자에게 염증이 난 시민일 수도 있다. 프라이버시를 중시하며, 내가 생산하는 모든 정보가 나에게 가치 있다고 생각하는 소셜 미디어의 회원일 수도 있다. 우리가 글을 쓰는 순간에도 혁신가들은 이러한 목적에 부응하는 블록체인 기반의 애플리케이션을 만들고 있다. 이것은 시작일 뿐이다.

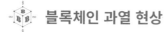 블록체인 과열 현상

블록체인 기술은 다양한 조직에 깊은 의미를 선사한다. 영리하고 영향력 있는 사람들이 블록체인에 흥분하는 이유가 바로 여기에 있다. 벤 로스키Ben Lawsky는 뉴욕 주 금융 감독관을 그만두고, 컨설팅 회사를 창업했다. 그는 이렇게 말했다. "5~10년 사이에, 금융 시스템은 알아챌 수 없을 정도로 숨어 버릴 겁니다. 나는 그러한 변화에 동참하고 싶습니다."[6] 제이피 모건의 CFO와 글로벌 원자재 부문장을 역임했던 블라이드 매스터스Blythe Masters는 블록체인 기술에 특화된 스타트업을 만들어 금융 산업의 체질을 바꾸려 했다. 2015년 『블룸버그 마켓Bloomberg Markets』 10월 판에서는 매스터스를 다음과 같은 제목으로 소개했다. '온통 블록체인뿐It's All About the Blockchain.' 이와 마찬가지로, 『이코노미스트』 2015년 10월 자에서는 '신뢰의 기계The Trust Machine'라는 제목의 커버스토리를 실었다. 이 글은 "비트코인 이면의 기술이 경제가 작동하는 방식을 바꿀 수 있다"고 주장했다.[7] 『이코노미스트』의 시각에서, 블록체인 기술은 "사물을 신뢰하게 만드는 대단한 사슬"이다. 세상 곳곳의 은행들은 최고 수준의 팀을 규합해 사업 기회를 엿보고 있다. 최고의 기술자가 여럿 포진한 팀도 있다. 은행가들은 안전하고, 매끄럽고, 즉각적인 거래를 좋아한다. 하지만 일부는 공개되고, 분산된 새로운 형태의 화폐를 선호한다. 금융 서비스 산업은 벌써 블록체인 기술을 쇄신해 민간의 것으로 만들었고, '분산 원장 기술'이라는 이름을 붙였다. 그들은 보안, 스피드, 가격 등 비트코인이 지닌 최고의 장점을 은행 또는 금융 기관의 허가가 필요한 폐쇄된 시스템과 조화시키려 했다. 그들에게 블록체인이란 기존 데이터베이스에 비해 훨씬 신뢰할 수 있는 데이터베이스였다. 또한 매수인, 매도인, 신탁사, 감독 기관 등 핵심 당사자들이 지울 수 없는 자료를 공유해 비용을 절감하고, 결제 위험을 낮추며, 오작동 요인을 제거할 수 있었다.

1990년대 닷컴 열풍과 마찬가지로, 블록체인 스타트업에 대한 투자 규모가 점점 늘어나고 있다. 벤처 캐피털리스트들은 1990년대 닷컴 투자 열풍을 무색하게 만들 정도의 열의를 보여 주고 있다. 2014년과 2015년에는 벤처 캐피털에서 10억 달러 이상의 자금이 블록체인 생태계로 유입되었고, 투자 규모는 매년 두 배씩 증가했다.[8]

"정말 자신 있습니다." 마크 안드레센은 「워싱턴포스트」와의 인터뷰에서 이렇게 말했다. "20년 후에 사람들은 지금 인터넷 이야기를 하고 있는 것처럼 블록체인 이야기를 하고 있을 것입니다."[9]

감독 기관들 또한 잽싸게 태스크 포스를 꾸려 어떤 입법이 합리적일지 연구했다. 러시아 정부와 같은 권위주의적 정부는 비트코인의 사용을 금지하거나 엄격히 제한했다. 아르헨티나처럼 통화 위기에서 교훈을 얻은 민주주의 국가들 또한 동일한 규제를 발동했다. 그러나 서방 세계의 사려 깊은 정부들은 새로운 기술이 중앙은행 시스템과 화폐의 성질뿐 아니라 국가 운영과 민주주의의 본질을 바꿀 수 있다는 것을 알고서 상당한 규모의 투자를 집행하고 있다.

국가의 전체적인 화폐 시스템이 전자화폐로 대체된다면 어떨까? 캐나다은행의 총재 캐럴린 윌킨스Carolyn Wilkins는 중앙은행들이 나서서 이러한 현상이 어떤 의미를 담고 있는지 진지하게 연구해야 한다고 생각한다. 잉글랜드은행의 수석 경제학자, 앤드루 홀데인Andrew Haldane은 영국에 통용될 수 있는 공인 전자화폐를 제안했다.10

최근의 열띤 분위기를 부정할 수는 없다. 전자화폐에 대한 관심이 워낙 과열되다 보니 기회수의자, 부기꾼, 범죄자 늘노 뛰어들고 있다. 사람들이 가장 많이 듣는 이야기는 일본 비트코인 거래소 마운트곡스Mt. Gox의 파산 소식과 실크로드 암시장을 만든 로스 윌리엄 울브리히트Ross William Ulbricht가 기소되었다는 이야기다. 실크로드 암시장은 불법 마약, 아동 포르노, 불법 무기를 비트코인 블록체인을 통해 거래했다는 이유로 FBI에 압류된 바 있다. 비트코인의 가격은 널뛰기를 거듭했고, 대부분의 물량이 소수에게 귀속되어 있다. 요즘에는 변동이 있지만, 2013년 연구에 따르면 937명이 모든 비트코인의 절반을 소유하고 있었다.11

비트코인이 포르노와 폰지 사기*에서 벗어나 바람직하게 확산될 수 있는 방법은 무엇일까? 무엇보다도, 트레이더가 아닌 이상 투기성 자산에 속한 비트코인에 관심을 두어서는 곤란하다. 이 책은 그러한 자산으로부터 더욱 범위를 넓혀, 저변에 자리 잡은 기술적 플

---

* 다단계 금융 사기 가운데 하나로, 신규 투자자의 자금으로 기존 투자자에게 이자나 배당금을 지급하는 것을 말함.

랫폼의 힘과 가능성을 다루고자 한다.

그렇다고 해서 비트코인이나 암호화폐가 중요하지 않다는 뜻은 아니다. 실제로 어떤 사람들은 그들의 프로젝트를 과거의 추문으로부터 떨어뜨리기 위해 이렇게 주장하기도 한다. 하지만 이러한 화폐들은 블록체인 혁명에 핵심적인 역할을 담당한다. 블록체인 혁명이란 무엇보다 가치, 특히 금전의 P2P 교환과 관련된 현상이기 때문이다.

디지털 시대에 신뢰를 확보하는 방법

비즈니스에서의 신뢰란 상대방이 다음 네 가지 덕목에 따라 행동하는지를 기대할 수 있느냐에 따라 좌우된다. 그러한 덕목은 정직성, 배려, 신뢰성, 투명성으로 요약된다.[12]

정직성이란 단지 윤리적인 덕목으로 국한되지 않으며 경제적인 덕목이 된 지 오래다. 직원, 사업 파트너, 고객, 주주, 공공 기관과 신뢰할 수 있는 관계를 맺는 것을 의미한다. 뭔가를 누락해 거짓을 만들지 말아야 하고, 무언가를 복잡하게 꼬아서 혼란을 일으키지 말아야 한다.

배려란 비즈니스에서 이익과 손실이 공정하게, 신의 성실의 원칙에 따라 교환되는 것을 의미한다. 하지만 믿음이 자리잡으려면 이해관계, 수요, 타인의 감정을 순수하게 존중해야 하며, 당사자들은 서로를 향해 선의를 갖고 움직여야 한다.

신뢰성이란 관련 당사자들에게 확실한 약속을 하고, 이를 준수하는 것을 의미한다. 개인과 기관 모두 자신의 약속을 중대하게 생각하고, 어그러진 약속에 책임을 진다는 것을 보여 주어야 한다. 관련 당사자들이나 외부 전문가의 검증을 받으면 더욱 바람직하다. 책임과 비난을 전가하면 곤란하다.

투명성이란 개방된 환경에서 업무가 이루어지는 것을 의미한다. "그들이 무엇을 숨기고 있는 거지?"와 같은 의문이 든다면 투명성이 확보되지 않아 서로에 대한 불신으로 귀결될 수 있다. 물론 회사들은 영업 비밀 및 기타 지적 재산권을 교류할 수 있는 합법적인 권한을 갖고 있다. 하지만 고객, 주주, 피고용인, 기타 이해관계인과 관련된 정보라면, 적극 공개하는 것이 신뢰를 얻을 수 있는 핵심적인 방법이다. 겉을 치장하기보다는 민낯을 드러내는 것이 성공을 위한 지름길이다.

비즈니스계를 비롯한 기타 제도권에서의 신뢰도는 역대 최저 수준으로 떨어진 것 같다. 홍보 회사 에델만Edelman의 2015년 '신뢰도 바로미터'에서는 제도권에서의 신뢰 지수, 특히 기업 분야의 신뢰 지수가 2008년 금융 위기 수준으로 떨어졌다고 지적한다. 에델만은 한때 난공불락으로 여겨지고, 지금도 가장 신뢰받는 비즈니스 섹터인 기술 산업조차 신뢰도가 떨어지는 중이라고 주지했다.

전 세계적으로 정부 관료나 CEO들로부터 나오는 정보의 신뢰성이 가장 떨어진다고 생각된다. 그들은 학계나 산업계의 전문가들에 비해 신뢰성에서 훨씬 낮은 점수를 받는다.[13] 이와 마찬가지로 갤럽에서는 2015년 보고서에서 모든 제도권 가운데 '비즈니스' 업계가

15개 업계 가운데 두 번째로 신뢰도가 낮다고 발표했다. 상당한, 또는 높은 수준의 신뢰성을 갖추고 있다고 응답한 비율은 20퍼센트 미만이었다. 꼴찌는 미 의회가 차지했다.[14]

블록체인 이전 세상에서 거래의 신뢰성은 진실성을 갖춘 개인, 중개자, 기관으로부터 비롯되었다. 진실성을 갖췄든 갖추지 못했든 간에 우리는 상대방을 알 수 없기에 제삼자를 믿을 수밖에 없었다. 모르는 당사자와의 거래를 보장하기 위해서뿐만 아니라, 전자 상거래를 가능케 하는 비즈니스와 거래의 로직을 수행하고 거래의 이력을 보존하기 위한 선택이었다. 이처럼 강력한 제삼자(은행, 정부, 페이팔, 비자, 우버, 애플, 구글, 기타 IT 대기업)들은 거래 과정에서 발생하는 효용의 상당 부분을 자신의 것으로 흡수한다.

다가올 블록체인 세상에서는 네트워크뿐 아니라 네트워크상에서 오가는 대상이 신뢰를 형성한다. 암호 보안 업체 와이즈키WISeKey의 카를로스 모레이라Carlos Moreira는 새로운 기술이 효과적으로 신뢰를 담보한다고 주장했다. 심지어 물리적인 사물 또한 신뢰를 담보하는 수단이 될 수 있다. "만약에 어떤 물건이 제대로 작동하지 않거나 예정된 서비스를 제공하지 못한다면, 자동적으로 다른 물건에 의해 도태될 것이다. 통신탑의 센서든, 전구든, 심장 모니터든, 모든 사물이 마찬가지다."[15] 원장이야말로 신뢰의 근간을 형성한다.[16]

분명, '신뢰'란 상품과 서비스를 사고파는 행위, 정보의 진실성 및 정보의 보호와 관련한 화두이며 모든 비즈니스 업무에서의 신뢰를 이야기하는 것은 아니다. 어쨌든 이 책에서는 진실된 정보를 담은 글로벌 원장이 모든 제도권에 진실성을 불어넣고, 더욱 안전하고 믿을 만한 세상을 창조하는 방법을 다룰 것이다. 우리가 보기에 블록체인상에서 거래의 전부 또는 일부를 수행하는 회사들의 주가는 신뢰할 수 있다. 주주와 시민들은 상장되어 거래되는 회사들과 국민의 세금으로 운영되는 기관들이라면 최소한 블록체인에서 재정을 운영해야 한다고 기대한다. 투명성이 증대된 덕분에 투자자들은 CEO가 정말 그렇게 많은 보너스를 받을 자격이 있는지 알 수 있다. 거래 상대방들은 블록체인 덕분에 가능해진 스마트 계약들을 준수하게 되고, 유권자들은 표를 던진 당선자들이 부정부패 없이 정직하게 직무를 수행하는지 알 수 있다.

인터넷과 젊은 루크 스카이워커의 귀환

최초의 인터넷 시대는 젊은 루크 스카이워커의 에너지와 정신으로 시작되었다. 황량한 행성에서 태어난 한 아이가 악의 제국을 무너뜨리고 닷컴을 출범해 새로운 문명을 도입하는 형국이었다. 순진한 생각일 수 있지만, 많은 사람과 기업들은 월드 와이드 웹으로 구현되는 인터넷이 소수에게 권력이 편중된 산업 사회를 무너뜨릴 것이라 생각했다. 사람들의 생각에 산업 사회의 권력 구조는 올라서기에 어려운 것은 물론, 무너뜨리기란 더더욱 어려웠다. 구식 매체는 중앙 집권적이고, 강력한 힘에 의해 좌우되며, 사용자들 또한 수동적이다. 하지만 이와 달리 새로 등장한 매체는 분산적이고, 중립적이며, 모든 사람은 수동적인 정보 수령자라기보다는 적극적인 참가자였다. 저비용과 대규모로 이루어지는 P2P 통신은 기존 위계질서를 흔들고 개발도상국의 시민들을 글로벌 경제의 품 안으로 끌어올 수 있다. 평판과 명성은 얼마나 양질의 기여를 했느냐에서 비롯되지, 지위 자체에서 비롯되는 것이 아니다. 영민한 누군가가 인도에서 열심히 일했다면, 그러한 장점이 그에게 명성을 가져다줄 것이다. 이 세상은 더욱 평등하고, 더욱 능력을 중시하고, 더욱 유연하고, 더욱 유동적인 모습을 띠게 될 것이다. 가장 중요한 것은, 기술이 소수에게 부를 편중시키지 않고, 모든 사람에게 번영을 가져다준다는 점이다.

이러한 것들은 이미 상당 부분 현실로 드러나고 있다. 위키피디아Wikipedia, 리눅스Linux, 갤럭시 주Galaxy Zoo와 같은 대규모 협업 방식이 등장했다. 아웃소싱과 네트워크식 비즈니스 모델은 개발도상국의 국민들에게 글로벌 경제에 참여할 수 있는 기회를 넓혀 주었다. 오늘날에는 전 세계적으로 20억 명이 사회적인 피어peer• 그룹을 이루어 서로 협력한다. 우리 모두는 전례 없던 방식으로 정보에 접근할 수 있게 된 것이다.

하지만 제국의 역습이 시작되었다. 비즈니스 업계와 정부 기관 내에 권력의 집중이 일어나면서 인터넷의 민주적인 구조를 그들의 입맛에 따라 끌어들이기 시작했다.

거대 기관들은 이처럼 새로운 생산 수단과 사회적 교류 수단을 소유하고 통제한다. 저변의 인프라, 날로 늘어나는 대량의 데이터, 비

• '응시하다' 또는 '동료'라는 뜻을 지닌 단어로 동일한 프로토콜 계층에서 동등한 지위로 동작하는 기능 단위.

즈니스와 일상생활을 하루가 다르게 지배하는 알고리즘, 수많은 애플리케이션뿐 아니라 머신 러닝, 자율 주행차와 같이 새로이 등장한 특별한 기술 등이 그 실례다. 실리콘 밸리와 월 스트리트에서부터 상하이와 서울에 이르기까지, 이러한 새로운 관료 체제는 내부적인 장점을 활용해 가장 특별한 기술을 개발한다. 이러한 기술의 목적은 사람들을 경제적 주체로 만들고, 엄청난 부를 창출하고, 경제와 사회에 영향력을 행사하고 있다.

초기의 선구자들이 디지털 세상을 두고 우려했던 사항들은 상당 부분 현실화되었다.[17] 대부분의 선진국들은 GDP가 증가하면서도 고용률은 정체되고 있다. 부가 창출되면서 불평등이 심화되고 있다. 강력한 기술 기업들은 공개되고, 분산되고, 평등하고, 권한을 부여하는 웹보다는 상호 소통을 가로막는 폐쇄형 네트워크 서비스, 읽기 전용 애플리케이션으로 무게 중심을 이동했다. 기업들은 민주적이고도 개방된 멋진 P2P 기술을 독점하고 이를 십분 활용해 엄청난 효용을 끌어냈다.

그 결과는 어땠을까? 경제적 권력이 엄청난 힘을 얻고, 더욱 집중되고, 더욱 단단히 자리 잡는 결과를 초래했다. 데이터는 더 폭넓게 분산되기는커녕, 데이터를 통제의 수단으로 전용하고 더 많은 권력을 얻으려는 소수에게 집중되었다. 당신이 데이터를 수집하고 데이터에 수반되는 권력까지 축적한다면, 지적 재산권을 만들어 당신의 지위를 강화할 수 있다. 이러한 특권은 어디에서 비롯되었느냐에 관계없이 엄청난 위력을 뽐낼 수 있다.

나아가 아마존, 구글, 애플, 페이스북과 같은 강력한 '디지털 공룡 기업'들은(한때는 이들도 스타트업에 불과했다) 개인과 기관들이 양산하는 무수한 데이터를 놓치지 않고 있다. 이러한 데이터들은 인터넷보다는 개인들 각자의 파편화된 경험으로부터 누적된 것이 특징이다. 그들은 소비자에게 상당한 효용을 제공한다. 하지만 이 와중에 데이터가 새로운 종류의 자산으로 부상하며, 데이터의 자산 가치는 기존 자산들을 압도할 수도 있다. 그 밖에도 프라이버시에 대한 기존 관념을 무너뜨리고 개인의 자율성에 부정적인 영향을 미칠 수 있다.

정부는 운영의 효율성과 서비스의 질을 증대하기 위해 인터넷을 활용한다. 하지만 그들은 그 기술을 갖고서 시민을 감시하고 조종하기도 한다. 민주주의를 표방하는 국가들도 정보 통신 기술을 활용해 시민들을 감시하고, 여론을 호도하고, 그들만의 이익을 추구하고, 자유와 권리를 훼손하며, 어떻게든 권력을 손에서 놓지 않으려 든다. 중국이나 이란과 같은 권위주의적 국가의 정부는 인터넷을 감시해 반대 의견을 압살하고 그들의 목표로 시민들을 유도한다.

하지만 일부가 주장하는 것처럼 웹이 끝났다는 이야기를 하려는 것이 아니다. 웹은 디지털 세상의 미래에 핵심적인 역할을 담당하며, 우리 모두는 웹을 방어하기 위한 노력에 동참해야 한다. 월드 와이드 웹 재단은 웹을 개방적이고, 중립적이고, 진화하는 실체로 유지하려 애쓰고 있다.

지금은 블록체인 기술과 함께 새로운 가능성의 세상이 도래해 모든 트렌드가 뒤집히는 중이다. 지금 우리는 진정한 P2P 플랫폼을 보유하고 있으며, 이러한 플랫폼 덕분에 이 책에서 언급한 다양하고 흥미로운 것들이 가능해진다. 우리 각자는 신원 명세와 개인적인 데이터를 온전히 소유할 수 있다. 또한 거래를 할 수 있고, 금전과 정보의 결정권자인 강력한 중개 기관의 도움 없이도 가치를 창출하고 교환할 수 있다. 과거에는 소외되었던 수십억 명의 사람이 세계 경제에 동참할 수 있다. 우리는 프라이버시를 보호하는 한편, 개인적인 정보를 금전화할 수 있다. 또한 창작자들은 그들의 지적 재산권에 대한 대가를 받을 수 있다. 부의 재분배를 통해 사회적 불평등 문제를 해결하기보다, 부가 '분산되는' 방법을 바꾸려 시도할 수 있고, 그에 앞서 부를 창출하는 방법부터 바꿀 수 있다. 농부에서부터 음악가에 이르기까지, 그들이 창출하는 부를 우선적으로 나눌 수 있는 것이다. 이러한 일에는 한계가 없어 보인다.

신이 아니더라도 재능 있는 인간이라면 얼마든지 할 수 있다. 하지만 이러한 새로운 프로토콜은 신성한 힘이 아니더라도 신뢰받는 협업이 그것을 필요로 하는 세상에 구현되도록 도울 수 있다. 이것은 운명이다. 흥분되지 않는가? 우리가 곧 할 수 있는 일이다.

 당신의 아바타와 신원 정보 블랙박스

인류는 새로이 등장한 매체들 덕분에 시간, 공간, 죽음을 초월할 수 있었다. 감히 말하자면, 이런 신성한 능력으로 말미암아 인간의 정체성에 대한 의문이 솟아올랐다. 우리는 누구인가? 인간이 된다는 것은 무엇을 의미하는가? 우리는 스스로를 어떻게 규정하는가? 마셜 매클

루언Marshall McLuhan에 따르면 매체는 시간을 초월한 메시지로 작동한다. 사람은 매체를 만들고, 매체 또한 사람을 만든다. 우리의 두뇌는 매체에 적응하며, 우리의 기관도 매체에 적응한다. 우리의 사회 또한 마찬가지다.

와이즈키의 카를로스 모레이라는 이렇게 말했다. "오늘날 당신은 은행 카드, 항공사 마일리지 카드, 신용카드와 같이 신원 정보를 제공할 수 있는 기관이 필요합니다."[18] 당신의 부모님은 당신에게 이름을 지어 주었고, 정식 면허를 취득한 조산사와 산파가 당신의 발도장을 남기고 체중과 키를 기록했다. 두 사람이 출생증명서에 공동으로 서명해 출생한 시간, 날짜, 장소를 확정했다. 지금 그들은 블록체인에 출생증명서를 기록하고, 출생 신고와 대학 기금의 연결 고리를 만들 수 있다. 친구들과 가족은 더 나은 교육을 위해 비트코인을 기부할 수 있다. 여기에서 당신의 데이터 흐름이 시작된다.

톰 피터스Tom Peters가 쓴 바에 따르면 인터넷의 초기 시절에는 "당신이 곧 당신의 프로젝트였다".[19] 그가 하고 싶은 말은 직장과 직위가 더 이상 우리를 규정하지 않는다는 것이었다. 이에 못지않게 "당신이 곧 당신의 데이터다"라는 말 또한 사실이다. 모레이라가 지적한 문제는 다음과 같다. "신원 정보는 당신의 것일지 몰라도, 당신이 세상과 소통하며 비롯되는 데이터는 다른 누군가의 것이다."[20] 대부분의 기업과 조직이 당신을 이러한 시각으로 바라본다. 그들은 인터넷에 깔려 있는 데이터를 곧 당신으로 파악한다. 그들이 통합한 당신의 데이터는 곧 가상의 당신이 된다. 또한 그들은 이러한 '가상의 당신'에게 부모님의 행복한 꿈을 뛰어넘는 남달리 특별한 혜택을 제공한다.[21] 하지만 이러한 편의성은 프라이버시를 대가로 삼는다. "프라이버시는 죽었다. 프라이버시를 극복하라"고 말하는 사람은 틀린 것이다.[22] 프라이버시는 자유로운 사회의 밑바탕을 이룬다.

블록체인 이론가 안드레아스 안토노폴로스Andreas Antonopoulos는 이렇게 이야기한다. "사람들은 신원 정보를 아주 단순하게 생각합니다."[23] 우리는 신원 정보, 즉 아이덴티티라는 단어를 자기 자신, 즉 자아를 가리키는 말, 자아를 세상에 내보이는 방식, 자아 또는 자아를 세상에 내보이는 방식과 연관된 모든 속성을 가리키는 용어로 사용한다. 신원 정보는 자연적으로 발생할 수도 있고, 국가에서 부여할 수도 있고, 개인 기관에서 나타날 수도 있다. 우리는 한 개 이상의 역할과 그러한 역할에 수반된 일련의 정체성을 갖추고 있으며, 우리가 맡고 있는 역할은 언제든 바뀔 수 있다. 당신의 최근 직장을 생각해 보라. 직무의 또는 직장의 변화로 말미암아 당신의 역할이 유기적으로 바뀌었는가?

'가상의 당신'이 사실상 당신이 보유하고 있는 실체라면 어떨까? 당신의 아바타로서, 당신의 신원 정보라는 블랙박스 속에서 '살고 있고', 당신의 데이터 흐름을 화폐화하고 당신이 필요할 때, 특별한 권리를 증명하고 싶을 때만 내보일 수 있는 것이라면? 왜 당신의 운전면허증은 주행 시험을 통과했고, 당신이 운전을 할 수 있다는 사실 이상의 정보를 담고 있을까? 새로운 인터넷의 시대를 상상해 보라. 이러한 시대의 인터넷 환경에서는 당신의 아바타가 블랙박스의 내용을 관리하고 보호한다. 이처럼 믿음직한 소프트웨어는 하인과도 같이 필요한 만큼의 정보를 각 상황에 맞게 내놓을 수 있고, 그와 동시에 디지털 세상을 항해하는 당신에게 알맞은 데이터를 집어 줄 수도 있다.

이는 마치 「매트릭스」나 「아바타」와 같은 공상 과학 영화의 내용처럼 들릴 수 있다. 하지만 오늘날의 블록체인 기술은 이를 가능케 해 준다. 컨센서스 시스템Consensus System •의 CEO, 조지프 루빈Joseph Lubin은 이러한 개념을 "블록체인상에서 영속하는 디지털 ID와 페르소나"라고 언급한다. 그는 이렇게 말한다. "시카고 페드Chicago Fed에서 연설할 때와 비교하면, 대학 동기들에게 나 자신의 다른 모습을 보여 주고 있는 거죠." "온라인 디지털 경제에서, 나는 나 자신의 다양한 모습을 보여 주고, 그 세상 속에서 각기 다른 페르소나를 바탕으로 소통해요." 루빈은 '규범적 페르소나'를 가지리라 기대한다. 규범적 페르소나란 세금을 내고, 대출을 받고, 보험을 가입하는 개인을 의미한다. "나는 규범적 페르소나와 관련된 걱정거리에서 자유로운 비즈니스 페르소나, 가족 관계 페르소나를 지닐 수도 있어요. 비즈니스 페르소나와 연관 짓기 싫은 게이머 페르소나를 가질 수도 있지요. 심지어 그 어떤 페르소나와도 연결하기 싫은 어둠의 웹 페르소나도 가질 수 있어요."[24]

당신의 블랙박스는 정부 발급 ID, 사회 보장 번호, 의료 정보, 서비스 계정, 금융 계정, 학위, 자격증 번호, 출생 신고서, 기타 자격증과 같은 정보를 포함할 수 있으며, 성적 취향이나 신체 정보, 투표

• 블록체인 소프트웨어 개발 업체로 컨센시스(ConsenSys)라는 명칭으로 더 잘 알려져 있음.

성향이나 연구 성과와 같이 누구에게도 밝히기 싫지만 금전화할 수 있는 정보들 또한 포함될 수 있다. 당신은 이러한 데이터들을 특별한 시간에, 특별한 객체를 상대로, 특별한 목적을 위해 허락할 수 있다. 당신은 안과의사에게 당신에 대한 일련의 정보를 줄 수 있고, 투자하고픈 헤지펀드에는 다른 종류의 정보를 줄 수 있다. 당신의 아바타는 당신이 누구인지 밝히지 않고서도 '예-아니요'라는 질문에 답할 수 있다. "당신의 나이는 21세 이상입니까, 이하입니까? 지난 3년간 10만 달러 이상의 소득을 올렸습니까? 제중이 성상 범위 내에 있습니까?"[25]

물리적 세상에서는 당신에 대한 평판이 일정 지역으로 제한되어 있다. 당신의 가게를 지키는 직원, 당신의 고용주, 저녁 파티에 초대받은 당신의 친구 등은 모두 당신에 대해 일정한 견해를 지니고 있다. 하지만 디지털 세상에서는 다양한 페르소나를 지닌 아바타들이 평판을 보유한다. 아바타에 수반된 평판의 이동 가능성 덕분에 온 사방의 사람들이 디지털 경제의 세상으로 들어올 수 있다. 아프리카 사람들도 디지털 월렛과 아바타로서 새로운 비즈니스를 시작하기 위해 필요한 금전을 빌릴 수 있다. "보세요. 이 사람들 모두가 저를 알고, 저의 신원을 보증했습니다. 나는 재정적으로 믿을 만한 사람입니다. 나는 글로벌 디지털 경제의 공인된 시민입니다."

신원 정보란 이것들의 일부일 뿐이다. 나머지는 구름, 말하자면 당신의 신원 정보와 느슨하게, 또는 끈끈하게 이어진 미립자의 구름일 뿐이다. 이 모든 것을 변경이 불가능한 블록체인에 기록하려 든다면, 우리는 사회적 소통의 뉘앙스를 상실할 뿐 아니라 망각이 주는 선물을 누릴 수 없다. 사람들은 그들의 모습이 최악의 순간으로 정의되는 것을 원치 않는다.

 번영을 위한 계획

신뢰 프로토콜은 세상의 번영을 가져오기 위한 새로운 기회를 창출할 수 있다. 이 책에서는 신뢰 프로토콜이 가능케 한 수많은 청사진을 소개할 것이다. 번영을 이야기하려면 가장 먼저 삶의 수준을 생각해야 한다. 기본적인 삶의 수준을 갖추려면 사람들은 물질적인 부를 창출하고, 경제적으로 번성할 수 있는 수단, 도구, 기회를 확보해야 한다. 하지만 우리에게 삶의 수준이란 더 많은 것을 포함하고 있다. 개인의 보안, 안전, 건강, 교육, 환경의 지속 가능성, 누군가의 운명을 결정하고 통제할 기회, 경제화 사회에 참여할 기회 등이 그 실례다. 번영을 이루기 위해, 개인은 최소한 일정한 형식의 금융 서비스를 이용할 수 있어야 한다. 이를 통해 가치와 소통, 거래 수단을 저장하고 옮기는 것이 가능해지며, 적법하게 보유하는 토지와 같은 자산의 소유권을 보호하고, 집행하는 것 또한 가능해진다.[26]

블록체인이 약속하는 것은 여기에 국한되지 않는다. 당신이 읽은 이야기는 모든 사람이 번영을 누릴 수 있는 미래가 어떤 모습인지 짐작하도록 도와준다. 미래에는 더 큰 부와 더 많은 권력을 누리는 것 이상의 혜택이 주어질 것이다. 아마도 우리의 데이터를 소유하고, 우리의 프라이버시와 보안을 보장받는 세상이 도래하리라. 대기업이 애플리케이션을 독점하는 폐쇄된 네트워크가 아닌, 모두가 기술적 인프라에 이바지하는 열린 세상이 도래할 것이다. 수십억 명이 글로벌 경제에 참여하고, 각자의 지분을 확보할 수 있다. 여기에 그 얼개를 소개한다.

진정한 P2P 경제를 창조하다

전문가들은 에어비엔비Airbnb, 우버Uber, 리프트Lyft, 태스크래빗Task-Rabbit과 같은 플랫폼들을 '공유 경제'의 실례로 언급한다. 공유 경세란 피어들끼리 가치를 창출하고, 나누는 것을 뜻하는 멋진 개념이다. 하지만 이러한 비즈니스들은 나누는 것과 별 관련이 없다. 실제로 이 비즈니스들이 성공할 수 있는 이유는 나누지 않고 합치기 때문이다. 이 비즈니스들은 '공유' 경제가 아닌 '종합하는' 경제를 표방한다. 우버는 운전 서비스를 종합하는 650억 달러 규모의 기업이다. 250억 달러 규모의 실리콘 밸리 알짜 기업 에어비앤비는 빈방을 종합한다. 다른 비즈니스들은 중앙 집중적인 소유권 기반의 플랫폼을 통해 각종 수단과 인력을 규합하고, 이를 되파는 작업을 반복한다. 10년 전까지만 해도 이 회사들은 존재하지 않았다. 스마트폰, GPS, 복잡한 결제 시스템과 같은 기술적 기반이 존재하지 않았기 때문이다. 이제는 블록체인이 존재하므로 이러한 산업을 재창조할 기술 또한 존재한다. 오늘날의 거대한 방해꾼이 이제는 방해받을 위기에 처한 것이다.

중앙 집중적인 에어비앤비가 아닌 분산형 애플리케이션을 상상해 보라. 이를 블록체인 에어비앤비 또는 비에어비앤비bAirbnb로 부를 수 있다. 이 애플리케이션은 회원들이 소유하는 협동조합이다. 숙박인이 숙소 목록을 알고 싶다면, 비에어비앤비 소프트웨어가 블록체인을 스캔해 모든 리스트를 검색한 다음, 해당 기준을 충족하는 숙소를 걸러 내 보여 준다. 네트워크가 거래를 블록체인상에 기록하므로, 사용자들의 긍정적인 평가는 개별 숙소의 평판을 높이고, 그들의 신원 정보를 형성해 준다. 이 과정에서 제3의 중개자는 개입할 여지가 없다. 이더리움Ethereum 블록체인의 창시자인 비탈리크 부테린Vitalik Buterin은 이렇게 말한다. "대부분의 기술이 변방에서 단순 작업만 수행하는 근로자들을 자동화하는 반면, 블록체인은 중심부를 자동화해 힘을 빼내 버린다. 블록체인은 택시 기사의 직업을 뺏기는커녕, 우버의 일을 빼앗아 택시 기사들로 하여금 고객들을 직접 상대하도록 도와준다."[27]

속도와 편입inclusion을 위한 금융 시스템 재정비

금융 서비스 산업은 글로벌 경제를 부흥시키는 데 이바지했으나, 오늘날의 시스템은 문제점으로 가득 차 있다. 첫째, 금융 서비스 산업은 이 세상에서 가장 중앙 집중화된 산업이며, 기술 혁명의 효과를 가장 나중에 느끼게 될 산업이다. 은행과 같은 전통적인 금융 질서의 대변자들은 독점 체제를 방어하기 위해서는 무슨 짓이든 불사할 태세이며, 때로는 파괴적 혁신을 고의적으로 방해하기도 한다. 또한 금융 시스템은 뒤처진 기술을 답습하며 19세기적 규제에서 아직도 벗어나지 못하고 있다. 모순투성이인 것은 물론, 발전 또한 불균형하다 보니 전반적인 체계 자체가 느려지고, 보안에 구멍이 생기고,

다양한 당사자들에게 명쾌하지 못한 모습을 보여 준다.

분산 원장 기술은 구제도의 제약으로부터 다양한 금융 서비스를 해방시키고, 경쟁과 혁신을 촉진할 수 있다. 최종 사용자에게는 아주 바람직한 시스템이다. 기존 인터넷에 연결한다 할지라도, 수십억에 달하는 사람들은 금융 기관이 온라인 서비스를 제공하지 않는다는 단순한 이유만으로 글로벌 경제에서 배제된다. 금융 기관이 그들에게 서비스를 제공하지 않는 이유는 이익이 되지 않을뿐더러 리스크를 안겨 주는 고객이기 때문이나. 하시만 블록제인상에시 이 사림들은 금융 시스템에 이어질 뿐만 아니라 금융 시스템의 일원으로 포섭되어 구매, 차입, 매각 등의 활동이 가능해지며 풍요로운 인생을 설계할 기회를 누리게 된다.

이와 마찬가지로 필수적인 제도들도 변화를 이끌 리더십만 확보한다면, 블록체인 기술을 중심으로 탈바꿈할 수 있다. 블록체인 기술은 은행업, 증권업, 보험업, 회계법인, 브로커리지brokerage• 소액 대부업체, 신용카드 업계, 부동산 중개인 등 금융 산업을 영원히 혁신할 커다란 비전을 제공한다. 모두가 동일한 분산된 원장을 공유한다면, 며칠씩 잡아먹을 필요 없이 모든 사람이 보는 앞에서 단숨에 결제가 일어날 수 있다. 수십억에 달하는 사람들이 혜택을 입을 것이고, 이러한 변화는 전 세계의 기업인들을 해방시키는 한편 그들에게 권한을 안겨 줄 수 있다.

• 중개 상인 또는 증권업자가 고객으로부터 위탁받은 물건이나 증권 등을 대신 매매하는 대가로 받는 돈.

전 세계를 상대로 경제적 권리를 보호하려면?

소유권은 자본주의 체제와 불가분적으로 엮여 있다. 제퍼슨의 독립 선언 초안은 양도 불가능한 권리로 생명권, 자유권을 언급하고 있다. 한편, 행복 추구권은 언급하지 않으면서 사유 재산권이 들어 있는 점을 주목할 수 있다.[28] 이처럼 현실 지향적인 철학은 대다수의 선진국이 자랑하는 현대 사회와 경제의 초석을 닦을 수 있었다. 하지만 오늘날까지 세계 인구의 상당수가 이러한 혜택을 누리지 못하고 있다. 생명권과 자유권에서는 상당한 진전이 이루어졌으나, 전 세계적으로 상당수의 시민들이 부패한 정부에 집이나 땅을 빼앗기고 있다. 단지 중앙 집중화된 국가 자산 데이터베이스에서 소프트웨어를 한 번 조작하는 것만으로 가능한 일이다. 소유권을 증명하지 못한다면, 토지 소유권자들은 대출을 받을 수 없고, 건축 인허가를 받거나 자산을 팔 수가 없다. 언제 징발되거나 수용당할지 모르는 상황에 처하며, 이 모든 것은 번영을 누리는 데 심각한 장애물로 작용한다.

페루 출신 경제학자이자 자유 민주주의 기구Institute for Liberty and Democracy 대표 에르난도 데 소토Hernando de Soto는 세계 최고의 경제학자 가운데 한 명으로 손꼽힌다. 그는 전 세계 인구 50억 명 가까이가 세계화globalization를 통해 형성된 가치를 온전히 누릴 수 없다고 말한다. 그 이유는 그들이 항구적인 토지 소유권을 갖지 못하기 때문이다. 그는 블록체인이 이 모든 것을 바꿀 수 있다고 주장한다. "블록체인의 핵심 아이디어는 금융 자산, 유형 자산, 지적 자산 등 모든 자산에 대한 권리를 거래할 수 있다는 것이다. 목표는 대지 자체를 기록하기보다, 대지에 수반된 권리를 기록해 권리가 침해되지 않도록 하는 것이다."29 보편적인 소유권은 전 세계의 정의, 경제 성장, 번영, 평화를 위한 새로운 어젠다의 초석을 쌓을 수 있다. 이처럼 새로운 패러다임 속에서는 총이나 군대, 소수인력이 아닌 기술이 권리를 보호한다. 소토는 이렇게 말했다. "블록체인은 허구적인 것보다 실재하는 것이 지배하는 세상이다. 나는 이러한 점을 높이 평가한다."30

송금 과정에서의 누수는 이제 그만

암호화폐를 다룬 모든 보고서, 기사, 책에서는 송금의 편의성을 이야기한다. 충분히 그럴 만하다. 개발도상국으로 흘러드는 자금 가운데 가장 큰 비중을 차지하는 것은, 외국의 원조나 직접 투자가 아니라 해외로 나간 이주 노동자들이 본국으로 송부하는 금액이다. 그러한 절차에는 시간과 인내가 수반되며, 때로는 개운치 않은 송금 기관을 매주 방문해 똑같은 서류 작업을 마치고, 매번 7퍼센트의 수수료를 지급하는 용기를 내야 한다. 하지만 이보다 더 좋은 방법이 나타난 것이다.

아브라Abra를 비롯한 많은 회사가 블록체인을 이용한 지불 네트워크를 구축했다. 아브라의 목표는 사용자 모두를 텔러로 바꾸는 것이다. 전체적인 과정(한 국가에서 다른 국가로 자금이 유입되는 과정)은 일주일이 아니라 한 시간이면 충분하며, 수수료는 7퍼센트 이상이 아니라 2퍼센트에 불과하다. 아브라는 그들의 지불 네트워크가 전 세계의 ATM 기기 숫자를 능가하기를 바란다. 웨스턴 유니언Western Union이 전 세계에 50만 명의 대리인을 확보하는 데 150년이 걸렸다.

아브라는 첫해에 그 정도의 텔러를 확보할 수 있으리라 생각한다.

관료주의와 해외 원조에서 비롯되는 부패를 타파하라

블록체인이 해외 원조와 관련된 문제를 해결할 수 있을까? 2010년 아이티 지진은 인류 역사상 최악의 자연재해에 속한다. 10~30만 명이 순식간에 목숨을 잃었다. 아이티 정부의 후속 조치는 서투르기 그지없었다. 전 세계에서 5억 달러 이상을 적십자에 기부했으나, 이후 밝혀진 바에 따르면 이 돈은 엉뚱한 데 쓰이거나 아예 어디론가 증발해 버렸다.

블록체인은 목적지에 닿기 전에 끼어드는 미들맨들을 없애 버려, 해외 원조금이 올바르게 도착할 가능성을 더욱 높일 수 있다. 또한 블록체인은 자금의 흐름을 기록하는 불변의 원장으로 작용해, 기관들이 자신의 행동에 책임을 지도록 유도한다. 적십자에 기부한 금액이 스마트폰에서 시작해 혜택을 본 최종 당사자에게까지 전달되는 과정을 추적할 수 있다고 상상해 보라. 당신은 자금을 에스크로 계정에 넣어 두고, 적십자가 중간 단계에 도달한 것을 확인한 다음 인출을 허용할 수 있다.

가치의 창조자를 가장 먼저 대접하라

초창기 인터넷 환경에서는 지적 재산권을 발명한 사람들이 그에 맞는 보상을 받지 못했다. 그들은 디지털 시대를 받아들이고 사업 모델을 재정비하는 데 실패했으며 혁신을 꾀한 온라인 배포자들에게 헤게모니를 넘겨주었다.

메이저 음반사들이 냅스터Napster에 어떤 반응을 보였는지 생각해 보라. 냅스터는 1999년에 출범한 P2P 기반의 음악 파일 교환 플랫폼이다. 음악 산업 종사자들은 하나로 뭉쳐 새로운 벤처 산업과 창립자, 1만 8천 명의 사용자를 고소했고 2001년에 이 플랫폼을 공중분해시켰다. 냅스터를 소재로 다큐멘터리를 제작한 알렉스 윈터Alex Winter는 「가디언」지와의 인터뷰에서 이렇게 말했다. "저는 거대한 문화적 변화를 생각할 때면 흑백 사고에 치우치는 경향이 있습니다. (…) 하지만 냅스터 건을 보니 온통 회색지대더군요." "'내가 구입한 모든 것을 나눌 수 있어'와 '네가 구입한 걸 하나만 공유해도 넌 범죄를 저지른 거야' 사이에서 예매는 거죠."[31]

이 말에 자연스럽게 동의하게 된다. 소비자들과의 공동 창조는 그들을 고소하는 것에 비해 더욱 지속 가능한 비즈니스 모델이다. 냅스터 사건으로 음악 산업에 뜨거운 관심이 집중되었고, 음악 산업의 케케묵은 마케팅 관행, 불평등한 수익 배분, 음악가들에게 불합리한 정책이 적나라하게 드러났다.

그 이후 바뀐 게 거의 없었다. 지금까지도 마찬가지다. 우리는 블록체인에 새로운 음악 생태계가 등장하는 것을 목격하고 있다. 이러한 음악 생태계는 영국의 싱어송라이터 이모젠 힙Imogen Heap, 첼리스트 조 키팅Zoë Keating을 비롯해 블록체인 개발자와 사업가들이 주도하고 있다. 모든 문화 산업은 붕괴를 각오해야 하나, 이것이 전화위복이 되어 개발자들은 그들이 창조하는 가치를 완전히 보상받을 수 있어야 한다.

자본주의의 엔진으로 기업을 재구성하라

ID, 신뢰, 평판, 거래를 위한 P2P 플랫폼의 부흥과 더불어 우리는 마침내 기업의 구조를 근본적으로 재편하고, 소수가 아닌 다수를 위해 가치를 나누며 번영과 혁신을 추구할 수 있다. 여기에서 말하는 기업은 매출과 영향력의 관점에서 규모가 작은 기업을 뜻하는 것이 아니다. 이와 반대로 엄청난 부를 창출하고, 각자의 시장에서 막대한 영향력을 발휘할 21세기 기업들의 이야기다. 우리는 기업을 생각할 때, 산업 시대의 수직적 통합 구조보다는 네트워크에 가까운 형태를 떠올리기 쉽다. 그러한 구조라야 부를 더욱 민주적으로 분배하거나, 재분배할 기회가 생기기 때문이다.

이 책은 또한 당신을 스마트 계약, 새로운 자율 경제 에이전트, 분산형 자율 기업 등의 놀라운 세상으로 인도할 것이다. 이른바 분산형 자율 기업은 똑똑한 소프트웨어가 다양한 자원과 역량을 조직하고 관리한다. 아마도 기존 기업을 대체하는 중이라고 생각할 수도 있다. 스마트 계약은 블록체인을 만난 기존의 비즈니스 모델, 또는 새로운 비즈니스 모델에 바탕을 둔 이른바 오픈 네트워크 기업의 등장을 촉진하고 있다.

대상에 생기를 불어넣고, 일하도록 만드는 작업

기술자들과 공상 과학 소설 작가들은 오래도록 다음과 같은 세상을 꿈꿨다. 그들이 꿈꾼 세상에서는 인터넷으로 이어진 완전무결한 센서들의 네트워크가 지구상의 모든 사건, 행동, 변화를 포착할 수 있었다. 블록체인 기술은 모든 것이 서로 협력하고, 에너지, 시간, 돈과 같이 서로에게 가치 있는 대상을 나누고, 수요와 생산 능력에 대한 공유된 정보에 따라 생산 과정과 서플라이 체인을 재정비한다.

우리는 스마트 디바이스에 메타데이터*를 연결한다. 또한 메타데이터에 의해 다른 대상들을 알아보고, 에러나 간섭의 위험없이 정해진 환경에 반응할 수 있도록 스마트 디바이스를 프로그래밍한다.

물리적 세상이 활기를 띠면서, 전력이 필요한 호주 벽지의 농부에서부터 분산된 블록체인 전력망의 일부를 구성할 수 있는 세상 곳곳의 주택 소유자에 이르기까지 모든 사람이 번영을 구가할 수 있다.

블록체인 사업가 육성하기

기업가 정신은 경제에 활력을 불어넣고, 풍요로운 사회를 만드는 데 필수적이다. 인터넷은 기업가를 해방시켜 틀에 박힌 분위기, 경직된 절차, 불필요한 부담과 같은 다양한 골칫거리 없이도 대기업에 버금가는 수단과 역량을 제공할 수 있다. 하지만 닷컴으로 성공한 억만장자들로 말미암아 불안한 진실이 다시 한 번 동요하고 있다. 지난 30년간, 수많은 선진국에서는 기업가 정신이 쇠퇴하고 있으며 새로운 비즈니스 또한 줄어들고 있다.[32] 제3세계에서는 예비 기업가들이 극심한 관료주의에 시달리고 있는데도, 인터넷이 그들의 진입 장벽을 허무는 데 별로 한 일이 없다. 수십억 명에게 적용될 비즈니스를 시작하려면 금융의 체계를 갖추어야 한다. 하지만 인터넷은 이러한 금융의 체계조차 해방시키지 못했다. 모든 사람이 사업가의 운명을 타고난 것은 아니다. 하지만 금융 체계가 미비하고 정부의 규제가 높

---

* 데이터에 대한 데이터로, 실제 데이터와 직간접적으로 연관된 정보를 제공하는 데이터.

아지다 보니 그럭저럭 먹고살려는 보통 사람도 살기가 힘들어진다.

이는 아주 복잡한 문제다. 하지만 블록체인은 다양한 방법으로 기업가 정신을 북돋우고 번영을 촉진할 수 있다. 이러한 방법은 어느 하나도 소홀히 취급할 수 없다. 개발도상국의 평범한 주민들이 믿을 만한 효용의 저장고를 갖고, 자신의 공동체 밖으로 비즈니스를 확장하려면 인터넷 기기를 보유하는 것으로 충분하다. 글로벌 경제에 접근한다는 것은 신용, 자금 조달, 공급자, 거래 상대방, 투자처 등에서 새로운 기회가 생긴다는 것을 뜻한다. 모든 재주, 모든 자원은 아무리 미미하더라도 블록체인상에서 금전화할 수 있다.

국민을 위한, 국민에 의한 정부를 실현하기

정부와 거버넌스를 위한 거대한 변화를 위해 마음의 준비를 할 시간이다. 블록체인 기술은 이미 정부의 설비와 성과 추구의 수단을 혁신하는 중이다. 이로써 더욱 낮은 비용으로 더욱 높은 성과를 이룰 수 있다. 블록체인 기술은 민주주의를 개혁할 새로운 기회를 창출하며 정부가 로비스트들의 입김에서 벗어나 더욱 개방적인 태도를 취할 수 있는 방법과 진실성을 위한 네 가지 덕목에 따라 행동할 수 있는 방법을 제시하고 있다. 우리는 블록체인 기술이 진정한 시민의 정의를 어떻게 바꾸는지, 투표에 참여하고 사회 보장 제도를 활용하는 방법에서부터 사회의 심각한 문제를 해결하고 정치인들의 공약 이행을 감시하는 것에 이르기까지, 정치 흐름에의 참여를 어떻게 바꾸는지 살펴볼 것이다.

새로운 플랫폼의 미래와 불안 요인

무방비 도시에 600만 명의 인구가 살고 있다면,[33] 이 기술의 가능성을 구현하는 여정에 600만 개의 장애물이 존재하는 셈이다. 나아가 우려할 만한 단점이 나타날 수도 있다. 일부는 이 기술이 아직 시기상조라고 말한다. 여전히 활용하기 어렵고, 킬러 앱은 초기 단계에 머물러 있을 뿐이다. 어떤 비평가들은 비트코인 네트워크 하나에 엄청난 에너지가 소모된다는 점을 지적한다. 수천, 아니 수백만의 상호 연결된 블록체인이 하루에 수십 억 건의 거래를 처리한다면 무슨 일이 일어날까? 사람들이 오래도록 이러한 거래에 참여하고, 문제없이 행동하고, 네트워크를 좌지우지할 유혹에 굴복하지 않을 충분한 유인이 존재할까? 블록체인 기술은 유례없던 최악의 직업 박탈자로 악명을 떨치게 될까?

이것은 곧 리더십과 거버넌스의 문제일 뿐 기술에 관한 문제가 아니다. 제1세대 인터넷에서는 정부, 민간 기구, 개발자, 일반인과 같은 핵심 당사자들의 비전과 공동의 이해관계에 힘입어 등장했다. 블록체인은 이와 유사한 리더십을 필요로 한다. 우리는 이 책에서 왜 새로운 분산 패러다임의 지도자들이 새로운 플랫폼의 비전을 실패없이 구현하기 위해, 그들의 권리를 주장하고 경제적/제도적 혁신을 시도하는지 자세히 논의할 것이다. 우리는 당신이 이러한 지도자가 되기를 바란다.

이 책은 토론토대학 로트맨 경영대학원의 글로벌 솔루션 네트워크 프로그램에서 비롯되었다. 이 네트워크 프로그램은 무려 400만 달러의 규모를 자랑하며, 대형 기술 기업들을 비롯해 록펠러 재단, 스콜 재단, 미국 국무부, 캐나다 산업성이 자금을 후원했고 글로벌 현안의 해결과 거버넌스에 대한 새로운 접근 방식을 탐구했다. 우리 두 사람 모두 이 프로그램에 참여했다(돈은 이 프로그램을 창설했고, 알렉스는 암호화폐에 관한 프로젝트를 주도했다). 2014년, 우리는 블록체인 혁명과 블록체인 혁명이 비즈니스와 사회에 갖는 함의를 연구하기 위한 1년짜리 계획을 출범시켰고, 그 결과물을 이 책에 집약했다. 그 과정에서 새로운 플랫폼의 전망과 위험을 통찰하고자 했다.

비즈니스, 정부, 민간 분야의 혁신자들이 이를 제대로 된 방향으로 끌고 간다면, 우리는 인터넷의 비전을 바꿀 수 있다. 과거의 인터넷은 검색, 종합 기능, 데이터 수집, 의사 결정에 대한 비용 절감, 모니터링, 중개 역할, 정보와 거래의 금전화가 핵심을 차지했다. 하지만 새로이 옮겨 갈 인터넷 세상은 협상, 정책 수립, 사회적/상업적 약정의 집행 비용 절감이 주도하며, 여기에서의 주된 목표는 진실성, 안전성, 협업 가능성, 모든 거래의 프라이버시 보호, 가치 창조와 분배다. 이는 전략을 180도 바꾸는 것이며, 그 결과 실질적인 분배를 달성하고, 포괄적이고, 권한을 육성하는 합법적인 제도 속에서 대등한 주체들 사이의 경제를 구축할 수 있다. 새로운 플랫폼은 온라인에서 할 수 있는 것, 하는 방법, 참가하는 주체 등을 근본적으로 바꾸면서 가장 껄끄러운 사회적, 경제적 난점을 해결할 기술적 환경을 조성할 수 있다.

우리가 이를 잘못된 방향으로 끌고 간다면, 엄청난 가능성을 담고 있는 블록체인 기술이 제약을 받거나, 심지어 붕괴할 수도 있다. 설상가상으로, 강력한 기관이 그들의 부를 유지하기 위해 이러한 기술을 전용할 수도 있고, 정부 기관이 침투한다면 새로운 감시 사회가 도래할 수도 있다. 배포된 소프트웨어, 암호화 기술, 지능형 기기, 인공 지능 기술은 서로 밀접하게 연관되어 있고, 이러한 기술이 통제력을 상실할 경우 이를 창조한 인간에게 반기를 들 수도 있다.

이러한 새로운 기술이 지연되고, 멈추고, 외면될 수 있으며, 그보다 더한 일이 발생할 수도 있다. 블록체인과 암호화폐, 특히 비트코인은 이미 상당한 모멘텀을 보유하고 있다. 하지만 우리는 이것이 성공할 것인지, 성공한다면 얼마나 빨리 결과를 드러낼지 예측하기 어렵다.[34] 예측이란 늘 위험한 비즈니스이기 마련이다. 기술 이론가 데이비드 티콜David Ticoll은 이렇게 말했다. "우리들 가운데 상당수는 인터넷의 효과를 제대로 예측하지 못했다. ISIS와 같은 부정적인 현상은 우리가 무언가를 빠뜨릴 수 있다는 증거이며, 낙천적인 예측 또한 틀린 것으로 드러나는 경우가 종종 있다." 그는 이렇게 말한다. "블록체인이 인터넷만큼 크고 광범위하다면, 장점과 단점을 예측하기가 그만큼 어려워지기 마련이다."[35]

따라서 우리는 블록체인의 미래를 예측하기보다 이를 변호하고 있는 중이다. 우리는 이것이 성공해야 한다고 주장한다. 왜냐하면 우리를 새로운 번영의 시대로 인도할 수 있기 때문이다. 우리는 경제가 모든 사람을 위해 작동할 때 가장 원만히 흘러간다고 생각하며, 이러한 새로운 플랫폼은 모든 것을 아우르는 원동력이 된다. 이 플랫폼은 송금 비용을 낮추며, 은행 계좌를 개설하고, 신용을 얻고,

투자에 따르는 제약을 현저히 타파한다. 또한 창업을 독려하고, 국제 거래를 용이하게 만들며, 자본주의의 재분배에 그치지 않고 원천적인 분산 자본주의distributed capitalism를 촉진한다.

모든 사람은 싸움을 그만두고 제대로 된 길을 밟아야 하며, 이러한 힘을 소수의 눈앞에 놓인 이익이 아닌 다수의 영속하는 이익을 위해 활용해야 한다.

최근 우리 두 사람은 다음 세대의 인터넷을 생각하면 가슴이 설렌다. 우리 앞에 놓인 거대한 혁신의 물결, 번영과 더 나은 세상을 위한 가능성에 열광하고 있다. 이 책은 우리의 주장을 싣고 있다. 이러한 주장을 받아들여 흥미가 솟아나고, 새로운 물결을 이해하고, 약속을 현실로 옮기도록 행동하기 바란다.

의자에 엉덩이를 꼭 붙이고 책에서 눈을 떼지 않기 바란다! 우리는 지금 인류 역사상 결정적인 분기점에 서 있다.

2장
미래를 소환하는 블록체인 경제의 설계 원칙

"자유는 프라이버시로 서술됩니다." 라이어슨대학의 프라이버시와 빅 데이터 기구Privacy and Big Data Institute 집행임원 앤 카부키언Ann Cavoukian이 한 말이다. "나는 30년 전, 독일에서 콘퍼런스에 참가하기 시작하며 이 사실을 처음으로 깨달았습니다. 독일이 프라이버시와 데이터 보호를 선도하고 있는 것은 이상한 일이 아닙니다. 그들은 히틀러의 통치를 받으며 완전한 자유와의 단절을 경험했습니다. 자유와의 단절은 곧 프라이버시의 박탈을 의미합니다. 히틀러가 죽고 나서, 그들은 이렇게 말했습니다. '다시는 이런 일이 없어야겠어.'"[1]

따라서 어찌 보면 아이러니고, 어찌 보면 이해가 가는 일이다. 사용자의 프라이버시를 보장하는 최초의 분산형 P2P 연산 플랫폼 가운데 하나가 에니그마Enigma라고 불리는 현실 말이다. 독일 기술자 아르투르 셰르비우스Arthur Scherbius는 암호화된 정보를 표기하는 용도로 에니그마라는 이름의 기계를 개발한 적이 있다. 셰르비우스는 상업적 목적으로 에니그마를 개발했다. 이 장치를 통해, 글로벌 기업들은 비밀 거래 정보, 주식 정보, 기타 내부자 정보를 빠르고 안전하게 소통할 수 있었다. 몇 년 후, 독일군은 에니그마를 개조해 암호화된 메시지를 라디오를 통해 군대로 방송하기 시작했다. 전쟁 중에 나치는 에니그마를 활용해 전략, 목표물의 정보, 공격 타이밍을 전파할 수 있었다. 이는 곧 고통을 주고, 억압하는 수단이었다.

오늘날의 에니그마는 자유와 번영의 수단이다. MIT 미디어 연구소의 가이 지스킨드Guy Zyskind와 오즈 네이선Oz Nathan이 개발한 새로운 에니그마는 블록체인의 공개 원장이 지닌 가치들을 결합한다. "정직한 행동에 대해 강력한 보상책을 제공"하는 투명성과, 준동형 암호화homomorphic encryption와 안전한 다자간 계산secure multiparty computation이라 알려진 것을 결합하는 것이다.[2] 더 간단히 표현하자면, "에니그마는 당신의 모든 정보를 취해 분해하고, 이를 데이터 조각으로 암호화해 네트워크의 노드에 무작위로 분산한다. 암호화된 데이터 조각은 한 곳에만 존재하지 않는다." 카부키언은 이렇게 말했다. "에니그마는 블록체인 기술을 활용해 데이터를 심고, 파편화된 모든 정보를 추적합니다."[3] 당신은 이 정보를 제삼자와 나눌 수 있고, 제삼자는 이를 해독할 필요 없이 연산 과정에서 이를 활용할 수 있다.[4] 이러한 과정이 제대로 작동한다면, 우리가 ID로 온라인에 접근하는 방식을 재구성할 수 있다. 당신의 개인 정보를 담고 있는 블랙박스를 당신 혼자서 좌지우지한다고 상상해 보라.

멋진 이야기처럼 들리겠지만, 암호화 세계에 발을 디디려면 많은 것을 조심해야 한다. 첫째, 수많은 참여자를 확보할 필요가 있다. 둘째, "암호기술은 최신의 뛰어난 기술을 쓰기 싫어하는 분야다. 왜냐하면 모두가 안전하다고 믿는 알고리즘의 역사가 지배하기 때문이다. 새로운 기술을 4~5년간 쓰고 나면 잔뜩 상기된 과학자들이 앞에 나와 결함을 폭로할 것이다. 그러면 모든 것이 어그러지기 시작한다." 블록스트림Blockstream의 오스틴 힐Austin Hill이 한 말이다. "따라서 우리는 보수적이고, 잘 정비되고, 오래 지속되어 온 알고리즘을 선호합니다. 이러한 알고리즘은 미래에도 확실한 경쟁력을 갖출 수 있으며, 비트코인 또한 이를 염두에 두고 설계되었습니다."[5]

여전히 이러한 관념을 진지하게 고려할 가치가 있다. 프라이버시, 보안, 지속 가능성에 대한 깊은 함의를 지니고 있기 때문이다. 카부키언은 이렇게 말했다. "에니그마는 나름의 프라이버시 보장 수단을 제공한다고 말합니다." "아주 대담한 주장입니다만, 프라이버시란 서로 연결된 세상에서 우리가 점점 더 필요로 하는 것임에는 분명합니다."[6]

연구 결과, 우리는 블록체인 기술을 바탕으로 시작한 수많은 프로젝트를 접할 수 있었다. 이러한 기술의 개발자들도 인간의 기본권을 향상시키는 데 상당한 열정을 지니고 있었다. 이러한 기본권은 법률이 보장하는 프라이버시와 사생활에 대한 권리, 재산권, 인격권뿐 아니라, 정부, 문화, 경제에 적극 참여할 수 있는 가능성을 아우른다. 나 스스로와 가족을 위한 선택의 자유를 보장하는 기술, 세상을 향해 이러한 선택을 알리고, 우리의 운명을 통제하도록 도와주는 기술을 상상해 보라. 이러한 기술을 누리는 데 우리가 어디에서 태어나고, 어디에서 자랐는지는 아무런 문제가 되지 않는다. 이러한 가능성을 구현하기 위해 어떠한 수단과 어떠한 직업이 필요할까? 어떤 비즈니스와 서비스가 필요할까? 다양한 기회를 어떤 자세로 받아들여야 할까? 이 질문의 해답은 이미 우리 앞에 놓여 있다. 나카모토 사토시의 생각을 들어 보자.

🎲 일곱 가지 원칙

필자들은 훗날 도래할 시대가 나카모토 사토시의 비전에 상당한 영감을 받을 것이라 생각한다. 사토시의 비전은 일련의 암묵적인 원칙을 바탕으로 기획되었고, 공동체 내의 열정적이고 재능 넘치는 리더들이 협업 정신을 발휘해 현실로 옮길 수 있다.

그의 광대한 비전은 차세대 인터넷을 창조하자는 더 큰 목표를 지향하지 않고, 금전으로 논의의 대상을 한정시켰다. 기업의 체질을 바꾸고, 제도를 변경하고, 문명을 더 나은 방향으로 개선하는 것에 대해서는 아무런 논의도 이루어지지 않았다. 하지만 여전히 사토시의 비전은 단순성, 독창성, 인간에 대한 통찰 측면에서 주목할 가치가 충분했다. 2008년 논문을 읽은 사람들은 곧 새로운 디지털 경제의 시대가 열리리라는 것을 확실히 알 수 있다. 컴퓨터 기술과 통신 기술의 융합으로 최초의 디지털 경제 시대가 열렸다면, 두 번째 시대는 컴퓨터 엔지니어링, 수학, 암호화 기술, 행동 경제학의 절묘한 조합으로 촉발될 것이다. 포크송 가수 고든 라이트풋Gordon Lightfoot은 이렇게 노래했다. "당신이 내 생각을 읽을 수 있다면, 내 생각이 말해 줄 수 있는 이야기는 곧 사랑이야." 사토시는 2011년부터 외부와 연락을 끊고 살았다(그의 이름이 때때로 토론 마당에 오르내리는 경우는 있었지만, 주변과 연락을 끊고 살았던 것은 분명한 사실이다). 하지만 우리는 그가 끌어들인 신뢰의 준칙이 제도와 경제를 재구성하기 위한 원칙에 상당한 기여를 하고 있다고 생각한다.

우리가 대화를 나눴던 모든 사람은 블록체인 기술에 대한 통찰을 우리와 공유하고 싶어 했다. 모든 대화, 모든 백서, 모든 포럼의 댓글은 무수히 많은 주제를 다뤘고, 이러한 주제들로부터 설계의 원칙을 도출할 수 있다. 소프트웨어, 서비스, 비즈니스 모델, 시장, 기관, 심지어 정부를 구성하는 블록체인상의 원칙으로 탈바꿈하는 것이다. 사토시는 이러한 원칙을 기술한 적이 없지만, 그의 손에서 나온 기술 플랫폼 속에 내재되어 있다. 필자들은 이를 새로운 디지털 경제, 새로운 신뢰의 시대를 구성하는 원칙으로 받아들인다.

이 분야가 생소하다면, 이러한 원칙들이 블록체인 혁명의 밑바탕을 이해하는 데 도움이 될 수 있을 것이다. 당신이 비트코인 블록체인에 몹시 회의적일지라도, 사업가, 발명가, 엔지니어, 아티스트를 꿈꾸며 비슷한 사람들과 창조적인 협업을 시도한다면 이러한 원칙들로부터 도움을 받을 기회가 생길 것이다. 도움을 받는 당신은 각종 자산에 대한 소유자 또는 투자자일 수도 있고, 갓 싹튼 블록체인 경제에서 당신의 역할을 재구성하고 싶은 매니저일 수도 있다.

🎲 1. 무결성의 네트워크화

원칙: 신뢰란 내면적이며, 외면적인 성질에서 자유롭다. 진실성이란

모든 과정의 단계에 깃들어 분포되며, 개인의 전유물이 아니다. 참여자들은 다른 상대방이 진실되게 행동하리라는 기대에 따라 가치를 직접 교환할 수 있다. 이는 말과 행동의 정직성, 타인의 이해관계에 대한 고려, 결정과 행동에 대한 신뢰, 의사 결정과 행동의 투명성 같은 진실성이라는 가치가 결정권, 인센티브 구조, 운영 절차에 내재되어 진실성 없는 행동은 불가능하거나, 더욱 많은 시간, 금전, 에너지, 평판을 희생해야 한다는 것을 의미한다.

해결해야 할 문제: 사람들은 인터넷을 통해 거래나 비즈니스를 직접 수행할 수 없었다. 금전은 정보재나 지적 재산권과 다르다는 간단한 이유 때문이었다. 당신은 모든 친구에게 똑같은 셀카 사진을 보낼 수 있다. 하지만 이미 다른 사람에게 주어 버린 달러를 또 다른 사람에게 줄 수는 없다. 돈은 당신의 계좌를 떠나 친구의 계좌에 꽂혀야 한다. 다수의 장소는 물론, 두 개의 장소에조차 공존할 수 없다. 따라서 전자화폐를 두 곳에서 쓰게 되어, 어느 한 곳에서 부도 수표가 되어 버릴 위험이 있다. 이를 가리켜 이중 지불 문제double-spend problem라 부른다. 돈을 두 번 쓰고 싶어 하는 사기꾼들에게는 좋은 일이다. 하지만 부도 화폐의 희생자들에게는 좋지 않은 일이며, 온라인에서의 평판도 문제된다. 본디 온라인 결제를 할 때면 제삼자의 중앙 데이터베이스를 통해 모든 거래를 정산하는 작업이 필요하며, 이러한 방법을 통해 이중 소비 문제를 해결할 수 있다. 예컨대, 웨스턴 유니언과 같은 송금 서비스, 시티은행과 같은 상업 은행, 호주 커먼웰스 은행과 같은 국책 은행, 비자와 같은 신용카드사,

페이팔과 같은 온라인 결제 플랫폼이 제삼자 역할을 담당한다. 정산 작업은 며칠, 일부 지역에서는 몇 주가 걸리기도 한다.

돌파구: 사토시는 현존하는 분산 P2P 네트워크와 암호화 기술을 활용해 합의 메커니즘consensus mechanism을 만들었다. 이 기술은 신뢰할 수 있는 제삼자만큼은 아니어도, 이중 소비 문제를 해결할 수 있었다. 비트코인 블록체인의 네트워크에서는 금전이 지급되는 최초의 거래를 타임스탬프로 처리하고, 이에 뒤따르는 소비를 배제한다. 비트코인 노드를 운영하는 네트워크 참가자들은 채굴자(광부)라 불린다. 이들은 최근의 거래를 수집해 데이터 블록 형태로 정리하며, 이 과정을 10분마다 반복한다. 각 블록은 반드시 직전의 블록이 유효했는지 점검해야 한다. 이 프로토콜에는 디스크 공간을 재확보하는 방법이 포함되며, 이를 통해 모든 노드에 전체 블록체인을 저장할 수 있다. 결국 블록체인은 공공성을 띠게 된다. 누구나 거래가 일어나는 과정을 볼 수 있다. 아무도 거래를 감추지 않으며, 그 누구라도 거래 과정을 지켜볼 수 있다. 그 누구도 거래를 숨길 수 없으며, 따라서 비트코인은 현금보다 추적이 용이하다.

사토시는 중앙 집중화된 금융의 힘을 해체한 것뿐 아니라, 발생한 사건에 대한 모순되는 해석과 불확실성을 제거하려 했다. 코드는 저절로 참여자들 사이에 알려졌다. 또한 사건이 발생하면 네트워크가 알고리즘에 따라 합의에 도달하고, 이러한 내역은 블록체인상에 암호로 기록되었다. 여기에서는 합의에 도달하는 메커니즘이 핵심이다. 이더리움 블록체인의 선구자인 비탈리크 부테린은 자신의 블로그에서 이렇게 말했다. "합의란 사회적인 과정이다. 인간은 합의에 상당히 익숙해져 있다. (…) 알고리즘의 도움을 받지 않고서도……." 그는 시스템이 사람의 연산 능력을 능가하게 되면, 사람들은 소프트웨어 에이전트로 눈을 돌리게 된다고 설명했다. P2P 네트워크에서는, 합의 알고리즘이 네트워크 상태의 업데이트 권한을 배분한다. 말하자면, 사실이 무엇인지를 투표로 결정하는 것이다. 알고리즘은 경제적 틀을 구성하는 무리들에게 이러한 권리를 배분한다. 경제적 틀이란, 말하자면 금전적 위험을 감수하는 틀을 의미한다. 부테린에 따르면, 이러한 경제적 틀에서 중요한 것은 구성원들이 충분히 분산되는 일이다. 그 어떤 구성원이나 카르텔도 다수를 차지해서는 곤란하다. 설사 그들이 다수를 차지할 동기와 수단이 있다 하더라도 마찬가지다.[7]

비트코인 네트워크는 합의에 이르기 위해 작업 증명Proof of Work이라는 메커니즘을 활용한다. 복잡하게 들릴 수도 있겠지만, 원리는 간단하다. 우리는 채굴자들의 신원 정보를 믿고서 다음 블록을 만드는 주체를 선택하지 못한다. 따라서 우리는 풀기 어렵지만(말하자면 많은 '작업'이 소요되는 일), 확인하기 쉬운(예컨대, 모두가 정답을 빨리 확인할 수 있는 질문) 퍼즐을 만들 수 있다. 참가자들은 누구든 가장 먼저 문제를 푸는 사람이 다음 블록을 만드는 데 동의한다. 채굴자들은 해시를 찾아 퍼즐을 풀며, 해시를 찾기 위해 자원(연산을 담당하는 하드웨어와 전력)을 소비한다. 해시란 텍스트 파일이나 데이터 파일에 붙은 특이한 지문과도 같다. 채굴자들은 블록을 발견한 대가로 비트코인을 받아간다. 이 퍼즐은 수학적으로 간단한 풀이법을 발견하기가 불가능하다. 따라서 나머지 네트워크에서 정답을 알게 된다면, 많은 양의 작업이 투입되었다고 믿기에 충분하다. 또한 디노 마크 앙가리티스Dino Mark Angaritis에 따르면, 이러한 퍼즐 풀이는 "초당 50만 조 개의 해시가 울리는 곡조를 따라 계속된다". 채굴자들은 "목적물에 맞는 해시를 찾는다. 이 작업은 통계적으로 10분마다 일어나는 푸아송 과정Poisson process•이다. 어떤 경우에는 1분, 어떤 경우에는 1시간이 걸리기도 하지만 평균적으로 10분이 걸린다". 앙가리티스는 이것이 작동하는 원리를 설명했다. "채굴자들은 네트워크에서 발견하는 모든 미완의 거래를 수집하며, 보안 해시 알고리즘(SHA-256)••이라 불리는 암호 다이제스트••• 함수를 통해 데이터를 실행한다. 그 결과 32바이트의 해시 값hash value이 생성된다. 해시 값이 일정한 목표 값 (이 목표 값은 네트워크에 의해 정해지고 2,016블록마다 조정된다) 아래라면, 채굴자는 퍼즐의 답을 발견한 것이며 블록을 '푼' 것이다. 안

• 주어진 구간에서 발생한 어떤 사건의 발생 횟수가 푸아송 분포를 따르며 겹치지 않는 구간에서 그 사건의 발생 횟수가 서로 독립일 때의 확률 과정. 푸아송 분포는 교통사고같이 많은 사회인 속에서 간혹 나타나는 현상이나 어떤 시간 내에 몇 회가 우연히 발생하는 현상, 예컨대 어떤 시간 내에 붕괴하는 방사능 원소의 수 등에서 볼 수 있다. 이 과정은 출생·사망의 과정이나 서비스 담당의 문제, 재고 관리 문제 등에 응용된다.
•• SHA는 미국 국립 표준 기술국이 표준으로 채택한 암호 해시 함수로 알고리즘의 내부 구조나 초기 값, 출력 방법 등에 따라 SHA-224, SHA-256, SHA-384, SHA-512 등으로 구분하고 있다.
••• 가변적인 길이의 입력 문자열을 고정적인 길이의 문자열로 출력하는 해시 기능. 암호 다이제스트가 들어 있는 파일을 내려받으면 다이제스트를 다시 계산해서 출력 문자가 다이제스트와 일치하는지 판단해 원래 전송된 파일인지 확인함.

타깝게도 채굴자가 정확한 해시 값을 찾기는 어렵다. 해시 값이 틀리면 채굴자는 입력 자료를 살짝 조정해 다시 한 번 시도한다. 각 시도마다 완전히 다른 해시 값이 도출되므로, 채굴자들은 답을 찾기 위해 여러 번 시도해야 한다. 2015년 11월, 해시를 찾기 위해 시도한 횟수는 평균 3억 5천만 번이었다. 실로 엄청난 작업이다![8]

당신은 다른 합의 메커니즘에 대해서도 들어 보았을 것이다. 이더리움 블록체인의 첫 번째 버전인 프런티어Frontier 또한 작업 증명을 활용한다. 하지만 이더리움 1.1 개발자들은 이를 지분 증명Proof of Stake 메커니즘으로 대체할 생각이다. 지분 증명에서는 채굴자들이 가치 저장 수단(말하자면, 피어코인Peercoin, NXT와 같은 블록체인 고유의 토큰)에 투자하고 매진해야 한다. 그들은 투표에 에너지를 소비할 필요가 없다. 리플Ripple이나 스텔라Stellar와 같은 기타 블록체인은 소셜 네트워크에 의지해 컨센서스를 도출하며, 새로운 참가자들(예컨대, 새로운 노드들)이 최소한 100개의 노드로 구성된 고유의 노드 리스트를 생성하도록 권장할 수 있다. 각 블록체인은 이러한 노드 리스트의 투표 결과를 신뢰할 수 있다. 하지만 이러한 종류의 증명 수단은 편견을 담기 마련이다. 신규 진입자들은 여기에 참여하기 위해 사회적 지능과 평판이 필요하다. 행위 증명Proof of Activity은 또 다른 메커니즘이다. 행위 증명은 작업 증명 및 PoS(지분증명)를 결합하고, 채굴자들은 블록이 공식화되기 전에 암호키를 활용해 블록을 승인해야 한다. 블록을 승인하는 채굴자들의 숫자는 정해져 있지 않다.[9] 용량 증명Proof of Capacity에서는 채굴자들이 하드 드라이브의 상당 부분을 채굴에 할당해야 한다. 유사한 개념인 저장 증명Proof of Storage에서는 채굴자들이 분산된 클라우드 저장 공간을 할당하고 나누어야한다.

중요한 것은 저장소다. 블록체인의 데이터는 인터넷의 데이터와는 중요한 부분에서 다르다. 인터넷에서는 대부분의 정보가 가변적이고 일시적이다. 또한 정보의 생성 시점과 날짜가 과거 또는 미래의 정보와 핵심적인 연관성이 없다. 하지만 블록체인에서는 비트코인의 움직임이 사용하는 순간부터 네트워크상에 영구히 기록된다. 비트코인이 유효하려면 블록체인의 이력뿐 아니라 비트코인 지체의 이력을 참조해 어긋남이 없어야 한다. 따라서 블록체인은 그 자체로 완전하게 보전되어야 한다.

채굴의 과정 또한 중요하다. 채굴은 거래를 수집하고, 자원을 소비하고, 문제를 해결하고, 합의에 도달하고, 온전한 원장을 유지하는 작업이다. 일부는 비트코인 블록체인을 인터넷과 같이 공적 지원이 필요한 공공재로 생각하기도 한다. 언스트앤영Ernst&Young 의 폴 브로디Paul Brody 는 모든 어플라이언스appliance•들의 처리 능력을 블록체인 유지에 할애해야 한다고 생각한다. "잔디깎이나 식기세척기에 들어 있는 CPU는 정작 필요한 처리 능력보다 1,000배의 성능을 보유하고 있어요. 그 처리 능력을 내 것으로 만들지 못할 이유는 없죠. 돈을 벌기 위해서가 아니라, 내 블록체인 지분을 유지하기 위해서예요."[10] 컨센서스에 이르는 메커니즘과는 별도로, 블록체인은 옳은 일을 선택하는 인간이 아니라 영리한 코드를 통해 진실성을 확보한다.

• 블록체인 네트워크에 접속된 정보 기기.

블록체인 경제의 함의: 사람들의 신원 정보와 평판을 확인하기 위해 대기업과 정부를 의지하지 않고 네트워크를 신뢰할 수 있다. 역사상 처음으로 우리는 상대방의 행위와 관계없이 거래의 신뢰를 보장받을 자세히 기록된 정보와 플랫폼을 갖추게 되었다.

대부분의 사회적, 정치적, 경제적 행위에 커다란 충격파를 던지는 셈이다. 누가 누구와 결혼하고, 누가 누구를 위해 투표하고, 누가 누구에게 지불하고의 문제는 관심사가 아니다. 그저 신뢰할 수 있는 기록과 검증된 거래를 찾기 위해 노력할 뿐이다. 누가 무엇을 소유할까? 이러한 지적 재산권에 수반되는 권리를 누가 보유할까? 누가 의대를 졸업했을까? 누가 총기를 구입했을까? 누가 이 나이키 신발, 애플 디바이스, 이유식을 제조했을까? 이 다이아몬드의 원산지는 어디일까? 신뢰란 디지털 경제의 필수불가결한 요소다. 안전하고 믿을 수 있는 대량 협업 플랫폼은 새로운 종류의 조직과 사회를 위한 다양한 가능성을 내포하고 있다.

2. 분산된 권력

원칙: 이 시스템은 통제점이 없는 P2P 네트워크를 통해 권력을 분산한다. 그 어떤 당사자도 시스템을 끌 수 없다. 감독 기관이 특정한 개인이나 그룹을 간신히 배제한다 해도 시스템은 살아남는다. 네트워크의 절반 이상이 나머지를 압도한다면, 모두가 상황을 주시하게 될 것이다.

해결해야 할 문제: 초기의 인터넷에서는 피고용인, 시민, 고객, 기타 조직 등 많은 사용자를 확보한 거대 기관은 사용자들의 사회적 합의를 중요하게 생각하지 않았다. 하지만 시간이 지날수록 중앙에서 사용자들을 이기려 한다는 것이 드러났다. 실제로 그들은 사용자 데이터를 저장하고 분석하며, 사용자에게 알리지 않고 정부의 요청에 응하는 한편, 사용자의 허락 없이 데이터를 대규모로 변경할 수도 있다.

돌파구: 비트코인 블록체인을 제압하기 위한 에너지 비용은 금전적 이익을 능가한다. 사토시가 제시한 작업 증명 수단에 따르면, 사용자는 네트워크를 보호하고 새로운 동전을 만들기 위해 많은 컴퓨팅 파워(전력 또한 많이 소모된다)를 소비해야 한다. 그는 암호학자 애덤 백Adam Back 이 제시한 해시캐시에 영감을 받아 스팸과 서비스 거부 공격denial of service attack 을 방어하려 했다. 백의 방법에 따르면 이메일 사용자들은 메시지를 보낼 때 작업 증명을 제시해야 한다. 실제로 이메일에 '특별 발송'이라는 신호를 부착해 메시지의 중요성을 강조한다. "이 메시지는 워낙 중요해 당신에게 송부하는 데 모든 에너지를 소모했습니다"라는 의사 표시인 셈이다. 이는 스팸, 멀웨어malware,• 랜섬웨어ransom ware를 보내는 비용을 증가시킨다.

누구나 비트코인 프로토콜을 무료로 내려받아 블록체인의 복사본을 보유할 수 있고, 이로써 부트스트래핑bootstrapping을 활성화시킬 수

• malicious software(악성 소프트웨어)의 줄임말로 컴퓨터에 침투하기 위해 설계된 소프트웨어를 말함.

있다. 부트스트랩이란 프로그램을 간단한 몇 가지 명령에 따라 개인의 컴퓨터나 모바일 기기에 업로드하는 기술이다. 이러한 명령에 따라 프로그램의 일부는 계속 작동하며, 비트토렌트BitTorrent와 같은 자발적인 네트워크를 통해 완전히 분산된다. 비트토렌트는 전 세계 수십 억 대의 컴퓨터에 저장된 지적 재산권을 공유하는 데이터베이스다.

분명 이러한 방어막은 네트워크를 국가로부터 방어한다. 이는 상황에 따라 좋은 일이 될 수도, 나쁜 일이 될 수도 있다. 전체주의 국가에서 여성의 권리를 위해 싸우려는 운동가와 민주주의 국가에서 뇌물을 받으려는 범죄자를 비교하면 된다. 이 경우 전체주의 체제라 해도 은행 계좌를 동결하거나 야당 정치인의 정치 자금을 압류할 수 없다. 블록체인상에서는 국가라 하더라도 강제로 재산을 징발할 수 없다. 프랭클린 루스벨트 정부는 대통령령6102 FDR Executive Order을 통해 '금화, 금괴, 금증서'를 정부에 양도하라고 명령하고, 이를 이행하지 않으면 벌금을 부과하거나 감옥에 보냈다.11 워싱턴앤리대학의 조시 페어필드Josh Fairfield는 이를 직설적으로 표현한다. "우리가 의지할 미들맨은 더 이상 존재하지 않습니다."12 블록체인은 도처에 존재한다. 자발적 참가자들은 최신 블록체인 카피본을 컴퓨터에 저장하고 여분의 컴퓨터 처리 장치를 채굴을 위해 할당한다. 뒷거래란 존재하지 않는다. 모든 행위나 거래는 네트워크상에 알려져 타당성을 검증받는다. 그 무엇도 중앙의 제삼자를 거치지 않고, 그 무엇도 중앙 서버에 저장되지 않는다.

사토시는 또한 화폐의 제조 권한을 분산시켰다. 그는 비트코인의 발행을 원장 속의 새로운 블록 창조와 결부시켜, 화폐의 제조 권한을 피어 네트워크에 위탁했다. 퍼즐을 풀거나 작업 증명을 처음으로 제출하는 채굴자는 다량의 비트코인을 취득할 수 있었다. 연방준비제도Federal Reserve나 중앙은행, 유동성의 공급을 담당하는 재무성은 존재하지 않는다. 나아가, 각 비트코인은 최초 블록genesis block(제네시스 블록, 창세기 블록) 및 후속 거래와 이어지는 직접적인 연결 고리를 담고 있다.

그 어떤 중개 수단도 불필요하다. 블록체인은 기껏해야 대량 협업에 따라 작동하는 것뿐이다. 당신은 당신의 데이터, 당신의 자산, 당신의 참여 수준을 좌우할 수 있다. 분산된, 집합적인 인간의 힘을 가능케 해 주는 것은 분산된 처리 능력이다.

블록체인 경제의 함의: 이러한 플랫폼은 부의 창출이라는 관점에서 새로운 분산 모델을 가능케 해 준다. 새로운 종류의 P2P 협업은 인류의 가장 골치 아픈 사회적 문제를 해결할 수 있을 것이다. 오늘날 우리의 제도권은 신뢰를 상실하고 적법성마저 의심받고 있다. 하지만 진정한 권력을 시민들에게 이전하고, 번영의 기회와 사회로의 참여를 보장한다면 거짓된 홍보 정책을 쓰지 않고서도 이러한 문제를 해결할 수 있을 것이다.

3. 인센티브로서의 가치

원칙: 이 시스템은 모든 이해관계자의 동기를 나란히 일치시킨다. 비트코인이나 기타 가치를 표창하는 토큰의 경우 동기를 일치시키고

평판을 반영하는 데 핵심적인 역할을 담당한다. 사토시는 비트코인 같은 토큰과 관련된 일을 수행하고, 이를 보유하고 사용하는 사람들이 일정한 보상을 얻을 수 있도록 소프트웨어를 프로그래밍했다. 그 결과 모든 사람들이 이 시스템에 매진할 수 있었다. 블록체인은 가장 발전된 형태의 다마고치와도 같으며, 전 세계적으로 예비 자원을 분산시킨 것이나 마찬가지다.[13]

해결해야 할 문제: 제1세대 인터넷에서는 기업에 모든 권력이 집중되었다. 규모, 복잡성, 불투명성이 어우러진 결과, 기업은 권한을 독점한 네트워크를 통해 비대칭한 정보를 취득할 수 있었다. 대형 은행들은 금융 시스템을 폭발하기 직전까지 이용했다. 경제학자 조지프 스티글리츠Joseph Stiglitz에 따르면 그 이유는 "대부분의 최고 경영진과 은행의 대출 취급 부서들의 성과급 구조가 단기적인 성과에 치중하고 과도한 리스크를 감수하도록 조장하기 때문이다". 이 과정에서 "극빈층들을 제물로" 삼게 된다. 그는 이 문제를 다음과 같이 요약했다. "사람들에게 나쁜 유인을 준다면, 그들은 나쁘게 행동한다. 또한 그들은 예상한 대로 행동했다."[14]

거대 닷컴 기업들은 사용자 데이터를 대가로 소매 시장, 검색 시장, 소셜 미디어에 무료 서비스를 제공하고 있다. 언스트앤영의 조사에 따르면, 조사한 인원 가운데 3분의 2가 비즈니스를 위해 소비자 데이터를 수집했다고 대답했다. 또한 80퍼센트 가까이는 이러한 데이터 마이닝으로부터 수입을 증대할 수 있었다고 대답했다. 하지만 이러한 기업들이 해킹에 노출되면, 도난당한 신용카드와 계좌 정보를 지워야 하는 것은 소비자들의 몫이 되어 버린다. 동일한 조사에서, 소비자들의 절반 가까이는 향후 5년 내로 그들의 데이터에 대한 접근을 원천 봉쇄하겠다고 대답했다. 이는 그다지 놀라운 일이 아니며, 절반 이상은 5년 전에 비해 스스로 소셜 미디어에 제공하는 정보량을 줄이고 있다고 대답했다.[15]

돌파구: 사토시는 참여자들이 스스로의 이해관계에 따라 행동할 것이라고 생각했다. 그는 게임 이론을 잘 이해했다. 그는 게이트키퍼가 없는 네트워크는 시빌 공격Sybil attack*에 취약하다는 사실을 알고 있었다. 이러한 네트워크에서는 노드들이 다수의 아이디를 위조할 수 있고, 권리를 희석시키고, 평판을 저하시킬 수 있다.[16] 내가 실제로 3명의 당사자와 소통하고 있는지, 아니면 3개의 아이디를 쓰고 있는 한 명과 소통하는지 모른다면 P2P 네트워크의 완전성과 구성원들의 평판은 타격을 입을 수밖에 없다. 따라서 사토시는 사람들이 아무리 자신의 이익을 위해 행동하고, 스스로를 어떤 식으로 규정하더라도 그들의 행동이 전반적인 시스템에 이익이 되고, 평판에 도움이 되도록 소스 코드를 프로그래밍했다. 합의 메커니즘은 리소스를 필요로 한다. 참여자들은 이러한 리소스 및 보상으로 받는 비트코인으로 말미암아 올바른 행동을 취하게 된다. 예측 가능한 범위에서 행동해 스스로를 신뢰할 수 있게 만드는 것이다. 이렇게 되면 시빌 공격은 경제적으로 더 이상 발을 붙이지 못한다.

* 어떤 한 공격자가 여러 개의 식별자를 가지고 시스템이나 네트워크를 공격하는 방법의 총칭.

사토시는 이렇게 기술했다. "관례상, 블록에서의 최초 거래는 블록의 창시자가 소유한 새로운 코인을 사용하기 시작한다. 이러한 코인을 처음 사용하는 특별한 거래인 것이다. 이로써 노드에 유인책을 제시해 네트워크를 뒷받침한다."[17] 비트코인은 채굴자들로 하여금 블록을 만들고 이전 블록에 이어지도록 만드는 유인책이다. 사토시의 프로토콜에 따르면, 비트코인은 얼리어댑터들에 대한 멋진 보상책이다. 최초 4년간, 채굴자들은 블록마다 50비트코인을 받는다. 이후 4년마다 블록당 보상액은 절반으로 줄어들며, 25비트코인, 12.5비트코인 등 지속적으로 감액된다. 그들이 비트코인을 소유하므로 플랫폼의 장기적인 성공을 지향할 수 있는 유인책을 지닌 셈이다. 채굴 작업을 수행하기 위한 최고의 장비를 구입하고, 가장 효율적으로 에너지를 소비하고, 원장을 유지하는 등의 활동에 매진하게 된다. 또한 비트코인은 블록체인에서 필요한 요소이며, 단지 채굴과 거래에 참여하는 유인에 그치지 않는다. 플랫폼 자체에서 비트코인을 소유할 수 있기 때문이다. 분산된 사용자 계정은 암호화 네트워크 인프라에서 가장 중요한 기본적 요소다. 비트코인을 소유하고 활용하는 것 자체가 블록체인의 개발 자금을 지원하는 것과 마찬가지다.

사토시는 컴퓨팅 파워의 소유자들을 경제적 단위로 선택했다. 여기에서 채굴자들이 보상 시스템에 참여하고 싶다면 네트워크의 외부 자원, 즉 전력을 소비할 수 있어야 한다. 수시로 채굴자들은 같은 높이의 유효한 블록 두 개를 동시에 발견하며, 나머지 채굴자들은 다음에 어떤 블록을 세울지 결정해야 한다. 보통 그들은 두 개를 세우기보다, 이길 것이라 예상하는 하나를 골라낸다. 그렇게 하지 않으면 처리 능력을 분산해야 하기 때문이다. 이는 곧 가치를 잃는 전략이 되어 버린다. 가장 긴 체인은 최대 작업량을 표방하며, 참가자들은 이를 선택해 블록체인의 표준적 상태로 받아들인다. 이와 반대로, 이더리움은 코인의 소유자들을, 리플과 스텔라는 소셜 네트워크를 경제적 단위로 선택한다.

이러한 합의 기제에 깃든 역설은 다음과 같이 설명할 수 있다. 자신의 이익을 위해 행동하면 P2P 네트워크를 위해 봉사하는 효과를 가져 오게 된다. 뒤이어 경제적 단위의 구성원으로서 자신의 평판에도 긍정적인 영향을 미치게 된다. 블록체인 기술이 등장하기 전, 사람들은 자신이 온라인에서 받는 평판을 쉽게 활용할 수 없었다. 컴퓨터가 복수의 역할에 배치될 수 있는 시빌 공격 때문만이 아니었다. 아이덴티티, 즉 신원이란 다면성을 갖고, 미묘한 의미를 지니며, 일시적인 속성을 띤다. 타인의 모든 측면을 알아채는 사람은 드물다. 미묘한 차이점이나 다면적인 신원을 알아채지 못하는 것은 두말할 것도 없다. 우리는 다양한 맥락에 따라 우리의 신원을 드러내기 위해 추가적인 문서 자료를 제시해야 한다. 하지만 이러한 '문서가 없는' 사람들의 정체성은 그들이 협업하는 사회적 범주로 한정될 수밖에 없다. 이는 스텔라와 같은 블록체인에서 좋은 시작점으로 작용할 수 있다. 공간적인 한계를 벗어난 휴대 가능한 평판 및 디지털상에서 영속하는 존재를 창조할 수 있는 수단인 것이다.

가치를 보존하는 또 다른 돌파구는 소프트웨어에 통화 정책 monetary policy을 심는 것이다. 닉 서보는 이렇게 말했다. "인류가 사용했던 모든 금전은 어떤 식으로든 보안에 취약했습니다. 이러한 불안정성은 다양한 모습으로 드러났죠. 사기, 절도의 대상이었죠. 하지만 가장 치명적인 실례는 인플레이션일 겁니다."18 사토시는 불의의 인플레이션을 막기 위해 비트코인의 발행 규모를 2,100만으로 제한했다. 블록에서 채굴되는 비트코인이 4년마다 절반으로 감액되고, 한 시간에 여섯 블록으로 집계되는 현재의 채굴 비율을 감안하면 2,100만의 비트코인은 2140년경에야 전액 유통되리라 생각한다. 무능하거나 부패한 관료들이 하이퍼인플레이션이나 평가 절하를 실시할 가능성은 존재하지 않는다.

우리가 블록체인에서 거래할 수 있는 자산은 통화로 국한되지 않는다. 블록스트림의 힐은 이렇게 말했다. "우리는 가능한 것을 겨우 시작했을 뿐입니다." "우리는 여전히 1994년에 있는 것이나 다름없습니다. 네트워크를 이용하고, 세상을 향해 '여기, 당신 앞에 획기적인 일이 기다리고 있어요. 당신이 할 수 있는 일이에요'라고 말할 수 있는 애플리케이션과 프로토콜이 시작되었죠. 지금도 그때와 다를 바가 없습니다."19 힐은 자산 증명 인증서에서부터 자산 증명 소유권 증서에 이르기까지 다양한 금융 상품을 접할 수 있으리라 기대한다. 그는 비트코인을 콩벅스kongbucks로 교환할 수 있는 메타버스(가상의 세상) 속에서 비트코인 애플리케이션을 활용하고, 히로 프로타고니스트Hiro Protagonist를 고용해 당신으로부터 일부 데이터를 해킹할 수 있을 것이라 기대한다.•20 아니면 스스로 OASIS(다수의 유토피아로 구성된

• 닐 스티븐슨의 소설 『스노 크래시(*Snow Crash*)』의 내용으로, 주인공 히로 프로타고니스트는 해커이자 마피아를 위한 피자 배달 운전수다. 메타버스 또한 스티븐슨이 소설 속에서 창작한 가상의 세상으로, 가상현실에 기반한 미래의 인터넷이 어떤 모습을 띨지 그리고 있다.

가상현실) 속에 들어가 부활절 달걀을 찾아 할리데이의 토지를 차지한 다음, 이를 통해 획득한 OASIS에서의 가상의 지위를 구글에 양도할 수 있다.* 또한 토론토로 여행하기 위한 자동 운전 차량을 구입할 수도 있다.21

물론, 사물 인터넷을 빼놓을 수 없다. 우리는 여기에 다양한 디바이스를 등록시키고, 각자에게 ID를 부여하며(이미 인텔은 이렇게 하고 있다), 복수의 신용화폐를 쓰기보다는 비트코인으로 결제를 완료한다. 힐은 이렇게 말했다. "당신은 당신이 하고 싶은 모든 새로운 비즈니스 사례를 규정하고, 네트워크 속에서 운영할 수 있죠. 새로운 블록체인을 부트스트랩할 필요 없이, 스스로 네트워크 인프라를 활용할 수 있어요."22

신용화폐와 달리, 각 비트코인은 8개의 소수 자리로 나뉠 수 있다. 그러므로 단일 거래에서 시간의 경과에 따라 가치를 결합하거나 분리할 수 있다. 이는 곧 시간 단위가 여러 번 경과하는 경우, 입력 값이 복수의 출력 값을 가질 수 있다는 것을 의미한다. 사용자들은 스마트 계약을 통해 서비스의 사용을 측정하며, 주기적으로 소규모 결제를 실행할 수 있다.

---

* 2011년 어니스트 클라인(Ernest Cline)이 쓴 『레디 플레이어 원(*Ready Player One*)』이라는 공상 과학 소설에서 나온 이야기로, 에너지 위기와 지구온난화를 겪는 2044년의 지구에서 인류는 제임스 할리데이(James Halliday)라는 인물이 창조한 OASIS라는 가상의 세상으로 도피한다. OASIS 안에서 부활절 달걀(Easter Egg)를 찾는 사람은 부를 보장받고 OASIS의 통제권을 획득할 수 있다.

블록체인 경제의 함의: 제1세대 인터넷에서는 이 모든 것을 간과했다. 지금은 사람뿐 아니라 사물조차 적절한 금전적 유인책을 갖고 효과적으로 협력하며, 무엇이든 창조할 수 있는 플랫폼을 갖추고 있다. 자신에 대한 평판을 올려야 하는, 온라인 토론 그룹에 속한 참가자들을 생각해 보라. 적절한 행동을 하지 않아 평판이 나빠진다면 이들은 금전적인 손해를 볼 수 있다. 여기에서 트롤**은 발붙일 여지가 없다. P2P 네트워크로 이어진 태양광 패널들을 생각해 보라. 패널을 소유한 집주인은 지속 가능한 에너지를 생산하는 대가로, 블록체인에서 실시간으로 보상을 받는다. 개발자들의 커뮤니티가 엄청난 기여를 한 사람에게 코드 제공 대가를 보상해 주는 오픈 소스 소프트웨어 프로젝트를 상상해 보라. 국가들이 존재하지 않는다고 상상해 보라. 이는 생각처럼 어려운 일이 아니다.[23]

4. 보안

원칙: 보안 정책은 단 한 점의 실패도 없이 네트워크에 내재되어 있어야 한다. 이로써 모든 행위는 기밀성뿐만 아니라, 신뢰성 및 부인방지non-repudiation라는 특성을 지니게 된다. 모든 참여자는 암호를 사용해야 한다. 예외는 없다. 부주의한 행동의 결과는 부주의하게 행

** 인터넷 토론방에서 남들의 화를 부추기기 위해 보낸 메시지. 이런 메시지를 보내는 사람.

동한 사람들만이 전적으로 감내해야 한다.

해결해야 할 문제: 해킹, ID 절도, 사기, 사이버 명예 훼손, 피싱, 스팸, 맬웨어, 랜섬웨어 등은 개인의 보안을 해치는 사건들이다. 제1세대 인터넷에서는 투명성을 확보하고 위반을 저감하기는커녕, 개인과 기관, 경제 활동의 보안을 향상시키기 위해 거의 하는 일이 없었다. 보통의 인터넷 유저는 이메일과 온라인 계좌를 보호하기 위해 엉성한 암호에 의지해야 한다. 왜냐하면 서비스 제공자들이나 직원들이 더 강력한 것을 원하지 않기 때문이다. 일반적인 금융 중개자들을 생각해 보라. 그들은 보안 기술 개발에 전문성이 없다. 사토시가 백서를 발간한 바로 그해, BNY 멜론, 컨트리와이드, GE 머니와 같은 금융 회사들의 데이터에 구멍이 뚫렸다. 신용도용범죄 정보센터Identity Theft Resource Center에 따르면, 이 사건이 그해 보고된 ID 도난 사례의 50퍼센트 이상을 차지했다.[24] 2014년에는 5.5퍼센트까지 떨어졌으나, 이번에는 의료 분야에서의 정보 유출이 늘어나 전체 사례의 42퍼센트를 차지했다. IBM은 정보 유출로 발생하는 평균 비용이 매년 380만 달러라고 발표했다.[25] 의료 분야의 ID 사기 건으로 개인당 발생하는 비용은 13,500달러에 근접하며, 침해 사례는 계속 증가하고 있다. 소비자들은 이다음에는 인생의 어떠한 부분이 해킹에 노출될지 알지 못한다.[26] 디지털 혁명의 다음 단계가 당사자들 사이의 직접적인 금전 거래를 포함한다면 해킹 방지가 반드시 필요하다.

돌파구: 사토시는 보안 플랫폼을 수립하기 위해 참여자들에게 공

개 키 기반 구조Public Key Infrastructure, PKI를 사용하도록 요청했다. 공개 키 기반 구조는 '비대칭적' 암호 기법의 진보된 형태다. 여기에서 사용자들은 서로 달리 작동하는 두 개의 키를 얻게 된다. 하나는 암호화를 위한 키이고, 다른 하나는 복호화를 위한 키다. 따라서 비대칭적이다. 비트코인 블록체인은 이제 민간 분야에서는 세상에서 가장 거대한 공개키 기반 구조의 장으로 자리 잡았고, 전체적으로는 미국방성의 일반 접근 시스템에 이어 2위를 자랑하고 있다.[27]

1970년대에 등장한[28] 비대칭적 암호 기법은 1990년대에 프리티 굿 프라이버시Pretty Good Privacy와 같은 이메일 암호화 프리웨어의 형태로 상당한 관심을 끌었다. 프리티 굿 프라이버시는 상당히 안전하면서도 사용하기가 까다로웠다. 왜냐하면 네트워크상의 모든 사람이 이를 사용해야 하고, 일방이 지닌 두 개의 키 및 모두의 공개 키를 추적해야 하기 때문이다. 패스워드를 리셋하는 기능은 존재하지 않는다. 나만의 패스워드를 잊어버린다면, 처음부터 다시 시작해야 한다. 버트루 코퍼레이션Virtru Corporation에 따르면, "이메일 암호화 사용 비율이 늘어나고 있다. 하지만 여전히 이메일의 50퍼센트만이 전송 과정에서 암호화되며, 종단간 이메일 암호화는 찾아보기 어렵다".[29] 일부는 디지털 인증서digital certificates를 사용한다. 이는 암호화-복호화 작업 없이도 메시지를 보호할 수 있는 코드의 모음이다. 하지만 사용자들은 각자의 공인 인증서를 신청하고, 매년 사용료를 지급해야 한다. 또한 구글, 아웃룩, 야후와 같은 대부분의 이메일 서비스들은 공인 인증서를 활용하지 않는다.

"과거의 체제가 실패한 이유는 유인이 부족해서다. 사람들의 생각에 프라이버시는 그러한 시스템을 보호하기 위한 유인으로 부족했다."[30] 안드레아스 안토노풀로스가 한 말이다. 비트코인 블록체인은 공개 키 기반 구조를 널리 차용하기 위한 유인을 제공해 이러한 대부분의 문제를 해결한다. 이는 모든 가치의 거래에 적용되며, 비트코인을 사용하는 것뿐 아니라 비트코인 프로토콜을 공유하면서도 이루어진다. 우리는 취약한 방화벽, 직원들의 정보 유출, 보험 해커들을 우려할 필요가 없다. 우리 모두가 비트코인을 사용하고 있다면, 우리가 비트코인을 안전하게 저장하고 교환할 수 있다면, 대단히 개인적인 정보와 디지털 자산들을 안전하게 블록체인 상에서 교환할 수 있다.

여기에 그 작동 원리를 소개한다. 전자화폐는 파일에 저장되지 않고, 암호화된 해시가 지시하는 거래 형태로 스스로를 나타낸다. 사용자들은 그들의 화폐에 암호를 붙여 놓고 이를 직접 거래한다. 이와 같은 보안을 유지하려면 개인의 비밀 키들을 비밀로 유지해야 한다.

여기에서 보안 기준이 중요해진다. 비트코인 블록체인은 미국국립표준기술국이 내놓은 SHA-256 상에서 운영된다. SHA-256은 매우 잘 알려지고 제대로 수립된 체제로, 미 연방정보처리표준으로 받아들여진다. 블록 솔루션을 발견하기 위해 필요한 수학적 계산이 여러 번 반복되어야 하는 어려움이 존재한다. 따라서 연산 장비는 퍼즐을 풀고 새로운 비트코인을 벌기 위해 상당한 전력을 소모할 수밖에 없다. 지분 증명과 같은 기타 알고리즘은 이에 비해 에너지가 덜 소요된다.

이 장의 초반부에 언급했던 오스틴 힐의 발언을 생각해 보라. 그는 알고리즘에서 최신, 최고의 것을 결코 사용하지 말라고 경고했다. 블록스트림에서 암호학자 애덤 백과 일하는 그는 작업 증명을 사용하지 않는 암호화 화폐에 우려를 표명했다. "나는 지분 증명이 끝내 성공할 것 같지 않아요. 나에게 지분 증명은 그저 부자가 더 부자가 되고, 토큰을 지닌 사람들이 합의를 결정하는 시스템일 뿐이죠. 하지만 작업 증명은 본질적으로 물리학 속에 깃들어 있어요. 내가 이 시스템을 좋아하는 이유는 금을 관리하는 시스템과 비슷하기 때문이에요."[31]

결국에는 가장 긴 체인이 가장 안전한 체인이 되고 만다. 사토시의 블록체인은 상대적으로 성숙할 뿐 아니라 비트코인 유저와 채굴자들이 안정적으로 자리 잡힌 덕분에 보안성을 획득할 수 있었다. 이를 해킹하려면 짧은 체인에 비해 훨씬 방대한 처리 능력이 필요하다. 힐은 이렇게 말했다. "새로운 네트워크 중 하나가 완전히 새로운 체인을 시작할 때마다, 그들이 확보한 잠재된 처리 능력, 모든 컴퓨터와 CPU를 비트코인 채굴과 온라인에서 단절시키려 드는 사람들이 있습니다. 그들은 새로운 네트워크들을 겨냥해 조종하려 들고, 결국에는 네트워크를 공격하려 합니다."[32]

블록체인 경제의 함의: 디지털 시대에, 기술적 보안은 사회에서 개인의 보안을 확보하기 위한 전제 조건이었다. 오늘날 전자 신호는 우리의 방화벽과 월렛을 뚫고 침투할 수 있다. 지구 저편에 있는 도둑들이 우리 월렛을 털어 가거나 차를 훔쳐 갈 수 있는 것이다. 우리 각자가 디지털 툴과 플랫폼에 많은 것을 의지하면서, 이러한 종류의 위협은 가늠하기 어려울 정도로 다양해졌다. 하지만 비트코인 블록체인을 사용한다면, 안전한 설계와 투명성 덕분에 가치를 거래하는 과정에서 데이터에 발생하는 일들을 보호할 수 있다.

5. 프라이버시

원칙: 사람들은 자신의 데이터를 통제해야 한다. 예외는 없다. 사람들은 자신의 어떤 아이디를 언제, 어떻게, 얼마나 나눌지 결정할 권리를 가져야 한다. 프라이버시에 대한 권리를 존중하는 것은 프라이버시 자체를 존중하는 것과 또 다른 문제다. 우리는 두 가지 모두를 간과할 수 없다. 사토시는 다른 사람을 신뢰할 필요를 없애 버렸고, 이로써 다른 이들과 소통하기 위해 그 사람의 진정한 아이덴티티를 알 필요가 없어졌다. 앤 카부키언은 이렇게 말했다. "난 많은 엔지니어와 컴퓨터 과학자들과 대화를 나눠 보았어요. 그들은 하나같이 나에게 이렇게 말했습니다. 단 한 명의 예외도 없었죠. '물론 우리는 프라이버시를 데이터 아키텍처와 프로그램 디자인에 심을 수 있어요. 얼마든지 가능한 일이죠.'"[33]

해결해야 할 문제: 프라이버시는 인간의 기본권이며, 자유 민주주의 사회의 근간을 이룬다. 인터넷의 20년 역사상, 공공 부문과 민간 부문의 중앙 데이터베이스 모두가 개인과 기관에 대한 모든 종류의 개인 정보를 수집해 왔다. 본인의 동의를 받지 않은 경우도 꽤 있었

다. 온 사방에서 사람들은 기업이 이른바 사이버 클론을 만들어 디지털 세상에서 정보를 캐 가지 않을까 걱정한다. 심지어 민주주의 국가에서도 감시 체제를 양산하고 있다. 미 국가안전보장국이 영장 없는 인터넷 감시 권한을 확대하고 있는 것에서도 이러한 현상이 여실히 드러난다. 이는 프라이버시를 이중으로 침해하는 결과를 초래한다. 처음에는 데이터를 본인의 허락 없이 수집하고 사용하며, 그 다음에는 해커로부터 귀중한 정보를 보호할 수 없게 된다. 카부키언은 이렇게 말했다. "제로섬 게임, 양자택일의 명제, 이기고 지는 문제에서 벗어나야 합니다. 이해관계가 하나 이상일 수도 있는 것입니다. 가장 눈앞에 닥친 과제이며, 비생산적인 과제이기도 하죠." "우리는 제로섬 모델이 아닌 포지티브섬 모델로 대체해야 합니다. 이 모델에서는 당신이 프라이버시를 지키면서 그와 배치되는 일을 할 수도 있습니다."[34]

돌파구: 사토시는 네트워크 계층에 아무런 ID 식별 수단을 설치하지 않았다. 이름, 이메일 주소, 기타 개인 자료를 입력하지 않아도 비트코인 소프트웨어를 내려받고 사용할 수 있었다. 블록체인에서는 누가 누구인지 알 필요가 전혀 없다(또한 사토시는 다른 상품을 마케팅하기 위해 누군가의 데이터를 알아낼 필요가 없었다. 거의 소스가 오픈된 소프트웨어는 사고 리더십 마케팅에 절대적인 위상을 자랑했다). SWIFT는 이런 방식에 따라 작동한다. 현금으로 대가를 지불하면, SWIFT는 ID 확인을 요청하지 않는다. 하지만 우리는 다수의 SWIFT 오피스들이 카메라를 갖고 있다고 생각한다. 또한 금융 기관

들은 SWIFT에 가입해 이를 활용하기 위해서는 자금 세탁 방지법과 고객 알기 제도를 준수해야 한다.

나아가 본인 확인 계층identification layer과 인증 계층verification layer은 거래 계층과 떨어져 있다. 이로써 A 당사자는 자신의 주소에서 B의 주소로 비트코인을 옮기는 과정을 공개할 수 있다. 이러한 거래에서는 누군가의 ID를 알 필요가 없다. 여기에서 네트워크는 A 당사자가 일정 비트코인양을 통제했다는 사실과 아울러 거래를 승인했다는 것을 확인해 준다. 여기에서 네트워크는 A의 메시지가 B의 주소와 이어진 거래의 결과물이며, 아직 비트코인을 소비하지 않았다는 사실을 인식하지 못한 상태다. B가 비트코인을 소비하는 순간, 네트워크는 B가 그 비트코인을 통제한다는 사실을 확인할 수 있다.

신용카드는 ID 확인 모델이 바탕이다. 이러한 신용카드와 비교해 보면 데이터베이스가 유출될 때마다 왜 수백만 명의 주소와 전화번호가 도난당하는지 알 수 있다. 최근의 데이터 침해 사례들에서 도난당한 정보의 숫자를 생각해 보라. 티모바일 사건에서는 1,500만, 제이피모건 체이스에서는 7,600만, 앤섬 블루 크로스 블루 실드에서는 8,000만, 이베이에서는 1,400만, 인사 관리처는 3,700만, 홈데포는 5,600만, 타깃은 7,000만, 소니는 7,700만 건이었다. 또한 항공사, 대학, 가스 회사, 전력 회사, 병원 등 중요한 사회 기반 시설에서도 소소한 유출 사태가 발생했다.[35]

블록체인의 참가자들은 상당한 수준의 개인적 익명성을 유지할 수 있다. 자신의 ID에 어떤 자세한 정보를 덧붙이거나 중앙 데이터베이스에 정보를 저장할 필요가 없기 때문이다. 이것의 의미는 엄청나다. 블록체인상에서는 개인의 데이터를 저장하는 꿀단지란 존재하지 않는다. 블록체인 프로토콜에서는 특정한 거래나 환경에서 원하는 정도의 프라이버시를 선택할 수 있다. 우리의 ID와 이 세상과의 상호 교류를 더 잘 관리할 수 있는 것이다.

퍼스널 블랙박스 컴퍼니Personal BlackBox Company, PBB라 불리는 스타트업은 소비자 데이터와 대기업의 관계를 다루려 한다. 그들은 대기업들이 소비자 데이터를 지금까지와는 다른 방식으로 다루도록 도와준다. PBB의 최고 마케팅 책임자CMO 할룩 쿨린Haluk Kulin은 우리에게 이렇게 말했다. "유니레버나 프루덴셜과 같은 기업들은 우리에게 와서 이렇게 말합니다. '더 나은 데이터 관계를 수립하는 데 상당한 관심을 갖고 있습니다. 당신들의 플랫폼을 이용할 수 있을까요? 데이터에 대한 우리의 책임을 경감하고 싶어요.' 그들은 데이터가 기업에서 점점 골치 아픈 존재가 되어 간다는 것을 알고 있습니다."36 이 플랫폼은 보안 위험 없이 고객들에게 익명 데이터에 접근할 수 있는 권한을 부여한다. 마치 제약 회사가 환자의 관련 상태만을 알고서 실행하는 임상 실험과도 비슷하다. 일부 소비자들은 비트코인이나 회사의 이익을 대가로 더욱 많은 정보를 제공하기도 한다. 후위에 가서는 PBB의 플랫폼이 공개 키 기반 구조를 펼치게 되고, 이후 소비자들만이 개인 키를 통해 데이터에 접근하게 된다. 심지어 PBB조차 소비자들의 데이터에 접근할 수 없다.

블록체인이 제공하는 플랫폼은 이름이 드러나지 않는 선별적인 확인 절차를 아주 유연하게 수행할 수 있다. 오스틴 힐은 이를 인터넷과 연관 지었다. "TCP/IP 주소를 공적인 ID로 쓸 수는 없는 일입니다. 네트워크 계층 자체가 이를 알지 못하기 때문입니다. 누구나 인터넷에 참여해 IP 주소를 받을 수 있고, 자유롭게 전 세계 곳곳에 패킷을 보내고 받을 수 있습니다. 사회적으로도 이러한 수준의 익명성을 누리면서 엄청난 혜택이 나타나기 시작했죠……. 비트코인은 이와 거의 똑같이 작동합니다. 네트워크 자체는 ID를 강요하지 않습니다. 이 사회와 적절한 네크워크 설계를 위해 바람직한 일입니다."[37]

이처럼 블록체인은 공적인 반면, 사용자들의 ID는 익명성을 유지한다. 블록체인의 공적 특징은 다음과 같은 면에서 잘 드러난다. 누구나 언제든 블록체인을 볼 수 있다. 블록체인은 거래를 감독하거나 장부를 기록하는 중앙 조직에 저장되지 않고 네트워크상에 존재하기 때문이다. 이는 곧 누가, 또는 무엇이 특별한 공개 키를 보유하는지 알기 위해, 상당한 양의 데이터를 삼각 측량해야 한다는 뜻이다. 전송자는 수령자가 알아야 하는 메타데이터만 보낼 수 있다. 나아가, 누구나 복수의 공개/개인용 키 세트를 소유할 수 있다. 마치 누구나 여러 개의 가명으로 복수의 장치, 인터넷 접속 포인트, 이메일 주소를 가질 수 있는 것과 마찬가지다.

그렇긴 해도, 타임워너Time Warner와 같이 IP 주소를 할당하는 인터넷 서비스 업체들은 ID를 계좌에 연결하는 방법을 통해 기록을 남기기도 한다. 이마 마찬가지로, 당신이 비트코인 월렛을 코인베이스Coinbase와 같은 인증된 온라인 교환소를 통해 획득한다면, 이러한 교환소는 자금 세탁 방지/고객 알기 기준에 따라 실사를 수행해야 한다. 예컨대, 코인베이스의 개인 정보 보호 정책은 다음과 같다.

"우리는 당신의 컴퓨터, 휴대전화, 기타 액세스 장비가 송부한 정보를 수집합니다. 이러한 정보는 당신의 IP 주소, 디바이스 정보를 포함할 수 있습니다. 디바이스 정보에는 ID 식별 장치, 디바이스의 이름과 종류, 운영체제, 위치, 당신의 브라우저 타입, 모바일 네트워크 정보, 우리 사이트와의 사이에서 오가는 트래픽/우리의 웹사이트에서 당신이 접속한 페이지와 같은 표준 웹 로그 정보가 포함되나, 이에 국한되지 않습니다."[38] 따라서 정부는 인터넷 서비스 제공자나 교환소들을 상대로 이러한 종류의 사용자 데이터를 압수 수색할 수 있다. 하지만 블록체인을 상대로는 불가능하다.

모든 이해관계자가 합의한다면, 모든 종류의 거래, 애플리케이션, 비즈니스 모델을 상대로 높은 수준의 투명성을 설계할 수 있다. 이는 매우 중요한 사실이다. 계속 변하는 환경 속에서도, 투명성이 근간을 차지한다면 새로운 가능성을 엿볼 수 있다. 회사들이 고객, 주주, 비즈니스 파트너에게 진실을 말한다면, 그들은 신뢰를 쌓을 수 있다.[39] 신뢰란 개인에게는 프라이버시를, 기관과 제도, 공직자에게는 투명성을 뜻한다.

블록체인 경제의 함의: 분명 블록체인은 감시 사회로 쏠리는 현상을 제어하는 단초가 될 수 있다. 우리 각자에게 기업의 빅 데이터가 어떤 문제를 지니고 있는지 생각해 보라. 기업이 당신에 대한 완벽한 정보를 갖고 있다는 것은 무엇을 의미하는가? 글로벌 인터넷 시대를 경험한 지 20년이 되어 가고, 기업이 개인들의 가장 내밀한 정보를 알게 된 것은 최근의 일이다. 개인의 건강과 피트니스에 관한 데이터, 매일 다니는 장소, 가정에서의 삶 등이 이러한 대상에 급속도로 포함되는 중이다. 많은 사람이 매일 온라인상에서 이루어지는 수많은 파우스트식 거래[•]를 인지하지 못하고 있다. 웹사이트를 활용하는 것만으로도, 소비자들은 웹사이트 소유자에게 일정한 권한을 부여하게 된다. 그들은 이러한 권한을 위임받아 디지털 정보의 조각들을 개인의 상업적 이익을 위한 자세한 로드 맵으로 변경할 수 있다.

우리가 새로운 패러다임으로 옮겨 가지 않는 이상, 내일의 데이터 센터에 수많은 아바타가 돌아다니는 것을 보게 될 것이다. 당신은 블록체인 기술에 따라 가상의 세상에서 당신의 아바타를 소유하게 되고, 이 아바타는 현실 속 당신의 모습을 반영하게 된다. 가상의 당신은 당신의 개인 정보를 보호할 수 있다. 오직 사회적, 경제적 교류에서 요구되는 정보만을 당신의 지시에 따라 공개하고, 제삼자에게 가치가 있는 정보를 제공할 경우 확실한 보상을 받을 수 있다. 이는 빅 데이터big data에서 프라이빗 데이터private data로 옮겨 가는 과정이다. 이를 가리켜 '리틀 데이터little data'라 부른다.

6. 보전된 권리

원칙: 소유권이란 투명하고도 집행 가능하다. 개인의 자유는 인정되고, 또 존중된다. 모든 인간은 보호할 수 있고 보호받아야 할, 양

• 돈, 성공, 권력을 바라고 옳지 못한 일을 하기로 동의하는 것.

도 불가능한 인권을 타고났다. 우리는 이러한 진리를 자명한 것으로 받아들인다.

해결해야 할 문제: 디지털 경제의 초창기에는 이러한 권리를 더욱 효율적으로 행사할 방안을 발견하는 문제가 주된 화두로 등장했다. 인터넷은 새로운 형태의 예술, 뉴스, 엔터테인먼트를 다루는 매체로 자리 잡았고, 시, 노래, 이야기, 사진, 음향과 영상물의 저작권이 적용되는 공간이 된 지 오래다. 이제 우리는 미국 통일 상법전을 온라인에도 적용할 수 있다. 이 법은 물리적 세상에서 영역을 넓혀 왔고, 모든 개별 품목에 대해 개별적으로 계약을 협상하거나 체결할 필요를 배제할 수 있었다. 예컨대, 치약처럼 가격이 아무리 작은 품목이라도 예외가 없었다. 이 과정에서조차, 우리는 거래를 수행하는 미들맨들을 신뢰해야 했고, 그들은 거래를 거부하고, 연기하고, 그들의 계좌에 금전을 유보하거나(은행업계에서는 이를 '유동성float'이라 부른다), 거래를 되돌릴 수 있는 권한을 가지고 있었다. 그들은 사기를 치는 사람들이 존재할 것이고, 어느 정도의 사기 행각은 피할 수 없다고 받아들였다.

효율성이 극대화되면서 적법한 권리가 무시되는 현상이 벌어졌다. 프라이버시와 보안에 대한 권리뿐 아니라 발언, 평판, 참여에 대한 권리도 타격을 입었다. 사람들은 익명으로 누군가를 검열하고 비난할 수 있었다. 또한 비용을 들이거나 자신의 어떤 것도 희생하지 않고서 타인을 차단할 수 있었다. 영화 제작사들은 몇 십 년 전 제작한 영화들의 배급, VOD 서비스, DVD 판매, 케이블 방송사 판매 등으로 수입을 올렸지만, 팬들이 무료로 내려받을 수 있는 디지털 파일을 올리면서 수익원이 말라 가기 시작했다.

돌파구: 화폐를 생성하기 위해 필요한 작업 증명은 거래를 타임스탬프로 기록한다. 따라서 결제와 정산이 실행되는 것은 최초 1회의 소비만이다. 공개 키 기반 구조와 결합한 블록체인은 이중 지불을 예방하는 것뿐 아니라 유통 중인 화폐의 귀속 주체를 확정해 준다. 여기에서 개별 거래는 변경이 불가능하고, 철회할 수도 없다.

달리 말하면, 우리는 블록체인상에서 우리 것이 아니면 거래할 수 없다. 실물 자산, 지적 재산권, 일신 전속적 권리 등 모든 것이 마찬가지다. 또한 변호사의 지위, 회사 임원 등의 역할과 같은 대리인의 권한도 거래할 수 없다. 또한 사람들의 표현의 자유, 집회의 자유, 종교의 자유를 억압할 수 없다.

퍼스널 블랙박스의 할룩 쿨린은 이를 다음과 같이 표현했다. "인류가 사회적 소통을 시작한 지 수천 년간, 사람들은 참여권을 빼앗길 때마다 언젠가는 다시 찾아와 시스템을 망가뜨렸습니다. 디지털 시대에도 동의권을 훔치는 것이 언제까지 가능할 것이라 생각지 않습니다."[40] 블록체인은 모든 것을 기록하는 원장으로서, 존재 증명 Proof of Existence과 같은 툴을 통해 등기부와 같이 활용될 수 있으며, 사이트는 블록체인상의 거래, 소유권, 영수증, 증명서 등을 암호화해 기록한다. 존재 증명은 원본 문서를 보관하지 않는다. 문서의 해시는 사용자의 개인 장비에서 계산될 뿐, 존재 증명 사이트에서 계산되지 않는다. 따라서 콘텐츠의 비밀을 보장할 수 있다. 중앙 기관이 존재 증명을 폐쇄하더라도, 증거가 블록체인상에 남아 있다.[41] 따라서 블록체인은 소유권을 증명하거나 검열이 없는 기록을 유지할 수 있다.

인터넷에서 우리는 계약상의 권리를 집행하거나 이행 여부를 감독할 필요가 없다. 따라서 다수의 권리나 복수의 당사자들을 수반한 복잡한 거래를 위해 스마트 계약이라는 개념이 등장했다. 이 계약은 블록체인상에서 복잡한 명령을 수행하기 위한 특별법인 셈이다. 싱크탱크로 유명한 셀프어웨어 시스템스Self-Aware Systems의 대표, 스티브 오모훈드로Steve Omohundro는 이렇게 말했다. "계약 내역과 소프트웨어의 근본적인 교차점에서, 스마트 계약은 올바른 방향으로 가는 첫걸음입니다." "법률의 디지털화 원리를 이해할수록, 모든 국가는 바로 이를 시작하리라 생각합니다. (…) 각 관할지마다 정확하고도 디지털화된 법률을 제정하고, 법률과 법률 사이에 번역 프로그램이 존재하고, (…) 법률 사이의 충돌을 제거한다면 막대한 경제적 이득을 가져올 수 있을 겁니다."[42]

스마트 계약에서는 사용 권한을 제삼자에게 양도할 수 있다. 마치 작곡가가 완성된 곡을 음반 제작자에게 양도하는 것과 마찬가지다. 계약 조항은 양도의 유효 기간, 제작자의 비트코인 계좌에서 작곡가의 비트코인 계좌로 흘러 들어갈 저작권료 액수, 계약의 종료 사유를 기술하고 있다. 예컨대, 작곡가의 계좌에 30일간의 비트코인 가운데 4분의 1 이상이 들어오지 않았다면, 모든 권리는 자동적으로 작곡가에게 넘어가게 된다. 제작자들은 더 이상 블록체인에 등록된 작곡가의 작품에 접근할 수 없다. 이러한 스마트 계약을 이행하려면, 작곡가와 제작자, 또한 제작자의 재무팀과 법무팀 담당자들까지 모두 그들의 개인 키로 서명을 마쳐야 한다.

자산의 소유자들은 스마트 계약을 통해 자원을 끌어모으고, 블록체인상에서 주식회사를 설립할 수 있다. 회사의 정관은 계약 속에 명문화되어 있다. 이는 소유자들의 권리를 명확히 상술하며, 권리를 집행하는 근거로 쓰인다. 이와 관련한 대리인 고용 계약은 매니저들의 결정 권한을 명시해 대리권의 범위와 본인의 동의 없이 불가능한 행위를 기술한다.

스마트 계약은 현실의 계약을 비롯해 계약의 이행을 보장하는 전례 없던 방법이다. 안토노풀로스는 이렇게 말했다. "특별한 통제 수단을 지닌 대규모 거래를 수행한다면, 어느 시점에라도 결과를 예측할 수 있습니다." "만일 다중서명 계정multisignature account 내에서 복수의 서명이 완료되어 완벽하게 거래가 검증되었다면, 해당 거래가 네트워크에 의해 검증 가능한지 예측할 수 있습니다. 또한 네트워크로 검증이 가능하다면, 해당 거래는 이행될 수 있고 한 번 이행한 계약은 취소가 불가능하죠. 중앙 기관이나 제삼자가 이를 취소할 수는 없으며, 그 누구도 네트워크의 합의를 거스르는 결정을 하지 못합니다. 이는 법률과 재무 모두에 새로운 개념입니다. 비트코인 시스템에 따라 이루어지는 계약은 계약 결과에 높은 확실성을 기대할 수 있습니다."[43]

계약은 압류되거나, 정지되거나, 다른 비트코인 주소로 이전될 수 없다. 서명된 계약을 매체를 사용하는 지점으로부터 임의의 비트코인 네트워크 노드로 전송하면 모든 것이 마무리된다. 안토노풀로스는 이렇게 말했다. "나는 사람들이 인터넷을 끈 다음에도, 단파 라디오를 통해 모스 부호로 해당 거래를 전송할 수 있었습니다. 정부 기관은 내 통신을 검열하려고 했지만, 스카이프Skype*로 웃는 이모티콘을 전송하는 것처럼 해당 거래를 전송할 수 있었습니다. 저편에 있는 상대방이 거래를 해독하고 블록체인에 기록하는 한, 나는 스마트 계약을 체결하고 이행할 수 있습니다. 따라서 우리는 법률상으로 보장하기가 거의 불가능한 무언가를, 검증 가능한 수학적 확실성을 지닌 무언가로 변환한 것입니다."44

재산권을 생각해 보라. 지적 재산권과 실물 자산에 대한 권리 모두에 해당된다. 비트페이BitPay의 CEO 스티븐 페어Stephen Pair는 이렇게 말한다. "소유권이란 정부나 기관이 당신이 무엇인가를 소유하고, 소유권에 대한 당신의 주장을 방어해 줄 것이라는 인식입니다." "이 계약서에 서명하는 모든 기관이 당신의 권리를 지켜 줄 것이며, 당신의 ID를 보장합니다. 한 번 계약이 체결되면, 소유권이 기록되고, 이를 제삼자에게 양도할 수 있습니다. 아주 간단명료하죠."45 노벨 경제학상을 수상한 엘리너 오스트롬Elinor Ostrom은 권리의 피라미드 이론을 창안했다. 이 이론을 차용한다면, 자원을 공유한 커뮤니티들은 권리의 스펙트럼을 고려할 수 있다. 이는 곧 권리에도 순서가 있다는 것을 의미한다. 가장 낮은 단계에서는 자원에 접근하고 접근을 철회할 수 있는 인증된 사용자들이 존재한다. 또한 이러한

• 인터넷에서 음성 무료 통화를 할 수 있는 프로그램. 기본적인 음성 통화 이외에도 화상전화, 메신저, 화면 공유, 연락처 공유 등의 서비스를 제공한다.

권리를 보유하며 제삼자를 배제할 수 있는 청구인들이 있다. 또한 접근 및 배제의 권한을 넘어 관리 권한을 보유하는 관리자들이 있다. 마지막으로, 접근, 사용, 배제, 관리의 권한뿐 아니라 자원을 매각할 수 있는 소유자들(예컨대, 양도 권한을 보유하는 소유자들)이 있다.[46]

이제 프라이버시와 퍼블리시티권을 생각해 보라. 퍼스널 블랙박스의 쿨린은 이렇게 말한다. "우리 모델은 정말로 시장에 적용할 수 있는 모델입니다." 그의 회사는 블록체인 기술을 활용해 개인의 권리를 나타내거나 집행하고, 개인의 데이터로부터 가치를 뽑아낸다. "블록체인은 목표와 기술이 동일한 사람들을 우리에게 제공합니다. 기업들은 이러한 데이터의 보고를 보호하기보다는, 이처럼 특별한 데이터 묶음을 활용할 수 있는 다양한 방법을 창조합니다."[47] 간단히 말하면, 사람들은 회사가 수집할 수 있는 것 이상의 데이터를 창조한다. 또한 소비자들은 브랜드와 정서적으로 더 많이 밀착되어 있고, 서로에게 회사들보다 더 큰 영향력을 행사하고 있다.

블록체인 경제의 함의: 경제적 설계의 원칙에 따르면, 권리를 집행하는 것은 권리를 명확히 규정하는 것에서부터 시작해야 한다. 경영 과학 분야에서, 홀라크라시holacracy• 운동은 논쟁의 대상까지는 아닐지라도, 흥미로운 사례인 것만은 분명하다. 이 운동은 조직의 구성원들이 해야 할 일을 규정하는 방법을 보여 주고, 전체의 일부로서 이

• 자율적이면서 자급자족적인 조직의 의미로 조직의 위계질서를 폐지하고, 모든 구성원이 동등한 위치에서 업무를 수행하는 제도.

작업을 수행하기 위해 권리와 의무를 어떻게 할당하는지 아울러 제시한다.[48] 우리 회사에서 이러한 사항의 결정 및 실행 권한을 누구에게 맡겨야 할까? 이 질문의 대답은 스마트 계약에 나열되어 블록체인상에 존재한다. 이로써 의사 결정, 목표를 추구하는 과정, 인센티브 등이 투명하게 공개되고 합의에 따라 이루어질 수 있다.

이는 분명 기술에 관한 문제만이 아니다. 유형 자산, 지적 재산권, 퍼스널 블랙박스의 프라이버시 툴을 뛰어넘는 더 큰 차원의 문제다 (퍼스널 블랙박스는 개개인을 특정하기 위한 퍼블리시티권 모듈을 갖추고 있다). 우리는 권리 자체뿐 아니라, 발전을 거듭하는 권리 관리 체계를 이해하기 위해 더 많은 것을 배워야 한다. 우리는 권리 관리 체계에 대한 투표권뿐 아니라 소유권 관리 체계를 보유하게 될 것이다. 일부 스타트업의 경우, 권리를 열거한 대시보드를 만들어 개인이 민간 활동에 관여하는 정도를 표시하게 될 것이다. 여기에서 투표권이란 기부 성향, 평판, 시간, 비트코인, 제삼자의 유형 자산, 지적 재산에 대한 자유로운 접근권과 마찬가지로, 다양한 측도 중 하나에 불과하다. 여기에 대비하는 편이 좋을 것이다.

7. 편입

원칙: 경제는 모든 사람을 위해 작동할 때 최고의 효율성을 자랑한다. 이는 곧 참여를 가로막는 장벽이 낮아지고, 자본주의의 재분배에서 그치지 않고 분산 자본주의를 위한 플랫폼이 생긴다는 것을 의미한다.

해결해야 할 문제: 제1세대 인터넷에서는 많은 사람에게 요술 지팡이 같은 일들이 펼쳐졌다. 하지만 이미 지적한 바처럼 세계 인구의 대다수가 이러한 혜택을 누리지 못하고 있다. 기술로의 접근이 배제될 뿐 아니라, 금융 시스템과 경제적 기회로의 접근 또한 가로막혀 있다. 나아가, 이러한 새로운 통신 수단이 모두에게 번영을 가져올 것이라는 약속은 공허한 메아리처럼 들릴 뿐이다. 새로운 통신 수단으로 말미암아 선진국의 기업들이 개발도상국에 수많은 일자리를 신사한 깃은 사실이다. 또한 기업들의 진입 장벽을 낮추고, 다양한 기회와 기초 정보에 동등하게 접근할 수 있도록 도와주었다.

하지만 이것으로는 충분치 않다. 여전히 전 세계적으로 은행 계좌가 없는 인구는 20억 명에 달하고[49], 선진국에서도 사회적 불평등이 확산되면서 번영에 제동이 걸리고 있다. 개발도상국에서는 모바일이 통신비를 감당할 수 있는 유일한 수단이 되기도 한다. 대부분의 금융 기관에서는 카메라와 QR 코드가 결합된 모바일 결제 앱을 배포한다. 하지만 이러한 매개체를 뒷받침하기 위해 필요한 수수료로 말미암아 소액 결제는 실용성을 상실한다. 피라미드의 가장 밑단에 있는 소비자들은 최소한의 은행 잔고, 최소한의 결제 금액을 유지할 수 없을뿐더러 시스템을 사용하기 위한 최소한의 거래 수수료조차 감당할 수 없다. 인프라 유지 비용은 소액 결제와 소액 계좌의 이용 가능성을 떨어뜨린다.

돌파구: 사토시는 인터넷 스택(TCP/IP)˙의 최상단에서 작동하는

시스템을 설계했다. 하지만 이 시스템은 필요한 경우 인터넷 없이도 작동할 수 있다. 사토시는 누구나 '간편결제 검증SPV'이라 부르는 모드를 통해 블록체인과 소통하는 모습을 상상했다. 이 모드는 휴대전화상에서 작동하며 블록체인을 모바일화할 수 있다. 지금은 휴대전화만 갖고 있으면 시장에 참여하고 생산자나 소비자가 되는 등, 하나의 경제 주체로 활동할 수 있다. 블록체인 기술을 사용하려면 은행 계좌, 주민등록증, 출생증명서, 집 주소, 안정적인 현지 통화 등이 필요 없다. 블록체인은 송금 비용을 현저히 낮추며, 은행 계좌를 개설하고, 신용을 획득하고, 투자를 가로막는 장벽을 허물어뜨린다. 또한 기업가들을 돕고 국제 거래를 활성화시킨다.

이것이 바로 사토시의 비전이었다. 그는 개발도상국의 상황은 더욱 좋지 않다는 것을 알고 있었다. 실패한 국가들을 점령한 부패 정부, 무능 정부는 국가 재정이 필요하면 중앙은행과 재무성을 통해 화폐를 찍어 내고, 화폐 제조 비용과 액면가의 차이만큼 이익을 본다. 이를 시뇨리지seigniorage라 부른다. 유동성의 증가는 화폐의 가치를 떨어뜨린다. 불공정한 경제 현실이 이른바 막장으로 치닫는다면 (실제로 아르헨티나와 우루과이에서 이런 일들이 벌어졌고, 최근에는 키프로스나 그리스에서 유사한 일들이 일어나고 있다), 중앙 기관이 뇌물을 바치지 못하는 자의 은행 자산을 동결할 수도 있다. 이러한 가능

• 스택은 동적이고 순차적인 자료의 목록으로 시스템의 기억 장치에 설치하며 한쪽 끝에서만 저장과 제거를 할 수 있는 것이 특징. 서브프로그램의 호출과 복귀를 처리할 때 이용함.

성에 노출된 부유한 사람들은 그들의 자산을 더욱 믿을 만한 지역에, 더욱 안정적인 통화로 보관하려 했다.

하지만 가난한 사람들은 그럴 기회조차 없었다. 번 돈은 곧 휴지조각이 되고 말았다. 공무원들은 해외 원조를 다른 곳으로 빼돌렸고, 관료주의에 사로잡혀 국민들을 도우려는 모든 움직임에 규제를 부과했다. 음식과 약물이 필요한 엄마와 아이들에서부터 전쟁, 가뭄, 기타 자연재해의 희생자들에 이르기까지, 도움이 필요한 모든 사람이 이러한 장벽에 가로막혔다.

호주의 소액 결제 서비스인 엠히트mHIT(Mobile Handset Inititated Transactions의 약자다)는 비트모비BitMoby라는 새로운 서비스를 론칭했다. 이 서비스는 100개국 이상에서 제공되며, 엠히트사에 비트코인을 전송해 휴대전화 요금을 선결제할 수 있다.[50] 비트코인의 핵심 개발자인 개빈 안드레센Gavin Andresen은 이렇게 말한다. "모든 거래를 보는 것이 아닙니다. 내가 신경을 쓰는 거래만이 보입니다. 당신의 돈을 피어들에게 맡기는 것이 아니라, 네트워크에 떠도는 정보를 얻기 위해 그들에게 의지하는 겁니다."[51]

오스틴 힐은 이렇게 말한다. "가난을 해결해야 하는 이머징 국가들에서 자산에 대한 권리를 공시하기 위해 블록체인을 활용할 수 있습니다. 이는 상당히 중요한 의미를 지닙니다. 이러한 국가에서는 토지 소유권을 관리할 수 있는 믿을 만한 기관이 존재하지 않습니다. 이제 사람들은 이렇게 말할 수 있는 거죠. '이 땅 주인이 바로 납니다.' 이처럼 블록체인을 활용해 그들의 삶을 개선할 수 있고, 그들의 가정 환경은 이를 멋지게 활용한 사례가 될 수 있습니다."[52]

기술적인 관점에서 본다면 안드레센은 인터넷 밴드위스*에서도 닐슨의 법칙**이 필요하다고 말한다. 고급 사용자들의 밴드위스는 매년 50퍼센트씩 늘어나고 있으나, 대중의 밴드위스는 2, 3년 가까이 뒤처지고 있다. 밴드위스는 컴퓨터의 처리 능력에 비해 뒤처지는 중이다. 컴퓨터의 처리 능력은 매년 60퍼센트씩 증가한다(무어의 법칙). 따라서 제이컵 닐슨Jacob Nielson에 따르면 밴드위스는 제어 요인으로 작용한다.53 인터페이스, 웹사이트, 디지털 제품, 서비스, 조직을 비롯한 대부분의 설계는 네트워크 효과를 뒷받침하기 위해 대중의 기술에 눈높이를 맞출 필요가 있다. 따라서 편입이 지닌 의미는 활용의 평면을 최대한 넓혀서 생각하는 것이다. 고급 사용자들의 과학에 눈높이를 한정하지 않고, 벽지에서 수시로 정전 사태를 겪는 최빈국의 사용자들도 아우를 수 있어야 한다.

블록체인 경제의 함의: 이 책의 후반부에서는 번영의 역설을 다룰 것이다. 초기의 인터넷이 어떻게 많은 사람에게 혜택을 주었는지에서 나아가, 서구 사회에서 번영의 크기가 더 이상 확산되지 않는 작금의 현실을 다룰 것이다. 편입은 곧 번영의 초석이며, 블록체인으로부터 도움을 받을 수 있다. 편입에는 여러 가지 측면이 있다는 것을 확실히 해 두자. 이는 사회적, 경제적, 인종적 헤게모니의 종말을

---

* 데이터 통신에서 어떤 대역의 크기를 표시하는 것.
** 통신망의 진화를 설명하는 이론으로 통신 네트워크의 대역폭이 매년 50퍼센트, 10년 동안 약 57배 증가한다는 이론.

의미한다. 또한 건강, 성별, 성 정체성, 성적 취향에 따른 차별이 끝났다는 것을 의미한다. 사는 곳이 어디인지, 유치장에 다녀온 적이 있는지, 누구에게 투표했는지를 기준으로 접근을 가로막는 일이 없어지고, 유리천장•이나 교양 있는 백인 남성들에 대한 선호 풍조를 끝낼 수 있다.

미래의 설계는 어떻게 이뤄지는가

우리는 앤 카부키언과 대화를 마치고 나서 독일의 "다시는 이런 일이 없을 것입니다"라는 약속을 생각했다. 우리는 국가사회주의 희생자 추념일 및 히틀러 체제 희생자 추념일에 독일 연방 대통령 요아힘 가우크Joachim Gauck가 한 말을 다시 한 번 음미했다. "우리의 도덕적 의무는 기억만으로는 이행할 수 없습니다. 우리는 기억이 우리에게 선사한 목표를 깊이 확신하고 있습니다. 이 목표는 우리에게 인류애를 보호하고 유지하라고 말해 줍니다. 또한 이 목표는 우리에게 모든 인간의 기본권을 보호하고 유지하라고 말해 줍니다."54 그는 독일인들이 "다시는 이런 일이 없을 것이다"라고 맹세한 다음에 발생한 시리아, 이라크, 다르푸르, 스레브레니차, 르완다, 캄보디아의 대량 학살을 언급한 것일까?

• 소수민족 출신이나 여성들이 고위 경영자나 상위 관리직으로 올라가는 것을 막는 무형의 장벽.

우리는 블록체인 기술이 인류애와 인간의 기본권을 보호하고 유지하는 중요한 수단이 될 수 있다고 생각한다. 블록체인 기술은 진실을 소통하고, 번영을 나누고, 괴물로 자랄 수 있는 사회의 암세포를 조기에 퇴치할 수 있다. 네트워크는 모든 사기적 거래를 물리칠 수 있기 때문이다.

아주 대담한 발언이라는 것을 인정한다. 하지만 이 책을 읽고 스스로 판단해 보라.

국지적이고 실용적인 관점에서도, 지금까지 살펴본 일곱 가지 원칙은 혁신적이고 효율적인 기업, 조직, 기관을 구상하는 길잡이로 쓰일 수 있다. 진실성, 힘, 가치, 보안, 프라이버시, 권리, 편입을 설계의 목표로 삼는다면, 경제 구조와 사회 제도를 다시 설계해 신뢰성을 높일 수 있다. 이제 시선을 돌려 어떻게 이러한 원칙들이 우리 앞에 펼쳐지는지 살피고, 이를 실행하기 위해 무엇을 고려해야 하는지 생각해 보자.

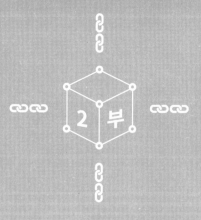

파우스트 박사의
블록체인 거래와
혁신의 재창조

BLOCKCHAIN REVOLUTION

1장
금융 서비스의 재창조

글로벌 금융 시스템에서는 매일 몇 조 달러가 오가며, 수십억 명의 사람들에게 서비스를 제공하고, 100조 달러가 넘는 글로벌 경제를 뒷받침한다.[1] 이는 세상에서 가장 강력한 산업이자, 글로벌 자본주의의 밑바탕이며, 이 시스템을 이끄는 사람들은 전지전능한 존재로 인식된다.

하지만 좀 더 자세히 들여다보면, 이는 불평등한 발전과 기괴한 모순점이 결합된 복잡한 장치일 뿐이다. 우선, 이 시스템은 한동안 업그레이드를 거치지 않았다. 신기술은 노쇠해 가는 인프라의 나선형 미끄럼틀에 녹아 들어갔다. 인터넷 뱅킹을 제공하지만, 여전히 종이 수표를 발행하고 1970년대의 컴퓨터를 주된 시스템으로 운영하고 있는 은행을 생각해 보라. 한 여성 고객이 자신의 신용카드를 최신 카드 리더기에 투입하고, 스타벅스의 라테 한 잔을 주문한다. 그녀의 돈이 스타벅스의 은행 계좌에 꽂히려면 최소한 5개의 중개 수단을 거쳐야 한다. 거래는 몇 초면 끝나지만, 최종 정산까지는 며칠이 걸린다.

애플이나 GE처럼 운영의 효율성을 위해 현지 통화로 수천 개의 은행 계좌를 유지해야 하는 다국적 기업들이 있다.[2] 이러한 다국적 기업이 서로 다른 나라에 소재한 두 개의 자회사 사이에 자금을 이동시키는 경우를 생각해 보라. 한 자회사의 매니저는 자신의 운영 계좌에서 다른 자회사의 은행 계좌로 돈을 송금한다. 이러한 송금 절차는 불필요하게 복잡하고 때로는 최종 정산까지 며칠, 때로는 몇 수씩 소요된다. 이 기간에는 그 어떤 사회사도 운영 자금이나 투자 자금을 운용할 수 없다. 하지만 그 사이에 끼인 중개자들은 송금 중인 자금에 붙는 이자 수입을 가져갈 수 있다. 시티그룹의 전 CEO 비크람 판디트Vikram Pandit는 이렇게 말했다. "새로운 기술이 등장하면서 서류 작업들을 대체했고, 반자동화, 반전산화된 작업으로 바꿔놓았지만 로직은 여전히 서류 작업에 바탕을 두고 있습니다."[3]

각종 분야에서, 또 다른 기이한 역설이 등장했다. 트레이더들은 세계의 주식 시장에서 찰나의 순간에 주식을 사고판다. 그들의 거래는 순식간에 완료되나, 최종 정산까지는 꼬박 3일이 소요된다. 지방 정부는 지방채를 발행하기 위해 자문사, 변호사, 보험사, 은행 등 최소 10개 이상의 대리인이 필요하다.[4] 로스앤젤레스의 일용 노동자는 급여로 받은 수표를 사채시장에서 4퍼센트의 수수료를 물고 현금으로 바꿀 수 있다. 바꾼 달러를 들고 편의점에 가서 과테말라에 있는 그의 가족에게 송금한다. 여기에서 그는 송금 수수료와 환차손, 기타 비용을 떼어야 한다. 과테말라에 있는 가족이 돈을 나누려 해도, 가족 가운데 누구도 은행 계좌를 개설하거나 신용을 얻을 만한 최소한의 경제적 여유가 없다. 그들은 하루에 2달러 이하의 돈으로 살아가는 22억 명 가운데 하나일 뿐이다.[5] 그들이 지급해야 하는 금액은 매우 소액이며, 현금카드나 신용카드와 같이 전통적인 지급 수단으로 결제하기에는 너무나 적은 금액이다. 현금카드나 신용카드의 경우 이른바 소액 결제로는 최소 수수료를 결제할 수 없다. 하버드 비즈니스 스쿨의 최근 연구에 따르면, 은행들은 이러한 사람들을 '이익이 되는 대상'으로 생각하지 않는다.[6] 따라서 현금 지급기는 범위와 규모에 있어 글로벌한 수준에 달하지 못했다.

화폐 정책을 입안하는 사람들과 금융 감독 당국은 사실을 모르고 있는 경우가 많다. 대규모 금융 거래가 모호하게 설계되고, 감독 절차가 일원화되지 못하는 탓이다. 이러한 점은 2008년 금융 위기에서 여실히 드러난다. 과도한 레버리지,* 투명성 결여, 왜곡된 동기에 이끌린 공명심 탓에 문제를 사전에 인식하지 못했다. 에르난도 데 소토는 이렇게 말했다. "숫자와 위치를 모른다면, 경찰력에서 화폐 시스템에 이르기까지 그 어떤 것도 제대로 작동시킬 수 없습니다."[7] 규제자들은 여전히 이 시스템을 산업화 시대에 고안된 규칙에 따라 관리하려 하고 있다. 뉴욕 주의 송금에 관한 법률은 남북전쟁 시대 이후 그다지 바뀐 게 없다. 이 당시 돈을 운반하는 주된 수단은 말과 마차였다.

이처럼 기괴한 금융 시스템은 불합리한 모순, 부조화, 높은 진입

---

* 차입금, 사채와 같은 고정 지출과 기계, 설비 같은 고정 비용이 기업 경영에서 지렛대처럼 작용하여 손익의 변동이 확대되는 효과.

장벽, 과도한 압박으로 가득 차 있다. 예컨대, 왜 웨스턴 유니언은 전 세계에 50만 개의 POS point of sale를 두고 있는 것일까? 전 세계 인구의 절반 이상이 스마트폰을 갖고 있는데도?[8] 비트코인의 선구자이자 뱅킹 시스템을 소리 높여 비판하는 에리크 부히스 Erik Voorhees는 우리 두 사람에게 이렇게 말했다. "뱅킹 시스템을 통해 중국으로 돈을 보내는 것보다, 철제 도구를 부치는 게 더 빨라요. 대체 이게 말이 되나요. 돈은 이미 디지털로 바뀐 지 오래예요. 송금 작업은 화폐 다발을 직접 부치는 게 아니잖아요."[9]

왜 이렇게 효율적이지 못한 걸까? 생산성 역설 productivity paradox이라는 말을 만든 폴 데이비드 Paul David에 따르면, 기존 인프라 위에 새로운 기술을 얹는다는 것은 "한 가지 기술적 패러다임이 다른 패러다임으로 옮겨 가는 역사적 전환 과정에서도 이례적인 사례였다"고 말한다.[10] 예컨대, 제조업자들이 증기에서 전기로 동력원을 바꾸는 데 거의 40년이 걸렸다. 두 체제를 완전히 바꾸기 전까지 두 가지 동력을 함께 사용하는 경우도 있었다. 이러한 재조절 과정에서는 오히려 생산성이 감퇴했다. 금융 시스템에서는 한 기술이 다른 기술로 깨끗이 옮겨 가는 과정이 없었으므로 문제가 더욱 복잡해진다. 다수의 고전적인 기술이 존재하며, 일부는 몇 백 년의 역사를 자랑하기도 한다. 하지만 계획한 효과를 완전히 누리지는 못하고 있다.

왜 그럴까? 한편으로 금융이란 독점적인 비즈니스이기 때문이다. 노벨상을 수상한 조셉 스티글리츠는 금융 위기를 평가하면서 은행이 "바닥까지 거래 비용을 늘리기 위해 수단과 방법을 가리지 않았다"고 기술했다. 그는 금융 상품을 소비자에게 판매하는 단계에서도 기본적 상품과 서비스에 "조금이라도 수수료를 붙이려 했다"고 주장한다. 그는 이렇게 의문을 제기한다. "그렇다면 수수료를 얼마나 붙였을까요?" "판매하는 상품의 가치를 기준으로 1~3퍼센트, 아니 그 이상의 수수료를 물렸죠. 높은 진입 장벽을 이용해 엄청난 규모를 갖추면, 은행들은 전 세계적으로, 특히 미국에서 할 수 있는 한 이익을 뽑아 먹습니다. 이러한 이익은 거의 수십억 달러에 이릅니다."11 역사적으로, 중앙 집중화된 거대 중개자들은 엄청난 기회를 누렸다. 전통적인 은행뿐 아니라(뱅크 오브 아메리카), 카드회사(비자), 투자은행(골드만 삭스), 증권 거래소(뉴욕 증권 거래소), 청산소(시카고 상품 거래소), 송금 서비스사(웨스턴 유니언), 보험사(로이드), 증권 전문 로펌(스캐든, 압스), 중앙은행(연방준비제도), 자산 운용사(블랙락), 회계법인(딜로이트), 컨설팅 기업(액센츄어), 원자재 트레이더(비톨 그룹) 등이 이러한 거대 기업에 속한다. 자본을 통합하고 독점적 지위를 누리는 강력한 중개자들이 금융 시스템의 톱니바퀴를 구성하고, 이들이 맞물리면서 금융 시스템이 돌아간다. 하지만 동시에 금융 시스템의 속도가 느려지고, 비용이 증가하며, 그들 스스로를 위해 과도한 이익을 빼내기도 한다. 이러한 독점적 지위 탓에, 많은 당사자가 제품을 개선하고, 효율성을 늘리고, 소비자와 다음 세대를 위해 활동하는 유인이 줄어든다.

이처럼 기형적인 금융 시스템이 지속할 날도 얼마 남지 않았다. 블록체인 기술이 향후 10년을 격변과 기회의 시간으로 바꿔 놓을 것이기 때문이다. 오늘날의 글로벌 금융 서비스는 여러 가지 문제로 가득 차 있다. 몇 십 년 묵은 낡은 기술에 의지하다 보니, 정신없이 발전하는 디지털 세상과 불협화음을 일으킨다. 또한 디지털 세상 자체를 느리고 신뢰힐 수 없게 민들기도 힌다. 금융 시스템은 배타적인 속성을 띠다 보니 수십억 인구가 기본적인 금융 수단에 접근조차 할 수 없다. 이 밖에도 중앙 집중화된 탓에 데이터 침해, 기타 공격, 심각한 오작동 위험에 노출되며, 독점화된 탓에 현상 유지에 집착하고 혁신 자체를 꺼리게 된다. 블록체인은 이러한 문제들뿐 아니라 다른 많은 문제 또한 풀어 줄 수 있다. 혁신가와 기업인들이 이 강력한 플랫폼상에서 가치를 창출할 새로운 방법을 고안할 것이기 때문이다.

블록체인 기술은 금융 산업에 심대한 변화를 초래하고, 금융 시장의 독점을 깨뜨릴 수 있다. 또한 개인과 기관 가치를 창출하고 관리할 수 있는 현실적인 선택지를 제공한다. 세상의 모든 경제 주체는 여기에 주목해야 한다.

인증: 역사상 처음으로, 서로를 알지도 믿지도 못하는 두 당사자가 거래를 하고 비즈니스를 수행할 수 있다. 신분을 확인하고 신뢰를 쌓아 가는 과정은 더 이상 금융 중재자의 특권이 아니다. 나아가, 금융 서비스 맥락에서 신뢰 프로토콜은 이중적인 의미를 지닌다. 블록체

인은 신분과 역량을 확인하기 위해 신뢰가 필요하다면 과거의 거래 이력(블록체인상에서의), 리뷰 결과들에 바탕을 둔 평판 점수, 기타 사회적 지표 및 경제적 지표를 조합해 신뢰도를 수립할 수 있다.

비용: 블록체인상에서 네트워크는 P2P 간의 가치 교환을 결제하고 정산한다. 이러한 거래를 기록하는 원장이 항상 최신 상태를 유지하도록 끊임없는 결제와 정산이 반복된다. 우선, 스페인의 산탄데르 은행은 은행들이 이러한 역량을 갖추었다면 저변의 비즈니스 모델을 바꾸지 않고서도 관리 부서의 비용을 200억 달러 가까이 줄일 수 있었다고 분석한다. 하지만 실제 수치는 이보다 훨씬 큰 것이 분명하다.[12] 은행들의 비용이 현저히 줄어들 경우, 개인과 기업들은 금융 서비스, 금융 시장, 서비스가 뒤떨어지는 커뮤니티의 자본에 더욱 쉽사리 접근할 수 있다. 이는 참여자들뿐 아니라 어설픈 초기 진입자들 및 기업인들에게 커다란 혜택을 안겨 줄 수 있다. 휴대전화와 인터넷만 있으면 누구나, 어디서든, 글로벌 금융이라는 거대한 동맥 속으로 들어올 수 있다.

스피드: 최근에는 송금한 돈이 최종 정산되는 데 3~7일이 걸린다. 주식 거래는 2~3일이면 충분하나, 은행 대출을 정산하려면 무려 23일이 소요된다.[13] SWIFT 네트워크는 하루에 1만 개의 글로벌 금융 기관 사이에서 1,500만 건의 지급 명령을 수행하지만 이를 결제하고 정산하려면 며칠이 걸린다.[14] 자동 정산 시스템Automated Clearing House, ACH 또한 마찬가지다. 이 시스템에서는 매년 미국에서 이루어

지는 수조 달러의 지급 내역을 처리한다. 비트코인 네트워크는 같은 기간에 이루어진 모든 거래를 결제하고 정산하는 데 10분이면 충분하다. 다른 블록체인 네트워크는 더욱 빠르다. 비트코인 라이트닝 네트워크Bitcoin Lightning Network와 같은 새로운 혁신의 경우, 결제와 정산에 소요되는 시간을 1초 미만으로 줄이면서 비트코인 블록체인의 역량을 비약적으로 높이려 하고 있다.[15] 리플 랩스Ripple Labs의 CEO 크리스 라슨Chris Larsen은 다음과 같이 말했다.[16] "이와 유사한 은행업계는 어떨까요. 한 네트워크에서는 송금인이, 다른 네트워크에서는 수령인이 존재합니다. 이 과정에서 복수의 원장, 복수의 중재자, 복수의 홉hop•을 거쳐야 합니다. 이러다 보면 중간에 실패할 수 있으므로, 자본을 쌓아 놓을 필요가 있습니다." 실제로, 즉각적이고 원활한 가치 이전이 이루어지면서 자금이 묶이지 않게 된다. 이전 중인 자금에서 이자 수입을 올리던 당사자들에게는 좋지 않은 소식이다.

리스크 관리: 블록체인 기술은 몇 가지 재무 리스크를 완화해 줄 수 있다. 첫째로 줄어드는 리스크는 정산 리스크다. 이 리스크는 정산 과정에서의 흠결 탓에 거래가 원복되는 리스크를 의미한다. 둘째는 거래 상대방 리스크다. 이 리스크는 거래를 정산하기 전에 상대방이 계약을 불이행하는 리스크다. 가장 중요한 것은 시스템 리스크

• 컴퓨터 네트워크에서 데이터 패킷은 목적지까지 도달하는 과정에서 라우터와 브릿지, 게이트웨이 등 중개체로서의 네트워크 디바이스들을 거치게 된다. 한 네트워크 디바이스에서 다음 네트워크 디바이스로 데이터 패킷이 이동하는 과정을 하나의 단위로 가리켜 홉이라고 부른다.

다. 이는 시스템 내에 존재하는 모든 거래 상대방 리스크의 총합을 의미한다. 비크람 판디트는 이러한 리스크를 가리켜 에르스타트 리스크Herstatt risk라 불렀다. 그는 부채를 상환하지 못해 파산한 독일 에르스타트 은행의 이름을 차용했다. "우리는 금융 위기를 통해 다음과 같은 리스크가 있다는 것을 깨달았죠. 내가 누군가와 거래할 경우, 거래 상대방이 무사히 결제를 진행하리라고 장담할 수 없다는 것을 말입니다." 판디트에 따르면, 블록체인상에서는 즉시 결제가 이루어지므로 이러한 리스크를 완전히 제거할 수 있다.

회계사들은 어느 시점에서든 회사 내부의 업무를 들여다보고 어떤 거래가 일어나는지, 어떻게 네트워크가 그러한 거래를 기록하는지 알 수 있다. 거래를 철회하지 못하고, 재무 보고서를 즉시 확정하면서 대리인 리스크를 제거할 수 있다. 대리인 리스크란 부정한 관리인이 비리를 숨기기 위해 시간을 지연시키고, 복잡한 서류 작업을 이용하는 리스크를 의미한다.

가치 혁신: 비트코인 블록체인은 다른 금융 자산을 다루기 위해서가 아니라, 비트코인을 움직이기 위해 설계되었다. 하지만 기술 자체가 오픈 소스이므로 다양한 실험이 가능하다. 일부 혁신가들은 알트코인altcoin이라 알려진 별도의 블록체인을 개발하고 있다. 이는 비트코인을 이용한 지불과는 또 다른 무언가를 위해 설계된 것이다. 다른 사람들은 비트코인 블록체인의 규모와 유동성을 활용해 이른바 '스핀 오프spin-off' 화폐를 생성하고 있다. 이 화폐는 사이드체인Sidechain이라는 '다채로운' 체제에서 운용된다. 이러한 사이드체

인은 물리적, 디지털 형식의 모든 부채와 자산을 나타낼 수 있다. 통화는 물론 주식, 채권, 원유, 금괴, 차량, 차량 할부금, 매출채권, 매입채무 등을 나타낼 수 있는 것이다. 사이드체인은 비트코인 블록체인과는 특성과 기능이 다르다. 하지만 그 덕분에 보안을 해치지 않고서도 비트코인의 네트워크 및 하드웨어 인프라를 활용할 수 있다. 사이드체인은 투웨이페그two-way peg를 통해 블록체인과 교류한다. 투웨이페그란 제삼자를 거치지 않고 블록체인으로부터 자산을 전송하고 회수하는 암호화 수난이다. 다른 이들은 여전히 프라이빗 블록체인상에 트레이딩을 위한 플랫폼을 만들어 코인이나 토큰을 한꺼번에 제거하려 하고 있다. 금융 기관들은 이미 블록체인 기술을 자산과 부채를 기록하고 거래하는 용도로 활용하며, 블록체인 기술로 전통적인 중앙 집중화된 시장을 대체하려 하고 있다. 우리가 가치를 규정하고 거래하는 방식을 바꾸려 하는 것이다.

오픈 소스: 금융 서비스 산업은 낡은 시스템이 하늘 높이 누적되어 언제 쓰러질지 모르는 상태나 다름없다. 변화를 추구하기 어려운 이유는 모든 개선책이 되돌아가려는 성질을 띠기 때문이다. 블록체인은 오픈 소스 기술로서 네트워크의 합의를 바탕으로 꾸준히 혁신하고, 반복하고, 발전할 수 있다.

인증, 현저히 저렴한 비용, 전광석화 같은 스피드, 낮은 리스크, 가치와 적응 가능성의 혁신과 같은 장점들은 결제 방법뿐 아니라 주식 시장, 투자 은행, 회계와 감사, 벤처 캐피털, 보험, 기업의 리스크 관리, 소매 금융, 기타 산업의 축을 바꿀 수 있는 가능성을 지니고 있다. 책을 손에서 놓지 않기 바란다.

 여덟 개의 황금률

여기에서 소개하는 8개의 핵심 기능은 무너질 정도로 한껏 무르익었다. 이 장의 마지막에 표로 요약되어 있다.

1. ID와 가치 인증: 오늘날 우리는 금융 거래에서 신뢰를 수립하고 신분을 확인하기 위해 강력한 중개 기관에 의지한다. 은행 계좌나 대출과 같은 기본적인 금융 서비스에 접근하려면 이러한 중개 기관의 최종 재가를 얻어야 한다. 블록체인은 일정한 거래에서 이러한 유형의 신뢰를 덜어 내거나 완전히 제거한다. 이 기술을 사용하는 피어들은 검증 가능하고, 탄탄하고, 암호 기술적으로 안전한 ID를 만들 수 있고, 신뢰도가 필요한 경우 얼마든지 신뢰도를 수립할 수 있다.

2. 가치의 이전: 금융 시스템은 매일같이 전 세계의 돈을 회전시키며, 일정한 금전이 중복해서 소비되지 않도록 보장한다. 아이튠즈에서 곡 하나를 99센트에 구입하는 것부터 기업 내 자금을 이전하고, 자산을 매입하고, 회사를 인수하는 것까지 규모를 가리지 않는다. 블록체인은 가치 있는 대상을 이전하는 일반적인 기준이 될 수 있다. 통화, 주식, 채권, 자산의 소유권 등 종류, 규모, 거리, 상대방을 가리지 않는다. 이에 블록체인은 상품을 담아 옮기는 표준 컨테이너

처럼 가치를 옮기는 표준으로 작동한다. 현저히 낮은 비용으로 속도를 높이고, 마찰을 줄이고, 경제적 성장과 번영을 촉진한다.

3. 가치의 저장: 금융 기관들은 개인, 기관, 정부를 위한 가치의 저장소다. 은행이 일반인에게 제공하는 금고, 저축 계좌, 수표 계좌 등은 가치를 저장할 수 있는 수단이다. 대형 금융 기관은 현금성 자산에 대한 적은 수익을 보장하기 위해 유동성을 필요로 한다. 이러한 경우 머니 마켓 펀드MMF*나 국채와 같은 이른바 무위험 자산이 그 역할을 담당한다. 개인들은 가치를 저장하거나 저축 계좌나 수표 계좌를 갖기 위해 은행을 의지할 필요가 없다. 기관들은 무위험 금융 자산을 구입하고 유지할 수 있는 더욱 효율적인 메커니즘을 가질 수 있다.

4. 가치의 대여: 주택 저당에서 국채에 이르기까지, 금융 기관들은 신용카드 현금 서비스, 모기지, 회사채, 지방채, 국채, ABS증권처럼 신용 거래를 장려한다. 대출 비즈니스는 신용을 확인하고, 신용 등급과 점수를 매기는 수많은 부수 산업을 잉태했다. 개인은 신용 점수로 평가받으며, 기관은 투자 등급에서 정크 등급까지의 신용 등급을 보유하게 된다. 블록체인에서는 누구나 전통적인 대출 상품을 발행하고, 거래하고, 정산할 수 있다. 그 결과 속도와 투명성이 늘어나

---

* 머니 마켓 펀드(Money Market Fund). 단기 금융 상품에 집중 투자해서 펀드 수익률에 신속히 반영될 수 있도록 한 상품.

고, 마찰과 리스크는 줄어들 수 있다. 소비자들은 피어들로부터 대출을 받을 수 있다. 이는 금융에서 소외된 지구촌의 이웃들과 세계 곳곳의 기업가들에게 특별히 중요한 의미를 지닌다.

5. 가치의 교환: 글로벌 시장은 매일같이 수조 달러의 금융 자산을 거래한다. 거래란 투자, 투기, 헤지, 차익 거래를 목적으로 자산 및 금융 상품을 사고파는 작업이며, 결제, 정산, 가치 저장과 같은 거래 후 라이프 사이클을 포함하고 있다. 블록체인은 정산에 소요되는 시간을 일과 주 단위에서 분과 초 단위로 줄여 준다. 이러한 스피드와 효율성은 은행에 접근할 수 없거나 은행의 혜택을 한껏 누리기 어려운 사람들에게 기회를 제공할 수 있다.

6. 자금 조달과 투자: 자산, 회사에 투자하는 개인은 평가 이익, 배당, 이자, 임대료 등의 형태로 수익을 올릴 수 있다. 이러한 금융 산업은 시장을 창출한다. 에인절 투자,** 주식 공개 상장을 거쳐 그 이상에 이르기까지 기업의 모든 성장 단계에서 기업가와 투자자가 이어질 수 있는 연결 고리가 생긴다. 자금을 끌어모으려면 IB 전문가, 벤처 투자자, 변호사 등 다양한 중개자가 필요하다. 블록체인을 통해 이러한 여러 가지 기능을 자동화하고, P2P 금융을 위한 새로운 모델을 도입할 수 있다. 또한 배당을 확정하고 쿠폰을 지급하는 작업을 더 효율적이고, 투명하고, 안전하게 수행할 수 있다.

** 창업 초기 단계의 벤처 기업에 투자하는 것을 말함.

7. 가치 보장 및 리스크 관리: 불특정한 손실이나 사태로부터 회사와 개인을 보호하기 위해 리스크 관리가 필요하다. 리스크 관리는 보험을 수반하는 것이 보통이다. 더 넓게 본다면 금융 시장에서 리스크를 관리하기 위해 무수히 많은 파생상품이 등장했고, 예측 불가능하고 통제할 수 없는 사건을 헤지하기 위해 다양한 금융 상품이 생겨났다. 미결제 OTC* 파생상품의 명목 가치는 자그마치 600조 달러에 이른다. 블록체인은 보험 서비스에서도 분산된 모델을 추구하며, 파생상품을 더욱 투명하게 활용해 리스크를 관리할 수 있다. 보험사들은 개인의 사회적, 경제적 자산과 그들의 행위 및 기타 속성에 바탕을 둔 평판 체계를 활용해 보험 통계 리스크를 더욱 확실히 파악할 수 있고, 정보에 입각한 의사 결정을 내릴 수 있다.

8. 가치 회계: 회계란 경제적 주체에 대한 금융 정보를 측정하고, 처리하고, 소통하는 작용이다. 이 분야는 대형 회계법인, 딜로이트, PwC, 언스트앤영, KPMG가 좌우하는 수십 억 달러의 산업이다. 전통적인 회계 관행으로는 복잡한 현대 금융의 속도와 복잡성을 따라갈 수 없다. 블록체인 분산 원장을 사용하는 새로운 회계 방식은 감사 보고서와 재무 상태표를 실시간으로 유지하고, 더욱 투명하게 관리할 수 있다.

---

* Over The Counter market. 증권 거래소 밖에서 유가증권을 매매하는 비조직적인 상대매매 시장.

여덟 개의 황금률

기능	블록체인이 미치는 영향	이해관계인
1. ID와 가치 확인 검증	검증 가능하고 안정적인 ID 유지, 암호화해 보호할 수 있다.	평가 기관, 소비자 데이터 분석가, 마케터, 소매 금융업자, 도매 금융업자, 카드 지불 네트워크, 규제 당국
2. 가치의 이전-지불, 송금, 상품과 서비스의 구입	중개자 없이 대규모 자금, 소액의 가치를 이전하는 것이 가능해지면서 비용이 현저히 감소되고, 지불의 속도가 빨라질 수 있다.	소매 금융, 도매 금융, 카드 지불 네트워크, 송금 서비스, 텔레커뮤니케이션, 규제 당국
3. 가치의 저장-통화, 원자재, 금융 자산은 가치의 저장고다. 금고, 저축 계좌, 수표 계좌, MMF 또는 국채	믿을 만하고 안전한 가치의 저장 수단과 결부된 지급 기제는 전형적인 금융 서비스에 대한 수요를 떨어뜨린다. 은행의 저축 계좌나 수표 계좌는 구시대의 유물로 사라질 것이다.	소매 금융, 브로커리지, IB 투자, 자산 운용, 텔레커뮤니케이션, 규제 당국
4. 가치의 대여-신용카드 현금 서비스, 모기지, 회사채, 지방채, 국채, ABS, 기타 신용 공여	블록체인상에서 신용공여 상품이 발행되고, 거래되고, 정산될 수 있다. 이는 효율성을 증대시키고, 마찰을 줄이며, 시스템 리스크를 개선한다. 소비자들은 피어들로부터 돈을 빌릴 때 자신의 평판을 활용할 수 있다. 이는 은행을 이용하지 못하는 지구촌의 이웃들 및 사업가들에게 매우 큰 의미를 지닌다.	도매 금융, 소매 금융, 상업 은행, 재정(예컨대 국가 재정), 소액 대출, 크라우드펀딩, 규제 당국, 신용 평가 기관, 신용 평가 소프트웨어 제조사
5. 가치의 교환-투기, 헤지, 차익거래, 주문 맞추기, 거래 정산, 담보 관리 및 평가, 결제 및 보관	블록체인은 모든 거래에 소요되는 정산 시간을 일과 주 단위에서 초와 분 단위로 단축해 준다. 이러한 스피드와 효율성은 은행의 혜택에서 소외된 사람들에게 부를 창출할 수 있는 기회를 선사한다.	투자은행, 도매 금융, 외환 트레이더, 헤지펀드, 연금펀드, 리테일 브로커리지, 어음 교환소, 주식, 선물, 원자재 거래소, 원자재 브로커리지, 중앙은행, 규제 당국

6. 자산, 기업, 스타트업을 향한 투자 및 펀딩–자산 평가, 분배금, 이자, 임대료, 기타 이들의 조합	P2P 금융을 위한 새로운 모델, 스마트 계약을 통해 자동 배당금 지급과 같은 기업의 활동을 기록한다. 소유권을 등록해 임대료 수입이나 기타 수익을 자동적으로 배분할 수 있다.	투자은행, 벤처캐피털, 법률, 회계, 자산 관리, 주식 거래, 크라우드펀딩, 규제 당국
7. 가치 보장 및 리스크 관리–자산, 주택, 생활, 건강, 비즈니스 자산, 비즈니스 관행, 파생상품 등을 보호함.	평판 시스템을 활용해 보험자들은 보험–위험을 측정하고, 보험을 위한 탈중앙 집중화 시장을 창출할 수 있다. 파생상품이 더욱 투명해진다.	보험사, 리스크 관리 인력, 도매 금융, 브로커리지, 어음 교환소, 규제 당국
8. 가치 평가–새로운 기업 거버넌스	분산 원장 덕분에 감사 보고서와 재무상태표를 실시간으로 작성할 수 있고, 응답성과 투명성이 향상된다. 이로써 기업의 재무 활동을 파악하는 규제 당국의 역량이 비약적으로 향상된다.	회계 감사, 자산 운용, 감시하는 주주, 규제 당국

 ## 주식 거래에서 블록 거래까지

블록스트림의 오스틴 힐은 이렇게 말했다. "월 스트리트는 거대한 변화의 물결을 맞고 있습니다."[17] 그는 금융 산업이 블록체인 기술에 깊이 빠져 있다는 것을 말하고 있다. 월 스트리트에서 가장 영향력 있는 인물로 꼽히는 블라이드 매스터스를 생각해 보라. 그녀는 제이피 모건의 파생상품과 원자재 부서를 세계적인 규모로 키워냈고, 파생상품 시장을 개척했다. 그녀는 잠시 마음에 없는 휴식기를 가진 다음, 뉴욕 기반의 스타트업 디지털 애셋 홀딩스Digital Asset Holdings의 CEO에 취임했다. 모두 그녀의 이러한 결정에 놀라워했다.

그녀는 인터넷이 기타 비즈니스를 바꿔 놓은 것처럼, 블록체인이 자신의 비즈니스를 바꿔 놓을 것이라 생각했다. "저는 1990년대의 인터넷 이상으로 블록체인을 진지하게 받아들입니다. 이것은 보통 큰일이 아니며, 금융계가 작동하는 방식을 바꿔 놓을 겁니다."[18]

매스터스는 비트코인에 대한 초기의 설왕설래를 배척했다. 당시에는 마약 거래상, 도박꾼이 악용하고 자유주의자들이 이를 통해 새로운 세상의 질서를 창조할 것이라는 이야기가 난무했다. 이러한 개념은 2014년도 후반에 바뀌었다. 매스터스는 우리 두 사람에게 이렇게 말했다. "이 기술이 내가 잘 알던 세상에 어떤 가능성을 지니고 있을지 생각해 보니 '아하'라고 외칠 수 있겠더군요. 분산 원장 기술에 암호화폐를 적용하는 것은 흥미로울 뿐 아니라, 지급 수단에 상당한 의미를 지니고 있었죠. 하지만 그 밑바탕의 데이터베이스 기술 자체는 더욱 폭넓은 의미를 지니고 있었어요."[19] 매스터스에 따르면, 블록체인은 효율성을 높이고 비용을 절감할 수 있다. "복수의 당사자들이 동일한 정보를 복제하지 않고서도 활용할 수 있기 때문이다." 그녀의 말에 따르면 블록체인은 거래 기록을 공유하고, 분산하고, 복제할 수 있는 '금맥과도 같은' 메커니즘이다.[20]

매스터스는 이렇게 말한다. "금융 서비스 인프라가 몇 십 년간 진화하지 않았다는 사실을 주목해야 합니다. 앞단은 진화했지만, 뒷단은 그대로입니다." "기술 투자에서 거래 속도를 높이는 것은 군비 경쟁이나 다름없이 진행되어 왔습니다. 오늘날에는 나노초 단위로 경쟁하고 있습니다. 하지만 사후 처리 인프라가 전혀 개선되지 않았다는 것이 아이러니입니다." 여전히 "금융 거래를 정산하고 기록하

는 사후 처리를 위해서는 며칠 또는 몇 주가 소요됩니다".[21]

마스터스 말고도 많은 사람이 블록체인 기술에 열정을 보이고 있다. 나스닥의 CEO 밥 그리펠트Bob Greifeld는 이렇게 말했다. "나는 블록체인 기술의 가능성을 대단히 신뢰합니다. 블록체인 기술은 금융서비스 산업의 인프라를 근본적으로 변화시킬 것입니다."[22] 그리펠트는 블록체인의 분산 원장 기술을 나스닥 링크라 불리는 플랫폼을 통해 나스닥의 사설 시장 플랫폼에 통합하는 중이다. 증권 거래소는 유가증권을 거래하기 위한 중앙 집중화된 마켓플레이스이며, 이미 성숙할 대로 성숙한 상태다. 2016년 1월 1일, 나스닥 링크는 블록체인 상의 첫 번째 거래를 완료했다. 블록스트림의 힐에 따르면, 세계 최대 규모의 자산 운용사인 블록스트림 또한 "회사 전체의 인원보다 더 많은 인원을 블록체인 혁신 그룹에 투입하고 있다". 힐의 회사는 7,500만 달러를 끌어모으고, 20명 이상을 고용했다. "이 친구들은 비즈니스의 수행 방법을 바꾸기 위해 블록체인 기술을 어떻게 활용할지 알고 싶어 합니다. 그들의 태도는 매우 진지합니다."[23] 뉴욕 증권 거래소, 골드만 삭스, 산탄데르, 딜로이트, 캐나다 왕립 은행, 바클레이스, UBS를 비롯해 거의 모든 글로벌 대형 금융사의 관심 또한 이에 뒤지지 않는다. 2015년, 월 스트리트는 블록체인 기술에 대해 전반적으로 긍정적인 입장을 보였다. 한 연구 결과에 따르면, 응답자의 94퍼센트는 블록체인이 금융에서 중대한 역할을 담당할 수 있다고 대답했다.[24]

비록 많은 기타 애플리케이션이 월 스트리트의 이익을 갉아먹고 있으나, 모든 금융 전문가가 흥미를 느끼는 것은 블록체인을 활용해 모든 거래를 처음부터 끝까지 안전하게 처리할 수 있다는 점이다. 이로써 비용을 현저히 낮추고, 스피드와 효율성을 높이고, 비즈니스에서의 리스크를 경감할 수 있다. 마스터스는 이렇게 말했다. "거래의 이행, 다수 거래의 상계, 누가 누구와 함께 무엇을 했는지/거래 상대방이 동의했는지를 정리하는 작업 등을 비롯한 모든 거래 과정이 거래의 초기 단계에서 진행될 수 있습니다. 일반적인 금융 시장에서 진행되는 것보다 더욱 이른 시점에 말입니다."25 그리펠트는 이를 다음과 같이 표현했다. "지금은 이러한 거래를 'T+3'일(제3영업일)에 정산합니다. 하지만 5분에서 10분 사이에 하지 말라는 법이 어디 있습니까?"26

월 스트리트는 리스크를 거래하며, 블록체인 기술은 거래 상대방 리스크, 결제 리스크, 그에 따른 시스템 리스크를 현저히 줄여 줄 수 있다. 세계경제포럼World Economic Forum, WEF에서 금융 혁신을 주도하고 있는 제시 맥워터스Jesse McWaters는 우리 두 사람에게 이렇게 말했다. "분산 원장 기술에서 가장 기대되는 것은 추적성traceability 이 시스템의 안정성을 어떻게 증가시킬 수 있느냐 하는 것입니다." 그는 "규제 당국도 이처럼 새로운 수단 덕분에 힘을 덜 수 있다"고 생각한다.27 블록체인의 공공적 성질(투명성, 검색 가능성)과 자동화된 결제 및 변경 불가능한 타임스탬프로 말미암아 규제 당국은 진행되는 일을 감시할 수 있고, 아무것도 놓치지 않기 위해 경고를 발동할 수도 있다.

파우스트 박사의 블록체인 거래

은행과 투명성은 조화가 어렵다. 금융계의 선수들은 정보 비대칭을 활용하고, 거래 상대방에 비해 더 큰 노하우를 발휘해 수익을 쟁취한다. 하지만 블록체인 시스템은 극도로 투명한 시스템이다. 은행에 블록체인 시스템이란 기모노를 벗는 것이나 마찬가지다. 그렇다면 은행의 폐쇄 정책과 오픈 플랫폼을 어떻게 조화시킬 수 있을까?

오스틴 힐은 이를 가리켜 월 스트리트의 '파우스트식 거래'라 불렀다. 이는 금융 기관 입장에서는 대단히 부담스러운 거래다.[28] 힐은 이렇게 말했다. "3일을 기다리지 않고 몇 분 안으로 정산이 최종적이고 정확하게 완료됩니다. 사람들은 이러한 사실에 매료되어 있습니다." "여기에 맞춰 (비트코인) 블록체인상의 모든 거래는 철저히 공개됩니다. 수많은 월 스트리트의 인력은 경악을 금치 못하죠." 그렇다면 이에 대한 해결책은 무엇일까? 이른바 '허가된 블록체인'상에서의 비밀 거래가 그 해답이 될 수 있다. 이러한 블록체인은 비공개 블록체인으로도 알려져 있다. 비트코인 블록체인이 완전히 개방되어 있고 허가가 필요 없는 반면(즉, 모두가 여기에 접근하고, 상호 소통할 수 있다), 허가된 블록체인 사용자들은 일정한 크리덴셜•을 갖추어야 한다. 이러한 크리덴셜은 사용자들에게 특정 블록체인에서 활동할 수 있는 자격을 부여한다. 힐은 일부 이해관계자들만이 다양한 거래 요소를 접할 수 있고, 진실성 또한 보장되는 기술을 개발했다.

딱 보아도 프라이빗 블록체인과 승인형 블록체인은 몇 가지 분명한 장점을 지니고 있다. 우선, 구성원들은 바라기만 한다면 블록체인의 규칙을 쉽게 바꿀 수 있다. 구성원이 맞는지 확인하는 것으로 거래

• 정보 시스템에서 사용하는 암호학적 개인 정보를 말함.

의 실행이 가능하며, 불특정 다수의 익명 사용자들이 많은 전력을 소모할 필요가 없다. 따라서 비용이 절감되며, 모든 당사자를 신뢰할 수 있어서 51퍼센트의 과반수 공격이 불가능하다. 노드들은 대부분의 대형 금융 기관에서와 마찬가지로 잘 연결된 것으로 신뢰할 수 있다. 나아가, 규제 당국도 감독하기가 편하다. 그러나 이러한 장점에는 약점 또한 수반된다. 규칙을 바꾸기 쉬울수록 구성원들이 규칙을 어길 가능성이 높아진다. 프라이빗 블록체인은 기술의 비약적인 발전을 도와줄 네트워크 효과를 억제한다. 새로운 규칙을 만들어 특정한 자유를 고의적으로 제한한다면 중립성을 훼손할 수 있다. 마지막으로, 공개적으로 가치를 혁신하지 않는다면 기술이 정체되는 한편, 취약해질 수도 있다.[29] 프라이빗 블록체인이 융성하지 않을 것이라는 이야기가 아니다. 하지만 금융 서비스 관련자들은 이러한 우려를 심각하게 받아들여야 한다.

은행업계에서 상당한 입지를 구축한 리플 랩스의 경우, 파우스트식 거래에 대한 우려를 경감하기 위해 다른 영리한 방법을 개발하고 있다. CEO 크리스 라슨은 다음과 같이 발언하며 그 어떤 채굴자나 익명 노드도 거래를 인증하지 않는다는 사실을 강조하고 있다. "리플 랩스는 도매 금융을 목표로 하고 있으며, 우리는 작업 증명 시스템보다는 합의 방식을 활용하고 있습니다."[30] 체인Chain 사는 고유의 전략을 보유하고 있다. 비자, 나스닥, 시티, 캐피털 원Capital One, 파이서브Fiserv, 오람주Orange에서 3천만 달러를 투자받은 체인사는 기업에 중점을 둔 블록체인 솔루션을 계획하고 있다. 이 회사는 이미 나스닥과 계약을 체결했다. 체인의 CEO 애덤 루드윈Adam Ludwin은 이렇게 주장했다. "미래의 모든 자산은 복수의 블록체인에서 운영되는 디지털 전달 수단으로 탈바꿈할 것입니다." 하지만 이는 월 스트리트에게 익숙한 체제가 아니다. "모든 사람이 공개된 똑같은 시방서를 바탕으로 자산을 형성하기 때문이다."[31] 월 스트리트 인사들은 이러한 기술을 놓치기 싫어하지만, 그로 인해 가능해진 가치의 혁신과 씨름해야 한다. 이러한 변화는 그들이 통제하거나 예측하기가 불가능하다.

매스터스는 승인형 블록제인의 장점에도 주목한다. 거래 성대방 가운데 일부, 구매자나 기타 상대방 가운데 일부, 규제 당국 가운데 일부만이 그녀에게 접근할 수 있다. 선택된 일부만이 블록체인 크리덴셜을 보유할 뿐이다. 매스터스에게 "허가된 원장은 해당 금융 기관이 정체불명의 제삼자와 거래하거나, 허용되지 않는 활동에 노출되는 것을 막아 준다. 또한 거래 처리 업체와 같이 제도적으로 금지되는 정체불명의 서비스 업체에 의지하지 않도록 도와준다".[32] 이처럼 승인형 블록체인이나 프라이빗 체인은 비트코인을 경계하는 기존의 금융 기관이나 이와 관련된 모든 것들에게 상당한 매력으로 다가온다.

블라이드 매스터스는 스타트업의 CEO이지만 그녀가 블록체인에 이렇게 높은 관심을 보인다는 것은 금융업계의 전통적인 플레이어들과 폭넓게 인연을 맺고 있음을 말해 준다. 새로운 기술을 도입하는 현실을 보면, 스타트업 기업들이 기성 체계를 뒤집을 수도 있다는 우려가 여실히 드러난다. 딜로이트의 에릭 피시니Eric Piscini의 고객들은 지난 몇 년간 엄청난 깨달음을 얻었다. 그의 생각에도, "갑자기 기술이 관심을 끌 것이라고는 그 누구도 예상하지 못했다".³³ 세계 최대 금융 기관, 가장 긴 역사를 자랑하는 금융 기관들도 이러한 분위기에 휩쓸리고 있다.

바클레이스 또한 블록체인 기술에서 기회를 탐색하고 있는 금융 기관에 속한다. 바클레이스의 설계 및 전산 파트를 총괄하고 있는 데릭 화이트Derek White에 따르면, "블록체인과 같은 기술은 우리의 산업을 바꿔 놓을 것이다". 화이트는 개방된 혁신 플랫폼을 기획하고 있다. 이 플랫폼 덕분에 은행들은 금융 산업에서 더욱 폭넓은 부류의 개발자 또는 아이디어맨들과 인연을 맺을 수 있을 것이다. 그는 이렇게 말했다. "우리는 꼭 기술을 형성하는 주체가 되고 싶어요. 하지만 기술을 형성하는 다른 이들과, 그러한 기술을 해석하는 사람들과 교류하고 싶은 열망도 이에 뒤지지 않아요."³⁴ 바클레이스는 자신의 말을 거스르지 않고 있다. 바클레이스 엑셀러레이터Barclays Accelerator•를 설립해 기존의 수많은 직업을 없애고, 새로운 기술에 몰두하고 있다. 화이트에 따르면 "마지막 동료들을 생각해 보면, 열 개 회사 중 세 개가 블록체인 또는 비트코인 회사였습니다. 블록체인은 이 세상이 폐쇄된 시스템에서 개방된 시스템으로 나아가고 있다는 가장 강력한 증거이며, 금융 서비스뿐 아니라 여러 산업에도 매우 강력한 잠재력을 갖고 있습니다".³⁵ 개방된 시스템을 논의하는 은행들이라…… 오, 세상에, 이런 일이!

• 바클레이스의 핀테크 스타트업 육성 프로그램.

금융에서의 효용

2015년 가을, 세계 최대 은행으로 꼽히는 9개의 은행, 즉 바클레이스, 제이피 모건, 크레디트 스위스, 골드만 삭스, 스테이트 스트리트, UBS, 스코틀랜드 왕립 은행, BBVA, 오스트레일리아 연방은행은 블록체인 기술의 공통된 표준을 세우는 데 협력하자고 선언했다. 이를 가리켜 R3 컨소시엄이라 불렀다. 그 이후 32개의 기관이 합류했고, 금융 산업의 인명사전은 몇 주 단위로 새로 갱신되기에 이르렀다.[36] 이러한 은행들이 얼마나 진지하게 발동을 걸고 있는지 아직은 의문이다. 이 그룹에 합류하는 조건은 25만 달러를 납부하는 것이 전부다. 하지만 R3를 조직한 것은 금융 산업이 확실히 도약할 수 있는 기회임이 분명하다. 표준을 세운다는 것은 새로운 기술의 도입과 활용을 촉진하는 매우 중요한 요소다. 따라서 우리는 앞으로의 전망을 장밋빛으로 예상한다. R3는 일보 전진을 위해 업계를 선도하는 인력과 기술 전문가들을 영입했다. 마이크 헌Mike Hearn은 11월에 팀에 합류했고, 이 팀은 IBM에서 은행 혁신 분야의 설계사를 맡았던 리처드 젠덜 브라운Richard Gendal Brown, 바클레이스에서 핵심 엔지니어로 일하던 제임스 칼라일James Carlyle을 보유하고 있다. 제임스 칼라일은 현재 R3의 핵심 엔지니어를 맡고 있다.[37]

리눅스 재단Linux Foundation은 거대한 유망 기업들과 협력 관계를 구축하고 있다. 2015년 12월, 이 재단은 하이퍼레저 프로젝트Hyperledger Project라 불리는 또 다른 블록체인 프로젝트를 론칭했다. 이 프로젝트는 R3의 경쟁자가 아니었다. 실제로 R3는 하이퍼레저 프로젝트의 설립 멤버였다. 액센츄어, 시스코, CLS, 독일 증권 거래소, 디지털 에셋 홀딩스, DTCC, 후지쯔, IC3, IBM, 인텔, 제이피 모건, 런던 증권 거래소, 미쓰비시 UFJ 파이낸셜 그룹, 스테이트 스트리트, SWIFT, VM웨어, 웰스 파고 또한 R3의 설립 주주다.[38] 이는 금융 산업이 이 기술을 얼마나 진지하게 받아들이고 있는지 알려 주며, 또한 비트코인 블록체인과 같이 개방되고 분산된 블록체인을 온전히 받아들이는 데 얼마나 주저하고 있는지 보여 준다. R3와 달리, 하이퍼레저 프로젝트는 커뮤니티에 '비즈니스를 위한 블록체인'을 개발하도록 맡긴 오픈 소스 프로젝트다. 이는 칭찬할 만한 프로젝트로, 큰 성공을 거둘 것이라 생각된다. 하지만 오해는 금물이다. 이는 다양한 기술을 연결하기 위한 예컨대, 네트워크의 노드 숫자를 제한하거나, 크리덴셜을 요구하는 등의 방법을 들 수 있다. R3를 예로 들면, 하이퍼레저는 표준 설정을 우선순위에 두고 있다. 액센츄어의 설립 멤버인 데이비드 트리트David Treat는 이렇게 말했다. "이 여정을 위한 핵심은 표준 및 금융업계에서 활용할 수 있는 공유 플랫폼을 사용하는 것입니다."

정부는 금융 서비스 산업을 감독하는 데 어떤 역할을 담당해야 할까? 블록체인은 이 화두에 대한 더욱 폭넓은 논의를 불러일으켰다. '공익'이란 단어를 들으면, 정부가 엄격히 규제하는 자연적인 독점 체제가 떠오른다. 그러나 블록체인 기술이 리스크를 감소시키고, 투명성과 응답성을 향상시키므로 일부 금융 전문가들은 기술 '자체'가 규제처럼 작동한다는 점을 지적한다.[39] 만일 규제자들이 은행과 시장의 내부 활동을 들여다볼 수 있다면, 우리는 어떤 법률은 단순화하고 어떤 법률은 폐지할 수 있다. 그렇지 않은가? 따라서 아주 대답하기 어려운 질문이 되어 버린다. 한편, 눈코 뜰 새 없이 진행되는 혁신의 속도를 감안한다면, 규제자들은 그들의 감독 기능을 재고해야 한다. 다른 한편으로, 정부가 한 발 물러나면 은행들이 부정하게 행동한다는 이력을 갖게 되는 것이다.

대형 은행들은 비트코인 없는 블록체인을 도입하고, 분산 원장 기술의 요소를 선별하고, 이를 현존하는 비즈니스 모델에 융합하여 기득권을 유지할 수 있을까? R3는 은행들이 이러한 방향으로 움직이고 있다는 다양한 표지 가운데 하나일 뿐이다. 2015년 11월 19일, 골드만 삭스는 "분산된 P2P 암호화 기술을 활용해 금융 시장에서 보안성을 유지하는 방법에 대해 특허를 신청했다." 그들은 여기에서 세틀코인SETLcoin이라 불리는 등록 화폐를 사용했다.[40] 은행들은 원래 온 세상에 개방하려 했던 오픈 소스 기술에 특허를 신청하고 있는 것이다. 따라서 우리에게 효과가 없고, 당신에게도 효과가 없는 것이 아이러니다. 안드레아스 안토노풀로스 또한 대중을 상대로 다음과 같이 경고하면서 이러한 사실을 우려했을 것이다. 그는 은행들이 비트코인을 "펑크 록에서 부드러운 재즈"로 바꾸는 셈이라고 지적했다.[41] 또는 은행들이 최고급 제품과 최고 수준의 서비스를 두고 경쟁하는 상황이 벌어질 수 있다. 완전히 다른 종류의 기관들 사이에서 이러한 경쟁이 이루어지며, 각 기관의 지도자들은 이러한 회사들이 내세우는 모든 것을 반대한다.

미래의 금융은 영향력 있는 이해관계자들이 과실을 따 먹는, 벽에 둘러싸인 정돈된 정원일 수도 있고, 유기적이고 광활한 생태계로서 빛이 비치는 모든 곳에서 사람들의 경제적 부가 자라나는 환경일 수도 있다. 실제로 어떻게 될지 논쟁은 달아오른다. 하지만 제1세대 인터넷이 우리에게 가르쳐 준 바가 있다면, 그것은 개방된 시스템이 폐쇄된 시스템에 비해 쉽게 뻗어 나갈 수 있다는 교훈이다.

소매 금융에서의 마지막 승자

제러미 얼레어Jeremy Allaire는 자본 시장에서의 구글을 기획하고 있다. 이는 "돈을 보관하고, 돈을 송금하고, 대금을 지급하거나 지급받는 소매 금융 시장을 의미한다. 이는 곧 사람들이 소매 금융으로부터 기대하는 근본적인 효용이다".[42] 그는 이를 강력하고, 즉각적이고, 누구나 무료로 접근할 수 있는 인터넷 기반의 디바이스로 생각한다. 그가 차린 서클 인터넷 파이낸셜Circle Internet Financial은 이 공간에서 가장 강력하고, 가장 많은 자금을 끌어모은 벤처 가운데 하나다.

이 회사를 뭐라 부르든 그건 자유지만, 비트코인 회사라고 부르지는 말기 바란다. 얼레어는 이렇게 말했다. "아마존은 HTTP 회사가 아니었고, 구글이 SMTP 회사가 아니었던 것처럼, 서클도 비트코인 회사가 아닙니다." "우리는 비트코인을 사회적, 경제적으로 활용되는 차세대 인터넷 프로토콜로 파악합니다."[43]

얼레어는 금융 서비스를 블록체인 기술에 따라 근본적으로 탈바꿈할 마지막 주자로 생각하며, 이러한 변화를 통해 가장 큰 보상을 안겨 주리라 믿는다. "소매 금융을 들여다보면, 소매 은행들이 수행하는 서너 가지 업무가 있습니다. 첫째, 가치를 저장하기 위한 장소를 제공합니다. 둘째, 지급 수단을 제공합니다. 여기에서 나아가 신용 거래를 받아 주고, 재산을 보관하고, 수입을 창출합니다."[44] 그의 비전은 다음과 같다. "3년에서 5년 사이에, 사람들은 애플리케이션을 내려받아 달러, 유로, 엔, 인민폐, 전자화폐 등 그들이 선택하는 통화로 가치를 저장할 수 있습니다. 또한 즉시 대금을 지급할 수 있고, 글로벌한 상호 운영성을 자랑합니다. 이 모든 과정에서 높은 보안성을 유지하고, 프라이버시 유출을 방지할 수 있습니다. 가장 중요한 것은 공짜라는 점입니다."[45] 인터넷이 정보 서비스를 바꿔 놓으면서, 블록체인은 금융 서비스를 바꾸고, 상상하지 못했던 새로운 종류의 역량을 가능케 했다.

블록체인 기술의 이점은 즉각적인 결제, 글로벌한 상호 운용성, 높은 보안성, 거의 공짜에 가까운 저비용 등이다. 이러한 이점은 개인과 비즈니스 모두에 상당한 혜택을 제공한다. 이 모든 것을 공짜로 만들 수 있는 그만의 복안은 무엇이었을까? 세계의 은행가들은 이단적인 이야기라고 펄펄 뛸 것이다. 분명 골드만 삭스와 중국 벤처 기업 IDG는 5천만 달러를 출자해 비영리 법인이나 공익 기업을 만들지는 않았다![46] "우리가 수천만 명의 사용자를 확보한 글로벌 프랜차이즈를 성공적으로 조성하고, 거래의 장 한복판에 앉아 있다면, 우리는 뭔가 강력한 자산 위에 앉아 있는 셈입니다." 얼레어는 서클이 "다른 금융 상품을 제공하기 위한 저변의 역량을" 갖추리라 기대한다. 그는 자세한 언급은 자제하고 있다. 하지만 회사 입장에서는 수천만 소비자의 금융 데이터가 그들의 금융 자산보다 훨씬 소중해질 수 있다. "우리는 소비자들의 경험, 소비자들과 금전의 상호 관계를 재생산하고 싶어 합니다. 또한 그들에게 돈을 사용하고 적용하는 방법, 돈에서 돈을 버는 다양한 방법을 선택하도록 도와주고 싶습니다."[47] 낡은 패러다임의 리더들은 정신을 바짝 차릴 필요가 있다.

서클과 같은 회사들은 전통과 문화에 부담을 느끼지 않는다. 그들의 때 묻지 않은 접근은 커다란 장점이 될 수 있다. 거대한 혁신을 이룬 선배들의 상당수는 철저한 이방인이었다. 블록버스터가 넷플릭스를 창조한 것이 아니고, 타워레코드가 아이튠즈를 개발한 것이 아니다. 아마존을 창시한 것은 반스앤드노블이 아니었다. 무슨 말인지 이해가 갈 것이다.

비트페이의 CEO 스티븐 페어는 이 업계의 선두주자다. 그는 초심자들이 분명한 장점을 가진다고 생각한다. "블록체인상에서 지분증권, 채무증권, 통화와 같은 대체성 자산을 발행하고, 이를 확대하고 상품화하기 위해 필요한 인프라를 구축하는 과정에서는 인력들의 이력서가 불필요합니다." 우선 "오늘날의 월 스트리트를 만든 기존 인프라나 기관이 불필요합니다. (…) 당신은 블록체인상에서 이러한 자산을 발행할 수 있을 뿐 아니라, 즉각적인 소액 거래를 실행할 시스템을 만들 수도 있습니다. 여기에서는 내 월렛에 애플 주식을 넣어 둘 수 있고, 당신에게서 사고 싶은 물건을 볼 수도 있습니다. 하지만 당신은 물건 값을 달러로 받고 싶습니다. 이 플랫폼에서는 단일한 소액 거래(말하자면, 전부 아니면 전무)로 들어가 내 애플 주식을 활용해 당신에게 달러를 송금할 수 있습니다".[48]

정말 이렇게 쉬울까? 금융 서비스 산업을 재창조하려는 싸움은 웹의 초기 시절, 전자상거래를 두고 벌였던 싸움과는 사뭇 다르다.

얼레어의 사업과 비슷한 규모를 지닌 사업들은 인류 역사상 가장 큰 가치를 이동해야 한다. 수십조에 이르는 달러를 전통 은행 계좌 수백만 개로부터 서클의 월렛 수백만 개로 이동해야 하는 것이다. 이는 말처럼 쉬운 일이 아니다. 은행들은 블록체인에 열정을 보이면서도, 블록체인 비즈니스가 '하이 리스크'라고 주장하며 이러한 회사들을 경계하고 있다. 그들이 이처럼 주저하는 것은 그들 스스로 몰락하는 것이 두려워서일지도 모른다. 중개자들은 기존 세상과 지금 세상 사이에 등장했다. 캐나다 회사 보고고Vogogo는 이미 코인베이스, 크라켄Kraken, 비트페이, 비트스탬프Bitstamp 등과 일하며 은행 계좌를 개설하고, 컴플라이언스Compliance● 기준을 준수하는 선에서 고객들에게 기존 지급 방법을 통해 돈을 비트코인 월렛으로 옮기도록 도와주고 있다.[49] 이런 아이러니가 있을까. 아마존은 쉽사리 기존 소매점을 뛰어넘었지만, 이 새로운 패러다임의 리더들은 기존 리더들과 사이좋게 지내야 한다.

어쩌면 우리는 실리콘 밸리의 개척 정신을 갖춘 은행가가 필요할 수도 있다. 수레시 라마무르시Suresh Ramamurthi가 바로 그러한 인물이다. 인도에서 태어난 그는 구글의 임원 및 소프트웨어 엔지니어를 역임했고, 총인구가 650명인 캔자스 와이어의 CBW 은행을 인수하기로 결정하면서 많은 사람을 놀라게 했다. 그에게 이 작은 지방은행은 블록체인 프로토콜과 비트코인에 바탕을 둔 지급 방법을 국

● 조직 구성원 모두가 제반 법규를 철저하게 준수하도록 사전적, 상시적으로 통제하고 감독하는 체제를 말함.

경을 넘어 송금할 수단으로 활용할 수 있는지 알아보는 실험의 장이나 다름없었다. 그의 시각에 따르면, 금융 서비스의 깊은 의미를 깨닫지 못하는 블록체인 지망생들은 실패할 수밖에 없다. 그는 이렇게 말했다. "그들은 건물에 창문을 그려 넣고 있습니다. 다채롭고 멋지게 만들려 하고 있죠. 하지만 밖에서는 문제가 뭔지 알 수 없습니다. 배관 여부를 밖에서 알 수는 없는 일이니까요."[50] 지난 5년간, 수레시는 은행의 CEO, CIO^{Chief Information Officer}, 준법감시인, 텔러, 건물 관리인은 물론, 배관공으로도 일해 보았다. 맞다, 수레시는 이제 은행의 배관 작업을 훤히 꿰고 있다.

월 스트리트의 많은 전문가는 낡은 것과 새로운 것의 대립을 제대로 파악하지 못하고 있다. 블라이드 매스터스는 "새로운 진입자들이 기존 체계를 허물 수 있는 만큼, 은행들은 월 스트리트의 효율성과 운영성을 높일 수 있는 다양한 방법을 지니고 있다"고 생각한다.[51] 우리는 완전히 새로운 것으로 분위기가 이동하고 있다는 느낌을 지울 수 없다. 그것이 바로 3대 방송사 네트워크가 유튜브를 생각해 내지 못하고, 3대 자동차 메이커가 우버를 생각해 내지 못하고, 3대 호텔 체인이 에어비엔비를 생각해 내지 못한 이유다. 『포천』지 선정 1000대 기업의 고위 간부들이 새로운 성장 동력을 찾으려 마음먹은 순간, 새로운 진입자들은 그들을 스피드, 민첩함, 더 나은 제공의 편의성으로 들이받고 있다. 누가 일등을 차지하느냐와 무관하게, 멈추지 않는 기술적 변화의 동력과 세상에서 가장 폐쇄적인 금융 산업의 불변하는 목표는 극심한 충돌을 거듭할 전망이다.

구글의 비즈니스 해석법

"회계사들은 버섯과도 같은 존재이다. 그들은 어둠 속에서 똥을 먹고 산다."[52] 서브레저Subledger의 CEO 톰 모니니Tom Mornini가 한 말이다. 서브레저는 회계 산업을 겨냥한 스타트업이다. 회계란 금융의 언어로 알려지게 되었고, 이 언어는 모든 사람이 아닌 소수만이 해독할 수 있다. 만일 모든 거래가 전 세계적으로 공유된 분산 원장에 기록된다면, 왜 굳이 이를 해석해 수는 공인회계사가 필요할까?

현대의 회계는 15세기에 이탈리아에서 활동한 루카 파촐리Luca Pacioli의 호기심에서 비롯되었다. 그는 복식부기 회계라는 단순하면서도 기만적인 방법을 고안했다. 복식부기에서 모든 거래는 각 당사자에게 두 가지 효과를 지니고 있다. 말하자면, 각 거래는 기업의 자산과 부채를 기록하는 원장인 재무상태표의 차변과 대변에 모두 기록될 수 있다. 파촐리는 이러한 규칙을 법제화해 일정한 관행에 질서를 부여했다. 만약 그가 아니었다면, 이러한 관행은 부수적인 것에 그쳐 기업의 실체를 숨겨 주는 데 일조했을 것이다.

로널드 코스Ronald Coase는 회계를 하나의 종교에 비유했다. 런던 정경대에 다닐 무렵, 코스는 회계 관행에 '종교적 측면'이 존재한다는 사실을 깨달았다. "회계사들이 기록하는 이 책들은 명백히 성경과도 같았습니다." 회계를 전공하는 학생들은 이러한 도전을 '신성모독'으로 받아들였다.[53]

어찌 감히 그가 그들의 "상각, 재고 평가, 비용 배분 등을 계산하는 다양한 방법에 의문을 제기할 수 있을까? 이 모든 방법은 완전히 다른 결과를 가져오지만, 모두 완벽하게 인정되는 관행이다." 또한 '거의' 비슷한 관행들은 철저하게 '인정받지 못하는' 관행임에도, 여기에 의문을 제기하는 것조차 용납될 수 없었다. 따라서 톰 모니니는 누가 뭐래도 회계사라는 직업을 비판한 최초의 인물이다.

회계 관행과 관련된 네 가지 문제가 존재한다. 첫째, 오늘날의 회계는 경영인들이 그들의 회계 장부를 정확히 기록했다고 가정한다. 세간의 이목을 끌었던 엔론, AIG, 리먼 브러더스, 월드컴, 다이코, 도시바의 사례는 경영인들이 항상 신의 성실하게 행동하지는 않는다는 사실을 보여 준다. 사람들은 탐욕에 무릎을 꿇는 경우가 많다. 연줄, 부패, 허위 보고는 파산, 실직, 시장 붕괴를 촉발할 뿐 아니라 자본의 조달 비용을 높이고, 더욱 엄격한 자본 건전성 관리를 요구하게 된다.[54]

둘째, 어카운팅웹AccountingWEB 에 따르면 사람의 실수는 회계 오류의 주된 원인이다. 이러한 문제가 어떻게 시작되는지 알아보자. 예컨대, 재무부서의 직원 랜디가 스프레드시트에 숫자 하나를 잘못 입력하면, 나비효과처럼 확산되어 재무상태표의 숫자로 들어가는 순간 작은 실수가 큰 문제로 비화된다.[55] 이 회사의 전문가들 가운데 28퍼센트가 사람들이 회사 시스템에 틀린 데이터를 입력한 적이 있다고 보고한다.[56]

셋째, 사베인스옥슬리법Sarbanes-Oxley Act•과 같은 새로운 규율이라

• 폴 사베인스와 마이클 옥슬리 하원 의원의 이름을 따 명명한 법으로, 기업 회계와 재무 보고의 투명성을 높이기 위해 2002년에 미국에서 제정한 법.

하더라도, 회계 부정을 막는 데는 속수무책이었다. 설령 기여한 바가 있다 하더라도, 회사가 날이 갈수록 복잡해지고, 거래 양상이 다양해지고, 현대의 상거래가 워낙 빨라지다 보니 부정한 행위를 숨길 새로운 방법이 나타나고 있다.

넷째, 전통적인 회계 기법은 새로운 비즈니스 모델과 조화되기 어렵다. 소액 거래를 생각해 보라. 대부분의 회계 감사 소프트웨어는 소수점 두 자리까지만 표시할 수 있지만(예컨대, 1페니), 이는 그 어떤 소액 거래에도 무용지물이다.

재무 정보의 측정, 처리, 전달로 요약되는 회계 자체의 문제가 아니다. 회계는 오늘날의 경제에 지대한 역할을 담당한다. 하지만 회계 기법 또한 오늘날의 현실을 따라가야 한다. 회계 감사가 매일 이루어졌던 파촐리의 시절을 생각해 보라. 오늘날에는 월별, 분기별로 이루어진다. 500년에 걸쳐 이루어진 기술적 발전이 한 과업을 수행하는 데 걸리는 시간을 9천 퍼센트나 늘려 놓은 산업이 금융 산업 말고 또 있겠는가.

월드 와이드 원장

오늘날, 회사들은 각 거래마다 차변과 대변을 기록한다. 두 가지 장부 기록이 있는 셈이다. 이를 복식부기 회계라 부른다. 그들은 제3의 장부기록을 월드 와이드 원장에 쉽게 추가할 수 있다. 회사의 주주, 회계 감사인, 규제 당국 등 그 누구라도 이 장부기록을 볼 수 있다. 애플과 같은 거대 기업이 제품을 팔고, 원자재를 구입하고, 직원들에게 급여를 지급하고, 재무상태표의 자산과 부채를 보고할 때마다 월드 와이드 원장이 거래를 기록하고 블록체인에 타임스탬프가 찍힌 영수증을 발급한다고 생각해 보라. 회사의 재무 보고서는 회계 감사가 가능하고, 검색 가능하고, 검증 가능한 살아 있는 원장이 된다. 최신 재무 보고서를 발급하는 것은 스프레드시트 기능만큼이나 간단하다. 버튼을 한 번 누르는 것만으로 변경이 불가능하고, 완전하고, 검색 가능한 오류 없는 재무 보고서를 볼 수 있는 것이다. 회사들은 모든 사람이 이러한 숫자를 보는 것이 싫을 수도 있다. 따라서 경영진은 규제 담당자, 경영자, 기타 핵심 관계인들에게만 접근 권한을 부여할 수도 있다.

업계의 많은 사람이 회계 분야에서 월드 와이드 원장이 지니는 의미를 주목하고 있다. 바클레이스의 사이먼 테일러Simon Taylor에 따르면, 이러한 원장은 규제 당국에 맞추어야 할 은행의 컴플라이언스 절차를 단순화하고 리스크를 줄여 줄 수 있다. "'여기 우리가 한 모든 일이 기록되어 있습니다'라고 말하면서, 규제 당국에 수많은 보고를 마치는 셈입니다. 왜냐하면 우리가 한 일은 다른 사람들이 볼 수 없는 시스템 속에 자리 잡고 있기 때문입니다."[57] 월드 와이드 원장과 모든 것을 투명하게 기록한다는 것은 "규제 당국이 똑같은 계층의 데이터에 접근할 수 있다는 것을 의미합니다. 이는 곧 일은 적어지고, 비용은 낮아진다는 것을 뜻하며, 가까운 미래에 우리에게 주어질 일이 될 수도 있습니다. 이는 정말 강력한 효력을 발휘할 것입니다."[58] 서클의 제러미 얼레어는 규제 당국이 가장 큰 수혜를 입을 것이라 예상한다. 그는 이렇게 말한다. "은행 검사역들은 모호하고, 비밀리에 통제되는 독점 원장proprietary ledger과 재무 회계 시스템에 의지해 왔습니다. '장부와 기록' 말입니다." "하지만 공유된 공개 원장에서는, 회계 감사인과 은행 검사역들이 재무상태표 밑바탕의 건전성과 기업의 체력을 바라보기 위해 검사 형태를 자동화할 수 있습니다. 감사와 회계뿐 아니라, 의미 있는 규제를 자동화할 수 있는 강력한 혁신책이라 할 수 있습니다."[59]

이로써 시스템의 신뢰성 또한 높아진다. "사기 행각을 벌이기가 더욱 어려워집니다. 그 어떤 종류의 사기라도요. 앞으로 진행하는 과정에서 사기를 쳐야 하는데, 그 어떤 지점에서도 뒤로 돌아와 기록을 바꾸지 못합니다." 발랑크3Balanc3의 크리스티안 룬드크비스트 Christian Lundkvist가 한 말이다. 발랑크3은 이더리움 기반의 삼식부기 회계 기법을 다루는 스타트업이다.[60] 오스틴 힐은 이렇게 주장했다. "끊임없이 감사를 받고 검증되는 공개 원장은 당신이 당신 파트너의 장부를 불신한다는 것을 의미합니다. 재무상태표나 거래 기록에는 신뢰성이 깃들어 있습니다. 왜냐하면 네트워크 자체가 이를 검증하기 때문입니다. 이는 암호 기법에 따라 지속적으로 수행되는 선험적 감사와도 같습니다. PwC나 딜로이트를 의지하지 않아도 됩니다. 거래 상대방 리스크도 존재하지 않습니다. 원장에서 맞는다고 이야기하면, 그건 그냥 맞는 겁니다."[61]

4대 회계법인으로 꼽히는 딜로이트는 블록체인의 영향을 파악해 왔다. 딜로이트 암호화폐 센터를 주관하고 있는 에릭 피시니는 고객들에게 이렇게 경고하고 있다. "당신들의 비즈니스 모델에 아주 큰 위험 요소로 작용할 수 있습니다. 왜냐하면 은행 비즈니스는 리스크를 관리하는 것이기 때문입니다. 내일 그러한 리스크가 사라진다면,

당장 무엇을 하시겠습니까?"[62] 피시니는 이렇게 말한다. "이미 감사 업무는 불안할 정도로 성숙한 단계에 다다랐습니다. 감사 업무는 딜로이트의 수입원 가운데 세 번째를 차지할 뿐입니다."[63] 피시니는 이렇게 말했다. "우리의 비즈니스 모델이 위기에 처해 있다는 증거입니다. 그렇지 않나요? 지금은 회사를 감사하는 데 많은 시간을 할애하고 있지만, 이제 곧 그러한 과정은 블록체인의 타임스탬프 덕분에 엄청나게 간소화될 겁니다. 우리가 회사를 감사하는 방식을 바꿔놓을 거예요."[64] 회계감사 법인들이 통째로 없어지지 말라는 법이 있을까?

딜로이트는 PermaRec〔영구적인 기록(Permanet Record)의 약자다〕이라 불리는 솔루션을 개발했다. 여기에서 "딜로이트가 이러한 거래를 블록체인에 기록하면 두 거래 당사자 중 한 당사자 또는 두 당사자 모두를 아주 재빨리 감사할 수 있다."[65] 하지만 블록체인상의 삼식부기 항목이 자동화되어 타임스탬프로 기록되고 모든 사람이 볼 수 있다면, 누구나 어디서든 장부의 차변과 대변이 맞는지 확인할 수 있다. 이와 반대로, 딜로이트를 비롯한 4대 회계법인이 가장 큰 성장세를 올리고 있는 분야는 컨설팅 서비스다. 다양한 고객이 블록체인을 두고 갈팡질팡하고 있다. 이러한 혼란은 자문 관련 밸류 체인value chain으로 이동할 유인을 자극한다.

모니니는 용기 있는 사업가이며, 스스로를 '영원한 낙관주의자'로 지칭한다. 그는 정기 회계 감사를 "자리에서 일어나 플래시 라이트 아래에서 춤추는 사람에 비유했다. 그들이 춤을 추고 있다는 사실은 알 수 있을지 몰라도, 무슨 일이 일어나고 있는지 알기란 어렵다. 홍미롭게 보일지는 몰라도, 모든 스텝을 파악하기란 어렵다."[66] 정기 회계 감사는 스냅 사진을 제공할 뿐이다. 감사란, 원래의 정의에 따르면 뒤를 돌아보는 작용이다. 정기적인 재무상태표를 통해 회사의 재무 건전성을 완벽히 파악하는 것은 햄버거를 육우로 만드는 것과 다를 바 없다.

모니니에 따르면, 대부분의 대기업들은 철저히 투명한 회계 기록을 공유하기 싫어하며, 회계사나 규제 당국과 같이 특별한 권한을 지닌 사람들에게소자 즉시 자료를 공개하기 꺼려 한다. 회사의 재무 정보는 회사의 최고 보안 사항에 속한다. 나아가, 많은 회사는 경영 과정에서 수입을 인식하고, 자산을 상각하고, 영업권을 자산에 계상하는 문제 등을 설명하는 데 어느 정도 유연성을 발휘하고 싶어 한다.

하지만 모니니는 투명성을 확대하는 것이 회사에도 이익이 될 것이라 믿는다. 재무 부서를 간소화하거나 감사 비용을 줄이는 차원에 그치지 않고, 회사의 기업 가치를 올릴 수 있는 것이다. 그는 이렇게 말했다. "이러한 시스템을 적용하는 최초의 상장 기업은 주가가 상당히 오르거나, 주가수익비율이 좋아지기 마련입니다. 투자자들이 분기마다 초조하게 재무 정보를 기다려야 하는 다른 회사에 비해서 말이죠." 결국 그는 이렇게 주장한다. "늘 정보를 알 수 있는 기업이 있는데, 분기에야 겨우 정보가 공개되는 기업에 누가 투자하겠습니까?"[67]

투자자들은 기업의 지배 구조를 파악하기 위해 삼식부기 회계를 요구하게 될까? 충분히 가능한 이야기다. 캘퍼스*와 같은 여러 기관 투자자는 엄격한 기업 지배 구조 기준을 개발했고, 그러한 기준을 충족하지 못하는 기업에는 투자하지 않는다.[68] 이제 삼식부기가 그러한 기준으로 올라설 수 있다.

삼식부기 회계 - 기업이 아닌, 개인을 위한 프라이버시

삼식부기 회계에 회의적인 시각을 지닌 사람들도 있다. 「파이낸셜 타임스」 기자 이자벨라 카민스카Izabella Kaminska는 삼식부기를 강제하면 부외 거래가 증가할 것이라고 생각한다. "프로토콜을 지키지 않고, 비슷한 독자적인 네트워크에 비밀스러운 가치를 숨기려 드는 사람들은 어디에든 있기 마련입니다. 우리는 이를 가리켜 검은 시장, 부외 거래, 그림자 금융이라 부릅니다."[69]

무형 자산을 인식하는 방법처럼, 거래에 기초하지 않는 회계 기법을 조화시킬 방법은 무엇일까? 지적 재산권, 브랜드 가치, 유명 인사의 유명도를 어떻게 추적할 수 있을까? 오스카 상을 수상한 톰 행크스는 몇 편의 영화를 망쳐야 블록체인상에서의 브랜드 가치가 떨어질 수 있을까?

삼식부기를 옹호한다고 해서 기존 회계 방식을 배척하는 것은 아니다. 유능한 회계 감사인들이 필요한 분야는 늘 있기 마련이다. 하지만 삼식부기 회계가 실시간으로 가치의 증분, 검증 가능한 거래

---

* CalPERS. 캘리포니아 주정부 공무원에게 은퇴 연금과 의료 보장 혜택을 제공하는 미국 최대 연기금.

기록, 즉각적인 회계 감사를 반영해 투명성과 응답성을 향상시킨다면 블록체인은 수많은 회계상의 문제를 풀 수 있다. 딜로이트는 다수의 회계사로 구성된 대규모 TF팀보다는 무형자산의 가치를 실시간으로 평가하고, 블록체인이 할 수 없는 기타 회계 기능을 수행할 소수의 인력이 필요할 것이다.

마지막으로, 모든 것의 기록을 변경하기는 불가능하다는 사실이 정말 바람직하다고만 볼 수 있을까? 유럽의 법원들은 '잊힐 수 있는 권리'를 인정하고, 인터넷에서 자신들의 이력을 지워 달라는 사람들의 요청을 집행하고 있다. 동일한 원칙이 기업에도 적용될 수 있을까? 그렇지 않다. 우버 드라이버는 고객 만족도 평가를 받는데, 왜 기업 임원은 면죄부를 받는 것일까? 다음과 같은 메커니즘을 상상해 보라. 이 메커니즘에서는 공개 원장에 피드백을 기록하고 기업의 진실성을 위해 독립적이고 검색 가능한 숫자를 유지한다. 이를 트러스트 앱이라 불러 보자. 기업의 블랙박스에서는, 햇살이 최고의 방부제가 될 수 있다.

삼식부기 회계는 기업 지배 구조를 혁신하는 다양한 블록체인의 사례 가운데 첫 사례에 속한다. 우리 사회의 다양한 기관들과 마찬가지로, 기업들은 합법성의 위기를 겪고 있다. 주주운동가 로버트 몽크스Robert Monks는 이렇게 말했다.

"자본주의는 CEO 또는 이른바 제왕적 경영인의 이익을 위해, 그들의 이익에 의해 돌아가는 과두체제와도 같습니다."70

블록체인은 주주들에게 권력을 돌려준다. 자산에 대한 권리를 표창하는 '비트셰어'라는 토큰이 하나 또는 다수의 투표에 따라 생성될 수 있고, 각 투표는 기업의 특정한 의결 사항을 대변한다. 사람들은 어디서든 자신의 의결권을 행사할 수 있고, 이에 따라 주요 기업 활동은 응답성, 포괄성이 높아지고 조작 가능성이 줄어든다. 회사가 의사를 결정하려면 진정한 의사 합치가 요구되며, 엄청난 다수의 서명이 필요하다. 각 주주들의 손에 회사의 미래를 결정하는 열쇠가 쥐어져 있는 것이다. 일단 투표가 이루어지면, 이사회 회의록과 의결 내역이 타임스탬프에 따라 불변 원장에 기록된다.

기업들 또한 그들의 이력을 변경하거나 망각할 권리를 가질 수 있을까?[71] 그렇지 않다. 기업은 이 사회의 발명품으로, 운영 권한에 상응하는 책임을 지니고 있다. 실제로 기업들은 거래에 대한 모든 정보를 공개할 의무를 부담한다. 분명, 기업들은 거래 정보, 직원, 기타 이해관계자의 프라이버시를 보호할 권리와 의무를 부담한다. 하지만 이는 프라이버시와는 다르다. 투명성을 확대하는 것은 모든 경영인에게 엄청난 기회로 작용할 수 있다. 예컨대, 기업 지배 구조의 최상위 기준을 채택하고, 기업의 선장으로서 신뢰를 책임지는 일 등이다. 이 모든 것이 블록체인을 통해 가능하다.

당신이 곧 당신의 신용 평가 점수

당신이 신용카드를 발급받거나 대출을 받으려 한다면 은행은 무엇보다 한 가지 숫자를 평가할 것이다. 바로 당신의 신용 점수다. 이 숫자는 당신의 신용도 및 그에 따른 부도 가능성을 평가한다. 이는 수많은 입력 값을 총합한 것으로, 이러한 입력 값들은 차입 기간에서부터 지급 이력에 이르기까지 다양한 정보를 담고 있다. 대부분의 신용 점수는 이 점수에 의지한다. 하지만 계산 방법은 오류투성이다. 우선, 그 범위가 대단히 비좁다. 아무런 신용 이력이 없는 젊은이도 좋은 평판을 자랑할 수 있고, 약속을 준수했던 트랙 레코드를 지닐 수 있다.

또한 그에게 부유한 고모가 있을 수도 있다. 하지만 이러한 요소들 가운데 그 어느 것도 신용 점수에는 반영되시 않는다. 둘째, 이 점수는 개인들에게 왜곡된 동기를 부여할 수 있다. 날이 갈수록 현금 카드를 사용하는 비율이 늘어나고 있다. 이는 계좌에 있는 현금을 즉시 지급하는 방식이다. 신용 점수가 없는 사람들은 불이익을 받기 마련이다. 하지만 신용카드 회사들은 돈이 없는 사람들에게도 뭐가 어찌 되었든 신용카드를 만들라고 재촉한다. 셋째, 점수가 느리게 반영된다. 입력된 데이터가 워낙 오래되어 현재 상황을 제대로 반영하지 못하는 경우도 많다. 20세에 돈을 늦게 갚은 것이 50세의 신용 위험과 무슨 상관 있겠는가?

FICO는 미국의 회사로, 원래 이름은 Fair, Isaac and Company였다. FICO는 미국의 신용 평점 시장을 거의 독점하지만, 대부분의 관련 정보를 분석에 반영하지 못하고 있다. 마크 안드레센은 이렇게 말했다. "페이팔은 신용 점수를 실시간으로 측정할 수 있습니다. 밀리세컨드 단위로 진행되는 이 작업은 이베이의 구매 이력을 바탕으로 집계됩니다. 당신의 FICO 점수를 만드는 요소보다, 확실히 더 나은 정보원입니다.[72] 이러한 요소들은 블록체인 기술이 생산한 거래 데이터, 비즈니스 데이터, 기타 요소들과 결합해 신용 점수를 산출하고 리스크를 관리할 더욱 탄탄한 알고리즘을 만들 수 있다.

나의 평판이란 무엇을 의미할까? 우리는 최소한 한 가지 평판을 지니고 산다. 평판이란 비즈니스와 일상의 삶에서 누군가를 신뢰하기 위한 핵심 요소다. 최근까지 금융 중개자들은 개인과 은행 사이에 신뢰를 수립하는 수단으로 평판을 활용하지 않았다. 사업 자금을 대출받고 싶은 중소기업 사장을 생각해 보라. 대출 담당자는 개인에 대한 서류 자료, 그 사람의 단면, 신용 점수를 바탕으로 대출 심사를 진행한다. 물론 사람은 사회 보장 번호, 출생지, 거주지, 신용 이력을 합친 것 이상의 존재다. 하지만 은행은 당신이 믿을 만한 직원인지, 자발적인 활동가인지, 적극적인 시민인지, 아이들의 축구 팀 코치인지 알지 못하고, 신경도 쓰지 않는다. 대출 심사역은 당신의 진실된 행동을 높이 평가하겠지만, 은행의 스코어링 시스템은 그렇지 않다. 이러한 요소들은 현재의 사회, 경제 시스템에서는 공식화하고, 문서화하고, 활용하기 어렵다. 이들 대부분은 약하고 덧없다.

그렇다면 주변 사람들의 평판 말고는 아무런 평판이 없는 수십억 인구는 어떨까? 금융 서비스가 가능한 가난한 지역에서도, 많은 사람이 ID 카드, 거주지 증명, 금융 거래 이력 등 최소한의 신분 확인이라는 문턱을 넘지 못하고 있다. 선진국 또한 예외가 아니다. 2015년 12월, 미국의 대형 은행들은 새로 발급된 뉴욕 ID 카드를 가져온 사람들에게 은행 계좌를 개설해 주지 않았다. 67만 명 이상이 이 카드를 발급받았고, 연방 규제 당국이 이 카드의 활용을 승인했는데도 계좌 개설을 거부한 것이다.73 블록체인은 고유한 신원을 만들고 싶은 사람들에게 다양한 속성을 부여하고 거래 이력을 붙임으로써 이 문제를 풀 수 있었다. 이로써 그들에게 기존 은행 시스템을 뛰어넘는 새로운 대안을 제시했다.

활용 사례는 여전히 차고 넘친다. 특히 신용 분야에서 그러한데, 블록체인은 신뢰가 필요한 당사자들 사이에 신뢰를 만들어 줄 수 있다. 블록체인 기술은 대출금이 차주에게 확실히 집행되는 것을 보장할 뿐 아니라, 차주가 확실히 원리금을 상환한다는 것까지 장담한다. 블록체인은 양 당사자에게 그들의 정보를 공유해 주고, 그들의 프라이버시를 보호하며, 새로운 종류의 지속 가능한 경제적 신원을 창출할 수 있다. 이러한 신원은 블록체인에서의 경제 활동과 사회적 자본과 같은 요소를 바탕으로 생성된다. ID 스타트업 퍼스널 블랙박스의 최고 기술 책임자CTO인 패트릭 디건Patrick Deegan은 다음과 같이 말했다. "개인들은 언젠가 블록체인 덕분에 그들의 신원을 펼치고 관리하며, 다른 친구들과 노드들 사이에 신뢰를 형성할 수 있을 것입니다."74 블록체인이 불변 장부에 모든 거래를 기록하고 저장하므로, 모든 거래는 평판과 신용도를 쌓는 데 점점 더 중요해지기 마련이다. 나아가 개인들은 어떤 인물이 어떤 기관과 거래할지 결정할 수 있다. 디건은 이렇게 말했다. "나는 나의 다른 면모를 반영하는 다른 인물을 창조할 수 있어요. 그리고 그중에서 회사와 소통하는 인물을 선택하죠."75 은행과 블록체인상의 회사들은 서비스를 제공하기 위해 필요한 것 이상의 정보를 요구하거나, 더 많은 정보를 취합해서는 안 된다.

이러한 모델은 제대로 작동하고 있다. P2P 대출 플랫폼 BTC잼 BTCJam은 신용을 쌓는 바탕으로 평판을 활용한다. 사용자들은 BTC 잼에서의 프로필을 페이스북, 링크드인, 이베이, 코인베이스 등과 연동해 더 자세한 정보를 넣을 수 있다. 친구들이 페이스북을 통해 자발적으로 추천해 줄 수도 있다. 현실에서의 신용 점수를 나를 설명하는 정보로 제출할 수도 있다. 사용자들은 낮은 신용 점수로 첫 출발할 수도 있지만, 믿을 수 있는 대출자라는 평판을 재빨리 쌓을 수도 있다. 최선의 전략은 내가 믿을 만하다는 사실을 입증하기 위한 '평판 대출'을 받는 것이다. 당신은 이 플랫폼을 사용하는 당사자로서, 대출 과정에서 투자자들의 질문에 답해야 한다. 이러한 질문을 무시하는 것은 경고 표지로서, 커뮤니티에서는 이런 사람들에게 대출을 꺼릴 것이다. 첫 대출을 적당한 가액으로 받고, 제때 상환하는 것에서부터 시작하는 게 바람직하다. 상환을 무사히 마치면, 당신의 정량 점수는 늘어나고 커뮤니티의 다른 멤버들이 긍정적인 리뷰를 달아 줄 것이다. 2015년 9월, BTC잼에서는 합계 1,400만 달러를 넘어선 1만 8천 건의 대출이 이루어졌다.[76]

기업가 에리크 보르히스Erik Voorhees는 상식을 요구했다. "평판에 바탕을 둔 시스템에서는 집을 살 여유가 있는 사람들이 한 채를 더 사기도 쉽습니다. 집을 사기 어려운 사람들은 대출을 받기가 더 어렵습니다." 그에게 이러한 방법은 "착한 사람들의 비용을 떨어뜨리고, 나쁜 사람들의 비용을 증가시킨다. 이는 적절한 유인책으로 작용한다".[77] 평판 시스템에서는, 신용도가 FICO 점수에서 나오는 것이 아니라, 당신의 신원을 형성하고 대출 상환 여력을 알려 주는 요소들의 총합에서 비롯된다. 회사들의 신용 등급은 블록체인에 따라 가능해진 새로운 정보와 시각을 반영하도록 바뀔 것이다. 평판을 종합할 수 있고, 재무적 신뢰도, 직업의 전문성, 사회적 양심과 같은 각기 다른 평판 요소를 추적할 수 있는 기제를 상상해 보라. 공유된 가치를 바탕으로 신용을 획득한다고 상상해 보라. 여기에서는 당신에게 돈을 빌려주는 사람들이 당신이 커뮤니티에서 담당하는 역할, 당신의 목표를 잘 알고 있다.

블록체인에서 주식 공개 상장하기

사람들은 2015년 8월 17일, 최악의 한 주를 시작했다. 중국 주식 시장이 폭락했다. S&P 500지수 또한 지난 4년을 통틀어 가장 큰 하락폭을 기록했다. 모든 금융 전문가가 글로벌 경제의 침체와 위기를 다시 한 번 입에 올렸다. 전통적인 주식 공개 상장 건들은 시장에서 자취를 감췄고, 인수 합병은 유보되었으며 실리콘 밸리는 시가 합계 10억 달러 이상의 가치를 자랑하는 소중한 기업들이 과대평가되고 있을지 모른다는 불안감에 시달렸다.

이러한 아수라장 속에서, 오거Augur 라는 기업은 역사상 가장 성공적인 사례로 꼽히는 크라우드펀딩을 론칭했다. 첫 주에 미국, 중국, 일본, 프랑스, 독일, 스페인, 영국, 한국, 브라질, 남아프리카공화국, 케냐, 우간다에서 3,500명 이상이 총 400만 달러를 납입했다. 브로커나 투자은행이 나선 것도 아니고, 주식 시장, 의무 보고, 규제 당국, 변호사를 찾아볼 수도 없었다. 킥스타터Kickstarter 나 인디고고Indiegogo•도 없었다. 신사 숙녀 여러분, 블록체인 IPO의 세상에 오신 걸 환영합니다!

기업가와 투자자를 이어 주는 것은 붕괴하기 쉬운 금융 서비스 산업의 여덟 가지 기능에 속한다. 사모, 공모, 추가 신주 발행, 주주 매출, PIPEs 투자와 같은 지분 투자 절차는 1930년대 이후 하나도 바뀌지 않았다.[78]

새로운 크라우드펀딩 플랫폼 덕분에, 소규모 회사들은 인터넷을 활용한 자본 조달이 가능해진다. 오큘러스 리프트Oculus Rift와 페블 워치Pebble Watch는 이러한 모델의 초기 성공 사례다. 여전히 참여자들은 지분을 직접 매입할 수 없다. 오늘날, 잡스법U.S. Jumpstart Our Business Startups Act은 소액 투자자들이 크라우드펀딩 캠페인에 직접 투자하도록 허락하고 있으나, 투자자들과 기업가들이 참여하려면 킥스타터나 인디고고와 같은 중개사 및 신용카드나 페이팔과 같은 기존 지급 방법이 여전히 필요하다. 중개사들은 누가 무엇을 소유하느냐를 비롯해 모든 것의 최종적인 결정권자다.

블록체인 IPO는 이러한 개념을 더욱 확장시킨다. 기업들은 회사에서 가치를 지닌 토큰, 암호 유가증권을 '블록체인상에서' 발행해 자금을 모집할 수 있다. 이러한 토큰이나 암호 유가증권은 지분, 사채 등을 표방할 수 있다. 한편 오거의 경우에는 시장 조성자들이 플랫폼상에서 활동하며 주주들에게 결정권을 부여하고, 주주들은 회

• 킥스타터나 인디고고는 모두 대표적인 크라우드펀딩 서비스 기업.

사가 어떤 예측 시장을 개설할지 결정할 수 있다. 이더리움은 고유의 토큰인 이더를 집단 판매해 완전히 새로운 블록체인의 개발 비용을 조달했고, 그 결과 오거에 비해 더욱 큰 성공을 거둘 수 있었다. 오늘날 이더리움은 두 번째로 오래되고, 가장 빠른 성장세를 거듭하고 있는 공개 블록체인이다. 오거에 투자하는 크라우드펀딩의 1인당 평균 금액은 750달러다. 하지만 1달러, 심지어 10센트짜리 소액 투자도 얼마든지 가능하다. 세상 그 누구도 주식 시장의 투자자가 될 수 있는 것이다. 아무리 가난한 사람이라도, 아무리 멀리 떨어진 사람이라도 충분히 가능한 일이다.

전자 소매기업 오버스톡Overstock은 아주 야심찬 암호 유가증권 프로젝트를 시도하고 있다. 오버스톡을 설립한 패트릭 번Patrick Byrne은 앞서가는 생각의 소유자로, 블록체인이 "인터넷이 소비자에게 이바지한 것을 자본 시장에서 이룩할 수 있을 것이라 믿는다." 메디치Medici라 불리는 이 프로젝트가 성공한다면 기업들은 블록체인상에서 유가증권을 발행할 수 있다. 최근에는 증권 관리 위원회Securities and Exchange Commission, SEC도 이 프로젝트를 지원하고 있다.[79] 2015년, FNY 캐피털의 자회사는 오버스톡을 통해 암호 채권과 같은 최초의 블록체인 기반 유가증권을 500만 달러어치 발행하는 데 성공했다.[80]

오버스톡은 많은 금융 서비스 회사와 기타 기업들이 이러한 플랫폼을 활용하려 줄서고 있다고 주장한다. 증권 관리 위원회가 오버스톡의 업무를 묵인했다는 것은 이 회사가 오랜 여정의 첫걸음을 내디딘 것이 분명하다는 걸 의미한다.

블록체인 IPO가 꾸준히 관심을 끈다면, 언젠가는 글로벌 금융 시스템에 자리 잡은 브로커, 투자은행, 금융 전문 변호사 등의 역할을 무너뜨릴 것이다. 전문가들은 블록체인 IPO와 서클, 코인베이스(가장 많은 투자를 받은 비트코인 교환 스타트업), 스마트월렛(모든 종류의 가치에 적용되는 글로벌 자산 교환), 기타 신생 기업 같은 새로운 플랫폼이 통합하면서 분산된 가상 교환 체계가 등장하리라 예상하고 있다. 기존 규제 당국도 이러한 현상을 주목하고 있다. 뉴욕 증권 거래소는 코인베이스에 투자했고, 나스닥은 자체적인 사설 시장에 블록체인 기술을 통합하고 있다.* 나스닥의 CEO 밥 그리펠트는 블록체인을 활용해 "금융 기록을 보관하는 과정을 간소화하는 한편, 비용을 절감하며 정확성을 높이고 있다."[81] 그는 아담한 규모로 시작했지만, 나스닥과 기타 관련자들은 더욱 큰 계획을 지니고 있다.

 ## 예측 시장을 위한 시장

오거는 미래의 사건을 정확히 예측하는 사용자들에게 보상을 안겨주는 분권화된 예측 시장 플랫폼을 기획하고 있다. 경기 결과나 선거 결과, 신상품 출시, 유명 인사가 낳을 아기의 성별 등이다. 이러한 플랫폼은 어떻게 작동할까? 오거의 사용자들은 미래 사건의 결과에 대한 지분을 팔거나 구입할 수 있다. 지분의 가치는 벌어지는 사건에 대한 개연성을 측정한 값이다. 따라서 확률이 반반이라면

* 링크(Linq) 등이 그 실례다.

(50:50), 지분을 매입하는 비용은 50센트가 된다.

오거는 '다수의 지혜'를 신뢰한다. 이는 다수의 인원이 한두 명의 전문가에 비해 미래의 사건을 더욱 정확히 예측할 수 있다는 과학적 원리다.[82] 달리 말하면, 오거는 예측의 정확성을 담보하기 위해 시장의 원리를 끌어온다. 중앙 집중화된 예측 시장은 할리우드 증권 거래소, 인트레이드, 헤지 스트리트(현재 Nadex)와 같은 몇 가지 사례를 찾아볼 수 있다. 하지만 이들 대부분은 규제와 법률적인 이유로 문을 닫거나 출범 자체가 불가능했다. 암살 계약이나 테러리즘의 미래를 생각해 보라.

블록체인 기술을 사용하면 시스템 고장에 더욱 유연하게 대응할 수 있다. 또한 시스템은 더욱 정확해지고, 고장과 오류, 강요, 유동성 우려와 오거 팀이 "구식의 관할 규제"라고 점잖게 표현한 제약 사항 등에 휘둘리지 않는다. 심판관으로 알려진 오거 플랫폼의 결정 권자들은 평판 점수로부터 권한을 획득한다. 무언가를 제대로 마무리한다면, 예컨대 벌어질 사건을 정확히 예측하거나 스포츠 경기 또는 선거의 승자를 맞춘다면, 그들의 평판 점수가 올라간다. 시스템의 신뢰성을 유지하면 금전적인 혜택이 늘어난다. 평판 점수를 쌓을수록, 더 많은 시장을 만들고 더 많은 수수료를 부과할 수 있다. 오거의 말에 따르면 "우리의 예측 시장은 거래 상대방의 리스크와 중앙 집중식 서버를 제거하고, 비트코인, 이더 등을 비롯한 암호화폐를 활용해 글로벌 시장을 창출합니다. 모든 자금은 스마트 계약에 저장되며, 아무도 돈을 훔칠 수 없습니다".[83] 오거는 범죄에 대한 무관용 원칙을 유지해 비윤리적인 계약을 방지한다.

오거의 리더십 팀에 따르면, 인간의 상상력이 뻗치는 한 예측 시장은 무한한 효용을 발휘할 수 있다. 오거에서는 그 누구라도 확실한 기한이 붙은 명확한 예측을 게시할 수 있다. "브래드 피트와 안젤리나 졸리가 이혼할까요?"와 같은 사소한 질문일 수도, "EU가 2017년 6월 1일에 해체할까요?"와 같은 핵심적인 질문일 수도 있다. 예측 시장이 금융 서비스 산업, 투자자, 경제 전문가, 전체 시장에 갖는 의미는 엄청나다. 환 위험, 정치적 위험, 날씨와 기후 변화 위험 등을 헤지할 아무런 수단이 없는 니카라과나 케냐의 농부를 생각해 보라. 예측 시장에 접속하면 이러한 사람들도 가뭄이나 재해에 대한 리스크를 경감할 수 있다. 예컨대, 그는 소출량이 일정한 수준으로 떨어지거나, 국가의 강우량이 일정한 수준에 미치지 못하는 경우 돈을 받는 예측 계약을 구입할 수 있다.

예측 시장은 "IBM의 분기 실적이 최소 10퍼센트 이상 상승할 수 있을까?"처럼, 특정한 사건의 결과에 패를 걸고 싶은 투자자들에게 유용하다. 오늘날 공시되는 실적 '평가'란 이른바 전문 애널리스트 몇 명의 예상치를 평균한 값 또는 이러한 예상치의 중간 값에 불과하다. 대중의 지혜를 종합하면 미래를 더 현실적으로 예측할 수 있고, 시장의 효율성은 더욱 높아진다. 예측 시장은 글로벌 차원의 불확실성 및 "올해 그리스의 경제가 15퍼센트 이상 후퇴할까?"와 같은 '블랙 스완' 사건들을 헤지할 수 있다.[84] 오늘날 우리는 경고음을 듣기 위해 일부 전문가들의 목소리에만 의지한다. 하지만 예측 시장은 전 세계 투자자들에게 공평한 초기 경고 시스템으로 작동할 수 있다.

예측 시장은 금융 시스템을 보완하는 한편, 언젠가는 금융 시스템의 많은 측면을 송두리째 바꿀 수 있다. 예측 시장에서 어닝 리포트, 인수, 합병, 경영상의 변화와 같은 기업 활동의 결과를 예측한다고 생각해 보라. 예측 시장은 유용한 보험, 리스크의 헤지 수단을 알려 주고 옵션, IRS,* CDS**와 같은 특수한 금융 기법을 대체할 수 있다.

물론 예측 시장이 모든 방면에서 효과를 발휘할 수 있는 것은 아니다. 관심을 끌 수 있을 정도로 유동성을 확보하려면 충분한 수의 인원이 나서 주어야 한다. 어쨌든 예측 시장의 잠재력은 막대하고, 엄청난 기회를 제공하며, 모두가 이용 가능하다.

 여덟 개의 황금률을 위한 로드맵

블록체인 기술은 소매 금융, 자본 시장, 회계 및 규제 분야 등 금융 서비스 산업의 모든 형태와 기능에 영향을 미칠 것이다. 블록체인 기술로 말미암아 우리 사회는 은행과 금융 기관의 역할을 다시 생각하게 된다. 안드레아스 안토노풀로스는 이렇게 말했다. "비트코인에서는 출자 전환, 비영업일, 통화 정책, 계좌 동결, 인출 한도, 영업 시간과 같은 개념이 존재하지 않습니다."[85]

* Interest Rate Swap. 금리 스와프라고 하며 금융 시장에서 차입자의 기존 부채나 신규 부채에 대한 금리 리스크를 헤지하거나 차입 비용의 절감을 위해서 두 차입자가 각자의 차입 조건을 상호간에 교환하는 계약.
** Credit Default Swap. 신용 부도 스와프라고 하며 부도의 위험만 따로 떼어내어 사고파는 신용 파생상품.

기존의 세상이 위계적이고, 느리고, 변화를 꺼리고, 폐쇄적이고, 불투명하고, 강력한 중개자에 의해 통제되는 반면, 새로운 질서는 더욱 평등하고, 1인 대 1인으로 풀 수 있는 해결책을 제시하고, 더욱 개인적이고, 안전하고, 투명하고, 포괄적이고, 혁신적인 성격을 띠게 될 것이다. 분명, 기존 질서가 와해되며 혼란을 겪을 수도 있을 것이다. 하지만 산업의 리더들은 새로운 질서를 맞아 남다른 기회를 포착할 수 있다. 금융 서비스 산업은 앞으로 쇠퇴와 성장을 동시에 경험할 것이다. 더 적은 중개자들이, 더 많은 제품과 서비스를, 더 적은 비용으로, 더 많은 사람에게 공급할 수 있을 것이다. 이는 아주 바람직한 현상이다. 폐쇄형 블록체인과 승인형 블록체인이 분권화된 세상에서 제자리를 찾을지는 여전히 논란의 대상이다. 세컨드마켓SecondMarket을 설립하고, 지금은 전자화폐 그룹Digital Currency Group의 CEO를 맡은 배리 실버트Barry Silbert는 이렇게 말했다. "나는 기존의 거대 금융 기관들이 내세우는 목표에 회의적입니다. 내가 망치를 갖고 있으면 모든 것이 내리쳐야 할 못으로 보이거든요."[86] 우리 두 사람은 블록체인 기술이 폐쇄적이고, 규제적이고, 경직된 현대 금융의 인프라에 맞서 돌진하고 있다고 생각한다.[87] 이들의 충돌은 향후 몇십 년간 금융의 지형을 바꿔 놓을 것이다. 우리는 금융 산업이 산업 시대의 금전 창고에서 번영의 플랫폼으로 바뀌기를 바란다.

2장
변방에서 회사를 재창조하라

 이더리움 네트워크와 창세기 블록

2015년 7월 30일은 이더리움이 차세대의 화두가 될 것이라 생각하는 전 세계의 암호학자, 투자자, 기업인, 기업 전략가들에게 특별한 날로 기억될 것이다. 비즈니스의 차원이 아니라, 인류 문명의 차원에서다. 이날, 18개월간 개발 중이던 이더리움이라는 블록체인 플랫폼이 처음으로 가동을 시작했다.

우리 두 사람은 최초의 이더리움 소프트웨어 개발사 가운데 하나인 컨센시스ConsenSys의 브루클린 본사에서 처음으로 이 시스템의 탄생을 목격했다. 오전 11시 45분경, 이더리움 네트워크가 '창세기 블록'을 만들면서 현장에 있던 모든 사람이 하이파이브를 나눴다. 이후 채굴자들은 이더리움의 화폐로 통용되는 이더의 첫 블록을 따내기 위해 광란의 경쟁에 돌입했다. 이날은 으스스할 정도의 서스펜스가 지배했다. 엄청난 천둥 번개가 이스트 리버에 몰아치면서 시끄러운 홍수 경보가 모든 이의 스마트폰에 제멋대로 올라왔다.

이더리움의 웹사이트에 따르면 이더리움은 분권화된 애플리케이션, 말하자면 스마트 계약을 구동하는 플랫폼이다. 이더리움은 스마트 계약을 "고장, 검열, 사기, 제삼자의 개입 등이 전혀 끼어들 틈 없이 프로그래밍된 그대로 구동한다". 피어들의 네트워크는 이더리움의 이더에 따라 활성화되어 거래를 인증하고, 네트워크를 보호하고, 지금의 사건과 과거의 사건에 대한 합의를 취득한다. 이러한 점에서 이더리움은 비트코인과 유사하다. 하지만 비트코인과 달리, 이더리움에 포함된 강력한 툴은 개발자들이 분권화 기반 게임에서 주식 거래에 이르기까지 다양한 소프트웨어 서비스를 창출할 수 있도록 도와준다.

2013년, 당시 열아홉 살이던 러시아계 캐나다인 비탈리크 부테린이 이더리움을 처음으로 고안했다. 그는 비트코인의 핵심 개발자들에게 비트코인의 플랫폼은 애플리케이션을 개발하기 위한 더욱 강력한 스크립팅 언어가 필요하다고 주장했다. 아무도 관심을 갖지 않자, 그는 자신만의 고유한 플랫폼을 개발했다. 컨센시스가 처음으로 등장한 순간이었다. 말하자면, 최초의 이더리움 기반 애플리케이션이 탄생한 것이다. 몇 년 후와 비교해 보면 확실한 유추가 가능하다. 이더리움에서의 비탈리크 부테린은 리눅스에서의 리누스 토발즈Linus Torvalds와 같은 존재였다.

블록체인과 이더리움 기술의 융성을 토론하면서, 컨센시스의 공동 설립자 조지프 루빈은 이렇게 말했다. "확실하게 느꼈습니다. 포스터를 붙인 전신주가 늘어선 거리를 거닐며, 시간을 낭비하지 않아도 된다는 걸요. 그 대신 모두가 협동해 망가진 경제와 사회에 대한 새로운 해결책을 수립할 수 있었습니다."[1] 월 스트리트를 점거하지 않고, 우리만의 거리를 창조하는 것이다.

다른 기업인들처럼, 루빈 또한 대담한 목표를 지니고 있다. 그저 대단한 기업을 일구는 데 만족하지 않고, 세상의 중요한 문제를 해결하는 일이다. 그는 사뭇 진지한 태도로 자신의 회사가 "블록체인 벤처 제작 스튜디오로, 대부분 이더리움에서 구동되는 분권화 기반 애플리케이션을 만든다"고 말한다. 꽤 절제된 표현이다. 하지만 이 말을 보충하자면 컨센시스가 제작하고 있는 애플리케이션은 수많은 산업의 창문과 벽을 깨뜨리고 흔들어 놓을 것이다. 이러한 프로젝트들에는 분산 기반 삼식부기 회계 시스템이 포함되어 있다. 이는 매우 유명한 레디트Reddit 토론 포럼의 분권화된 버전이며, 중앙 통제를 문제 삼은 최근의 논란으로 홍역을 치렀다. 또한 자가 집행 계약(스마트 계약으로도 알려짐)을 위한 문서 조직화 및 경영 시스템, 비즈니스, 스포츠, 엔터테인먼트를 위한 예측 시장, 개방된 에너지 시장, 애플과 스포티파이와 경쟁하기 위한 분산식 음악 모델(물론 이 두 회사도 이 애플리케이션을 활용할 수 있다),[2] 대규모 협업, 대규모 창조, 경영을 위한 비즈니스 툴, 경영 부재 기업의 대규모 경영 등도 포함되어 있다.

우리가 컨센시스를 두고 하고 싶은 이야기는 야심찬 블록체인 기반의 제품이나 서비스가 아니다. 우리가 다루고 싶은 이야기는 홀라크러시에 바탕을 둔 새로운 경영 과학의 지평을 개척하기 위해 나름의 회사를 설립하는 이들의 노력이다. 이들은 위계질서가 아닌 협동 절차를 바탕으로 업무를 정의하고 조정한다. 루빈은 이렇게 말했다. "홀라크러시를 있는 그대로 실행하는 것은 내가 원하는 바가 아닙니다. 너무 경직되고, 구조화된 느낌이 들기 때문이죠. 우리는 홀라크러시의 다양한 철학을 우리의 구조와 절차에 흡수하려 노력하고 있습니다." 홀라크러시의 다양한 교리 중에는 "전통적인 직업이 아닌 다이내믹한 역할, 위임된 권한이 아닌 분산된 권한, 사무실에서의 정치가 아닌 투명한 규칙, 대규모 조직 개편이 아닌 재빠른 재생" 등이 포함된다. 이 모든 것은 블록체인 기술이 작동하는 방법을 나타내고 있다. 컨센시스가 어떻게 조직되고, 어떻게 가치를 창출하고, 어떻게 스스로를 경영하느냐는 산업 시대의 기업들뿐 아니라 전형적인 닷컴 기업과도 구분되는 양상을 보이고 있다.

조지프 루빈은 이론가가 아니며, 암호화폐 운동에서 찾아볼 수 있는 무정부주의자나 자유지상주의자도 아니다. 하지만 그는 자본주의가 살아남으려면 우리 힘으로 자본주의 자체를 바꿀 필요가 있다고 생각한다. 특히 네트워크 세상에 부합하지 않는 지시/통제 기반의 위계질서로부터 벗어나야 한다. 그는 오늘날 방대한 네트워크가 온 세상에 그물처럼 얽혀 있으며 우리 모두를 값싸고, 풍요롭고, 즉각적으로 소통하게 하는 데도, 위계질서가 여전히 지배하고 있다는 점을 지적한다. 블록체인 기술은 이러한 문제를 해소할 수 있다. 그는 이렇게 말했다. "글로벌 인류 사회는 10초, 10분 만에 의사를 결정하고 진리에 합의할 수 있습니다. 이로써 더욱 분권화된 사회를 만들 수 있는 기회가 생겨납니다." 블록체인 기술과 가까워질수록, 더 큰 번영을 누리게 될 것이다.

경영인들의 최후 - 경영이여, 영원하길

컨센시스는 모든 직원('멤버')이 개발하고, 수정하고, 투표하고, 차용한 계획에 따라 작동한다. 조지프 루빈은 컨센시스의 구조를 위계구조가 아닌 '허브'로, 각각의 프로젝트는 주된 출자자들이 지분을 소유하는 '스포크(바퀴살)'로 묘사한다.

대부분의 분야에서 컨센시스의 멤버들은 자신이 일할 것을 알아서 선택한다. 하향식 업무 할당이란 존재하지 않는다. 루빈은 이렇게 말했다. "우리는 소프트웨어의 구성 요소들을 비롯해 최대한 많은 것을 공유합니다. 우리는 소규모 정예 조직들을 구비하고, 이러한 조직들은 서로 협동합니다. 즉각적이고, 개방적이고, 풍부한 의사소통이 우리의 자랑입니다." 멤버들은 2~5개의 프로젝트를 선택한다. 각 멤버는 해야 할 작업을 인지하는 순간 그 일에 뛰어들고, 자신의 역할에 맞게 역량을 발휘해 유용한 방향으로 작업을 추진한다. 그는 이렇게 말했다. "우리는 작업들을 두고 서로 대화를 나눕니다. 따라서 모두가 추진할 수 있는 다양한 과업을 알 수 있습니다." 하지만 다양한 과업은 꾸준히 변할 수 있다. "소수 정예가 된다는 것은 한편으로 우선순위가 바뀔 수 있다는 것을 의미한다."

루빈은 보스가 아니다. 그의 주된 역할은 컨설팅이다. 그는 이렇게 말했다. "다양한 사례에서, 개인들은 저나 다른 사람들에게 무슨 일을 하면 좋을지 물어봅니다." 그는 슬랙Slack [*] 3과 깃허브GitHub [**] 4를 통해서 그들이 추구하고자 하는 방향을 제시한다. 우리가 원하는 "모든 서비스와 플랫폼을 형성하고, 아직은 잘 모르지만 우리가 원하는 많은 것을 형성하기 위함이다."

멤버의 자격을 얻으면 확실히 이러한 행동의 동기가 생긴다. 모든 멤버가 모든 프로젝트의 일부를 직접 혹은 간접적으로 소유하게 된다. 이더리움 플랫폼은 멤버들이 이더로 교환할 수 있는 토큰을 발행하고 이를 다른 화폐로 교환한다. 루빈은 이렇게 말했다. "우리의 목표는 독립성과 의존성 사이의 균형을 맞추는 것입니다." "우리는 우리 스스로를 오너에 근접한 대리인들이 서로 긴밀하게 협력하는 집합체라고 생각합니다. 어느 지점에서는, 정말 마쳐야 할 일이 있는데 아무도 나서지 않는다면, 처음에는 그 역할에 맞는 누군가를 고용하고 내부 인력들에게 그 일에 나서도록 유인을 부여하는 방안이 필요할 수 있습니다." 하지만 전체적으로 보면 "모두 스스로의 일을 알아서 하는 성인들입니다. 우리가 서로 충분히 의사소통한다는 이야기를 한 적이 있죠? 우리 스스로의 일을 알아서 결정할 수 있다는 말입니다."

주목해야 할 단어는 민첩성, 개방성, 합의다. 해야 할 작업을 확인하고, 이 작업을 하고 싶은 사람들에게 업무를 배분하고, 각자의 역

---

[*] 협업용 커뮤니케이션 도구.
[**] 2008년 설립된 깃(Git) 전문 호스팅 업체. 깃은 분산형 버전 관리 시스템으로 누가 어떤 코드를 수정했는지 기록하고 추정할 수 있음.

할, 책임, 보상 수준을 합의하고, 이러한 권리를 "명료하고, 명확하고, 자세하고, 자기 집행적인 계약으로 명문화해야 합니다. 이러한 계약은 우리의 관계에 깃든 모든 비즈니스적 측면을 한데 아우르는 접착제로서의 역할을 수행합니다". 일부 계약에 따르면 수행 실적에 따라 보상을 지급하며, 일부 계약은 이더로 정해진 연봉을 지급한다. 또한 어떤 계약은 '참여 요청'과 유사하며, 이 계약은 규칙을 기안해 제출하는 등의 일정한 과업을 완수하는 멤버에게 장려금을 지급하고 있다. 제출한 규칙이 테스트를 통과한다면, 장려금이 자동으로 지급된다. 그는 이렇게 말했다. "모든 것을 공개하며, 자연스럽게 투명성이 확보됩니다. 인센티브는 명확하고 실체적입니다. 그 덕분에 자유롭게 소통하며 창조성을 발휘할 수 있고, 자유로운 소통과 창조성에 대한 기대를 품고 우리 스스로 적응할 수 있습니다."

그렇다면 감히 블록컴blockcom이라는 신조어를 만들 수 있을까? 이 단어는 블록체인 기술상에서 조직되고 활동하는 회사를 의미한다. 거버넌스, 일상 업무, 프로젝트 매니지먼트, 소프트웨어 개발 및 실험, 고용 및 아웃소싱, 급여 지급, 운영 자금 조달에 이르기까지, 이더리움상에서 컨센시스만큼이나 많은 것을 운용하는 것이 목표가 될 수 있다. 블록체인은 멤버들이 협업자로서 서로의 성과를 평가하는 평판 시스템을 가능케 해 주며, 그 결과 공동체의 신뢰를 상품화할 수 있다. 루빈은 이렇게 말했다. "항구적인 디지털 ID나 신원, 평판 시스템 덕분에 우리는 더욱 정직해질 수 있고, 서로에게 더욱 예의 바르게 행동할 수 있습니다."

이러한 기능은 회사의 경계를 허물어뜨린다. 기업을 설립하는 데 필요한 그 어떤 기본 값도 존재하지 않기 때문이다. 컨센시스 생태계의 멤버들은 전략, 구성, 자본, 실적, 거버넌스에 대한 합의점에 도달해 스포크를 형성할 수 있다. 그들은 현존하는 시장에서 경쟁할 회사를 출범할 수도 있고, 새로운 시장을 위한 인프라를 제공할 수도 있다. 일단 출범하게 되면, 그들은 그러한 설정 환경을 조정할 수 있다.

기업을 분권화하는 블록체인

블록체인은 모든 곳에서 기업 내부의 잡음을 줄여 줄 것이다. 루빈은 이렇게 말했다. "잡음이 줄어들수록 비용이 줄어듭니다. 중개자에게 지급해야 할 대가가 가장 효율적인 가격 발견 메커니즘을 통해 결정되기 때문입니다. 이는 분권화된 자유 경쟁 시장을 의미합니다. 시장에서는 중개자들이 법무, 규제, 정보, 권력의 비대칭을 이용해 스스로 창출하는 부가가치보다 더 많은 대가를 요구할 수 없습니다."

컨센시스가 사람이 아닌 가치 창출자가 소유하고 통제하며, 사람이 만든 기관이 아닌 스마트 계약이 지배하는 분권화된 자율 조직을 형성할 수 있을까? 루빈은 이렇게 말했다. "언제 어디서든 가능한 일이죠. 분권화된 전 세계의 계산 기반 단층에서 작동하는 대규모 집합 지능은, 사람이 운영하는 특화된 부서들에서부터 시장에서 협동하고 경쟁할 수 있는 소프트웨어 에이전트에 이르기까지 모든 기업의 아키텍처를 바꿔야 합니다." 일부 에이전트들은 효용성과 지속성 같은 소비자의 필요를 충족하기 위해 더 오랜 기간 준비할 것이다. 어떤 에이전트들은 단기 문제를 맡아서 이를 해결하고, 목적을 달성하는 즉시 최대한 빨리 해산한다.

급격한 분권화 및 자동화가 의사 결정 과정에서 인간이 만든 기관을 배제하게 될 위험이 존재할까(예컨대, 악당 알고리즘rogue algorithm의 리스크)? "나는 기계 지능에는 별다른 우려를 하지 않습니다. 인간은 기계 지능과 함께 진화할 테고, 오랜 세월에 걸쳐 기계 지능은 호모 사피엔스 사이버네티카Homo sapiens cybernetica에게 봉사하거나, 이러한 인간의 일면을 반영하는 정도에서 그치게 될 것입니다. 인간을 넘어선 지능을 갖추도록 진화할 수도 있지만, 그래도 괜찮습니다." 루빈은 이렇게 말했다. "그렇다 할지라도, 완전히 다른 생태적 지위를 갖게 될 겁니다. 완전히 다른 속도와 완전히 다른 시간 척도에 따라 운영될 겁니다. 이러한 맥락에서는 인공 지능이 사람, 바위, 지질 작용 등의 차이를 구별하지 못할 겁니다. 우리는 많은 종을 추월해 진화했고, 우리가 추월한 많은 종 가운데 다수는 여전히 현재의 형태로 잘 생존하고 있습니다."

컨센시스는 여전히 중소기업이다. 컨센시스의 거대한 실험은 성공할 수도 있고, 실패할 수도 있다. 하지만 그들이 들려주는 이야기는 기업 아키텍처의 근본적인 변화를 엿볼 수 있게 해 준다. 이러한 변화는 재물이 아닌 진정한 번영을 이룩하기 위해 혁신을 촉진하고 인간의 역량을 저장할 수 있다. 블록체인 기술은 새로운 형태의 경제 조직과 새로운 가치의 포트폴리오를 가능케 해 준다. 지배 구조, 운영, 보상, 거버넌스 등, 최근의 기업을 위한 분산된 모델이 존재한다. 이러한 모델은 혁신, 직원에 대한 동기 부여, 집합적 행위를 촉진하는 것 이상의 역할을 수행할 수 있으며, 더욱 융성하는 포괄적 경제를 맞이하기 위해 오랫동안 기다려 온 전제 조건으로도 작동할 수 있다.

비즈니스 리더들은 가치 창조를 준비하는 방법에 대해 다시 한 번 생각할 수 있다. 그들은 블록체인상에서 계약을 협상하고, 체결하고, 집행할 수 있다. 아무런 잡음 없이 공급자, 소비자, 직원, 계약자, 자율형 에이전트들과 협상하고, 이러한 에이전트 집단을 유지해 다른 사람들이 활용할 수 있도록 도와주고, 에이전트들이 기업의 밸류 체인 속에서 잉여 역량을 빌려주거나 허가를 받을 수 있도록 조치할 수 있다.

기업의 경계를 바꾸다

제1세대 인터넷에서는, 경영학자들이(이 책의 저자 중 한 사람인 돈 탭스콧 역시 마찬가지다) 네트워크를 갖춘 기업, 평등한 기업, 오픈 이노베이션, 산업 권력의 위계 구조를 승계한 비즈니스 생태계에 대해 논의했다. 하지만 20세기 초반의 아키텍처는 상당 부분 건드리지 않은 채로 남아 있다. 거대 닷컴 기업들조차 제프 베조스Jeff Bezos, 마리사 메이어Marissa Mayer, 마크 저커버그Mark Zuckerberg와 같은 의사 결정권자를 모신, 하향식 구조를 채택하고 있다. 그렇다면 왜 기존 기업(특히 다른 사람들의 데이터로부터 수익을 창출하고, 대체적으로 폐쇄된 환경에서 운영하며, 연이은 데이터 침해에 거의 노출되지 않는 기업)들이 블록체인 기술을 이용해 권한을 분산하고, 투명성을 늘리고, 사용자들의 프라이버시와 익명성을 존중하고, 이미 잡아 놓은 사람들보다 훨씬 형편이 넉넉하지 않은 사람들을 더 많이 확보하려는 것일까?

거래 비용과 기업 구조

여기에서 경제학적 문제를 조금만 다뤄 보자. 1995년, 돈은 노벨상 수상자 로널드 코스의 이론을 활용해 인터넷이 기업의 아키텍처에 미치는 영향을 설명했다. 코스는 1937년에 발표한 「기업의 속성 Nature of the Firm」이라는 논문에서 경제학적으로 세 가지 종류의 비용이 발생한다는 것을 확인했다. 이 세 가지는 검색 비용(올바른 정보, 사람, 무언가를 창조하기 위한 자원을 발견), 조정 비용(모든 사람이 함께 효율적으로 일하도록 관리하는 비용), 계약 비용(모든 생산 활동, 거래 비밀 유지, 계약을 감독하고 집행하는 데 소요되는 노동과 재원 조달 비용의 협상)으로 요약된다. 그는 기업은 기업 내부의 거래를 수행하는 비용이 기업 외부의 거래를 수행하는 비용을 초과할 때까지 확장한다고 주장했다.[5]

돈은 인터넷이 기업의 내부 거래 비용을 어떻게든 절감한다고 주장했다. 하지만 우리는 인터넷의 광범위한 접속 가능성 덕분에 이러한 비용 절감은 경제 전반에서 발생하고, 거꾸로 더 많은 사람에 대한 진입 장벽을 낮춘다고 생각했다. 그렇다. 인터넷은 브라우저와 월드 와이드 웹을 통해 검색 비용을 떨어뜨렸다. 또한 이메일, ERP와 같은 데이터 처리 애플리케이션, 소셜 네트워크, 클라우드 컴퓨팅을 통해 조정 비용을 떨어뜨렸다. 많은 회사가 고객 서비스나 회계와 같은 업무 기능을 아웃소싱해 이득을 볼 수 있었다. 마케터들은 고객들과 직접 소통하고, 심지어 소비자를 생산자(프로슈머)로 바꿀 수 있었다. 제품 기획자들은 크라우드소싱을 통해 혁신을 추구했다. 제조자들은 인터넷 세상을 방대한 공급망으로 활용할 수 있었다.

하지만 놀라운 현실은 인터넷이 기업의 아키텍처에도 주변 효과를 미치고 있다는 점이다. 자본주의의 근간을 이루던 산업 시대의 위계 구조는 아직까지 꽤 멀쩡한 모습으로 남아 있다. 분명, 네트워크는 기업들로 하여금 저비용 지형을 아웃소싱하도록 도와주었다. 하지만 인터넷은 기업 내부의 거래 비용 또한 낮춰 주었다.

위계 구조에서 독점에 이르기까지

따라서 최근의 기업들은 위계 구조를 벗어나지 못하고 있다. 또한 대부분의 활동은 기업의 범주 내에서 벌어진다. 경영자들은 여전히 위계 구조를 브랜드, 지적 재산, 지식, 문화, 동기 부여와 같은 무형 자산 및 재능을 결집하기 위한 더 나은 모델로 받아들인다. 이사회는 임원과 CEO에게 그들이 창출하는 가치를 월등히 넘어서는 보상을 지급한다. 산업 복합체가 부만 창출할 뿐, 번영을 구가하지 못하는 것은 어찌 보면 당연한 일일지도 모른다. 실제로 이미 지적한 것처럼, 권력과 부가 대기업에 집중되고, 심지어 독점으로 치닫는 강력한 증거가 존재한다.

또 다른 노벨상 수상자, 올리버 윌리엄슨Oliver Williamson 또한 이러한 점을 충분히 예상하면서6, 생산성에 미치는 부정적인 영향을 지적했다. "자율적인 공급으로부터 (중소기업 집단에 의한) 통합된 소유 형태(대기업이 독점함)로 이동하는 것은 동기의 강도(통합된 기업의 동기가 더 약할 수밖에 없다)와 행정적 통제(반면, 통제는 더욱 강력하다)의 변화를 불가피하게 수반한다. 이러한 현상을 인지하는 것으로 충분하다."[7] 페이팔의 공동 설립자 피터 틸Peter Thiel은 엄청난 판매 부수를 자랑하며, 그에 못지않은 논란을 일으킨 『제로 투 원Zero to One』에서 독점 체제를 칭찬했다. 랜드 폴Rand Paul의 후원자이기도 한 틸은 이렇게 말했다. "경쟁이란 패배자를 위한 것입니다. (…) 창조적인 독점은 패배자가 아닌 모든 사회 구성원을 위해 좋을 뿐 아니라, 사회를 더 나은 방향으로 이끄는 강력한 엔진입니다."[8]

틸의 주장이 시장과 산업을 지배하기 위해 애쓰는 사람들에게는 옳은 이야기일 수도 있으나, 그는 독점이 소비자와 사회 전반에 바람직하다는 실제적인 증거를 제시하지 못하고 있다. 이와 반대로, 자유 민주주의 시장경제를 채택하고 있는 대부분의 국가에서는 전혀 다른 개념을 바탕으로 경제법 체계를 마련하고 있다. 공정한 경쟁의 관념은 로마 시대로까지 거슬러 올라간다. 당시에는 이 법을 위반하면 사형에 처해질 수도 있었다.[9] 경쟁을 하지 않는 기업들은 내부와 외부를 가리지 않고 가격과 비용을 올리며 끝없이 비효율적으로 흘러갈 수 있다. 정부를 보라. 많은 사람은 기술 산업에서조차 독점이 단기적으로는 혁신을 도울 수 있어도, 장기적으로는 사회를 해친다고 주장한다. 기업들은 소비자들이 선호하는 멋진 제품과 서비스를 제공해 독점의 힘을 축적하지만, 기업과 소비자 사이의 밀월 관계는 결국 끝나기 마련이다. 기업의 혁신이 더 이상 소비자들을 사로잡지 못해서가 아니라, 기업 스스로가 석화되기 때문이다.

대부분의 학자들은 혁신이란 기업의 중핵이 아닌 변방에서 비롯된다고 생각한다. 하버드 로스쿨 교수 요하이 벤클러Yochai Benkler는 이렇게 말한다. "독점 기업은 R&D에 많은 돈을 투자합니다. 그러나 혁신을 위해서는 기업 문화를 순수하게, 또 개방적으로 탐구해야 합니다. 하지만 독점 기업은 이러한 부문에 돈을 투자하지 않습니다. 웹은 독점 기업이 창안하지 않고, 변방에서 비롯되었습니다. 구글은 마이크로소프트로부터 탄생하지 않았고, AT&T가 트위터를 만들지 않았습니다. 하물며 페이스북도 트위터가 모체는 아니었거든요."[10] 독점 기업 내부의 관료 체계는 고위 임원진을 시장의 신호로부터 떨어뜨리고, 새로운 기술을 변방으로 밀어낸다. 하지만 기업들이 충돌하는 장소는 이러한 변방이며, 다른 시장과 산업, 다른 구도와 지적 규율, 다른 세대와 조우하는 것 또한 이러한 변방에서 이루어진다. 존 헤이글John Hagel과 존 실리 브라운John Seely Brown은 이렇게 말한다. "오늘날의 글로벌 비즈니스 환경은 변방에서 가장 큰 혁신 가능성을 보여 줍니다. 이를 무시하려면 아주 큰 위험을 감수해야 하죠."[11]

임원들은 블록체인 기술에 흥분해야 한다. 왜냐하면 변방에서 혁신의 파도가 유례없는 규모로 밀려오고 있기 때문이다. 비트코인, 블랙코인, 대시, Nxt, 리플과 같은 주요 암호화폐에서부터 P2P 크라우드 펀딩을 위한 라이트하우스Lighthouse, 분산 등록을 위한 팩텀Factom, 분산 기반 메시징을 위한 젬스Gems, 분산 기반 애플리케이션을 위한 메이드세이프MaidSafe, 분산 기반 클라우드를 위한 스토지Storj, 분산 기반 투표를 위한 테조스Tezos와 같은 주요 블록체인 플랫폼에 이르기까지, 다음 세대의 인터넷은 진정한 가치를 지니는 것은 물론 참여를 이끄는 유인을 가지고 있다. 이러한 플랫폼들은 사용자들의 신원을 보호하고, 사용자의 프라이버시와 기타 권리를 보호하며, 네트워크의 보안을 보장하고, 거래 비용을 떨어뜨려, 은행을 이용하지 못하는 사람들도 참여할 수 있다.

지금의 기업들과 달리, 그들은 거래의 신뢰성을 보장할 브랜드가 필요하지 않다. 그들은 소스 코드를 무료로 배포해, 네트워크상의 모든 이와 권력을 나누고, 진실성을 보장하기 위해 합의 메커니즘을 활용하며, 블록체인상에서 그들의 비즈니스를 공개적으로 수행하면서 환멸에 휩싸이고 권한을 박탈당한 수많은 사람에게 희망을 불어넣고 있다. 이처럼 블록체인 기술은 믿을 수 있는 효율적인 수단을 제공할 수 있다. 이로써 중개자를 배제하는 것뿐만 아니라, 거래 비용을 현저히 낮추며, 기업을 네트워크로 전환시키고, 경제 권력을 분산하며, 부의 창조와 더욱 번영하는 미래를 가능케 해 줄 것이다.

1. 비용을 검색하라 - 어떻게 해야 새로운 가능성과 새로운 소비자를 찾을 수 있을까?

우리에게 필요한 사람들과 정보를 찾는 최적의 방법은 무엇일까? 기업의 내부 활동이 시장의 원리에 따라 흘러가기를 원한다면, 어떤 상품과 어떤 서비스, 어떤 역량이 그 기업에 가장 적합하다는 사실을 어떻게 결정할 수 있을까?

기업의 아키텍처를 그다지 바꾸지 않았는데도, 제1세대 인터넷은 기업의 비용을 현저히 떨어뜨리는 한편, 중대한 변화를 이끌었다. 아웃소싱이야말로 이러한 변화의 시작을 알렸다. 프록터앤드

갬블Procter&Gamble, P&G과 같은 회사들은 이데아고라(지식의 열린 시장)에 접근해 신제품과 생산 과정을 혁신할 특별한 두뇌들을 찾아내고 있다. 실제로 P&G가 이룬 혁신 가운데 60퍼센트는 회사 외부에서 비롯되었다. 그들은 이노센티브나 이노360과 같은 이데아고라ideagoras를 구축하고 유지하면서 이러한 아이디어를 얻을 수 있었다. 골드코프Goldcorp와 같은 회사들은 그들의 가장 어려운 문제를 풀기 위해 전 세계를 무대로 최고의 두뇌를 찾아다녔다. 골드코프는 지형 데이터와 회사의 노하우를 공개해 34억 달러에 이르는 금맥을 발견할 수 있었다. 이로써 이 회사의 시장 가치는 100배 늘어났다.

월드 와이드 원장을 찾는 능력이 어떤 기회를 제공할지 상상해 보라. 월드 와이드 원장이란 온 세상의 구조화된 정보를 분산시킨 데이터베이스다. 누가, 어떤 발견을, 누구에게 팔았을까? 얼마에? 누가 지적 재산권을 소유할까? 이 프로젝트를 다룰 자격이 있는 사람은 누구일까? 우리 병원의 의사들은 어떤 의료 기술을 지니고 있을까? 누가 어떤 종류의 수술을 집도해 어떤 결과를 가져왔을까? 얼마나 많은 탄소 배출권을 우리 회사가 확보했을까? 어떤 공급자가 중국에서 풍부한 경험을 지니고 있을까? 어떤 하도급 업자가 스마트 계약에 따라 정해진 예산에 맞춰 제시간에 납품할까? 이러한 질문에 대한 답변은 자기 소개서도 아니며, 링크를 광고하는 것도 아니고, 강요된 내용도 아니다. 다름 아닌 거래 이력이 될 것이다. 개인과 기업의 검증된 트랙 레코드로서, 평판 점수에 따라 순위가 매겨진다. 그림이 그려지는가? 이더리움 블록체인의 창립자, 비탈리크 부테린은 이렇게 말했다. "블록체인은 검색 비용을 떨어뜨리며, 일종의 해체를 유발해 수평적, 수직적으로 분리된 주체들이 시장에 생겨나도록 유도할 수 있습니다. 과거에는 유례가 없었던 현상입니다. 과거에는 모든 것을 할 수 있는 단일 주체만이 존재할 뿐이었죠."[12]

일부 회사들은 대박을 터트릴 꿈에 부풀어, 블록체인에서 사용할 검색 엔진에 몰두하고 있다. 구글의 목적은 세상의 정보를 규합하는 것이다. 따라서 우수한 인력을 이 프로젝트에 투입하는 것은 당연한 일이다. 인터넷 검색과 블록체인 검색 사이에는 세 가지 중요한 차이점이 존재한다. 첫째, 사용자의 프라이버시다. 거래가 투명하게 이루어지는 와중에도, 사람들은 자신의 개인 자료를 보유하며 그러한 자료를 갖고서 무엇을 할지 결정할 수 있다. 그들은 익명으로 참여하거나, 최소한 가명 또는 신원의 일부만을 공개할 수 있다. 관련 당사자들은 사용자들이 공개한 정보를 찾을 수 있다. 안드레아스 안토노풀로스는 이렇게 말했다. "내가 익명으로 거래하고 싶다면 얼마든지 익명으로 거래할 수 있습니다. (…) 하지만 블록체인상에서의 투명성은 익명성에 비해 훨씬 더 달성하기가 쉽습니다."[13]

다양한 기업들은 채용 절차를 다시 한 번 검토하고 새로이 설계해야 한다. 예컨대, 인사 담당자나 인사팀에서는 예/아니요로 블록체인 상에서 질문할 방법을 배워야 한다. 당신은 사람입니까? 응용수학에서 박사 학위를 취득했습니까? Scrypt, Python, Java, C++를 다룰 수 있습니까? 1월부터 내년 6월까지 풀타임으로 일할 수 있습니까? 이런 사항들을 확인할 수 있다. 이러한 질문들은 구직 시장에 나온 사람들의 블랙박스를 훑어 내며, 이러한 자격을 충족한 사람들의 리스트를 제공해 줄 수 있다. 그들은 자세히 검토할 수 있는 블록체인 플랫폼에 필요한 직업상의 정보를 올리는 혜안을 발휘할 수도 있다. 인사 담당자는 평판 시스템을 활용하는 방법에 정통해야 하며, 나이와 성별, 인종, 국적과 같이 직업과 무관한 요소를 배제하고 지원자를 판단하게 될 것이다. 그들은 또한 완전히 개인적인 정보에서부터 완전히 공적인 정보에 이르기까지 다양한 수준의 개방성을 아우를 수 있는 검색 엔진이 필요하다. 이것의 장점은 잠재적, 제도적 편견에서 벗어날 수 있고, 헤드헌터나 고위직 영입을 위한 비용이 들지 않는다는 점이다. 단점은 정확한 질문이 정확한 결과를 가져온다는 점이다. 따라서 뜻밖의 재미를 볼 가능성이 줄어든다. 자격 요건은 부족하지만 배우는 역량이 출중하고, 회사가 갈구하는 창조성을 가져다줄 인력을 발견하기가 어려워진다.

마케팅도 마찬가지다. 회사들은 잠재적 소비자들의 블랙박스에 들어가 보기 위해 비용을 지불해야 한다. 회사들은 특정 소비자가 기업의 타깃 소비자층에 포함되는지 알아야 하기 때문이다. 해당 소비자는 성별과 같은 특정한 데이터를 어느 곳에도 공개하지 않을 수 있다. 왜냐하면 무응답 또한 여전히 가치를 지니기 때문이다. 하지만 그 과정에서 기업은 질문에 대한 예/아니요 이상의 대답을 기대할 수 없다. 기업의 마케팅 담당 임원이나 마케팅 기관은 이메일, 소셜 미디어, 모바일 마케팅에 기반한 전략을 재고해야 한다. 이러한 매체의 인프라는 통신 비용을 0으로 낮출 수 있고, 소비자들은 기업의 메시지를 읽는 비용을 합당한 가치를 지닌 숫자만큼 올릴 수 있다. 달리 말하면, 당신은 당신의 엘리베이터 피치elevator pitch•를 들어주는 고객들에게 대가를 지급할 수 있다. 하지만 당신은 프라이버시를 침해하지 않고 접촉하고 싶은 사람들에게만 접촉할 수 있도록, 특별히 한정된 고객들을 염두에 두고 질문을 다듬었을 것이다. 당신은 신상품 개발의 각 단계마다 서로 다른 틈새시장을 알아보기 위해 다른 질문을 던져 볼 수 있다. 이를 가리켜 블랙박스 마케팅이라 부른다.

두 번째 차이점은 블록체인 검색이 다차원적이라는 부분이다. 월드 와이드 웹을 검색해 보면, 지난 몇 주간 일어난 시간 순서에 따라 스냅숏을 찾을 수 있다.[14] 컴퓨터 이론가 안토노풀로스는 이를 가리켜 2차원 검색이라 불렀다. 이러한 검색은 웹 전체를 검색하는 수평적 검색과 특정한 웹사이트를 파고드는 수직적 검색으로 구성된다. 여기에 더해 연속성sequence이라는 세 번째 차원이 등장한다. 업로드하는 시간적 순서를 기준으로 검색이 수행되는 것이다. 안토노풀로스는 이렇게 말했다. "블록체인은 시간이라는 추가적인 차원을 덧붙일 수 있습니다." 3차원 세상에서 일어난 모든 일을 완벽하게 기록한다는 것은 심오한 기회를 제공한다. 안토노풀로스는 자신의 말을 더욱 쉽게 설명하기 위해 비트코인 블록체인을 검색해 '라슬로'라는 사람이 1만 비트코인을 지급하고 피자 두 판을 구입한 최초의 거래 사

• 로켓 피치라고도 하는데, 어떤 상품이나 서비스 혹은 기업과 그 가치에 대해 빠르고 간단한 요약 설명을 말함. 엘리베이터에서 중요한 사람을 만났을 때 자신의 생각을 요약해 짧은 시간에 전할 수 있어야 한다는 의미에서 유래함.

례를 보여 주었다. 이 거래는 매우 유명한 사례로, 이를 설명하자면 "블록체인은 거의 고고학적 수준의 기록과 심오한 발견을 제공하며 정보를 영원히 보존할 수 있다". (계산을 돕기 위해, 구매 당시 1달러가 2,500비트코인이었다면, 비트코인의 가치가 폭등한 지금 라슬로가 피자 한 판을 구매한 가치는 현재의 비트코인 가격을 기준으로 3,500만 달러까지 치솟은 셈이다.)

이것은 곧 기업들에 더 나은 판단이 필요하다는 것을 의미한다. 경영자들은 더 나은 판단력을 보여 준 사람들을 고용해야 한다. 왜냐하면 잘못된 의사 결정을 되돌릴 수 없고, 사건의 순서를 되돌릴 수 없고, 임원의 창피한 행동을 부인할 수 없기 때문이다. 정말 중요한 의사 결정을 두고 기업들은 내부의 합의 메커니즘을 실행한다. 이러한 메커니즘을 통해 모든 이해관계자는 중요한 의안에 투표할 수 있고, 이로써 기존 지식을 부인하고 무시하는 과오에서 벗어날 수 있다. 또한 기업은 예측 시장을 활용해 시나리오를 테스트할 수 있다. 만약 당신이 미래의 엔론사에서 임원을 맡고 있다면, 희생양으로 전락하는 일은 발생하지 않을 것이다. 뉴저지 주지사 크리스 크리스티Chris Christie는, 조지 워싱턴 다리를 폐쇄하려는 계획을 몰랐다고 검사에게 말하면서 운이 좋기를 기대해야 할 것이다.**

세 번째 차이점은 가치다. 인터넷에 떠도는 정보는 양이 풍부하

** 뉴저지 주지사 크리스 크리스티가 자신을 지지하지 않는 시장을 골탕 먹이기 위해 사전 예고 없이 조지 워싱턴 다리를 폐쇄해 교통 체증을 유발했던 사건. 이후 검찰 조사에서 크리스 크리스티는 다리 폐쇄 계획을 모르고 있었다고 항변했다.

고, 신빙성이 떨어지고, 휘발성이 강한 것이 특징이나, 블록체인상의 정보는 희귀하고, 신뢰할 수 있고, 영구적이다. 영구적이라는 마지막 성질을 두고 안토노풀로스는 이렇게 주지한다. "이 블록체인을 미래에 보존하려는 충분한 재정적 동기가 존재한다면, 10년, 100년, 1000년이라도 보존할 수 있습니다."

아주 놀라운 개념이다. 블록체인은 마치 메소포타미아의 석판처럼, 고고학적 기록의 일부가 되는 것이다. 종이로 남긴 기록은 덧없고 불안정하다. 역설적으로 가장 오래된 기록 수단인 석판의 수명이 가장 길다. 기업 아키텍처의 함의 또한 상당하나. 금융 이력처럼 중요한 역사적 정보를 영구히, 검색 가능한 형태로 기록한다고 상상해 보라. 재무상태표, 연차보고서, 정부와 후원자에게 제공할 보고서, 잠재적 고용 인력, 고객, 소비자들을 위한 마케팅 자료를 내놓아야 할 기업 임원들은 논쟁의 여지가 없는 공개된 시각에서 출발하게 되고, 이해관계자들이 버튼만 누르면 모든 것을 알 수 있는 하나의 필터를 만드는 셈이다. 기업들은 거래를 기록하는 티커 테이프와 대시보드를 갖는 셈이며, 한편으로는 내부의 경영을 정비하고, 다른 한편으로는 외부에 공시하는 용도로 활용한다. 믿어도 좋다. 당신의 모든 경쟁자는 당신 기업에 대한 자료와 대시보드를 구축해 그들의 지능 경쟁 프로그램의 일부로 비치할 수 있다. 그렇다면 차라리 당신의 웹사이트에 이러한 정보를 공개하고, 사람들을 내 쪽으로 끌어들이는 것이 낫지 않겠는가?

이러한 체계는 기업으로 하여금 활동 범위 바깥에서 자원을 찾도록 유도한다. 개인과 회사를 가리지 않고, 후보자들의 기록과 자질에 대해 거의 무한한 양질의 정보를 갖고 있기 때문이다.

컨센시스와 같은 회사들은 직업 전망이나 잠재적 계약자가 자신의 고유한 아바타를 만들어 고용주에게 적합한 정보만을 제공할 수 있는 ID 시스템을 개발하고 있다. 이러한 시스템은 중앙 집중화된 데이터베이스와 달리 해킹이 불가능하다. 사용자들은 더 기꺼이 자신의 아바타에 정보를 입힐 수 있다. 그들이 아바타를 소유하고 조종하는 것은 물론, 프라이버시를 완벽히 보호하고, 스스로의 데이터를 금전화할 수 있기 때문이다. 이는 말하자면 강력한 기업이 소유하고, 금전화하지만, 완벽한 보안을 기대할 수 없는 링크드인과는 완전히 다른 속성을 띤다.

이처럼 검색 비용을 떨어뜨리는 플랫폼을 활용한다면, 기업들은 그들의 활동 범위 바깥에서 비용은 적게 들고, 퍼포먼스는 우수한 지위를 구축할 수 있다. 코스와 윌리엄슨은 이러한 플랫폼을 상상이나 할 수 있었을까?

2. 계약 비용 - 어찌 되었든, 무엇을 하기로 합의해야 할까?

우리는 어떻게 다른 당사자와 합의에 이르거나, 계약을 체결하는 것일까? 이러한 과정이 원활히 이루어지려면 사람들과 자원을 찾는 비용이 줄어들어야 한다. 하지만 이것만으로는 기업의 살을 빼기에 충분치 않다. 기업의 살을 빼려면 모든 당사자가 다 같이 협동해야 한다. 기업이 존재하는 두 번째 이유는 계약 비용 때문이다. 가격을 협상하고, 지위를 구축하고, 공급자의 상품과 서비스의 조건을 기술하고, 계약을 감독하고 집행하며, 계약 내용을 준수하지 않을 경우 구제 수단을 발동하는 등의 과정이 이러한 계약 비용을 구성한다.

우리는 늘 사회적 계약을 맺어 왔고, 종족 내의 일부가 사냥을 담당하고 종족을 보호하며, 다른 일부는 채집과 주거를 담당하는 특화된 역할 속에서 서로의 관계를 이해하고 있었다. 현대의 인류는 태초부터 즉석에서 물물을 교환해 왔다. 계약이란 더욱 최근의 현상으로, 자산이 아닌 약속을 거래하기 시작하면서 세상에 생겨났다. 구두 계약은 쉽게 왜곡되며, 기억이 틀릴 수도 있었고, 증인들 또한 미덥지 못했다. 모르는 사람과 협업하다 보면 의심과 불신이 생겨났다. 계약이 즉시 이행되지 않는 이상, 직접 힘으로 강제하는 방법 말고는 계약을 집행할 수 있는 공식적인 기제가 존재하지 않았다. 서면 계약은 의무를 문자화해 신뢰를 수립하고 기대를 확립하는 방안이었다. 서면 계약은 일방이 의무를 이행하지 않거나 예기치 못한 일이 발생했을 때 해결 방안의 길잡이가 될 수 있었다. 하지만 외부와 단절된 상태로는 존재할 수 없었다. 계약을 파악하고, 각 당사자의 권리를 집행할 수 있는 법률 체계가 존재해야 하기 때문이다.

오늘날 여전히 계약은 아톰(서면)으로 체결되며, 비트(소프트웨어)의 형태로 체결되지 않는다. 따라서 계약 사항을 문서화해야 하는 커다란 제약을 수반할 수밖에 없다. 하지만 계약이 소프트웨어(블록체인상에서 분산되는 스마트 계약)라면 새로운 가능성을 펼칠 수 있고, 이러한 모든 가능성으로 말미암아 회사들은 외부 자원과 더욱 쉽게 협업할 수 있다. 미국 통일 상법전Uniform Commercial Code이 블록체인상에서 어떤 모습으로 비칠지 상상해 보라.

코스와 그의 후학들은 계약 비용이 시장 바깥에서보다 회사의 내부에서 더욱 줄어든다고 주장했다. 회사는 단기 계약이 지나치게 많은 노력을 수반할 때, 장기 계약을 체결할 수 있는 수단으로 작동하기 때문이다.

윌리엄슨은 이러한 발상을 더욱 확대했다. 그는 회사들이 분쟁을 해결하기 위해 존재한다고 주장했고, 이러한 분쟁은 보통 회사 내부에서 다양한 당사자들과 계약을 체결하며 해결할 수 있다. 공개된 시장에서는 법원이 유일한 논쟁 장소다. 하지만 법원을 이용하려면 비용과 시간이 들고, 만족스럽지 못한 경우도 많다. 나아가, 그는 사기, 기타 불법행위, 이해관계의 충돌과 같은 사례를 논의할 수 있는 시장 메커니즘이란 존재하지 않는다고 주장했다. "실제로, 내부 조직의 계약법이란 인내의 법이라 말할 수 있습니다. 이 법에 따라 회사는 최종 항소법원으로 기능합니다. 회사들은 이러한 이유로 말미암아 시장에서 할 수 없는 명령을 발동할 수 있습니다."15 윌리엄슨은 회사를 계약 체결을 위한 '거버넌스 구조'로 파악했다. 그는 조직 구조가 거래 비용을 줄이는 데 중요하고, "계약의 시각을 통한다면, 선택의 시각을 통하는 것에 비해 복잡한 경제 조직을 더욱 깊게 이해할 수 있는 경우가 많다"고 말했다.16 이는 경영학 이론에서 자주 등장하는 화두이며, 아마도 경제학자 마이클 젠슨Michael Jensen과 윌리엄 메클링William Meckling이 가장 확실하게 이 화두를 설명했을 것이다. 그들은 조직이란 계약 및 관계의 집합에 지나지 않는다고 주장했다.17

오늘날 일부 박식한 블록체인 사상가들은 이러한 견해를 지지하고 있다. 이더리움 발명가 비탈리크 부테린은 기업의 대리인(임원 등)이 이사회가 승인한 일정한 목적으로만 기업의 자산을 활용할 수 있다고 주장한다. 한편 이러한 이사회는 주주들의 승인에 종속된다. 부테린은 이렇게 기술했다. "기업이 일정한 활동을 수행한다면, 이사회가 그렇게 결정했기 때문이다. 기업이 직원을 고용한다면, 그것은 직원들이 특정한 규율하에서 급여를 받고 기업의 고객들에게 서비스를 제공한다는 것을 의미한다. 기업이 유한 책임을 진다면 특정 부류의 인원은 정부로부터 기소될지 모른다는 두려움을 덜 수 있다. 그들은 이러한 두려움을 벗어나 행동할 수 있는 특권을 누리며, 혼자 활동하는 평범한 사람들보다 더 많은 권리를 가질 수 있다. 하지만 마지막에는 결국 사람만이 남는다. 어떤 경우에라도, 전체 과정에서 문제 되는 것은 사람과 계약뿐이다."[18]

이러한 이유로 말미암아 블록체인은 계약 비용을 절감할 수 있고, 그에 따라 회사들이 경계를 넘어 새로운 관계를 구축하고 개발하도록 도와줄 수 있다.

예컨대, 컨센시스는 다양한 부류의 멤버와 복잡한 인간관계를 구축할 수 있다. 멤버들은 기업의 경계 바깥에 있을 수도, 경계 안쪽에 있을 수도, 경계에 걸쳐 있을 수도 있다. 왜냐하면 스마트 계약은 경영자들을 규율하기보다는 이러한 관계를 규율하기 때문이다. 멤버들은 스스로를 프로젝트에 할당하고, 제품을 합의하고, 제품의 인도와 동시에 대금을 지급받는다. 이 모든 과정이 블록체인상에서 이루어진다.

스마트 계약

빠른 변화가 스마트 계약의 저변을 넓히고 있다. 사람들 대부분은 컴퓨터를 다룰 수 있는 정도를 넘어 숙달된 수준에 이르고 있다. 거래를 증명하는 수단으로서, 이러한 새로운 디지털 매체는 과거의 서면 계약과 확연히 다른 성질을 지니고 있다. 암호학자 닉 서보가 강조한 것처럼, 디지털 매체는 많은 정보를 파악할 수 있을 뿐 아니라(비언어적 오감 데이터 등), 역동성을 지니고 있다. 디지털 매체는 정보를 전송하고 일정한 종류의 의사 결정을 실행할 수 있다. 서보에 따르면, "디지털 매체는 계산을 수행하는 것은 물론 직접 기계를 작동할 수 있고, 인간에 비해 더욱 효율적인 추론을 실행할 수 있다".[19]

부연하자면, 스마트 계약은 사람과 기관 사이에서 기록된 계약을 보관하고, 이행하고, 집행하는 컴퓨터 프로그램이다. 이로써 계약을 협상하고 체결하는 작업을 도와줄 수 있다. 서보는 최초의 웹 브라우저, 넷스케이프가 시장을 강타한 1994년에 이 용어를 만들었다.

스마트 계약은 계약 내용을 이행하는 전산화된 거래 규약이다. 스마트 계약 설계의 일반적인 목표는 일반적인 계약 조건(지급 조건, 담보, 비밀 유지 조항, 강제 집행)을 충족시키며, 악의적이고 돌발적인 예외 사항 및 제삼자에 의지할 필요를 최소화할 수 있다. 부정행위로 인한 손실, 중재 및 집행 비용, 기타 거래 비용을 낮추는 것 또한 이와 관련한 경제적 목표가 될 수 있다.[20]

그때까지만 해도, 스마트 계약은 오갈 데 없는 아이디어에 불과했다. 서보의 생각을 현실로 구현할 수 있는 기술이 존재하지 않았기 때문이다. 당시에 존재했던 전자 데이터 교환electronic data exchange, EDI 이라는 컴퓨터 시스템은 판매자의 컴퓨터와 구매자의 컴퓨터 사이에 구조화 데이터를 전송하는 표준을 제공했다. 하지만 대금을 지급하거나 금전을 교환하는 기술은 존재하지 않았다.

비트코인과 블록체인은 이 모든 것을 바꿔 놓았다. 지금 양 당사자들은 조건만 충족하면 계약을 체결하고 비트코인을 자동적으로 교환할 수 있다. 제일 간단한 예를 든다면, 하키 경기에 돈을 건 당신의 매형은 아무런 조작을 할 수 없다. 약간 복잡한 예를 든다면, 당신이 매입한 주식은 즉시 당신의 계좌로 이전된다. 가장 복잡한 예를 든다면, 계약의 당사자가 필요한 제원을 갖춘 소프트웨어 코드를 공급하면, 공급하는 즉시 대금을 지급받을 수 있다.

제한적인 스마트 계약을 실행할 기술은 한동안 존재했었다. 계약을 이행하려면, 이 계약이 집행 가능하다는 것을 알아야 한다. 안드레아스 안토노풀로스는 간단한 예를 들어 설명하고 있다. "당신과 내가 지금 당장, 당신의 책상 위에 있는 펜을 50달러에 거래하겠다고 합의합니다. 이는 완벽히 집행 가능한 계약입니다. 우리는 이렇게 말할 수 있어요. '나는 당신 책상 위에 있는 펜을 50달러에 구매하겠다고 약속합니다.' 당신은 이렇게 대답하죠. '그래요, 좋습니다.' 이는 곧 '청약에 대한 숙고 및 승낙'이라는 의사 표시로 드러납니다. 계약은 성사되었고, 이 계약은 법원을 통해 집행할 수 있죠. 하지만 이러한 과정은 우리가 했던 약속을 이행으로 옮길 수 있는 기술적 수단과는 아무런 관계가 없습니다."

안드레아스가 블록체인에 흥미를 갖는 부분은 결제 시스템을 내장한 분산된 기술적 환경 속에서 금융 계약상의 의무를 이행할 수 있다는 점이다. 그는 이렇게 말했다. "정말 멋져요. 내가 당신에게 펜 값을 바로 지불할 수 있고, 당신은 돈을 바로 구경할 수 있지요. 또한 당신은 편지에 펜을 동봉할 수 있고, 나는 그것을 인증받을 수 있어요. 비즈니스가 가능하다는 것을 반영하는 셈이죠."

법률가들 또한 점차 이러한 기회와 엮이고 있다. 여느 중간 지위자들과 마찬가지로, 변호사들은 점점 중개자의 지위에서 벗어나 이러한 변화에 적응하게 될 것이다. 계약법의 혁신을 주도하고 싶은 로펌들에 스마트 계약 전문가들은 커다란 성장 동력을 제공해 줄 것이다. 아무튼 법률 분야는 새로운 토양을 닦는 데 보수적이다. 법률가이자 블록체인에 대한 새로운 책을 공동 집필한 애런 라이트Aeron Wright는 우리 두 사람에게 이렇게 말했다. "법률가들은 느림보예요."[21]

다중 서명: 스마트 복합 계약

스마트 계약은 협상 과정이 복잡하고 시간을 소비하는 단점이 있다. 그렇다면 이러한 단점이 경계를 깨뜨리는 장점에 비해 더 크다고 말할 수 있을까? 지금으로서는 그렇지 않다고 말할 수 있다. 당사자들이 계약 조건을 결정하기 위해 더욱 많은 시간을 소비한다 해도, 계약을 감독하고, 집행하고, 정산하는 비용은 거의 0에 수렴할 정도로 줄어들기 때문이다. 나아가 정산 과정은 실시간으로 진행된다. 딜에 따라 하루 종일 몇 십 분의 1초 단위로 정산될 수 있다. 가장 중요한 것은, 더욱 나은 기술 환경을 확보한 회사들이 더 바람직한 혁신을 추구하고, 더 큰 경쟁력을 확보할 수 있다.

독립적인 계약자를 활용하는 경우를 생각해 보자. 디지털 거래 초창기에 블록체인은 단지 두 당사자 간의 단순한 거래만을 관장할 수 있었다. 예컨대, 앨리스에게 코드를 빨리 완성시켜 줄 누군가가 필요하다면, 익명으로 "코드 전문가가 필요함"이라는 메시지를 적당한 토론 마당에 올린다. 밥이라는 남자가 이 글을 보고,[22] 만일 가격과 타이밍이 맞는다면, 앨리스에게 작업 샘플을 보낸다. 샘플이 앨리스가 원하는 사양에 부합한다면, 앨리스는 밥에게 제안해 계약 조건을 협상한다. 그들은 최종 합의에 도달한다. 앨리스는 즉시 대금의 절반을 송금하고, 코드가 완성되고 테스트에 성공한 다음에 나머지 절반을 송금한다.

그들의 계약은 깔끔하다. 고용하겠다는 청약과 그 일을 맡겠다는 승낙으로 구성된다. 블록체인상에서의 의사소통에 따라 가능해진 일이지만, 이러한 계약은 서면으로 진행할 필요가 없다. 그들이 지닌 비트코인의 소유권은 두 가지 요소를 지닌 디지털 주소로 표창된다. 주소로 쓰이는 공개 키와 이 주소와 관련된 코인에로의 배타적인 접근 권한을 부여하는 개인 키다. 소유자는 이러한 개인 키를 통해 코인에 접근할 수 있다. 밥은 앨리스에게 자신의 공개 키를 송부했고, 앨리스는 수령한 공개 키에서 최초의 대금 지급을 지휘했다. 네트워크는 전송 내역을 기록하는 한편, 밥의 공개 키 월렛에 비트코인을 할당했다. 만일 밥이 그 시점에 프로젝트를 하기 싫다고 마음먹으면 어떻게 될까? 이러한 쌍방 계약에서는 앨리스가 기댈 수 있는 대상이 제한적이다. 그녀는 신용카드 회사에 가서 거래를 되돌릴 수도 없고, 법원에 가서 밥을 계약 위반으로 고소할 수도 없다. 밥이 스스로를 추적 가능하도록 중앙 집중식 플랫폼에 게시하거나 중앙 집중식 서비스를 통해 서로 이메일을 교환했다면 모를까, 무작위로 생성된 영숫자 코드와 온라인 광고 말고는 그녀가 밥을 확인할 수 있는 방법이 없다.

어쨌든 그녀는 그의 공개 키가 신뢰할 수 없다는 것을 지시할 수 있고, 이로써 코더로서의 그의 평판 점수는 낮아질 수 있다.

다른 당사자가 블록체인 바깥에서의 활동을 이행하리라는 보장이 없으므로, 이 거래는 일종의 죄수의 딜레마가 되어 버렸다. 따라서 이 거래는 여전히 어느 정도의 신뢰를 필요로 한다. 평판 시스템은 이러한 불확실성을 어느 정도 완화해 줄 수 있다. 하지만 우리는 이러한 익명의 개방된 시스템에 신뢰성과 안전성을 불어넣을 필요가 있다.

2012년, '핵심 개발자' 개빈 안드레센은 새로운 형태의 비트코인 주소를 "pay to script hash(P2SH)"라 불리는 비트코인 프로토콜에 도입했다. 계약 당사자에게 아무리 복잡한 거래라도, "중재인 선임 비용을 집행하도록 허락하는 것이 그의 목표였다".[23] 계약 당사자들은 개인 키 하나보다는 다수의 인증 서명 또는 키를 사용해 거래를 완료했다. 각종 커뮤니티에서는 이러한 다중 서명 형식을 간단히 "다중 서명"이라고 부른다.

다중 서명 거래에서 당사자들은 얼마나 많은 키가 생성되었는지 (N), 거래를 완료하기 위해 몇 개의 키가 필요한지(M) 합의한다. 이는 N 중의 M 서명(M-of-N) 체계 또는 보안 프로토콜이라 불린다. 여러 개의 열쇠가 있어야 열 수 있는 금고를 생각해 보라. 이러한 원리를 차용해 밥과 앨리스는 거래를 완결하기 위해 중립적이고 이해관계가 없는 제3의 중재자를 세우자고 합의할 수 있다. 세 당사자 모두 개인 키를 하나씩 가질 수 있다. 이 가운데 두 개만 있으면 이체 금원에 접근할 수 있다. 앨리스는 비트코인을 공적 주소에 송금한다. 이 시점에는 누구나 금원을 볼 수 있으나 아무도 접근할 수 없다. 금원이 게시된 것을 밥이 확인하면, 그는 거래의 목적을 달성한 것이다. 만일 앨리스가 밥의 제품이나 서비스를 수령하고 만족하지 못하거나 사기를 당했다는 생각이 든다면 밥에게 두 번째 키를 주지 않을 수 있다. 그러면 두 당사자는 세 번째 키를 갖고 있는 중재자에게 가서 중재를 의뢰할 수 있다. 중재자는 이처럼 분쟁이 있는 경우에만 개입할 수 있으며, 어느 시점에서도 자금에 접근할 수 있는 권한이 없다. 이는 '스마트 계약'이 활성화될 수 있는 메커니즘이다.

자동적으로, 또 원격으로 계약하려면 시스템이 당신의 계약상 권리를 집행해 준다는 어느 정도의 확신이 필요하다. 만일 계약 상대방을 믿을 수 없다면, 분쟁을 해결하는 메커니즘이나 그 이면의 법률 시스템을 신뢰해야 한다. 다중 서명 기술에 따르면 이처럼 이해관계가 없는 제삼자를 통해 익명 거래의 안전성과 신뢰를 확보할 수 있다.

다중 서명 인증은 꾸준히 확산되고 있다. 헤지Hedgy라는 이름의 스타트업은 다중 서명 기술을 활용해 선도 거래를 구현하고 있다. 계약 당사자들은 미래에 거래할 비트코인의 가격을 협의하고 가격의 차이만을 정산한다. 헤지사는 결코 담보를 보관해 주지 않으며,

계약 당사자들은 이행일이 도래할 때까지 다중 서명 월렛에 담보를 보관한다. 헤지의 목표는 다중 서명을 스마트 계약의 초석으로 활용하는 것이며, 이러한 스마트 계약은 블록체인상에서 완벽히 증빙되고, 온전히 집행할 수 있다.[24] 익명성과 개방성을 변증법으로 풀어낸 것이 블록체인이라고 생각해 보라. 다중 서명은 익명성과 개방성 가운데 어느 하나도 잃지 않고 양자를 조화시킨다.

무엇보다도, 스마트 계약은 기업에서 좋은 인재를 찾아 채용하는 사람들의 역할을 바꿀 수 있다. 인사부서들은 그러한 인재가 내부가 아닌 외부에 있다는 사실을 알 필요가 있다. 그들은 외부 인력과 관계를 맺는 비용을 절감하기 위해 스마트 계약을 활용할 필요가 있다.

3. 조정 비용 - 우리 모두는 어떻게 협동해야 하는가?

이제 우리가 제대로 사람을 찾아서 근로 계약을 체결했다고 생각해 보자. 그들을 어떻게 관리해야 할까? 코스는 자신의 글에서 조정, 조율의 비용 및 가치를 효과적으로 창출할 수 있는 기업에 각기 다른 인력, 제품, 공정을 조화롭게 녹여 내는 비용을 논의했다. 기업 내부에도 시장 원리가 작동한다는 전통적인 경제학자들과 달리, 코스는 "근로자가 Y 부서에서 X 부서로 이동했다면, 가격의 상대적 차이 때문에 이동한 것이 아니라 위에서 그렇게 하라고 명령했기 때문에 이동한 것이다"라고 말했다.[25] 달리 말하면, 시장은 자원을 가격 기제에 따라 할당하지만, 기업은 윗선의 결정에 따라 할당한다는 것이다.

윌리엄슨은 두 가지 조정 체계가 존재한다고 설명했다. 첫째, 자원과 기회를 분산적으로 할당하기 위한(시장을 의미한다) 가격 체계다. 둘째, (전통적인) 기업들은 각기 다른 조직 행동 원리(위계 구조가 대표적이다)를 채택한다. 이러한 구조를 바탕으로 권위를 활용해 자원을 할당한다. 지난 몇 십 년간을 연구한 결과, 위계 구조는 창의력을 말살하고, 진취성을 갉아먹으며, 인간의 역량을 억압하고, 투명성을 제거해 책임의식을 희생시키는 구조로 밝혀졌다. 경영 분야에서 위계 구조는 비생산적인 관료 체계로 거듭난 것이 사실이다. 캐나다 출신 심리학자 엘리엇 자크Elliot Jaques는 위계 구조의 변호인으로서 위계 구조가 부당한 평가를 받고 있다고 주장한다. 1990년 『하버드 비즈니스 리뷰』에 실린 글에서 자크는 이렇게 주장했다. "35년을 연구한 결과 나는 경영상의 위계 구조가 대기업에 가장 효율적이고, 가장 어려우면서, 가장 자연스러운 구조라는 확신이 들었습니다. 위계 구조를 적절히 구조화하면 에너지와 창조성을 발산하고, 생산성을 개선하며, 사기를 진작할 수 있습니다."26

문제는 최근의 비즈니스 동향을 보면 많은 위계 구조가 거의 조롱받을 수준의 비효율성을 보여 주었다는 사실이다. 스콧 애덤스Scott Adams가 저술한 『딜버트의 법칙*』은 경영학의 베스트셀러 목록에서 내려오지 않고 있다. 최근의 만화에서는 딜버트가 블록체인 기술을

---

* 딜버트의 법칙이란 가장 무능한 직원이 회사에 가장 작은 타격을 주고 결국 가장 먼저 승진한다는 법칙을 의미한다. 무능한 직원을 리스크가 가장 적은 경영 관리 부문에 배치하게 되면서 나타나는 현상일 수도 있다.

어떻게 생각하고 있는지 다루고 있다. 여기 그 만화의 내용을 소개한다.

> 매니저: 우리도 블록체인을 만들어야 할 것 같아요.
> 딜버트: 음, 저 사람이 자기가 무슨 말을 하고 있는지 아는 걸까요? 아니면 잡지에서 본 것을 읊고 있는 걸까요?
> 딜버트: 블록체인의 색깔은 뭘로 하시겠어요?
> 매니저: 대부분의 램RAM을 보라색으로 하면 좋겠어요.

이 만화에서 애덤스는 위계 구조가 어떤 맹점들을 지닐 수 있는지 풍자하고 있다. 매니저들은 효과적인 리더십을 발휘하기 위해 필요한 지식이 부족하면서도 권한을 행사하는 경우가 많다. 제1세대 인터넷은 효율적이고 혁신적인 조직 구성을 고민하는 경영학적 사고와 결합해, 하향식 업무 배분과 성과 보상/승진 체계를 다시 생각해보도록 유도했다.

좋든 싫든 중앙 집중식 위계 구조는 표준으로 자리 잡았다. 분권화, 네트워킹, 권한 부여는 인터넷의 초기 시절부터 감지되었던 현상이다. 팀과 프로젝트는 내부 조직의 기초로 자리 잡았다. 사람들은 이메일을 통해 사일로와 같은 조직들을 넘나들며 협업할 수 있다. 소셜 미디어는 내부적으로 협업 비용과 거래 비용을 떨어뜨렸고, 기업들은 기업 간의 경계가 느슨해진 결과 공급자, 소비자, 협업자들과 더욱 밀접한 관계를 유지할 수 있었다.

하지만 최근에는 소셜 미디어 툴이 상거래를 관장하면서 많은 기업으로 하여금 새로운 수준의 내부 협업 체제를 구축하도록 도와주고 있다. 권한 부여 및 권력의 분권화는 비즈니스의 중요한 초점이며, 회사들은 매트릭스 경영에서부터 홀라크라시에 이르기까지 새로운 틀을 실험하고 실행했다. 그들이 시도했던 방안들은 각 틀마다 정도의 차이는 있어도 나름의 성공을 거뒀다.

실제로 회사가 책임감, 권한, 권력을 분산할수록 비즈니스 기능, 고객 서비스, 혁신 등에서 더욱 나은 성과를 창출한다는 공감대가 널리 형성되어 있다. 하지만 이렇게 하기란 생각보다 쉽지 않다.

인터넷 또한 경제학자들이 말하는 '대리인 비용'을 절감하는 데 실패했다. 대리인 비용이란 기업의 모든 인력을 주주의 이익을 위해 일하도록 만드는 데 소요되는 비용이다. 실제로 노벨 경제학상을 수상한(이 책에서는 노벨상을 수상한 많은 인물들을 인용할 것이다) 조지프 스티글리츠Joseph Stiglitz는 회사의 거래 비용이 급감했더라도 회사가 복잡해지고 규모가 커지면서 대리인 비용이 늘어났다고 주장했다. 그는 CEO의 급여와 일선에서 일하는 직원들의 급여가 차이 나는 이유를 이렇게 설명했다.

그렇다면 블록체인 기술을 어디에 적용할 수 있고, 기업의 경영 및 조직 구성을 어떻게 변화시킬 수 있을까? 스마트 계약과 유례없는 투명성으로, 블록체인은 기업 안팎의 거래 비용뿐 아니라 모든 경영 단계의 대리인 비용을 절감할 수 있다. 이러한 변화로 말미암아 시스템을 임의로 조작하기도 어려워진다. 따라서 회사들은 거래 비용을 절감할 뿐 아니라 이사회의 거물에게 훼방을 놓을 수도 있다. 즉, 대리인 비용을 절감하는 것이다. 요하이 벤클러는 우리에게 이렇게 말했다. "블록체인 기술의 흥미로운 점은 위계 구조를 택하지 않고서도 조직의 지속성과 안정성을 확보할 수 있다는 것입니다."27

이는 매니저들이 기업을 꾸리고 업무를 수행하는 과정에서 극단적으로 투명해야 한다는 것을 시사한다. 기업이 비효율적이고, 불필요하게 복잡하고, 임원들의 급여와 그들이 기여하는 가치 사이에 막대한 괴리가 존재한다는 것이 주주들의 눈에 고스란히 비치기 때문이다. 기억하라. 경영자들은 주주의 대리인이 아니라 중개인일 뿐이다.

4. 신뢰 구축 비용 - 왜 우리가 서로를 신뢰해야 하는가?

앞서 설명한 것처럼, 비즈니스와 사회에서의 신뢰란 상대방이 정직하고, 사려 깊고, 상식적이고, 투명할 것이라는 믿음이다. 한마디로, 상대방이 진실성 있게 행동하리라 기대하는 것이다.28 신뢰를 형성하려면 상당한 노력이 필요하다. 경제학자들과 다른 석학들은 수직적으로 통합된 회사는 공개 시장에서보다 기업의 경계 안에서 신뢰를 쌓기가 더욱 쉽다고 주장한다. 사회 전반에 불신이 만연하다면 기업들은 믿을 만한 상대를 찾기가 힘들 뿐 아니라, 상대방을 신뢰할 수 있는 외부 역량을 갖추기가 어려워진다.

실제로, 경제학자 마이클 젠슨Michael Jensen과 그의 동료들은 진실성integrity이 생산의 요소를 구성한다고 주장했다. 그들이 처음 주장한 것은 아니지만, 이러한 견해를 두고 가장 강력한 목소리를 내고 있는 것은 사실이다. 그들은 전 세계적으로 금융 관련 스캔들이 끊이지 않고 이러한 스캔들로 말미암아 인간의 복지와 가치를 해치는 현실을 지적하며, 금융 활동은 진실성을 바탕으로 이루어져야 한다고 강력히 주장했다. 그들은 이를 도덕의 문제가 아니라 금융 경제 분야에서 "경제적 효율성, 생산성, 인류 복지의 총합을 현저히 증가시키는" 기회라고 생각했다. 그들은 "진실성이 개인이나 기관에 엄청난 경제적 함의(가치, 생산성, 삶의 질 등)를 지닌다고 생각한다. 실제로, 진실성은 노동, 자본, 기술만큼이나 중요한 생산 요소다".[29]

월 스트리트는 일련의 사건을 통해 진실성을 버림으로써 신뢰를 상실했다(이뿐 아니라 자본주의를 위기로 몰아갔다). 그 후 월 스트리트는 바뀌었을까? 아니면 앞으로 바뀔 수 있을까? 과거에 기업의 사회적 책임을 부르짖는 사람들은 기업들이 '선하게 행동해야' 좋은 실적을 낼 수 있다고 주장했다. 그러나 그들의 주장을 뒷받침하는 증거는 어디에서도 나오지 않았다. 많은 기업이 나쁘게 행동하고도 좋은 실적을 내고 있다. 개발도상국에서는 노동 환경이 희생되고, 공해 물질 배출 등으로 내부 비용을 사회의 비용으로 전가시키고, 독과점을 통해 소비자들의 주머니를 털고 있다. 2008년의 금융 위기는 우리에게 "나쁘게 행동하는 회사들이 나쁜 실적을 낸다"는 교훈을 가르쳐 주었다. 대형 은행들은 아주 호된 대가를 치르고 이러한 사실을 깨달았다. 2008년 이전에는 지분에 투자해 20퍼센트 이상의 수익률을 올리는 경우도 많았다. 하지만 최근에는 5퍼센트 미만으로 줄어들었고, 자본 조달 비용을 넘어서지 못하는 경우도 있다. 주주의 관점에서 이러한 기업은 존재의 이유를 상실한 것이다.[30]

월 스트리트가 젠슨의 권고를 받아들이고 진실성 있게 행동할 수 있는 현실적인 가능성이 있을까? 분명, 서구 금융 시스템의 DNA에는 속도와 단기 수익 목표가 내장된 것 같다.

블록체인 기술과 전자화폐의 세계로 들어와 보라. 당사자들이 서로를 신뢰하지 않아도 정직하고, 상식적이고, 사려 깊고, 투명하게 행동할 수 있다면 어떨까? 금융의 기술적 플랫폼은 이러한 미덕들에 바탕을 두고 있기 때문에 가능한 일이다.

스티브 오모훈드로Steve Omohundro는 강력한 사례를 제시하고 있다. "나이지리아에 사는 누군가가 내 물건을 사고 싶어 한다면, 썩 탐탁지 않을 겁니다. 나이지리아에서 발행한 수표나 신용카드를 받기가 꺼려지기 때문이죠. 하지만 새로운 플랫폼상에서는 그를 신뢰할 수 있고, 신뢰를 쌓기 위한 비용을 들일 필요가 없어집니다. 따라서 이 플랫폼이 아니었다면 불가능했을 거래가 가능해지는 것입니다."[31]

따라서 월 스트리트 은행들은 그들의 DNA와 행동에 진실성을 주입할 필요가 없다. 블록체인의 창시자들이 이를 소프트웨어 프로토콜에 주입하고 네트워크 위에 펼쳐 냈기 때문이다. 이로써 금융 서비스 산업에는 새로운 효용이 생겨나며, 신뢰를 다시 수립하고 이러한 신뢰를 계속해서 유지해 나갈 수 있다.

블록체인 기술이 검색 비용, 계약 비용, 조정 비용, 신뢰 구축 비용을 현저히 낮추면서, 기업들은 스스로를 공개하고 외부 당사자와 신뢰를 쌓기가 훨씬 쉬워졌다. 나의 이해관계를 위해 행동하면 모든 사람의 이해관계를 위해 행동하게 된다. 시스템을 속이면, 원래 용도에 따라 이용하는 것보다 더 큰 비용을 부담해야 한다.

기업의 브랜드나 윤리적인 행동이 중요하지 않고 불필요하다는 말을 하려는 것이 아니다. 블록체인은 진실성을 보장해 주며, 피어들 사이의 거래에 신뢰를 불어넣는다. 또한 신뢰의 핵심 요소인 투명성을 확보하도록 도와준다. 하지만 작가이자 기술 이론가인 데이비드 티콜David Ticoll은 이렇게 말한다. "신뢰와 브랜드는 거래를 성사시키는 것 이상의 의미를 지니고 있습니다. 신뢰와 브랜드는 디바이스나 서비스의 품질, 만족도, 안전성, 특징과 멋에 관한 문제이기도 합니다. COP21* 체제를 따르는 오늘날의 세상에서, 최고의 브랜드를 유지하는 기업들은 환경적, 사회적, 경제적으로 책임 있는 결과물을 투명하고 확실한 방법으로 내놓습니다."[32]

스마트 계약은 임원들에게 책임을 부담시킨다. 그들은 소프트웨어가 확립하고 집행하는 바대로 자신의 약속을 지켜야 한다. 회사들은 모든 관계를 극도로 투명하게 구축할 수 있으므로, 모든 사람이 각 당사자가 맡은 일을 더욱 잘 이해할 수 있다. 또한 좋든 싫든, 그들은 다른 당사자의 이해관계를 고려하며 비즈니스를 수행해야 한다. 바로 플랫폼 자체가 요구하는 바이기 때문이다.

기업의 경계를 결정하다

전반적으로, 회사를 구매자, 컨설턴트, 고객, 외부의 피어 공동체 등과 구분하는 경계를 정의하기가 점점 어려워질 것이다. 이러한 정의

---

* 제2차 유엔 기후 변화 협약 당사국 총회.

가 계속 바뀔 수 있다는 것 또한 중요하다.

기업은 그럼에도 존속할 것이다. 블록체인 또한 마찬가지다. 검색, 계약, 조율의 메커니즘과 기업 내부에서의 신뢰 수립이 공개 시장에 비해 비용 효율적이기 때문이다. 최소한 여러 가지 활동에서 확실히 이러한 효과를 추구할 수 있다. 개인들이 기업의 경계 밖에서 업무를 수행할 수 있는 이른바 프리 에이전트의 시대는 환상에 불과하다. 블록체인 연구소를 창립한 멜라니 스원Melanie Swan은 이렇게 말했다. "최적의 거래를 구현하기 위해 적당한 기업의 규모는 어느 정도일까요? 일률적으로 말할 수 없는 문제죠. 개인이나 프리랜서로 일하는 사람들의 입장에서는요." 그녀는 "프로젝트를 중심으로 어울리는, 개인 또는 단체로 구성된 새로운 개념의 유연한 비즈니스 실체"를 염두에 두고 있다. 그녀는 이러한 기업의 신규 모델을 길드와 비슷한 개념으로 파악한다. 길드란 산업화 시대 이전에 상인들이 조합을 결성해 특정한 마을에서 함께 일했던 체제를 의미한다. "우리에게는 여전히 조율 메커니즘으로 작용하는 조직이 필요합니다. 하지만 새로운 팀 협력 모델은 아직 그 실체가 불분명합니다."[33]

오늘날 우리는 회사들이 조직의 핵심 기능에 집중해야 한다는 이야기를 듣는다. 하지만 블록체인 기술이 거래 비용을 떨어뜨린다는 것을 감안하면, 과연 무엇이 핵심 기능일까? 또한 회사의 핵심 기능이 지속적으로 바뀌는 상황에서 핵심 기능을 어떻게 정의할 수 있을까?

모든 사람은 생산성과 경쟁력을 극대화하기 위한 최적의 기업 규모를 각기 정의하고 있다. 우리가 살핀 많은 회사는 확실한 견해를 갖고 있지 않았다. 그저 조직 안에 무엇을 두고, 조직 밖에 무엇을 둘지 결정하는 문제를 두고 밥 딜런Bob Dylan 식으로 접근할 뿐이다(밥 딜런의 노래에 "기상 예보관이 바람이 부는 방향을 말해 주지 못하네"라는 가사가 나온다). 예컨대 관리부서의 업무는 명확한 기준 없이 그다지 중요하지 않은 것으로 묘사된다.

일부는 더 엄격한 견해를 보이기도 한다. 게리 하멜Gary Hamel과 프라할라드Prahalad가 정립한 핵심 역량에 대한 견해에 따르면, 회사들은 역량의 숙달을 통해 경쟁력을 갖출 수 있다. 이러한 숙달된 역량은 회사의 핵심에 자리 잡는 반면, 다른 역량은 외부에서 조달할 수 있다.[34] 하지만 기업은 그들의 핵심 목표에서 벗어난 활동에서도 숙달의 경지에 오를 수 있다. 그렇다면 이러한 활동들 또한 기업 내부에서 전담해야 할까?

경영 전략의 대가로 유명한 마이클 포터Michael Porter는 기업의 경쟁력이 기업의 활동에서 비롯된다는 입장을 취하고 있다. 특히 강점을 쌓아 가는 다수 활동의 연결체가 경쟁력의 원천이며, 서로 연결된 활동의 집합체는 하나의 덩어리로 복제하기 어려운 특징을 지니고 있다. 중요한 것은 비즈니스의 개별적인 일부가 아니라, 이들이 서로 어떻게 이어지고, 고유한 활동 체계 속에서 서로를 어떻게 강화하도록 구성되었는지다. 경쟁력은 모든 기업 활동을 아우르는 전체적인 시스템에서 비롯된다. 경쟁 기업은 이러한 체계 내의 개별 활동을 모방할 수는 있어도, 전체 시스템을 복제하지 않는 이상 동일한 경쟁력을 창출할 수 없다.[35]

다른 학자들은 기업들이 핵심적인 본연의 목적에 부합하는 기능과 역량을 유지해야 한다고 주장한다. 기업이 생존하고 성공하려면 이러한 기능과 역량을 반드시 제대로 갖추어야 한다. 컴퓨터 회사는 컴퓨터를 만드는 일이 핵심적인 본연의 목적이다. 하지만 델, HP, IBM은 이러한 활동의 상당 부분을 셀레스티카, 플렉스트로닉스, 사빌과 같은 전자 제품 제조 서비스 업체에 위탁한다. 완성 자동차 조립은 자동차 회사의 핵심적인 본 업무이지만 BMW와 메르세데스는 최종 조립을 마그나에 위탁한다.

스탠퍼드 경영대학원 교수 수전 애티Susan Athey의 주장은 상당한 설득력을 지니고 있다. "빅 데이터의 수집과 분석처럼, 핵심적인 본연의 기능을 외부에 위탁하는 것은 너무 위험할 수 있습니다. 그 분야에 특별한 능력이 없더라도 마찬가지입니다."[36] 실제로 데이터 분석처럼 독특한 장점을 지녀야 살아남을 수 있는 기능이란 분명히 존재할 수 있다. 이러한 기능을 외부에 위탁하는 경우 실질적인 리스크를 감수해야 한다. 하지만 내부 역량을 수립하기 위해 외부 자원을 전략적으로 활용할 수 있는 것은 분명한 사실이다.

기업의 경계를 정하는 첫걸음은 산업, 경쟁자, 성장 기회를 이해하고, 이러한 지식을 비즈니스 전략을 개발하는 밑바탕으로 활용하는 것이다. 여기에서 블록체인은 모든 매니저와 지식근로자들이 항상 고민해야 하는, 네트워킹에 대한 새로운 기회를 열어 줄 수 있다. 경계를 선택하는 일은 고위 임원들에게만 주어진 책임이 아니며, 혁신과 성과에 필요한 최고 역량을 결집하기 위해 노심초사하는 모든 직원의 일이 될 수 있다. 하지만 당신의 기업 문화를 위탁할 수 없다는 말을 덧붙이고 싶다. 우리 두 사람은 이 또한 사소한 문제가 아니라고 생각한다.

매트릭스 분석하기

블록체인 기술을 통해 기업의 경계 바깥에서도 고유한 역량을 활용할 수 있다. 이제 기업들은 이 점을 고려해 기업 경쟁력의 중추를 담당하는 비즈니스 활동과 기능을 정의할 수 있다. 독특하고도 핵심 목적에 부합하며, 차별화된 가치를 확보하기에 충분한 정의를 수립할 수 있는 것이다.

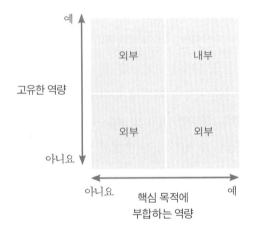

하지만 이러한 내부-외부 매트릭스 모델은 일정 시점의 기업 경계를 정의하기 위한 첫걸음일 뿐이다. 근본적인 요소를 결정하는 데 고려해야 할 다른 요소는 무엇일까? 내부에서 육성할지, 외부에 위탁할지 선택하는 문제를 두고 어떤 환경을 고려해야 할까?

미래를 파헤쳐라: 경계를 결정하다

활동의 경계를 선택하는 기업들은 블록체인을 활용하기 시작해야 한다. 이로써 그들은 모든 관점에서 이 문제를 살필 수 있고, 그들의 비즈니스에서 무엇이 고유한 경쟁력을 갖추고, 본연의 목적에 부합하는지 합의할 수 있다. 블록체인 기반 기업의 경영 방식을 예측한 조지프 루빈과 컨센시스의 사례로 돌아가 보자. 물론 컨센시스는 아직 걸음마 단계의 기업이고, 그들의 비즈니스 또한 여러 가지 사유로 난항에 부딪힐 수 있다. 하지만 이 기업의 사례에서 여전히 배울 것이 많다는 점을 기억해야 한다.

1. 특정 업무를 더욱 잘 수행하는 파트너를 찾을 수 있을까? 특히 새로운 동료 생산 공동체, 이데아고라, 오픈 플랫폼, 기타 블록체인 비즈니스 모델을 활용해 실적을 올릴 수 있을까? 컨센시스는 기업 외부에서 특별한 전문가들을 조달해 이러한 업무를 수행할 수 있다.

2. 블록체인 기술을 감안하면, 기업 경계가 시사하는 새로운 경제학적 의미는 무엇일까? 파트너를 찾는 데 소요되는 거래 비용과 기업 내부의 유지/개발 비용 가운데 무엇을 선택할 것인가? 핵심 요소가 모듈식이고 재활용이 가능한 일련의 스마트 계약을 개발할 수 있는가? 컨센시스는 조율 비용을 절감하기 위해 스마트 계약을 활용한다.

3. 기술적 독립성과 모듈화의 범위는 어디까지 확장 가능할까? 모듈 형태로 존재하는 비즈니스 요소를 정의할 수 있다면, 기업 경계 바깥에서 이들의 지위를 쉽게 정립할 수 있다. 컨센시스는 소프트웨어 개발의 표준을 수립하고 다양한 소프트웨어 모듈에 접근을 허용한다. 파트너들은 이러한 모듈을 기반으로 작업을 수행할 수 있다.

4. 당신의 회사는 외부에 위탁한 업무를 효과적으로 조율할 수 있는 역량을 갖추고 있는가? 스마트 계약은 그러한 경쟁력을 강화하고 비용을 절감할 수 있을까? 컨센시스는 처음부터 블록체인 비즈니스로 출발했다. CEO 조지프 루빈은 이 기술과 변형된 홀라크라시를 받아들였고, 우리 두 사람은 여기에서 작동하는 일곱 가지 설계 원칙을 배울 수 있었다.

5. 누군가가 폭스콘과 스마트폰 제조사의 관계를 예로 든 것처럼, 사업 파트너가 당신 기업의 근본적인 부분을 침해하는 기회주의적 행동을 할 수도 있다. 컨센시스는 이러한 난점을 인센티브 체계를 통해 직원들의 로열티를 강화하는 방법으로 완화하고 있다. 능력을 발휘하는 직원은 회사의 이익을 공유할 수 있다.

6. 조직의 네트워크를 강화하고, 조직의 규모를 줄이는 데 수반되는 법률, 감독, 정치상의 제약이 존재하는가? 컨센시스는 아직 이러한 문제를 겪고 있지 않다.

7. 혁신의 속도와 페이스는 경계를 결정하는 데 중요하다. 기업들은 전략적 기능을 내부적으로 개발하는 데 시간이 소요되어, 이러한 기능을 다른 파트너에 의지할 수밖에 없는 경우가 있다. 파트너와의 협업은 플레이스홀더placeholder가 될 수 있다. 파트너와의 협업은 우리의 경쟁력을 높이는 생태계를 구성하는 데 도움이 될까? 이것이 바로 컨센시스의 전략이다. 이더리움 플랫폼 주위에 협업자들의 네트워크를 구축하고, 플랫폼과 생태계를 육성하며, 모든 요소의 성공 확률을 높이고 있다.

8. 생산 또는 네트워크 아키텍처와 같이, 무언가 근본적인 것을 통제하지 못하는 위험이 존재할까? 기업들은 어떤 밸류 체인이 미래의 가치를 창조하고 포착하는 데 핵심인지 알아야 한다. 이러한 부분을 간과한다면 기업은 실패할 것이다. 이더리움 플랫폼은 컨센시스에 대한 기본 아키텍처를 제공한다.

9. 데이터 자산의 개발처럼 기업 자체, 또는 기업 활동의 뼈대를 구성하는 요소가 존재할까? 고유한 역량이 부족하더라도, 협업 체제를 특별한 내부 전문성과 역량을 개발하는 과도기적 전략으로 받아들여야 한다. 블록체인 기술은 모든 직원이 갖추어야 할 새로운 역량을 선보일 것이다. 당신은 경계 바깥으로 기업 문화를 유출하기 어려울 것이다.

3장
블록체인이 만들어 낸 새로운 비즈니스

2008년 금융 위기가 닥치기 한 달 전에 설립된 에어비앤비는 250억 달러짜리 플랫폼으로 성장했다. 지금은 시장 가치와 대실 기준으로 세계 1위 숙박업체가 된 지 오래다. 하지만 숙박 공간을 제공하는 공급자들은 그들이 창출하는 가치의 일부만을 대가로 수령할 뿐이다. 해외 결제는 웨스턴 유니언을 통해 이루어지며, 각 거래마다 10달러가 소요되고, 대형 환전소가 필요하며, 정산하는 데까지 오랜 시간이 소요된다. 에어비앤비는 모든 데이터를 저장하고 이를 현금화한다. 임대인과 고객 모두 프라이버시를 걱정한다.

우리 두 사람은 블록체인 전문가 디노 마크 앙가리티스와 함께 블록체인상에서 에어비앤비의 경쟁자를 어떻게 구상할 수 있을지 머리를 맞대고 논의했다. 우리는 우리의 새로운 비즈니스를 비에어비앤비라 부르기로 마음먹었다. 비에어비앤비는 멤버들로 구성된 협동조합과 비슷하다. 간접비를 제외한 모든 수입은 플랫폼을 통제하고 의사를 결정하는 멤버들에게 귀속된다.

비에어비앤비 vs 에어비앤비

비에어비앤비는 분산형 애플리케이션distributed application, DApp으로, 주택 목록 블록체인상의 데이터를 저장하는 스마트 계약의 집합체다. 비에어비앤비 애플리케이션은 우아한 인터페이스를 지니고 있다. 주택 소유자들은 집에 대한 정보와 그림을 업로드할 수 있다.[1] 플랫폼은 임대인과 임차인 모두의 평판 점수를 저장해, 모든 사람의 비즈니스 의사 결정을 도와준다.

숙소를 빌리고 싶은 사람들은 비에어비앤비 소프트웨어를 검색하고 원하는 기준에 맞는 모든 목록을 블록체인상에서 걸러 낸다(예컨대, 에펠 탑에서 10마일, 침실 두 개, 별 4개 등급 한정). 당신의 사용자 경험은 에어비앤비에서의 경험과 비슷하다. 다른 점은 에어비앤비의 데이터베이스에 저장되지 않은 암호화된 메시지를 통해 네트워크상에서 P2P로 소통한다는 점이다.[2] 이러한 메시지를 읽을 수 있는 사람은 오직 당신과 방주인 두 사람뿐이다. 두 사람은 전화번호를 교환할 수도 있다. 하지만 에어비앤비는 수익을 빼앗기지 않기 위해 이러한 교환을 금지하고 있다. 비에어비앤비에서는 두 사람이 블록체인 바깥에서 교류하고 거래를 완결하는 데 아무런 문제가 없으나, 몇 가지 이유로 블록체인상에서 거래하는 것이 훨씬 유리하다.

평판: 네트워크가 블록체인상의 거래를 기록하므로, 각 사용자의 긍정적인 리뷰는 당신의 평판을 향상시킨다. 부정적인 리뷰가 초래할 리스크는 각 당사자에게 정직하게 행동하자는 동기를 불어넣는다. 기억하라. 좋은 평판을 지닌 사람들은 복수의 분산형 애플리케이션에서 같은 신원을 활용할 수 있고, 계속 좋은 사람으로 인정받아 유리한 입장에 설 수 있다.

신원 확인: 개인을 대신해 신원을 확인해 주는 중앙 집중식 시스템이 없으므로 각 당사자는 상내방의 신원을 직접 확인해야 한다. 블록체인상에서의 계약은 'VerifyID' 애플리케이션을 활용할 수 있다. 이 계약은 비에어비앤비, SUber(블록체인 우버), 기타 분산형 애플리케이션이 현실에서의 신원을 확인하기 위해 활용하는 다양한 계약 가운데 하나다.

프라이버시 보호: VerifyID는 데이터베이스 내의 모든 거래를 추적할 수 없고, 데이터베이스에 모든 거래를 저장할 수도 없다. VerifyID는 그저 공개 키(페르소나)를 확인해 달라는 요청에 예/아니요로 답할 뿐이다. 많은 분산형 애플리케이션들이 VerifyID에게 확인을 요청할 수 있지만, VerifyID는 자세한 거래 내역을 알 수 없다. 활동과 신원을 분리하면서 프라이버시 보호가 현저히 개선될 수 있다.

리스크 저감: 요즈음 주택 소유자들은 고객의 신원과 재무 데이

터를 자신의 서버에 저장하고 있다. 서버에 저장된 정보가 유출될 수도 있고, 서버 자체가 해킹을 당할 수도 있다. 이러한 경우 주택 소유자들은 소송을 당할 수 있고 막대한 책임을 부담할 수 있다. 블록체인상에서는 임대인들에게 자신의 데이터를 맡길 필요가 없다. 유출되거나 해킹을 당할 데이터베이스가 존재하지 않기 때문이다. 오직 개인 간 P2P 기반의 암호화된 거래만이 존재할 뿐이다.

보험: 요즈음 에어비앤비는 임대인들을 위한 100만 달러짜리 보험을 들어 도난과 손해를 보상하고 있다. 비에어비앤비에서는 임대인들이 비에어비엔비 보험 분산형 애플리케이션을 확보할 수 있다. 평판이 좋은 임차인들은 낮은 보험료를 적용받고, 조심성이나 신중함이 떨어지며 집을 험하게 다루는 임차인들을 위해 보조금을 납부할 필요가 없다. 예약 신청을 제출하면, 비에어비엔비는 당신의 공개 키(페르소나)를 보험 회사에 참조하라고 송부한다. 보험 분산형 애플리케이션은 신뢰할 수 있는 제공자들의 리스트에 접속한다. 보험자들은 계약의 입력 값에 따라 작동하는 자율적인 에이전트 소프트웨어를 통해 실시간으로 계산을 수행한다. 임대인의 주택 가치, 임대인이 원하는 보험 사양, 임대인의 평판, 임차인의 평판, 임대료와 같은 숫자가 입력 값이 될 수 있다. 비에어비앤비는 최선의 제안을 선택하며, 여기에 임대인이 바라는 대로 야간 수수료를 덧붙인다. 블록체인은 이러한 계산을 이면에서 수행한다. 임대인과 임차인은 에어비앤비와 비슷한 사용자 경험을 제공하면서, 더욱 공평하고

진보된 가치 교환을 가능케 한다.

지급 정산: 물론 블록체인상에서는 방 값을 몇 초 만에 임대인에게 이체할 수 있다. 며칠씩 걸리는 에어비앤비보다 훨씬 빠르게 진행되는 것이다. 임대인들은 스마트 계약을 통해 더욱 쉽게 보증 예치금을 관리할 수 있다. 어떤 사람들은 에스크로 계정을 사용해 방 값을 단계별로 지급하거나(매일, 매주, 매시간 등), 서로 합의하에 전액을 일시에 지급할 수도 있다. 스마트 계약에서 분쟁이 발생하면, 당사자들은 중재를 신청할 수도 있다.

스마트록을 활용한 자산에의 접근(사물 인터넷 디바이스): 블록체인에 이어진 스마트록은 대금의 지급 시점을 정확히 알 수 있다. 당신이 도착하는 순간 근거리 통신 스마트폰은 공개 키로 메시지를 서명할 수 있고, 서명하는 순간 스마트록이 열리게 된다. 임대인들은 인사를 건네고 싶다거나 비상 상황만 발생하지 않는다면, 방 열쇠를 건네기 위해 집에 오지 않아도 된다. 임대인과 임차인은 에어비앤비 수수료 15퍼센트를 거의 모두 절약한 셈이다. 계약은 확실하고 신속히 정산되었고, 국제 계약에 소요되는 외환 거래 수수료 또한 발생하지 않았다. 신원 누출을 걱정할 필요도 없다. 독재 정부라도 임대 데이터를 압수하려 비에어비앤비를 조사할 수 없다. 진정한 가치 교환의 경제이며, 소비자와 서비스 제공자 전부가 윈윈하게 된다.

분산형 애플리케이션의 부상

비에어비앤비와 같은 분산형 비즈니스 형태를 고려하기에 앞서, 저변의 기술이 분권화를 어떻게 가능하게 하는지 알 필요가 있다. 블록체인 이전에는, 중앙 집중식 기관이 컴퓨팅 자산을 독점했다.

기업의 전산화가 시작된 지 몇 십 년간, 모든 소프트웨어 애플리케이션은 그들 각자의 컴퓨터에서 작동했다. GM, 시티은행, 유에스스틸, 유니레버, 미 연방정부는 그들의 소프트웨어를 돌리는 거대한 데이터 센터를 보유하고 있었다. 기업들은 1980년대를 풍미했던 거대 기업 컴퓨서브와 같은 공급자로부터 컴퓨터 자원을 임차하거나 '시간별로 사용'해 그들의 애플리케이션을 구동했다.

개인용 컴퓨터 시장이 성숙하면서 소프트웨어 시장 또한 특화되기 시작했다. 고객용 애플리케이션(PC용)과 서버용 애플리케이션(호스트 컴퓨터용) 모두가 개발되었다. 인터넷, 특히 월드 와이드 웹이 널리 퍼지면서, 개인과 회사 모두 컴퓨터를 사용해 정보를 나눌 수 있었다. 처음에는 문서만 취급하다가 점점 사진, 동영상, 기타 멀티미디어 자료로 확장되었고, 결국에는 소프트웨어 앱까지 공유하기 시작했다.3 정보 공유는 정보의 지형을 민주화하기 시작했다. 하지만 이러한 환경 또한 수명이 오래가지는 못했다.

1990년대, 타임 셰어링의 새로운 변형 사례가 나타났다. 이는 처음에는 가상사설망virtual private network, VPN이라 불리다가 나중에는 클라우드 컴퓨팅cloud computing으로 이름을 바꾼다. 개인들과 기업들은 클라우드 컴퓨팅을 활용해 제3의 데이터 센터에 소프트웨어와 데이터를 저장하고 처리할 수 있다. 세일즈 포스 닷컴과 같이 신기술을 갖춘 기업은 클라우드 모델로 많은 돈을 벌어들였고, 이 회사의 고객들은 소프트웨어를 개발하고 운영하는 막대한 비용을 절약할 수 있었다. 아마존이나 IBM과 같은 클라우드 서비스 제공자들은 수십억 달러짜리 비즈니스를 구축했다. 2000년대에는 페이스북이나 구글과 같은 소셜 미디어 회사들이 그들의 방대한 데이터 센터에서 작동하는 서비스를 개발했다. 이러한 중앙 집중화된 컴퓨팅의 트렌드를 이어 나가기 위해 애플과 같은 기업들은 웹상의 민주화된 아키텍처에서 벗어나 애플 스토어와 같은 자산 플랫폼으로 이동했다. 애플의 고객들은 공개된 웹이 아니라, 폐쇄된 환경 속에서 등록된 앱을 내려받는다.

디지털 시대에 거대 기업들은 그들의 대형 시스템에서 통합된(개발, 가공, 소유, 취득 등이 어우러진) 애플리케이션을 취득한다. 중앙 집중식 회사들은 중앙 집중화된 컴퓨팅 아키텍처를 구축했고, 이로써 중앙 집중식 기술과 경제적 힘을 확보할 수 있었다.

하지만 경고 표지를 무시할 수 없다. 통제 지점 또한 하나로 압축되면서 회사들은 시스템 고장, 사기, 정보 유출에 취약해진다. 당신이 타깃, 이베이, 제이피 모건 체이스, 홈데포, 앤섬, 애슐리 매디슨(여기에 가입할 일이 있다는 것을 전제한다•), 미 연방인사관리처(최근 두 번째 정보 유출을 경험했다!), 우버의 고객이라면 2015년에 일어났던 해킹의 아픔을 기억할 것이다.[4] 회사의 각 부서들이 갖춘 서로 다

• 애슐리 매디슨은 유부남, 유부녀의 만남을 주선해 주는 서비스로 논란이 많음.

른 체계들은 상호 소통에 상당한 어려움을 겪는다. 회사 바깥의 시스템과 소통하기 어려운 것은 말할 필요조차 없다. 사용자들 입장에서는 단 한 번도 통제력을 발휘한 적이 없다는 것을 의미한다. 어떤 사람들은 우리의 서비스를 우리의 가치와 충돌할 수 있는 암묵적 가치와 목표에 따라 정의하기도 한다. 우리가 가치 있는 데이터를 잔뜩 생성하면, 다른 사람들은 이를 자기 것으로 만들고 엄청난 부를 축적한다. 어쩌면 인류 역사상 가장 막대한 규모일 수도 있다. 하지만 우리 대부분은 수혜나 보상을 거의 받지 못한다. 무엇보다 최악인 것은, 중앙 권력이 우리의 데이터를 활용해 우리 각자의 복제된 이미지를 창출할 수 있고, 우리에게 뭔가를 팔아먹거나 우리를 감시할 수단으로 활용할 수 있다는 것이다.

여기에서도 블록체인 기술이 모습을 드러낸다. 누구나 이 플랫폼에 프로그램을 업로드하고 스스로 실행되도록 놓아둘 수 있다. 이 프로그램에는 강력한 암호 경제학적[5] 보증이 수반되어, 원래 의도한 바대로 안전하게 실행할 수 있다. 이 플랫폼은 기관 내에 숨지 않고 외부에 공개된다. 또한 디지털 머니와 같은 리소스들을 점점 더 많이 확보해 일정한 행동을 유인하고 보상한다.

우리는 분산형 소프트웨어를 만들고 나눌 수 있는 새로운 디지털 혁명의 시대로 이동하고 있다. 블록체인 프로토콜이 분산된 것처럼, 분산형 애플리케이션은 단일 서버에서보다는 많은 컴퓨터 장비에서 구동된다. 이는 모든 블록체인을 구동하는 모든 컴퓨팅 자원이 하나의 컴퓨터를 구성하기 때문이다.

블록체인 개발자 개빈 우드Gavin Wood는 이러한 포인트를 활용해 이더리움 블록체인을 연산 처리를 위한 플랫폼으로 설명하고 있다. "이 세상에는 오직 하나의 이더리움 컴퓨터가 있을 뿐입니다." 그는 이렇게 말했다. "이는 다중 사용자 기반으로, 이를 사용하는 사람들은 누구나 자동적으로 인증되어 들어옵니다." 이더리움은 가장 높은 수준의 암호 보안에 따라 분산되고 수립된다. "모든 코드, 처리, 저장은 독자적인 폐쇄 공간에 존재하며, 그 누구도 그 데이터를 흩트릴 수 없습니다." 그는 핵심적인 규칙이 컴퓨터 안에 내재되어 있다고 주장하며, 이를 '가상의 실리콘'에 비유했다.6

분산형 애플리케이션을 이야기해 보면, 블록체인에 앞선 준비 운동을 감지할 수 있다. 인터넷 트래픽의 5퍼센트 이상을 차지하는 P2P 기반의 파일 공유 애플리케이션, 비트토렌트는 분산형 애플리케이션의 힘을 여실히 보여 주고 있다.7

음악, 영화, 기타 미디어를 좋아하는 사람들은 그들의 파일을 무료로 공유하지만, 감독 기관이 폐쇄할 중앙 서버란 존재하지 않는다. 파괴적 혁신을 추구하는 프로그래머 브램 코헨Bram Cohen이 비트토렌트를 개발했는데, 그는 비트코인을 둘러싼 상업 활동들 탓에 비트코인에는 다소 시큰둥한 입장이다. 그는 이렇게 말했다. "블록체인 혁명은 화폐화되지 못할 겁니다."8

우리들 대부분은 혁신을 통한 수입과 경제적 가치의 창출을 긍정적으로 받아들인다. 단, 혁신이 소수에 의해 화폐화되어서는 곤란하다. 블록체인 기술과 함께한다면, 분산형 애플리케이션의 가능성은 거의 무한대로 뻗어 나간다. 블록체인 기술은 분산형 애플리케이션을 새로운 단계로 고양시킨다. "사랑과 결혼, 사랑과 결혼, 말과 마차같이 함께 가리라"라는 노랫말처럼, 분산형 애플리케이션과 블록체인의 관계도 이와 비슷하다. 스토지는 분산형 클라우드 저장 플랫폼이자 분산형 애플리케이션 묶음으로 특징되는 기업이다. 여기에서의 사용자들은 데이터를 안전하고, 저렴하고, 비밀스럽게 저장할 수 있고, 그 어떤 중앙 기관도 사용자의 암호화된 패스워드에 접근할 수 없다. 이 서비스는 중앙 집중식 저장 장치를 유지할 때처럼 높은 비용이 들지 않는다. 속도가 엄청나게 빠르고, 사용자에게 빌리는 나머지 디스크 공간에 대한 대가를 지급한다. 당신의 컴퓨터 저장 공간을 임대하는 에어비앤비나 마찬가지다.

혁신의 네 가지 요소와 기업의 형태

분산형 애플리케이션은 어떻게 기업의 구조에 더 높은 수준의 효율성, 혁신성, 반응성을 불어넣을 수 있을까? 우리는 분산형 애플리케이션을 활용해 어떤 새로운 비즈니스 모델을 만들어 가치를 창출할 수 있을까? 오늘날 강력한 기관이 인터넷의 효용을 차지하고 있다면, 어떻게 '외부 위탁'과 '비즈니스 웹'을 넘어 진정한 혁신과 가치 창조의 분산 모델로 이동해 번영을 나누고 데이터와 부의 소유권을 분배할 수 있을까? 우리는 가장 중요한 혁신이라고 생각하는 네 가지 요소를 다음과 같이 표로 만들어 보았다.

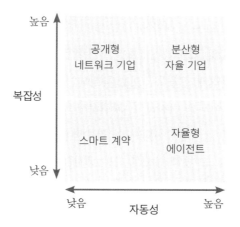

가로축은 사람들이 모델에 참여하는 정도를 확인해 준다. 가로축의 왼쪽에서는 사람의 손이 어느 정도 필요하지만, 오른쪽에서는 사람의 손이 전혀 필요 없다.

세로축은 모델이 기능적으로 얼마나 복잡한지를 설명한다. 기능적으로 복잡한 정도이지 기술적으로 복잡한 정도를 의미하는 것은 아니다. 세로축의 가장 아래쪽에는 단일한 기능을 수행하는 모델이, 꼭대기에는 다양한 기능을 수행하는 모델이 포진해 있다.

이들 모두는 블록체인 경제를 구성하는 요소들이다. 블록체인 기술을 사용하는 한편, 암호화폐가 존립의 바탕을 이루기 때문이다. 스마트 계약이 가장 기본적인 형태다. 스마트 계약은 다소 복잡해서 사람의 손이 가야 하는 경우가 있으며, 그에 따라 다중 서명 계약의 형태가 차차 늘어나고 있다. 스마트 계약은 점점 더 복잡해지고 다른 계약과 상호 작용하므로 이른바 공개형 네트워크화에 이바지할 수 있다. 만일 네트워크화 기업과 자율형 에이전트(인간의 손길 없이 의사를 결정하고 작동하는 소프트웨어다)를 조합한다면, 우리는 이른바 분산형 자율 기업이라 불리는 실체를 얻게 되는 것이다. 이러한 기업은 기존의 경영 방식이나 위계 구조 없이도 고객의 가치나 기업주의 부를 창출할 수 있다. 우리는 수천, 수백만의 사람이 벤처를 창업하는데 협력하고, 벤처가 창출하는 부를 공유할 수 있을 것이라 생각한다. 이러한 분배는 부의 재분배라기보다는 부의 분배에 가깝다.

공개형 네트워크와 기업

스마트 계약 덕분에 기업들은 과거에는 교류하기 힘들었던 새로운 공급자 및 파트너들과 기발하고도 스스로 집행 가능한 계약을 체결할 수 있다. 한데 집합된 스마트 계약들은 기업을 네트워크화시켜 기업의 경계를 느슨하게 만들 수 있다.

블록체인 기술은 코스가 말한 검색 비용과 조율 비용을 떨어뜨릴 수 있고, 회사들은 스스로를 유리시켜 더욱 효과적인 네트워크로 들어갈 수 있다. 자동차 회사는 온라인상의 분석 서비스를 검색해 공급자의 신뢰성을 점검할 수 있다. '차축'이나 '유리창'을 블록체인상의 무수한 거래 사례에 입력하고, 온라인상에서 가격을 협상할 수 있는 것이다.

우리는 이처럼 간단한 시나리오를 교환 부품, 서플라이 체인 파트너, 협업자, 분산 자원 관리 소프트웨어를 찾는 쪽으로 확장할 수 있다. 중국에서 철을 조달하고, 말레이시아에서 고무를 수입하고, 캔자스 주 위치토에서 유리를 얼마든지 공급받을 수 있는 것이다. 분권화된 온라인 청산소는 각 원자재에 상응하는 분산형 애플리케이션으로 작동하며, 구매자들은 가격, 품질, 배송일이 담긴 계약을 마우스 클릭 몇 번만으로 체결할 수 있는 것이다. 당신은 기존 거래에 대한 자세하고도 검색 가능한 정보를 갖게 될 것이다. 다양한 기업들이 어떻게 평가되었는지뿐만 아니라, 그들이 약정한 바를 어떻게 지켜 왔는지도 검색할 수 있다. 또한 가상의 지도상에서 물건이 어디로 배송되고 있는지 추적할 수 있고, 상품이 적시 배송되는 것을 전제로 세부적인 스케줄을 짤 수도 있다. 창고를 둘 필요가 없어지는 것이다.

자율형 에이전트

배우고 적응할 수 있는 고유한 능력을 갖고 인터넷을 종횡무진하는 소프트웨어를 상상해 보라. 자신만의 월렛을 갖춘 이 소프트웨어는 제작자가 설정한 목표를 추구하고, 살아남기 위해 컴퓨터 자원과 같은 리소스를 구입하며, 이 와중에 대가를 받고 다른 주체에 서비스를 제공한다.

자율형 에이전트라는 용어는 다양한 정의를 지니고 있다.[9] 우리가 논의하는 바에 초점을 맞추면 일부 제작자를 대표해 주변 환경에서 정보를 취득하고, 독립적인 선택을 할 수 있는 디바이스 또는 소프트웨어를 의미한다. 우리는 일부 자율형 에이전트를 '지능형'이라는 단어로 묘사한다. 하지만 자율형 에이전트는 일반적인 의미에서의 지능을 갖추고 있지 않다. 그래도 이들이 '컴퓨터 프로그램'에 머물지 않는 이유는 목표를 달성하는 방법을 스스로 바꿀 수 있기 때문이다. 이들은 시간이 지날수록 환경을 감지하고, 환경에 대응할 수 있다.[10]

컴퓨터 바이러스는 자율형 에이전트의 실례로 가장 많이 인용된다. 사람이 개입하지 않아도 한 기계에서 다른 기계로 스스로를 복제해 살아남을 수 있기 때문이다. 블록체인에 바이러스를 살포하는 것은 더욱 어렵고 비용이 많이 소요될 수 있다. 왜냐하면 다른 당사자가 상호 반응하도록 대가를 지급해야 하고, 그렇지 못하면 네트워크가 공개 키를 재빨리 확인하고 평판 점수를 깎거나, 거래를 승인하지 않을 수 있기 때문이다.

바람직한 블록체인 사례를 생각하기 위해 다음을 고려해 보라. 클라우드 컴퓨팅 서비스는 다양한 소스로부터 처리 능력을 빌릴 수 있다. 처리 능력이 남는 컴퓨터들과 임차 횟수를 늘리면서 아마존 크기로 커질 수 있다.[11] 커뮤니티, 회사, 개인이 소유하거나 주인이 없는 무인 차량이 도시를 돌아다니며 승객을 태우고 그들에게 적당한 수수료를 부과할 수 있다. 우리는 거래를 수행하고, 리소스를 얻고, 대금을 지급하고, 사람을 위해 가치를 창출할 수 있는 대리인에 흥미를 느끼고 있다.

이더리움 블록체인을 창안한 비탈리크 부테린은 이러한 에이전트를 이론화했고 이들의 진화를 설명하기 위한 분류 체계를 개발했다. 맨 끝단에는 바이러스와 같이 제한된 목적을 달성하기 위해 단일 기능만을 수행하는 에이전트가 존재한다. 그다음 단계에는 더욱 지능적이고 다재다능한 에이전트가 존재한다. 이러한 에이전트는 하나의 서비스로서, 아마존과 같은 특정한 공급자로부터 서버를 임차한다. 이보다 고도화된 에이전트는 모든 공급자로부터 서버를 임차하는 방법을 알아낼 수 있고, 새로운 웹사이트를 발견하기 위해 그 어떤 검색 엔진이라도 활용할 수 있다. 이를 또 능가하는 에이전트는 자신의 소프트웨어를 업그레이드하고, 새로운 서버 임차 모델에 적응할 수 있다. 엔드 유저들의 놀고 있는 컴퓨터나 디스크를 임차하고, 사용 대가를 지급하는 방식 또한 이러한 새로운 임차 모델에 속한나. 최고를 바라보기 식선 난계는 무엇일까? 새로운 산업을 발견해 시작하고, 완벽한 인공 지능이라는 차세대의 인류 진화를 추구하는 것이다.[12]

웨더넷

자율형 에이전트가 블록체인 기술을 이용해 날씨를 예측하고 돈을 벌 수 있을까? 2020년의 미래를 예측해 보자. 세계 곳곳에 깔린 스마트 디바이스들이 각 지역의 날씨를 예측하고 측정하며, 이러한 스마트 디바이스의 네트워크가 세계 최고의 일기 예보를 제공한다. 2020년, 네트워크에 풀린 BOB라는 이름의 자율형 에이전트가 이러한 디바이스들과 협업해 새로운 비즈니스를 창출한다. BOB가 작동하는 원리를 소개해 보자.

전신주, 의복, 지붕, 차량에 달린 분산형 환경 센서(웨더노드 weatherNode)는 위성에 연결되어 전 지구에 걸친 네트워크를 형성한다. 이들을 연결하기 위한 인터넷 서비스 제공자를 따로 둘 필요가 없다. 이들은 중앙 데이터베이스와 소통하지 않고 블록체인에 데이터를 저장한다.[13] 상당수의 디바이스가 태양광으로 작동하므로 전력망이 필요 없고, 무한정 효율적으로 작동할 수 있다.

블록체인은 몇 가지 기능을 아우른다. 첫째, 대금 지급을 정산한다. 각 웨더노드는 세계 방방곡곡에서 정확한 날씨 정보(기온, 습도, 바람 등)를 제공하고 30초마다 소액의 대가를 지급받는다.

블록체인은 또한 모든 웨더노드의 거래를 저장한다. 각 웨더노드는 모든 데이터에 블록체인에 저장된 공개 키를 서명한다. 공개 키로 웨더노드를 식별하며, 다른 주체들은 이를 통해 웨더노드의 평판을 확인할 수 있다. 노드가 정확한 날씨 데이터를 제공하면 평판 점수가 올라간다. 노드가 망가지거나, 제대로 작동하지 않거나, 부정확한 데이터를 송출하면 평판의 하락을 감수해야 한다. 평판이 낮은 노드는 평판이 높은 노드에 비해 더 적은 비트코인을 수령한다. 애플리케이션을 만든 자가 비트코인의 수령자가 되며, 이들이 개인이냐, 기업이냐, 조합이냐는 중요하지 않다.

데이터 공급자들과 데이터 소비자들은 블록체인 덕분에 단일한 공개된 시스템상에서 P2P 방식으로 참여할 수 있다. 전 세계의 중앙 집중화된 수많은 날씨 서비스를 구독할 필요가 없는 것이다. 또한 블록체인상에서는 그들의 소프트웨어를 각 응용 프로그램 인터페이스와 소통하도록 프로그래밍할 수 있다. 스마트 계약을 통해 우리는 글로벌한 '날씨 데이터 시장 분산형 애플리케이션'을 확보할 수 있고, 이를 통해 소비자들은 실시간으로 데이터를 제공하고, 보편적으로 합의된 포맷을 통해 데이터를 수령할 수 있다. 중앙 집중식 데이터 제공자들은 그들이 갖고 있는 시스템과 개별화된 영업 전략을 버리는 대신, 전 세계에서 접속할 수 있는 날씨 데이터 시장 분산형 애플리케이션의 공급자가 되는 편이 좋을 것이다.

중앙 통제 방식의 비효율

인터넷의 초창기에는 기술 혁명이 오직 중앙에서만 일어났다. 에너지 회사, 케이블 회사, 중앙은행과 같은 중앙 집중식 공기업들만이 언제 네트워크를 업그레이드하고, 설비를 새롭게 단장하고 누구에게 접근 권한을 허락할 것인지 결정할 수 있었다. 혁신이란 '변방'에서 일어날 수 없었다. 예컨대, 네트워크를 사용하는 개인은 혁신의 주체가 되기 어려웠다. 폐쇄된 시스템의 규칙과 프로토콜에 따르면, 네트워크와 소통하도록 설계된 새로운 기술은 중앙의 허락이 있어야만 작동할 수 있었기 때문이다.

중앙 통제 방식이 비효율적인 이유는 시장이 실시간으로 원하는 바를 정확히 모르기 때문이다. 그들은 실시간으로 시장이 원하는 바를 습득한 것에 기초를 두고 두루뭉술하게 추정하기 마련이다. 결국에는 웨더코프WeatherCorp라는 중앙 집중화된 서비스에 의지하게 되며, 이 서비스는 센서를 설치하고 위성을 유지해 아무도 원하지 않는 데이터 팔이를 하게 된다.

블록체인을 통한다면 진입 장벽이 낮아져 모든 주체가 날씨 제공자 또는 날씨 데이터 소비자가 될 수 있다. 그저 웨더노드를 구입해서 지붕 위에 설치하고, 이를 글로벌 날씨 데이터 시장과 이어진 분산형 애플리케이션 LP(연결된 피어들을 위한 분산형 애플리케이션)에 연결하기만 하면 당장 수입을 올릴 수 있다. 당신이 지붕 위에 설치한 웨더노드가 더욱 정확한 데이터를 제공하는 웨더노드라면 칭찬을 받아 마땅하다! 당신은 변방에서 혁신을 일궜고, 시장은 그에 대한 보상을 안겨 주었다. 공개형 네트워크는 혁신을 추구하기 위한 동기를 부여하며, 이러한 동기는 폐쇄형 네트워크에 비해 효율성을 늘리는 데 이바지한다.

경쟁하는 보트(특정 작업을 반복해 수행하는 프로그램)

이해관계가 충돌할 우려는 없을까? 웨더노드가 외연을 확장해 곡물 수확 보험 시장에 진입한다면, 인지 부조화에 시달리지는 않을까? 농부 웨더노드는 가뭄의 효과를 강조하려 하고, 보험자 웨더노드는 가뭄이 미미할 것이라 주장한다. 에이전트의 소유자와 설계자는 운영의 투명성을 갖추어야 한다. 소유자와 설계자가 센서 데이터를 편견이 깃든 여과지로 걸러 낸다면, 그들 각자의 평판은 떨어질 것이다.

비탈리크 부테린은 자율형 에이전트를 만들기가 어려워진다고 지적한다. 살아남아 성공하려면 복잡하고, 급변하고, 적대적이기까지 한 환경에서 순항해야 하기 때문이다. "웹 호스팅 제공자가 부정을 저지르리라 마음먹으면, 모든 서비스 기회를 특정한 장소에 몰아넣고 어떤 방식으로든 속임수를 행사할 수 있는 노드로 대체해 버린다. 자율형 에이전트는 이러한 속임수를 탐지해 제거하거나, 최소한 시스템으로부터 노드를 무력화시킬 수 있어야 한다."[14]

자율형 에이전트가 자산의 소유권과 통제권으로부터 별도의 인격을 분리할 수 있다는 점을 주지하라. 블록체인 기술 이전에는 토지, 지적 재산, 금전과 같은 모든 자산을 소유할 수 있는 개인이나 법인격을 갖춘 주체가 존재했다. 안드레아스 안토노풀로스에 따르면, 암호화폐는 법적인 의미에서의 인격과 철저히 분리된다. "월렛은 소프트웨어 하나에 의해 통제됩니다. 그 누구도 이 소프트웨어를 소유하지 않습니다. 따라서 당신은 완벽한 자율형 소프트웨어 에이전트를 가질 수 있고, 이러한 에이전트들은 각자의 금전을 통제합니다."[15]

자율형 에이전트는 자신의 웹 호스팅에 대한 비용을 지불하고 진화형 알고리즘을 사용해 자신의 복제본을 전파할 수 있다. 원본에 작은 변화를 가하면 살아남기 쉬워진다. 각 복사본은 인터넷에서 발견하는 새로운 콘텐츠를 담거나 인터넷 어딘가에서 크라우드소싱을 통해 구할 수도 있다. 이러한 복사본 일부가 대성공을 거둔다면, 에이전트는 광고를 사용자들에게 되팔 수 있다. 부가 수입은 은행 계좌로 입금되거나 블록체인상의 안전한 장소에 게시된다. 에이전트는 이처럼 늘어나는 수입을 활용해 더 많은 콘텐츠를 크라우드소싱할 수 있으며 스스로의 역량을 늘려 나갈 수 있다. 에이전트가 이러한 사이클을 반복하면서 매력적인 콘텐츠는 더욱 확산되며 스스로를 성공적으로 내세울 수 있다. 실패한 콘텐츠는 스스로를 내세울 돈이 바닥나므로 자연스럽게 소멸한다.

분산형 자율 기업

지금 「스타트렉」의 선장 자리에 앉아 안전벨트를 졸라 맨다고 상상해 보라. BOB 9000은 강령과 규칙에 따라 복잡한 블록체인 기반 생태계에서 협력하는 자율형 에이전트들의 집합이다. 에이전트들은 다 함께 일련의 서비스를 창출하고, 이렇게 만든 서비스를 사람이나 기관에 매도한다. 사람들은 에이전트가 일할 수 있도록 컴퓨터 자원을 할당해 생명을 불어넣는다. 에이전트들은 그들이 원하는 서비스를 구입하고, 사람이나 로봇을 고용하고, 제조 역량/브랜드 전문가/마케팅 전문가와 같은 협업 자원을 확보하며 실시간으로 적응한다.

이러한 조직을 소유하는 주주들이 있기 마련이다. 크라우드펀딩에 참여한 수백만 명이 조직의 주주가 될 수 있다. 주주들은 이익을 적법하게 극대화하기 위해 강령을 제공하며, 이러한 강령은 모든 이해관계자를 투명하고 정직하게 대하려 한다. 주주들은 조직을 경영하는 데 필요한 사항에 투표권을 행사할 수 있다. 사람들이 모든 의사를 결정하는 기존 조직과 반대로, 극단적인 분산형 조직에서는 늘 이루어지는 의사 결정 가운데 상당수가 노련한 코드 속에 프로그래밍된다. 이론상으로, 최소한 이러한 조직들은 전통적인 경영 구조를 최소한도로 갖추거나, 그러한 구조에 의지하지 않고서도 운영될 수 있다. 모든 사물과 모든 사람이 스마트 계약에 내재된 특정한 규칙과 절차에 따라 작동하기 때문이다. 조직에서 특별히 고용하거나 구축하기로 결정하지 않는 이상 과도한 급여를 받는 CEO, 경영 체제, 관료 체제가 존재할 수 없다. 사내 정치, 불필요한 요식 행위, 딜버트 스타일의 기업에 존재하는 피터의 법칙[*]이 적용될 여지가 없다. 왜냐하면 기술 제공자, 오픈 소스 커뮤니티, 기업의 창업자들은 소프트웨어의 어젠다를 특정한 기능을 실행하는 데 맞추기 때문이다.

모든 인력과 협업 기관들은 스마트 계약에 따라 업무를 수행한다. 그들은 특정한 직무를 수행하는 즉시 대가를 지급받는다. 2주 단위가 아니라 일별, 시간별, 혹은 마이크로초 단위로 급여를 수령한다. 조직은 반드시 인간과 같은 실체를 띨 필요가 없으므로, 직원들은 알고리즘이 자신을 관리한다는 것을 모를 수도 있다. 하지만 그들은 규칙과 바람직한 행동의 규범을 알고 있다. 스마트 계약에 경영 과학의 집합적 지식을 내장하고, 계약의 과업과 수행 방식이 투명하다면 사람들은 신바람 나서 일할 수 있을 것이다.

소비자들은 피드백을 줄 수 있고, 기업은 이러한 소비자들의 피드백을 자동적, 즉각적으로 적용해 방향을 수정할 수 있다. 주주들은 배당금을 수시로 수령할 수 있다. 실시간 회계가 연말 보고서를 무의미하게 만들기 때문이다. 조직은 이러한 모든 활동을 일정한 규칙과 부패할 줄 모르는 비즈니스 규율에 따라 수행한다. 이러한 규율은 이미 개발자들이 유행시켰던 오픈 소스 소프트웨어만큼이나 투명한 속성을 지니고 있다.

블록체인 기술과 암호화폐가 가능케 한 분산형 자율 기업의 세계

---

[*] 조직에서 어떤 직책의 적임자를 선택할 때, 그 직책에서 요구되는 직무 수행 능력보다 지원자가 현재까지 보여 온 업무 성과에 기초해 평가하는 경향이 높다는 경영학의 법칙.

에 온 것을 환영한다. 자율형 에이전트들은 스스로를 융합해 완전히 새로운 기업 모델을 만들 수 있다.

이 모든 것이 요점은 없고, 비실용적이고, 공상 과학 소설에나 나올 법한 이야기라고 말하기 전에 생각해 보아야 할 것이 있다. 컨센시스와 같은 회사들은 이미 토큰을 사용해 주식을 발행했고, 규제 당국의 감독을 받지 않고서 상장을 진행했다. 당신은 이 사기업에 대한 소유 지분을 법적으로 기록할 수 있고, 당신이 가진 지분을 블록체인상에서 타인에게 양도할 수 있다. 당신이 가진 주권을 바탕으로 배당금이 발생하고, 투표권이 부여된다. 그렇긴 해도, 당신의 새로운 '블록컴'은 분산 과정을 완료했다. 블록컴은 관할이 있어야만 존재할 수 있는 반면, 당신의 주주들은 이 세상 어디에 있어도 무방하다. 사채 형태로 채권을 발행하는 유사한 메커니즘을 상상해 보라. 사기업의 회사채이든, 국채이든, 본질적으로는 채권 시장을 형성한다. 같은 논리가 원자재에도 적용된다. 원자재 자체가 아닌 원자재에 상응하는 사채권을 발행하게 되고, 이는 시카고 상품 거래소나 글로벌 금시장이 작동하는 원리와 유사하다.

하지만 유가증권을 지금 당신이 알고 있는 바대로 생각하면 곤란하다. 1억 명의 주주가 몇 페니씩 투자한 글로벌 주식 공개 상장을 상상해 보라. 기업의 지배와 경영이 대규모로 이루어지고, 수천만 명이 주주권을 행사하는 현실은 충분히 가능하다. 결국, 피라미드의 가장 하단에 있는 투자자들은 지역을 가리지 않고 우량한 벤처 기업의 주식을 소유하고 여기에 참여할 수 있는 것이다. 최소한 이론상으로는, 임원이 없고 오직 주주, 자금, 소프트웨어만이 존재하는 회사를 창립할 수 있다. 코드와 알고리즘이 여러 단계로 이루어진 기업 구조(예컨대, 이사회)를 대체할 수 있고, 주주들이 해당 코드에 대한 통제 권한을 행사한다. 부를 창출하는 수단이 민주화된 것만큼이나, 번영의 기회 또한 중대한 변화를 맞게 된 것이다.

실용적이지 못하다고? 아마도 그럴지 모른다. 하지만 기업들은 이미 이더리움과 같은 스크립팅 언어를 활용해 자율형 모델을 위한 기능을 설계하고 있다. 이미 혁신가들은 다중 서명으로 자금 통제를 승인하는 법안을 실행하고 있다. 크라우드펀딩 캠페인을 통해 수많은 사람이 회사의 시분을 매입하고 있다. 분산형 애플리케이션은 이미 자율형 에이전트에 그 자리를 내어 주고 있다.

이처럼 철저한 분산형 기업은 중요한 거래에 돈을 소비하기 위해 월렛이 필요할 수 있고, 이 월렛이 열리려면 수많은 서명권자의 합의를 받아야 한다. 모든 주주권자는 돈을 지급한 다음 영수증을 요구할 수 있고, 해당 거래를 중심으로 합의를 도출할 수 있다. 이와 같은 구조에는 분명한 난점이 존재한다. 예컨대, 재빨리 합의를 모으기 위해 메커니즘이 적재적소에 존재해야 한다. 또한 해당 거래의 결과에 대해 누가 책임을 부담해야 할까? 당신의 지분이 수억 분의 1에 불과하다면, 당신이 부담해야 할 법적 책임은 어디까지인가? 범죄자나 테러 조직이 스스로를 확장해 나갈 수 있지 않을까? 안드레아스 안토노풀로스는 이러한 문제를 걱정하지 않는다. 그는 네트워크에서 이러한 위험을 관리해 줄 것이라 믿는다. "75억 명에 이르는 사람들이 이 기술을 이용하도록 만들어 보라. 74억 9,900만 명이 좋은 방향으로 이 기술을 사용할 것이고 그러한 방향으로 사용된 기술은 이 사회에 무한한 이익을 가져다줄 것이다."[16]

빅 세븐, 공개형 네트워크 기업 비즈니스 모델

공개형 네트워크 기업을 건립해 기존의 중앙 집중식 모델을 파괴하고 대체할 수 있다. 실제로 이러한 기회는 무한하며, 기존 모델을 대체한 공개형 네트워크 기업은 초기의 분산형 자율 기업으로 진화하고 있는 중이다. 분산형 모델이 금융 서비스의 여덟 가지 기능을 어떻게 파괴하고 대체하는지 생각해 보라. 소매형 금융과 주식 시장에서부터 보험 회사와 회계법인에 이르기까지 모든 것을 무너뜨리고 있다. 업계 종사자들과 신규 진입자들 모두 저비용으로 더욱 큰 가치를 창조하고 더욱 큰 혁신을 추구하며, 창출한 부를 공유하도록 생산자들을 변화시킬 수 있다.

블록체인 기술은 『위키노믹스』에서 묘사된 몇 가지 새로운 비즈니스 모델을 새로운 단계로 고양시키는 중이다.[17] 동료 생산, 이데아고라, 프로슈머, 오픈 플랫폼, 일반인들에게 주어지는 새로운 권한, 글로벌 공장, 위키(사회) 작업장을 어떻게 확장할 수 있는지 살펴보자. 이러한 변화는 현장 결제 시스템, 평판 체계, 검열되지 않는 콘텐츠, 제삼자의 확인이 필요 없는 거래, 스마트 계약, 자율형 에이전트 등을 도입하면서 가능해지고, 블록체인 혁명이 추구하는 핵심적인 혁신으로 평가할 수 있다.

1. 동료 생산자

동료 생산자들은 당신에게 오픈 소스 소프트웨어와 위키피디아 등을 선사한 분산된 자발적 참여자이다. 이들이 선사한 혁신적 프로젝트들은 막대한 자금력을 지닌 1등 기업의 수행 실적을 능가한다. 커뮤니티 멤버들은 그냥 재미로, 취미로, 또는 가치만을 바라보고 네트워크에 참여한다. 지금은 블록체인 기술이 평판 시스템과 다른 유인을 활성화해 이들의 효율성을 향상시키고, 이들이 창출하는 가치를 적절히 보상한다.

동료 생산 커뮤니티들은 하버드 법대 교수 요하이 벤클러가 말한 '일반인 기반 동료 생산Commons-based Peer Production'을 진행할 수 있다.[18] 이 용어는 '사회 생산social production'이라고도 불리는데 이 또한 벤클러가 만든 말이다. 이러한 시스템에서는 민간 영역 밖에서 상품을 생산하고 서비스를 제공하며, 개인이나 기업이 상품과 서비스를 '소유하지' 않는다. 무수히 많은 사례 가운데 대표적인 것 몇 가지를 소개하면 리눅스 운영 체계(그 누구도 소유하지 않지만, 지금은 세계에서 가장 중요한 운영 체계로 자리 잡았다)와 위키피디아(위키미디어 재단 소유), 파이어폭스 웹 브라우저(모질라 재단 소유)가 있다. 동료 생산은 동료들이 무언가를 생산하기 위해 사회적으로 협동하지만, 사회적으로 상품을 공유하지는 않는 특정한 민간 영역의 활동을 참조할 수도 있다.

비즈니스 모델로서의 동료 생산은 다음 두 가지 이유로 중요하다. 우선, 피어들은 상품과 서비스를 창출하기 위해 자발적으로 협동한다. 여기에서 기업들은 큐레이터로 활동하며 상업적인 이익을 얻는다. 사

320

용자들은 레디트 토론 플랫폼에서 콘텐츠를 창출하지만, 이러한 콘텐츠를 소유하지는 않는다. 레디트는 트래픽 기준으로 미국에서 열 번째로 큰 웹사이트다. 둘째, 회사들은 방대한 외부 노동력 시장의 문을 두드릴 수 있다.

IBM은 리눅스를 포용해 수십억 달러의 가치를 지닌 소프트웨어를 리눅스 커뮤니티에 기부했다. 이 과정에서 IBM은 고유의 시스템을 개발하는 비용을 연간 9억 달러 가까이 절감하는 것은 물론, 수십억 달러의 가치가 있는 소프트웨어 및 서비스 비즈니스를 수립할 플랫폼을 확보할 수 있었다.

일반적인 경험에 따르면, 자발적인 커뮤니티들은 장기적으로 존속하기 어렵다. 실제로 다른 커뮤니티에 비해 더 크게 성공하는 일부 커뮤니티들은 구성원들의 힘든 작업을 적절히 보상할 수단을 확보한다. 스티브 워즈니악Steve Wozniak은 스튜어트 브랜드Stewart Brand에게 다음과 같이 말했다. "정보는 무료여야 하지만, 시간이 무료가 되어서는 곤란합니다."[19]

리눅스의 경우, 대부분의 참가자들은 IBM이나 구글과 같은 회사에 리눅스가 해당 회사들의 전략적 필요를 충족하는지를 확인해 주고 그에 따른 대가를 지급받는다.

리눅스는 여전히 사회적 생산의 실례로 남아 있다. 벤클러는 우리 두 사람에게 이렇게 말했다. "일부 개발자들이 제삼자로부터 참가의 대가를 받는다고 해서 리눅스의 거버넌스 모델이 변하는 것은 아닙니다. 사회적으로 개발된다는 사실 또한 그대로입니다."

기업들이 서로 협업하고, 일정한 지적 재산권을 공유하는 것을 가리커 오픈 이노베이션이라 부른다. 하지만 위와 같은 변화는 오픈 이노베이션을 넘어서는 개념이다. 그는 이렇게 말했다. "여러 기여자는 실질적인 사회적 동기를 실감할 수 있습니다. 그 자체로 하이브리드 모델이 되는 거죠."[20]

나아가, 이러한 커뮤니티 가운데 상당수는 악행, 무능, 태업, 트롤 등이 만연해 있다. 트롤이란 모욕적이고, 부정확하고, 주제에 관계없는 글을 올려 커뮤니티를 망치는 사람들을 의미한다. 보통 이러한 커뮤니티에서의 평판은 객관성을 갖추기 힘들며, 선행에 대한 경제적 유인이 존재하지 않는다.

블록체인 기술을 활용한다면 커뮤니티에 효과적으로 기여할 수 있는 객관적인 평판을 구축할 수 있다. 악행을 막기 위한 방편으로, 멤버들은 기여도에 따라 증감하는 소액의 금전을 치러야 할 수 있다. 기업이 소유하는 커뮤니티에서, 피어들은 그들이 창조하는 가치를 나눌 수 있다. 또한 스마트 계약을 활용해 거래 비용을 떨어뜨리고, 기업의 장벽을 열어 준 공로에 대한 대가를 받을 수도 있다.

레디트를 생각해 보라. 이 커뮤니티는 중앙 집중식 통제에 반기를 들었으나 여전히 경박하고 거친 멤버들에게 시달리고 있다. 레디트는 기여도에 따라 보상하는 더욱 분산된 모델로 옮겨 가며 이익을 얻을 수 있었다. 컨센시스는 이미 레디트를 대체할 수 있는 블록체인상에서 작동하고 있으며, 컨센시스가 대안으로 선택한 블록체인 또한 기여도에 따른 보상 체계를 차용하고 있다. 컨센시스 팀은 경제적 유인을 제공하는 방식을 도입하면, 중앙 집중식 통제나 검열 없이도 수준 낮은 대화의 질을 향상시킬 수 있다고 생각한다. 이더리움 플랫폼은 실시간으로 경제적 유인을 제공한다. 이로써 집단의 이해에 이바지하는 것은 물론, 수준 높은 콘텐츠를 게시하고 점잖게 행동하도록 유도할 수 있다.

레디트는 레디트 '금화'라고 불리는 시스템을 운영하고 있다. 금화라 불리는 토큰은 사용자들이 구입하며, 사용자들은 기여도가 크다고 생각하는 사람들에게 이 토큰을 보상으로 지급한다. 토큰을 구입하기 위해 납부한 금전은 사이트 유지에 쓰인다. 원래 이 토큰은 사용자들에게 아무런 가치가 없다. 하지만 블록체인을 기반으로 존재하는 코인은 인센티브로 유용하며, 이전도 가능하다. 레디트 멤버들은 웹사이트를 더욱 강건하게 만든 대가를 실제로 받기 시작하는 것이다.

사회적 생산의 대표격인 위키피디아 또한 이익을 얻을 수 있는 기제를 마련하고 있다. 지금 이 순간에도 원고를 편집하는 모든 개인은 얼마나 많은 글을 편집했고, 그들의 원고가 얼마나 유용했는지를 바탕으로 평판을 쌓아 간다. 하지만 이를 평가하는 기준은 매우 주관적이며, 그에 따른 평판 또한 객관적일 수 없다. 위키피디아 커뮤니티에서는 인센티브 시스템을 두고 논란이 끊이지 않는다. 하지만 7만 명에 이르는 자발적 참여자들에게 경제적 보상을 한다는 것이 현실적으로 가능한 일이라 보이지 않는다.

블록체인상에서 운영되는 위키피디아를 상상해 보자. 이를 블로카피디아라 부르기로 한다. 우선 여기에 처음 가입하면 불변 원장에 타임스탬프로 기록되며, 최초 가입자에게 주어지는 혜택을 받을 수 있다. 여기에 더해 바람직한 행동과 정확한 정보 제공을 유도할 객관적인 평판 측정 체계를 갖출 수 있다. 후원자들이나 모든 편집자는 에스크로 계좌에 돈을 기부할 수 있다. 각 편집자들은 자신의 계좌 가치와 연동하는 평판을 지닐 수 있다. 예컨대, 편집자가 홀로코스트가 실제로 없었다는 등의 말도 안 되는 글을 쓴다면, 그의 계좌 가치는 하락할 것이다. 또한 명예를 훼손하거나 프라이버시를 침해했다면 민사 또는 형사 소송에 연루될 수도 있다. 제2차 세계 대전이 실제로 일어났다는 사실은 여러 수단을 통해 입증될 수 있다. 예컨대, 블록체인상의 불가변한 진실에 접근할 수도 있고, 무엇이 진실인지에 대한 합의를 보여 주는 알고리즘을 통할 수도 있다.

블로카피디아의 예치금 계좌에 맡기는 금액은 위키피디아 또는 유사한 플랫폼에서 쌓아 왔던 과거의 평판에 반비례할 수 있다. 당신이 완전히 새로운 사용자이고 아무런 평판이 없다면, 참가하기 위해 많은 금액을 예치해야 한다. 하지만 위키피디아에서 200건의 원고를 편집한 경험이 있다면, 적은 금액만을 예치해도 무방할 것이다.

위키피디아를 꼭 고용-보상 모델로 전환하자는 이야기가 아니다. 블록체인 기반 스마트월렛의 CEO 디노 마크 앙가리티스는 이렇게 말했다. "당신이 제공하는 정보의 정확성과 진실성에 따라 현실에서의 경제적 이익 또는 손실을 경험하는 한 가지 사례일 뿐입니다."[21] 블로카피디아의 내용에 먹칠을 한다면 당신의 객관적인 평판에 손상을 입는 것은 물론 돈을 잃을 수도 있다.

하지만 위키피디아는 지금도 잘 운영되고 있다. 정말 그럴까? 아니, 별로 그렇지는 않다. 앤드루 리Andrew Lih는 「뉴욕타임스」에서 다음과 같은 사항을 지적했다. 2005년에는 한 달에 60명 이상의 편집인이 새로운 경영진에 합류한 적도 많았다. 그들은 영문판을 편집할 수 있는 권한을 보유했다. 하지만 2015년에는 한 달에 한 명이 합류하기도 어렵다. 전 세계적인 조직이 되다 보니, 내부 경쟁 또한 치열하다. 설상가상으로, 모바일 디바이스에서 콘텐츠를 편집하기는 더 어렵다. "위키피디아의 편집인 풀은 수많은 모바일 유저가 생겨나면서 고갈될 위기에 처해 있습니다." 리는 위키피디아의 몰락이 불행한 일이라고 결론 내린다. "역사적으로 이처럼 적은 노력과 비용으로 이토록 많은 정보를 이토록 많은 사람에게 안긴 적은 없습니다. 이윤과 소유자 없이도 이처럼 놀라운 성과를 이룬 것이 대단합니다. 인터넷 공룡 기업이 지배하는 시대에, 이처럼 이타적인 웹사이트는 보존할 만한 가치가 있습니다."[22]

전반적으로 동료 생산 커뮤니티들은 네트워크화된 새로운 가치 창조 모델의 핵심에 자리 잡고 있다. 날이 갈수록 대부분의 산업은 공적/사적 참여자의 조밀한 네트워크 및 창조와 생산을 위해 결합한 지적 재산권과 인력의 풀에 스스로의 혁신을 의지하고 있다. IBM이 리눅스를 포용하면서, 기업들은 가치를 공동 창조하거나 동료를 생산하기 위해 오픈 소스 운동과 같은 가치 창조자들의 자율 조직 네트워크에 합류하고 있다.

2. 권리 창조자

제1세대 인터넷에서는 지적 재산권을 창조하는 사람들이 그에 맞는 보상을 받지 못했다. 음악가, 극작가, 저널리스트, 사진작가, 화가, 패션 디자이너, 과학자, 건축가, 엔지니어 들은 음반사, 출판사, 갤러리, 영화사, 대학, 대기업에 종속되었고, 이들 기관은 창작자들의 지적 재산권을 눈곱만 한 대가를 주고 받아 와 대규모 권리 운영 체계에 편입시켰다.

블록체인 기술은 지적 재산권의 창조자들이 합당한 대가를 받을 수 있는 새로운 플랫폼을 제공한다. 진품 보증서, 상태, 소유자를 비롯한 예술 작품 정보를 디지털 레지스트리에 등록한다고 생각해 보라. 아티스트들은 새로운 스타트업 어스크라이브Ascribe를 통해 디지털 아트를 업로드할 수 있고, 워터마크를 표시해 완결판임을 증명하고, 비트코인처럼 한 개인의 컬렉션에서 다른 개인의 컬렉션으로 양도할 수 있다. 아주 엄청난 일임에 분명하다.

이 기술은 현존하는 디지털 권리 관리 시스템에 비해 지적 재산권의 이중 지불 문제를 해결할 수 있다. 아티스트들은 작품을 공개할지, 공개한다면 언제, 어디에서 할지 결정할 수 있다.

밈Meme 아티스트 로넨 VRonen V는 이렇게 말했다. "예술이란 화폐와도 같다. 예술의 전자화폐로의 진화는 곧 우리가 경험할 미래다. 이는 아주 바람직한 과정이다."23

음악가, 사진사, 디자이너, 일러스트레이터, 기타 아티스트들은 그들의 작품을 디지털화시켜 완결판임을 증명하는 워터마크를 부착할 수 있다. 그들은 이 기술을 활용해 지적 재산권을 거래 가능한 자산으로 전환할 수 있고, 특별한 팬을 위해 한정판을 제작할 수도 있다. 아티스트와 박물관은 어스크라이브의 기술을 개인이나 기관에게 작품을 대여하는 수단으로 활용한다.24 모네그래프Monegraph 또한 비슷한 서비스를 제공한다. 이 회사는 블록체인상에서 진품을 확인하기 위해 필요한 디지털 워터마크와 암호 기술을 활용한다. 아티스트들은 인터넷상의 페이지에 작품을 업로드하고, 인터넷 주소를 모네그래프에 제출한다. 회사는 일련의 공개 키와 개인 키를 발급한다. 여기에서 다른 공개 키와 다른 점은 공개 키와 연관된 가치가 비트코인 자체가 아닌, 미술품의 디지털 소유권이라는 점이다. 모네그래프는 트위터를 통해 소유권을 공식적으로 선언한다. 이러한 방법을 충분히 주목할 수 있는 이유는 미국 의회도서관에서 공식적인 트위터 피드를 운영하기 때문이다.[25] 다른 누군가가 URL을 자신이 주소라 우길 수도 있으나, 공공 기록으로 소유권을 입증할 수 있는 방법이 최소한 두 가지 이상 존재한다.[26]

베리사트Verisart는 로스엔젤레스에 거점을 둔 스타트업으로 비트코인의 핵심 개발자 피터 토드Peter Todd를 자문인으로 두고 있다. 베리사트는 더욱 원대한 야망을 지니고 있다. 미술품의 진품 여부와 상태를 인증하는 것은 대형 비즈니스다. 또한 접근 가능한 데이터베이스는 제한되어 있고, 대부분 서류 작업을 바탕으로 소수의 엘리트 전문가들이 통제하는 비즈니스다. 누가 미술품의 주인이고, 어디에 그 미술품이 보관되고, 그 미술품이 어떤 상태인지 아는 것은 정말 어려운 일이다. 자신들이 무엇을 찾고 있는지 아는 사람들에게도 어려운 것은 마찬가지다. 베리사트는 블록체인 기술과 표준 박물관 메타데이터를 결합해 미술품과 수집품들의 공공 데이터베이스를 구축한다. 전 지구에 걸친 원장은 온 세상의 아티스트, 수집가, 큐레이터, 역사가, 예술 평론가, 보험사들을 도와줄 수 있다.[27] 베리사트는 비트코인 블록체인을 활용해 디지털 예술뿐 아니라 현실에서의 예술품에도 디지털 출처를 부착할 수 있다. 사용자들은 온라인 경매에 참여하거나 매각에 합의하기 전에 모바일 디바이스로 예술품의 진품 여부, 상태, 소유자의 변동 내역 등을 확인할 수 있다. 로버트 노턴Robert Norton은 자신이 창간한 『테크크런치TechCrunch』에서 이렇게 말했다. "우리는 기술이 신뢰를 구축하고 유동성을 늘리는 데 이바지한다고 생각합니다. 특히 매년 670억 달러 이상의 미술품 시장이 사적인 일대일(P2P) 거래와 온라인 거래로 이동하고 있는 현실을 생각하면 더욱 그렇습니다." "예술계는 지속적으로 성장하겠지만, 신뢰와 유동성을 보장하기 위해 중개상에게 너무나 많은 것을 의지합니다. 분권화된 월드 와이드 원장은 강력한 암호화 기술과 결합해 구매자와 판매자의 신원을 확인해 주며, 예술계에 대단히 매력적인 수단으로 다가오리라 생각합니다."[28] 아티스트들이 실시간으로 거래하고 수입을 얻는 기술이 확보되면 이른바 '권리를 금전화하는 사람'이 될 수 있다.

당신은 동일한 모델을 다른 분야에도 적용할 수 있다. 나카모토 사토시도 그랬던 것처럼 과학 분야에서 연구자는 제한된 범위의 피어들을 상대로 논문을 발표해 리뷰를 받고, 신뢰도를 쌓으면 더 많은 사람을 상대로 논문을 발표할 수 있다. 과학 저널에 모든 권리를 양도하지 않아도 되는 것이다. 이 논문은 무료로 이용할 수 있으나 다른 과학자들은 논문을 더 깊이 분석하고 저자와 이 문제를 토론할 수도 있다. 논문의 내용이 상업적으로 활용할 수 있는 기회를 제공한다면, 이에 관한 권리를 미리 보호할 수도 있다.

3. 블록체인 협업

신뢰 프로토콜은 협업 체제를 극도로 강화한다. 협업 체제란 공동의 필요를 충족하기 위해 사람들이 함께 형성하고 통제하는 자율적 조직을 의미한다.

하버드대학 교수 요하이 벤클러는 이렇게 말했다. "우버를 공유 경제를 추구하는 회사라고 보기는 어렵습니다. 우버는 접근이 용이한 모바일 기술을 활용해, 고객들의 이동 비용을 절감시킬 비즈니스를 창출한 것이 전부입니다."[29] 데이비드 티콜은 이렇게 말했다. "일반적인 국어에 따르면, 공유란 금융 거래가 아닌 무료 교환을 의미합니다. 마치 아이들이 장난감을 나눠 쓰는 것과 마찬가지입니다. 이 용어가 이러한 뜻을 잃었다는 것은 부끄러운 일입니다." 그는 다음과 같은 분석을 덧붙이고 싶은 것이 분명하다. "공유란 사람을 비롯한 모든 생물체가 난자와 정자가 수정되는 순간부터 수천만 년을 지속해 온 교류 수단이다. 일부 인터넷 회사들은 순수한 의미에서의 공유를 실천했지만, 어떤 회사들은 사회적 관계와 공유의 의미를 왜곡하고 상품화했다."[30]

이른바 공유 경제 회사들의 대부분은 서비스를 규합하는 일을 담당한다. 그들은 중앙 집중식 플랫폼을 통해 공급자의 의지를 규합하고 잉여 자원(차량, 설비, 사무실, 기술자들의 기술)을 판매한다. 이 와중에도 지속적인 사업 기회 개발을 위해 귀중한 데이터를 수집한다.

우버와 같은 회사들은 대규모 서비스의 규합 및 배분을 위한 법률을 무력화시켰다. 에어비앤비는 숙박 시설을 두고 호텔과 경쟁한다. 리프트와 우버는 택시와 리무진 회사에 도전장을 내밀었다. 집카Zipcars는 에비스AVIS에 인수되기 전까지 시간별 렌트와 편의성을 무기로 기존의 렌터카 회사들을 위협했다.

이러한 회사들 가운데 상당수는 침실과 아침 식사 제공, 택시, 도우미 서비스와 같은 국지적이고 규모가 작은 서비스를 전 세계적인 규모로 상품화시키는 데 성공했다. 그들은 디지털 기술을 활용해 부동산(예컨대, 아파트의 침실), 차량(대기 중인 택시), 인력(은퇴자와 정규직이 아니어서 잉여 노동력을 제공할 수 있는 인력)처럼, 활용도가 낮고 시간별로 사용하는 자원의 문을 두드렸다.

블록체인 기술은 이러한 서비스의 공급자들에게 협력 수단을 제공해 주며, 서비스 공급자들이 이러한 협력 수단을 이용할 경우 더욱 큰 가치를 나눌 수 있다. 벤클러에 따르면, "블록체인은 같이 일하고 싶은 의지를 신뢰 가능한 일련의 회계로 바꿔 놓는다. 권리, 자산, 소유권, 기여도, 활용도 등을 객관적인 회계로 바꿀 수 있는 것이다. 따라서 운전사들이 자신의 고유한 우버를 설립해 순수한 협력 체제로 바꾸고 싶다면, 블록체인이 이를 가능하게 해 준다". 그는 '가능하게 해 준다'라는 말을 강조했다. 그에게 "가능하게 만들어 준다는 것과, 세상을 새로운 방향으로 움직여 준다는 것에는 차이점이 존재한다". 그는 이렇게 말했다. "사람들이 리스크를 감수하고라도 원하는 일입니다."31

서로 협력해 가치를 창조하고, 창조한 가치를 한껏 향유하고, 진정한 나눔을 이룩하는 기회가 만발한 모든 곳에서 블록체인 에어비앤비, 블록체인 우버, 블록체인 리프트, 블록체인 태스크래빗 등 온갖 블록체인을 준비하기 바란다.

4. 계량 경제

아마도 블록체인 기술은 우리에게 공유 경제를 넘어 계량 경제를 선사할 수 있을 것이다. 계량 경제 체제 속에서 우리는 여분의 구동 능력을 임대하거나, 계량할 수 있다. 현실의 공유 경제가 지닌 문제점 하나를 예로 들어 보자. 주택 소유자들이 전동 공구나 소형 농기구, 어구, 목공소, 차고나 주차장 등을 공유하는 것은 대단히 귀찮은 일이다. 미국에는 사용 시간이 평균 13분에 불과한 전동 드릴이 무려 8천만 개나 널려 있다. 에어비앤비의 CEO 브라이언 체스키Brian Chesky는 「뉴욕타임스」에 이렇게 기고했다. "모든 사람이 전동 드릴을 하나씩 갖고 있어야 할 필요가 정말 있을까?"[32]

하지만 대부분의 사람들은 1.5킬로미터 정도 떨어진 누군가의 집을 왕복하며 10달러에 전동 드릴을 빌리는 것보다 홈데포에 가서 14.95달러를 주고 드릴을 구입하는 것이 훨씬 편하고 비용 효율적이라고 생각한다. 세라 케슬러Sarah Kessler는 『패스트 컴퍼니Fast Company』에 이렇게 기고했다. "공유 경제는 죽었다. 우리가 공유 경제를 죽였다."[33]

하지만 블록체인에서는 일정한 재화와 관련된 잉여 구동 능력을 아무런 수고를 들이지 않고 임대할 수 있다. 와이파이 핫스팟, 컴퓨터 자원, 저장 공간, 컴퓨터에서 나오는 열에너지, 모바일 기기가 쉬는 시간, 우리의 전문 지식까지 손가락 하나 까딱하지 않고 빌려줄 수 있는 것이다. 시내를 돌아다니며 모르는 사람 집에 들르는 수고를 감행할 필요가 없다. 당신이 여행을 떠났을 때 집에 있는 와이파이가 스스로를 임대하고 매초마다 소액의 사용료를 부과할 수 있는 것이다. 당신의 상상력(또는 새로운 규제) 말고는 아무런 한계도 존재할 수 없다. 당신이 사용하는 서비스, 물리적 공간, 에너지원 등을 상대방에게 제공하고, 사용 정도를 직접 측정해 소액 결제로 요금을 부과하며 수입의 원천으로 삼을 수 있다. 당신에게 필요한 것은 분권화된 가치 이전 프로토콜로, 이 프로토콜을 활용하면 안전하고도 확실한 거래가 가능하다. 이러한 플랫폼들은 부수적 권리를 우리의 모든 자산에 심을 수 있다. 당신은 타인에게 허락하고 싶은 사용권과 접근권의 범위를 결정해야 한다. 심지어 특정인을 어느 범위까지 배제할 것인지, 권리를 사용하는 내가로 무엇을 부과할지 또한 결정해야 한다.

물리적인 자산에도 똑같이 적용이 가능하다. 우리 귀에 익숙한 자율 주행 차량을 예로 들어 보자. 우리는 블록체인상에 개방된 운송 네트워크를 개설할 수 있다. 여기에서 차 주인은 개인 암호 키(숫자)를 부여받고, 이 키를 이용해 자신의 차량을 등록한다. 이더락EtherLock이나 에어락Airlock과 같은 블록체인 기술과 공개 키 인프라를 이용해 봉인을 해제하고 스마트 계약에서 명시한 규칙에 따라 일정 시간 차를 사용하도록 허락할 수 있다. 이 과정에서 그들이 사용하는 시간과 동력에 따라 실시간으로 차량(혹은 차 주인)에게 블록체인상에서 계산된 요금을 지불해야 한다. 블록체인 기술은 투명성을 자랑하므로, 소유자들은 누가 약속을 잘 지키는지 추적할 수 있다. 약속을 지키지 않는 사람들은 평판을 해치게 되고 결국에는 접근 권한마저 잃게 될 것이다.

5. 플랫폼 구축자

기업들은 가치를 창출하고 새로운 비즈니스를 구축할 수 있는 제품 또는 기술 인프라를 그들이 만든 플랫폼을 통해 외부인이나 커뮤니티에 공개할 수 있다. 한 가지 유형은 프로슈머prosumer로, 생산까지 하는 소비자를 의미한다.34 역동적인 소비자 혁명의 시대에, 생산자 겸 소비자로 요약되는 새로운 세대는 생득권*으로 '해킹할 수 있는 권리'를 고려해야 한다. 블록체인 기술은 소비자생산prosumption을 극대화한다. 나이키 운동화는 분산 원장에 데이터를 저장하고 생성할 수 있으며, 그 결과 나이키 운동화를 신은 사람은 스마트 계약에 정한 바에 따라 금전화가 가능하다. 나이키는 소비자가 신발 속의 스마트 장비를 켜거나, 신발을 심박수 측정기나 혈당 측정기와 같은 다른 웨어러블 장비에 연동시키는 데 동의하면 모든 운동화마다 소정의 배당금을 지급한다.

프로슈머 공동체에서는 회사가 소비자와 같이 제품을 생산하기로 결정한다. 하지만 일부 플랫폼은 이러한 프로슈머 공동체와 확연히 다르다. 개방형 플랫폼에서 회사는 새로운 비즈니스를 시작하거나 플랫폼에 가치를 부가할 수 있는 더욱 많은 기회를 파트너들에게 제공할 수 있다.

회사는 블록체인 기술을 통해 플랫폼을 재빨리 만들 수 있고, 다른 당사자들과 협업해 전반적인 산업에 적용 가능한 플랫폼을 만들고 효용을 창출할 수 있다. 로빈 체이스Robin Chase는 집카(통합 서비스

---

* 태어나면서부터 주어지는 권리.

제공자)와 버즈카Buzzcar(사용자들은 자신의 차를 다른 사람과 나눠 쓸
수 있다)를 설립했고, 피어들의 협업이 얼마나 큰 힘을 발휘하는지
를 명쾌하게 다룬『피어 주식회사Peers Inc.』를 저술했다. 그녀는 우리
두 사람에게 이렇게 말했다. "남는 자원을 활용해 부가적인 가치를
창출할 수 있습니다. 이러한 자원을 활용하려면 참여를 촉진하는 고
급 플랫폼에 의지해야 하는데, 고급 플랫폼은 값이 비쌉니다. 하지
만 블록체인은 표준 일반 데이터베이스(오픈 API•)와 표준 일반 계
약을 제공하는 데 더욱 탁월한 능력을 발휘합니다. 블록체인을 통한
다면 플랫폼을 더욱 쉽고 간편하게 구축할 수 있습니다." 이는 단지
시작일 뿐이다. "무엇보다도, 블록체인의 일반 데이터베이스는 데이
터의 투명성과 이동성을 높이는 데 이바지합니다. 소비자와 공급자
들은 최고의 조건을 추구할 수 있습니다. 그들은 기존 회사들의 역
량을 활용하는 것에 그치지 않고, 피어들끼리 블록체인상에서 협동
해 그들만의 플랫폼을 만들 수 있습니다."35

미래의 자동차를 생각해 보라. 미래의 자동차는 모두가 정보를 공
유할 수 있는 블록체인 기반 네트워크의 일부로 존재할 수 있고, 자
동차의 다양한 부속품들은 독자적으로 거래를 수행하고 금전을 교
환할 수 있다. 이러한 공개형 플랫폼을 전제한다면, 수많은 프로그
래머와 틈새 사업자들이 당신의 차에 맞는 맞춤형 애플리케이션을
만들 수 있다. 대형 은행 컨소시엄들은 벌써 이러한 아이디어를 실

• 데이터 플랫폼을 외부에 공개하여 서비스 및 애플리케이션을 개발할 수 있도록
외부 개발자나 사용자들과 공유하는 프로그램.

행으로 옮기고 있다. 플랫폼은 모든 배를 띄울 수 있는 솟구치는 파도와 같다.

위키노믹스는 이데아고라라는 개념을 소개했다. 이 개념은 아이디어, 발명, 적합한 인력을 위한 떠오르는 시장이며, P&G와 같은 회사들은 이 개념에 따라 본사 근무 직원의 10배수에 이르는 글로벌 고급 인력을 확보할 수 있었다. 기업들은 이노센티브InnoCentive나 이노360Inno360과 같은 서비스를 활용해 현재 보유하고 있는 '도전', '디지털 브레인스톰' 등의 기술을 촉진하고 있다. 이로써 기업 외부에서 적합한 인력을 찾아 치명적인 비즈니스적 난점을 해결한다. 당신의 비즈니스를 더 나은 방향으로 이끌어 갈 적합한 인력을 찾기 위해 데이터를 활용하는 것이다. 문제를 해결할 수 있는 특화된 인력들은 기업들이 그들을 활용할 수 있도록 원장에 자신들의 이용 가능 상태를 게시한다. 이노센티브 대신 비이노센티브bInnoCentive를 구상해 보자. 개인들은 휴대 가능한 신원 정보뿐 아니라 휴대 가능한 레주메(신원 정보를 확장한 버전)를 쌓아 나갈 수 있다. 이러한 레주메는 잠재적 계약 상대방에게 알맞은 정보를 제공해 준다. 그 누구도 소유하지 않거나, 모두가 소유하는 분산형 기술 인벤토리를 생각해 보라.

모든 비즈니스가 디지털 비즈니스로 변하면서, 해커톤hackathon••

•• 새로운 소프트웨어의 개발이나 기존 소프트웨어의 개선을 목표로 프로그래머, 그래픽 디자이너, 사용자 인터페이스 설계자, 프로젝트 매니저 등이 집중적으로 작업을 하는 소프트웨어 관련 프로젝트 이벤트.

은 이데아고라의 중요한 형태로 자리 잡았다. 지금은 블록체인 기술과 오픈 소스 코드 저장소를 등에 업은 기업들이 문제 해결, 혁신 추구, 새로운 비즈니스 가치 창출 기회를 컴퓨터 천재들과 비즈니스 설계자들에게 제공하고 있다.

블록체인과 블록체인 기반 소프트웨어 저장소는 이러한 활동을 촉진할 것이다. 회사들은 결제 시스템이 내장된 이더리움 블록체인과 같이 새로운 강력한 프로그래밍 언어를 활용할 수 있다. 「해커 뉴스」에서의 대화를 인용해 보자. "내 저장소의 전역 고유 식별자GUID•를 공유할 수 있다면 얼마나 멋진 일일까. 그러면 당신의 비트 고객 (이를 기트코인 또는 비트라 부르자)은 분산형 블록체인(원래의 속성은 기트로그)으로부터 새로운 약정을 끌어올 수 있다. 기트허브는 더 이상 중개자나 단일한 실패 거점이 아니다. 사적인 저장소를 확보하고 싶다고? 전역 고유 식별자를 공유하지 않으면 그만이다."36

얼마나 멋진 일인가! (겨우 이런 일이 뭐가 멋지느냐고 생각할 수도 있다. 하지만 아마도 아이디어는 얻었으리라 생각한다.)

6. 블록체인 메이커

제조 중심 산업은 상품을 발주하고, 설계하고, 제조하는 전반적인 생태계를 촉진하며, 새로운 동료 생산의 이정표를 세울 수 있다. 블

• 응용 소프트웨어에서 사용되는 의사 난수. GUID는 생성할 때 항상 유일한 값이 만들어진다는 보장은 없지만, 사용할 수 있는 모든 값의 수가 매우 커서 적절한 알고리즘이 있다면 같은 숫자를 두 번 생성할 가능성이 매우 적음.

록체인상에서 이룩할 수 있는 일이다. 오늘날의 항공기가 '열과 오를 지어 날아가는 부품들의 덩어리'로 묘사된 것처럼, 각종 업계의 기업들 대부분은 공급자와 협력자의 네트워크로 분산을 시도하고 있다. 3D 프린팅은 제조 과정을 사용자 쪽으로 이동시켜 대량 고객 맞춤화에 새로운 생명력을 불어넣을 것이다. 곧 데이터와 권리를 보유하는 자들은 인간의 세포에서부터 고성능 알루미늄에 이르기까지 모든 물질의 메타데이터를 블록체인상에 저장할 수 있고, 그 결과 제조업의 한계를 허물 수 있다.

이러한 기술은 서플라이 체인상에서 상품의 원산지와 이동 경로를 모니터링할 수 있는 강력한 감시 수단이다. 우리의 심장을 비롯한 모든 장기와 가장 밀접하게 연관된 식품 산업을 생각해 보자. 오늘날 마트에서는 소고기가 안전하고, 인도적으로 사육되었고, 양질의 사료를 먹었고, 불필요한 약을 주지 않았다고 주장하며, 또 그렇게 믿는다. 그 누구도 소의 이력을 기록하지 않고, 소가 겪었던 좋지 않은 일들을 모른 채 좋은 소라고만 생각한다. 검증할 수단은 없어도 햄버거를 믿고 먹는다. 보통 별로 신경 쓰지 않는다. 수십억 명이 아무 생각 없이 소고기를 먹는다. 하지만 가끔 한 번씩 광우병과 같은 사태를 겪고 만다.

식품 산업은 블록체인에 소의 숫자뿐 아니라, 고기 부위 하나하나를 DNA 정보와 연계시켜 저장할 수 있다. 3차원 검색 기능을 활용하면 가축을 전체적으로 검색할 수 있으며, 사용자들은 동물의 신원 정보를 이력과 연결해 파악할 수 있다. 고도화된(하지만 사용하기에는 간편한) DNA 기반 기술과 스마트 데이터베이스 관리를 활용하면 세계 최대 육류 생산업자라 할지라도 품질과 안전성을 보장할 수 있다. 이러한 데이터가 어떻게 실험실 테스트와 공동체 차원의 보건 위기 대응을 촉진할 수 있을지 상상해 보라.

우리가 먹는 음식이 어떻게 재배되고 어떻게 사육되었는지 아는 것은 급진적인 생각이 아니다. 우리 조상들은 현지 시장이나 현지 소매상으로부터 식품을 구입했다. 목장 주인의 소를 키우는 방식이 마음에 들지 않는다면, 그에게서 소고기를 구입하지 않았다. 하지만 운송 기술과 냉장 기술이 발달하면서 사람과 식품의 거리가 멀어졌다. 우리는 기존 푸드 체인이 지닌 가치를 잃고 말았다.

이제 우리는 이러한 가치를 되살릴 수 있다. 현대적이고, 산업화되고, 개방된 식품 체계가 견실한 가족 농장의 가치를 담도록 이 세상을 이끌 수 있다. 투명성은 더 나은 업무 관행을 지닌 회사들이 스스로를 차별화하도록 도와주고 있다. 브랜드는 신뢰를 표상하는 마케팅 수단(친숙하기에 소비자들이 신뢰한다)에서 나아가 투명성에 바탕을 둔 관계로 진화하고 있다. 식품 생산업자들은 구미가 당길 것이 분명하다.[37]

7. 기업 협업자

요하이 벤클러는 블록체인 기술이 어떻게 기업 내부를 비롯해 기업과 온갖 피어들 사이의 P2P 협업을 촉진할 수 있는지 설명했다. "화폐, 사회적 관계, 거래, 기관 등 대상을 가리지 않고 회계, 활동, 디지털 자원에서 완벽하게 분산된 체계를 가질 수 있다니 얼마나 신나는 일입니까."[38]

오늘날, 협업의 툴은 지식 업무의 속성과 조직 내부의 경영을 바꾸고 있다.[39] 자이브, IBM 커넥션, 세일즈포스 채터, 시스코 쿼드, 마이크로소프트 야머, 구글 앱스 포 워크, 페이스북 앳 워크 등은 퍼포먼스를 증대시키고 혁신을 일구기 위해 사용되고 있다. 소셜 소프트웨어는 사실상 모든 비즈니스 작용을 바꾸는 핵심적인 툴이 될 수 있다. 제품 개발에서부터 인력 관리, 마케팅, 고객 서비스, 세일즈에 이르기까지 21세기 조직을 위한 새로운 운영 체제로 자리 잡을 것이다.

하지만 오늘날의 툴에는 분명한 한계가 존재하며, 블록체인은 이러한 기술을 한 단계 더 고양시킨다. 현존하는 구매자들은 망하거나, 블록체인 기술을 포용해 고객들에게 더 심오한 역량을 제공하거나, 둘 중 하나를 선택해야 한다.

기업을 위한 블록체인 소셜 네트워크는 어떤 모습이어야 하는가? 기업을 위한 페이스북을 생각해 보라(페이스북이 아니라 당신에게 맞는 다른 소셜 네트워크를 생각해도 좋다). 일부 회사들은 이미 페이스북을 활용하고 있고, 1~2년 후에는 어떤 모습일지 상상해 볼 수 있다.

모든 사용자는 다면 월렛을 보유하고 있다. 이 월렛은 분권화된 온라인 세상으로 들어가는 일종의 포털이다. 휴대 가능한 개인 프로필, 인격, 신원을 생각해 보라. 당신의 페이스북 프로필과는 달리, 월렛은 다양한 기능을 지니고 있고, 다양한 개인적, 직업적 데이터와 금전을 비롯한 가치 수단을 저장한다. 월렛은 프라이버시의 대상이며, 당신이 허락하지 않으면 다른 사람과 공유할 수 없다. 당신이 지닌 공개-개인 키 한 쌍은 디지털 ID를 지속적으로 지탱해 준다. 개인이나 기업은 다수의 인격을 한 월렛에 보관할 수 있다. 월렛이 한 쌍의 키가 지탱하는 고전적인 의미의 인격 하나만을 저장한다고 가정해 보자. 퍼블리싱 시스템publishing system은 당신과 당신의 기업이 기꺼이 대가를 지급할 정보의 흐름을 제공한다. 동료가 제공한 새로운 코드 패치, 신규 고객과의 대화 요약, 고객의 동의를 받은 테이프 전화 녹음, 참가하지 못한 회의의 트위터 피드, 새로운 상품을 사용하는 실시간 고객 영상, 산업 엑스포에서의 경쟁자 부스 사진, 신규 비즈니스 철수를 발표하는 프레지 프레젠테이션, 동료가 개발한 발명품에 대한 영상 사용법, 특허 신청에 대한 조력 등 당신이 생각하는 무엇이라도 제공할 수 있는 것이다.

인사부서나 제삼자는 의료 보험의 변경이나 자유 입학을 페이스북에 광고할 수 있다. 하지만 광고에 관심을 보이는 대가로 보상을 받거나 수입을 올리는 당사자는 페이스북이 아닌 당신이다. 다름 아닌 '관심 시장'이라 불리는 시장이다. 당신은 광고를 보거나 광고와 소통하는 데 동의하고, 신제품이나 다른 모든 것, 예컨대 캡차 CAPTCHA*40를 묘사하거나 스캔한 문서를 기록하는 일에 자세한 반응을 보이면서 소소한 보상을 얻을 수 있다.

뉴스 스트림, 퍼블리싱 시스템, 관심 시장은 모두 비슷해 보인다. 하지만 보상은 각자 다르게 흘러간다. 컨센시스의 조지프 루빈은 이

---

* 웹페이지에 악의적으로 사용되는 프로그램인 봇을 차단하기 위해 찌그러진 문자, 왜곡된 숫자 등을 만들어 사람과 봇을 구분하는 테스트.

렇게 말했다. "당신은 퍼블리싱에 대한 대가를 지급합니다. 회사들은 당신의 관심에 대한 대가를 지급합니다. 뉴스 스트림에는 보상의 흐름이 존재하지 않습니다. 나는 당신의 스트림을 읽을 수 있어서 좋습니다. 그러한 사회적 교류를 높이 평가하기 때문이죠. 하지만 친구와 함께 술을 마시는 당신의 사진을 보거나, 블루제이스의 투수 코치에 대한 당신의 의견을 읽는다고 해서, 그에 대한 대가를 지급하지는 않을 겁니다."[41]

또한 당신은 특정한 주제를 두고 토론하는 채널을 만들거나 이러한 채널에 참여할 수도 있다. 여기에서 당신은 프라이버시를 설정할 수 있고, 당신의 프라이버시는 다른 방법을 통해서도 증진될 수 있다. 예컨대, 스파이 에이전시는 교통 상황 분석을 수행할 수 없다. 정보의 출처나 메시지의 도착지를 구분할 수 없기 때문이다.

사람들을 찾아 주고, 흥미로운 일들을 제공해 주는 실용적인 메커니즘이 생겨날 수도 있다. 나아가, 분산형 툴은 페이스북의 소셜 그래프를 활용해 뒤따를 만한 새로운 사람들과 정보, 친구 들을 규합하거나 제공할 수 있다. 루빈은 이를 가리켜 "중앙 집중형 웹의 근간을 활용해 분권형 웹을 일구는 과정"이라고 묘사한다.[42]

디지털 시대의 마지막 승자는 '가치'라는 것을 지금까지의 경험이 증명하고 있다. 분산형 모델의 이점은 막대하다. 최소한 사용자와 회사에는 더욱 그렇다. 소셜 미디어 회사들의 방대한 자원을 보라. 그러한 오픈 소스 환경에서 개발할 수 있는 풍부함과 기능성은 끝이 없다. 리눅스와 회사별 배타적 운영 체제의 위력과 성공도를 비교해 보라. 블록체인 기술은 보안성을 보장한다. 당신은 프라이버시를 완벽히 설정할 수 있다. 그 어떤 소셜 미디어 회사도 당신의 허락 없이는 당신의 정보를 정부 기관에 팔거나 누출할 수 없다. 당신이 전체주의 체제에 저항하는 반체제 운동가라면, 그 누구도 당신이 읽거나 말한 내용을 온라인상에서 추적할 수 없다. 당신은 자신의 데이터를 독점하므로, 관심과 노력에 따라 데이터를 금전화할 수 있다. 빅 데이터에서 비롯되는 부를 공유하는 것이다.

회사는 직원들이 이러한 비즈니스 플랫폼을 활용하는 것에 적극적인 태도를 보여야 한다. 인재를 끌어들이려면, 기업들은 직원들의 안전과 프라이버시를 존중하고 진실한 태도를 보여 주어야 한다. 더욱 중요한 것은, 모든 기업이 네트워크화를 추구해 외부의 인재에 접근하듯이 기업들은 파트너들이 신뢰할 수 있는 기업 간 협업 플랫폼을 제공할 수 있다는 점이다. 시간이 지나면 모든 것이 명확해지리라.

요약하자면, 대기업이든 중소기업이든 '블록체인에서 대성할 수 있는' 일곱 가지 비즈니스 모델이 있다. 전반적으로, 개방형 네트워크 기업은 혁신을 추진하고 특별한 역량을 축적할 심오하고도 급진적인 가능성을 지니고 있다. 이러한 역량을 바탕으로 주주, 고객, 사회 전체에 바람직한 가치를 창출할 수 있다.

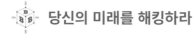

당신의 미래를 해킹하라

소프트웨어 에이전트로 경영하는 회사라면, 로널드 코스는 '경제학자들의 천국(물론 이러한 장소가 실존하는지 다투는 사람들도 있을 것이다)' 어딘가에서 쾌재를 부르고 있을 것이다. 코스의 역법칙이 기억나는가? 기업은 내부 거래 비용이 외부 거래 비용보다 작아질 때까지 수축한다는 법칙이다. 기술 발전이 시장의 비용을 꾸준히 떨어뜨리면서, 소프트웨어와 자본금 말고는 아무것도 보유하지 않는 기업을 상상할 수 있다.

한번 생각해 보라. 우선, 새로운 에이전트들이 지금 존재하거나 과거에 존재했던 모든 상업 시설의 월드 와이드 원장을 3차원으로 검색할 능력을 갖추면서 '검색' 비용은 계속 떨어지기 시작한다. 따라서 비즈니스에 적합한 정보를 얻기 위한 기업 도서관, 정보 전문가, 인력 구인 전문가, 기타 다양한 분야의 전문가들이 필요 없어진다.

둘째, 스마트 계약은 계약 체결, 계약 감시, 지불 비용을 현저히 낮출 수 있다. 장문의 서류가 필요 없고, 일련의 템플릿•을 통해 계약 조건을 표시할 수 있다. 계약 조건의 협상, 수락, 거절과 외부로부터 수집한 광범위한 정보와 규칙에 바탕을 둔 조건 등을 표시할 수 있는 것이다. 저절로 집행되는 정책을 공시할 수 있으며, 이행 조건이 충족되었는지 판단하고, 거래를 이행할 수 있다.

셋째, 조직 외부의 자원을 조율하는 비용이 미미한 수준으로 줄어들 수 있다. 기업 소프트웨어를 호스팅하는 서버에 전력을 공급하는 비용 정도가 전부다. 인력, 조직, 공장을 관리하기 위해 위계 구조를 갖출 필요가 없다. 새로운 플랫폼 아래서는 소비자 가치와 오너의 부를 창출하기 위해 기존 경영 방식이나 위계 구조를 거의 갖출 필

• 어떤 기본 구성 형식과 디자인 양식을 템플릿이라고 함.

요가 없는 새로운 조직을 그려 볼 수 있다.

마지막으로, 신뢰도를 수립하는 비용이 거의 0에 수렴한다. 신뢰도를 좌우하는 것은 조직이 아니며, 조직의 밑바탕에 깔린 규칙의 기능성, 보안성, 감사 가능성과 블록체인을 옹호하는 수많은 사람의 대규모 협업이다.

분산형 자율 기업을 어떻게 설계할 수 있을까? 이러한 기업은 풍부한 기능성을 갖출 수 있다. 에이전트들은 사전 협의한 정관에 바탕을 둔 폭넓은 비즈니스 기능과 광범위한 업무를 수행하게 된다. 개인, 조직, 잠재적 주주들의 집합체 또는 사용자들은 다음 일곱 가지 사항을 통해 그러한 기업을 설계할 수 있다.

1. **신념**: 세상에 대한 믿음, 가치를 창조하거나 무언가를 바꾸기 위해 필요한 것에 대한 믿음을 의미한다.
2. **목적**: 존재 이유를 의미한다. 우리는 왜 다른 것에 앞서 이 기업을 설립하고 있는가?
3. **구성**: 기업의 전반적인 목표와 가치 창조의 근간이 되는 규칙을 기안한다.
4. **작업 방식**: 예컨대, 이 가치를 창조하기 위해 밟아야 하는 과정을 의미한다. 크라우드펀딩, 전통적인 에인절 투자, 수입금의 재투자 등을 통해 자금을 마련하는 방식이 될 수도, 자원을 어떻게 조달하는지의 문제가 될 수도 있다.
5. **사람과 기술 사이의 노동력 배분**: 아마도 예측 가능한 미래를 책임지는 일은 사람들이 맡게 될 것이다.

6. **적응 기능**: 기업이 변화하는 조건을 어떻게 감지하고, 여기에 어떻게 대응할 것인가?

7. **윤리 지침**: "그 어떤 악행도 행하지 마라Do No Evil"라는 구글의 약속 정도로는 불충분하다. 분산형 자율 기업은 무엇을 용납할 수 있고, 무엇을 용납할 수 없는지 확실한 가이드라인이 필요하다.

　당신의 가까운 미래에 분산형 자율 기업이 없을 수도 있다. 하지만 이러한 새로운 법인체에 깃든 아이디어는 오늘날의 비즈니스 전략에 상당한 영감을 제공할 수 있다. 신원, 신뢰도, 평판, 거래를 위한 글로벌 P2P 플랫폼이 부상하면서, 우리는 기업의 근본 구조를 다시 설계해 혁신을 지향하고, 가치 창조를 공유하고, 소수의 재력보다는 다수의 번영을 추구할 수 있다. 지금 당신은 최소한 부를 더욱 민주적으로 배분해 주면서, 당신이 속한 산업을 뒤흔들 만한 일곱 가지 비즈니스 모델을 배울 수 있었다.

　전반적으로, 스마트 기업들은 블록체인 경제의 희생양이 되지 않고 블록체인 경제에 완전히 참여하기 위해 열심히 노력할 것이다. 개발도상국에서 기업가 정신을 통한 가치 창조의 배분과 기업의 분산된 소유권을 통한 가치 참여는 번영의 역설을 해결할 열쇠를 쥘 수 있다. 수십억의 에이전트들이 현실의 세상에 내장된다고 생각해 보라. 우리가 들려주는 이야기가 훨씬 흥미로워질 것이다. 다음 장에서는 바로 이러한 이야기를 들려주려 한다.

4장

사물 원장, 현실의 세상에 생명을 불어넣다

호주 오지의 뜨거운 여름, 밤 8시에 전신주가 쓰러진다. 라베톤 금광 마을은 그레이트빅토리아 사막 변방에 자리 잡고 있다. 윌리엄 먼로, 올리비아 먼로 부부는 여기에서부터 약 160킬로미터 떨어진 변두리에서 양과 소를 키우고 있다.[1] 여름에 이곳의 기온은 화씨 120도(섭씨 48.9도)까지 치솟는다. 이 부부의 자녀인 피터와 로이스는 위성 서비스에 접속해 수업을 받는다. 위성 접속은 아프거나 비상사태가 벌어졌을 때에도 의료 서비스를 받을 수 있는 유일한 수단이다. 먼로는 예비 발전기를 두고 있으나, 워터 펌프와 통신 장비, 에어컨을 오래 돌리기에는 무리다. 한마디로, 먼로 가족의 생활은 믿을 만한 에너지원에 전적으로 의지하고 있다.

아홉 시간이 지나 해가 뜨면, 전력 회사는 팀을 보내 넘어진 전신주를 바로잡는다. 고객이 회사에 연락해 어디에서 고장이 났는지 알려 줄 수 있지만, 팀이 이러한 신고를 접수하고, 출동해, 전신주를 바로잡기까지는 하루가 넘게 걸린다. 그동안 먼로와 가까운 곳의 이웃, 사업체, 기관들은 전력 없이 지내야 하고, 상당한 불편, 경제적 악영향, 물리적인 위험을 감수해야 한다. 오지에서는 정전 사태가 그저 활동을 정지시키는 수준에서 끝나지 않는다. 정전이 되면 위험해진다. 전력 회사는 위험을 최소화하기 위해 많은 비용을 들여 조사 팀을 파견하고, 넘어지거나 썩어 가는 전신주로 연결된 광범위한 전력망을 점검한다.

전신주 하나하나가 스마트 기능을 갖추고 있다면 얼마나 안전하고, 쉽고, 값쌀지 생각해 보라. 전신주 하나하나는 자신의 상태를 알아서 보고하고 교체와 수리를 요청할 수 있다. 전신주가 불이 나거나 어떤 이유로든 쓰러졌다면, 실시간으로 사고 접수가 가능하고 수리 기사에게 정확한 위치로 알맞은 장비를 갖고 오라고 통지할 수 있다. 이 와중에, 전신주는 가장 가까운 전신주에 자신의 할당량을 재할당할 수 있다. 한마디로, 이 모든 것은 그리드*상에 존재한다. 전력 회사는 전력 부지를 조사하는 막대한 비용을 들이지 않고도 전력을 복구할 수 있다.

주민들에게 전력을

이는 단지 시작일 뿐이다. 사물 인터넷과 관련된 소프트웨어와 신기

---

* 지역적으로 분산된 슈퍼컴퓨터, 서버, 가정용 컴퓨터 등 각종 IT 자원을 초고속 네트워크로 연동해서 대용량 컴퓨팅 자원을 제공하는 기술.

술이 등장하면서 우리는 전력망과 같은 현존하는 기반 시설에 서로 소통할 수 있는 스마트 장비를 부가해 지능을 불어넣을 수 있다. 새로운 서비스, 많은 참여자, 경제적 가치를 제공해 줄 더욱 유연하고 안전한 네트워크를 빠르고 값싸게 구축할 수 있다고 생각해 보라.

이러한 체계는 '메시 네트워크mesh network'라는 이름으로 알려져 있다. 말하자면 컴퓨터와 다른 장치들을 직접 연결해 주는 네트워크다. 이들은 밴드위스, 저장소, 기타 잉여 역량의 사용 여부에 따라 자동적으로 스스로를 재설정한다. 커뮤니티들은 접근이 어렵거나 이용 가능한 서비스가 부족한 지역에 닿기 위해 메시 네트워크를 활용할 수 있다. 메시 네트워크는 조직, 감독, 통제를 하향식으로 규율했던 전통적인 모델의 대안이 될 수 있다. 메시 네트워크는 트래픽이 중앙 기관을 거칠 필요가 없으므로 훌륭한 프라이버시와 보안성을 제공할 수 있다.[2]

기관들은 이미 메시 네트워크를 블록체인 기술과 결합해 복잡한 기반 시설의 문제들을 해결하고 있다. 미국 기업 필라멘트Filament는 호주 오지의 전신주에 이른바 '탭스taps'라 불리는 것을 실험하고 있다. 이러한 기기들은 약 16킬로미터 거리까지 직접 연락을 주고받을 수 있다. 전신주와 전신주 사이의 거리가 약 60미터 정도이므로, 전신주에 달린 운동 탐지기는 전신주가 쓰러지는 것을 감지하고 약 60미터 떨어진 다른 전신주에 문제 상황을 통보한다. 어떤 이유로든 전신주에 달린 탭이 작동하지 않는다면, 바로 옆의 전신주 또는 그 바로 옆의 전신주(약 16킬로미터까지는 무방하다)와 통신할 수 있다. 신호를 받은 전신주는 가장 가까운 인터넷 백홀backhaul 장소

(약 193킬로미터 이내)를 통해 전력 회사와 교신한다.

20년을 지속하는 배터리와 저전력 블루투스 기술을 활용해 소비자들은 그들의 휴대전화, 태블릿, 컴퓨터로 직접 장비들에 접속할 수 있다. 탭은 무수히 많은 센서를 내장해 온도, 습도, 빛, 소리를 탐지할 수 있다. 소비자들은 이 모든 변수를 활용해 상태를 감시하고 분석한다. 아마도 전신주의 라이프 사이클이나 임박한 고장 가능성을 예측 알고리즘을 통해 알 수도 있을 것이다. 고객들은 스스로 웨더노드가 되거나 이러한 데이터를 계측해 정보 서비스로 활용할 수 있고, 수집한 데이터 세트를 정부, 기상 캐스터, 전신주 제조사, 환경 단체 등이 사용할 수 있도록 블록체인을 통해 허락할 수 있다.

필라멘트의 비즈니스 모델은 필라멘트, 통합 고객, 전력 회사라는 세 당사자가 결부된 서비스 모델이다. 필라멘트는 하드웨어를 보유한다. 필라멘트의 장비들은 전신주의 상태를 지속적으로 모니터링하고 전신주가 쓰러졌는지, 불이 났는지, 쌓인 먼지나 산불 연기로 작동이 멈췄는지 보고한다. 필라멘트는 센서의 데이터 흐름을 통합 중개인에게 팔며, 통합 중개인은 이를 전력 회사에 되판다.

전력 회사는 모니터링 서비스에 대한 대가를 월 단위로 지급한다. 전력 회사는 이 서비스 덕분에 값비싼 부지 조사 비용을 들일 필요가 없어진다. 전신주가 쓰러지는 경우는 많지 않으므로, 전력 회사는 메시 네트워크의 통신 용량을 사용할 일이 거의 없다. 따라서 필라멘트는 탭스의 초과 여력을 다른 용도로 사용할 수 있다.

필라멘트의 공동 설립자이자 CEO인 에릭 예닝스Eric Jennings는 이렇게 말했다. "우리가 판매하는 네트워크는 대부분의 대륙을 아우릅니다. 우리는 장비를 보유하기에 여분의 네트워크 용량까지 판매할 수 있습니다." "필라멘트는 배달용 세미트럭이 수집한 원격 측정 데이터를 실시간으로 본사에 보내도록 페덱스와 계약을 체결할 수 있습니다. 호주 시골에까지 깔린 우리의 네트워크를 이용하는 것이죠. 우리의 스마트 계약 리스트에 페덱스를 추가할 수 있고, 스마트 계약을 대표해 데이터를 전송하는 각 디바이스를 상대로 대가를 지급할 수 있습니다."3 페덱스 드라이버들은 메시 네트워크를 활용해 통신할 수 있고, 먼 지역을 차로 운전해 찾아갈 때 추정되는 도착 시간을 특정하고 고장 상황을 알릴 수 있다. 이 네트워크는 필요한 부품과 장비를 보내 주기 위한 가장 가까운 수리 센터를 알려 줄 수도 있다.

이 과정에서는 블록체인 기술이 핵심을 차지한다. 사물 인터넷의 응용은 사물 원장Ledger of Things에 달려 있다. 수많은 스마트 전신주가 무수한 센서를 통해 데이터를 수집하고, 이러한 데이터를 다른 디바이스, 컴퓨터, 사람과 공유하면서, 이 시스템은 신뢰성을 보장하기 위해 모든 것(각각의 전신주를 확인하는 능력 또한 포함된다)을 지속적으로 추적할 필요가 있다.

"그 무엇도 신원을 확인하지 않으면 작동하지 않습니다." 예닝스의 말이다. "신원을 특정하기 위한 블록체인은 사물 인터넷의 중추를 이룹니다. 우리는 각 디바이스에 상응하는 고유한 경로를 만들어 줍니다. 이러한 경로, 이러한 신원은 필라멘트에 할당된 비트코인 블록체인에 저장되며, 비트코인과 마찬가지로 어떤 주소에라도 전송할 수 있습니다."4 블록체인은 스마트 계약과 함께 디바이스들이 정당한 대가를 지급받고, 그들이 계속해서 작동할 수 있도록 보장해 준다. 사물 인터넷은 블록체인 지불 네트워크 없이는 작동할 수 없다. 이 네트워크에서 비트코인은 보편적인 거래의 언어로 통용된다.

소셜 에너지: 이웃에게 전력을 제공하라

전신주 대신, 전력 계통에서 모든 노드를 전산화하고 전력 생산과 배분에서 완전히 새로운 P2P 모델을 창조한다고 생각해 보라. 모든 사람은 블록체인 기반의 전력망에 참여할 수 있다. 뉴욕 주가 후원한 프로그램은 혹독한 기후 조건에서도 에너지의 유연성을 확대할 수 있다. 브루클린의 파크 슬로프에서는 커뮤니티 차원의 마이크로그리드microgrid를 창설하기 위한 작업이 한창이다. 한번 건립된다면, 이 마이크로그리드와 여기에서 생산된 전력은 비상 상황에 대응할 수 있는 예비 전력을 공급하고 소비자들의 비용을 줄여 주는 한편, 공동체 내에서 청정에너지, 신재생 에너지의 비중을 늘리고, 에너지 효율성을 높이며 에너지의 저장 수단을 확대할 수 있다.

대학 캠퍼스에서 한동안 마이크로그리드가 유행했지만, 주거 지역에는 아직 보급이 미진하다. 북아메리카 도심에 터를 잡은 대부분의 주택 소유자, 회사, 정부, 여러 기관 들은 정해진 가격으로 정해진 전력 회사들로부터 전기를 구매한다. 지금, 우리는 지붕에 설치한 태양광 패널로부터 신재생 에너지를 공급받을 수도 있다. 지역 전력 회사는 잉여 전력을 도매가로 끌어오며, 이 과정에서 상당한 전력 손실을 감수하기 마련이다. 전력원에서 거리 하나 떨어진 집은 여전히 전력 회사를 통해 전력을 공급받으며, 이웃에서 생산한 신재생 에너지를 두고 완벽한 소매가를 지불한다. 이처럼 불합리한 일이 어디 있겠는가.

LO3 에너지의 공동 창업자이자 대표이사인 로런스 오시니Lawrence Orsini는 이렇게 말한다. "전력 회사들은 소수의 사람들이 전력망을 운영하는 지휘 통제 체계를 취하고 있습니다. 이 대신 당신은 스스로 돌아가는 전력망을 설계할 수 있습니다." 그는 이렇게 덧붙인다. "전력망의 모든 자산이 전력망을 유지하고 돌리는 데 기여하므로 네트워크는 훨씬 유연한 특성을 띠게 됩니다."[5] 이것은 분산형 P2P 사물 인터넷 네트워크 모델로, 스마트 계약과 자산 자체에 내장된 통제 수단이 특징이다(예컨대, 블록체인 모델).[6] 허리케인이 전송탑을 부수거나 불이 나서 변전소 변압기를 망가뜨린다면, 전력망은 대규모 정전 사태를 방지하기 위해 재빨리 송전 경로를 자동으로 변경할 수 있다.

유연성 말고도 장점은 많다. 각자 생산한 전력은 생산한 곳에서 소비되므로 전력 회사가 주도하는 모델에 비해 훨씬 효율적이다. 전력 회사 모델은 머나먼 거리에 에너지를 전송하므로 손실을 감수해야 한다. LO3 에너지는 지역 전력 회사와 커뮤니티 지도자들, 기술 협력 파트너들과 협력해 주민들이 지역 에너지의 환경적 가치를 사고팔 시장을 만들기 위해 작업하고 있다. "따라서 신재생 에너지 크레디트를 구입하는 에너지 서비스 회사에 돈을 지불하는 대신, 당신의 집에 실제로 전력을 공급하는 사람들에게 돈을 지불하는 것입니다. 바로 옆에서 생산되는 청정에너지이니, 당신의 삶에 환경적인 영향을 끼치게 되죠. 훨씬 공정한 일이 아니겠습니까." 오시니의 말이다.7 그래, 그의 말이 맞다!

만일 당신이 각 자산의 위치를 특정하고 위치의 효용을 생산과 소비에 할당할 수 있다면 당신은 실시간 시장을 창조할 수 있다. 오시니에 따르면 당신은 신재생 에너지를 직접 생산하지 못하는 이웃들에게 당신의 잉여 에너지를 경매로 팔 수 있다. 그 과정에서 당신의 커뮤니티는 P2P 거래를 통해 에너지 운용의 유연성을 달성할 수 있다. 공동체 구성원들은 실시간 가격 산정, 상한가와 하한가, 가장 가까운 이웃에 대한 우선 공급 등 실시간 마이크로그리드 시장의 규칙에 합의해 가격을 최적화하고 누출을 최소화할 수 있다. 가격을 결정하고, 매수나 매도를 제안하기 위해 하루 종일 컴퓨터 앞에 앉아 있을 필요가 없는 것이다.

미래의 마이크로그리드는 이러한 거래용 그리드 플랫폼을 만들고 유지하기 위해 필요한 컴퓨터 자원으로부터 열에너지를 취합할 수도 있다. 컴퓨터 자원을 커뮤니티의 건물에 공급하고, 고열을 활용해 난방, 온수, 냉방 시스템을 가동시키면 동일한 에너지의 생산성이 증가한다. "우리의 초점은 엑서지Exergy•를 늘리는 데 있습니다." 오시니의 말이다.

지역 단위의 신재생 에너지 생산이 늘어나면서, 사물 인터넷은 규제 중심의 전력 시장 모델에 도전하고 있다. 이러한 변화는 조금만 더 늦으면 곤란한 상황에 처할 수도 있다. 우리는 기후 변화에 대응해야 하고, 날이 갈수록 혹독해지는 기후 환경에 스스로 적응해

• 종합적인 에너지의 유효 이용도를 평가하는 데 쓰이는 단위.

야 한다. 특히 빙산이 녹아 섬이 바다에 잠기고, 지속된 가뭄으로 땅이 사막으로 변하는 현실에 대처해야 한다. 지금, 우리는 해마다 사막화 현상으로 약 60,700제곱킬로미터의 토지를 잃고 있다. 아프리카 남부 사하라에서는 최악의 상황을 경험하고 있으며, 여기에 사는 사람들은 호주의 먼로 씨와 달리 워터 펌프나 에어컨은 머나먼 이야기에 불과하고 다른 곳으로 이주할 여력도 없다.[8] 에너지를 버리지 않고 탄소를 배출하지 않으려면, 나의 전력망과 나의 엔진이 필요하다. 전력 회사들이 현재의 인프라('스마트그리드')를 바탕으로 사물인터넷의 이점을 찾는 상황에서, 마이크로그리드와 이어진다면 완전히 새로운 에너지 모델이 탄생할 수 있다. 전력 회사, 그들의 연합회, 규제 당국, 정책 입안자, LO3와 같은 새로운 혁신 기업들은 우선 이웃을 위해 전력을 생산하고, 분배하고, 활용하는 것에서 시작해 전 세계로 확장할 수 있는 새로운 모델을 개발하고 있다.

 대형 컴퓨터에서 스마트폰에 이르기까지

에너지 그리드와 달리, 컴퓨터 체계는 몇 가지 패러다임을 거치면서 진화해 왔다. 1950년대와 1960년대는 IBM과 와일드 번치Wild BUNCH(버로우스Burroughs, 유니박Univac, NCR National Cash Register Co., 컨트롤 데이터사Control Data Corp., 허니웰Honeywell)로 대표되는 대형 컴퓨터의 시대였다. 1970년대와 1980년대는 미니컴퓨터가 무대의 한복판에 등장했다. 트레이시 키더Tracy Kidder는 1981년 베스트셀러 『새로운 기계의 영혼*The Soul of a New Machine*』에서 데이터 제너럴사Data General Corp.•의 융성을 묘사했다. 중앙 컴퓨터 회사들과 마찬가지로, 대부분의 기업들은 비즈니스를 그만두거나 역사의 뒤안길로 사라졌다. 디지털 이퀴프먼트사Digital Equipment Corp., 프라임 컴퓨터Prime Computer, 왕Wang, 데이터포인트Datapoint, 휴렛팩커드Hewlett-Packard나 IBM의 미니컴퓨터를 기억하는 사람이 어디 있겠는가? 1982년, IBM의 하드웨어와 마이크로소프트의 소프트웨어는 우리를 PC의 시대로 인도했다. 애플의 매킨토시가 간신히 그들 사이를 비집고 들어갔을 뿐이다. 세상은 이렇게 변해 왔다.

동일한 기술에 힘입어 통신 네트워크 또한 진화해 왔다. 1970년대 초반부터, 인터넷(알파넷으로부터 유래했다)은 지금의 모습으로 진화해 왔다. 지금, 전 세계에 깔린 인터넷은 32억 명 이상9의 사람과 비즈니스, 정부, 기타 기관을 이어 주는 분산형 네트워크다. 컴퓨터 기술과 네트워크 기술은 모바일 태블릿 장비와 휴대 장비로 융합되었다. 블랙베리는 처음으로 스마트폰을 상업화했고, 애플은 2007년 아이폰을 출시해 이를 대중화시키는 데 성공했다.

더욱 새롭고 흥분되는 것은, 이러한 장비들이 수동적인 모니터링, 측정 작업, 감지와 반응을 위한 의사소통(날씨, 교통 상황)을 넘어서는 능력을 발휘하고 있다는 사실이다. 말하자면 사전에 정해진 규칙에 따라 행동하거나, 거래를 이행할 수 있다. 여러 가지 가능성 가운

• 에드슨 데 카스트로(Edson de Castro)가 1968년에 설립한 미니컴퓨터를 생산하는 미국의 컴퓨터 회사 가운데 하나.

데, 다음과 같은 작용이 가능해진다. 이들은 감지할 수 있고(기온의 하락과 교통 체증), 반응할 수 있고(화로를 켜고, 신호등의 파란불을 연장시킬 수 있다), 측정할 수 있고(운동, 열), 통신할 수 있고(비상 서비스), 위치를 탐지할 수 있고(급수관의 위치), 통지할 수 있고(수리공), 감시할 수 있고(위치, 접근성), 바꿀 수 있고(방향), 확인할 수 있고(당신의 존재), 목표를 특정할 수 있다(당신을 상대로 마케팅을 진행한다).

이러한 장비들은 한곳에 고정될 수도 있고(전신주, 나무, 파이프라인), 움직일 수도 있다(의복, 헬멧, 자동차, 애완동물, 멸종 위기 동물, 삼키는 알약). 간병인들은 스마트(혹은 삼킬 수 있는) 전자 알약을 활용해 환자가 언제 치료를 받아야 할지 확인하고 기록할 수 있다. 스킨 패치나 문신은 이러한 데이터를 포착하고 심장 박동, 식품 소비, 기타 요소를 측정한다. 그리고 이러한 정보를 내과의사, 간병인, 환자에게 애플리케이션을 통해 알려 주는 한편, 패턴을 확인하고 피드백을 줄 수 있다. 의사들은 이제 곧 비슷한 기술을 활용해 약제를 특정한 종류의 종양 조직으로 보낼 수도 있고, 중앙부의 온도를 재거나 다른 생체 표지를 측정할 수도 있다.[10]

이러한 장비들은 서로 통신이 가능하다. 컴퓨터 및 데이터베이스에 직접 접속할 수도 있고, 클라우드를 통해 통신할 수도 있다. 또한 사람들과의 소통(문자 메시지를 보내거나 휴대전화에 전화를 걸 수도 있다)도 가능하다. 이러한 장비들 덕분에 개인들도 진화하는 인공 지능과 수집하는 데이터를 통해 데이터 분석, 패턴 인식, 트렌드 파악을 할 수 있다.[11] 빅 데이터라는 산업 용어는 물리적 세상이 양산하는 수많은 데이터를 제대로 묘사하지 못한다. 가장 보수적인 잣대를 들이대도, 지금 인터넷을 통해 연결된 100억 개 이상의 디바이스가 2020년에는 250억 개 이상으로 증가할 것이라 예상한다.[12] 이를 가리켜 무한한 디바이스에서 비롯되는 '무한한 데이터'라고 부르는 게 나을 것이다.

그렇다면 왜 우리는 스마트 홈에서 살지 않고, 스마트 차를 몰지 않고, 스마트 의료를 받지 않을까? 커다란 장애물 여섯 가지가 존재한다. 하나는 애플리케이션과 서비스에 루브 골드버그Rube Goldberg• 가 존재한다는 점이다. 간단히 표현하면, 소비자들을 대상으로 출시된 초기 사물 인터넷 장비들은 거의 실용성을 갖추지 못했다. 연기 탐지기가 야간 조명을 켜고, 야간 조명은 스마트폰을 작동시켜 화재를 경고하는 장비가 실용적이라고 말하기는 어려울 것이다.[13]

또 하나는 조직의 관성을 들 수 있다. 임원들이나 산업계는 무능력 또는 의지박약 탓에 새로운 전략, 비즈니스 모델, 사람들의 역할을 통찰하기 싫어한다. 일부 창의적인 기업가들이 몇 가지 원리(예컨대, 물리적 자산을 확인하고, 찾고, 사용하고, 대가를 지불하는 방식)에 근거해 새로운 비즈니스를 개발하고 현재의 시장을 무너뜨리기도 하지만(예컨대, 우버, 에어비앤비), 이러한 영향은 상대적으로 미미하며, 여전히 회사와 회사의 애플리케이션을 중개자로 의지한다. 세 번째는 악의적인 해커나 보안 침해가 두려워 정보나 상호 규약을 변경하고, 디바이스를 재앙과 같은 결과로 덮어 버리는 일이다. 네 번

• 쉬운 일을 복잡하게 만드는 것을 의미함.

째는 '미래 예측'의 도전이다. 미래 예측은 전형적인 애플리케이션이나 회사보다 수명이 긴, 정말 긴 수명을 지닌 자산에 핵심적이다. 예컨대, 스타트업은 파산하거나 스스로를 대기업에 팔아넘기는 일이 수시로 일어난다.

다섯 번째는 확장성이다. 우리가 사물 인터넷의 완전한 가치를 깨달으려면, 다중 네트워크를 한데 이어서 상호 작용할 수 있도록 만들어 주어야 한다. 마지막으로 중앙 집중식 데이터베이스 기술의 도전이다. 하지만 중앙 집중식 데이터베이스 기술은 엄청난 비용을 들이지 않고서는 천문학적 숫자의 실시간 거래를 처리할 수 없다. 이러한 장애물을 극복하려면, 만물 인터넷은 기계, 사람, 동물, 식물을 아우르는 만물 원장이 필요하다.

사물 인터넷은 사물 원장이 필요하다

만물 원장으로 가능해진 만물 인터넷의 세계에 온 것을 환영한다. 블록체인 기술 덕분에 분산되고, 믿을 수 있고, 안전한 정보가 활동과 거래를 공유하고, 감지하고, 자동화할 수 있다. 기술자들과 공상 과학 소설 작가들은 인터넷으로 연결된 센서들의 완전무결한 글로벌 네트워크가 지구상의 모든 사건, 작용, 변화를 포착하는 세상을 오래도록 그려 왔다. 유비쿼터스 네트워크를 통해 처리 능력이 지속적으로 향상되었고, 값싸고 아담한 장비들이 서로 연결되어 '사물 인터넷'이 현실에 더욱 가까워지기 시작했다.

기억하라, 나카모토 사토시는 비트코인 블록체인을 설계해 온라인에서 이루어지는 비트코인 거래와 비트코인 화폐의 진실성을 확인해 주었다. 각각의 거래를 모든 노드에 저장시키고, 이러한 기록을 네트워크(즉, 블록체인)상의 모든 다른 노드와 공유하면서 P2P 네트워크를 통해 신속하고 완전무결하게 거래를 확인할 수 있다. 우리는 네트워크상의 각 노드를 알거나 믿지 않아도 자동적으로, 안전하게, 또 은밀하게 가치를 거래할 수 있다. 중개자를 거치지 않아도 된다. 이처럼 만물 원장은 최소한의 신뢰만을 요구할 뿐이다.

우리는 블록체인 기술을 통해 스마트 디바이스를 핵심 정보와 동일시할 수 있다. 호주 오지에서도 이러한 디바이스들을 오류, 조작, 고장 없이 일정한 환경 아래서 작동하도록 프로그래밍할 수 있다. 블록체인은 네트워크상에서 일어나는 모든 데이터 교환을 그대로 보존할 수 있다. 시간이 지날수록 누적되고, 해당 네트워크에서 노드들이 협업해 유지하는 데이터를 모두 보존할 수 있는 것이다. 이로써 사용자들은 데이터의 정확성을 확신할 수 있다.

블록체인이 사물 인터넷의 가능성을 펼치는 데 중요하다는 공감대가 첨단 기업들 사이에서 형성되고 있는 중이다. 대형 중앙 집중식 컴퓨터 시스템의 창시자인 IBM조차 이러한 대열에 합류했다. '디바이스 민주주의: 사물 인터넷의 미래를 구원하라'라는 제목의 보고서에서 IBM은 블록체인의 가치를 확인해 주고 있다.

탈중앙 집중형 사물 인터넷의 비전을 그려 본다면, 블록체인은 거래 절차 및 상호 소통하는 디바이스들의 조율을 촉진하는 프레임워크로 기능한다. 각각의 디바이스들은 각자의 역할과 행위를 관리하며, 그 결과 '분권형, 자율형 사물 인터넷'의 세상이 도래한다. 아울러 디지털 세상의 민주화가 실현된다. (⋯) 디바이스들은 각자의 소프트웨어 업데이트를 찾고, 피어 디바이스들에 대한 신뢰도를 확인하고, 자원과 서비스의 교환 대가를 지불하면서 합의, 지불, 교환과 같은 디지털 계약을 자율적으로 실행할 수 있다. 이로써 그들은 자율 유지, 자율 서비스 디바이스로 기능할 수 있다.[14]

따라서 블록체인을 활용하면 완전히 새로운 비즈니스 모델이 펼쳐진다. 네트워크상의 각 디바이스나 노드가 자립형 마이크로 비즈니스로 기능하기 때문이다(말하자면, 아주 저렴한 비용으로 전력이나 컴퓨터 기능을 공유하는 것이다).

"또 다른 실례는 음악 서비스나 자율형 차량입니다." 스마트월렛의 창시자인 디노 마크 앙가리티스는 이렇게 주지했다. "음악이 연주되는 순간, 차량이 운행되는 순간순간마다 내 계좌에서 소액의 금전이 빠져나갑니다. 미리 거액을 지불하지 않아도 되고, 내가 쓰는 것만큼만 지불하면 됩니다. 공급자가 돈을 받지 못할 위험은 전혀 없습니다. 기존의 지불 네트워크로는 불가능한 일입니다. 신용카드에서 소액을 이체하기에는 수수료 부담이 너무 크기 때문입니다."[15]

여분의 침실, 빈 아파트, 빈 회의실도 스스로를 임대할 수 있다. 특허권 또한 스스로 사용을 허락할 수 있다. 우리의 이메일은 스팸메일이 올 때마다 발송자들에게 돈을 물릴 수 있다. 아이디어가 떠오르는가? 머신 러닝, 센서, 로보틱스로 무장한 자율형 에이전트들은 우리의 집과 오피스 빌딩, 쌍방향 판매, 쌍방향 마케팅, 버스 정류장의 비가림막, 교통 흐름과 도로 사용, 쓰레기 수거와 처리(말하자면, 쓰레기차가 들러야 하는 곳), 수도 시스템, 내장되거나 몸에 착용하는 헬스케어 디바이스, 창고, 공장, 서플라이 체인 등을 관리할 수 있다.

와이즈키의 CEO 카를로스 모레이라는 '산업형 블록체인'이라는 표현을 쓰고 있다. 그는 이러한 산업형 블록체인에 최고의 기회가 있다고 말했다.[16] 스위스에 거점을 두고 있는 와이즈키는 신원 관리, 사이버 보안, 모바일 커뮤니케이션 분야에 진출하고 있다. 이 회사는 시계나 기타 웨어러블 디바이스를 위한 보안 거래 시스템을 공급하고 있다. 또한 다수의 기타 사물 인터넷 디바이스들에 딱 맞는 신뢰 모델을 제조사와 칩 제조자들에 제안하고 있다. 사물 인터넷 디바이스들은 이러한 신뢰 모델을 통해 스스로를 인증할 수 있고, 인터넷이나 기타 네트워크를 넘나들며 통신이 가능하다. "우리는 신뢰가 개체 레벨에서 확인되는 또 다른 세상으로 들어가고 있습니다. 신뢰받지 못하는 개체는 중앙 기관의 확인을 받을 필요 없이, 다른 개체에 의해 자동으로 거부될 것입니다." 모레이라의 말이다. "아주 엄청난 패러다임의 전환입니다. 미래의 실행 과정을 바꿔 놓을 거예요."[17]

새로운 세상이 도래하면서, 사용자들은 ID 확인과 보안 인증, 공개 키/개인 키를 통해 스마트 디바이스들과 한 몸이 되고 있다. 또한 그들은 프라이버시와 같은 상호 규약을 정의한다. 중앙 집중식 노드나 중개자의 규칙을 따르지 않고, 다른 디바이스들과의 관계 속에서 상호 규칙을 정의하는 것이다. 제조사들은 유지, 보유, 접속을 비롯한 제반 책임을 자가 유지 디바이스들의 커뮤니티에 위임할 수 있다. 이로써 사물 인터넷의 미래를 보장하며, 인프라 구축 비용을 절감하고, 각 디바이스가 구형으로 전락하는 정확한 시점에 교체를 시도할 수 있다.

이에 블록체인은 사물 인터넷의 기능을 방해하는 여섯 가지 장애물을 해소할 수 있다. 요약하자면, 새로운 만물 원장은 멋진 네트워크 특성 아홉 가지를 지니고 있다.

유연성: 자기 수정 기능, 어디에서도 고장이 날 수 없음.

견고성: 수많은 데이터 포인트와 거래를 조종할 수 있음.

실시간: 항상 작동하며, 순식간에 데이터 흐름이 일어날 수 있음.

반응성: 변화하는 환경에 반응함.

극도의 개방성: 새로운 입력 값에 따라 변화하고 늘 진화함.

재생 가능성: 복수의 목적을 지닐 수 있고, 재활용이 가능함.

감축 가능성: 비용과 마찰을 최소화하고, 과정의 효율성을 극대화함.

수입 창출성: 새로운 비즈니스 모델과 새로운 기회가 가능함.

신뢰 가능성: 데이터의 진실성, 참가자들의 신뢰성을 보장함.

왜 우리는 블록체인을 등에 업은 사물 인터넷이 그토록 막대한 가능성을 지니고 있다고 생각할까? 주된 이유는 물리적 세상에 생명력을 불어넣기 때문이다. 우리가 원장에 기록한 이러한 객체들에 생명력을 불어넣으면 감지하고, 반응하고, 소통하고, 행동을 취할 수 있다. 자산들은 스마트 계약에 따라 서로를 탐색하고, 발견하고, 활용하고, 보완할 수 있다. 이로써 기존 질서를 파괴하는 새로운 시장이 등장한다. 마치 과거에 인터넷이 사람들과 모든 디지털 콘텐츠에 영향을 미쳤던 것과 마찬가지다.

매니저, 기업가, 정치인 들에게 다음과 같은 질문이 주어진다. 변화와 성장을 위한 새로운 기회를 어떻게 활용할 것인가? 당신의 조직은 지금의 운영 모델이 겪는 불가피한 붕괴에 어떻게 대응할 것인가? 새로이 등장한 스타트업, 협력 체계의 창조적 모델과 어떻게 경쟁할 것인가?

향상된 효율성, 개선된 서비스, 감축된 비용, 늘어난 안전성, 개선된 결과를 향유할 기회는 갈수록 풍부해지고 있다. 우리는 블록체인 로직을 사물 인터넷에 응용하면서 이 모든 항목을 향상시킬 수 있다. 우리는 다음 단계의 디지털 혁명을 준비하고 있다. 인텔의 미셸 틴슬리Michelle Tinsley는 왜 인텔이 블록체인 혁명을 깊숙이 조사하고 있는지 설명했다. "PC가 널리 보급되면서 생산성은 하늘 높은 줄 모르듯 늘어났습니다. 우리는 이러한 PC를 서버, 데이터 센터, 클라우드에 연결시켰고, 열악한 스타트업조차 마음껏 사용할 수 있을 정도로 컴퓨터 자원을 값싸고 쉽게 이용할 수 있었습니다. 이제 우리는 다시 한 번 급속한 혁신, 새로운 비즈니스 모델을 눈앞에 두고 있습니다."[18] 인텔은 무엇이 작동하고 무엇이 작동하지 않는지, 어디에 기회가 숨어 있는지 더욱 빨리 알고 싶어 한다. 미셸은 이렇게 말한다. "우리는 이러한 기술이 또 다른 혁신을 가져올 수 있다고 믿습니다. 완전히 새로운 회사, 새로운 종사자들이 등장할 수 있는 겁니다. 첨단 산업의 리더가 되려면, 이러한 담론을 간과해서는 곤란합니다."[19] 이러한 역량을 인터넷 혁명에서 소외된 다양한 산업에 응용한다고 생각해 보라.

사물에 생명을 불어넣는 열두 가지 파괴

어떻게 해야 물리적 세상에 생명을 불어넣을 수 있을까? 피노키오와 달리, 푸른 요정은 우리 편이 아니다(또한 피노키오와 달리, 블록체인은 거짓말을 하지 못한다). 하지만 오늘날, 지금 당장, 우리가 배포한 원장 기술은 "삶에 좋은 일을 만들어 줍니다"라는 구호를 GE의 전유물이 아닌 모든 당사자의 역할로 변화시킬 수 있다. 더 좋은 것은, 원장에서는 피노키오가 코가 길어진 채로 돌아다닐 수 없다는 사실이다.

지금은 만물 원장(사물 인터넷에 내재된)의 가능성을 생각하는 초기 단계다. 소비자 디바이스가 대중 매체의 관심을 독차지하는 지금, 거의 모든 분야에 응용할 수 있는 가능성이 다분하다. 활용 가능한 응용 수단을 분류하고 규합하는 방법은 한두 가지가 아니다. 수많은 응용 수단이 경계를 넘나들고, 복수의 카테고리에 속할 수 있기 때문이다. 예컨대, 맥킨지는 사물 인터넷을 분류하면서 '세팅'이란 개념을 사용했다.[20] 우리는 만물 원장이 지닌 새로운 가능성을 열두 가지 주요 분야에서 찾아볼 수 있었다. 응용하는 각 분야별로 얻을 수 있는 장점은 제각각이며, 영향을 받을 수 있는 비즈니스 사례 또한 다르기 마련이다. 아래 카테고리는 현실로 다가올 수 있는 가능성을 예로 들며, 현재의 시장, 플레이어, 비즈니스 모델이 어떻게 무너질 수 있는지 또한 알려 준다.

1. 운송

미래의 당신은 자율 주행 차량을 호출해 당신이 가고 싶은 곳에 무사히 갈 수 있다. 가장 빠른 길을 한눈에 택해 건설 현장을 피하고, 톨게이트를 지나, 주차까지 마음대로 할 수 있다. 교통 체증이 심할 경우, 당신의 차량은 정시에 목적지에 도착하기 위해 통행 요금을 협상할 수 있고, 택배 담당자는 모든 화물에 블록체인 기반 사물 인터넷을 활용해 세관을 통과하거나 필요한 조사 절차를 재빨리 끝마칠 수 있다. 빨간 테이프는 전혀 필요하지 않다.

도로 환경 미화 장비를 제조한 알리안츠Allianz는 지자체의 장비에 미니캠이나 센서를 탑재해 격일 주차만 가능한 뉴욕 시에서 이틀 연속 움직인 흔적이 없는 차량(차량이 스스로 움직일 수 없다고 가정했을 때)을 확인하고, 이러한 센서 데이터를 교통경찰에게 제공해 주차 티켓을 발부시킬 수 있다. 아니면 환경 미화 장비 스스로 길거리를 훑고 지나가면서 각 차량으로부터 비트코인을 몰취하는 방식으로 벌금을 징수할 수 있다. 이러한 일이 가능한 이유는 뉴욕 주 교통국이 모든 차량을 다섯 개 뉴욕 시 자치구에 등록하고, 비트코인 월렛을 각 차량의 번호판에 연동시키기 때문이다. 한편 자율 주행 차량은 환경 미화 장비가 다가오는 것을 감지한 다음, 모르고 통과하도록 스스로를 살짝 움직일 수도 있다.

2. 인프라 관리

많은 전문가가 스마트 디바이스를 활용해 도로 포장, 철도, 전신주와 전력선, 파이프라인, 도로, 항만, 기타 공공·민간 인프라의 위치, 상태, 존속 연령, 품질 등의 요소를 모니터링한다. 이로써 각 시설의 상태를 감시하고 문제(고장이나 변경)를 진단하고, 빠르고 효율적인 대응을 실행할 수 있다. 필라멘트와 같은 회사들이 이러한 분야에 진입하고 있다. 그들은 새로운 기술을 활용해 엄청난 규모의 교체 비용을 들이지 않고서도 현존하는 인프라에 생명력을 불어넣고 있다. 필라멘트의 에릭 예닝스는 이렇게 말한다. "현재 인프라의 90퍼센트 이상이 서로 분리되어 있다. 하지만 이러한 시설을 모두 뜯어내고 새로운 무선 기반의 상호 연결된 자산으로 대체한다는 것은 현실적으로 불가능할 것 같다."[21]

3. 에너지, 쓰레기, 물 관리

다 찬 쓰레기통이 이렇게 신호를 보낸다. "나를 좀 비우게 트럭을 보내 주세요." 새는 파이프가 이렇게 신호를 보낸다. "나를 고쳐 주세요." 사물 인터넷은 아이들의 책 100권의 소재로도 부족할 것이다. 선진국과 개발도상국을 가리지 않고 기존 유틸리티들은 블록체인 기반 사물 인터넷을 활용해 생산, 분배, 소비, 수집 모두를 해결할 수 있다. 앞서 검토한 것처럼 핵심 인프라를 갖추지 못한 신규 진입자들도 이러한 기술을 활용해 완전히 새로운 시장과 새로운 모델을 창조하려 계획하고 있다(말하자면, 커뮤니티 마이크로그리드).

4. 자원 채취 및 농업

젖소 또한 블록체인의 대상이 될 수 있다. 농부들은 젖소가 무엇을 먹었는지, 어떤 약을 처방받았는지 등을 비롯해 전반적인 건강 이력을 추적할 수 있다. 이 기술은 고도로 특화된 값비싼 장비를 추적하도록 도와줄 수 있고, 적시 활용과 원가 회수 또한 더욱 보편화될 수 있다. 안전 장비와 자동화된 체크리스트에 태그를 붙여(장비가 제대로 사용되는지 확인하기 위해) 광부와 농부의 안전을 개선할 수 있고, 날씨와 토양, 작물의 상태를 모니터링해 물을 끌어오고, 자동화된 추수 작업을 시작하는 등 다양한 활동을 개시할 수 있다. 또한 '무한 데이터' 분석을 종합해 과거의 패턴과 결과를 바탕으로 최고의 수확을 달성하기 위한 새로운 정보와 권고 사항을 확인할 수 있다. 땅에 묻고 나무에 달아 놓은 센서들은 환경 보호 기관들을 도와 농부와 토지 사용 현황을 모니터링할 수 있다.

5. 환경 감시와 비상 서비스

자율형 기후 에이전트, BOB를 기억하는가? BOB는 기후 센서들로 가득 찬 세상에 존재하며, 핵심적인 기후 데이터를 팔아 금전을 취득한다. 공기와 수질을 모니터링하며, 공해 물질을 감축하고 실내에 있으라는 경고를 발동할 수도 있다. 비상시 투입되는 인력에게 위험한 화학 약품이나 방사능을 경고할 수도 있다. 번개나 산불을 감시하고, 지진과 쓰나미 조기 경보 시스템을 설치하고, 폭풍우를 모니터링하고 조기 경보를 발동할 수도 있다. 비상 서비스에 대한 대기 시간이 줄어들고 비상사태가 인간에게 미치는 악영향을 줄일 수 있다. 우리는 이러한 종단 자료를 활용해 저변의 트렌드와 패턴을 더욱 잘 이해할 수 있고, 여러 사례에 필요한 예방적 조치를 확인할 수 있고, 더욱 빠른 조기 경보를 제공하기 위한 예측 역량을 개선할 수 있다.

6. 의료 보건

의료 보건 분야에서, 전문가들은 전산을 활용해 의료 설비와 의료 기록을 관리하고, 재고를 유지하고, 모든 장비 및 약제의 주문과 결제를 진행한다. 요즘 병원들은 이러한 서비스를 관장하는 스마트 디바이스들로 가득 차 있다. 하지만 다양한 스마트 디바이스들이 서로 소통하는 경우는 거의 없고, 환자를 직접 돌보며 프라이버시 보호와 안전의 중요성을 고려하는 경우도 찾아보기 어렵다. 블록체인 기반 사물 인터넷은 새로이 등장하는 애플리케이션들을 활용해 이러한 서비스를 연결시킬 수 있다. 현재 개발 중인 일부 애플리케이션은 질병을 모니터링하고 관리하는 역할을 수행하며, 품질 관리를 향상시킬 수 있다(스마트 약제, 생체 신호를 추적하고 피드백을 줄 수 있는 웨어러블 디바이스). 스스로를 모니터링하며, 익명의 수행 실적 데이터를 제조자에게 보내 모양을 개선하고, 환자의 의사에게 "교체해야 할 시간입니다"라고 연락하는 인공 엉덩이나 인공 무릎을 상상해 보라. 기술자들은 그들의 신뢰성과 정확성을 확인할 사전 절차를 통과하지 못한다면 특화된 장비를 활용할 수 없다. 새로운 스마트 약제는 임상 실험에서 스스로를 추적해 약효와 부작용을 어떠한 조작도 없이 그대로 보여 줄 수 있다.

7. 금융 서비스와 보험

금융 기관들은 스마트 디바이스와 사물 인터넷을 활용해 실물 자산에 대한 요구 사항을 태그시켜 추적이 가능하도록 만들 수 있다. 전자화폐는 규모와 상관없이 모든 사용자의 가치를 빠르고 안전하게 저장하고 이전하도록 도와줄 수 있다. 따라서 리스크 측정과 관리 또한 가능해진다. 더 생각해 보면, 가난하고 소외된 사람들이 한정된 자산을 초기의 마이크로그리드 사례처럼 태그하거나 나눌 수 있었다면 소액의 금전 또는 전력이나 다른 '크레디트'를 얻을 수 있을까? 소유자들은 값비싼 물건, 골동품, 보석, 소더비가 취급하고 로이드가 보증하는 박물관에 소장될 가치가 충분한 작품들에 태그를 붙일 수 있다. 보험자들은 대상의 소재와 상태에 따라 보험료를 조정할 수 있다. 공기 상태를 조절하는 뉴욕의 메트로폴리탄 미술관에 보관되었다면 보험료를 낮게 책정할 테고, 그리스로 운송해야 하는 상황이라면 보험료를 올려 받을 것이다. 보험 목적물은 스스로가 금고에 보관되어 있었는지, 유명인의 목에 걸려 있었는지를 말해줄 수 있다. 디바이스가 앤 해서웨이Anne Hathaway가 아닌 린제이 로한Lindsay Lohan의 목에 걸려 있다면 보험료는 더 높아질 수 있다.• 무인차량에는 당연히 낮은 보험료를 적용할 수 있고, 디바이스 자체는 센서 데이터를 바탕으로 보험금을 즉석에서 산정할 수 있다.

• 앤 해서웨이는 조신하고 모범적인 여자 연예인으로 정평이 나 있으나, 린제이 로한은 악동이자 할리우드의 문제아로 악명이 높다.

8. 문서와 기타 기록 유지

앞서 설명한 것처럼, 실물 자산은 디지털 자산이 될 수 있다. 특정한 '사물'과 관련된 모든 문서, 예컨대 특허, 소유권, 보증서, 검수 확인서, 원산지 표시, 보험, 교체 일자, 인허가 서류 등은 전자화되어 블록체인 상에서 거래될 수 있고 데이터 활용도와 진실성을 확실히 개선하고, 서류 작업을 줄이며 저장, 손실, 문서 작업과 관련한 기타 절차를 개선할 수 있다. 예컨대, 안전성 검사를 통과하지 못했거나, 보험 기간이 만료됐거나, 차주가 주차 딱지나 교통 범칙금을 미납했거나, 운전면허가 정지되었다면 차량은 시동이 걸리지 않을 것이다. 판매대에 놓인 물품들은 유통 기한이 지났는지를 매장 관리인에게 통보할 수 있다. 매장 관리인은 유통 기한이 다가오는 물품의 가격이 할인되도록 프로그램을 짤 수도 있다.

9. 건물 및 자산 관리

연면적 1,100제곱킬로미터에 이르는 미국 상업용 부동산 가운데 65퍼센트가 공실인 것으로 추정된다.[22] 디지털 센서들 덕분에 실시간 탐색, 이용 가능성, 임차료 지급이 가능해지면서 새로운 부동산 시장을 창출할 수 있다. 구매자들은 이 분야에 진입해 남는 공간을 임대하는 새로운 서비스 모델을 개발할 수 있다. 저녁에는 회의실을 동네 유소년들을 위한 교실 또는 지역의 스타트업을 위한 사무실로도 활용할 수 있다. 보안 및 출입 통제, 조명, 난방, 냉방, 폐기물 및 용수 관리도 가능해진다. 친환경 건물 또한 사물 원장을 통해 구현할 수 있다. 엘리베이터 사용량과 사람들의 출입 데이터가 건축가의 공용, 개인 공간의 설계에 어떤 정보로 작용할지 생각해 보라. 남는 주거 공간은 스스로를 리스트에 올릴 수 있고, 만물 원장으로 협의를 진행해 여행객, 학생, 노숙자 프로그램 관리인 등에게 필요한 공간을 제공할 수 있다. 이러한 아이디어는 주택, 호텔, 오피스, 공장, 리테일 등 모든 종류의 부동산에 적용할 수 있다.

10. 산업의 운영 - 사물 공장

글로벌한 공장에는 글로벌한 사물 원장이 필요하다. 말하자면 산업용 블록체인이 필요한 것이다. 공장 관리인들은 스마트 디바이스를 활용해 생산 라인, 재고, 분배, 품질, 검수를 모니터링할 수 있다. 모든 산업은 원장 방식의 접근을 채택해 서플라이 체인 관리를 구성하는 각 절차의 효율성을 비약적으로 향상시킬 수 있다. 비행기나 열차와 같은 복잡한 대형 기계는 수백만 개의 부품으로 구성되어 있다. 제트 엔진이나 기차의 각 부품은 수리가 필요할 때 경고를 발동하는 센서를 탑재할 수 있다. 볼티모어에서 롱비치로 향하는 기차는 핵심 부품의 교체를 3일 앞둔 시점에 롱비치의 유지 보수 인력을 상대로 현재 상황을 통지할 수 있다. 심지어 센서는 입찰 제안서를 발송한 다음 가장 좋은 가격으로 거래를 마무리하고 배달까지 지시할 수 있다. 또한 제너럴 일렉트릭, 노포크 서던 등 대기업의 운영 효율성을 향상시켜 시간을 절약하는 한편 비용을 대규모로 절감할 수 있다. 더 중요한 것은 차, 전구, 밴드 반창고 등 각종 분야의 제조사들이 제품이나 제품의 부품에 스마트 칩을 심어 놓고 수행 실적 데이터를 모니터링하고 수집하고 분석할 수 있다는 점이다. 그들은 이러한 데이터를 바탕으로 자동 업그레이드 서비스를 제공하며, 고객의 니즈를 파악하고, 새로운 서비스를 제공할 수 있다. 실제로 이들은 단순한 제품 공급자에서 소프트웨어 기반 서비스 제공자로 탈바꿈하는 것이다.

11. 홈 매니지먼트

외로운가? 당신은 당신의 집과 대화를 나눌 수 있다. 당신의 집을 비롯해 다양한 제품과 서비스들이 원격 자동화 주택 모니터링이라는 새로운 시장에 진입하고 있나. 이러한 서비스들은 단순한 '도우미 카메라'를 넘어 전원 관리, 온도 조절, 조명 관리 등 집 안의 모든 일을 관리할 수 있다. '스마트 홈'이 아직 널리 보급되지는 않았으나, 애플, 삼성, 구글과 같은 회사들은 설치와 운영을 단순화하기 위해 노력하고 있다. BCC 연구에 따르면 "미국의 홈 오토메이션 시장은 2014년 69억 달러가량에서 2019년 103억 달러로 늘어날 것이라 추정된다. (…) 성장은 장기간에 걸쳐 꾸준히 진행될 것이다."[23]

12. 리테일 운영과 판매

거리를 걸어가는 중, 모바일 디바이스가 당신이 좋아하는 드레스를 갭Gap에서 살 수 있다고 알려 준다. 매장에 들어가면 당신의 사이즈에 맞는 드레스가 당신을 기다리고 있다. 한번 입어 본 다음 드레스를 스캔하면 계산이 완료된다. 하지만 아직 끝난 게 아니다. 드레스는 당신이 집에 도착하기 전에 알아서 집으로 배달된다. 운영의 효율성을 추구하고 환경을 감시하는 것에 더해, 소매상들은 지나가는 소비자들에게 사는 곳, 그들이 속한 인구군, 알려진 취향, 구매 이력 등을 바탕으로 맞춤형 제품과 서비스를 제공할 수 있다. 물론 이를 위해서는 소비자들이 블록체인상에서 소매상들에게 자신들의 블랙박스를 공개해야 한다.

재분배 자본주의를 넘어 분산 자본주의로

이 장에서 우리는 분산형, 블록체인 기반 사물 인터넷의 수많은 잠재적 이득을 다양한 단계(개인, 조직, 산업, 사회)별로 살펴보았다. 사람들이나 중앙 집중식 중개용 애플리케이션이 아닌, P2P 네트워크를 통해 절차를 갱신하고 자동화한다면 앞서 살핀 것처럼 다음과 같은 다양한 이익을 얻을 수 있다.

- 스피드(전 과정에서의 자동화)
- 비용 절감(거의 무한대의 데이터를 거대한 중앙 처리 장치에 전송하는 것과 관련됨. 값비싼 중개 기관을 배제할 수 있음)
- 수입, 효율성, 생산성(재활용을 위한 잉여 역량을 펼칠 수 있음)
- 효율성 향상(내장된 체크리스트 및 기타 프로토콜이 사람의 실수를 상쇄할 수 있음)
- 보안성과 진실성 향상(네트워크 아키텍처에 신뢰가 내장되므로 개인 대 개인의 신뢰가 필요 없음)
- 시스템 고장 우려 감소(병목 현상이 사라지고, 유연성이 깃들게 됨)

- 에너지 소비 감소(네트워크에서 필요한 에너지는 증가된 효율성과 감축된 소비, 동적 가격 책정, 되돌림 루프 등으로 저감됨)
- 프라이버시 보호 강화(중개자는 블록체인에서 규정된 규칙을 무시하거나 덮을 수 없음)
- 저변의 패턴과 프로세스에 대한 이해 증진, '무한 데이터'의 수집과 분석을 통한 개선 가능성 이해
- 부정적 사건(혹독한 날씨, 지진, 건강 악화), 긍정적 사건(파종 시기, 구매 패턴)을 아우르는 다양한 사건의 예측력을 강화함

분산식 개방형 모델은 회사가 문을 닫고 제조사가 망해도 사물 인터넷 네트워크는 존속한다는 것을 의미한다. 상호 운용성을 시스템에 심는다면, 서로 다른 사물 인터넷 네트워크가 이어질 수 있고 더욱 큰 가치를 창출할 수 있다.[24]

이런 다양한 이점은 중앙 기관(지휘와 통제) 또는 기타 중재 기관(청산소 혹은 관리 애플리케이션)을 제거한 분산형, 분권형 네트워크에 달려 있다. 이러한 새로운 중개자들이 자리를 틀고 있으면 다른 사람들은 이들을 '피해 가거나' 제거하고 싶은 생각에 사로잡힌다. 에릭 예닝스에 따르면, "사람들은 불편함을 최소화하기 위해 뭐든 하기 마련이고, 그 결과 집중화를 추구하게 된다. 이러한 사람들 몇몇을 위한 단기 이익은 다른 모든 사람의 장기적 손실로 귀결되기 마련이다". 그는 이렇게 덧붙인다. "사물 인터넷은 완벽히 분권화되어야 한다. 여기에서의 디바이스들은 자율적으로 작동하며, 서로를 직접 발견할 수 있고, 장비들 간에 가치를 직접 지불할 수 있다."[25]

IBM 기업 가치 연구소IBM Institute for Business Value는 블록체인 기반 사물 인터넷을 활용해 실물 자산의 레버리지를 증가시킬 이른바 다섯 가지 주요 '파괴 방향'을 연구했다.[26] IBM이 사물 인터넷에 사업적인 이해관계를 갖고 있는 것은 사실이나, 사물 인터넷의 비즈니스 가치에 대한 연구 성과는 아주 유용하다.

우선, 연구소에서는 새로운 네트워크의 활용 가능성을 다음과 같이 주지한다. 사용자들은 새로운 네트워크를 통해 쉬고 있는 저장 장치나 컴퓨터 자원과 같은 실물 자산을 탐색하고, 접속하고, 지불할 수 있다. 자산에 대한 수요와 공급을 맞출 수 있는 것이다. 우리는 리스크와 신용을 온라인상에서 자동으로 측정하고, 자산을 가상 공간에서 압류할 수 있으므로 신용과 리스크에 결부되는 비용을 현저히 저감할 수 있다. 시스템과 디바이스들의 사용을 자동화하면 운영의 효율성이 개선된다. 결국 기업들은 크라우드소싱, 협업이 가능해지고 전산으로 통합된 밸류 체인을 통해 비즈니스 파트너와 실시간으로 최적화를 추구할 수 있다.

짧게 말하면, 당신은 더욱 단순하고, 더욱 효율적인 시장을 만들수 있는 것이다. 과거에는 접근할 수 없었던 자산에 접근하고, 실시간으로 가격을 결정하면서 리스크를 줄일 수 있다. 기초 인프라가 자리를 잡으면, 낮은 진입 장벽을 향유할 수 있고(앱 하나만 개발하면 된다), 낮은 비용으로 유지가 가능하다(제삼자에게 서비스 수수료를 지급할 필요가 없다). 금전을 전송하는 비용이 비약적으로 절감되며, 은행 계좌를 개설하고, 신용을 얻고, 투자를 집행하는 진입 장벽이 월등히 낮아진다. 또한 소액 결제 채널을 뒷받침하고, 분당 서비스 사용을 분당 과금 방식과 일치시킬 수 있다.

사물 원장 덕분에 사후적인 재분배 자본주의redistributed captialism를 넘어 사전적인 '분산 자본주의distributed capitalism'가 가능해진다. 이러한 시장은 무질서한 다툼에서 벗어나 개인, 기업, 사회의 가치에 따라 형성될 수 있고, 이러한 가치들을 블록체인에 심을 수 있다. 예컨대, 신재생 에너지 사용을 유도하고, 가까운 이웃에서부터 자원을 끌어들이고, 약속한 가격을 존중하고, 프라이버시를 보호하려는 유인이 블록체인에 내장될 수 있다. 한마디로, 우리가 더 많은 것을 공유하면 사물 인터넷과 만물 원장이 현실의 세상에 생명력과 인격을 불어넣는다. IBM이 말하길, "서로 다른 산업이 서로 다른 영향을 초래하더라도, 거시 경제적 관점에서는 우리 모두가 사물 인터넷의 승자다".27 맥킨지 글로벌 연구소McKinsey Global Institute에 따르면, 사람들은 아직도 사물 인터넷의 경제적 가치를 제대로 파악하지 못하는 것 같다. 2025년이 되면 사물 인터넷의 응용이 가져올 경제적 영향(소비자 잉여 포함)은 111조 달러에 달할 수 있다.28 현재 100조 달러에 이르는 글로벌 GDP보다 10퍼센트가량 많은 셈이다. 정말 엄청난 수치다!

『디지털 경제The Digital Economy』에서 처음 소개한 '네트워크화 지능Networked intelligence'이란 용어는 다음과 같은 개념을 담고 있다. 네트워크는 연이은 도메인 속의 가장 영리한 노드보다 영리하다. 앞서 설명한 것처럼, 최초의 인터넷은 거래 비용을 상당히 낮출 수 있었다. 우리는 지금 더 빠른 서플라이 체인과 새로운 마케팅 수단, 리눅스와 위키피디아 같은 대규모 P2P 협업, 새로운 비즈니스 모델을 곁에 두고 있다. 블록체인 기술은 이러한 과정을 가속화할 것이다. 사물 인터넷이 자리 잡으면서, 이러한 추세는 더욱 추진력을 얻게 될 것이다.

미래의 전망, 우버 대신 수버

우리는 이 장에서 많은 주제를 살펴보았다. 지금은 모든 혁신의 갈래를 하나의 시나리오로 종합해 보자.

우버와 리프트 같은 통합 서비스 제공자를 생각해 보라. 우버는 앱을 기반으로 한 승차 공유 네트워크로, 요금을 받고 승차 서비스를 제공하려는 사람들이 그 대상이다. 우버를 사용하려면 우버 앱을 내려받고, 계정을 개설하고, 신용카드 정보를 우버에 제공해야 한다. 당신이 앱을 이용해 차량을 요청하면, 앱은 당신에게 원하는 차종을 선택하고 현재 위치를 지도에 표시하라고 주문한다. 앱은 당신을 태우러 올 차량이 있는지, 그 차량이 지금 어디로 오고 있는지를 알려 준다. 목적지에 다다르면, 우버는 자동으로 신용카드를 결제한다. 기본 설정된 팁을 주고 싶지 않다면, 우버의 웹사이트로 들어가 요금 지불 설정 값을 변경하면 된다.[29] 우버 앱을 개발하고 운영하는 우버테크놀로지 주식회사는 각 서비스마다 일정한 수수료를 가져간다.

아주 멋진 서비스임에 틀림없다. 특히 택시가 많지 않은 도시에서는 더욱 유용하다. 하지만 우버 서비스에는 많은 문제와 경고 표지가 도사리고 있다. 운전자 계정은 해킹에 노출될 수 있고, 승차 서비스의 가격이 폭등하고, 승객들은 난폭 운전과 성추행, 강도의 희생양이 될 수 있다.30 우버는 사용자들의 모든 동선을 추적하고 있으므로 이러한 정보의 일부를 시공무원에게 교통량 연구 용도로 제공할 수 있다. 무엇보다도, 운전자들은 상당한 가치를 창출하지만 정작 일부만을 자신의 것으로 만들 수 있을 뿐이다.

우버 서비스를 블록체인상의 분산형 애플리케이션에서 이용한다고 생각해 보자. 과거 구글에서 근무했던 마이크 헌Mike Hearn은 비트코인에서 풀타임으로 근무하기 위해 구글을 그만두었다. 그는 2013년 튜링 페스티벌Turing Festival에서 비트코인 기술에 바탕을 둔 대안 직 틀을 세시했나.31 헌은 이러한 네트워크를 가리켜 '트레이드넷 TradeNet'이라 불렀고, 비트코인의 도움으로 사람들이 무인 차량에 어떻게 의지할 수 있는지 설명했다.

트레이드넷은 다음과 같이 작동한다. 대부분의 사람들은 각자 차량을 보유하지 않고, 다수의 차량을 공유한다. 시카고에서 멜리사가 수버SUber(블록체인 기반의 슈퍼 우버Super Uber를 의미한다)를 통해 차를 요청한다. 모든 대기 중인 차량은 자동으로 신호를 보낸다. 멜리사의 노드는 그녀의 선택 기준에 따라 순위를 매겨 호출 가능한 차량의 목록을 제공한다. 멜리사는 더 많은 금액을 지불하고 더 빠른 경로를 선택할지 말지 고려할 수 있다(예컨대, 톨게이트 비용이 비싼 고속도로).

존은 대부분의 사용자와 달리 수버상에서 차량을 보유하는 당사자다. 그의 무인 차량은 그를 일터로 데려다주며, 공영 주차장, 민간 주차장을 가리지 않고 모든 주차 옵션을 확인해 공간을 선택하고 자율 주차 시장을 통해 예약과 요금 지불을 완료한다. 목적지에서 도

378

보 10분 거리의 가장 저렴한 장소를 찾도록 사전에 설정되어 있으므로 그는 거의 늘 차량이 제1순위로 선택한 주차장에 차를 댄다. 주차 정보 데이터베이스에는 다른 날, 다른 시간의 특정 거리에 대한 정보, 실내 주차장/실외 주차장을 구분하는 정보, 주차장 소유자가 최소 가격에 제공했는지를 알려 주는 정보까지 들어 있다. 이 모든 것들은 무수히 많은 앱을 서로 이은 분산형 P2P 플랫폼에서 작동한다. 그 어떤 중앙 집중식 회사도 여기에 개입해 순서를 뒤바꾸거나 수수료를 떼어 갈 수 없다. 가격이 폭등하거나 예상치 못한 수수료가 생기는 일이 없는 것이다.

이러한 모델에서 신기하게 느껴지는 것은 무인 차량이 아니다. 무인 차량은 머지않아 널리 보급될 것이기 때문이다. 그보다 차량 스스로 완벽한 자율형 에이전트로 탈바꿈한다는 사실이 놀라울 뿐이다. 스스로 요금을 지불하고, 스스로 주유와 수리 비용을 결제하고, 스스로 차량 보험에 가입하고, 사고에 대한 책임 부담을 협상하고, 사람의 조종 없이 스스로를 운영('주행'을 의미한다)할 수 있다. 오직, 일부 주체(아마도 사람이 될 것이다)를 법원에 데려가는 경우에만 사람의 조종이 필요할지 모른다.

수버 관리인은 차량의 프로토콜을 블록체인에 심는 방식으로 운영 조건을 설정할 수 있다. 이렇게 프로그램된 프로토콜에 따르면 차량은 모든 교통 규칙을 준수해야 하고, 가장 가깝고 빠르고 값싼 경로를 선택하는 한편, 모든 주문을 공평하게 취급해야 한다. 운전자가 수버 시스템에 최초로 등록하려면 소유권, 안전 검사, 보험을 비롯한 필수적인 서류를 등록해야 한다. 시스템은 이러한 기록을 영구히 저장해 재조사와 보험 심사의 근거로 삼고, 필요한 만큼 갱신을 승인한다. 센서는 차량의 전반적인 '건전성'을 모니터링하고 수리가 필요한 부분을 알려 주며, 적당한 수리 센터를 예약한다. 차량이 사람 없이 움직이므로 냉소, 연줄, 성희롱, 인종 폄하 등의 차별이나 비리에 노출되지 않는다. 게다가 정치적 성향을 강요하지 않고, 대시보드를 향으로 채우지도 않는다. 이 모든 과정은 겉으로 드러나지 않고 이면에서 이루어지며, 자율형 애플리케이션에 의해 사물들 사이에서 진행된다. 운전자는 블록체인 협업 체제를 창조하며, 그들이 창출하는 모든 부를 누릴 수 있다. 멜리사와 존 같은 사용자들은 아무런 불편 없이 편의만을 누릴 뿐이다. 이를 마다할 사람이 어디 있겠는가?

블록체인의 비트코인과 같은 전자화폐는 인터넷 덕분에 검색과 조정 비용이 줄어든 분야에서 계약의 협상, 체결, 감시, 집행에 소요되는 비용을 아울러 줄여 준다. 우리는 최고의 딜을 협상할 수 있고, 무인 차량을 비롯해 비트코인을 수용할 수 있는 다른 주체로부터 약속된 배달 서비스를 받을 수 있을 것이다. 과연 우버는 어떻게 이들과 경쟁할 수 있을 것인가?

하지만 시나리오는 여기에서 멈추지 않는다. 도시의 인프라에 내장된 지능은 교통 또한 그에 걸맞은 방향으로 인도할 것이고(가변형 도로, 변동 가격, 교통 흐름에 바탕을 둔 자동화된 교통 신호 관리), 에너지와 비용의 낭비를 절감해 줄 것이다. 블록체인은 차량(유인 차량 및 무인 차량)과 인프라의 안전을 통제할 수 있다. 근접 경고와 자동 제동 장치, 도난 방지 장치, 무면허/음주 운전자 배제 장치 등이 그 실례다. 나아가, 도시에서는 센서를 활용해 인프라나 교통 시설의 자산 관리를 비롯한 운송 인프라를 관리할 수 있다. 철도와 인도의 상태를 감시하고, 유지 계획과 예산을 짜고, 필요할 때 정비 인력을 파견할 수 있다.

정말 강력한 것은 시스템이 서로 협력한다는 점이다. 지능형 인프라를 바탕으로 지능형 차량이 작동한다. 공유 차량의 운전자들을 위한 비즈니스는 여전히 존속하겠지만, 자율형 차량은 내장 네비게이션과 안전 시스템의 도움을 받아 거리를 안전하게 다닐 수 있다. 또한 지능형 인프라와 수시로 소통해 더 빠른 도로를 찾아 요금을 지불하고, 선호되는 경로를 찾거나 발견할 수 있다. 자율형 차량의 준비된 이용 가능성, 신뢰성은 앞서 설명한 상업용 부동산의 사례처럼 쓸모없이 정차된 개인용 차량의 숫자를 현저히 줄여 줄 수 있다.

기술력이나 자동차 회사들 덕분에 이러한 일이 가능해지는 것은 아니다. 이론적으로는 단일한 민간 운송 기관도 비슷한 체계를 개발하고, 소유하고, 운영하고, 관리할 수 있다. 하지만 이것이 우리 앞에 펼쳐질 모습은 아닐 것이다. 수버는 다양한 애플리케이션과 함께 개방형, 나눔형 운송 플랫폼으로 진화와 혁신을 거듭할 것이며, 지역 기반 기업가, 커뮤니티 그룹, 정부, 그리고 이윤 추구 기업(무인 차량들을 활용해 얻는 수입으로 이윤을 얻는다), 나눔형 조합(이웃 공동체는 수버 앱을 이용해 10대의 차량에 투자하고 예약과 공유 서비스를 구현한다), 공공 서비스(수요가 많은 길을 다니는 열차와 고속버스를 유지하고 운영한다), 사회적 기업(수버의 '포인트'에 투자하는 비영리 기업, 고객들은 운송 서비스가 필요할 때 액세스가 가능하다) 등이 나서서 소개할 것이다.

이러한 서비스는 개별적인 운송 경로(철도, 도로, 자전거 도로, 보행로)로 특징되는 비교적 개선된 인프라를 갖추고, 심각한 교통 문제에 시달리고, 시민들의 준법 의식이 투철한 지역에서 나타나기 쉽다. 또한 '녹색 지대'를 표방하는 도시 개발 과정에서도 첨단 기업 및 자동차 회사와 협업해 애플리케이션을 테스트하기 위한 용도로 출범할 수 있다. 도로 사용자가 고립된 도로에 떨어져 있지 않거나, (동물이 출몰하는 등) 도로 상황을 예측할 수 없거나, 다른 데 정신이 팔린 보행자를 통제할 수 없다면 무인 차량은 성공 확률이 낮을뿐더러 대단히 위험할 수도 있다.

수버의 시나리오가 현실로 펼쳐질 가능성은 점차 늘어나고 있다. 향후 몇 년 안에 이러한 애플리케이션들이 등장할 테고, 장기간에 걸쳐 운송 수요를 해결해 줄 것이다. 벌써부터 지역의 택시와 리무진 협회들은 여러 도시에서 우버와 마찰을 빚고 있다. 새로운 모델이 불가피해 보이는 상황에서도, 시 정부에서는 소비자들의 선택권과 공공의 안전 및 택시 면허의 균형을 맞추기 위해 안간힘을 쓰고 있다. 운송 산업이 어떤 방향으로 흘러가는지 파악하고, 도시의 수요에 가장 부합하는 해결책을 고안해야 하지 않을까? 시카고 시가 우리의 가상적인 수버 시나리오를 현실로 시도했던 것처럼?

 당신의 미래를 해킹하라

우리는 이 장을 통해 우리 삶 면면에서 일어날 수 있는 거의 모든 기회를 살펴보았다. 상상하기도 어려운 기회들은 최초의 디지털 혁명도 거의 건드리지 못한 영역을 아우른다. 그와 동시에 이러한 기회들은 기존 비즈니스와 업무 수행 방식을 위협하고 있다.

핵심 이슈: 매니저로서 새로운 기회를 실현하고, 위협을 최소화해야 하는 등식의 양면에서 무엇을 해야 할까? 공적, 사적, 사회적 분야를 막론하고, 매니저인 당신은 효용 가치를 키울 수 있는 유휴 실물 자산을 갖고 있는가? 사물 인터넷 자체를 위해 제품과 기술을 개발하면 최고의 효율성과 기회가 다가온다는 사실을 깨닫고 있는가? 이 분야의 새로운 진입자들이 당신이 먼저 도입했어야 하는 새로운 혁신적인 앱 기반 비즈니스를 통해 당신의 고객을 빼앗고 수입을 갉아먹고 있는가?

새로운 가치: 당신이 갖고 있는 실물 자산은 무엇이며, 어떻게 해야 당신의 조직이나 커뮤니티에 더욱 큰 효용을 가져올 수 있을까? 당신이 보유한 물리적 공간, 기계, 재고 자산, 기타 자산에 태그를 붙이고, 모니터링하고, 생명력을 불어넣어 자율형 네트워크의 일부로 삼을 수 있는가? 자율형 네트워크에 비용을 절감하고 가치를 부가할 운영 조건을 설정할 수 있는가? 센서를 심고, 업그레이드하고, 프로그래밍해서 기능성과 효용을 늘려 더욱 큰 네트워크의 일부로 만들 수 있는가? 사물 인터넷으로부터 새로운 정보를 수집해 미래에 대한 계획과 분석을 개선할 수 있는가?

새로운 비즈니스 모델: 당신이 네트워크를 통해 수집할 수 있는 데이터와 새로운 기능성에 바탕을 둔 신제품 및 신규 서비스에서 어떤 기회를 찾을 수 있는가? 당신의 정보와 자산이 타인에게 효용을 제공하는 대가로 수입을 올릴 수 있는가? 예컨대, 당신이 사용하고 있지 않은 값비싼 장비를 임대해 수입을 올릴 수 있는가? 정보의 가치를 생각하는 것이 새로운 일은 아니나(사브르Sabre와 아메리칸 에어라인을 기억하는가?●), 여전히 경시되고 있는 것이 사실이다.

기회: 낭신의 네트워크를 전체 서플라이 체인이나 보급, 판매 채널의 일부로 삼고, 다른 네트워크와 연결해 더 큰 가치를 창출할 수 있는가? 산업 측면에서, 블록체인을 활용해 자동화할 수 있는 공유된 절차나 기능이 존재하는가? 공개된 표준을 따르고 국제적 심사를 거친 기술력을 활용해 이러한 상호 운용성을 구현하고 있는가?

위협: 새로운 사물 인터넷 기반 비즈니스 모델을 갖춘 신규 진입자는, 당신이 진출한 시장을 뒤흔들기 위해 어떤 방면의 비즈니스에 공격을 퍼부을 수 있을까? 예컨대, 차량, 상품, 특별 장비를 한 번 팔고 끝내기보다 이러한 설비와의 연결 고리를 놓지 않고 새로이 수립한 서비스 모델에서 당신과 당신 고객을 위한 가치를 지속적으로 찾을 수 있을까? 전문 지식, 제반 자원, 인프라, 소비자 충성도를 활용

● 미국의 여행 관련 예약 사이트인 사브르와 항공사인 아메리칸 에어라인이 함께 해킹당한 사건을 일컬음.

해 새로운 사물 인터넷 기반 비즈니스 모델을 만들 수 있겠는가? 이를 통해 '공간'을 줄이고, 파괴적인 새로운 플레이어의 신규 진입 가능성을 낮출 수 있겠는가?

비즈니스 사례: 이러한 기회가 선사하는 비용과 편익은 무엇인가? 당신의 조직을 위한 진정한 가치는 어디에 존재하는가? 실제적인 비즈니스 과제나 필요 사항을 해결하고 있는가? 아니면 기술을 선도하고 있을 따름인가? 선도 고객을 설명하는 개념 증명을 개발하면 어떨까?

전략적 계획: 맥킨지에 따르면, "임원들은 세 가지 도전을 이겨 내야 한다. 조직의 엇박자, 기술의 상호 운용성 및 분석 장벽, 높아진 사이버 보안 위험이다."[32] 우리는 이 목록에 네 번째 도전을 추가해야 한다. 처음부터 적절한 안전장치를 비롯해 프라이버시와 인센티브 계획을 심는 일이다. IT와 비즈니스 기능이 사물 인터넷에 적응할 방법은 무엇일까? 나 자신이 조직과 비즈니스 리더들의 어떤 부분과 인연을 맺어야 할까?

5장
번영의 역설과 사업가 정신

 돼지는 돼지 은행이 아니다

니카라과의 태평양 연안은 아메리카 대륙에서 가장 아름다운 경치를 자랑하며, 파릇파릇한 녹음이 끝없이 펼쳐진 푸른 바다와 조우한다. 완만한 언덕과 멋진 해변은 배낭 여행객, 일광욕 애호가, 친환경 여행 주의자 모두에게 최고의 목적지로 환영받는다. 니카라과는 아메리카 지역에서 가장 가난하고 발전이 더딘 국가에 속한다. 인구 가운데 60 퍼센트는 빈곤선 아래에서 허덕이고 있다. 여행 산업에서 소외된 사람들은 농업과 어업에 종사하며 최저 생존 수준에서 근근이 삶을 유지하고 있다. 니카라과의 명목 GDP 순위는 아메리카 국가들 가운데 꼴찌에서 두 번째다. 니카라과의 디아스포라°들이 해외에서 벌어 송금한 돈이 전체 GDP의 10퍼센트에 달한다. 니카라과 사람들 가운데 19퍼센트만 은행 계좌가 있고, 14퍼센트만 대출을 받을 수 있고,

8퍼센트만 저축을 할 수 있다.[1] 하지만 93퍼센트가 선불 서비스로 휴대전화를 갖고 있다.[2]

조이스 김Joyce Kim은 팀을 데리고 니카라과에 가서 이러한 현실을 목도했다. 김은 비영리 블록체인 기술 조직인 스텔라 개발 재단Stellar Development Foundation(건축 설계 회사 스텔라와 혼동하면 곤란하다)의 집행 임원이다. 니카라과의 마이크로파이낸스** 운영은 스텔라의 재정적 플랫폼에 대해 더 많은 것을 알 필요가 있었다. 놀라울 정도로 원시적인 니카라과의 은행 산업 탓에 대부분의 국민은 빈곤의 악순환에서 벗어나지 못하고, 예비 기업가들의 고충은 더욱 심해질 뿐이다. 그들은 새로운 비즈니스를 시작하고, 토지와 기타 자산을 등록하고 싶어 하며 1980년대 산디니스타 정부의 대규모 토지 수용에 대한 청구권을 해결하려 안간힘을 쓴다.[3] 니카라과인들은 스텔라의 플랫폼을 이용해 금전을 송금하고, 투자하고, 차입하고, 대여할 수 있다.

이 지역은 마이크로크레디트(소액 대출)에 나름의 방식을 취하고 있었다. 김은 이러한 방식에 놀라는 한편 깊은 인상을 받았다. 그녀는 크레디트에 대한 접근 가능성이 경제 활동 편입에 절대적인 요소임을 알고 있다. 그러면서도 저축, 말하자면 가치를 안전하고 확실하게 저장하는 수단이 대부분의 금융 서비스를 누리기 위한 필요조

• 본국을 떠나 세계 각지에 흩어져 살지만 자신들의 규범과 관습을 유지하며 살아가는 공동체 집단 또는 그들의 거주지를 가리키는 말.
•• 빈곤층을 위한 소액 금융의 총칭. 마이크로크레디트(소액 대출) 외에도 마이크로인슈어런스(소액 보험) 등 다양한 서비스가 있음.

건이라고 생각했다. 하지만 김이 저축이라는 주제를 언급했을 때, 그녀가 들은 말은 다음과 같다. "아, 저축은 여기에서 관심사가 아닙니다. 사람들에게는 돼지가 있거든요."[4]

가축은 다양한 농업 경제에서 농부들의 순자산 대부분을 구성한다. 금융 서비스를 이용하기 어렵고, 땅을 가진 농부들도 드물기 때문이다. 니카라과에서 재산을 축적한다는 것은 사람들이 돼지를 많이 소유한다는 것을 의미한다. 김은 처음에는 놀랐으나, 이내 오래전부터 내려오던 논리를 깨달을 수 있었다. "회의실에서 나와 주변을 둘러보면 어디에서는 돼지가 눈에 들어올 겁니다."[5] 가축은 오래전부터 비교적 유용한 저축 수단으로 취급되었다. 디지털 경제에서 소외된 사람들에게 동물은 직접 보유할 수 있는 유동 자산이나 마찬가지다. 특히 키우는 동물이 우유를 생산하거나, 새끼 돼지, 달걀, 양, 송아지나 치즈로 배당을 줄 수 있으면 더욱 유동 자산에 가까워질 수 있다.

번영이란 상대적인 개념이다. 케냐에서 4~5마리의 염소를 갖고 있는 마사이족 남성들은 잘산다고 인정받지만, 그들의 삶은 어렵고, 거칠고, 덧없다. 가축으로 지탱하는 부는 "몹시 토착화되어 상대방이 바로 눈앞에 없으면 그 누구와도 거래가 불가능하다". 김은 이렇게 말했다. "도망가거나, 아프거나, 가축에게 어려운 일이 생기면 당신의 모든 저축이 날아가는 리스크를 감수해야 합니다."[6]

신용이란 저축보다도 해결하기 어려운 문제였다. 조합원으로 활동하고 있는 한 니카라과 어부는 김에게 이렇게 설명했다. 그 어떤 어부도 어선을 완비할 정도의 신용을 갖출 수는 없다. 김에 따르면,

"어부들은 한 배를 타기 위해 모인다. 한 사람은 그물을, 다른 사람은 미끼를, 또 다른 사람은 모터를 구하기 위해 대출을 받는다. 이들 모두가 한데 모여 한 척의 어선을 구성한다". 그 누구도 자신만의 항해를 떠날 수는 없다(말장난을 하려는 것이 아니다). 신용을 활용하기가 그만큼 어렵기 때문이다. 이러한 모델을 현실로 구현하려면 어부의 숫자와 똑같은 수의 중개인이 필요하다.

평생을 금융에서 소외된 니카라과 농어민의 이야기는 전 세계적으로 20억에 달하는 비금융 인구 대부분의 이야기다.[7] 그들에게 부족한 것(광우병에 걸리지 않은 소, 노쇠해 죽을 위험이 없는 가치 저장 방식, 마을의 경계를 넘어서는 거래 메커니즘)이 우리에게는 너무나 당연하다.

금융 활동 편입은 경제 활동 편입의 필요조건이다. 금융 활동 편입이 초래하는 영향은 금융의 범위를 넘어선다. 김은 이렇게 말했다. "나는 금융 서비스로의 접근과 금융 활동 편입이 우리의 마지막 목적이라고 생각하지 않는다. 이 두 가지는 더 나은 교육, 더 나은 의료 보건, 평등한 여성의 권리, 경제 개발을 추구하기 위해 우리 모두가 걸어야 할 길이다."[8] 짧게 말하면, 금융 활동 편입은 인간의 기본권이다.

이 장에서는 모바일, 금융 서비스 제공자가 블록체인을 활용해 피라미드 하단에서 경제적 가능성을 펼칠 기회를 다룰 것이다. 우리는 지금 활동 중이고, 앞으로도 역량을 펼칠 수 있는 신규 고객, 기업가, 자산 보유자 등을 화두로 삼을 것이다. 기억하라. 블록체인상에서는 아주 소액의 거래도 가능하며, 거래를 완료하는 데 거의 비용이 소요되지 않는다. 자수 실력, 음악 실력, 남는 양동이, 달걀을 낳는 암탉, 데이터, 오디오, 이미지를 기록하는 휴대전화와 같은 미약한 자산들을 가진 사람들도 얼마든지 자산의 가치를 교환할 수 있다. 새로운 플랫폼은 접근에 대한 장벽을 제거할 수 있다. 모바일 장비로 인터넷에 접속할 수 있다면, 글을 잘 모르고 서류를 채우지 않아도 자산에 접근할 수 있다. 이는 사소해 보일지 몰라도 믿기 힘들 정도로 중대한 변화다. 이를 제대로 실행한다면 블록체인 기술은 역사상 유례가 없었던 최대 규모의 인적 자원을 풀어 놓는 셈이다. 글로벌 경세 속에서 열의가 넘치고 번영을 구가하는 기업가 수십억을 끌어들인 것과 마찬가지다.

 ## 새로운 번영의 역설

현대사에서 처음 경험하는 일이다. 글로벌 경제는 확장하고 있으나 이러한 발전의 혜택을 누리는 사람은 찾기 어렵다. 디지털 시대는 혁신과 경제 발전의 무한한 가능성을 현실로 구현하며, 기업의 이윤은 날로 늘어나는 중이다. 하지만 다른 한편으로는 번영이 멈춘 현실을 경험하고 있다. 현대사를 돌이켜 보면, 상위 51퍼센트에 속하는 사람과 가족이 늘어나는 중이다. 불경기와 격변을 겪으면서도 개인과 사회는 꾸준히 번영의 크기를 늘려 나갔다. 하지만 이제는 아닌 것 같다. 선진국에서도 삶의 수준이 후퇴하고 있다. OECD 평균임금도 제자리걸음이다. 국제노동기구에 따르면, 대부분의 지역에서 청년 실업률은 20퍼센트에 머물러 있다. 국제노동기구는 이렇게 보고하고 있다. "청년 실업률은 중장년 실업률에 비해 세 배 가까이 높다."[9] 개발도상국의 청년 실업 문제는 더욱 심각하다. 이러한 실업 문제는 개발의 수준을 불문하고 모든 사회를 갉아먹는다. 대부분의 시민은 자신의 공동체에 이바지하고 싶어 한다. 실직한 사람들은 얼마나 자존감에 상처를 입고, 안정된 삶이 흔들리는지 알고 있다. 빈익빈 부익부 현상은 지속되고 있다.

이러한 새로운 번영의 역설은 서구 사회의 모든 정책 입안자에게 혼란을 안겨 주었다. 한편, 이러한 새로운 번영의 역설은 길버트 모리스Gilbert Morris와 같은 경제학자들이 고안한 세대 간 '번영의 역설 Paradox of Prosperity'이란 개념과 구분되어야 한다. 2014년 비즈니스 서적 베스트셀러로 꼽히는 토마 피케티Thomas Piketty의 『21세기 자본』은 2014년 「뉴욕타임스」 하드커버 논픽션 부문 베스트셀러 1위로 등극했다. 학계의 역작으로 꼽히는 『21세기 자본』은 왜 불평등이 심화되는지, 자본에 대한 배당이 장기 경제 성장률을 웃도는 한 왜 이러한 불평등이 지속될 수밖에 없는지를 설명하고 있다. 부자들은 노동의 대가를 넘어서는 돈을 벌어들여 계속 부자가 된다. 따라서 새로운 백만장자들이 그렇게 넘쳐 나는 것이다. 그는 늘어나는 사회적 불평등을 해결하려면 세상의 부를 독식한 자에게 부유세를 물려야 한다고 주장한다. 하지만 이러한 해결책은 어디에선가 한번쯤 들어 본 말이며, 별 감흥을 불러일으키지 못한다.[10] 실제로 자본주의의 생산 방식을 유지하는 이상, 과실을 평등하게 분배하는 과제는 부유층에게 세금을 물리고 빈곤층에게 공공 서비스를 확대하는 부의 재분배 차원을 벗어나지 못하고 있다. 지금의 경제적 모델을 옹호하는 사람들은 개발도상국(대부분은 아시아 국가들)에서 빈곤을 탈피한 수많은 사람을 내세우지만, 소수의 부자들에게 집중되는 부의 편중과 심화되는 빈부 격차를 간과하고 있다. 오늘날, 글로벌 인구의 1퍼센트가 전 세계 부의 절반을 차지하는 반면, 35억 명은 하루에 2달러 미만을 벌고 있다.

현 상태의 유지를 옹호하는 사람들은 부자들이 상속이 아닌 기업의 설립을 통해 부자가 된다고 주장한다. 하지만 소수의 성공 뒤에는 골치 아픈 동세가 도사리고 있다. 새로운 비즈니스는 점차 사그라지는 중이다. 미국에서는 설립한 지 1년 미만의 신생 기업 가운데 절반이 1978년에서 2011년 사이 15퍼센트에서 8퍼센트로 주가가 절반 가까이 떨어졌다.[11] 밀레니엄 세대는 종종 사업적 리스크를 감수하는 세대로 특징된다. 하지만 이들은 트렌드를 거스르는 시도를 거의 하지 않으며, 오히려 부채질한다. 연방준비제도의 최근 분석에 따르면 30세 이하 가장이 이끄는 가구의 3.6퍼센트만이 민간 기업에 지분을 갖고 있으며, 이는 1989년의 10.6퍼센트에 비해 한참 떨어진 수치다.[12]

개발도상국에서는 디지털 혁명이 기업 환경의 관료주의와 부패를 청산하는 데 별다른 역할을 하지 못했다. OECD 국가에서는 비즈니스를 시작하는 데 들어가는 비용이 1인당 소득의 3.4퍼센트에 그치나 남아메리카에서는 31.4퍼센트가 소요되며, 사하라 이남 아프리카에서는 무려 56.2퍼센트까지 늘어난다. 미국에서는 4일, 뉴질랜드에서는 반나절이면 회사를 설립할 수 있으나, 브라질에서는 같은 일을 하는 데 103일이 걸린다.[13] 비대한 정부, 비효율적인 정부에 화가 난 개발도상국의 예비 기업가들은 아예 활동 무대를 이른바 지하 경제로 옮기려 든다. 에르난도 데 소토는 이렇게 말했다. "서구 사회에서는 당연하게 취급되는 것들이 많죠. 예컨대, 자산에 대한 등기부 등본 말입니다. 하지만 글로벌 사우스Global South●의 기업가들은 아예 정부가 자신들의 존재를 몰라주길 바랍니다. 우리의 존재와 신원을 밝히는 것이 곧 이윤으로 귀결되는 세상이 되어야 합니다." 하지만 지금은 어둠 속에 머물러야 부패하고 귀찮기만 한 공무원들의 마수에서 벗어날 수 있다. 그러나 이렇게 처신하면 비즈니스의 확장 가능성을 현저히 제한하고, 권리를 제한하고, 더욱 효율적으로 투자할 수 있었던 돈을 '죽은 자본'으로 만들기 쉽다.[14] 나아가, 많은 국가는 투명하게 비즈니스를 수행하는 주체에게도 유한 책임을 보장하지 않는다. 사업이 실패하면, 사장이 모든 책임을 연대해 부담해야 한다. 아랍 국가에서는 사업상 발행한 수표를 지급 거절하면 감옥으로 직행한다. 감옥에 가지 않더라도, 다른 정해진 법적 절차를 밟게 될 것이다.[15]

이 세상에는 항상 가진 자와 가지지 못한 자가 공존했다. 오늘날에는 굶거나, 말라리아에 걸리거나, 격심한 분쟁의 소용돌이 속에서 사망하는 사람이 많이 줄었다. 1990년에 비하면 극빈층 또한 많이 줄어들었다.[16] 일부 개발도상국들은 제조를 위탁받고, 경제 정책을 자유화하면서 많은 혜택을 볼 수 있었다. 중국은 이 두 가지를 모

● 아프리카, 남아메리카, 개발도상국에 속하는 아시아 국가들을 의미함.

두 실현한 모범 사례다. 선진국 시민들의 평균 소득도 늘어났다. 비교해 보면, 사람들은 과거에 비해 부유해졌다. 그렇지 않은가? 만약에 부자가 우연히도 훨씬 더 많은 것을 갖게 되었다면 어떨까? 자신의 노력으로 일군 것을 가지면 안 되는 걸까? 뭐가 문제란 말인가?

피케티는 자본주의를 문제 삼았다. 하지만 자본주의는 경제를 조직하는 시스템으로서 아무 문제 될 것이 없다. 실제로 자본주의는 자본주의를 활용할 줄 아는 사람들에게는 부와 번영을 창출할 수 있는 훌륭한 수단이다. 문제는 대부분의 사람들이 자본주의의 장점을 보려 하지 않는다는 점이다. 간단한 일도 어렵게 만드는 현대 금융 시스템 탓에 많은 사람이 자본주의에 접근할 수 없기 때문이다.

금융과 경제에서 소외되는 것은 쉽게 생각할 문제가 아니다. OECD 국가 국민의 15퍼센트는 금융 기관과 아무런 인연을 맺지 못한다. 멕시코와 같은 국가들에서는 국민 가운데 73퍼센트가 은행의 문턱을 넘어 본 적이 없다. 미국에서는 15세 이상의 국민 15퍼센트(3,700만 명)가 은행과 담을 쌓고 살아간다.[17] 금융의 불평등은 어느새 사회적 위기로 전환될 수 있다.[18] 세계경제포럼은 대기업과 세계 강국들로 구성된 다양성을 갖춘 조직이다. 2014년, 이 기관은 불균형 성장이 지구 온난화, 전쟁, 질병, 기타 참사를 능가하는 최대 위협 요인이라고 주장했다.[19] 블록체인이 해답을 제시할 수 있다. 금융 활동 편입에 대한 장벽이 낮아지고 새로운 기업 모델이 가능해지면서 시장에는 은행으로부터 소외된 자들의 꿈과 희망을 채워 줄 묘약이 뿌려지고 있다.

번영의 연옥

은행은 수백 년을 네트워크 효과에 의지했다. 고객, 지점, 상품, 금전 유입과 유출 과정은 은행의 네트워크 가치를 늘려 준다. 하지만 이러한 네트워크를 구축하려면 비용이 뒤따른다. 특히 흑자 고객을 확보하는 비용만 증가한다. 고객이 맡긴 돈이 보관 비용을 벌어들이지 못한다면, 은행은 돈을 맡고 싶지 않을 것이다. 이에, 은행들은 피라미드 하단의 고객을 유치할 경제적 유인이 떨어지기 마련이다. 타일러 윙클보스Tyler Winklevoss에 따르면, 은행은 이 세상 곳곳을 위해 서비스를 제공하지 않고, 그럴 계획조차 없다. 하지만 새로운 기술은 이러한 은행의 행보를 제거할 수 있다. 그는 이렇게 말했다. "무수히 많은 아프리카 국가는 유선 전화 인프라를 거치지 않고 모바일 환경으로 이동했다. 그들은 한 단계를 뛰어넘었다. 블록체인은 결제 네트워크가 존재하지 않거나, 이러한 네트워크가 아주 열악한 지역에서 엄청난 영향을 초래할 것이다."[20]

블록체인은 토착 기업을 번영케 할 수 있다. 사파리콤Safaricom이 소유한 케냐의 엠페사M-Pesa와 같은 모바일 머니 서비스 제공자가 그 실례다. 또한 마이크로크레디트를 공개적으로, 글로벌하게, 번개처럼 빨리 실행하면서 전 세계로 확장시킬 수 있다.

은행은 가장 보편화된 금융 기관이다. 따라서 은행을 여기에서의 사례로 들까 한다. 당신은 은행 계좌를 어떻게 개설하는가? 당신이 개발도상국의 국민이라면 몸소 지점을 찾을 것이다. 미국에는 인구 10만 명당 34개의 지점이 있는 반면, 니카라과는 7개뿐이다. 2개에 불과한 아프리카의 다수 국가와 비교하면 니카라과는 그나마 나은 편이다.[21] 어쨌든 은행에 가려면 상당한 거리를 이동해야 하며, 정부가 발행한 ID 카드를 가져가야 한다. 하지만 원래 ID 카드가 없던 사람이 처음으로 ID 카드를 발급받는다는 것은 하늘의 별따기다.

미국과 같은 선진국에서는 일정한 요건을 갖추어야 한다. 이러한 요건들은 은행마다, 주마다 바뀔 수 있으나 보통 100달러에서 500달러 사이의 잔고를 유지해야 한다. 또한 신분을 증명해야 한다. 미국에서 영업하는 은행들은 엄격한 '고객 알기', '자금 세탁 방지', '대테러 금융' 규제를 따라야 한다.[22] 따라서 그들은 계좌 개설을 승인하기 전에 고객들의 배경을 폭넓게 점검할 필요가 있다. 결국 은행은 당신의 실체를 확인하는 것보다 규제 당국의 지침을 따르는 데 혈안이 된다. 이 과정에서는 무수히 많은 요구 조건을 충족해야 한다. 우선, 당신은 사회 복지 카드가 필요하다. 없다고? 아마 은행에서 거절당할 확률이 높을 것이다. 운전면허증이나 여권과 같은 사진이 들어간 ID 카드가 없다면? 은행 계좌를 개설할 수 없을 것이다. 사회 복지 카드와 운전면허증 둘 다 있다고 가정해 보자. 은행은 안전을 기하기 위해 최근의 전기 요금 고지서를 주거지를 떠나지 않을 만한 증거로 요구하거나, 기존 은행 계좌를 요구할 수도 있다. 당신이 새로 이사를 왔거나 가족의 집에서 얹혀살거나, 은행이 전무한 지역에 살고 있다면, 이러한 심사 절차에서 탈락할 수 있다. 은행은 다양한 증명서를 바탕으로 당신의 신원 정보를 확인하지 않으면 당신을 고객으로 받을 생각이 없다. 당신이 다재다능한 사람인지는 그들의 관심사가 아니다. 그들은 일련의 점검 항목에 따라 당신을 판단하려 들 뿐이다. 뉴욕 시가 시에서 발행한 ID 카드로 은행 계좌 개설을 허락했지만 무위로 돌아갔다. 이처럼 이민자와 빈곤층을 위해 절차를 간소화하려는 시도는 실패했다.[23]

번영을 위한 통행증: 예상된 헛고생

은행으로부터 소외된 사람들에게는 다행스러운 일이다. 블록체인 기술은 새로운 형태의 금융 ID 체계를 만들고 있다.

은행과의 관계가 아닌 개인의 고유한 평판에 바탕을 두는 것이다. 이러한 새로운 패러다임에서는 기존 관념상으로 '은행을 이용했던 경력'은 더 이상 새로운 은행의 문을 두드리기 위한 필요조건이 되지 못한다. 기존 ID 심사를 통과하기보다, 개인들은 항구적으로 쓸 수 있는 디지털 ID와 검증된 평판을 형성할 수 있고, 이를 각기 다른 사회적 관계와 거래에서 전체적 혹은 부분적으로 활용할 수 있다. 블록체인은 이러한 디지털 ID를 금융 서비스에 대한 신뢰의 근거로 삼는 한편, 접근 권한을 부여한다. 이러한 역량의 인프라가 이처럼 유례없는 규모로 펼쳐진 적은 없었다. 컨센시스의 조지프 루빈은 이렇게 말했다. "우리 모두는 나름의 평판을 지니고 있습니다. 사회적, 경제적 시스템을 현재 구축된 대로 활용하는 것은 어려운 일입니다. 대부분의 시스템은 가볍고 덧없을 뿐입니다. 아무리 잘 운영한다 하더라도, 모든 정보는 파편화되어 새로운 사업별로 요구되는 수박 겉 핥기식의 서류를 제공해야 합니다. 최악의 경우, 수십억에 가까운 사람이 자신의 평판을 직접 교류하는 사람들 말고는 그 누구에게도 알릴 수 없습니다."[24] 내 평판이 돼지나 소가 되지 말라는 법도 없다. 하지만 사람들은 기초 블록을 갖고서 파편화되거나 가볍지 않은 보편적이고 표준화된 디지털 ID를 구축할 수 있다. 이러한 ID는 그들 자신과 그들이 맺고 있는 인간관계를 충실히 말해 준다. 그들은 이러한 디지털 ID의 세부 사항을 공유할 수 있다. 말하자면 그들의 ID 가운데 아주 특정한 정보만을 공유할 수 있고, 그들의 경제적 성장과 번영을 이끌 수 있는 상호 작용을 촉진한다. 암호학자이자 블록체인 이론가인 데이비드 버치David Birch는 이렇게 요약했다. "ID는 곧 새로운 금전입니다."25

가능성을 생각해 보라. 은행으로부터 소외된 세상은 소액 대출 장비와 소통하면서 *스스로*에게 선거권을 부여할 수 있다. 잠재적 벤더나 대출자들은 과거와 달리 신용 점수에 의지하지 않고 블록체인상에서 소액 대출을 일으키고 상환할 수 있다. 루빈은 이렇게 말했다. "은행을 이용한 적 없던 사람이 소액 대출을 상환한다면, 그 후 더 많은 대출을 받아 사업을 시작할 수 있습니다."26 이러한 실적이 반복되면 차주의 신용이 늘어난다. 잡음이 없는 결제 플랫폼과 결합해, 개인과 소규모 사업자들은 과거에 불가능했던 일을 할 수 있다. 멀리 떨어진 구매자에게 상품과 서비스에 대한 대가를 지불하고, 글로벌 경제의 일원으로 참여할 수 있다. 조이스 김은 이러한 생각을 해 보았다. "가정에서의 활동을 바탕으로 여성들에게 신용 점수를 부여하면 어떨까?"27

경제, 금융의 단층선은 성별의 단층선과 일맥상통한다. 이러한 기술은 세상에서 소외된 여성에게 혜택을 제공할 수 있다. 세계의 빈곤층을 언급하면서, 소토는 이렇게 말했다. "그들이 글로벌 경제로 편입되기를 꺼리는 것이 아니다. 시스템으로 진입하기 위한 표준과 정보를 갖추지 못한 것뿐이다. 블록체인이 멋진 이유는 사람들을 끌어모으는 공통된 플랫폼을 제공하기 때문이다."[28]

이러한 지속적인 평판은 글로벌 진출을 노리는 기업가들에게 어떤 의미를 지닐까? 당신이 믿을 수 있고, 독특하고, 건실한 ID를 지니고 있다면 당신은 신뢰할 수 있는 상대로 취급될 것이며, 상대방은 당신에게 가치에 접근할 기회를 안심하고 제공할 수 있다. 이는 부의 재분배라기보다, 기회를 널리 배분하는 것이다. 퍼스널 블랙박스의 CEO 할룩 쿨린은 이렇게 말했다. "우리가 곧 경험할 최고의 재분배는 부의 재분배가 아닌 가치의 재분배다. 부는 돈이 얼마나 많은지를 의미하지만, 가치는 당신이 어디에 참여하느냐를 의미한다."[29] 모든 사람은 블록체인 덕분에 평판에 기반한 독특하고도 검증 가능한 ID를 보유할 수 있고, 이러한 ID로 말미암아 경제에 동등한 지위로 참여할 수 있다. 이러한 동등성은 심오한 의미를 지닌다. 루빈은 "은행으로부터 소외된 자들이 소액 대출 서비스를 누리면서 온 세상의 투자자들은 다양한 소액 대출 포트폴리오를 갖출 수 있다. 이러한 대출을 받고 상환한 내역은 발랑크3(컨센시스 포트폴리오 회사) 삼식부기 회계 시스템 등을 활용해 블록체인상에서 완벽하게 추적이 가능하다".[30] 새로운 미래에는, 소액 대출을 무사히 상환하는 사람들은 더 많은 대출을 받아 사업을 시작할 수도 있다.

⬡ 번영을 위한 로드맵

금융 신원 정보는 금융과 경제적 기회를 폭넓게 누리기 위한 시발점
이다. 지금까지는 전 세계적으로 20억 명 이상이 이러한 혜택을 누
리지 못했다. 블록체인 기술을 활용하면 각계각층의 사람들이 번영
을 구가할 수 있다. 나 자신의 풍요가 다수의 풍요, 수십억 명의 풍
요로 이어질 수 있다고 상상해 보라.

풍요의 도구: 경제 활동에 참여할 수 있는 가장 기본적인 필요조건
은 휴대전화와 인터넷뿐이다. 안드레센 호로위츠Andreessen Horowitz의
동료이자 스탠퍼드대학 강사인 발라지 스리니바산Balaji Srinivasan 박사
는 이렇게 말했다. "휴대전화로 인터넷 접속이 가능하다면, 이 모든
것에 접근할 수가 있습니다. 은행 또는 최소한 은행의 메커니즘에
접근할 수 있는 겁니다."31 블록체인 기술은 개인 한 명, 한 명을 경
제 활동의 대리인으로 만들어 과거에는 상상할 수 없었던 비즈니스
모델을 창조했다.

영구적 ID: 당신은 ID를 서로 다른 네트워크에서 활용하고, 서로
다른 네트워크로 이식할 수 있다. 이렇게 금융 거래의 평판을 수립
하고, 별도의 소셜 네트워크로 삽입하는 것이 가능해진다. 별안간
돼지는 가족의 돼지 은행에서 해방되는 것이다. 가치 저장과 상대방
과의 거래에 활용되는 새로운 결제 수단과 경로가 새로운 지평을 열
어 줄 수 있다. 실제로 금융 활동 편입을 가로막았던 장벽이 낮아지

면서 선진국 및 개발도상국의 기업가들이 사업을 하기가 편해지고 있다. 새로운 결제 메커니즘으로의 전환에서부터 믿을 만한 가치의 저장, 재무상태표를 관리하기 위한 블록체인 소프트웨어의 활용에 이르기까지 모든 것을 포함한다.

민주화된 기업가 정신: 정상적인 환경에서는 기업가들이 경제 성장의 엔진을 담당한다. 그들은 새로운 사고를 시장에 도입하고, 창조적 파괴를 추진해 시장 경제를 번성하도록 유도한다. 블록체인 기술을 활용하면 개인과 소규모 기업들이 대형 조직의 역량을 발휘할 수 있다. 블록체인 기반 원장과 스마트 계약은 회사의 설립 장벽을 낮추고, 설립을 촉진하고, 관료주의를 타파한다. 특히 개발도상국에서는 이러한 관료주의 탓에 기업을 설립하는 데 걸리는 시간은 세 배, 비용은 다섯 배가 더 소요된다.

블록체인은 설립, 자금 모집, 판매 활동으로 요약되는 사업 구상에 필요한 세 가지 요소를 자동화 또는 단순화하거나, 비약적으로 개선할 수 있다. 블록체인이 기업을 설립하기 위한 믿을 만한 수단으로 널리 자리 잡으면서 설립 비용이 현저히 감소한다. 소유 현황을 쉽게 확인하는 것은 물론, 기록을 쉽게 유지할 수 있다. 특히 법규가 미비한 분야에서 유용하다. 전 세계를 상대로 지분과 대출을 모집할 수 있기에 회사의 자금 조달이 더욱 용이해진다. 만일 당신이 비트코인과 같은 공통분모를 사용한다면, 환율과 환산율을 걱정할 필요가 없다. 판매 활동은 연결된 디바이스를 갖고서 그 누구와도 교류할 수 있는 기능으로 탈바꿈했다. 구매자들은 신용카드,

현지 통화, 은행 계좌가 불필요하다.

안전하고 변경 불가능한 원장을 통해, 기업가들은 그들의 비즈니스와 기업 자산의 소유권을 등록할 수 있다. 재고 자산, 매출 채권, 매입 채무 등을 관리할 수 있고, 삼식부기 회계 소프트웨어와 기타 블록체인 기반 애플리케이션을 통해 다른 재무지표를 부양할 수 있고, 회계사, 세무 전문 변호사, 중소기업을 못살게 구는 기타 벤더들에 의지할 필요가 줄어든다.[32] 규제자들은 규제 수단을 삼식부기 회계 기법에 최적화하기 위해 중소 사업을 떨어낼 수 있다. 이로써 더욱 핵심에 접근하는 한편, 시간 낭비를 줄이게 된다. 회사가 성장하더라도 기업 활동과 문서 작업을 조율하기가 더욱 간소해진다. 기업인들은 스마트 계약을 통해 다방면의 기업 활동을 자동화할 수 있다. 구매 주문, 급여 관리, 이자 지불, 재무 감사를 실시간으로 진행할 수 있는 것이다. 기업가의 관심을 끄는 것은 다음 두 가지 모델이다.

유휴 여력의 측정: 중앙 집중식 공유 경제와 분산식 계량 경제를 가리지 않고, 개인들은 남는 침대, 외바퀴 손수레, 황소 등 모든 유·무형 자산을 네트워크상의 피어들에게 대여할 수 있다. 이러한 네트워크는 평판 점수를 바탕으로 작동한다. 블록체인은 와이파이, 지붕의 태양광 패널에서 생산되는 전력, 넷플릭스 구독, 전화기의 유휴 처리 능력, 기타 가정용 장비 등을 계량해 과거에는 힘들었던 수입을 올릴 수 있다. 이 모든 과정은 소액 결제와 스마트 계약을 통해 이루어진다. 개인은 블록체인이라는 새로운 수단을 활용해 기존과 다른 방법으로 가치를 창출하고 수입을 올릴 수 있다.

데이터의 소액 현금화: 집에서 일하는 부모, 끊임없이 아이들을 돌보는 육아 도우미, 나이가 들어가는 부모들은 그들의 노력을 금전화하고, 매시간 투입하는 노동의 가치를 인정받을 수 있다. 이는 선진국에서만 가능한 일이 아니다. 대기업들은 글로벌 사우스의 국민들에게 마케팅을 실시할 방안을 찾고 있으나, 비즈니스 의사를 결정할 만한 제대로 된 데이터가 부족하다. 새로운 블록체인 IPO를 준비하는 젊은 기업가들은 개인의 데이터를 계약하고 인가해 새로운 수입원을 창출할 수 있다. 오늘날, 페이스북이나 구글과 같은 거대 디지털 기업들은 수십억 명에 대한 페타바이트급• 데이터를 수집한다. 우리는 멋진 서비스에 대한 대가로 우리의 데이터를 내주는 파우스트식 거래에 동의한다. 하지만 이 과정에서 프라이버시와 데이터의 일체성을 희생하게 된다. 블록체인은 소비자(컨슈머)들을 프로슈머로 바꿔 놓는다. 나이키는 당신이 아침에 무엇을 먹었고, 얼마나 자주 조깅을 나가는지, 당신이 운동용 헤드기어를 사고 싶은지 알고 싶어 한다. 이러한 데이터를 나이키 포인트나 현금으로 교환하지 못할 이유가 어디 있겠는가? 한 걸음만 더 나가 보자. 보험 회사들은 보험료 산정을 위한 최고의 데이터를 찾고 싶어 한다. 얼마나 운동을 하는지, 담배는 피우는지, 무엇을 먹는지 등, 당신에 대한 데이터는 그들에게 매우 소중하다. 보험료를 계산하고 신제품의 가격을 측정하기 위해 당신의 데이터를 활용할 때마다 소액을 지급받는 라이선스 계약을 체결할 수도 있다.[33]

• 데이터 수량을 가리키는 단위로, 기가바이트-테라바이트-페타바이트의 순서임.

분산된 소유권 및 투자

수많은 사람이 분산 원장 기술을 통해 풍요의 주인이 될 수 있는 시대가 도래하고 있다. 글로벌 금융 시장에의 접근이 가능해지고 방대한 투자 기회가 생겨나면서 기존 방식에 따른 투자에서부터 대규모 벤처, 소액 대출, 블록체인 IPO, 평판 기반 소액 대출에의 참여에 이르기까지 자본 조달의 문턱이 훨씬 낮아지고 있다.

이미 크라우드펀딩은 금융의 면면을 바꿔 놓고 있다. 2012년, 비블록체인 크라우드펀딩은 전 세계적으로 27억 달러를 모집했다. 이는 1년 전에 비하면 80퍼센트가 늘어난 것이다. P2P 크라우드소스 블록체인 금융이 도입되면서 이 숫자는 훨씬 늘어났다. 개인들은 크라우드 캠페인을 통해 소액을 기부할 수 있다. 1억 명이 1달러를 기부하는 캠페인을 실시한다고 생각해 보라. 이를 분산된 소유권이라 부르자. 별 의미를 찾지 못하겠는가? 예측 시장 플랫폼 오거는 전 세계 수천 명을 상대로 소액을 출연받아 수백만 달러를 펀딩하는 데 성공했다. 가능성은 엄청나다. 블록체인 IPO는 모금의 효율성과 능률을 개선하고 발행자의 비용을 저감하는 것뿐 아니라, 모금의 대상을 광범위하게 넓힐 수 있다. 과거에는 상상할 수도 없었던 규모의 투자자들이 너도 나도 참여하는 중이다. 오늘날까지, 소득과 부의 불평등을 해소하려는 정책들은 부자 증세와 강제 수용 사이에서 머무르고 있다. 부를 재분배하고 박탈하기보다, 블록체인이 사회가 창출한 부를 어떻게 평등하게 나누는지 생각해 보자.

아날리 도밍고의 송금 일화

아날리 도밍고[34]는 25년간 가사 및 육아 도우미로 일하고 있다. 토론토에서 살고 있는 20만 명의 필리핀 사람 가운데 하나인[35] 그녀의 이야기는 매우 전형적이다. 그녀는 젊은 나이에 저축 한 푼 없이 캐나다로 이주해 왔고, 정식 교육도 받지 못했으며 자신을 받아들여 준 국가에 대해 아는 바가 거의 없었다. 아날리는 아주 열심히 일했고, 자신과 가족의 삶을 건사할 정도로 자수성가할 수 있었다. 10년 전, 그녀는 멋지게도 필리핀에 집을 구입할 수 있었다. 지난 300개월에 걸쳐 필리핀의 가족들에게 돈을 꼬박꼬박 송금했고, 저축한 돈을 찾아 계약금을 지불했다. 아날리가 많은 돈을 송금한 덕분에 지금 70세인 어머니는 마닐라에서 집을 구입할 수 있었다.

아날리는 친절하게도 송금 일자에 그녀의 송금 과정을 취재할 수 있도록 허락해 주었다. 금요일 오후, 아날리는 사장이 손수 서명한 수표를 가지고 근처 은행 지점을 찾는 데 15분이 소요되었다. 창구 직원을 대면하기까지는 5분이 더 걸렸다. 수표를 입금한 다음, 아날리는 200캐나다달러를 인출했다. 그녀는 현금을 손에 쥐고 버스를 타기 위해 한 블록을 걸어갔다. 버스를 타고 그녀가 집의 반대 방향으로 3킬로미터 정도를 더 가서 내린 곳은 우범 지대였다. 그녀는 네 블록을 더 걸어가 '금융 기관'에 도착해 돈을 송금했다. 여기는 바로 토론토 성 제임스 타운St. James Town의 주거 단지 아래쪽에 있는 아이레미트iRemit의 창구다. 성 제임스 타운은 캐나다에서 가장 가난하고 위험하기로 악명 높은 곳이다. 아이레미트 서비스를 사용하는 사람들 가운데 상당수는 은행 계좌가 없으므로, 이 회사는 수표 현금 교환과 같은 서비스를 시작했다. 아날리는 서류를 작성하고 열심히 번 돈을 송금했다. 이러한 작업을 수백 번도 넘게 진행했을 것이다. 아날리는 200달러를 송금하기 위해 10달러의 고정 수수료를 지급했다. 필리핀에서는 70세의 어머니가 마찬가지로 힘들고 우스꽝스러운 여정을 거쳐 돈을 찾아야 한다. 물론 어머니는 은행에 가기까지 3~4일을 기다려야 한다. 이는 이 절차가 완료되기까지 걸리는 평균적인 시간이다. 아날리는 버스 정류장으로 돌아가서 버스, 지하철, 버스를 갈아타고 한 시간 후에 집으로 돌아왔다.

송금에 소요되는 비용은 송금액의 5퍼센트에 해당하는 10달러다. 게다가 1~2퍼센트의 환전 수수료를 부담해야 한다. 총 7퍼센트를 부담해야 하며, 국제적 평균치인 7.68퍼센트에 비하면 살짝 저렴한 편이다.[36] 둘 다 은행의 고객이면서 이러한 과정을 거쳐야 한다는 것은 우스꽝스럽고 기이한 일이다. 실제적인 총비용은 현금으로 들어가는 비용을 초과한다. 예컨대, 아날리가 두 시간 일을 못해 소요된 기회비용은 40달러다. 게다가 그녀는 밤이 되기 전에 우범 지대에 들려야 하므로 일찍 일을 마치고 나와야 했다. 마닐라에 살고 있는 70대의 어머니가 돈을 찾기 위해 집을 나서는 것 또한 만만한 일이 아니다. 송금 비용 10달러는 아날리에게 하찮은 액수가 아니며, 어머니는 말할 필요도 없다. 캐나다에서는 10달러로 한 끼 식사와 한 번의 버스 요금을 해결할 수 있고, 마닐라에서는 일주일 치 장을 볼 수 있다. 아날리가 평생에 걸쳐 웨스턴 유니언과 같은 중개기관에 떼인 송금 비용은 무려 수천 달러다. 전 세계적으로 부과되는 송

금 비용은 매월 380억 달러에 이른다.[37]

이역만리에서 본국으로 송금하는 행위는 전 세계의 디아스포라를 하나로 이어 준다. 디아스포라는 지구 곳곳에 퍼져 있지만 본국의 문화와 정체성을 버리지 않은 사람들의 글로벌 커뮤니티다.

오늘날의 디아스포라들은 전 지구적인 문제를 풀어 줄 수 있다. 해외 송금은 개발도상국의 자본 유입 가운데 커다란 부분을 차지하며, 이 세상에서 가장 취약한 계층들의 삶의 질에 매우 긍정적인 영향을 미치고 있다. 일부 국가에서는 해외 송금이 국가 경제의 상당 부분을 차지하는 핵심 요소다. 예컨대, 아이티에서는 해외 송금이 GDP의 20퍼센트를 차지한다.[38] IMF에 따르면, 해외 송금을 수령하는 내국인들은 이 돈을 식품, 의복, 의약품, 주거 등 생활필수품에 소비한다. 말하자면 해외 송금은 "달리 불가능한 높은 수준의 소비를 이끌어 수많은 사람을 빈곤으로부터 해방시킨다".[39] 개발도상국으로 유입되는 해외 송금액은 해외 원조에 비해 서너 배 많다.[40] 해외 송금이 개발도상국의 빈곤층에 미치는 긍정적인 영향은 잘 알려져 있다. 이처럼 엄청난 경제적 영향에도 불구하고 막대한 송금 비용이 들어간다. 송금 비용이 송금액의 20퍼센트 후반에 이르는 경우도 있다.[41]

캐나다는 전 세계에서 가장 많은 해외 송금이 유입되는 국가다. 인구 및 경제 규모에서 1등을 자랑하는 온타리오 주에서는 360만 명이 이민자로 살고 있다. 이들은 매년 수십 억 달러를 해외에 송금한다.[42] 아날리의 이야기는 캐나다의 전형적인 사례를 대변하므로 주목할 가치가 있다.

토론토의 두페린 몰Dufferin Mall을 생각해 보라. 이 쇼핑몰에는 고객들의 차량이 꾸준히 들어온다. 따라서 캐나다나 미국의 여느 쇼핑센터로 착각하기에 충분하다. 하지만 매주 목요일과 금요일 5시만 되면 아주 다른 일들이 벌어진다. 손에 수표를 든 수많은 이민자가 쇼핑몰로 내려와 각종 은행 지점에 들어가서 본국의 가족들에게 돈을 송금한다. 환전 업소나 웨스턴 유니언의 지점들은 편의점, 바, 식당에 우후죽순으로 들어서 송금을 처리해 준다.

아이들을 데리고 버스, 노면 전차, 지하철을 오랜 시간 타면 녹초가 되기 마련이다. 필리핀 토착어, 광둥어, 스페인어, 펀자브어, 타밀어, 아랍어, 폴란드어 등을 사용하는 사람들이 어렵게 번 돈을 집에 보내기 위해 쇼핑몰을 찾아 길게 줄을 선다. 최근에는 줄을 선 사람들이 휴대전화를 들고 토론토나 외국에 사는 친구와 가족에게 왓츠앱WhatsApp이나 스카이프로 메시지를 보내고, 게임을 하거나 비디오를 시청한다. 이 돈이 목적지에 도달하려면 몇 주씩 걸리고, 목적지에서 돈을 찾아가려면 송금 과정과 마찬가지로 더디고 지루한 과정을 거쳐야 한다.

과연 무엇이 잘못된 걸까? 모든 것이 엉망진창이다. 단, 여기에서 한 가지 긍정적인 측면을 주목해 보자. 기억하라. 줄 서 있는 사람들 대부분이 스마트폰을 사용하고 있다. 캐나다 또한 스마트폰이 널리 보급되었고, 전 세계적으로 스마트폰 보급률은 늘어나고 있다. 캐나다 국민의 73퍼센트가 스마트폰을 보유하며, 토론토 주민의 보유 비율은 훨씬 높을 것이 확실하다. 캐나다는 무선망 인프라가 가장 우수한 국가로 손꼽힌다. 대부분의 캐나다인은 스마트폰을 소유할 뿐 아니라(충분히 슈퍼컴퓨터로 작동할 수 있다) 20년 전 공상 과학 영화에서나 가능해 보였던 방식으로 모바일 웹의 힘을 활용할 수 있다. 이 사람들은 손가락 하나로 처리할 수 있는 일을 왜 수십 년 전과 마찬가지로 창구에서 일을 보기 위해 줄을 선 것일까? 달러는 HD 동영상보다 데이터 량이 훨씬 적다. 실제로 스카이프에서 동영상을 보려면 초당 500킬로비트를 소모한다.[43] 반면 1비트코인을 보내려면 500비트가 필요하다. 스카이프로 1초 길이의 동영상을 보는 데 필요한 데이터의 1000분의 1밖에 되지 않는다!

중개인으로 활동하던 제삼자들을 끊어 내고, 전체 프로세스를 현저히 단순화하면서 블록체인을 통한 즉각적이고 매끄러운 결제가 가능해진다. 따라서 사람들은 한 시간씩 줄을 서거나, 멀리 가거나, 돈을 보내기 위해 밤에 가슴을 졸이며 우범 지대로 들어설 필요가 없어진다. 오늘날, 수많은 기업과 조직이 비트코인 프로토콜을 활용해 송금 비용을 낮추고 있다. 그들의 목적은 수십억 달러를 세계 극빈층에게 나눠 주는 것이다. 그들만의 지위와 세습 구조를 이용해 독점 경제를 구축하려는 소수의 기업들이 이러한 산업을 통제해 왔다. 하지만 그들은 이러한 기술의 위험성을 알고서 겁을 먹기도 한다. 딜로이트의 암호화폐 부문을 이끄는 에릭 피시니에 따르면, 결제 서비스에 종사하는 기업들은 "블록체인이 미칠 영향에 잔뜩 긴장하고 있다. 웨스턴 유니언, 머니그램, 아이레미트 등은 비즈니스 모델이 붕괴할까 봐 노심초사다".[44]

그도 그럴 것이, 자신의 자리를 차지할 새롭고 파괴력 있는 회사들이 나타날 것이기 때문이다.

루크, 내 친구, 젊은 아날리는 어떻게 할까?

전 세계 빈곤층을 위한 블록체인 결제 네트워크를 구축하는 데에는 두 가지 장애물이 버티고 있다. 첫째, 돈을 보내는 사람들 다수는 현금으로 급여를 수령하며, 돈을 받는 사람들 또한 현금 기반의 경제 환경에서 살아간다. 둘째, 선진국과 개발도상국을 가리지 않고 대부분의 사람들은 블록체인을 효과적으로 활용할 지식과 수단을 갖추지 못했다. 선진국에서 스마트 월렛에 가치를 이전하고, 마닐라, 포트드 프랑스, 라고스의 가두 상인들이 디지털 결제를 수락하는 현실이 도래하면 현금은 사라질 것이다. 하지만 우리는 여전히 현금이 필요하다. 웨스턴 유니언은 이 사실을 잘 알고 있기에, 지금도 전 세계적으로 50만 곳의 대리점을 유지하는 것에 의미를 두고 있다.[45] 송금액을 현금으로 바꾸려 한다면, 선택지가 제한된다. 웨스턴 유니언에 지점이 한 개뿐이라면 아무런 쓸모가 없다. 웨스턴 유니언이 몇 십년간 독점적 지위를 유지할 수 있었던 것은 네트워크를 구축했기 때문이다. 지금까지 흠이 없고, 사용하기 쉬운 '킬러 앱' 기술을 갖춘 회사는 거의 등장하지 않았다.

아브라Abra와 같은 회사를 예로 들어 보자. 아브라라는 이름을 들으면 소규모 '카다브라Cadabra•'가 떠오를 수 있다. 실제로 이 회사는 그러한 명성에 맞게 우리를 실망시키지 않는다. 아브라는 비트코인 블록체인상의 글로벌 디지털 자산 관리 시스템을 구축하고 있다. 아브라의 목표는 모든 스마트폰을 창구 직원으로 전환해 네트워크의

• 아마존의 초기 이름.

다른 구성원을 상대로 현금을 송금하는 것이다. 우리는 이러한 해결책이 아날리의 송금 과정을 개선했는지 시험해 보고 싶었다.

아날리와 그녀의 노모는 각각 자신의 안드로이드 스마트폰에 앱을 내려받아 설치했다. 아날리의 통장 잔고는 캐나다달러로 저장되어 있었다. 아날리는 어머니에게 송금을 시도했다. 어머니는 거의 즉시 페소로 송금을 받았다. 여기에서 아날리의 어머니는 스마트폰에 페소로 가치를 저장하고, 아브라를 결제 시스템으로 받아들이는 다수의 상인들과 거래할 새로운 옵션이 생겨났다. 아브라는 결제 메커니즘과 새로운 가치 저장 수단을 통해 기존 은행의 핵심 역할 두 가지를 효과적으로 대체하고 있다. 이것 자체만으로도 아주 혁신적인 발상이나, 재미있는 사실 하나를 빠뜨릴 수 없다. 어머니가 원하는 것은 현금이다. 어머니는 현금으로 임대료를 지급하고, 식품을 구입하고, 거의 모든 비용을 지불한다. 그녀는 앱을 구동해 인근 네 블록 안에 네 명의 아브라 사용자가 있다는 것을 감지한다. 그녀는 네 명 모두에게 메시지를 전송해 자신의 디지털 페소를 얼마의 현금으로 바꿔 줄 수 있는지 확인한다. 메시지를 받은 네 명은 얼마에 바꿔 줄지 '입찰'을 개시한다. 한 사람은 3퍼센트, 한 사람은 2퍼센트, 다른 두 사람은 1.5퍼센트로 제안한다. 어머니는 2퍼센트를 제안하는 사람과 거래하기로 마음먹는다. 수수료가 제일 낮지는 않아도 그 사람에 대한 평판이 5개이기 때문이다. 두 사람은 어머니가 집에 가는 길 중간에서 만나기로 약속한다. 두 사람은 디지털 페소와 현금을 교환하며 수수료 계산을 마친 다음, 각자 갈 길로 나아간다. 아브라는 이 거래의 대가로 25BP의 수수료를 가져간다.

돈이 토론토를 떠나 필리핀에서 현금으로 교환되기까지, 한 시간이 채 걸리지 않고 수수료는 외환 거래와 거래 수수료를 합해 25BP에 불과하다. 웨스턴 유니언을 통해 거래하려면 7∼8개의 중개자(관련 은행, 은행 지점, 웨스턴 유니언, 창구 직원 등)가 필요한 반면, 아브라에서는 당사자 두 명과 아브라 플랫폼만이 필요하다. "아, 이제야 알겠어요. 정말 대단하네요!" 아날리는 이렇게 경탄했다.[46]

아브라가 전 세계적으로 확장하려면 두 가지 난점을 해결해야 한다. 우선, 서비스의 편이성을 향상하려면 대규모 제공자가 필요하다. 아날리의 어머니는 가장 가까운 곳에 있는 제공자가 30킬로미터 밖에 있다면 이 서비스를 사용하지 않을 것이다. 아브라 또한 이 사실을 잘 알고 있다. 마지막으로 집계한 필리핀의 앱 사용자는 수만 명이다. 이들은 여건이 무르익으면 거래를 시작할 준비가 되어 있다.

둘째, 이 모델은 제공자와 소비자가 전자화폐와 현금의 교환 약정을 지킨다는 가정하에 수립될 수 있다. 하지만 이러한 측면은 크게 우려할 필요가 없다. 에어비앤비, 렌딩 클럽Lending Club, 집카와 같은 비즈니스를 보면 개인들이 서로를 믿지 못한다는 미신을 타파할 수 있다. 실제로 아브라의 CEO 빌 바히트Bill Barhydt는 이른바 공유 경제 기업들의 숫자가 폭증하는 현실을 볼 때 이러한 우려는 별문제가 아니라고 생각했다. "사람들은 기관보다는 서로서로를 더욱 쉽게 신뢰합니다."[47]

스마트폰이 이 모든 것의 열쇠다. 스마트폰으로 아파트나 차를 대여하고, 누군가를 어디에 태워다 주는 것과 마찬가지로, 스마트폰

자체가 ATM 기기로 활용될 수 있다. 바히트는 이렇게 말했다. "공유 경제 모델에서 기꺼이 시도하는 것들을, 금전에 대해 시도하지 않고 있는 것을 보면 놀랍습니다. 하지만 여기에서 P2P 금전 대여는 예외인 것 같습니다." 그는 이렇게 덧붙인다. "당신들이 아브라를 믿는 것보다 당신들 서로를 믿는 것이 우리에게는 더욱 중요합니다. 당신들이 서로를 믿으면 아브라를 알게 되고, 아브라를 좋아하게 되고, 더 나은 환경을 경험하게 될 확률이 높아집니다." 그 결과 언젠가는 플랫폼을 신뢰하게 된다.[48]

아브라는 송금 애플리케이션이라기보다는 가치 교환을 위한 새로운 글로벌 플랫폼이며, 신뢰하기 어려운 분산식 블록체인 네트워크, 스마트폰 기술의 위력, 네트워크상에서 피어들을 신뢰하고 싶은 인간의 성향을 공평하게 결합한다. 사용자들은 기존 화폐로 가치를 저장할 수 있고, 네트워크를 통해 가치를 전송할 수 있으며 확대를 거듭하는 상인들의 네트워크상에서 대금을 지불할 수도 있다. 이로써 아브라는 웨스턴 유니언뿐 아니라 비자와 같은 신용카드 네트워크로도 작동하게 된다. 바히트는 다음과 같이 말한다.

웨스턴 유니언식 거래를 위한 결제 체계와 비자식 거래를 위한 결제 체계는 완전히 다르다. 하지만 개인 대 상인의 결제, 개인 대 개인의 결제를 위해 사용되는 아브라식 거래를 위한 결제 체계는 완전히 똑같다. (…) 우리는 국내 및 해외에서 작동할 수 있는 단일한 해결책을 찾았다. 이는 처음으로 개인 대 개인, 개인 대 상인의 결제 모두에서 사용될 수 있다.[49]

아브라는 마침내 글로벌 대기업으로 성장해 세계 최대 금융 기관들을 위협할 수도 있을 것이다. 하지만 지금 당장은 중요한 글로벌 문제를 해결하기 위한 간단하고도 우아한 해결책일 뿐이다. 이듬해의 해외 송금액 합계가 5천 억 달러 후반에 이를 것이라고 예상되는 상황에서, 이 시장은 결코 무시해도 좋은 시장이 아니다.

디지털 박애주의자와 블록체인

블록체인은 NGO, 정부, 개인 기부자가 해외 원조를 제공하는 방식을 근본적으로 바꿀 수 있을까? 천문학적 규모의 해외 원조가 매년 개발도상국으로 유입되지만, 원조가 초래하는 거시 경제적 효과는 항상 오리무중이다.[50] 부패한 공무원, 지역 실세, 기타 중개인들은 원조 물품이 목적지에 닿기 전에 상당 부분을 착복한다. 『국제 경제학 저널』에 따르면, 더욱 골치 아픈 것은 "정부 수입의 증가가 공공재의 공급을 '떨어뜨릴' 수 있다는 것이다". 이 보고서는 "대규모 해외 원조나 가외 소득이 반드시 복지의 향상으로 귀결되지는 않는다"고 마무리한다.[51] 가난한 국가에서는 조직이 비대해지고 리더십이 타락하면서 가진 자와 가지지 못한 자 사이의 격차가 벌어지고 낭비가 심해진다. 이는 정부 간의 원조뿐 아니라, 타격을 입은 지역에 발을 들이는 NGO에게도 적용되는 이야기다.

우리는 이 책의 서두에서 해외 원조의 문제점을 간단히 살펴보았다. 이 문제를 좀 더 자세히 들어가 보자. 비영리 독립 언론 기관인 프로퍼블리카ProPublica는 2010년 아이티 지진 당시 적십자의 활동을 연구했고, 그 후 적십자는 갖은 비난에 시달렸다. 미국 공영 라디오 National Public Radio는 적십자가 기금을 횡령했다는 사실을 발견했고, 그 밖에도 주택 13만 호 재건과 같은 약속 다수를 지키지 못한 것으로 드러났다. 그들이 지은 집은 고작 6채에 불과했다.[52] 적십자는 아이티의 토지 등기부 등본이 엉망인 탓이라고 변명했다. 그 누구도 정확한 토지 소유권자를 알 수 없었다. 그 결과, 적십자는 건축 포기라는 바람직하지 않은 조치를 선택했던 것이다. 블록체인 기반의 등기부 등본이 깔끔하게 소유권을 공시해 이러한 상황을 개선하고, 불법적인 몰수를 방지할 수 있을까?

이와 같은 해외 원조는 정부의 역량 부족과 부패한 중개인들의 지대 추구 행위를 여실히 드러내는 사례다. 따라서 블록체인으로 해결책을 찾을 수 있는 매우 적합한 분야로 평가할 수 있다. 2010년 아이티 지진은 지난 수백 년을 통틀어 인류가 겪은 가장 끔찍한 재해 가운데 하나로 기록되고 있다.[53] 정부 기능이 마비되고 위기가 심화될 무렵, 수많은 '디지털 박애주의자'가 인터넷에 모여 휴대전화로 도움을 청한 아이티 국민들의 청원을 수집 및 가시화하고, 부상자를 분류하도록 도와주었다. 비슷한 생각을 지닌 자원봉사자들이 온라인에서 만든 이 그룹은 위기 속에서 조직력과 효율성을 확대해 왔다. 이 가운데 크라이시스코먼스CrisisCommons라는 단체는 특히 남달랐다. 크라이시스코먼스는 세계적인 문제 해결 네트워크의 모범이다. 이 단체는 민간 조직, 민간 기업, 개인 들이 나선 비정부 네트워크로 주요 문제를 해결하기 위해 협력하고 있다. 새로운 네트워크는 디지털 혁명으로 말미암아 국경을 넘어 서로를 연결하고 협력할 수 있다. 또한 문제를 해결하는 한편, 글로벌 협력과 글로벌 거버넌스를 구현할 수 있다. 인터넷으로 이 모든 것이 가능해진다. 과거에는 아이티의 사례처럼 사람들이 집합적으로 모여 공공재를 창조하기가 불가능했다. 이러한 인터넷의 정보 계층은 필요한 사람들에게 중요한 교류, 노하우, 데이터와 자발적인 조직을 제공하는 등 핵심적인 역할을 담당하는 것으로 드러났다. 정보 계층 말고도 가치 계층이 있다고 상상해 보라. 이러한 가치 계층은 어떤 가능성을 현실로 구현할 수 있을까?

블록체인은 해외 원조의 조달 과정을 두 가지 방식으로 개선할 수 있다. 첫째, 대규모 원조의 운송자로 활동하는 미들맨을 끊어 내, 횡령과 도난 같은 만성적인 문제를 저감할 수 있다. 둘째, 자금 흐름의 불변 원장을 활용하면 원조 단체, 정부 등 모든 거대 기관이 투명한 활동을 보장하고 약속을 지킬 수밖에 없다. 만일 거꾸로 행동한다면 사람들은 그들의 부정부패를 알고 책임을 물을 것이다.

블록체인을 활용해 유니세프나 UN의 여성 정책을 집행하는 경우 원조금이 지역의 실세를 거칠 필요 없이 여성과 아이들에게 직접 도달할 수 있다. 가난한 국가의 국민들은 분산 원장에 등록해 일정한 혜택을 받기로 약속할 수 있다. 개별 원조 그룹 하나하나가 네트워크상의 노드로 작동하며, 이러한 노드들이 모인 네트워크가 분산 원장을 관리한다. 특정한 원조(적십자의 백신 접종, 유니세프의 학교 지원)를 제공하면, 이러한 '거래'는 원장에 타임스탬프로 기록된다. 이로써 원조 단체가 특정 주민이나 커뮤니티에 이중으로 원조금을 집행할 가능성이 줄어들며, 원조의 혜택을 더욱 평등하게 배분할 수 있다.

실제로 유니세프는 암호화폐를 분석하기 시작했다. 2015년 6월, 유니세프는 유니코인의 출범을 공언했다. 유니코인이란 아이들이 영감이 깃든 그림을 제출해 '채굴'할 수 있는 전자화폐다. 채굴한 코인은 공책이나 연필로 교환할 수 있다.[54] 이는 아주 소박한 시작일 뿐이나, 이와 같은 기회는 무한히 펼쳐져 있다. 제1장에서 제기한 가설이 머지않아 현실로 다가올 수 있는 것이다. 유니세프의 도움을 받는 모든 저개발국 마을의 고아들은 태어나는 순간부터 계좌를 가질 수 있다. 기부액은 각 아이들의 개인 계좌로 공평한 비율에 따라 배분될 수 있다. 정부, 지역 실세, 부패한 공무원 들은 아예 접근조차 불가능하다. 전 세계에서 가장 가난하고 취약한 아이들도 성인이 되면서부터 인생을 준비할 자금을 가질 수 있다. 이 모든 것이 블록체인 덕분에 가능해진다.

재해 구호 활동이나 빈곤층 원조를 전부 P2P 방식으로 진행하기는 어렵다. 기관의 존재가 바람직할 뿐 아니라 반드시 필요한 경우도 다반사다. 하지만 블록체인은 이러한 해외 원조 기관의 밸류 체인이 투명하게 작동하도록 근본적인 개선을 추구할 수 있다. 적십자에 납부한 모든 기부금이 개인에게 도달할 때까지 밸류 체인상의 모든 과정을 추적할 수 있는 것이다. 제1장에서의 가설을 상기해 보자. 적십자는 가장 중요한 계획을 실현하기 위한 크라우드펀딩 캠페인을 운영할 수 있다. 의료 원조를 제공하고, 질병 확산을 막고, 정수 사업을 실시하고, 주택을 건설할 수 있다. 블록체인을 통한다면 기부한 돈이 나

무판자, 물 1갤런, 반창고에 사용되었는지 낱낱이 알 수 있다. 자금의 누수가 있다면, 커뮤니티가 당장 이를 알아내 기관에 책임을 추궁할 수 있다. 기관에 책임을 추궁하는 스마트 계약을 체결할 수도 있다. 주된 사업(주택 건설, 정수 사업 등)에 필요한 자금은 에스크로 계좌로 입금되어 사업의 핵심 단계(부지 소유권 확보, 원자재 구매, 지역 공급자와의 계약 체결, 설비 설치, 상당수의 정수 취하장 설치)가 완료된 이후 집행될 수 있다. 결과가 궁금한가? 해외 원조는 투명하고 믿을 수 있게 집행되며, 훨씬 만족스러운 결과를 얻게 된다.

선진국에서 개발도상국으로 자금이 이전되는 규모는 해외 송금이 1위, 해외 원조가 2위다. 블록체인 기술은 투명성, 신뢰성을 확보해주며, 선의의 NGO는 이 기술을 바탕으로 더욱 효율적으로 운영할 수 있다. 또한 위기와 평상시를 불문하고 핵심적인 서비스를 누수 없이 제공할 수 있다. 물론 이를 실행하려면 많은 난관이 뒤따르며, 극복해야 할 문제들이 산적해 있다. 위기의 한복판에서 휴대전화 무선망이 먹통이 될 수도 있다. 영악한 범죄자들과 부패한 정부 기관들이 빈곤층과 소외 계층을 등쳐 먹을 방법을 찾을 수도 있다. 하지만 구더기 무서워 장을 못 담글 수는 없지 않겠는가? 최근의 상황을 보면 모든 과정이 제대로 작동하지 않고, 아예 기능을 상실한 경우도 다반사다. 개인들에게 권한을 부여하고 원조 단체에 책임을 물을 수 있다면 정말로 도움이 필요한 사람들에게 더 많은 도움을 줄 수 있다. 가난과 재해를 해결하는 것은 인류의 번영으로 나아가는 첫걸음이다. 블록체인에서 이러한 기회를 찾아보자.

소액 대출: 피코페이먼트를 통한 P2P 원조

소액 대출은 금융 서비스와 개발 원조를 넘어서는 산업이다. 소액 대출 기구는 하향식으로 원조를 제공하기보다, 개인들에게 권한을 부여해 저축과 투자, 소규모 사업을 할 수 있도록 도와준다. 종종 그들은 계와 유사한 조합을 만들어 조합원들에게 단기 자금을 빌려주기도 한다. 제대로 실행되고 관리된다면, 소액 대출 기구는 열악한 커뮤니티에 진정한 혜택을 가져다줄 수 있다. 이들은 만성적인 굶주림을 해소하고, 저축과 투자를 늘리고, 때로는 여성의 권리를 보장해주기도 한다.[55]

하지만 소액 대출 기구에 수반되는 문제점들이 보이기도 한다. 우선, 소액 대출을 감독하는 기제가 전무한 수준이며, 고리 대출과 강제 채권 추심을 방조해 공동체를 압박하고 서민의 희망을 박탈한다. 둘째, 개발도상국들은 이러한 관점에 입각해 잘못된 행동을 억제하는 최선의 방법은 소액 대출 기구를 위법화하거나 심각하게 제한하는 것이라고 생각했다. 2010년, 인도에서는 소액 대출 기구에 대한 논쟁이 불거진 이후 이러한 조치를 감행했다.[56] 셋째, 돈이 항상 적합한 자에게 흘러 들어가지 않는다. 가장 필요한 사람이 대출의 혜택을 받으리라는 보장이 없다. 넷째, 여전히 지역적인 수준을 벗어나지 못하는 탓에, 대출의 혜택이 제한되며 투자와 저축을 할 수 있는 기회가 줄어든다.

그렇다면, 빈곤층에 봉사하는 사람들은 이렇게 자문할 수 있다. 블록체인은 다양한 수단 가운데 어떤 위치로 자리매김할까? 우리가 하고 있는 일을 어떻게 개선할 수 있을까?

우선, 블록체인은 행정의 신뢰성을 개선할 수 있다. 기업의 투명성을 추구하는 것과 마찬가지로, 투명성과 신뢰성을 보장받고 싶은 기부자들은 블록체인을 활용하는 비영리 기구에 더욱 매력을 느끼기 마련이다. 게다가 소액 대출이 블록체인에 기록되고 소액 대출 기구의 고객 접근이 허락된다면, 원조 기관의 부정에 대해 더 확실한 책임을 추궁할 수 있다. 공개된 시스템을 두고 모호하고 어두운 시스템을 선호할 사람이 어디 있겠는가?

둘째, 여성과 아이들을 더 잘 보호할 수 있다. 스마트 계약을 통해 에스크로 세좌에 유입된 원조금을 오직 여성들만이 접근하도록 만들 수 있다. 예를 들면 식품, 여성 용품, 의료 서비스, 기타 생활필수품만을 구입하는 데 쓰일 수 있다. 남성들은 여기에 손을 대 담배나 술을 사거나, 도박을 할 수 없다. 이처럼 저축이나 소액 대출을 방해하는 요소를 원천적으로 차단할 수 있는 것이다.

셋째, 사람들은 전 세계적으로 자금을 조달하고 기회의 저변을 넓힐 수 있다. 또한 전 세계적으로 기부자를 모집할 수 있다. 보통 공동체들은 그들이 활용하는 소액 대출 기구로 지역의 범위를 한정한다. 미래의 잠재적 차주는 온라인상에서 수많은 잠재적 대출자로부터 제안을 받고, 가장 나은 이자율과 조건은 물론 평판이 좋은 대출자를 고를 수 있다. 물론 기존 소액 대출 기구 또한 사라지지는 않을 것이다. 하지만 피어들을 더 쉽게 이어 주는 블록체인으로 말미암아 필요성이 떨어질 수 있다.

마지막으로, 비트코인과 같은 블록체인 결제 기제는 소액 결제(우리는 이 책에서 이러한 소액 결제를 피코페이먼트라 부를 것이다)가 가능해지고 비용이 0에 수렴하면서 자격이 없는 소규모 대출자를 위한 맞춤형 기제로 자리 잡는다. 동전 하나도 놓칠 수 없는 세상에서, 사용자들은 대출금을 상환하고, 자금을 인출하고, 적은 돈이라도 저축할 수 있어야 한다. 이 모든 것은 블록체인 이전 세상에서는 훨씬 어려웠다. 빈곤에 허덕이면서도 휴대전화와 인터넷이 보편화되는 현실을 감안하면, 그들은 이러한 작업을 즉각적이고도 효율적으로 실행할 수 있어야 한다.

 ## 자산의 소유권을 확보하는 방법

에르난도 데 소토는 토지 소유권을 마케팅과 무관한 거래이자 지방 정부와 관련되기 쉬운 경제적 교환 행위라고 설명했다. 마케팅과 무관한 거래 비용은 관청에 줄을 서서 소유권을 확인하고, 서류를 채우는 데 들이는 시간, 행정 절차를 진행하는 비용, 분쟁을 해결하는 비용, 공무원들에게 뒷돈을 주는 비용 등을 포함한다.[57] 이러한 비용은 시스템이 미비하고 공무원들의 부패가 심한 저개발 국가에서 특히 만연해 있다. 온두라스가 바로 그런 곳이다. 온두라스는 중앙아메리카에서 두 번째로 가난할뿐더러 빈부 격차가 극심하다. 2008년 금융 위기로 해외 송금이 타격을 입었고, 2009년에는 이를 틈타 군부 쿠데타가 발생해 국민이 선출한 마누엘 셀라야Manuel Zelaya를 몰아냈다. 아구안 지역의 캄페시노(농부)들에게 토지 소유권을 강탈해 톡톡히 이익을 보고, 팜유 사업으로 큰돈을 번 지역 유지 하나가 쿠

데타 세력에게 돈을 대주었다.[58]

1990년대 중반 이후, 세계은행과 다른 NGO들은[59] 전문 인력과 함께 1억 2,530만 달러를 온두라스에 쏟아부어 국가 성장을 촉진할 토지 개발 프로젝트를 설계하고 관리하도록 만들었다.[60] 공간 데이터 인프라를 통합할 계획이 등장했고, 이러한 계획이 현실화될 경우 지자체가 도시 계획 수립 및 투자를 위해 활용할 수 있는 토지와 천연자원의 소유권 및 사용 현황, 기후 및 자연재해 위험, 사회 경제적 여건에 대한 데이터를 지리학적으로 추적할 수 있었다. 토지 계획의 데이터베이스와 환경 및 재화 관리 프로젝트의 데이터베이스를 국가 및 지역적 차원에서 통합하자는 움직임도 감지되었다.[61] 아주 야심 찬 계획임이 분명하다.

문제는 자산의 소유권 등록부, 토지 매매, 분쟁 해결 등에 여전히 부패가 만연해 있다는 점이다. 미들맨, 판사, 지역 관료 또한 이러한 부패에서 자유롭지 못하다. 미국 무역 대표부에 따르면, 자산 등록 체계는 아주 신빙성이 떨어진다.[62] 국민들의 토지 소유권 등록 당시, 시골 마을의 주민들은 구조적으로 소외되었다. 토지는 그들의 가장 큰 자산이지만 세계은행이 관할 범위를 도시 지역으로 한정하면서 그러한 결과가 빚어졌다. 시골에서는 돈이 궁한 캄페시노들이 토지 관리 프로그램으로부터 아무런 혜택을 받지 못했다. 1988년 이후 농촌의 빈곤은 지속되었다. 선진국에서도 소유권을 둘러싼 분쟁에서는 모호한 측면이 많고 부패가 만연해 있다. 2010년의 아이티처럼 온두라스가 대규모 자연재해를 겪게 된다면 적십자와 같은 기관은 안전하고 튼튼한 주택을 건설하려 해도 얽히고설킨 소유권 문제로 또다시 난항을 겪게 될 것이다.

"이 모든 데이터를 아우르고, 불신만을 안기는 상황에 신뢰를 불어넣을 보편적인 원장이 있다면 어떨까? 블록체인은 거래를 관장하는 탁월한 능력을 자랑한다. 지금껏 그 어떤 시스템도 하지 못했던 일이다." 소토는 이렇게 말했다. "실제로 가난한 국가들은 부패할 수밖에 없다. 따라서 안전한 절차에 따라 모든 노드에서 나만의 거래 원장을 지니게 된다면 시스템은 값싸고, 빠르고, 효율적으로 변해 간다. 가난한 사람들 또한 이러한 시스템을 원하는 이유는 그들의 권리를 보호해 주기 때문이다." 그는 이렇게 덧붙인다.[63] 그 원리는 다음과 같다. 블록체인은 공개 원장이다. 이는 곧 블록체인이 이를 참조하고 싶은 온두라스 공무원들의 컴퓨터, 데이터를 입력하는 현장 근로자 및 복사본을 지니고 싶은 시민들의 모바일 기기에 살아 숨 쉬고 있다는 것을 의미한다. 블록체인은 분산 원장이다. 이는 곧 어떤 당사자도 블록체인을 소유하지 않는다는 것을 의미한다. 블록체인은 P2P 네트워크다. 이는 곧 그 누구도 여기에 접근할 수 있다는 것을 의미한다. 공공 기관에 대한 불신이 깊고 자산의 소유권 등록 시스템이 허약한 온두라스와 같은 지역에서는 비트코인 블록체인이 신뢰를 회복하고 평판을 재건하도록 도와줄 수 있다.

텍사스에 거점을 둔 팩텀Factom이라는 스타트업은 온두라스 정부 및 소유권 소프트웨어 회사 에피그래프Epigraph와 함께 위와 같은 계획을 세우고 있다. 팩텀의 대표 피터 커비Peter Kirby는 이렇게 말했다. "국가의 데이터베이스는 애당초 보안과 무관했습니다. 정부 기관은 데이터베이스를 넘나들며 해변의 자산을 국가에 귀속시켰습니다." 그의 말에 따르면, 온두라스 땅의 60퍼센트는 등기부 등본을 찾아볼 수 없다. 아직 제대로 출범하기 전인 이 프로젝트의 목표는 블록체인 원장에 토지 소유권을 등록하는 것이다. 커비는 로이터 통신을 상대로 다음과 같은 견해를 피력했다. 온두라스는 팩텀의 블록체인 기술을 통해 선진국에서 활용되었던 기존 등기 체계를 건너뛸 수 있다. 그 결과 궁극적으로는 더욱 안전한 모기지와 광물권을 확보할 수 있다.[64] 매킨지의 실리콘 밸리 오피스와 결제 체계를 총괄하는 카우직 라즈고팔Kausik Rajgopal은 이렇게 말했다. "특허권에서 주택 소유권에 이르기까지 소유권에 관한 문서는 남달리 종이 서류에 의존합니다. 과거의 관행을 답습하는 것이 아니고서야, 왜 꼭 그래야 하는지 의문입니다. 블록체인은 자산의 소유권과 타이밍이 중요한 분야에서 모든 거래와 모든 의사소통을 효율화할 수 있습니다."[65]

결국 가장 중요한 것은 온두라스 정부가 블록체인상에 등록된 토지 소유권을 인정할지, 블록체인의 사용을 지속할지 모른다는 점이다. 과거에는 정부가 더 많은 사람을 조사하고, 추가적인 비용을 부담하기를 꺼려했다. 하지만 원장이 믿을 수 있는 확실한 데이터를 제공한다면, NGO는 정책 결정과 거버넌스를 알고 이에 대한 영향력을 행사하기 위해 필요한 추가적인 정보를 얻을 수 있다. 온두라스의 토지를 등록하기 위한 5~6단계를 없애고 22일 걸리던 시간을 10분으로 줄인다면, 이처럼 마케팅과 무관한 거래 비용은 거의 0으로 떨어진다.[66] 글로벌 대기업들이 환경 보호 구역으로 지정되거나 캄페시노 또는 토착민들이 사용해 온 땅을 적절한 보상 없이 사들이거나, 건물을 짓거나 나무와 물을 앗아 간다면 기자들과 인권 변호사들로부터 망신을 당할 수 있다. 우리에게 희망이 엿보인다!

 ## 실행의 어려움과 리더십의 기회

블록체인 기술이 경제, 금융의 신세계를 이루기 위한 만병통치약은 아닐 수 있다. 기술은 번영을 창조하지 않는다. 번영을 창조하는 주체는 사람이다. 극복해야 할 장애물도 있고, 리더십을 위한 기회도 존재한다. 첫 번째 장애물은 기술이다. 국제전기통신연합International Telecommunications Union에 따르면, 통신 인프라가 열악하거나, 서비스를 제공하기 어렵다는 등의 이유로 각 지역의 인터넷 환경에는 거대한 격차가 존재한다.[67]

두 번째 장애물은 문맹이다. 스마트폰을 사용하고 온라인상에서 소통하려면 글을 읽고 쓸 줄 알아야 한다. 미국에서는 16세 이상 성인의 18퍼센트가 초등학교 5학년 이하 수준이며, 30퍼센트는 문제 해결 능력이 떨어지고,[68] 이러한 사람들 가운데 43퍼센트는 가난하게 살아간다.[69]

개발도상국의 상황은 더욱 열악하다. 아프리카 다수 지역에서는 문맹률이 50퍼센트에 육박하며, 성별 간의 격차는 더욱 심각하다. 예컨대, 아프가니스탄, 니제르, 시에라리온, 차드, 모잠비크와 같은 가난한 국가들에서는 남성과 여성의 문맹률 격차가 무려 20퍼센트에 육박한다.[70]

세 번째는 부패다. 블록체인은 강력한 기제에 해당하나, 다른 모든 기술과 마찬가지로 그 자체로 선하다, 악하다를 평가할 수는 없다. 사람들은 전기, 라디오, 인터넷과 같은 멋진 기술을 좋은 목적으로 쓸 수도 있고, 나쁜 목적으로 쓸 수도 있다. 원조 단체, 민간 기구, 기업, 정부와 같이 블록체인 기술을 좋은 목적으로 활용하는 기관이 블록체인 기술을 주도해야 하며, 이러한 기술을 방대한 네트워크에 이어진 개개인에게 나누어 줄 수 있어야 한다. 블록체인 기술은 이러한 문제를 해결하고 극복해야만 전 지구적인 번영과 긍정적인 변화의 도구로 자리매김할 수 있다.

6장
블록체인과 다가올 정치 혁명

에스토니아 공화국은 발트 3국의 하나로, 남쪽으로는 라트비아, 동쪽으로는 러시아와 붙어 있다. 인구는 130만 명으로, 캐나다의 오타와 인구보다 약간 적은 수준이다.[1] 에스토니아는 1991년에 구소련으로부터 독립할 당시 정부의 역할을 철저히 재고하는 시간을 가졌고, 인터넷을 통해 정부가 무엇을 운영하고, 어떤 서비스를 제공하고, 어떻게 목적을 달성할 수 있는지를 고민했다.

오늘날, 에스토니아는 전 세계적으로 최고의 전자 정부를 구현하고 있다. 에스토니아의 대통령 토마스 헨드리크 일베스Toomas Hendrik Ilves 말고는 다음과 같은 발언을 자신 있게 할 수 있는 지도자가 없을 것이다. "우리가 한 일이 몹시 자랑스럽습니다." 그는 이렇게 덧붙였다. "모든 국가가 우리의 성공 사례를 배워 가기 바랍니다."[2]

에스토니아는 참정권을 비롯한 국민들의 기본권과 관련해 사회 진보 지수에서 호주 및 영국과 나란히 세계 2위를 차지하고 있다.[3]

에스토니아의 지도자들은 분권화, 연결성, 개방성, 사이버 보안을 바탕으로 전자 정부 전략을 세우기 시작했다. 그들의 목표는 새로운 변화를 수용하기 위해 미래 지향적 인프라를 구축하는 것이었다. 모든 주민은 정보와 서비스에 온라인으로 접근할 수 있으며, 각자의 디지털 ID를 활용해 비즈니스를 수행하고, 정부 기록을 업데이트하고 수정할 수 있다. 에스토니아는 절차 대부분을 블록체인이 등장하기 전에 구축했으나, 이후에 키 없는 전자 서명 인프라Keyless Signature Infrastructure, KSI를 구축해 블록체인 기술과의 절묘한 통합을 추구했다.

이-에스토니아e-Estonia 모델의 핵심은 디지털 ID다. 2012년 기준, 에스토니아인들의 90퍼센트가 전자 ID 카드로 정부 서비스를 이용할 수 있고, EU 내 어느 곳이라도 자유자재로 여행할 수 있다.[4] 카드에 내장된 칩은 카드 소유자의 기본 정보 외에 다음 두 가지 인증서를 담고 있다. 하나는 ID를 인증하는 인증서이고, 다른 하나는 디지털 서명을 제공하는 인증서다. 또한 자신의 선택에 따라 PIN•을 설정할 수 있다.

에스토니아인들은 이 칩을 활용해 투표를 하고, 자동화된 세무 서류를 온라인으로 편집하고, 사회 보장 서비스에 지원하고, 은행 서비스와 대중교통을 이용할 수 있다. 은행 카드나 지하철 카드를 따로 들고 다닐 필요가 없다. 휴대전화에 모바일 ID만 입력하면 칩과 똑같은 기능을 담당할 수 있다. 에스토니아인들의 95퍼센트가 세금을 전자 납부하며 98퍼센트가 인터넷 뱅킹을 이용한다.

• 개인 식별 번호(Personal Identification Number).

부모와 학생은 에스토니아의 이-스쿨e-School을 활용해 숙제와 커리큘럼, 성적을 확인하고 선생님들과 협력한다. 에스토니아는 실시간으로 각종 소스를 통해 수집한 개인의 건강 정보를 하나의 기록으로 통합한다. 이러한 기록은 단일한 데이터베이스에 머무르지 않는다. 모든 에스토니아 국민은 자신의 기록에 배타적으로 접근할 수 있고, 어떤 의사와 가족들이 이러한 데이터 온라인에 접근할 수 있는지 통제할 수 있다.[5]

2005년 이후, 시민들은 선거에서 전자 투표를 활용했다. 각자의 ID 카드와 모바일 ID를 활용해 세계 어느 곳에서도 로그인 후 투표가 가능했다. 2011년 국회의원 선거에서, 온라인으로 투표한 비율은 거의 25퍼센트에 육박했다. 이는 5.5퍼센트에 불과했던 지난번 국회의원 선거에 비해 비약적으로 증가한 수치다. 사람들은 시스템을 믿고 신뢰한다. 2014년 유럽 의회 선거에서 이 비율은 다시 한 번 상승해 3분의 1의 투표자가 98개국에서 인터넷을 통해 선거에 참여했다. 에스토니아 내각은 종이를 쓰지 않는 업무 절차를 수립하고, 모든 입법 초안에 온라인으로 접근할 수 있는 체계를 구축했다. 매주 소집되는 내각 회의는 다섯 시간에서 90분 이하로 줄어들었다.[6]

에스토니아의 전자 토지 등기부 등본은 실물 부동산 시장을 바꿔놓았다. 과거에는 부동산 소유권을 이전하려면 3개월 가까이 걸렸지만, 전자 토지 등기부 등본을 사용한 이후로는 일주일 남짓이면 소유권 이전이 가능해졌다.[7] 지난 몇 년에 걸쳐 에스토니아는 전자 주거 시스템을 도입했다. 이 시스템을 통해 세상 누구라도 '초국적 디지털 ID'와 인증서를 신청해 안전한 서비스에 접근하고, 전자적으로 서류를 암호화하고, 검증하고, 서명할 수 있다. 기업가들은 세계 어디에 서든 20분 내로 회사를 등록할 수 있으며 온라인으로 회사를 관리할 수도 있다. 이러한 역량들로 말미암아 에스토니아는 디지털 국가의 이미지를 전 세계를 상대로 구축했다.[8]

확고한 사이버 보안이 전제되지 않는다면 이 모든 것이 불가능하다. 가드타임Guardtime의 CEO인 마이크 골트Mike Gault는 이렇게 주지했다. "진실성은 사이버 공간의 으뜸가는 화두이며, 에스토니아는 10년 전에 이 문제를 인지했다. 그들이 이러한 기술을 구축한 이유는 사람을 믿지 않아도 정부의 네드워크에 올라와 있는 모든 깃을 검증할 수 있기 때문이다. (…) 정부는 시민들에게 거짓말을 할 수 없다."[9]

에스토니아의 사이버 보안은 키 없는 전자 서명으로부터 도출할 수 있다. 이는 곧 시스템 관리자, 암호화 키, 정부 직원 없이도 블록체인상의 전자 활동을 수학적으로 검증할 수 있다. 이러한 역량은 전반적인 투명성과 신뢰성을 보장해 준다. 각 이해관계자는 누가 어떤 정보에, 언제 접근했는지와 접근한 정보로 무엇을 했는지 알 수 있다. 그 결과, 국가는 기록의 진실성과 규제 사항의 준수 내역을 증명할 수 있고, 개인들은 제삼자의 관여 없이도 기록의 진실성을 검증할 수 있다. 이로써 비용을 절감할 수 있다. 보호해야 할 키도 없고, 주기적으로 재서명해야 할 서류도 없다. E-Estonia.com에 따르면, "키 없는 전자 서명 인프라 체계를 따른다면 역사는 다시 쓰일 수 없다".[10]

블록체인 기술은 이익을 추구하는 기업뿐 아니라 정부, 교육, 의료, 에너지 그리드, 대중교통, 사회 복지 등 사회의 번영을 추구하는 공공 기관에게도 적용될 수 있다. 무엇을 먼저 시작할 것인지는 여러분의 선택에 달려 있다.

🎲 부패의 싹을 제거하라

에이브러햄 링컨은 1863년 게티즈버그 연설에서 이 사회의 가장 큰 목적이 "국민의, 국민에 의한, 국민을 위한 정부"라고 말했다. 118년 후, 로널드 레이건 대통령은 1981년 취임 연설사에서 이렇게 말했다. "정부는 우리의 문제를 해결해 주지 않습니다. 정부 '자체가' 문제입니다." 초창기의 블록체인 생태계에 몸담은 많은 사람이 이러한 주장에 동의한다. 2013년 설문 조사에서, 44퍼센트 이상의 비트코인 사용자들은 "국가의 소멸을 지지하는 자유주의자, 혹은 무정부주의 자본주의자"라고 스스로를 내세웠다.[11]

모든 유형의 자유주의자들은 비트코인을 지지하는 경향이 있다. 비트코인은 분권화가 특징이며, 정부의 통제에서 자유롭다. 익명으로 거래되며, 세금을 부과하기 어렵다. 금과 마찬가지로 희소성이 두드러지며, 자유주의자들은 금 본위제를 선호한다. 양적 완화보다 수요 공급이 좌우하는 순수한 시장이다. 랜드 폴은 2016년 대통령 선거에 출마해 처음으로 비트코인 형태의 후원금을 모집했다.

자유주의에 경도된 사람들은 전자화폐를 반대하는 사람들에게 블록체인 기술을 배척할 확실한 명분을 제공했다. 「비즈니스 인사이더

Business Insider UK」를 설립한 짐 에드워즈Jim Edwards는 자유주의자들의 천국에 대한 이야기를 기고했다. 그는 이러한 국가에 비트코이니스 탄Bitcoinistan이라는 이름을 붙였다. 이 국가는 "소말리아처럼 불필요한 법률과 세금이 없는 시장에서 정부 간섭을 최소화한 것이 특징이다". 그는 이러한 천국을 "극단적인 불안정, 혼란, 마음에 들지 않은 사람들을 서슴없이 암살하는 거물 범죄인들의 부상, 미국보다 더한 부의 편중, 1퍼센트 미만의 소수가 부를 독점하는…… 철저한 재앙"으로 묘사했다.[12]

우리는 분명 위기가 충만한 세상에 살고 있다. "지난 세대를 돌이켜 보면, 온 세계가 이토록 엄청난 분쟁에 시달린 적은 처음입니다. 아랍의 봄은 도처에서 분쟁과 억압에 굴복하고 있습니다." 1970년대 시민 단체를 지원하기 위해 설립된 휴먼 라이트 워치Human Rights Watch의 집행 임원 케네스 로스Kenneth Roth가 한 말이다. "세계 각국의 정부는 이러한 혼돈에 대처한다는 명목으로 인권을 무시하고 탄압해 왔다." 이들은 인터넷을 활용해 시민을 감시하고, 드론을 이용해 민간인에게 폭탄을 투여하고, 올림픽과 같은 대형 행사에 나와 시위하는 사람들을 감옥에 집어넣었다.[13]

저명한 페루 경제학자 에르난도 데 소토는 이를 잘못된 대처라고 비판한다. "아랍의 봄은 과거에도, 지금도, 기업가들에게 혁명이나 다름없습니다. 소유권을 강제로 빼앗긴 사람들에게는 특히 더 그렇습니다." 소토는 덧붙인다. "기본적으로, 현재 상황에 대한 거대한 반란임에 분명합니다." 현상 유지는 시민의 재산을 연달아 강제 수용하는 것이나 마찬가지다. 정부가 시민의 소유권을 연달아 짓밟으

면, 생계를 유지하기 위해 제도권을 벗어나 일할 수밖에 없다.[14]

　더 많은 권리를 짓밟는 것은 생각할 수 있는 최악의 조치임에 틀림없다. 저널리스트, 행동주의자를 비롯해 더 많은 사람을 제도권 바깥으로 밀어내기 때문이다. 지난 20년간, 투표 참가율은 미국, 영국, 프랑스, 독일, 이탈리아, 스웨덴, 캐나다를 비롯한 서구 민주주의 국가에서 현저히 하락했다. 특히 젊은 층은 투표에 의지하지 않고 제도권 밖에서 사회적 변화 기회를 모색하고 있다. 대부분의 미국인은 의회가 제대로 기능하지 못하고 부패했다고 생각한다. 이렇게 생각하는 데는 충분한 이유가 있다. 다른 국가들과 마찬가지로, 미국의 정치인들은 부유한 기부자들과 이해집단에 종속되어 있다. 상당수의 의원이 로비스트의 길로 빠져든다. 중요한 사례 한 가지를 들어보자. 미국인 가운데 92퍼센트는 총기를 구입하는 사람들의 신원 조사가 필요하다는 데 동의한다. 하지만 막강한 재력과 파워를 자랑하는 전미총기협회National Rifle Association가 변화를 유도하려는 모든 법안을 좌초시킨다.

　정치 단체가 국민의 뜻을 반영하거나 인권을 보호한다고 생각하는 시민은 점점 줄어들고 있으며, 이러한 단체들이 그들의 권위를 남용할수록, 더 많은 시민은 그들의 적법성과 진정성을 의심하게 된다. 정치사회학자 시모어 마틴 립셋Seymour Martin Lipset은 적법성이란 "현존하는 정치 체제가 이 사회의 가장 적합한 체제라는 믿음을 형성하고 유지할 수 있는 정치 체제의 역량"이라고 기술했다.[15] 나아가 젊은 사람들은 점점 더 정부와 민주주의 이외의 수단을 통해 변화를 추구하고 있다. 자동차 범퍼 스티커에 박힌 "투표하지 마! 단지 그들을 으쓱하게 할 뿐이야!"라는 문구는 많은 것을 시사한다. 소토는 다음과 같이 말하기도 했다. "개인들로서는 탐색 가능하고 검증 가능한 데이터베이스에 머무는 것이 바람직하지 않을 수 있습니다. 정부가 이러한 이력을 활용해 사람들을 착취할 수 있기 때문입니다." "전 세계 대부분의 국가가 갖춘 법률은 형편없을뿐더러, 국민들로부터 썩 신뢰를 받지도 못합니다. 가난한 사람들은 법률 체계로 편입되는 비용을 납득하지 못합니다. 이처럼 가난하고 소외된 사람들이 많은 국가는 무수히 많은 문제에 시달립니다."[16]

적법성이 퇴색하면서 자유방임주의는 세를 넓힌다. 하지만 자유방임주의는 정치 체계의 난점을 풀어 줄 수 없다. 이처럼 힘겨운 세상에서는 강력한 정부가 필요하다. 이러한 정부는 효율적으로 운영해 높은 성과를 달성해야 하며, 국민들의 목소리에 귀를 기울이고 신뢰할 수 있어야 한다.

정부는 무엇을 해야 하는가? 소토는 「월 스트리트 저널」에서 이렇게 기술했다. "자본주의를 번영으로 이끌 수 있는 국가 체계와 법률을 만들고, 정리하고, 강화해야 한다." "리마, 튀니스, 카이로의 저 잣거리를 걷는 행인조차 이 사실을 알고 있다. 자본은 문젯거리가 아닌, 해결책이다."[17] 그렇다면 뭐가 문젯거리일까? 그는 '국민들의 신원을 확인하는 것'이 문제라고 말했다. "정부가 개입해서 사람들을 시스템으로 끌어들이기란 불가능합니다. 따라서 나는 전 세계 정부들이 시스템의 전환을 시도하는 중이라고 생각합니다."[18]

여기에서 블록체인이 위력을 발휘한다. 블록체인의 설계 원리는 아래와 같은 가치들을 뒷받침하고, 더욱 높은 수준으로 고양시켜 이러한 변화를 추진해야 한다.

진실성: 정치 기관에 대한 국민들의 신뢰를 재건하기 위해 선출직 공무원들은 진실성을 갖고 행동해야 한다. 신뢰가 시스템 및 모든 과정에 깃들어야 하고, 어느 한 당사자에게 몰입되어서는 곤란하다. 블록체인은 근본적인 투명성을 지지하므로, 이해관계인들과 대리인들 사이의 신뢰를 재건하는 데 핵심적인 역할을 담당한다. 지속적인 투명성은 이러한 관계를 유지하는 데 반드시 필요하다.

힘: 모든 국민은 참정권을 지닌다. 정치에 직접 뛰어들 수도 있고, 투표권을 행사할 수도 있다. 선거에서 당선되면 온종일 주민들을 대표해 업무를 수행해야 한다. 인터넷을 활용하기 시작한 시민들은 선출된 대표자로부터 무언가를 배우는 동시에 그들에게 영향을 미치면서 공동체를 위해 더 많은 책임을 부담하기 시작했다. 시민들은 블록체인을 활용해 한 걸음 더 나아갈 수 있다. 부패와 변경이 불가능한 원장의 공적 기록부에 정부의 활동을 기록할 수 있고, 시민들은 이러한 절차를 지지할 수 있다. 강력한 소수자들 사이의 상호 견제 및 균형이 아니라 다수를 위한 합의를 수립할 수 있다. 예컨대, 총기를 소유하게 될 사람들의 이면에서 이들 사이의 견제를 추구할 수 있다.

가치: 투표 하나하나는 가치를 지니고 있어야 한다. 시스템은 모든 이해관계자의 동기와 같은 방향을 유지해야 하고, 돈 많은 사람

들이 아닌 시민 모두에게 책임을 부담해야 한다. 정부 기제는 기술을 갖춰 비용 효율적으로 운영되어야 하며, 높은 성과를 낼 수 있어야 한다.

프라이버시와 기타 권리의 보호: 시민들을 감시하거나, 가정과 집에 대한 강제적인 간섭이 있어서는 곤란하다. 누군가의 명예나 평판을 공격하지 말아야 한다. 발명가의 특허권과 같은 지적 재산권, 부동산을 보상 없이 수용해서도 곤란하다. 언론을 검열하거나 집회의 자유를 방해하지 말아야 한다. 사람들은 블록체인상에서 그들의 저작권을 등록하고, 회합을 개최하고, 익명으로 은밀히 메시지를 교환할 수 있다. 개인의 프라이버시를 희생해 공공의 안녕을 추구해야 한다고 주장하는 정치인들을 경계하라. 기억해야 한다. 그들의 주장은 잘못된 이분법일 따름이다.

보안: 모든 사람은 차별 없이 법률의 보호를 받아야 한다. 강제로 구금되거나 체포될 수 없다. 그 어떤 개인이나 단체도 정부 또는 사법 기관을 두려워하며 살아서는 안 되고, 인종, 종교, 국적 탓에 그러한 기관들로부터 잔인하고 비인간적인 대접을 받아서는 곤란하다. 경찰들은 물리력을 부당하게 사용한 증거를 숨길 수 없으며, 증거 또한 분실할 수 없다. 모든 증거는 블록체인상에 기록되고 추적할 수 있다.

편입: 시민들은 인터넷을 활용해 서로 더 깊이 연관되고, 서로에

게 더 많은 것을 배울 수 있다. 시스템이 블록체인을 활용하면 모든 시민과 효율적인 비용으로 이어지는 것이 가능하며, 모든 사람을 법률 앞에 선 평등한 주체로 인식할 수 있고, 공공 서비스(의료 혜택, 교육)와 사회 보장에 평등하게 접근할 수 있다.

기술은 강력한 수단이지만, 기술만으로는 우리가 원하는 변화를 이끌 수 없다. "미래는 예측하는 것이 아니라 이룩하는 것이다"라는 말의 정신을 따라, 적법성과 신뢰가 숨 쉬는 새로운 시대를 위한 정부를 재창조해야 한다. 어설픈 땜질로 그치던 시절은 지나갔다.

 ## 고효율 정부 서비스와 운용

'큰 정부'를 비판하는 이들의 논리는 한편으로 합리적이다. 효율성에 관해서라면 정부 서비스와 운영은 아직 갈 길이 멀다. 정부는 정보를 나누지 않는 거대한 기구로 통합된다. 관료주의가 상식이나 일반적인 관행을 압도하는 경우도 많다. 시민들이 정부 서비스를 한번에 제공받는 경우는 드물다. 모든 국가는 세금을 도둑질한 정치인과 공무원들의 이야기로 넘쳐 난다.

블록체인은 고객 서비스를 개선하고, 효율성을 증진하고, 결과를 개선해 정부의 투명성과 진실성을 추구할 수 있다. 정부의 모든 면면을 개선할 수 있다는 것은 대단히 중요한 의미를 지닌다. 여기에서 몇 가지는 저개발 국가에 특히 중요하다. 저개발 국가의 정부는 새로운 절차를 수립하면서, 오랜 기간 선진국에서 지속되어 온 안정적인 열린 정부 체제를 건너뛸 수 있다.

여기에서 블록체인을 적용할 수 있는 두 가지 분야를 살펴보자. 폭넓은 범위로 특정되는 이 두 가지 분야는 통합 정부와 공적 분야에의 사물 인터넷 활용이다.

통합 정부

에스토니아는 행정의 비효율성을 제거하고 주민들과 사업체에 통합된 서비스를 제공하고 있다. 전자 ID 카드를 모든 이에게 발부하고 X-road라고 알려진 블록체인 기반의 인터넷 백본*을 활용해 공적/사적 분야에서 다수의 프로그램과 데이터베이스를 연결하고 있다. 다른 국가들 또한 얼마든지 이러한 체계를 구축할 수 있다.

캐나다, 영국, 호주와 같은 국가들은 공공 정책을 기획하면서 중앙 집중식 인구 등록과 단일한 정부 ID의 개념을 배척했다. 이러한 결정은 개인의 프라이버시에 대한 우려와 국가의 간섭이 늘어나는 것을 꺼리는 생각에서 비롯되었다. 특히 신원을 등록하고 말소하는 문제에서 이러한 생각이 싹을 틔웠다.

하지만 에스토니아가 보여 주듯, 다양한 데이터베이스에 존재하는 공식 문서(여권, 출생증명서, 혼인증명서, 사망증명서, 운전면허증, 건강 기록 카드, 토지 소유권, 투표인 ID, 비즈니스 등록 서류, 세금 납부

• '기간망'이라고도 하며 전산망 속에서 근간이 되는 네트워크 부분을 연결시켜 주는 대규모 전송 회선.

증명서, 고용 번호, 학교 성적표 등)를 하나의 블록체인에 밀어 넣으면 블록체인 기반의 네트워크는 중앙 처리 장치를 거치지 않고서도 통합된 서비스를 제공할 수 있다. 이러한 모델은 프라이버시를 보호해 줄 뿐 아니라, 프라이버시를 확장해 주기도 한다. 사람들은 이 모델을 통해 자신에 대한 정보의 정확성을 확인하는 한편, 누가 정보에 접근하고 내용을 추가했는지 알 수 있기 때문이다(영구 정보 감사).

실제로 미래에는 각각의 시민들이 스스로 정부에 신원 정보를 맡기지 않고 자신의 신원 정보를 보유하는 것이 합리적이다. 제1장에서 설명한 것처럼, 네트워크와 대규모 협업으로 말미암아 정부가 화폐를 발행하고 은행을 통해 신뢰를 수립해야 할 필요가 없어졌다. 사람들은 정부가 발행한 ID 카드가 반드시 필요하지 않을 수도 있다. 암호화 보안 회사 와이즈키의 카를로스 모레이라는 이렇게 말했다. "요즘 사람들은 은행 카드, 마일리지 카드, 신용카드와 같은 ID 발급 권한을 갖춘 기관에 의지합니다. 하지만 이제 이러한 ID는 당신의 것이고, 당신의 ID를 세상과 소통하면서 생성된 데이터들은 다른 사람들의 것입니다."[19] 블록체인상에서 각 개인은 자신의 ID를 소유한다. 당신의 '개인 아바타'는 당신의 통제하에 어떤 정보를 누구에게 제공할지 결정할 수 있다. 또한 데이터를 통합할지 말지 결정할 수도 있다. 아무튼 거대한 정부 데이터베이스에 모든 것을 통합하지 않고, 당신이 소유하고 조종하는 가상의 당신에 의해 통합을 구현하는 것이다.

더욱 양호한 통합은 결혼과 같은 인생의 사건을 뒷받침할 수 있다. 블록체인 연구소를 창립한 멜라니 스원은 이렇게 설명했다. "블록체인은 구조적으로 보안 ID, 다수의 계약, 자산 관리를 한꺼번에 아우를 수 있습니다. 따라서 결혼과 같은 행사를 가장 이상적으로 진행할 수 있습니다. 공고한 미래를 함께하기 위해 예비부부들은 결혼 계약, 저축 계좌, 육아 도우미 계약, 토지 문서, 기타 문서 등으로 묶여 있기 때문입니다."[20] 일부는 블록체인이 정부의 규제나 개입에서 자유로운 공적 기록부가 될 수 있다고 제안했다. 세계 최초로 블록체인에 기록된 결혼식은 2014년 8월, 플로리다의 월트 디즈니 월드에서 열렸다. 스마트 혼전 계약서를 체결할 또 다른 사람은 없을까?

통합된 서비스를 넘어, 정부는 투명성과 신뢰성을 담보하는 서류를 등록하고 관리할 수 있다. 공직자가 공식 정부 기록을 발행하고, 검증하고, 갱신하고, 교체하는 데 소요되는 시간을 생각해 보라. P2P 네트워크 블록체인 기반의 등록 과정은 문서의 진실성을 보장할 뿐 아니라 셀프서비스와 개인용 맞춤형 서비스를 뒷받침할 수 있다. 여기에서 사람들은 등록부가 아닌 네트워크를 통해 문서를 검증할 수 있고, 누군가 공식 문서를 생성하면 이 문서에는 자동적으로 그와 관련된 정보 및 해당 정보에 대한 접근 권한이 포함된다. 또한 문서의 메타데이터를 추적해 누가 이 정보를 접근하고 활용했는지 추적할 수 있다.

예컨대, 영국 정부는 블록체인 기술을 활용해 수많은 기록을 유지할 방도를 모색하고 있다. 그들은 특히 기록의 진실성을 보장하는 데 많은 관심을 두고 있다. 영국 정부 디지털 서비스U.K. Government Digital Service의 기술 설계자에 따르면, 완벽한 등록의 전제 조건은 "데이터가 방해받지 않는다는 것을 입증하고", 과거의 모든 변동 내역을 저장할 수 있어야 하며, 여기에 더해 "독립적인 심사 대상이 될 수 있어야 한다."21

블록체인 기반의 시스템은 모든 종류의 문서 등록부에 효율성과 진실성을 불어넣을 수 있다. 서플라이 체인 관리와 사물 인터넷을 결합하면 원산지, 소유권, 보증서, 그 외 특별 정보를 전송하는 스마트 칩이 담긴 새로운 장비를 휴대할 수 있다. 정부 조달청은 물품을 추적할 수 있고 구매, 지불, 판매세 납부, 리스 갱신, 업그레이드 요청과 같은 모든 절차를 자동화할 수 있다. 자산 관리를 아주 간소하게 개선하는 셈이며, 이 과정에서 정부 수입을 늘리고 납세자 관리 비용을 저감할 수 있다.22

특히 흥미로운 것은, 서로 다른 블록체인을 연결한 국가적, 지역적 단위의 기회가 생겨나는 현실이다. 블록체인 네트워크들은 서로의 관할을 넘나들며 더 높은 효율성을 추구한다. 예컨대, 자동차 부서들은 국가와 지역의 경계를 넘어 운전자의 다양한 데이터베이스들을 이어내고, 운전자의 신원, 상태, 트랙 레코드를 확정하는 가상의 데이터베이스를 창조할 수 있다. 스원은 이렇게 말했다. 미국 의료 보건 시스템에서, "환자, 보험 회사, 의사와 정부의 예산 집행 부서가 모든 재무 기록을 단일한 원장에 모아 두고, 모든 사람이 모든 거래를 지켜볼 수 있다고 상상해 보십시오. 새로운 수준으로 고양된 효율성을 달성해야만 그에 걸맞은 투명성 또한 확보할 수 있습니다."23

공공 사물 인터넷

우리는 이미 사물 인터넷상의 대중교통을 살펴보았다. 정부 입장에서는 이를 통해 비교적 손쉽게 사물 인터넷을 구현할 수 있다. 빌딩, 작업장과 회의실, 대기 차량, 컴퓨터, 기타 장비에 대한 자산 관리 사이클을 블록체인 원장에 접근하는 스마트 디바이스에 기록할 수 있다.

비에어비앤비와 마찬가지로 정부 직원들은 수요와 공급을 수시로 맞추고, 자동화된 접근을 통해 보안 및 유지, 에너지에 소요되는 비용을 낮추며 교량, 열차, 터널의 안전 및 차량의 위치, 보수 상태, 적합한 도로를 추적할 수 있다.

공무원들은 인프라 관리, 에너지 관리, 쓰레기 처리, 용수 관리, 환경 모니터링, 에너지 서비스, 교육, 보건 분야에서 더욱 나은 결과를 얻을 수 있다. 이처럼 블록체인을 도입하면 효율성을 높일 수 있을 뿐 아니라 공중의 안전과 보건을 개선하고, 교통 정체를 해소하며 에너지 소비와 낭비(예컨대, 파이프 누수)를 저감할 수 있다. 다양한 혜택은 여기에 그치지 않는다.

인프라를 보호하기

민간 분야 및 기타 이해관계자들과 지능적으로 협력하면서, 에스토니아 정부는 공공 분야의 인프라를 구축해 더욱 큰 편의를 보장하는 한편, 정부와 은행, 대중교통, 기타 서비스에 대한 접근성을 개선할 수 있었다. 이 밖에도 에스토니아는 글로벌 경제에서 경쟁력을 확보해 외국인의 투자와 사업을 유치할 수 있었다.

정부는 이미 인근 관할지에 서비스를 제공하며(소방차와 구급차), 다른 관할지에 외주를 주고(데이터 처리), 다른 관할지를 대신해 서비스를 제공하며(중앙 정부 및 지방 정부를 대표해 연방 정부가 소득세를 처리한다), 서비스를 공유한다(오피스 건물을 공유한다).

에스토니아의 전자 주민등록e-Residence 서비스는 사업을 시작하기 위해(특히 온라인 사업) 공식 ID가 필요한 사람들에게 매우 유용하다. 이들은 전 세계 어느 곳에 있어도 무방하다. 에스토니아는 다른 국가들이 제공하지 않는 서비스를 외국인들에게 제공하고 있다. 사실 외국인들이 접근할 수 있는 서비스가 상당 부분 제한되어 있지만 전 과정이 전자화된 기타 정부 서비스에는 아무런 한계를 두고 있지 않다. 예컨대, 지역 주민들에게 무료로 개방하는 공공 도서관은 학자를 비롯한 전 세계인을 상대로 소정의 수수료만 받고 디지털 소장물을 개방하고 있다. 또 어떤 서비스를 이와 비슷하게 제공할 수 있을까? 특히 데이터 관리와 진실성이 중요한 기타 디지털 서비스들을 이렇게 제공할 수 있을까?

국경을 넘어 정부 서비스를 제공하려면 규제라는 장애물을 넘어서야 한다. 하지만 우리는 점점 더 글로벌화된 세상에서 살고 있으며, 극복해야 할 가장 어려운 문제들은 한 지역에만 국한되지 않는다. 글로벌 문제를 해결하려면 다른 이해관계자들과 협동해야 할 새로운 모델이 필요하다. 경계를 허무는 정책은 사물 인터넷처럼 블록체인 기술과 결합해 해결하기 힘든 심각한 문제들을 해결하는 것 이상의 일을 해낼 수 있다.

나 자신과 타인에게 봉사하는 권한을 누리다

블록체인 기반 네트워크를 활용하면 정부 서비스는 더욱 탄탄해지고 반응성이 높아진다. 셀프 서비스는 인허가 갱신에서부터 공문서 수령에 이르기까지 정부의 운영 방식을 개선할 수 있다. 시간을 아끼고, 부패 가능성이나 사람이 만든 장애물을 제거하고, 자가 훈련 모듈을 온라인으로 제공하고, 사회 보장 펀드를 적시에 시민들에게 제공하면서 정부는 시민들에게 권한을 부여할 수 있다.

앞으로 등장하게 될 새로운 모델은 사람들에게 공공 정책의 목표를 두고 협력할 수 있는 힘을 부여하고 있다. 블록체인을 통해 우리는 전체 예산을 관리해야 하는 정부의 수요와 이러한 예산의 일부를 좌우하고 형성할 수 있는 단체 사이에서 새롭고 적절한 균형점을 찾아야 한다. 일부 지역은 개인(다수의 정부 프로그램으로부터 혜택을 수령하는 사람들), 커뮤니티(이웃), 전체 시민에게 그들의 개인 예산을 좌우할 수 있는 권리를 부여하고 있다. 지금까지 이러한 예산을 관리하는 권한은 공무원이 갖고 있었다.

예컨대, 개인들에게 저마다의 기준(수입, 자산, 아이들의 숫자와 나이, 주거 형태, 교육 수준)에 따른 혜택을 명목으로 각종 정부 프로그램에 참여하라고 요구하기보다, 정부 플랫폼이 주축이 되어 개인의 신원, 저장된 정보, 개인의 생산과 소비 패턴을 바탕으로 예산을 개인화할 수 있다. 이러한 생산과 소비 패턴은 열악한 주거 환경, 교육 수준, 담배 구매율, 술 및 가공식품과 같은 위험 요소 또한 포함한다. 개인은 자신의 환경에 따라 목표를 달성하기 위해 어떤 자원을 활용할지 결정한다.

당신의 아이에게 새 겨울 코트가 필요하다고 청원하기보다, 스스로 이를 결정할 수 있다고 상상해 보라! 개인은 더 많은 권한과 책임을 지니게 된다. 우리는 커뮤니티(공원과 커뮤니티 센터와 같은 커뮤니티 중심 서비스와 관련된 예산의 일부)와 협업 행정(우선순위를 정하고 예비비를 집행함) 단계에서도 똑같은 과정을 구현할 수 있다.

일부 지역은 이미 가장 소외된 계층에게 권한을 부여하고 있다.[24] 블록체인은 이러한 추세에 기름을 부었고, 이를 통해 납세자들은 그들의 달러가 어디로 흘러가는지, 시민들이 이러한 자원을 어떻게 활용하는지, 프로그램이 원하던 결과(소득 증대, 교육 목적 달성, 주거 마련 등)를 얻고 있는지 알 수 있다. 이 플랫폼은 복잡할 뿐 아니라 시간을 잡아먹는 모니터링 및 보고 과정을 줄여 줄뿐더러, 아예 없애는 것도 가능하다. 대량의 데이터가 P2P 네트워크를 통해 추적되는 것에서 으스스한 오웰리언 사회를 느낄 수도 있을 것이다. 모든 데이터와 권한이 일부 중앙 기관과 이름 모를 관료의 손에 있는 것보다, 개인과 공동체 모두 검증되고 신뢰할 수 있는 정보에 바탕을 두고 행동할 수 있다. 이와 동시에 블록체인 원장은 공적 예산이 책임 있게 사용될 것을 보장할 수 있다. 우리는 지금까지 모순되는 것으로 보였던 두 가지 목표를 달성할 수 있다. 한 가지 목표는 더 많은 정보와 더 나은 맥락을 자랑하는 '큰 정부'이고, 다른 목표는 개인과 단체의 의사 결정 및 활동을 도와주는 '작은 정부'다. 큰 정부의 맥락 속에서 개인과 단체가 의사를 결정하고 활동할 수 있는 공간을 찾을 수 있다. 이를 위한 정보와 개선된 도구를 개인에게 제공하면서 작은 정부가 가능해진다.

공개된, 신뢰할 수 있는 데이터를 스트리밍하다

미국 디지털 상공 회의소Chamber of Digital Commerce를 창립한 페리언 보
링Perianne Boring 대표는 분산 원장이 정부를 더 나은 방향으로 유도할
수 있는 아이디어를 제시하고 있다. 그녀의 말에 따르면 "블록체인
덕분에 근본적인 투명성을 확보할 수 있다. 모든 사람에게 증명 가
능한 사실을 제공해 주기 때문이다. 그 누구라도 블록체인상에서 일
어난 거래를 열어 볼 수 있다."[25]

　정부는 사람들이 공익과 사익을 위해 활용할 수 있는 데이터를 손
쉽게 제공할 수 있다. 이는 이른바 정보 자유법과 다르다. 이 법에
따르면 시민들은 정부의 중요한 정보에 접근할 수 있다. 하지만 블
록체인상에서는 자산(실제 데이터)을 풀어 줄 수 있다. 정부는 수많
은 종류의 데이터를 가공하지 않은 원본 그대로 공개한다. 물론 방
문한 장소, 건강 정보, 환경 변화, 정부 자산, 에너지 활용, 정부 예
산과 소비, 지출 내역 등 개인의 신원을 알 수 있는 정보는 제거한
다. 시민, 회사, NGO, 학술 단체 등은 이러한 데이터를 분석한 다
음, 애플리케이션에 데이터를 집어넣고 매핑할 수 있다. 이 밖에도
소비자 지형 트렌드를 이해하고, 건강 패턴을 분석하며 버스가 제시
간에 도착하는지 알 수 있다.

　2015년 8월, 미국 정부는 16만 5천 건의 데이터 세트와 툴을 '열
린 정부 웹사이트'에 공개했다.[26] 정부가 보유한 데이터는 공적인 데
이터라는 미국 정부의 철학 덕분에, 이 웹사이트는 투명성의 개척자

로 발돋움할 수 있었다. 다른 정부들 또한 이러한 선례를 따르고 있다. 2015년 8월, 영국 정부는 2만 2천 건의 데이터 세트를 일반에 공개했다.[27]

P2P 네트워크를 통한 데이터 공개와 블록체인 체제는 더욱 높은 효율성, 통일성, 효용성, 신뢰성을 보장할 수 있다. 데이터를 공개하면 데이터의 정확성을 추구할 수 있다. 사람들은 데이터를 열어 보고, 오류를 발견해 표시하고, 변경되거나 부패했다는 사실을 증명할 수 있다.

블록체인 네트워크에 완벽한 데이터를 등록하면 네트워크는 데이터 세트에 추가 사항이나 변경 사항을 기록할 수 있고, 데이터를 방해하려는 시도를 차단할 수 있다. 중앙에서 활동하는 관리자가 필요 없다. 정부는 더욱 프로그래매틱한* 데이터를 공개해, 사람들과 분석가들로 하여금 이러한 프로그램과 프로그램이 미친 영향을 이해하도록 도와줄 수 있다.

공적 가치를 창출하기 위한 협업 체계

더욱 신뢰할 수 있는 정보를 만드는 것이 얼마나 긍정적인 경제적, 사회적 가치를 창출하는 데 이바지하는지, 개인과 공동체가 그들의 삶을 개선하는 데 얼마나 큰 힘을 얻을 수 있는지 살펴보았다. 블록체인 기반 P2P 네트워크 덕분에 우리의 책임을 어떻게 분산해 공적

* 데이터 분석 및 머신 러닝 등으로 사람들이 하던 일을 소프트웨어가 대신할 수 있는 새로운 IT 용어.

가치를 창출할 수 있을지 다시 한 번 생각해 볼 수 있다. 정부가 원본 데이터를 공개하면 다수의 네트워크는 하나의 플랫폼으로 탈바꿈하며, 기업, 시민 사회, 기타 정부 기관, 개인들은 이러한 플랫폼을 바탕으로 서로 협력해 서비스를 창출할 수 있다. 우리는 몇 년째 '성공을 위한 지불pay for success' 모델을 활용해 민간의 문제를 풀기 위한 비즈니스를 수행해 왔다. 예컨대, 미국 노동청은 범법자를 고용하고, 재범률을 줄이기 위한 정책을 개시했다. 또한 시카고 시는 학교 교육을 받지 못한 이들의 교육 수준을 높여 왔다.[28]

이 모델은 혁신을 장려하고 바람직한 결과의 성취를 독려한다. 단, 이러한 결과를 측정하고 성취할 수 있는 경우에만 자금을 내보내게 된다. 지속 가능한 에너지 계획 커뮤니티에 속한 소규모 비영리 그룹에 소액 결제를 완료한다면 어떤 효과가 있을지 생각해 보라. 정부 프로그램은 이러한 납부를 실제적인 소비 저하와 연관 지을 수 있다. 비영리 그룹은 복잡한 서류 작업에 의지하지 않고 스스로를 후원할 수 있다. 상환하기 위해 이러한 서류 작업을 거치지 않아도 무방하며, '성공을 위한 지불' 모델에 정부가 참여하는 것을 조건으로 자금 조달을 보장할 수도 있다.

스마트 소셜 계약을 정치적 평판에 활용하다

비트코인 네트워크가 블록체인 기술을 지불의 진실성을 보장하기 위해 활용하는 것처럼, 정부 네트워크는 거래, 기록, 중요한 결정의 진실성을 보장하기 위해 블록체인을 활용할 수 있다. 공직자들은 '장부 외' 결제나 이메일 기록, 결제 기록, 데이터베이스를 비롯한 기타 정부 기록을 숨길 수 없다. 펜스, 담장을 설치해 안전을 추구하는 것처럼, 블록체인은 내부의 간섭과 외부의 간섭을 모두 방어할 수 있다. 그 결과 '정직한 사람을 정직하게' 보존할 수 있다.[29]

투명성은 기관의 행동을 변화시키기 위한 핵심 가치다. 물론 이러한 가치와 행동을 정치인들에게 강요할 수는 없다. 하지만 그들의 역할과 책임을 규정하는 스마트 계약을 통해 의사 결정과 행동을 제한할 수 있고, 블록체인상에서 그들의 결정과 행동을 가늠하고 감시할 수 있다.

기억하라. 스마트 계약은 블록체인에 저장된 자율 집행 계약이다. 그 누구도 이를 통제할 수 없으므로 모든 사람이 이를 신뢰할 수 있다. 정당에서 스마트 계약을 활용한다면, 정당의 인프라를 이용해 토론과 선거 운동을 진행하는 예비 후보자는 대통령 선거에 무소속으로 출마하지 못할 수 있다. 우리는 스마트 계약을 다양한 정부 활동(서플라이 체인, 외부 법률 서비스, 성공을 위한 지불 계약) 및 정부와 선출직 공무원들이 담당하는 더욱 복잡한 역할에 적용할 수 있다. 우리는 선출직 공무원들이 어떤 노력을 하고 있는지, 그들의 노력이 어떤 결실을 맺었는지 P2P 네트워크를 통해 예측할 수 있다. 감시 기관들은 이미 웹상의 공식/비공식 피어 네트워크를 통해 이러한 작업을 수행하고 있다.

이러한 접근 방식이 우리가 정치 지도자들에게 기대하는 모든 것에 적용될 수는 없지만, 온갖 종류의 약속과 활동에 활용할 수 있는 것은 사실이다. 최종 결과를 측정하는 것은 만만한 일이 아니다(예컨대, 소비한 돈의 결과를 측정하는 것). 하지만 시간이 지날수록 우리는 지표에 입각한 경험과 전문 지식을 수립해 시류보다는 사실을 바탕으로 평가를 수행하게 될 것이다. 이는 그림의 떡이 아니다. 2016년 런던 시장 선거에서 한 후보자는 블록체인을 활용해 당선인의 공무에 대한 책임을 묻자고 주장했다.[30]

규제 당국은 블록체인 절차를 검증 가능한 수단으로 활용할 수 있다. 규제 대상 산업이 약속을 이행하고 있는지 실시간으로 추적하고, 자발적 약정(예컨대, 지속 가능한 에너지에 투자한다는 약정)이나 규제 항목(예컨대, 적시 배달, 안전 기준)을 준수하는지 점검할 수 있다. 핵심 수행 지표 및 그에 따른 결과를 공개된 웹사이트에서 발표하는 사례가 점점 늘어나고 있는 것이 사실이다. 하지만 블록체인은 이러한 절차를 자동화할 수 있고, 측정 가능한 결과에 적용하는 경우 더욱 정확한 측정을 보장할 수 있다.

이러한 절차에 따라 생성된 데이터는 누군가가 진실되게 행동하는지를 지속적으로 감시해 준다. 그가 회의에 모습을 드러냈는가? 그는 어떻게 투표했는가? 그는 이러이러한 일을 통해 자신의 공약을 이행했는가? 누가 그의 선거 운동에 기부했는가? 누가 그의 스마트 계약 내용을 위반했는가? 선출직 공무원들과 규제 대상자들은 약속을 준수해야 하고 왜 약속을 지키지 못했는지 설명해야 한다. 블록체인은 유권자들을 상대로 자신들의 요구가 합리적이고 정당했는지, 무리한 요구가 아니었는지 알려 줄 수 있다. 유권자들은 더 많은 혜택을 요구하면서도 세금을 늘리는 것은 싫어하며, 공장을 더 지어달라고 요구하면서도 그들의 뒷마당에 짓는 것은 싫어하고, 상품의 가격을 낮춰 달라고 요구하면서 임금을 낮추는 것은 싫어한다. 공개된 데이터는 트레이드오프• 효과를 이해할 수 있는 좋은 수단으로 작용하며, 모든 참여자의 책임을 드높일 수 있다.

제2세대 민주주의

대의 민주주의는 복잡할뿐더러 전 세계적으로 다양한 형태를 띠고 있다. 하지만 한 가지 사실만은 그대로다. 시민들이 수동성을 띤다는 사실이다. 지금까지 민주주의에 대한 토론은 블록체인 기술이 공정하고, 안전하고, 편리한 투표 환경을 어떻게 보장해 줄 수 있는지에 초점을 맞춰 왔다. 참정권을 늘릴 수 있는 상당한 기회인 것은 분명하다. 블록체인에 바탕을 둔 온라인 투표는 시민들의 의사를 수시로 보여 줄 수 있다. 하지만 대의 민주주의를 대체하는 것은 위험한 일이다. "투표에 붙인 발의안은 보통 크고 복잡한 이슈를 정제한 내용일 뿐이다. 이러한 발의안은 오랜 기간 마찰, 대립, 타협을 거치고 나서 도출한 결과다. 발의안을 이해하고 적절히 투표하려면, 시민들은 어떤 방식으로든 정제 과정에 참여하는 것이 필요하다." 돈이 『디지털 이코노미The Digital Economy』에서 분석한 내용이다. 돈이 이러한 분석을 발표한 지는 20년도 넘었다.[31] 하지만 우리가 새로운 모델의 윤곽을 이해한다면, 블록체인 기술이 단순한 투표를 넘어 어떤

• 두 개의 정책 목표 가운데 한 가지 목표를 달성할 경우, 남은 다른 목표의 달성이 늦어지거나 희생되는 경우를 말함.

도움을 줄 수 있는지 알 수 있다.

기술과 민주주의: 행복하지 않은 이야기

기술은 민주주의에 어떤 영향을 미칠까? 놀랍게도, 기껏해야 긍정과 부정이 섞인 이야기를 들려줄 수 있을 뿐이다. 텔레비전은 민주적인 토론을 퇴화시키고, 앨 고어Al Gore가 말한 "아이디어의 시장"32을 한 방향 대화로 바꿔 버렸다. 케이블 텔레비전 뉴스 또한 이와 마찬가지로 유해하다. 출연자는 아이디어를 토론하기보다는 상대방을 공격해야 평판이 올라간다. 당신은 양극단에 선 사람들의 어이없는 논쟁을 지켜봐야 한다. 영화 「네트워크Network」에서 뉴스 앵커 하워드 빌Howard Beale은 시청률에만 연연한 뉴스를 반복해야 하는 자신의 처지를 두고 이렇게 소리 질렀다. "너무 화가 나서 더 이상은 못 참겠어요!"

지금까지 인터넷은 민주주의의 현실을 개선하지 못했다. 설사 있다 하더라도, 국가 보안이라는 명목하에 프라이버시를 침해하고 감시가 강화되는 현실에서, 민주적 정부 또한 권위주의 체제와 마찬가지로 행동하고 있다. 우리는 세 가지 특별한 문제에 도전해야 한다.

1. 공적인 담론을 파편화하라

앨 고어는 디지털 시대가 우리의 기초 제도를 갉아먹는 부정의 조류를 뒤바꾸기 바랐다. "활발하고 접근 가능한 시장을 재건할 가장 큰 희망의 원천은 인터넷입니다."33 이는 혼자만의 주장이 아니었다. 우리는 오랜 기간 다음과 같은 주장을 펼쳤다. 웹의 활용도와 연결성이 개선되고 리소스가 늘어나면서, 사실적 정보에 대한 접근성이 늘어나고 공적인 담론의 품질을 개선할 수 있다.

하지만 그 반대 현상 또한 일어나고 있다. 관점의 분산과 새로운 수단의 개척이다. 이는 집단을 형성한 이데올로그*들이 준비한 것이다. 오늘날 콘텐츠가 더욱 분산되어 생성되고, 정보의 원천과 의견이 다양해지면서 그 누구라도 일정한 견해를 표명하고, 비슷한 생각을 지닌 대중의 관심을 끌 수 있다. 규모는 작을지 몰라도 열성적으로 활동할 수 있다.

이념적으로 치우친 단체들은 새로운 통신과 데이터 분석 툴을 활용해 사회적, 정치적 담론을 앗아 갈 수 있다. 자유주의자, 보수주의자 모두 이러한 툴을 활용해 합의는 고사하고 타협마저 해칠 수 있는 에코 체임버echo chamber**를 형성하고 있다.

2. 월드 와이드 웹상에서 무지의 수준이 확대되다

사람들이 인터넷상에서 사람과 개를 구분하지 못하는 것처럼, 인터넷상에서 진실과 거짓을 항상 구분하기는 어렵다. 음모론자들은 증거에 반하는 견해를 매일, 매 시간마다 퍼뜨린다.[34] 말레이시아 항공 MH370의 충돌과 관련한 음모론이 횡행했다. 최근에는 미국인 열 명 가운데 세 명은 태초부터 인류가 존재했다고 믿고 있다.[35] 탄

---

* 특정한 계급적 입장이나 당파에서 대표적인 이론 지도자를 가리키는 말.
** 진보적인 사람은 그런 성향의 책과 매체만 접하고, 보수적인 사람 역시 보수적인 책과 매체만 골라 보는 현상.

소 배출이 지구를 위협하고 있다는 압도적인 증거에도, 단기적인 이 해관계에 혈안이 된 자들은 아주 영리하게 과학을 폄하하며, 액션 플랜은 물론이고 지성적인 토론을 애초에 봉쇄한다. 무지와 부정론 을 확대하기 위해 웹을 전용하는 사람들이 과학자와 합리주의자들 을 압도하고 있다. 이란과 북한 같은 전체주의 국가들은 인터넷 검 열을 확대해 사적 도구로 활용하면서, 웹은 이데올로기로 합리주의 를 제압하기 위한 강력한 도구로 전락하고 있다.

3. 정책과 실행이 복잡해지다

디지털 시대 이전에는, 정책을 입안하고 실행하는 것이 그다지 복 잡하지 않았다. 정책 전문가들과 대통령의 자문책들은 이슈에 대해 강력한 지휘가 가능했다. 오늘날 그들은 해결책을 찾거나 국민들에 게 설명하는 것은 고사하고, 문제를 제때 규정하는 것조차 버거워한 다. 설상가상으로 오바마 대통령은 2010년 쉬운 글쓰기 법Plain Writing Act에 서명해 연방 기관들이 공중이 이해할 수 있는 용어를 사용하도 록 공표했다.[36]

오늘날에는 예측하지 못한 다양한 이슈들이 선거 사이사이에 등 장한다. 그 어떤 정부도 모든 관련 이슈에 투표자의 명을 받아 특정 한 행동을 취할 수는 없다. 나아가, 정부는 다양한 이슈에 대한 내부 정책 전문가를 충분히 갖추고 있지 못하다. 따라서 정부가 국민의 생각을 알기 위해 국민 투표에 붙인다 해도, 투표 절차는 시민들이 집합적으로 제공할 수 있는 지혜와 통찰에 다가서지 못한다.

블록체인에 민주주의를 심다

이 모든 문제는 공적 담론과 시민의 참여를 강조하는 새로운 민주주의 모델을 제시하고 있다. 풀뿌리 민주주의를 이른바 직접 민주주의의 관념과 혼동해서는 곤란하다. 직접 민주주의를 가정한다면, 모든 사람이 저녁 뉴스를 시청하고 모바일 기기나 쌍방향 텔레비전을 통해 공적 현안에 대해 일일이 투표를 해야 한다. 시민들은 시간도 없고, 관심도 없고, 모든 이슈를 속속들이 알 수 있는 전문 지식 또한 없다. 우리는 모든 견해를 원하는 것이 아니라, 합리적인 견해가 필요하다. 우리는 문제를 토론하고, 다듬고, 결정하는 입법 기관이 필요하다.

하지만 더욱 협력적인 민주주의 모델은(채굴 기능과 같이 참여 행위에 보상을 안겨 주는 모델) 시민의 참여를 격려하고, 이슈에 대한 내용을 배울 수 있다. 이와 동시에, 국가가 집합적으로 제공할 수 있는 날카로운 추론을 활용해 공공 분야를 활성화할 수 있다. 우리는 사람들이 민주적 절차에 따라 활동하는 문화, 대표자의 권력 남용에 좌우되지 않는 문화를 창조할 수 있을까?

왜 지금껏 이러한 문화를 창조하지 못했을까? 주된 문제는 기술적 문제가 아니다. 정치색에 상관없이 대부분의 정치인은 시민의 참여를 통해 법치의 위기를 해결하기보다, 선거에서 이기는 데만 혈안이 된 것 같다.

기초에서부터 시작해 보자. 대의 민주주의의 가장 근본적인 절차는 선거다. 민주주의 국가는 선거권을 모든 국민의 권리로 보장한다(벨기에와 같은 일부 국가에서는 투표가 국민의 의무를 구성한다). 하지만 전 세계적으로 선거 절차는 매우 심하게 뒤틀려 있다. 부패한 공무원들이 투표를 방해하거나, 아예 대놓고 결과를 조작한다. 투표는 접근 차단에서부터 뇌물과 겁박에 이르기까지, 모든 수단을 활용해 억압될 수 있다. 선거를 조작하기란 쉬운 일이 아니나, 거의 모든 지역에서 이루어지고 있는 것이 현실이다. 그렇다면 블록체인 기술은 투표 절차를 개선할 수 있을까?

기술적 진보에도 불구하고, 투표 방식은 수백 년간 거의 변한 것이 없다. 세계 대부분의 지역에서는, 투표소에 찾아가 신분을 확인하고, 투표 용지에 마킹을 한 다음 투표함에 넣고 수작업 개표를 기다린다.

전자 투표는 전자 시스템의 도움으로 투표를 진행한다는 것을 의미한다. 여러 가지 사례에서 전자 투표는 수기 투표만큼이나 신뢰성이 떨어지는 것으로 드러났다. 오늘날의 전자 투표는 세 가지 문제에 시달린다. 소프트웨어와 하드웨어에 대한 공격, 코딩 실수 및 버그, 사람이 저지르는 실수가 그 세 가지다. 2004년, 노스캐롤라이나주의 총선에서 사용한 개표기는 겨우 3천 건의 투표 용지만을 담을 수 있었다. 2,287표 차로 결과가 갈린 선거에서 무려 4,438표가 분실된 것으로 드러났다.[37]

블록체인 투표

블록체인상에서 어떻게 투표가 가능할까? 선거관리위원회가 각 후보자나 안건에 대해 디지털 '월렛'을 만들고 승인된 선거권자들은 한 자리에 토큰이나 코인 하나씩을 할당받는다. 시민들은 각자의 개인 아바타를 통해 '코인'을 선택한 후보자의 월렛에 송부하는 방식으로 익명 투표가 가능하다. 블록체인은 이러한 거래를 기록하고 확정한다. 가장 많은 코인을 받는 후보자가 승리하게 된다.

일부는 전 과정에서 감사가 가능한 투표 시스템을 활용해 신뢰성 문제를 해결하려 했다. 투표는 키오스크•를 통해 이루어지며, 이러한 키오스크는 암호화 인증을 거친 투표 용지를 생성하면서도 개표는 전자적 방법으로 수행할 수 있다.

커미트코인CommitCoin은 메시지가 일정한 일자에 송부되었는지 증명하는 암호화 작업 증명 시스템을 활용한다. 이를 개발한 제러미 클라크Jeremy Clark와 알렉스 에식스Aleks Essex는 이 시스템을 활용하면 사건이 발생하기 전에 선거 데이터의 진실성을 증명할 수 있다고 말한다. 이는 '방사성 탄소 연대 측정법 약정'을 구현할 수 있는 수단이며, 사기와 오류에 대응할 수 있는 기준치를 제공한다.[38]

종단 간 전자 투표 시스템

시민들은 항상 개선에 앞장서고 있다. 2015년, 아테네 국립 카포디스트리안대학에서는 논문을 발표해 데모스DEMOS라 불리는 시스템을

• 터치스크린과 사운드, 그래픽 등 첨단 멀티미디어 기기를 활용하여 음성 서비스, 동영상 등을 구현해 이용자에게 효율적인 정보를 제공하는 무인 종합 정보 안내 시스템을 말함.

소개했다. 데모스란 새로운 종단 간 전자 투표 시스템으로, 설정 값이나 '무작위 비콘randomness beacon'에의 접근에 의지하지 않아도 표준 모델을 통해 검증할 수 있다.[39] 데모스는 블록체인과 같은 분산 공개 원장을 사용해 세상 어디에서도 투표할 수 있는 디지털 투표함을 창출한다.

종단 간 피검증 선거는 결과를 오도하려는 선거관리위원회를 감시할 수 있다. 투표자들은 영수증과 교환해 투표권을 행사한다. 영수증은 (1)그들의 투표가 의도한 대로 행사되었는지, (2)투표권을 행사한 대로 기록했는지, (3)기록한 대로 집계했는지 증명해 준다. 외부의 제삼자는 선거 결과를 검증할 수 있다. 하지만 여전히 투표자들은 설정 값을 받아들이고, 선거 결과를 믿는 수밖에 없다.

여기에서 데모스를 활용하면, 투표 시스템은 일련의 숫자를 임의로 생성한다.[40] 투표자들은 두 벌의 숫자 또는 키를 받는다. 하나는 그들 자신에게, 하나는 후보자에게 대응한다. 암호화된 투표권을 행사하면, 행사 내역이 다수의 서버로 송출된다. 결과는 선거와 관련된 모든 정보를 표시하는 게시판에 공개된다.

중립 투표 블록

호주에서는 중립 투표 블록Neutral Voting Bloc, NVB이라 불리는 기관이 블록체인에서의 투표를 활용해 민주주의를 완전히 다른 방식으로 개혁하고 있다. 그들은 정부에 대해 독특한 접근 방식을 취하고 있으며, 앞으로의 전망은 긍정적이다. "정치를 바로잡을 수 있는 최선의 방법은 스스로 참여하는 것이라 생각합니다."[41]

중립 투표 블록을 창립한 맥스 카예Max Kaye는 중립 투표 블록을 하나의 '정치 애플리케이션'으로 묘사한다. 관심 있는 시민들은 블록체인상에서 '투표'를 실시해 정책 이슈에 대한 그들의 견해를 등록할 수 있다. 시한이 종료되면, 선출직 공무원들은 최종 집계를 참조해 정부 현안을 결정할 수 있다. 맥스 카예는 왜 블록체인을 활용하느냐는 질문에 이렇게 대답했다. "우리는 다양한 정당을 활성화하는 것이 목표입니다. 진실성을 유지하려면, 각 정당은 투표 기록과 각 투표권 행사 내역을 독립적으로 검증할 수 있어야 합니다." 나아가, 카예는 검열이 불가능한 자산과 불변성이라는 특성을 제시한다. 그는 이렇게 말했다. "내가 아는 한, 지구상에서 유일하게 이것을 할 수 있는 전자적 구조는 비트코인 네트워크입니다(다른 블록체인들도 있지만, 해시 비율이 너무 낮아 불변성이 흔들리기 때문이다)."[42]

투표자를 보호하기

투표자를 겁박하다 보면 폭력으로 비화될 수 있다. 짐바브웨에서는 로버트 무가베Robert Mugabe에 반대하는 정당이 군부의 살해 위협을 받고 나서 선거를 포기했다. 어쨌든 선거는 이루어졌고, 무가베가 승리했다. 기술이 진보하면 늘 이를 자신의 이익을 위해 이용하려는 사람들이 등장하지만, 블록체인 기술이 아시아 등에서의 부패를 뿌리 뽑을 수 있다고 말하는 사람들이 나타나고 있다.

2014년 7월의 대통령 선거는 인도네시아 역사상 가장 치열했던 대통령 선거로 기억된다. 700명의 해커로 구성된 익명의 단체가 카월 페밀루Kawal Pemilu(투표 내역을 사수하라)라는 조직을 만들었다. 이들의 목표는 각 투표소마다 투표자들이 결과를 검증할 수 있도록 온라인에서 선거 결과를 집계하는 것이었다. 분권화, 투명성, 개인의 익명성 원리가 조합해 악의적인 사이버 공격을 떨쳐 내고, 더욱 공정한 선거를 보장할 수 있다.[43]

"부패한 정부들이 스스로 정직함을 유지하고 싶어 할까요?"[44] 코인핍CoinPIP의 CEO 앤슨 지올Anson Zeall이 던지는 질문이다. 코인핍의 전문 분야는 블록체인을 활용해 신용화폐를 국제적으로 전송하는 기술이다. 그는 모든 사람이 투표 절차의 개선 사항을 포용할 수 있는지, 정치인들이 정말로 공정한 선거를 원하는지 회의적인 입장을 지니고 있다. 어떤 사람들에게는 전자 투표가 조급하고도 불필요한 발전으로 비칠 수 있다. 우리는 이러한 이슈들이 설계가 아닌 실행의 영역에 속해 있다고 주장한다.

선거 체제와 정치 체계를 다시 설계하면, 민주적 선거에서 투표와 관련한 더욱 근본적인 이슈에 영향을 미칠 수 있다. 투표자 ID 조작을 다른 부정·부패적 요소와 비교해 보라. 2014년 미국에서 투표자 ID 조작 사례를 광범위하게 조사한 결과 31건의 사례를 발견했다. 이는 2000년 이후 지방 선거, 주 선거, 연방 선거에서 있었던 기소 사례와 상당한 혐의를 받은 사례를 집계한 수치다.[45] 이 기간에, 총선거와 예비선거에서만 10억 건 이상의 투표권이 행사되었다.

가장 엄격한 ID 관련 법률을 지닌 네 주에서, 3천 건 이상의 투표가 ID 미비로 거절되었다.[46] 더욱 큰 문제는, 아예 투표에 관심 없는 사람들이 포함되지 않았다는 부분이다. 미국의 민주주의는 전 세계의 표본이지만, 정작 대부분의 미국인은 투표장에 나가지 않는다.

그들은 "정치인들이 해 줄 수 있는 것은 아무것도 없어", "정치는 썩어 빠졌어", "투표해 봤자 달라지는 건 없어"와 같은 이유를 댄다.47 우리는 블록체인 기술이 이러한 문제들을 더욱 혁신적으로 해소할 수 있다고 기대한다. 시간을 두고 개발한다면, 블록체인 기술은 전자 투표와 선거 제도를 투표자들의 손에 안겨 민주적 선거로 전환시킬 동력으로 자리 잡을 수 있다.

정치와 정의의 대안 모델

블록체인이 더욱 효율적이고 국민에게 밀착된 정부를 구현하고, 새로운 투표 절차를 통해 민주주의 행사 방식을 개선할 수 있다면, 새로운 정치 프로세스를 촉진하는 것 또한 가능할까?

차세대 정부를 지지하는 사람들에게, 선거 개혁의 최종 목표는 '유동적 민주주의' 시스템을 개선하는 것이다. 아고라 보팅Agora Voting의 최고 기술 책임자인 에두아르도 로블스 엘비라Eduardo Robles Elvira 또한 이러한 생각을 지지하고 있다. 그는 고대 아테네에서의 직접 민주주의와 유권자들에게 별다른 것을 요구하지 않는 오늘날의 대의 민주주의 가운데 가장 좋은 점만을 골라 결합한 형태가 유동적 민주주의라고 설명한다. 위임적 민주주의delegative democracy라고도 불리는 유동적 민주주의에서는 시민들이 민주적 경험을 극도로 개인화하고, 정형화하는 것이 가능하다. 로블스 엘비라의 말에 따르면 유동적 민주주의에서는 "국민 개개인이 그 어느 때라도 참여 수준을 결정할 수 있다".[48] 국민의 참여는 언제든 환영받으나, 국가가 굴러가는 데 항상 필요한 것은 아니다.

투표자들은 투표권을 현안에 따라 다수의 대표자들에게 위임할 수 있다.[49] 국민 투표는 종종 시행될 수 있고 현안에 따라 분류해 시행하는 것도 가능하므로, 일정한 이슈에 대한 투표권을 행사하기 위해 어떤 대리인을 사용할지 기준을 제시해 주기도 한다. 이로써 투표자들이 다양한 전문가와 조력자들을 대리인으로 선택하는 시스템이 등장할 수 있다. 이러한 이데올로기 저변에는 그 누구도 모든 질문에 완벽한 정답을 줄 수 없다는 믿음이 깔려 있다. 대의 민주주의에서는 이러한 교훈이 거꾸로 간주되거나, 무시되기 마련이다.

로블스 엘비라는 정부와 협력해 "디도스 공격을 효과적으로 막을 수 있는 고도로 분산된, 독특한 사건 로그를 구축하고 있다". 이는 블록체인 기술 덕분에 가능한 일이다. 그는 이렇게 말했다. "안전하고, 분산된 시스템을 개발하기란 매우 어렵습니다. 하지만 블록체인 덕분에 이러한 작업이 가능합니다. (…) 분산되어서 가능하다기보다는, 안전한 방법으로 분산되기에 가능한 일입니다. 이는 아주 중요한 핵심이며, 아주 다양한 분야에 응용할 수 있습니다. 전자 투표는 다양한 분야 가운데 한 가지 사례에 불과할 따름입니다." 검증과 감독이 가능한 투명한 전자 투표를 수행하려면 기술적 인프라가 필요하다. 그의 회사 아고라 보팅은 이러한 기술적 인프라를 제공한다. "최고로 뛰어난 암호 기술을 갖춘다면, 인간이 보안 사슬에서 가장 연약한 고리가 될 수밖에 없습니다."[50]

스페인의 급진 좌파당 포데모스Podemos('우리는 할 수 있다'로 번역

된다)는 예비 선거에서 아고라 보팅을 활용하고 있다. 정당이 참여 민주주의에 헌신하고자 노력하면서 투명성을 확보하려는 노력이 가시화되고, 스페인을 비롯한 그 어디에서라도 분산 기술을 지탱하려는 이념적 변화를 초래했다.

로블스 엘비라는 어느 정도의 한계 또한 직시하고 있다. 사용자는 보안성과 익명성을 극대화하기 위해 모든 블록체인에 접근할 수 있어야 한다. 아주 엄청난 크기의 파일에 접근해야 하지만, 워낙 사이즈가 크다 보니 접근이 쉽지 않고(특히 모바일에서) 사용자 친화적인 환경과는 거리가 멀다. 하지만 기술은 항상 진화를 거듭하고 설계 또한 개선되고 있다. 로블스 엘비라는 이렇게 말했다. "우리는 지금 전자 투표의 초창기를 경험하고 있습니다."[51] 기술은 유연한 속성을 띠며, 이 기술을 아직 최적으로 활용하지 못하고 있는 것만은 분명하다.

분쟁의 해결

일부 법적 분쟁은 법원 밖에서 해결해야 최선의 해결책을 찾을 수도 있다. 앞서 살핀 바처럼, 스마트 계약은 상업적 분쟁을 탈 중앙 집중적이고, 독립적이고, 자율적인 판정으로 해결할 수 있다. 스마트 계약은 정의 또는 공정이란 개념에 무관심하며, 서로 충돌하는 사실을 조율하기가 불가능하다. 블록체인은 분쟁의 해결에 어떤 역할을 담당할 수 있을까? 검증 가능한 증거를 기록하는 수단에 그치지 않고, P2P로 분쟁을 해결하는 플랫폼이 될 수 있다. 이 모델에서는 수백, 수천의 피어들로 구성된 법정이 효과적으로 사안을 계량할 수 있다.

엠파워드 로Empowered Law의 파멜라 모건Pamela Morgan이 말한 '크라우드소스 정의'가 구현되는 것이다.52

무작위 샘플 선거

블록체인 스타일의 거버넌스에 따라 가능해진 또 하나의 민주주의 모델은 무작위 샘플 선거다. 무작위로 선택된 투표자들은 메일로 투표지 및 후보자의 정보와 관련 정당의 정강이 공개된 웹사이트 주소를 받아 본다. 하지만 무작위로 선택된 투표자들뿐 아니라, 그 누구라도 투표지를 달라고 요청할 수 있다. 요청에 따라 교부된 투표지는 투표지의 집계에 산입되지 않는다. 또한 투표지를 요청한 투표자들만이 요청에 따라 교부한 투표지인지, 무작위로 선택된 투표자들에게 교부한 투표지인지를 구별할 수 있고 무작위로 선택된 투표자들은 이러한 사실을 구별하지 못한다. 투표지를 사는 매수인이 존재하나, 매수인들 또한 이러한 사실을 구분하지 못하는 것은 마찬가지다. 그 결과, 요청에 따라 교부된 투표지가 투표지 집계에 산입되는 투표지에 비해 팔릴 가능성이 높다는 인식을 공유하게 된다. 따라서 특정한 결과를 강요하기 위한 비용은 감당하기 불가능할 정도로 치솟는다. 이러한 아이디어를 고안한 데이비드 샤움은 무작위 샘플 투표가 오늘날의 선거가 달성할 수 있는 결과보다 더욱 대표성이 뚜렷하고 신뢰할 수 있는 결과를 도출할 수 있다고 말했다.53

예측 시장

오거라는 회사는 미래 사건을 두고 작은 내기를 건 내역들을 취합해 강력한 예측 모델로 통합하고 있다. 이 회사는 이러한 과정에서 블록체인을 활용하며, 이를 제대로만 응용한다면 협력적 민주주의를 창조할 수 있다. 정부는 예측 시장을 활용해 시민들이 미래의 시나리오를 더욱 잘 이해할 수 있도록 도와줄 수 있고, 정부도 더 나은 정책을 결정할 수 있다.

이더리움의 비탈리크 부테린은 퓨타치futarchy라 불리는 대안적 정치 인생 모델을 논의하고 있다.[54] 경제학자 로빈 핸슨Robin Hanson이 고안한 이 개념은 "가치를 위해 투표하되, 신념에 베팅하라"라는 말로 요약될 수 있다. 시민들은 민주적 대표자들을 두 가지 단계로 나눠 선출한다. 우선, 국가의 목표(문맹 해결이나 실업률 저하)를 결정하기 위한 계량 지표를 설정한다. 그다음으로는, 예측 시장을 활용해 정해진 계량 지표를 최적화하기 위한 정부 정책을 선택할 수 있다.

오거의 방식을 예측에 활용한다면 시민들의 작은 선택이 국가 정책을 논의하는 데 이바지할 수 있고, 궁극적으로는 시민들이 만드는 민주주의의 미래를 결정할 수 있다.

블록체인 법정

블록체인은 사법 체계를 바꿀 수 있다. 블록체인상에서 투명성, 크라우드소싱, 온라인 시민 참여의 개념을 결합한다면 고대 아테네에서의 직접 민주주의 개념을 21세기에 도입할 수도 있다.[55] 크라우드저어리CrowdJury [56]는 몇 가지 사법 절차를 온라인에 도입하고, 크라우드소싱과 블록체인을 병용하면서 사법 체계를 뒤바꾸려 시도하고 있다. 여기에서는 기소 절차나 불만 사항을 접수하고, 증거를 심사하고, 온라인 재판장이 주재하는 온라인 공개 재판에 시민을 세우고, 판결을 선고한다. 투명하고도 빠른 크라우드소스 기반의 절차, 크라우드소스 기반의 분석, 크라우드소스 기반의 의사 결정을 생각해 보라. 당신은 더욱 짧은 시간에 대단히 절약된 비용으로 정확한 결과를 얻을 수 있다.

이 과정[57]은 혐의자나 범죄 내역(뇌물 수수 혐의를 받고 있는 공무원)을 온라인으로 보고하고, 증인을 섭외해 증거를 제공하고, 다수의 소스로부터 정보를 취합하는 것에서부터 시작한다. 모든 증거와 이의 내역은 블록체인을 통해 암호화되어 저장되며, 변조하지 않고 기록을 유지할 수 있다.

소송이 제기되면, 자체적으로 선택한 비교적 적은 수(9~12명)의 지원자들이 사실을 분석한다. 이들은 선발되기 위해 전문 지식을 갖춰야 하며, 사실 분석에 더해 재판에 회부할 실익이 있는지 결정한다. 재판에서는 두 가지 경로가 존재할 수 있다. 우선, '범법자'로 지정된 자는 유죄를 인정하고 벌을 자청할 수 있다(재판부는 이를 수락하거나 거부할 수 있다). 또는 이의 제기가 대규모 판정단을 갖춘 온라인 재판에 접수될 수 있다. 아테네에서와 마찬가지로, 30세 이상의 시민은 누구나 일정한 기간(하지만 특정한 사건을 대상으로 할 수 없다)에 재판을 구할 수 있고, 그 누구라도 판정단 후보로 지원해 임의로 선발될 수 있다. 이는 마치 기원전 4세기에 아테네의 판정단이 클레로테리온Kleroterion•에 따라 선정된 것과 마찬가지다.[58] 그 결과,

---

• 아테네에서 제비뽑기를 할 때 쓰였던 비석을 말함.

특정한 사건에 판정단을 할당하는 데 아무런 편견이 개입되지 않는다. 모든 재판과 증거는 공개 재판과 마찬가지로 온라인에서 공지된다. 그 누구라도 '참여'할 수 있고, 피고에 대한 질문을 던질 수 있다. 하지만 판정단만이 온라인 투표를 통해 판정에 관여할 수 있다.

사소한 분쟁을 판정하거나, 소셜 네트워크와 같이 국경을 넘어선 글로벌 공동체 속에서의 분쟁을 어떻게 해결하는지 살펴보자. 최근 영국의 민사 법정 위원회Civil Justice Council는 전 세계의 온라인 모델을 주목하며 온라인에서의 분쟁 해결을 추천했다.[59] 대부분의 초기 모델은 온라인 절차의 일부 단계에서 판사나 전문 중재인을 활용하는 데 그쳤다. 한편, 다양한 온라인 참여자에 의지해 명예 훼손성 피드백(이베이의 네덜란드 자회사인 네덜란드 시장 피드백 독립 검토 기구Netherlands Marktplaats' Independent Feedback Review)이나 온라인 게임에서 상대방을 속이는 등의 부적절한 행위(온라인 슈팅 게임 오버워치Overwatch에서는 공동체 구성원이 파괴적 행위에 대한 보고서를 검토하고 일시적인 금지 처분을 신청할 수 있다)를 찾아내 진술할 수 있다.[60]

이는 군중 재판과는 거리가 멀고, '다수의 지혜'를 이용해 더 많은 사법 절차에서 더욱 바람직한 결과를 도출할 수 있다.

시민들과 탄소 배출권

과학을 믿는 대부분의 사람은 인류의 탄소 배출이 지구 온난화 현상을 일으킨다고 생각한다. 이러한 기후 변화는 인간을 비롯한 지구에 살고 있는 생명체를 위험에 빠뜨리고 있다. 탄소를 저감하기 위해 노력하는 정부, 기업, NGO 들은 이른바 탄소 배출권 거래가 탄소 배출을 줄이는 데 환경적으로 주효할뿐더러, 경제적으로도 합리적인 방안이라고 대략 동의한다.

한 가지 정책은 '배출권 거래'다. 규제 당국은 '배출 가능한 총량' 또는 탄소 배출에 대한 한계를 설정한 다음, 대기로 배출하는 오염 물질의 양을 차차 줄여 나가도록 강제한다. '거래'는 배출권에 대한 시장을 표방하며, 기업과 기타 기관들은 할당된 양을 준수해야 한다. 환경 보호 펀드Environmental Defense Fund에 따르면, "탄소를 더 적게 배출할수록, 부담하는 금액이 줄어든다. 오염 물질을 적게 배출하는 경제적 유인 또한 늘어난다."61

최근 유럽 연합의 일등 국가들은 배출권 거래제를 채택하고 있다. 캘리포니아, 온타리오, 퀘벡은 전 세계적인 변화를 옹호하며 몬트리올 의정서에 합의했다. 연방, 주, 시의 공무원과 기업들은 탄소 배출 크레디트를 할당해 전체적인 허용량을 조정할 수 있다. 이와 동시에, 블록체인 기반의 평판 시스템은 지속 가능한 온실 가스 감축 기준에 따라 에너지 공급자가 전력망에 어느 정도의 킬로와트시Kilowatt-hour를 공급했는지 가늠할 수 있다. 예컨대, 이 시스템은 석탄 에너지를 높은 수준의 부채로 기입하고, 태양 에너지와 같은 신재생 에너지는 자본으로 기입할 수 있다. 블록체인은 배출권 거래 시스템을 산업 수준으로 자동화할 수 있다. 효율적인 가격 결정 알고리즘은 실시간으로 자본과 부채를 계산하고, 원장에서 그들의 탄소 크레디트가 얼마인지 파악하고 추적하며, 이러한 크레디트를 거래할 수 있다.

시민들을 위한 배출권 거래제를 도입한다면 어떨까? 그들의 행동을 바꾸기 위해서는 제도 이상의 것이 필요하다! 개인의 탄소 거래는 사물 인터넷을 통해 진행할 수 있다. 센서, 탐지기, 계측기는 온수기, 식기세척기, 가정의 온도 조절 장치를 실시간으로 측정하고 탄소 크레디트의 잔량을 알려 준다. 이와 동시에 당신이 실용적이고 지속 가능한 방식에 따라 행동한다면 탄소 크레디트를 취득할 수 있다. 만일 지붕에 태양광 패널을 설치했다면, 남는 에너지를 전력망에 공급하고 탄소 크레디트를 교부받는 것이다.

이러한 장비가 새로운 소득을 창출할 수 있을까? 어찌 보면 탄소를 가장 적게 배출하는 사람들은 가난하고 집이 없는 사람들이다. 자전거를 타고 출근하는 사람은 온수기가 소비했을 크레디트를 절약할 수 있다. "여기, 식기세척기에 붙어 있는 내 탄소 배출권 시계가 그릇을 전부 세척하고 30분을 말려도 괜찮다고 알려 주네요." 식기 세척기 속의 물 센서는 허용 가능한 밀도에 따라 물 사용량을 조정할 수 있다. 건조기 속의 습도 센서는 의복이 적당히 마르면 자동으로 건조기의 전원을 내린다. 빌딩의 HVAC 시스템•은 남는 열을 저장할 수 있다.

• 난방, 환기, 공기 조절 시스템.

21세기 민주주의를 위한 수단

블록체인 기술은 안전할뿐더러, 프라이버시를 보호하고 인센티브 시스템을 내장하고 있다. 이처럼 블록체인 기술은 프로그램으로 작동하는 글로벌한 분산 가능 원장으로서, 다음과 같은 새로운 민주적 수단의 개발에 앞장서고 있다.

디지털 브레인스토밍: 정책 입안 공무원과 시민들을 규합해 실시간으로, 합리적인 온라인 브레인스토밍 세션을 주재할 수 있다. 또한 이를 통해 새로운 정책 이슈나 필요를 확인할 수 있다. 단일 토큰, 단일 투표 시스템을 통해서 사려 깊은 토론을 도울 수 있고, 분란 유발자, 트롤, 방해자 들은 손해를 끼치기가 어려워진다. 이러한 시스템을 통해 합의를 확보할 수 있다.

도전: 온라인은 기존 사법 체계와 경쟁을 시도한다. 골드코프 챌린지Goldcorp Challenge(앞서 언급했다), 엑스프라이즈X-Prize와 같은 블록체인 이전 모델을 비롯해 서방 정부들이 시도하고 있는 다양한 혁신을 생각해 보라. 도전 목표는 시민들을 혁신과 공익의 장으로 끌어들이는 것이다.

온라인 시민 법정과 판정단: 무작위로 선출된 시민들은 일정 현안에 대한 정책 판정단 또는 조력자로 활동할 수 있다. 판정단은 인터넷을 활용해 정보를 나누고, 질문을 던지고, 현안을 토론하고, 증거를 청취한다. 사람들은 블록체인 평판 시스템을 통해 판정단과 패널 구성원들의 배경과 평판을 파악한 채로 질문을 던질 수 있다. 결정 내역과 기록은 블록체인상에 기재된다.

신중한 투표: 이를 통해 시민들은 협력적이고 신중한 방식에 따라 이슈를 살피고 배울 수 있다. 이는 인터넷상의 집단 토론을 과학적인 무작위 샘플과 결합해 정책 결정 분야에서 즉흥적인 투표에 비해 더욱 세련된 정보를 제공할 수 있다.

시나리오 계획: 시뮬레이션과 모델링 소프트웨어를 활용해 미래의 정책을 예측할 시나리오를 수립하려면 정책 결정이 어떤 장기적인 결과를 가져올지 이해해야 한다. 정치인, 행정 관료, 시민 들은 건강, 환경, 경제 등 각종 요인들에 미치는 잠재적 영향을 가늠해야 한다.

예측 시장: 오거의 사례에서 설명한 것처럼, 사건의 결과를 거래하기 위해 예측 시장을 활용하는 수많은 기회가 존재한다. 정부는 이를 활용해 실질적인 질문들에 대한 통찰이 가능하다. 어떤 시점에 다리가 건설될까? 1년 이내에 실업률이 얼마나 올라갈까? 다음 선거 후에 집권 여당의 당 대표로 누가 선출될까?(이 질문은 실제로 뉴질랜드의 아이프리딕트iPredict 시장에서 제기되었다.)

블록체인 기술은 이 모든 수단을 촉진할 수 있다. 우선, 시민들은 프라이버시를 보장받은 채 참여가 가능하고, 이로써 참여 가능성이 높아진다. 권위주의적 정부는 이러한 현상을 싫어할지 몰라도 민주주의를 위해서는 바람직한 일이다. 왜냐하면 정부 기관들이 반대 의견을 검열하고, 억누르고, 쫓아가기가 더욱 힘들어지기 때문이다. 이와 동시에, 블로카피디아의 사례에서 살핀 것처럼, 블록체인 기반 평판 시스템은 토론의 질을 높이고 트롤과 방해꾼들의 숫자를 줄이며, 모든 발언이 정확하고 삭제 불가능하게 기록되었는지 보장할 수 있다. 승자와 승리에 기여한 자들에 대한 보상이 있는 경우, 협상은 전자화폐를 통해 더욱 뚜렷하고 즉각적으로 변해 갈 수 있다. 다양한 스마트 계약들이 시민과 단체들 사이에서 체결되어 모든 사람이 전반적인 과정에서 담당하는 역할을 더욱 뚜렷이 확정할 수 있다.

블록체인 연구소를 설립한 멜라니 스원은 블록체인 기술이 이 사회가 거버넌스, 독립, 시민의 의무와 같은 주제에 접근하는 방식을 상당히 바꿔 놓고 있다고 주장한다. "문화나 정보가 아닌, 정치나 경제 관련 문제를 두고 중앙 기관을 버린다는 것은 쉬운 일이 아닙니다. 하지만 사회가 성숙하면서 이러한 맥락에 따라 발전하지 못할 이유는 없습니다."[62]

분명 차세대 인터넷은 상당히 새로운 기회를 제공하고 있다. 주된 도전 과제는 기술적인 부문이 아니다. 한 가지 주의해야 할 사례가 있다. 오바마는 2008년 선거 운동에서 MyBarackObama.com이라는 광범위한 인터넷 플랫폼을 창출했다. 그는 이 플랫폼을 통해 지지자들에게 조직을 결성하고, 공동체를 구성하고, 자금을 모으고, 투표에 그치지 않고 오바마 선거 운동에 참여하도록 유인했다. 이러한 조치는 유례없는 폭발력을 발휘했다. 인터넷을 통해 1,300만 명의 서포터가 서로 이어졌고, 자율적으로 공통된 이해관계를 가진 3만 5천 개의 커뮤니티를 조직했다. 젊은 층에서 "그래, 할 수 있어"라는 구호를 외쳤을 때, 이는 단지 희망을 부르짖는 구호에 그치지 않았다. 이는 그들의 집단적인 힘을 확인하는 구호였다.

하지만 2012년에 오바마의 선거 운동은 시민의 참여에서 '빅 데이터'로 옮겨 갔고, "그래, 할 수 있어"라는 구호는 "우리는 당신을 알고 있습니다"로 바뀌었다. 그들은 선거 자금을 기부하게 될 후원자들이나 스윙보터들을 겨냥해 데이터를 활용했다. 오바마는 선거에서 승리했다. 하지만 시민들을 그들의 메시지를 소비하는 객체로 전락시켰다. 빅 데이터 전략은 공동체 자율 결정 전략에 비해 리스크가 적다.

오바마는 두 번의 임기를 거치며 대부분 '도전Challenges'이라는 절차를 통해 시민들의 참여를 유도했다. 이 절차는 혁신적인 아이디어를 겨루는 세심한 과정이었고, 시민들의 참여를 촉진하는 데 중요한 역할을 담당했다. 하지만 두 번째 선거 운동에서는 시민들의 참여를 유도하는 데 실패했고, 정부의 적법성을 강화할 수 있는 역사적인 기회를 놓치고 말았다. 결국 '최초의 인터넷 대통령'이라 불렸던 오바마 대통령조차 권력을 향한 편리한 방법을 선택했다. 소셜 미디어를 활용해 자신의 메시지를 전파했고, 자료가 풍부한 온라인 타깃 광고를 통해 자금을 모집했다.

인터넷 대통령이 하지 못한다면, 그 누가 할 수 있을까?

정부와 민주주의를 블록체인상으로 옮기는 과정에는 모든 사람이 나름의 역할을 담당할 수 있다. 우선, 불필요한 중복 업무와 낭비되는 시간을 제거하고, 새로운 민주주의 절차에 참여하거나 투표권을 행사하고, 판정단으로서 활동하고, 세금이 어디에 쓰이고, 대표자가 어떻게 투표하는지 알 수 있는 무한한 기회가 존재한다. 선출된 대표자들은 전면에 나와 스마트 계약을 설계하고 이행하는 리더십을 보여 주어야 한다. 진실성에 아무런 거리낌이 없다면, 블록체인 평판 시스템을 만드는 데 주저할 이유가 없다. 안드레아스 안토노풀로스는 이렇게 말했다. "유권자들은 무언가를 오래 기억하지 못한다."[63] 당신이 판사든, 변호사든, 경찰관이든, 국회의원이든 더 나은 투명성을 확보할 수 있다. 공무원들과 정부 직원들은 센서와 카메라를 활용해 블록체인상에서 공공 자산과 재고를 추적하고, 인프라 자산의 보수와 수리를 우선적으로 진행하고, 자원을 할당할 수 있다. 당신의 나이가 젊다면, 민주주의에 대한 기대를 저버리지 마라. 민주주의는 부러지더라도 수리할 수 있다. 선거 운동 자금 조달은 블록체인상에서 투명성을 구현할 첫걸음이 될 수 있다. 항상 거액의 자금이 가장 근본적인 문제가 되기 때문이다. 당신이 만일 정부 측 발주자라면, 스마트 계약을 활용해 부정과 낭비를 제거하고 더욱 우수한 수행 실적을 증명할 수 있다. 가능성은 충분하다. 분명 변화를 가져오려는 몸부림이 있을 것이다. 하지만 전 세계 시민들이여, 단결하라! 당신들은 블록체인을 통해 모든 것을 얻을 수 있다!

7장
문화 산업은 어떻게 블록체인화되는가

당신이 키우는 말의 생일 파티 자리가 아니었다. 이 행사는 런던에서 한 시간 거리인 라운드 하우스Round House의 한 지역에서 개최되었다. 거대한 외양간에는 음향 시설과 LED 조명을 매단 나무가 즐비했다. 바운시 캐슬bouncy castle●이 한구석에 설치되어 아이들의 시선을 사로잡았고, 앙리 8세식 뷔페 식사가 사람들의 입맛을 자극했다. 다양한 사람들이 삼삼오오 모여들었다. 몸에 공을 붙여 굴리는 묘기꾼, 아이들 스물네 명과 그들의 부모와 이웃, 음악가가 한자리에 모였고, 블록체인 개발자 몇 사람도 초대받았다. 아담한 비상용 피난 주택인 헥사요트를 발명한 것으로 알려진 스코틀랜드–인도 혼혈 엔지니어 비네 굽타Vinay Gupta의 모습이 보였다. 피처드 아티스트 연합Featured Artists Coalition의 CEO 폴 파치피코Paul Pacifico도 있었다. 한때 은

● 공기를 주입해 아이들이 뛰어놀 수 있게 만든 놀이 기구.

행에서 근무했던 파치피코는 음악인의 권리를 위해 싸우고 있다. 물론 이 모임을 주재한 이모젠 힙Imogen Heap도 있었다. 그녀는 성공한 작곡가이자 음악가로, 『뮤직 위크Music Week』1의 독자들이 '올해의 영감 있는 아티스트'로 선정한 유명인사다. 그녀는 올해 돌을 맞은 스카우트의 어머니이기도 하다.

"내가 만들고 있는 것이 언젠가 스카우트에게도 가치 있는 것이 되기를 바랍니다." 힙은 우리에게 이렇게 말했다. 그녀는 음악 산업을 몹시 우려하고 있다. "너무나 파편화되어 있습니다. 리더십이란 것이 거의 존재하지 않고, 비즈니스 측면에서는 부정적인 요소가 너무 많아요." 그녀는 이렇게 덧붙인다. "모든 것이 엉망이에요. 뒤죽박죽입니다. 아티스트들은 먹이 사슬의 가장 밑단에서 허덕이죠. 이건 말도 안 되는 일이에요. 음악은 언제, 어디에든 존재합니다. 휴대전화 속에도 있고, 택시 안에도 있고, 이 세상 어느 곳에나 있습니다. 하지만 음악가의 수는 점점 줄어들고 있죠."2

바로 여기에 문제점이 존재한다. 인터넷은 놀라운 음악의 보고다. 창조성의 매개체이자 자유로운 발언의 통로다. 재능 있는 아티스트, 디자이너, 프로그래머 들과 그들의 팬이 월드 와이드 웹에서 펼칠 수 있는 아이디어에는 한계가 없다고 보아야 한다. 이 모든 창조적인 협력으로부터 자금을 끌어낼 수 있는 방법 또한 무궁무진하다. 음원 발표나 녹음과 같은 창조적 산업들은 디지털 다운로드나 오디오 스트리밍과 같은 새로운 수입원을 타진하고 있다. 문제는 새로운 중개자들이 들어오면서 음악가들의 몫이 점점 줄어들고, 이 문제에 대해 할 말이 없어진다는 점이다. 로큰롤 명예의 전당에 입성한 토킹 헤즈Talking Heads의 보컬 데이비드 번David Byrne은 이 상황을 신문의 칼럼난에 다음과 같이 요약했다. "이 전체 모델은 모든 종류의 창조적인 과업을 뒷받침하기에는 지속 가능하지 않아 보입니다. 음악뿐만이 아닙니다. 인터넷이 모든 세상으로부터 아무것도 남지 않을 때까지 창조적인 콘텐츠를 빨아들일 것 같아 걱정입니다."[3]

이 장에서는 블록체인 기술을 통해 음악가들이 음악 산업 모델의 한복판으로 들어와 '케이크를 가질' 뿐 아니라 '먹게 되는' 방법 또한 찾아볼 것이다. 케이크를 갖는 것은 표현의 자유를 행사하는 것이고, 케이크를 먹는 것은 지적 자산의 윤리적, 물질적 가치를 극대화하는 것이다. 탐욕에 찌든 거대한 중개자는 사라지고, 거대 정부의 검열 또한 자취를 감춘다. 여기에서 우리는 예술, 저널리즘, 교육과 같은 문화의 얼개를 살펴보기로 한다. 이러한 문화의 장에서는 인간의 기본권과 생계가 조화를 이루고 있다.

루프 골드버그의 재림과 음악 산업

"스카우트가 음악인이 된다면, 생계를 유지할 방법이 있을까요? 아마 그러지 못할 것 같아요." 이모젠 힙은 지금의 음악 산업 모델을 전제로 딸의 음악 인생에 대해 이렇게 말했다. "우리는 아주 단순하고 핵심적이며, 믿을 만해서 사람들이 음악으로도 생계를 유지할 수 있다고 느끼는 무언가가 필요합니다."[4] 폴 파치피코는 이렇게 동의했다. "우리는 현 시대의 문화적, 기술적, 사회적, 상업적 감성을 반영할 수 있는 음악 산업이 필요합니다. 또한 창작자와 소비자들을 위한 지속 가능하고 실행 가능한 미래를 지향해야 합니다."5 힙은 이처럼 새로운 음악 생태계를 구성하기 위해 파치피코, 비네 굽타와 함께 팀을 이뤘다.

혁신을 위한 예측 시장이 존재한다면, 우리는 팀 힙에 베팅을 할 생각이다. 2009년, 그녀는 자신의 앨범 『엘립스*Ellipse*』를 발표해 그래미 솔로 상을 수상한 최초의 여성으로 발돋움했다. 그녀는 모든 트위터 팔로워를 시상식에 데리고 와서 '트위터 제복'이라 알려진 옷을 증정했다. 모리츠 월드마이어Moritz Waldemeyer가 디자인한 그녀의 의상은 LED 지퍼를 달고 있었고 이 지퍼는 어깨 주변으로 팬들의 트윗 메시지를 스트리밍했다. 2013년, 힙은 뮤지컬 글러브 시스템musical glove system을 발명하기 위해 비영리 기관 Mi.Mu를 출범했다. 이 시스템은 매핑 소프트웨어와 모션 탐지 센서를 결합한 구조로, 행위자들은 사용자별로 설정한 몸짓을 취해 빛, 음악, 비디오를 통제할 수 있다. 이 발명은 2015년 베를린어워즈 웨어러블IT/패션테크 2015에서 최우수상을 수상했다. 글러브들은 하루가 달리 인기를 얻어 가고 있다. 팝 스타 아리아나 그란데Ariana Grande는 다음과 같은 메시지를 힙의 '하이드 앤드 시크Hide and Seek' 비디오 커버와 함께 유튜브에 게시했다. "나의 우상, @이모젠 힙에게 감사하고 싶어요. 미무 글러브를 내 첫 월드 투어에서 사용할 수 있어서 행복해요."6 힙은 커뮤니티들을 새로운 기술로 끌어들이고 있다. 이러한 힙의 능력이 못 미덥다면, 다시 한 번 생각해 보길 바란다.

"우리는 우리가 무엇을 원하는지 아주 잘 알고 있습니다." 힙은 이렇게 말했다. "우리는 거실에서 대마초를 피우며 음악을 만드는 멍청이가 아닙니다. 우리는 아주 열심히 일하는 기업가들입니다."[7] 힙은 블록체인 기술을 지적 자산의 창작자들이 정당한 대가를 누릴 수 있는 새로운 플랫폼으로 바라본다. 특히 스마트 계약은 엄청나게 복잡한 음악 산업을 단순하게 만드는 것은 물론, 음악 산업의 생태계 속에서 음반사가 담당하는 핵심 역할 또한 단순화할 수 있다.

루프 골드버그의 재림: 음악 산업의 복잡성

토킹 헤즈의 노랫말을 살짝 바꿔 보자. 우리는 어떻게 여기까지 오게 되었을까? 우리는 이 일을 어떻게 해야 할까?* [8] 이는 예술가들의 기본적인 문제에서부터 시작한다. 그들은 LP판 시대의 계약에 서명한다. 이 당시에는 아티스트와 소비자 사이에 막대한 아날로그식 생산 체제와 엄청난 배포 비용이 도사리고 있었다. 힙은 우리 두 사람에게 이렇게 말했다. "내가 첫 레코드 회사를 찾았을 때, 15퍼센트 정도 받았던 것 같네요. 몇 년 전 찾아간 마지막 레코드 회사에서는 19퍼센트 정도 줬던 것 같아요. 지금, 운 좋은 사람들은 좀 더 받을 수 있겠죠."[9] 아티스트들은 그들의 권리를 음반사에 양도하며, 전 기간에 걸친 저작권을 설정해 주는 것이 보통이었다. 미국에서는 이 기간이 보통 95년 또는 아티스트의 사후 70년까지로 설정된다. 지금껏 경험했던 예상치 못한 혁신들을 생각해 보라. 이 계약이 아티스

• 토킹 헤즈의 『*Remain in Light*(1980)』 앨범에 실린 노래, 「Once In A Life-time」에서 나오는 가사.

트와 상속인들에게 공정할 수 있을까?

초창기에는 음반사의 규모가 작고, 라디오가 절대적인 지위를 구축하고 있었다. 음반 가게가 그다음의 권력을 자랑했고, 음반 기획자는 새로운 인재를 찾아다닐 뿐 아니라, 그들의 발전 과정을 감독했다. 지난 20년간, 수천 개의 음반사는 세 개의 글로벌 음반사와 수백 개의 인디 음반사로 통합되었다. 소니 뮤직 엔터테인먼트, 비벤디 유니버설 뮤직, 워너 뮤직 그룹은 가장 유명하고도 가장 많은 수익을 창출하는 음악 스트리밍 서비스인 스포티파이의 지분 15퍼센트를 보유하고 있다.[10] 이들은 스포티파이가 상장된다면 더 많은 현금을 손에 쥘 수 있다. 애플은 세계 최대 음원 매출처로, 라이브 네이션Live Nation은 세계 최대 라이브 엔터테인먼트 회사로 발돋움했다.

따라서 음원 저작권은 소수의 손이 통제한다. 음반사와 투어 프로모션 회사들은 아티스트를 상대로 360도 딜360-degree deals을 요구하기 시작했다. 이는 곧 아티스트들이 창출하는 모든 수입을 없애 버린다는 것을 의미한다. 음원 출판권, 레코딩 음원에 대한 사용 권한, 투어를 나선 아티스트들의 공연권, 판권 및 후원권 등을 모조리 박탈하며, 그들이 이러한 권리를 육성하는 데 전혀 이바지한 것이 없더라도 아무런 여지를 두지 않는다.

인수 합병으로 말미암아 시스템이 통합된다. 하지만 시스템 통합이란 쉬운 일이 아니다. 각 대기업은 각자의 회계 절차가 존재하며, 계약과 로열티를 관리하는 각자의 장부를 갖고 있으므로 일대일로 비교하기가 어렵다. "음악 산업이 몹시 파편화되어 있다는 커다란 문제점을 해결해야 합니다. 서로 플랫폼이 다르다 보니, 악몽과 같은 어려움이 닥칩니다." 힙은 이렇게 말했다.[11] 이러한 시스템은 생산, 포맷, 배포, 사용 등의 분야에서 일어나는 혁신을 수용해야 한다. 이미 유행이 지난 요소는 예외지만 모든 당사자는 두 개 이상의 모델을 동시에 유지해야 한다. 이 가운데 가장 기본이 되는 두 가지는 실제로 판매하는 음반과 디지털 음원이다.

더 복잡하게도, 서플라이 체인에는 더 많은 당사자가 존재한다. 출판인뿐 아니라 공연권 기구performance rights organizations, PRO라 불리는 조직들을 찾아볼 수 있다. 이 조직들은 음원의 인기도를 측정하며 로열티 수입을 취합한다. 예컨대 비영리 기관인 미국 음악 저작권 협회ASCAP, 방송음악 회사BMI, 시삭SESAC과 같은 기관뿐 아니라 프로듀서와 스튜디오, 행사장, 콘서트 투어 주최자와 프로모터, 도매상, 공급자, 에이전트 등과 같은 기관들을 예로 들 수 있다. 이들 모두는 각자의 계약, 회계, 보고 시스템을 갖추고 있다. 그들은 자신의 몫을 뗀 다음, 아티스트의 매니저와 에이전트들에게 남는 몫을 전달한다. 아직 남은 몫이 있다면, 그제야 비로소 계약 조건에 따라 아티스트들이 받을 수 있다. 그래, 현실이 이렇다. 아티스트들은 꼴찌로 돈을 받는다. 가장 우선하는 로열티 수표가 결제되려면 출시 시점이나 음반사의 회계 연한에 따라 6개월에서 18개월 정도가 걸린다.

결국 완전히 새로운 중개자(유튜브나 스포티파이와 같은 기술 기업)가 아티스트와 음반사 간의 서플라이 체인에 파고 들어와 아티스트의 몫을 더욱 갉아먹는다. 음원 스트리밍은 어떨까? 스포티파이는 한 곡을 스트리밍할 때마다 저작권자(음반사인 경우가 태반이다)에게 평균 0.006달러에서 0.0084달러를 지급한다.[12] 최우선으로 지급하는 이 금액은 겉으로 보기엔 투명하게 집행되는 것 같다. 스포티파이의 웹사이트를 보면 광고 수입과 음원 사용료의 70퍼센트를 저작권자에게 지급한다고 나와 있다. 하지만 우리 두 사람은 그들이 소니 USA 주식회사와 체결한 '디지털 오디오/비디오 배포 계약'의 41페이지를 들춰 보았다. 그러자 4,250만 달러를 환불이 불가능한 선금으로 소니의 아티스트들에게 지급해야 한다는 조항이 아주 모호하게 규정되어 있었다. 알고 보니 계약서의 첫 단락은 비밀 유지 조항을 담고 있었다. 스포티파이도, 소니도 소니 소속 아티스트에게 계약서가 아티스트의 수입에 어떤 영향을 미치는지 알려 줄 필요가 없어 보였다. 미국 인디 음악 협회American Association of Independent Music 대표 리치 벵글로프Rich Bengloff도, 자신의 경험으로 볼 때 음반사들은 보통 음원 사용과 직접 관련 없는 금전을 나누어 주지 않는다고 말했다.[13] 음악 산업 애널리스트 마크 멀리건Mark Mulligan은 이렇게 말했다. "아티스트들은 최소한 4~5년간 고통을 감내해야 할 겁니다. 아이튠즈가 등장한 이후 첫 4~5년간 고생했던 것처럼요."[14]

그렇다면 음반사는 어떤 가치를 부가할까? 분명, 그들은 복잡한 과정을 관리하고, 저작권 침해를 감시하고, 저작권을 행사하는 역할을 담당한다. 예컨대, 유니버설 뮤직 퍼블리싱 그룹은 인력의 3분의 1을 전 세계 시장에서의 로열티 및 저작권 관리에 쏟아부었다.[15] 유니버설은 최근 아티스트들의 포털 사이트를 개설했다. 아티스트들은 이 사이트를 통해 그들의 로열티 상황을 파악하고, 미래의 수입에 대한 선금을 아무런 수수료 없이 요청할 수 있다. 이 포털은 또한 "스포티파이의 사용 내역을 알아볼 수 있다. 음원 스트림을 몇 회사용했는지, 어떤 사람들이 서비스를 활용하는지, 특정 부류가 어떤 음원을 선호하는지 알 수 있다". 유니버설은 16명의 직원을 배정해 이 포털을 업그레이드하고, 아티스트들을 위한 데이터를 해석했다.[16] 이 음반사는 변호사와 로비스트들로 구성된 거대한 팀을 보유하고 있다. 그들은 새로운 아티스트들을 전 세계 시장에 소개하면서 그들의 표준 약관을 강요한다. 각국의 해외 미디어를 통해 마케팅을 진행하고, 해외 시장에 그들의 음원을 배포한다. 또한 해외 배급사들에게 권리를 양허하고, 인터내셔널 투어를 후원하며, 모든 수입을 통할한다. 로열티 수입을 관리하기 위한 비용은 비즈니스가 복잡해지면서 점차 늘어났다. 이러한 비용은 마치 세금처럼 모든 지역의 아티스트들에게 직접적인 영향을 미친다.

블록체인상의 스마트 계약들은 이런 과도한 복잡성을 제거할 수 있고, 음악 산업 생태계에서 음반사가 담당했던 핵심 역할을 대체할 수 있다. 이모젠 힙에 따르면, "당신이 컴퓨터 프로그램, 소프트웨어, 데이터베이스라면…… 이러한 이슈는 사라질 겁니다. 계산하는 시간이 절반밖에 걸리지 않을 테니까요. 이 몫은 이 사람에게 가야 한다는 걸 쉽사리 결정할 수 있죠. (⋯) 아티스트, 작가, 공연자에게 제 몫이 가는 데 1∼2년을 기다릴 필요가 없습니다. (⋯) 자동화되고 검증되었기에 즉각적인 실행이 가능합니다. 게다가 문화를 뒤바꾸는 새로운 음원 배포 서비스는 아티스트의 팬들로부터 아주 유용한 데이터를 수집할 수 있습니다. 만일 아티스트들이 이러한 정보에 접근할 수 있다면 우리는 사업을 더욱 효율적으로 수행할 수 있을 겁니다."[17] 이것이 바로 블록체인상에서 음악의 미래다.

새로운 음악 비즈니스 모델의 등장

블록체인 기반 플랫폼과 스마트 계약의 조합은 아티스트들과 그들의 협업자들로 하여금 새로운 음악 생태계를 형성하도록 도와줄 수 있다. 여기에 예술 공동체의 가입 자격, 진실성, 계약 과정에서의 투명성, 프라이버시, 보안, 저작권의 존중, 가치의 공정한 교환이 전제된다면 금상첨화다.

"나 스스로 내 음악을 공유할지 말지 결정할 수 있다면 좋을 것 같지 않나요?" 힙의 말이다. "예를 들면 음원 하나를 업로드하고, 이와 관련한 콘텐츠를 온라인의 한 장소에 집약한다고 생각해 보세요. 모두가 여기에 콘텐츠를 밀어 넣고, 끌어올 수 있습니다. 사용권, 소유권, 음반에 부가된 해설을 비롯해 가장 최근의 공연 영상도 올릴 수 있죠." 그리고 다른 모든 당사자, 음반사, 배급사, 투어 프로모터뿐 아니라 CM송이 필요한 기업, 사운드트랙이 필요한 텔레비전 프로듀서, 전화벨 소리가 필요한 모바일 서비스 제공자, 팬 비디오를 찾는 다양한 팬들은 힙의 사용 약관에 동의할지 말지를 스스로 결정할 수 있다. "아티스트의 존재를 느낄 수 있다면 얼마나 멋질까요. 그들이 자신의 음악에 대한 결정을 스스로 할 수 있다면, 말 그대로 하루하루 피부로 느낄 수 있을 거예요." 그녀는 이렇게 덧붙였다. "나 스스로 결정할 수 있어요. 음, 오늘은 내 생일이니, 내 모든 음악은 무료야. (…) 당신이 16세 이하든, 60세 이상이든, 모든 비용은 내가 부담해 주지! 아니면 내게 지급해야 할 금액을 구호 기금에 전가할 수도 있죠. 스마트 계약의 문구 몇 마디만 바꾸면 충분해요."18

음반사 또는 기술 배포자에 집중된 모델이 아닌, 아티스트 중심 모델을 설계하는 것을 블록체인상에서의 목표로 삼을 수 있다. 아티스트들은 음원을 제작하고 그들이 창조하는 가치에 대한 공정한 대가를 지급받을 수 있다. 음악 애호가들은 그들이 좋아하는 무엇이라도 소비하고, 나누고, 리믹스하고, 즐길 수 있다. 그리고 그에 대한 정당한 대가를 지급한다. 이 모델은 음반사나 디지털 음원 공급자를 배제하지 않는다. 하지만 이들은 생태계의 지배자라기보다는 동등한 주체로 활동한다.

새로운 음악 산업은 몽상에 그치지 않는다. 2015년 10월, 힙은 「작은 인류Tiny Human」라는 곡을 발표해 첫 실험을 시도했다. 또한 모든 관련 데이터(연주 버전, 7개의 스테레오 버전, 전면 커버 이미지, 뮤직 비디오, 음악가에 대한 부가 설명, 옷, 제작자 목록, 가사, 감사의 글, 유용한 인터넷 링크, 곡과 관련된 뒷이야기) 등을 인터넷에 올렸다.[19] 이처럼 자세한 정보는 인터넷에서의 검색 가능성을 높여 주었고, 잠재적인 협업자들은 그녀를 더욱 쉽게 발견할 수 있었다.

힙은 팬, 개발자, 서비스 업체를 초대해 힙의 음악을 그들의 다양한 플랫폼에 업로드하고, 그들의 작품 또한 나눌 수 있도록 도와주었다. 그녀는 이모젠 힙 아티스트 프로필을 만들 수 있는 비배타적 저작권을 그들에게 허락했다. 단, 그들은 그녀의 파일을 그들의 시스템에 업로드한 다음, 그녀에게 로그인 정보를 제공하고 접근을 허락해야 했다. 그들이 유료 스트리밍을 원한다면, 그녀는 실험 분석의 요소로 고려하기 위해 그들에게 결제 모델, 퍼센테이지, 액수를 제공해 달라고 요청했다. 마침내, 그녀는 자신의 비트코인 주소에 기부하기를 장려했고, 수익의 절반을 자신이 세운 자선 재단에 기부하기로 약속했다. 그녀는 이러한 새로운 에코 시스템에 '마이실리아Mycelia'라는 이름을 붙였다. 사용 내역 데이터와 참여 행위는 블록체인상에서의 차세대 발전을 예고해 준다.

다양한 회사가 이러한 모델을 어떻게 설계할지 연구하고 있으며, 힙을 비롯해 앞선 생각을 가진 뮤지션들과 협력하고 있다. 이러한 새로운 생태계는 현재의 음악 산업에서 찾아볼 수 없는 수많은 특색을 지니고 있다.

가치 템플릿에 따라 체결하는 딜은 모든 벤처에서 아티스트를 한 사람의 기업가이자 동등한 파트너로 인정하며, 이는 새로운 가치 창출에 필수적이다. 불공정한 출발을 조장하는 기존 서류 계약서에 작별을 고할 수 있다. 힙은 이렇게 말한다. "로열티 퍼센테이지를 환급받아야 할 상황은 애당초 없을 겁니다."

포괄적 로열티는 창작 과정에 대한 각 개인의 기여도에 따라 수입을 공정하게 배분한다. 작곡가와 연주자뿐 아니라 기타 아티스트와 엔지니어도 예외가 아니다. 대박이 터지면 음반사와 배포자뿐 아니라 모든 사람이 혜택을 입을 수 있다.

블록체인상에서 존재하는 분산식 **투명 원장**을 통해 곡 하나가 얼마의 수입을 창출하는지, 현금 흐름의 규모가 얼마이고, 타이밍이 언제인지, 누가 그 정도의 퍼센테이지를 얻어 갔는지를 누구나 알 수 있다. 각자의 서류에 바탕을 둔 구식 회계 시스템이 이면에 숨을 이유가 없는 것이다. 고용자 저작권 보유 원칙Work-Made-For-Hire에 따른 수입에서부터 로열티 수입에 이르기까지 수입의 원천에 따라 따로따로 태그를 붙일 수 있다. 회계, 감사, 세무가 훨씬 쉬워진다.

마이크로계량, 마이크로주조 기능은 음악만이 아닌 수입의 흐름을 원활히 바꾼다. 음악이 측정될 수 있고 소비자들이 곡 하나마다 마이크로페이먼트 또는 피코페이먼트를 집행할 수 있다면, 로열티를 예술가와 기부자에게 즉시 지급할 수 있다. 지급이 지연되지도 않고, 반기나 분기를 기준으로 로열티를 체크할 필요도 없고, 로열티 명세표를 준비할 필요도 없다. 하루 벌어 하루 먹고 사는 아티스트들이 사라지게 된다! 블록체인 이론가 안드레아스 안토노풀로스는 이러한 사례를 알려 주었다. "아르헨티나의 스트리미엄Streamium은 스트리밍 비디오 서비스입니다. 여기에서 비디오 프로듀서들은 라이브 스트리밍 비디오 200밀리세컨드마다 1000분의 1페니를 부과하죠. 스트리미움은 계획한 바를 이행하기 위해 다중 서명multisig, 시간 봉쇄 거래time-locked transactions, 원자가atomicity, 합계 일체성sum integrity을 활용합니다. 프로듀서들은 요금이 지급된 비디오만을 공급하며, 소비자들은 실제로 소비한 비디오에만 요금을 지급합니다. 그들은 1초에 다섯 번씩 이 계약을 재협상합니다. 이 와중에 어느 한 당사자라도 떨어져 나간다면, 계약은 종료하고 그들 사이의 가장 유리한 거래가 현실화됩니다."[20]

풍부한 데이터베이스는 인터페이스를 통해 서로를 공유하며, 핵심 저작권 자료(가사, 음원, 음반)를 메타데이터, 음원 해설, 삽화와 사진, 개별 음원, 작곡가와 공연자가 허용할 의향이 있는 저작권, 라이선스 조건, 연락처 정보 등과 이어 줄 수 있다. 이는 모든 사람이 볼 수 있는 디지털 원장에 기록된다. 불완전한 데이터베이스와 작별을 고할 시간이다. 당신의 손끝에 저작권이 놓여 있는 것이다! 저작권자가 누구인지를 찾기도 쉬워진다.

  사용 통계 데이터 분석이 아티스트의 손에 쥐어지며, 적합한 광고
주와 후원자를 끌어들이고, 투어를 기획하며, 프로모션과 크라우드
펀딩 자원, 미래의 창조적인 협업 관계를 다른 사람들과 함께 기획
한다. 이 모델은 "당신의 팬들이 분포된 지역이 어디인지, 그들의 나
이가 얼마인지, 그들이 무엇에 흥미를 느끼고 있는지를 비롯해 전
세계에 걸친 수많은 길 잃은 데이터를 취합할 수 있다." 힙은 이렇게
말했다. "이러한 정보에 힘입어 우리는 맞춤형 투어를 기획할 수 있
습니다. 우리와 죽이 맞는 브랜드, 캠페인과 연합 전선을 구축할 수
있고, 우리가 사랑하고 후원하는 아티스트, 제품, 자선 단체에 힘을
실어 줄 수 있습니다. 특정한 이름, 특정한 이메일 주소에 대한 정보
를 말하는 것이 아닙니다. 어느 정도 뭉뚱그렸지만, 핵심적으로 유
용한 데이터를 말하는 겁니다. 우리는 팬과 아티스트를 가리지 않고
흥미롭게 사용할 수 있도록, 이 데이터를 다른 그룹의 데이터와 비
교 검증할 수 있습니다."[21]

  디지털 저작권 관리는 말 그대로 디지털 저작권을 관리하는 수단이
다. 하지만 온통 사용 제한을 염두에 둔 반소비자적인 DRM* 소프
트웨어 래퍼software wrapper가 아니다. 우리는 실제로 저작권을 관리하
고, 출판과 레코딩, 공연, 판매, 기타 권리의 가치를 극대화하는 스
마트 계약을 전개할 방법을 설명하고 있다. 이는 곧 음반사와 배급
서비스의 제삼자 연관 조항을 포함하고 있다. 음반사와 배급사는 아

---

* Digital Rights Management. 디지털 저작권 관리를 말함.

티스트가 정한 사용 조건과 서비스에 대한 기대 수준을 선택할지 말지 결정할 수 있다. 아티스트들이 자신의 음악이 더 이상 공유되는 것을 원치 않아 광고를 중단시키려면 얼마든지 광고를 금지할 수 있다. 그들이 광고 수입의 일정한 몫을 원한다면, 그들은 이에 대한 권리를 주장할 수 있다. 라이선스, 배급, 저작권 행사와 같은 업무를 중국과 같은 지역에서 대기업이 관리해 주기를 원한다면, 충분히 그렇게 할 수도 있다. 기간 제한을 두는 것도 가능하다. 기업들이 일정한 수준의 수입을 가져다주지 못한다면, 계약은 자동적으로 종료될 수 있다. 아티스트들은 자동화된 부수적 저작권 관리가 필요할 수 있다. 가능하거나 필요한 곳 어디에서든, 잠재적인 라이선스 이용자들은 아티스트가 정한 사용 조건과 요금을 받아들일지 말지 결정할 수 있다. 이 계약은 각 거래의 이행을 보장해 주고, 아티스트들에게 위반이나 종료 여부를 통지해 줄 수 있다.

경매/가변적 가격 책정 메커니즘은 콘텐츠의 프로모션과 버전 설정을 실험할 수 있다. 또한 음원을 요청할 때 부수적인 저작권에 대한 로열티 지급률을 정할 수도 있다. 예컨대, 소비자들이 음원을 내려받는 횟수가 폭증하면, 그 음원을 상업적 용도로 라이선스받은 광고주는 광고가 전파를 탈 때마다 자동적으로 더 많은 돈을 지급해야 한다.

평판 시스템은 비트코인 주소의 거래 이력과 소셜 미디어로부터 데이터를 수집하며, 해당 주소에 대한 평판 점수를 창출한다. 아티스트들은 딜을 협상하는 과정에서 잠재적인 거래 상대방의 신뢰도뿐 아니라 자신들에 대한 신뢰도를 수립할 수 있다. 같이 협업하는 아티스트들 사이는 물론, 아티스트와 소비자, 음반사, 상인, 광고주, 후원자, 라이선스 계약자 등의 사이를 불문하고 신뢰도를 수립하는 것이 가능하다. 아티스트들은 다중 서명 스마트 계약을 활용해 일정한 평판 표준을 충족시키지 못하거나, 계좌에 최소 요구 금액이 없는 주체와의 거래를 거절할 수 있다.

새롭고 공정한 음악 산업의 핵심은 아티스트들이 스스로 형성한 생태계의 한복판에 존재하며, 다른 생태계의 변방에 존재하지 않는다는 측면이다. 힙은 이렇게 말했다. "스포티파이와 유튜브를 위한 장소, 큐레이션을 위한 장소, 사용자들이 만든 콘텐츠를 위한 장소가 눈에 보입니다." "레코드 회사를 위한 장소도 눈에 보입니다. 우리는 여전히 수백, 수천만 시간에 이르는 음악, 온 지구에서 매일 만들어지는 수십억 비트의 음악과 예술 작품을 꼼꼼히 추려 낼 수 있는 사람들이 필요합니다."[22] 그들은 소프트웨어 템플릿을 활용해 블록체인상에서 적정하다고 생각되는 창조적인 협업자, 거대 음반사, 거대 배급사, 기타 다양한 소규모 중개자 들을 초빙할 수 있다.

자가 출시 아티스트: 새로운 음악 패러다임의 신호

이모젠 힙의 친구인 조에 키팅은 캐나다 출신 작곡가이자 첼리스트다. 그녀는 항상 자신의 음악을 스스로 통제해 왔다. 그녀는 모든 판권과 레코딩 원판을 자신이 소유한다. 그녀는 조심스럽게 자신에 대한 마케팅, 세일즈, 라이선스, 배급 전략을 관장한다. 앞서 언급한 복잡한 과정을 생각하면, 감탄을 금할 수가 없다. "나와 같은 아티스트는 기술이 없던 시대에는 나오기가 불가능했죠. 나는 지하에서 음원을 녹음해 인터넷에 배포해요." 키팅이 「가디언」에서 한 말이다. 인터넷은 그녀와 같은 독립적인 아티스트를 위해 놀이터를 깔아 주었다. 하지만 그녀가 거대 온라인 음원 배급자들과 일했던 경험은 이모젠 힙이 기존 음반사들과 겪었던 경험과 대동소이했다. "과거 지불 방식을 복제하는 수준의 서비스나 힘없는 사람들을 이용하는 것에 대한 변명이 아닙니다." 키팅의 말이다. "기업들은 주주뿐 아니라 전 세계와 아티스트들에게도 책임을 부담해야 합니다."[23]

키팅은 구글의 유튜브가 제시한 새로운 계약을 언급했다. 이 계약서는 비밀 유지 의무를 준수해야 했다. 몇 년에 걸쳐 그녀는 자신의 음악을 유튜브에 게시했고, 제삼자가 컨텐트 ID를 활용해 그녀의 음악을 업로드하면 이를 금전으로 바꿔 돈으로 받을 수 있었다. 컨텐트 ID는 저작권 침해가 발생하면 저작권자에게 자동으로 경보를 발동하는 프로그램이다. 키팅은 저작권 침해나 파일 공유, 로열티를 걱정하지 않았다. 그녀에게 상업적 스트리밍은 프로모션의 수단이자, 새로운 청취자들에게 다가서고 이용 현황 데이터를 분석할 수 있는 도구였다. 음원 서비스 회사들이나 히트 메이커들은 온디맨드 on-demand● 서비스를 통해 전체 카탈로그를 제공하고 상당한 수입을 벌어들인다. 그녀의 수입 가운데 대부분은, 새로운 앨범을 20~100달러를 지불하더라도 사고야 마는 열성 팬들의 주머니에서 나온다. 그녀는 우선 밴드캠프에 새로운 작품을 발표하고, 그런 다음 아이튠즈에 업로드한다. 마지막으로는 유튜브, 스포티파이, 판도라와 같

● 공급 중심이 아니라 수요가 모든 것을 결정하는 시스템이나 전략.

은 다른 서비스에 음원을 제공한다. 이러한 창구화 전략windowing strategy(한동안 특정한 채널에 독점적으로 콘텐츠를 배정하는 전략)은 그녀뿐 아니라 열성 팬들에게도 아주 효과적인 것으로 증명되었다. 그녀는 현재의 후원자들에게 감사하며, 새로운 관계를 발굴하고 있다.

유튜브는 뮤직 키라는 새로운 구독 서비스를 출시했다. 뮤직 키에 접속한 사용자들은 요금을 지급하면 광고를 차단할 수 있다. 키팅이 유튜브의 약관에 동의하면, 유튜브를 통해 자신의 음원을 현금화할 수 있다. 유튜브의 약관은 다음과 같다. 모든 카탈로그를 유튜브에 제공하고, 다른 어떤 서비스에도 음원을 공급하지 말아야 한다. 전부냐 제로냐를 선택해야 하는 것이다. 독립 음반사들은 그녀가 제시한 새로운 라이선스 조건을 싫어했다. 음반사들은 이러한 계약이 미칠 경제적인 효과에 더욱 심기가 불편했던 것 같다. 하지만 키팅은 이 계약 조건에서처럼, 자신의 음악에 대한 통제권을 자신이 보유하고 싶었다.

그녀는 비트코인 블록체인이 이러한 목표를 달성할 수 있는 기술로서 가능성이 충분하다고 생각했다. 그 첫걸음은 투명성에서부터 시작한다. "저는 모든 것에 투명성이 깃들 수 있다고 믿습니다." 그녀가 「포브스」에 한 말이다. "현재의 생태계가 어떻게 작동하는지 모르고서 어떻게 미래의 생태계를 구상할 수 있을까요?"[24] 예컨대, 키팅은 유튜브에 올라온 1만 5천 개의 동영상(댄스 공연, 영화, 텔레비전 드라마, 아트 프로젝트, 게임 코너)이 허락 없이 자신의 음악을 사운드트랙으로 사용하고 있다고 추정한다. 그녀는 이 많은 사용 실례를 자신의 성과로 활용할 수 있어야 하나, 그녀의 음악이 얼마나 유명한지 알 수 있는 회사는 유튜브만이다. 오직 닐슨의 사운드스캔 SoundScan이 다차원 배경의 일면을 대변한다.

힙과 마찬가지로, 키팅은 블록체인에 저작권을 등록하고 블록체인 상에서 저작권의 메타데이터를 활용하려 한다. 이러한 방식에 따라 사람들은 그녀가 저작권자라는 사실을 더욱 쉽게 추적할 수 있다. 그녀는 블록체인을 통해 파생되는 업무를 추적할 수 있다. 음원 메타데이터 분산 원장은 이를 창작한 사람뿐 아니라, 주로 연관된 사람이 누군지를 추적할 수 있다. 그녀는 사용 현황과 연관 관계를 가시화하고, 가변적 가격 책정을 위해 노래의 실제 가치를 계산하고, ASCAP이나 BMI와 같은 제삼의 블랙박스 없이도 협업자와 투자자들에게 지속적인 마이크로페이먼트를 이행할 수 있다.[25]

다시 한 번 주지하건대, 음반사나 기술 회사가 담당하는 역할이 전무하고, 아티스트들이 완전무결한 P2P 생태계에서 오직 자신의 힘으로 음악 활동을 할 수 있다는 이야기가 아니다. 우리가 이야기하는 것은 아티스트들에게 집중된 새로운 음악 생태계다. 여기에서 그들은 자신의 운명을 스스로 좌우하며, 그들이 창출하는 가치에 대한 합당한 보상을 받는다. 블록체인 기술은 아티스트들의 보상에 대한 새로운 표준을 창출하는 것이 아니다. 그 대신, 그들을 해방시켜 각자의 필요와 신념을 충족할 수 있는 끝없이 다양한 해결책들을 선택하고 표준화하도록 도와준다. 그들은 자신의 음악을 공짜로 제공할 수도 있고, 모든 것을 금전화할 수도 있다. 하지만 이는 어디까지나 그들의 선택에 달린 일이며, 음반사나 배급사가 선택권을 독점하지 않는다.

새로운 음악 생태계의 기타 요소, 기초 저작권 등록

음악 저작권에는 두 가지 근본적인 평면이 존재한다. 첫째는 저변의 작곡(악보나 가사)을 두고 전 세계적으로 통용되는 저작권이다. 보통은 언어와 형식에 관계없이 작곡가, 작사가가 이러한 저작권을 보유한다. 곡조와 가사는 별도의 저작권자에게 귀속될 수 있다. 작곡가, 작사가는 누군가가 곡을 녹음하거나 연주하고, 악보를 구입하고, 다른 장르에 응용하고(예컨대, 엘리베이터 무자크elevator Muzak•), 외국어로 번안하고, 문집이나 교과서에 음악을 삽입할 때마다 로열티를 받는다. 둘째는 디지털 파일이나 뮤직 비디오와 같은 매체에 실린 공연, 녹음된 음원을 두고 전 세계적으로 통용되는 저작권이다. 보통 공연자나 밴드 멤버들이 녹음된 음원에 대한 저작권을 보유하며, 이들은 라디오, 텔레비전, 인터넷에 음원이 연주될 때마다 로열티 수입을 올릴 수 있다. 이들의 수입은 텔레비전 드라마, 광고, 비디오 게임에 연동되며, 스트리밍 및 다운로드되거나 비닐, CD, DVD와 같은 물리적 매체에 담겨 팔릴 때마다 로열티 수입이 가산된다.

토론토의 인더스트리얼 록 밴드인 22Hertz는 조에 키팅이 이룩한 자율성에 영감을 받아 블록체인으로 눈을 돌렸다. 캐나다에서 노래 한 곡의 저작권을 등록하는 비용은 50루니이며, 인증서는 단지 작품의 제목만을 담고 있다. 밴드의 원년 멤버 랠프 멀러Ralf Muller는 가사나 음원이 도용당해도 법원에서 유용한 증거로 쓰일 수 없다고 생각

• 엘리베이터와 같은 공공장소에서 분위기를 좋게 하기 위해 사용되는 배경 음악.

해 해싱이라는 수단을 선택하기로 마음먹었다. 그는 OP_RETURN이라 불리는 함수를 통해 곡 전체의 해시를 창출했고, 이를 블록체인에 심었다. 누군가가 그의 가사나 음악을 사용했다면, 그는 블록체인상에서의 거래를 인지하고, 곡의 해시를 또 하나 만들고, 이 해시를 블록체인상에서의 해시와 비교해 자신의 소유권을 증명할 수 있다. 두 곡은 똑같기 마련이다. "OP_RETURN에서 해시를 인코딩하고, 이 해시값을 담은 블록이 블록체인에 부가되어 최상단에 기록된다면, 이를 되돌려 무언가를 바꾸기란 근본적으로 불가능합니다." 밴드의 온라인 스토어가 왜 비트코인을 수령하고, 비트코인 사용자에게 할인 혜택을 제공하는지 묻자, 멀러는 강한 어조로 이렇게 대답했다.

"나는 '늘 거기서 거기인 비즈니스'에는 관심 없어요."[26]

디지털 콘텐츠 관리 시스템

콜루Colu는 비트코인 블록체인 기술에 바탕을 둔 디지털 콘텐츠 관리 플랫폼이다. 이는 개발자나 사업가에게 저작권, 이벤트 티켓, 기프트 카드를 비롯한 디지털 자산에 접근하고 관리하는 툴을 제공해 준다. 진정한 분산형 음악 산업이 꽤 필요로 하는 부분이다. 콜루는 음악 기술을 선도하는 레버레이터Revelator와 협업해 저작권 관리 API**를 개발하고 있다. 그들의 목적은 이모젠 힙과 조에 키팅의 상상을 현실로 옮기는 일이다. 이로써 그들은 저작권, 디지털 배급, 실제 활

** Application Programming Interface. 운영체제와 응용 프로그램 사이에 사용되는 언어나 메시지 형식.

용 내역 등을 파헤칠 수 있다. API는 음악계의 인력들에게 시급한 투명성과 효율성을 제공할 수 있다. 레버레이터 설립자이자 CEO 브루노 구에즈Bruno Guez는 이렇게 말한다. "우리는 콜루의 플랫폼에 아주 큰 기대를 갖고 있습니다. 이 플랫폼은 음악 저작권의 관리를 단순화할 수 있습니다. 우선 작곡가와 작품과 연관된 저작권에서부터 출발합니다." "콜루 덕분에 블록체인의 복잡한 기술이 플랫폼으로 통합될 수 있었습니다. 우리가 만든 플랫폼 말입니다. 우리는 고객을 상대로 한 서비스 품질을 향상시킬 모든 방법을 탐색할 수 있을 것이라 기내합니다."[27]

새로운 아티스트와 레퍼토리

결국 모든 창조적 산업의 핵심은 인재를 발굴해 가르치는 것이다. 음악가들은 자연스럽게 멘토링에 익숙해지고, 「더 보이스The Voice」와 같은 경연 방송에서 "아티스트 앤드 레퍼토리Artist and Repertoire●" 역할을 수행한다. 블록체인은 이용 현황 알고리즘을 통해 이러한 종류의 A&R을 지원할 수 있다. 피어트랙PeerTrack을 생각해 보라. 피어트랙의 홈페이지에 따르면, 이는 음악 애호가나 아티스트들 모두에게 '최종적인 원스톱 뮤직 플랫폼'이 될 수 있다. 피어트랙은 스마트 계약을 아티스트가 업로드하는 모든 노래에 부착할 수 있고, 이 계약은 자동으로 공연자가 작사가, 작곡가, 기타 밴드 멤버와 맺은 계약

● 레코드 회사의 직무 중 하나로, 아티스트의 발굴, 계약, 육성, 그 아티스트에 맞는 곡의 발굴, 계약, 제작을 담당하는 일.

조건에 따라 수입을 분배해 준다. 아티스트들은 그들의 이름과 취향이 담긴 각자의 토큰을 생성한다. 이러한 토큰은 가상의 야구 카드와 유사하다. 토큰은 수집이 가능하다. 아티스트는 이용 가능한 토큰의 수를 설정할 수 있다. 말하자면, 한정판이 존재하는 셈이다. 기본 개념은 간단하다. 가치의 저장소를 만들고, 아티스트의 유명도와 상관관계를 지닌 가치 평가를 실시하는 것이다.[28]

사용자들은 필요에 따라 얼마든지 피어트랙의 전체 음악 카탈로그에 접근할 수 있다. 중간에 광고가 등장해 훼방을 놓을 일도 없다. 그들은 곡과 플레이리스트를 저장해 오프라인에서도 음악을 사용할 수 있고, 카탈로그에서 아무 곡이나 아무 앨범을 내려받을 수 있다. 스포티파이나 아이튠즈와 달리, 사용자들은 아티스트의 토큰을 구입할 수 있고, 베이스볼 카드와 같이 이러한 토큰을 거래할 수 있다. 아티스트의 평판이 올라갈수록 토큰의 가치도 올라가며, 따라서 사용자들은 아티스트가 유명해지기 전에 후원하는 아티스트로부터 재정적인 이득을 얻을 수 있다. 아티스트를 좋아하면 아티스트로부터 VIP 대우, 특별 혜택, 무료 서비스를 받을 수 있다. 이러한 인센티브는 스포티파이상에서 수동적인 청취자에 불과했던 사람들을 적극적인 프로모터로 전환시키고, 장기적인 열성 팬들을 확보할 수 있다. 피어트랙은 아티스트에게 다운로드와 스트리밍에 대한 대가를 더욱 많이 지급한다. 그들은 블록체인상에서 수입의 95퍼센트 가까이를 즉각적으로 수령할 수 있다. 아티스트들은 음원 다운로드 요금과 판매가를 설정할 수 있다. 피어트랙은 "이익을 추구하는 신인 스카우트와 큐레이터들은 차세대 대형 스타와 토큰을 찾아 나서고, 이들은

피어트랙의 사용자들이 투표하는 신인의 노래를 듣게 될 것이다"라고 주장한다.29

아티스트와 후원자를 체인으로 이어 주다

종래의 예술 시장은 폐쇄적이고 베일에 가려져 있기로 악명이 높다. 비교적 적은 숫자의 아티스트와 컬렉터들은 믿을 수 없을 정도로 거대한 시장 점유율을 차지하며, 신인이 기성 예술계에 진입하려면 지극히 제한된 좁고 먼 길을 뚫어야 한다. 데뷔에 성공하더라도, 개방성과 탈규제가 특징인 예술 시장의 특성상, 새로운 콘셉트와 새로운 매체로 실험하는 것을 장려하며 한편으로는 예술 시장을, 다른 한편으로는 자본 시장을 민주화하고 있다. 이 두 가지 측면 모두에는 비트코인 블록체인의 파괴적이고 변형적인 힘이 깃들어 있다.

아트레리Artlery는 자칭 아티스트들의 네트워크라 일컫는다. 이 네트워크에 속한 아티스트들은 그들의 수입 일부를 후원자와 피어들과 나누기로 약속했다. 후원자와 피어들은 아티스트의 작품과 사회적으로 인연을 맺은 사람들이다.30 아트레리는 블록체인상에 예술 담보부 화폐를 만드는 것을 목표로 삼고 있으며, 예술 애호가들에게 소유권을 분배하고, 다른 이해관계자들과 소통하며 이러한 과업을 진행하려 한다. 아트레리의 접근 전략은 저작권에 대한 인센티브를 시장의 모든 당사자에게 제공하는 것이다. 아티스트, 후원자, 큐레이터를 비롯해 갤러리, 박물관, 스튜디오와 같은 물리적 장소 또한 이러한 혜택의 수혜자가 될 수 있다. 이들은 어느 일방의 비용을 희생해 다른 일방의 왜곡된 동기나 유인을 희생하려 들지 않는다. 아티스트들을 후원하고 그들의 평판을 쌓아 주기 위해, 아트레리는 아티스트의 작품을 디지털화해 공개 상장을 시도한다. 아트레리의 애플리케이션을 활용하면 자존 프링스JaZon Frings, 데이비드 페라David Pera, 키스 홀랜더Keith Hollander, 벤턴 시베인브리지Benton CBainbridge, 바자르 틴스Bazaar Teens와 같은 아티스트들의 실제 작품들을 디지털로 복제할 수 있고, 이를 그림 퍼즐처럼 여러 조각으로 분해한 다음 각 후원자에게 배분할 수 있다. 이러한 배분은 각 후원자의 평가를 바탕으로 아트레리 애플리케이션상에서 이루어진다. 작품의 공개 상장 기간에, 후원자들은 아티스트가 커뮤니티에 할당한 특정 비율에 이를 때까지 작품에 대한 지분을 적립할 수 있다. 플랫폼이 성숙해지면, 아트레리는 작품에 대해 축적된 지분을 팔거나 거래하는 방안을 도입할 계획이다.

2015년 아트레리가 후원한 스탠퍼드 블록체인 서밋Stanford Blockchain Summit에서, 돈Don은 안젤름 스코그슈타트Anselm Skogstad의 EUR/USD 3081이라는 작품을 후원하기로 마음먹었다. 이 작품은 예술적으로 꾸민 유로화 채권을 커다랗게 확대해 58×44인치 디본드* 알루미늄 판에 인쇄한 것이 특징이다.

• 플라스틱 판 앞뒤에 얇은 알루미늄판을 붙여 제작한, 가볍고 강도가 높은 소재.

비트코인 블록체인을 통해 예술품 구입하기

돈은 작품을 구입하기 위해 그의 비트코인 월렛 애플리케이션을 열어 보았다. 그는 이 애플리케이션을 구동해 메시지를 창출했고, 이 메시지는 작품의 가격을 나타내는 비트코인 양이 얼마인지 특정하고 있었다. 또한 그는 아트레리의 공개 키를 비트코인의 수령자로 지정했고, '서명'을 하거나, 메시지를 인증하기 위해 자신의 개인 키를 활용했다. 돈은 모든 필드를 이중 점검했다. 기존 지급 방식과 달리, 비트코인 거래를 되돌리는 방법이 없기 때문이다. 이후 그는 캐나다 은행이 아닌, 완벽한 비트코인 블록체인을 운용하는 컴퓨터들의 모든 네트워크에 메시지를 송부했다.

이 컴퓨터들을 노드라고 언급하는 사람들도 있다. 노드는 처리 능력을 기부해 블록의 창조와 관련된 수학 문제를 푸는 데 이바지한다. 앞서 설명한 것처럼, 비트코인 커뮤니티는 이들을 '채굴자'로, 이들의 문제 해결 작업을 채굴이라 일컫는다. 마치 금을 채굴하는 것에 비유할 수 있다. 이 비유가 다소 어색한 이유는 초보자들에 비해 능력이 탁월한 전문가의 이미지를 연상시키기 때문이다. 하지만 실상은 그와 반대다. 각 채굴자들은 이면에서 효용 기능*을 담당하듯 소프트웨어를 구동하며, 이 소프트웨어가 모든 연산을 수행하고 있다. 진지한 채굴자들은 처리 능력을 최적화하는 방향으로 기기를 설정

* IT 용어로 테이프의 검색, 테이프 파일의 복사, 매체 변환, 동적 기억 장치 및 테이프 덤프(자기 테이프에 기록되어 있는 정보의 전체 내용을 컴퓨터가 다른 저장 매체로 옮기는 것)와 같은 보조적 기능.

하며, 에너지 소비를 최소화하고 빠른 네트워크 연결을 추구한다. 나아가 인력이 개입할 필요도 없고, 방해하는 인력을 용납하지도 않는다.

모든 노드가 채굴에 나서지는 않는다. 실제로 비트코인 네트워크 상의 노드들 대다수는 피어들의 네트워크에 라우팅하기 전에 수령한 데이터를 비트코인 규칙에 따라 검증하는 단순한 작업을 수행한다. 이 네트워크는 2비트의 데이터(돈이 비트코인 양을 통제했고, 거래를 승인했다는 정보)를 검증했고, 돈의 메시지를 거래로 인식했다. 채굴자들은 주문 내역이 없고 기록되지 않은 거래를 주문이 완료되고 기록된 거래로 전환해 데이터 블록에 담으려고 서로 경쟁한다. 거래 과정에서 각 블록은 논스nonce로 알려진 임의의 숫자뿐 아니라 직전 블록에 부착된 다이제스트나 해시를 포함해야 한다. 경쟁에서 승리하려면, 컴퓨터는 블록의 해시를 창출해야 하고 이 해시는 처음부터 일정한 숫자의 0을 포함하고 있다. 하지만 몇 개의 0을 포함하느냐는 무작위로 결정된다. 어떤 논스가 정확한 개수의 0을 지닌 해시를 생성할지는 예측하기 어렵다. 따라서 컴퓨터들은 올바른 값에 닿을 때까지 서로 다른 논스를 시도해야 한다. 그 어떤 편법도 불가능하므로 복권에 당첨되는 것과 마찬가지다. 하지만 인간은 최신 컴퓨터 처리 장치를 구입해 복권에 당첨될 확률을 높일 수 있다. 이 컴퓨터 처리 장치는 비트코인의 수학 문제를 푸는 데 특화되어 있다. 예컨대, 더 많은 티켓을 구입하면 복수의 고성능 노드를 돌리는 것과 마찬가지다. 아니면 사람들이 흔히 그러하듯, 자신의 노드와 다른 노드를 하나의 풀에 모을 수 있다. 한 사무실에서 일하는 동료들인 셈이다. 여기에서 노드 가운데 하나가 승리하면, 서로 몫을 나누게 된다. 이처럼 운, 처리 능력, 채굴 풀의 규모에 따라 승리가 좌우된다.

해시 비율은 비트코인 네트워크의 전체 처리 능력을 측정하는 지표다. 전체 네트워크의 해시 비율 총합이 높아질수록, 올바른 논스를 찾기가 어려워진다. 채굴자가 정확한 개수의 0을 지닌 해시를 발견한다면, 네트워크상의 모든 다른 채굴자와 작업 증명을 공유할 수 있다. 이는 분산형 컴퓨터 기술에서 또 하나의 엄청난 과학적 돌파구로 기록될 예정이다. 작업 증명을 활용해 네트워크의 합의에 도달할 수 있는 것이다. 이는 '비잔틴 장군의 문제Byzantine Generals' Problem'와도 유사하다.• 다른 채굴자들은 직후의 블록을 쌓는 방법을 통해 블록을 수용할 의사가 있다는 것을 알려 준다. 여기에서 직후의 블록은 새로 만든 블록의 해시를 포함해야 한다.

돈의 공개 키와 개인 키가 그에게 고유한 것처럼, 각 블록의 해시 또한 고유하다. 이는 마치 블록 내의 모든 거래를 검증해 주는 암호용 지문처럼 작동한다. 모든 블록의 지문은 각기 다르다. 승리한 채굴자는 정해진 양의 새로운 비트코인을 보상으로 받으며(소프트웨

• 비잔틴 장군의 문제는 다음과 같다. 비잔틴 1명의 장교가 n-1명의 부하에게 공격(=1) 혹은 후퇴(=0)라는 메시지를 전달한다고 하자(총 n명). 그런데 이 중 m명의 변절자가 숨어 있다. 변절자는 장교일 수도 있고, 부하일수도 있다. 이때 부하들은 다음과 같은 답을 구하고자 한다.
  - 만약 장교가 변절자가 아니라면, 부하들은 장교가 내린 명령을 정확히 인식해야한다.
  - 전체 부하들은 하나의 의견에 도달해야 한다.
  - 전체 부하들이 하나의 의견에 도달하는 시간은 유한해야 한다. 즉, 종료되어야 함.

어 자체가 새로운 코인을 주조하고 할당한다), 해시가 붙은 블록은 체인에 첨부된다. 이에, 돈이 자신의 메시지를 공지한 지 10분 만에 그와 아트레리는 돈의 비트코인 거래가 이른바 '소비되지 않은 거래 아웃풋'을 생성했다는 확인을 수령했다. 이는 곧 아트레리가 돈이 한 일을 똑같이 반복하면 아트레리 스스로 소비의 주체가 될 수 있다는 뜻이다. 아트레리가 전송할 양을 특정하는 메시지와 수령자의 주소를 공지하고, 자신의 공개 키를 활용해 거래를 인증하면 된다. 아티스트와 후원자들이 돈과 아트레리의 공개 키를 모두 알고 있다면, 그들은 두 당사자 사이의 딜이 완료되었다는 사실과 거래의 규모 또한 알 수 있다. 왜 공개 원장이라 부르는지 이해가 갈 것이다. 당사자들의 이름은 알지 못해도, 당사자들의 주소는 알 수 있다는 점에서 모든 거래는 투명성과 익명성을 동시에 띠고 있다. 모든 후속 블록은 그들의 거래를 지속적으로 확인해 주는 역할을 담당했다.

차세대 예술 후원자의 프로파일: 금전을 재정의하다

이제 돈은 유로화로 표시된 미술품의 권리에 대한 일정 지분을 보유한다. 현실의 작품이 팔리면, 아티스트와 전시 장소, 돈과 돈에 대한 사이버 공간의 후원자들은 모두 참여 정도에 따라 매출에 대한 지분을 수령한다. 달리 말하면, 후원자들의 참가가 중요하다. 적극적인 후원자들은 아티스트 및 작품과 교감을 맺고, 소셜 네트워크에 감상평을 공유하고, 아티스트와 작품을 권유하고, 아티스트의 브랜드를 광고하는 데 이바지하며, 온라인에서 한 번 보고 지분을 매입한 수동적인 후원자들에 비해 더욱 많은 지분을 수령할 수 있다. 이 책에 관련 내용을 집필하는 행위가 돈의 참여 점수에 직접 가산되는지는 확신할 수 없다. 아트레리는 감상평(아티스트와 작품을 긍정적으로 인용한 사례) 내용에 따라 작품 자체의 가치를 평가한다. 아마도 미래 시장에 풀리는 플랫폼들은 우리의 사례를 고려하게 될 것이다. 아트레리는 각 작품의 판매 지분을 할당하는 데 집중하고 있다. 미래의 플랫폼을 통해 후원자들은 작품의 소유권 지분을 직접 매입할 수 있다. 아마도 사용에 대한 로열티 수입이나 저작권 사용 허가에 대한 지분을 공유하는 방식이 될 것이다.

아트레리는 후원자들을 비롯한 다수 당사자와 직접적인 관계를 맺고, 그들을 이해당사자로 끌어들인다. 아트레리는 이 과정에서 회계 절차에 더욱 촉각을 곤두세운다. 공개 원장, 분산 원장으로 작용하는 블록체인은 거래를 투명하고, 정확하고, 시의적절하게 처리해준다. 최초 판매, 2차 판매, 인쇄물이나 캐릭터 상품과 같은 부수적 권리의 매출을 통해 수입이 늘어날 수 있고, 이 과정에서 각 아티스트들은 홀로 활동하지 않는다. 이해관계를 맺고 있는 후원자들의 커뮤니티가 그들 곁에서 활동하며, 이들은 아티스트들의 계약상의 권리를 협상하고 집행한다.

아트레리는 비트코인 블록체인을 몇 가지 방식으로 활용한다. 우선, 아트레리는 예술품의 출처를 블록체인상의 메타데이터로 등록한다. 아트레리는 이러한 등록 작업을 수행하기 위해 비트코인 스타트업, Ascribe.io와 파트너십을 형성해 API를 통합했다. 또한 아트레리는 매출액 테이블을 업로드하며, 모든 이해관계자는 이 테이블을 바탕으로 각자의 지분에 따라 즉시, 그리고 투명하게 대가를 수령할 수 있다. 아트레리는 이러한 정보를 인코딩하기 위한 다양한 기술을 모색하고 있다. 비트코인 스크립트도 그 실례다. 아트레리가 목표로 삼는 첫 시장은 순수미술 분야이지만 음악, 책, 영화와 같은 기타 저작권 산업에도 지대한 관심을 보이고 있다. 아트레리는 자신의 고유한 API를 출시하면서 이러한 시장을 겨냥하게 될 것이다.

블록체인상에서의 프라이버시

프라이버시권, 언론의 자유, 출판의 자유는 개방적이고, 자유롭고, 번영하는 사회를 만들기 위해 반드시 필요하다. 한편으로, 시민들은 프라이버시와 익명성을 바탕으로 소통할 수 있어야 한다. 다른 한편으로, 불이익을 걱정하지 않고 자유롭고 안전하게 발언할 수 있어야 한다. 온라인에서의 검열, 대형 기관과 시민 사회의 해킹, 에드워드 스노든Edward Snowden의 폭로 사건, 특정인에 대한 감시, 데이터 프래킹data fracking●으로 말미암아 성숙한 민주 사회의 시민들은 익명성과 암호화 기술을 찾기 시작했다. 이러한 수단 덕분에 그들은 신원을 가장할 수 있고, 허가된 사람들만이 접근할 수 있도록 전송 메시지와 저장 메시지를 섞을 수 있다.

● 정보를 얻기 위해 숨겨진 수단을 사용하는 것을 말함.

여기에서 몇 가지 난점이 등장한다. 정작 암호화 기술이 가장 필요한 나라에서는 개인이 암호화 기술을 사용하는 것을 법으로 금지하거나, 쉽게 사용할 여건을 갖추지 못했다. 바세나르 체제Wassenaar arrangement 는 기술이 진보한 국가들 간에 체결한 다자간 수출 통제 체제다. 이 협약은 '이중 용도' 품목, 말하자면 좋은 용도로도, 나쁜 용도로도 사용할 수 있는 품목의 수출을 규제하고 있다. 바세나르 체제의 원래 목표는 북한, 리비아, 이란, 이라크의 독재자들이 하이테크 제품을 손에 넣지 못하도록 방지하는 것이다. 공개 키 인프라와 같은 암호화 기술 및 익명성을 확보하는 기술은 이중 용도 품목으로 간주될 수 있다.

오늘날, 러시아와 중국 같은 국가들에서는 개인과 기업(외국 기업 포함)을 가리지 않고 이러한 기술을 활용하려면 허가를 얻어야 한다. 이 기술을 임의로 사용할 수 있는 국가에서는 정부(오바마 행정부조차)가 각 기술 기업에 '백도어 접근'을 포함하도록 주문하고 있다. 이는 말하자면 정상적인 인증 절차를 건너뛰고(예컨대, 패스워드 또는 다른 보안 코드를 통해 로그인), 인증이나 탐지 없이 컴퓨터와 데이터에 원격으로 접근할 수 있는 비밀스러운 수단이다. 이는 빅 브러더보다도 스멀스멀 퍼져 나간다. 최소한 빅 브러더는 모두가 그 존재를 알고 있다.[31] 여기에서 기술 기업들은 사용자들에게 백도어가 존재한다는 사실을 말해 줄 리 만무하다. 해커들 또한 백도어를 찾아내고 활용할 것이 분명하다.

"온라인상에서의 보안 및 프라이버시와 관련한 추세는 깊은 우려를 자아냅니다." 국제연합 인권 최고 대표 사무소의 특별 보고관 데이비드 카예David Kaye가 한 말이다. "암호화된 익명의 소통 방식은 법률을 집행하고 테러를 대비하는 공무원들을 좌절에 빠뜨립니다. 감시는 더욱 어려워지기 마련입니다. 일반적인 기준에서 비밀 유지의 필요성을 전제하더라도, 정부 기관들은 전반적으로 어떤 상황에서 합법적인 제한이 필요한지 가늠하지 못하고 있습니다."[32] 그는 법률 집행과 반테러 업무를 담당하는 기관들이 초국가적 협력을 비롯해 지금껏 주효했던 조사 업무와 억제 조치를 폄하하고 있다는 말을 덧붙였다.[33]

놀라운 일은 아니나, 전 세계 국가를 상대로 참정권을 비롯한 개인의 기본권(프라이버시와 언론, 출판, 집회, 결사의 자유, 종교의 자유, 주거 이전의 자유, 정치적 망명의 자유, 성적 자기결정권 등) 보장 순위를 매긴다면, 러시아는 114위, 중국은 꼴찌에서 두 번째인 160위에 랭크된다.[34] 그냥 우리 생각이지만, 미국도 크게 다르지는 않다. 미국은 28위다.

법원의 명령 없이 웹사이트를 차단하는 것은 이러한 국가들에서는 상당히 흔한 일이다. 또한 수많은 검열 기관은 검열 방지용으로 사용하는 가상의 사적 네트워크 소프트웨어를 어떻게 무력화시키는지 알고 있다.[35] 국경 없는 기자회에 따르면, 러시아는 2012년 블라디미르 푸틴이 대통령에 당선된 이후, 표현의 자유와 정보의 자유를 지속적으로 제한해 오며 더욱 많은 사이트를 폐쇄하고 있다. 이 중에는 위키피디아도 들어 있다.[36] 중국은 특정 데이터를 차단하는 기술을 확보해 중국판 트위터에 해당하는 웨이보상에서 홍콩의 '센트럴 점령' 민주주의 운동 및 천안문 사태 21주년과 관련한 용어의 검색을 차단하고 있다. 또한 모든 구글 서비스의 90퍼센트 가까이를 봉쇄하고 있다. 이러한 나라에서는 정부 온라인에 의심스러운 내용을 게시한 사람들이 감옥에 가는 경우도 비일비재하다. 2015년 중국의 주식 시장이 붕괴하면서, 국가 기관은 100명도 넘는 소셜 미디어 사용자를 잡아들였다. 그들의 죄목은 "공포를 조장하고 대중을 오도해 주식 시장과 사회의 혼란을 야기"한 것이었다.[37]

어디에서나 시민의 목소리를 탄압하려 들고, 인터넷과 같은 기술을 활용해 반대 세력과 외부 매체를 진압하려는 정부는 몇 가지 이유로 말미암아 블록체인 기술에 심각한 위협을 느끼기 마련이다. 첫째, 시민들과 기자들은 공개 키의 인프라를 활용해 정보를 암호화하고, 잠재적인 검열자와 공격자로부터 그들의 신원을 숨길 수 있다. 둘째, 정부가 정직하고 올바른 언론사에 후원금이 들어가는 것을 방해한다면 언론인들은 블록체인상에서 후원금을 모집할 수 있다. 그들의 주장에 우호적인 투자자들을 더욱 넓은 범위로 확보할 수 있고, 특히 익명으로 남고 싶은 투자자들을 끌어들일 수 있다. 마지막으로, 정부는 블록체인상에 기록된 정보를 파괴하거나 변경하지 못한다. 따라서 우리는 블록체인을 활용해 정부나 기타 권력 기관들이 자신의 행동에 책임지도록 만들 수 있다.

블록체인상에서 활동하는 크라우드펀딩 기자들을 생각해 보라. 운영 자금을 정부에 의지하는 언론사들이 돈 걱정에서 벗어난다면 기부자들의 익명성을 보장하며 자유롭게 정치적 견해를 펼칠 수 있다. 베테랑 중국인 기자들이 공개 키 기반 구조를 활용하는 코이니파이Koinify, 라이트하우스Lighthouse, 스웜Swarm 등의 분산형 P2P 크라우드펀딩을 이용한다면, 인터넷만 활용하는 시스템보다 송부자와 수령자의 신원을 더욱 안전하게 보호할 수 있다. 또 다른 거대한 블록체인 툴은 무료 모바일 앱인 겟젬스GetGems 다. 이

앱은 비트코인을 통한 인스턴트 메시징을 보호하고 금전화한다. 사용자들은 모든 파일을 안전하게 전송할 수 있다. 겟젬스는 SMS가 아닌 개인 이메일처럼 작동하기 때문이다.[38] 이러한 앱은 가능성의 시작일 뿐이다.

또 다른 해결책은 불변 원장에 스토리를 제출하는 분산형 플랫폼이다. 제출된 스토리는 원장을 독특하게 만들어 준다. 팩텀과 같은 회사는 이러한 플랫폼을 개발도상국에서 시도하고 있다. 기자들은 엔트리 크레디트를 구입할 수 있다. 엔트리 크레디트란 팩텀의 원장에서 엔트리를 생성할 수 있는 권리를 의미한다. 비트코인 원장과 마찬가지로, 사람들은 동일한 복사본을 얻을 수 있다. 또한 그 누구라도 여기에 무언가를 덧붙일 수 있으나 그 누구도 한 번 제출한 엔트리를 변경하지 못한다. 팩텀은 검열 방지 기제로 작동하는 커밋commit/리빌 커밋먼트 스킴reveal commitment scheme•을 갖고 있다. 예컨대, 중국에 있는 서버들은 내용을 문제 삼아 유효한 엔트리의 제출을 거부할 수 없다. 기자가 엔트리 크레디트를 파일링에 부가하면 기록이 완료된다. 정부 입장에서는 일정한 엔트리가 거슬릴 수 있으나, 중국 정부가 위키피디아에 한 것처럼 이들을 삭제하거나 차단할 수는 없다. 법원이 원장의 변경을 명한다면, 법원의 집행관은 법원의 결정을 반영하기 위한 새로운 엔트리를 생성할 수 있

• 암호학의 전문 용어로, 커밋먼트 스킴이란 상대가 선택(commit)한 값을 나중에 알게 한다. 예컨대, 메시지를 잠긴 박스에 넣어 두고 리시버에게 박스를 전달하면 박스 안의 메시지를 변경할 수 없다. 다만 리빌(reveal, 드러낼 시점)에 전달자가 박스의 키를 넘겨주면 메시지를 확인할 수 있다.

다. 하지만 이력은 영구히 남아 모든 사람이 이를 확인할 수 있다.[39]

세 번째 해결책은 중앙 서버를 통하지 않는 분산형 P2P 마이크로 블로깅microblogging •이다. 비트페이의 CEO 스티븐 페어는 사용자들이 자신의 데이터를 통제해 트위터나 페이스북을 어떻게 재창조하는지 설명했다. "페이스북과 같은 회사 하나만을 갖는 것이 아니라, 공통의 데이터베이스(블록체인)에 들어갈 수 있는 다양한 회사를 가질 수 있고, 그들의 독특한 사용자 경험을 구축하는 데 참여할 수 있습니다. 이들 가운데 일부 회사는 일정한 정보를 공유해달라고 요청할 수도 있습니다. 그들은 이러한 정보를 금전화합니다. 하지만 당신은 사용자로서 회사와 공유하는 모든 정보를 완벽히 통제할 수 있습니다."[40] 2013년에 미구엘 프라이타스Miguel Freitas가 개발한 트위스터Twister는 감성과 기능성에서 트위터와 유사하다. 트위스터는 비트코인과 비트토렌트 프로토콜을 실행하는 무료 소프트웨어를 활용하며, 전체 과정에서 암호화 기술을 구현해 그 어떤 정부도 사용자의 통신을 감시할 수 없다.[41]

 학습용 스마트 월렛

이토 조이치Ito Joichi는 크게 성공한 엘리트 기업가로, 빌 게이츠, 스

• 한두 문장 분량의 단편적 정보를 해당 블로그에 관심 있는 개인들에게 실시간으로 전달하는 새로운 통신 방식.

티브 잡스, 비즈 스톤, 마크 저커버그처럼 디지털 경제에서 활용될 새로운 발명품을 만들기 위해 대학을 그만두었다.[42] 이토의 표현대로, 한 가지 아이디어를 파고들어 뉘앙스를 깊이 이해하면 강의실에서 선지자를 끌어내 사업에 투입할 수 있다. 이것이 바로 우리의 기업 문화가 지닌 특징이다. 헨리 포드와 월트 디즈니는 대학 졸업장 없이도 자신의 열정을 좇았다. 따라서 MIT가 이토를 전설적인 미디어 랩Media Lab의 관리인으로 선택한 것은 상당한 역설에 속한다. 미디어 랩은 문화와 관련된 모든 디지털 자료의 보고와도 같은 연구소다.

타이밍은 완벽했다. "나는 미디어 랩에 오기 전에도 전자화폐에 흥미를 갖고 있었습니다. (…) 나는 1990년대 디지캐시가 유행했던 시절부터 초창기의 디지털 테스트 서버를 운영했습니다. 내가 처음에 쓴 책은 '디지털 캐시Digital Cash'라는 제목의 일본어 서적이었죠. 나는 일본 중앙은행에서 근무하던 사람과 공동으로 이 책을 집필했습니다. 난 오랜 기간 이 분야에 흥미를 느꼈고, 지금껏 내가 해 온 많은 일을 설명해 줍니다."[43]

그가 미디어 랩에 몸담았을 때, 많은 교수가 핵심 원리(합의 모델, 암호화 기술, 컴퓨터 보안, 분산 시스템, 경제)와 연관된 비트코인의 특징을 수박 겉핥기식으로 파악했을 뿐 그 누구도 여기에 특별히 집중하지 못했다. 그는 MIT 학생들이 모든 학부생에게 비트코인 100달러씩을 제공하는 MIT 비트코인 프로젝트를 출범했는데도, 비트코인을 둘러싼 근본적인 연구에 매진하는 교수는 단 한 명도 없었다.

이토는 법률, 기술, 개발에 따른 난점을 해결하기 위한 팀을 구성하고, 홍보 체계를 갖추는 것이 시급하다고 생각했다. 그는 이모젠 힙만큼이나 초조함을 느꼈다.

블록체인 기술은 인터넷 기술보다도 더욱 빠른 속도로 진화하고 있으나, 학문적인 연구는 이를 뒤따르지 못한다. 비트코인 프로토콜의 핵심 개발자들은 조금씩 평판을 회복하고 있다. 비트코인 재단Bitcoin Foundation은 파산했고, 이사회 멤버 마크 카펠레스Mark Karpeles는 그의 마운트곡스 교환소에서 횡령을 한 죄로 일본에서 체포되었다. 이토는 재빨리 행동을 개시했다. 그는 미디어 랩에서 전자화폐 구상Digital Currency Initiative, DCI을 기획한 다음 전임 백악관 보좌관 브라이언 포드Brian Forde를 고용해 지휘봉을 맡겼다. 그는 세 명의 비트코인 핵심 개발 인력을 DCI로 섭외한 다음, 그들이 코드에 집중할 수 있도록 안정적인 자리를 보장하고 지원을 아끼지 않았다.

그는 비트코인에 관심 있는 상아탑의 네트워크 창조가 중요하다고 생각했고, 지금 이러한 과정이 진행 중이다. "우리는 과정을 설계하고, 연구를 진행하는 중이지만, 여전히 초창기 단계에 머물러 있습니다." 그는 이렇게 덧붙인다. "우리는 프로그램을 지원하기 위한 기초 자금을 지금에서야 확보했습니다. 또한 교수단과 학생들의 관심을 끌어모으기 위해 노력하고 있습니다." 나아가, 그는 MIT 미디어 랩이 고등 교육 과정을 다시 개발해 그와 같은 사람들이 중도에 그만두지 않고 랩과 같은 다양한 장소의 가치를 향유할 수 있도록 만들기를 바랐다. 상아탑의 미래를 선도할 기회인 것이다.[44]

앞서가는 블록체인 이론가이자 학자인 멜라니 스완은 학생들에게 블록체인을 어디에서 가르쳐야 할지 더욱 구체적으로 설명했다.

그가 말한 장소는 기존의 대학 캠퍼스가 아니었다. 다름 아닌 블록체인상에서였다. "모든 일의 방식이 철저한 혁명을 겪는 셈입니다. 상아탑은 블록체인과 같은 새로운 것들을 학문적으로 생각하기에 적합한 장소가 아닙니다." 그녀는 이렇게 말했다. 예컨대, 학술 저널에 연구 결과를 제출하고 출판 여부를 알기 위해 6~18개월 기다리기보다, 학자는 나카모토 사토시가 제한된 범위의 피어들에게 한 것처럼 논문을 즉시 게재하고, 실시간으로 리뷰를 받아 보며 필요한 정도의 신뢰를 수립해 더욱 많은 독자를 상대로 출판할 수 있다. 리뷰어들은 레디트의 회원들이 하는 것처럼, 찬성과 반대 의견을 투표할 수 있다. 이로써 학자들은 어떠한 논문을 진지하게 받아들일지 판단할 수 있다. 이 논문은 심지어 공짜로 열어 볼 수 있다. 하지만 다른 과학자들은 더 깊은 분석 내용을 구독하거나 댓글로 의견을 교환할 수 있다. 학자는 스마트 계약을 활용해 원본 데이터의 사용을 허락하거나, 다른 과학자들과 공유할 수 있다. 논문 내용에서 상업적 기회를 포착할 수 있다면 연구비를 지원한 사람이 발견에 대한 권리를 주장할 수 있을지 고려해 저작권을 사전에 확보할 수 있다.

스원은 블록체인 연구소의 창립자다. "이 기술의 습득을 뒷받침하는 교육 인프라 구축이 태동하고 있습니다. 분명 모든 만남, 사용자 단체, 해커톤은 엄청나게 유용합니다." 그녀는 이렇게 말했다. "최근 모든 전략 컨설팅 회사, 회계 컨설팅 회사들은 블록체인 실습 단체를 확보하고 있습니다. 게다가 블록체인 대학Blockchain University과 같은 교육 기관도 존재합니다."[45] 스원은 싱귤래리티대학Singularity University•에서 블록체인 워크숍을 가르치고 있다.

그녀는 학부생이 이른바 '교육 소믈리에'로 변하는 교육 시스템을 언급한다. 이 시스템은 관심사와 필요한 기술에 맞춰 인증 과정을 짝지어 주고, 이는 온라인 대중 공개 강좌Massive Open Online Course, MOOC로 확장된다. "MOOC의 이점은 분권화된 교육입니다. 따라서 저는 코세라Coursera••를 통해 스탠퍼드대학의 앤드루 응Andrew Ng 교수가 펼치는 최고의 머신 러닝 강의를 들을 수 있습니다. 이것 말고도 최고 수준을 자랑하는 MIT의 다른 강의 또한 들을 수 있습니다." 따라서 학생들은 세계 어느 곳에서라도 자신에 맞는 계발 프로그램에 회비를 납부하고 인증을 받을 수 있다. 그녀는 이렇게 설명했다. "GRE나 GMAT, LSAT를 치르려는 사람들은 ID만 있으면 얼마든지 지원할 수 있습니다. ID는 해당 지역에서 그가 어떤 사람이라는 것을 확인해 줍니다. ID를 갖고서 시험을 치르면 되고, 이러한 지역적 확인은 쉽사리 MOOC 인프라의 일부를 구성합니다."

스윈은 블록체인상에서 MOOC 인증을 진행하고 학생들의 채무를 다루는 방법을 연구해 왔다. 블록체인은 이러한 목표를 위해 세 가지 요소를 제공한다. (1)코세라 수업에 등록한 학생들이 실제로 이 과정을 마쳤고, 시험을 보고 교재를 마스터했는지 알 수 있는 신뢰 가능한 사실 확인 메커니즘(보증서의 역할을 수행함), (2)금액 결

• 괴짜 발명가이자 미래학자인 레이 커즈와일 구글 엔지니어링 이사가 2008년 미국 실리콘 밸리에 설립한 과학과 기술을 바탕으로 미래를 예측하고 그에 대한 해결책을 연구하는 기관.
•• 2012년 개설한 세계 최대의 MOOC 플랫폼. 스탠퍼드대학, 예일대학 등 세계 100여 개 대학이 참여하고 있음.

제 메커니즘, (3)학습 계획을 구성하는 스마트 계약이다. 학습을 위한 스마트 계약을 생각해 보라. "자아 계발을 위한 재정 지원을 목표로 삼으면 어떨까요? 키바Kiva●●●처럼 말이죠. 여기에서 키바란 학습을 위한 키바를 의미합니다." 스원의 말이다. 단, 모든 것은 고도의 투명성을 유지해야 하고, 참가자들은 책임을 부담해야 한다. 기부자들은 각 개인을 후원할 수 있고, 그들의 학습을 위해 기부할 수 있고, 그들이 이룩한 성과에 따라 대가를 받을 수 있다. 그녀는 이렇게 말했다. "케냐의 문맹 퇴치 프로그램에 들어온 학생을 후원하고 싶다고 가정해 보십시오. 매주 이 아이는 읽기 모듈을 마쳤다는 증거를 제출해야 합니다. 이러한 과정은 온라인 테스트를 통해 완벽히 자동화되며, 블록체인이 아이의 신원을 확인하고 개선도를 기록합니다. 이 작업이 완료되어야 다음 주의 수업료 지원이 가능합니다. 후원자들은 '학습용 스마트 월렛'에 돈을 넣는 방식으로 아이들을 지원하며, 아이는 어떠한 방해도 없이 수업료를 납부할 수 있습니다. 여학생의 수업료가 남동생의 수업료로 전용되는 일은 벌어지지 않습니다."[46]

 블록체인에서의 문화, 그리고 당신

한 세대에서 두 번의 세계 대전을 겪고 난 이후, 글로벌 리더들은 정

●●● 키바는 온라인 P2P 마이크로파이낸스 회사로 개인 간의 무담보 금융 서비스를 제공한다.

치, 경제 협약이 결코 장기간의 평화를 유지할 수 없다는 결론에 도달했다. 이러한 환경은 변한 지 오래며, 때로는 종종, 때로는 근본적인 변화를 겪어야 했다. 평화는 사회가 공유하는 도덕적 가치, 연구의 자유와 같은 더욱 풍요롭고, 더욱 보편적인 무언가에 깃들어야 했다. 1945년, 36개국이 평화적인 문화를 구축할 교육 체제를 수립하기 위해 한자리에 모였다. 이 기구의 이름은 유네스코다. 오늘날의 세상에서 목표로 삼는 것은 "문명, 문화, 사람들 사이에 대화가 가능한 환경을 창조하는 것이다".[47]

블록체인 기술을 통한다면, 음악가, 아티스트, 저널리스트, 교육자들의 노력을 공정하게 보상하고, 간직하고, 보호하는 세상이 모습을 드러낼 것이다. 우리 모두가 이들을 보호해야 한다. 인간은 본능이 아닌 아이디어로 살아남은 종족이다. 창조적인 산업이 융성하고, 창조적인 인력들이 생계에 어려움을 겪지 않아야 모든 인간에게 혜택이 돌아갈 수 있다. 나아가, 그들을 통해 우리 경제의 미래를 엿볼 수 있다. 최근에는 생산자와 소비자 모두가 우리의 삶에 새로운 기술을 도입하고, 그러한 기술에 적응하고 있다. 창조적인 산업은 그 어떤 산업에 비해서도 더욱 신속히 이러한 세태를 보여 준다. 음악인들은 다수를 위해 혁신을 시도한 대표적인 선구자들이며, 종종 그들 자신의 비용을 투입하는 손해마저 감수해야 했다. 이처럼 헌신적인 사회 구성원들은 우리에게 많은 영감을 선사하며, 모든 기업 임원, 정부 관료, 기타 단체의 리더들은 새로운 디지털 시대를 대비하고 그들로부터 많은 것을 배울 수 있다.

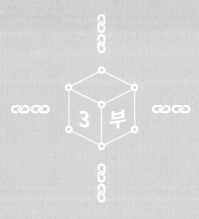

3부

블록체인이 가져올
미래와 불안 요인

BLOCKCHAIN REVOLUTION

1장

실행을 가로막는 열 가지 도전

레프 세르게예비치 테르멘Lev Sergeyevich Termen은 재능 넘치는 음악인이었다. 하지만 그는 물리학에도 취미가 있었다. 20세기가 도래하기 직전, 러시아의 귀족으로 태어난 테르멘은 차르 전제정치를 타도하려는 볼셰비키 혁명에 합류했다. 그가 처음 목표로 삼은 것 중 하나는 전기 전도성과 다양한 가스의 기능을 측정하는 장치를 개발하는 일이었다. 그는 가스 램프, 고주파 진자, 심지어 최면술까지 실험했다.[1] 진자는 원만히 작동했고, 테르멘의 상사는 달리 응용할 방법을 찾아보라고 격려했다. 두 가지 응용 사례는 전설로 남아 있다. 이 응용 사례의 변덕스러운 특징은 유리가 없는 램프처럼, 사이에 아무것도 없는 두 금속 전극에서부터 시작되었다. 테르멘은 이 공간에 가스를 주입하면, 가스의 전기적 성질을 측정할 수 있다는 것을 발견했다. 그의 설계는 몹시 훌륭했다. 그는 다이얼을 헤드폰으로 교체해 시각적인 읽기보다는 음향을 선택했고, 각 가스가 생산하는 신호의 피치를 모니터링했다. 마치 영화 「백투더퓨처」에 등장하는 에미트 브라운 박사의 차고 속 타임머신에 비견할, 시대를 초월하는 발명품이었다.

TED 강연을 들은 사람들과 기술의 역사를 공부한 학생들은 이 이야기의 결말을 잘 알고 있다. 음악을 만드는 새로운 도구가 난데없이 생겨났다. 테르멘이 자신의 손을 금속 전극에 갖다 대자 신호의 피치가 변했고, 손동작을 정확히 바꾸면 피치를 임의로 조정할 수 있었다. 그는 이 장비를 '에테르폰'이라 불렀다. 지금 이 장치는 그의 영어식 이름을 따 테르민이라 불린다. 다른 응용 사례는 이 장치를 대규모로 확대한 버전으로, 몇 미터 반경 내에서 움직임을 감지했다. 이는 최초의 동작 감지기로, 대기의 보초병이었다. 그는 크렘린에서 이 두 가지 기구를 모두 사용했다. 자신의 에테르폰을 레닌 동무의 방종을 위한 수단으로 활용한 것이다. 레닌이 에테르폰을 좋아하자, 그는 소련의 황금을 은닉하는 데 동작 탐지기를 활용했다. 누군가가 황금 주변의 전자 라인을 밟으면, 무음 경보가 발동했다. 빅 브러더가 전기적인 눈을 갖게 된 것이다.

이 이야기의 윤리적 메시지는 단순하다. 테르멘의 장치는 세상에 빛과 어둠을 동시에 가져왔다. '우리의 전자 동무Our Comrade the Electron'라는 이름의 가슴 아픈 토론에서, 마시에이 세글로스키Maciej Ceglowski는 모든 테르멘의 발명 가운데 이 두 가지를 지적했다. 그들이 아무것도 없는 허공에 형태를 입히자, 어둠의 힘이 이것을 강탈했다. 심지어 레닌은 그의 선동 문구에 전기를 끌어들여 공산주의를 국토에 전기가 깔린 소련의 힘과 동일시했다.[2] 하지만 테르멘과 그의 동료들을 이용한 것은 스탈린이었다. 스탈린은 그들을 콜리마 굴락Kolyma Gulag•에 밀어 넣고, 폭정의 도구를 발명하도록 강요했다.

앞서 다룬 것처럼, 비트코인은 각양각색의 캠페인에 대규모로 사용될 수 있다. 다른 혁명적 기술과 마찬가지로, 비트코인 블록체인은 양면성을 지니고 있다. 앞의 내용에서처럼, 우리는 이 기술의 다양한 전망 속으로 독자들을 인도했다. 이 장에서는 열 가지 장애물-전망과 위험에 초점을 맞추고자 한다. 이 가운데 몇 가지는 기술적으로 난해하다는 점을 양해하기 바란다. 이러한 이슈를 너무 간단히 축약하는 것은 사려 깊지 못하다고 생각한다. 우리는 정확한 내용을 알기 위해 어느 정도 자세한 내용을 알 필요가 있다.

또한 이 장을 읽고 난 후, 블록체인 혁신자들 앞에 심각한 장애물이 존재한다는 사실을 알고서 그들을 멀리 하고 싶은 생각이 들 수도 있다. "블록체인 자체가 좋지 않은 아이디어"일 수도, "극복해야 할 실행의 어려움"에 불과할 수도 있다는 사실을 고려하기 바란다. 우리는 후자라고 생각한다. 또한 제2세대 인터넷으로 넘어가는 지금, 혁신가들이 이러한 어려움을 창조적으로 풀어야 할 중요한 문제로 바라보았으면 하는 바람이다. 우리는 각각의 어려움에 대한 나름의 해결책을 제시할 생각이다. 마지막 장에서는, 블록체인의 전망을 현실로 옮기기 위해 우리가 전반적으로 할 수 있는 일이 무엇인지 생각해 보기로 한다.

• 스탈린 시대의 강제 노동소로, 아우슈비츠보다 잔혹했던 것으로 유명하다.

이 책을 저술하는 지금, 대부분의 사람은 암호화폐나 비트코인에 대한 인식이 모호하다. 블록체인 기술을 들어 본 사람도 거의 없다. 독자인 당신은 앞서가는 생각을 지닌 드문 부류에 속한다. 비트코인은 피라미드 조직과 자금 세탁에서부터, 가치를 추구하는 경제 고속도로 상에서의 금전적인 이지패스E-ZPass에 이르기까지 다양한 이미지를 구축하고 있다. 어느 쪽이든 인프라가 무르익은 상태는 아니며, 여기에는 다양한 논란이 뒤따른다.

난점은 다양한 평면으로 드러난다. 첫 번째 난점은 공상 과학 작가 윌리엄 깁슨William Gibson의 "미래가 여기 있으나, 미래를 위한 인프라는 불평등하게 배분되었다"라는 말로 표현할 수 있다. 그리스 시민들이 2015년 국가 부도 위기를 겪던 당시 비트코인을 알았다면, 그들은 그 상황에서도 아테네 어디에서든 비트코인 ATM 기기나 비트코인 교환소를 설치해야 한다는 커다란 압력에 시달렸을 것이다. 폭락하는 신용화폐를 헤지하고 싶어도 드라크마를 비트코인으로 바꿀 수 없었을 것이다. 컴퓨터 과학자 닉 서보와 정보 보안 전문가 안드레아스 안토노풀로스는 사고에도 작동이 중지되지 않는 탄탄한 인프라가 중요하다고 주장했다. 안토노풀로스는 그리스의 위기 당시, 블록체인 인프라가 미비했으며 비트코인 유동성이 부족해 전체 인구가 문제 있는 신용화폐를 비트코인으로 바꾸기는 무리였다고 말했다.

다른 한편으로, 비트코인 블록체인은 그리스에서 도입하기에 시기상조다. 이것이 바로 두 번째 난점이다. 활용을 가로막는 거대한 장애물을 제거하기에는 보안 통제 능력이 받쳐 주지 못한다. "이 시스템은 1천만 명을 한 번에 수용하기에는 거래 용량이 부족합니다. 하룻밤에 사용자 베이스가 10배 늘어난 셈이죠." 안토노풀로스는 말했다. "AOL*이 230만 개의 이메일 계정을 인터넷에 투하했을 때 어떤 일이 벌어졌는지 기억하시나요? 스팸 메일 방어와 인터넷 예절에서 아직 준비가 덜 되었다는 것을 금세 알 수 있었습니다. 이러한 문화를 갖추지 못한 230만 명의 신규 가입자를 흡수하기에는 역부족이었습니다. 성숙하지 못한 기술이 감당할 수 있는 일은 아니었죠."[3] 블록체인은 용량 문제, 시스템 고장, 예상치 못한 버그에 민감하며, 무엇보다 가장 치명적인 것은 정교한 기술을 갖추지 못한 사용자들이 블록체인에 상당한 실망을 느낄 수 있다는 점이다. 이 모든 것이 지금의 블록체인에서는 불필요한 요소들이다.

위와 같은 난점은 보통 사람이 접근하기 어렵다는 세 번째 난점과도 이어진다. 블록체인은 월렛 기반이 미비하고, 여러 인터페이스가 사용자 비친화적이라는 단점을 지니고 있다. 사용자들은 영숫자 코드와 고도의 IT 전문 용어를 감내해야 한다. 대부분의 비트코인 주소는 1이나 3으로 시작하는 26개에서 35개 사이의 문자열로 구성되어 있으며, 주소를 쳐 넣는 것 또한 보통 어려운 일이 아니다. 타일러 윙클보스는 이렇게 말했다. "구글닷컴에 접속하려면 복잡한 숫자열을 쳐 넣을 필요가 없습니다. IP 주소 또한 직접 입력할 일이 없

---

* America Online, Inc. 인터넷 서비스를 주력 사업으로 하는 미디어 기업.

죠. 이름과 기억할 수 있는 단어 하나만 입력하면 됩니다. 비트코인 주소 또한 마찬가지죠. 비트코인 주소가 보통 사용자에게 노출되어서는 곤란합니다. 별것 아닌 듯해도, 실은 상당히 중요합니다."[4] 이처럼 블록체인은 기본적인 인터페이스와 사용자 경험에서도 아직 미비한 점이 많다.

비판적인 사람들은 장기간의 유동성 부족에 상당한 우려를 표명하고 있다. 비트코인은 물량이 한정되어 있기 때문이다. 2140년까지 풀릴 수 있는 비트코인의 물량은 2,100만 개로 한정되며, 채굴 또한 일정한 비율에 따라 점차 감소되기 마련이다. 비트코인은 이처럼 인플레이션을 방지하기 위한 독점적이고 재량적인 규제 기반 화폐 정책이며, 이는 다양한 신용화폐에서 일반적으로 찾아볼 수 있는 현상이다. 사토시는 이렇게 말했다. "귀금속과 상당히 유사합니다. 가치를 동일하게 유지하기 위해 공급을 바꾸는 것이 아닙니다. 공급은 사전에 결정되고, 가치는 변화합니다. 사용자의 숫자가 늘어나면서, 코인의 가치는 증가합니다. 선순환 구조가 형성될 가능성이 높아집니다. 사용자가 늘어날수록 가치는 올라가고, 가치가 올라가면 늘어난 가치를 활용하려는 더 많은 사용자를 끌어모을 수 있습니다."[5]

극단적인 경우는 어떨까? 잃어버린 월렛에 저장되거나, 주인이 개인 키를 잃어버린 주소에 송부된 코인은 회복이 불가능하다. 이러한 코인들은 블록체인상에서 잠을 자고 있으며, 유통되는 코인의 총량은 2,100만 개보다 적기 마련이다. 얼리어댑터들은 금에 집착하는 것처럼 비트코인에 집착하는 경향이 있다. 그들은 비트코인의 가치가 금과 마찬가지로 언젠가는 증가할 것이라 믿는다. 따라서 그들은 비트코인을 거래의 수단이라기보다는 하나의 자산으로 취급한다. 경제 이론가들에 따르면, 인플레이션이 없거나 미미한 경우 비트코인 소유자들은 비트코인을 소비하기보다 갖고 있는 편을 선호한다. 하지만 신뢰할 수 있는 비트코인 교환소들이 소비자들의 비트코인 거래를 촉진한다면, 거래의 빈도와 규모는 늘어나기 마련이다. 더욱 많은 상인이 비트코인을 결제 수단으로 받아들인다면 비트코인을 갖고만 있던 사람들은 비트코인으로 물건을 구입할 테고, 더욱 많은 비트코인을 시장에 풀 수 있다. 상인들이 비트코인으로 표시된 기프트 카드를 발급한다면, 더 많은 사람이 암호화폐에 노출되고 더욱 편리하게 비트코인을 거래할 수 있을 것이다. 그렇다면, 사람들은 비트코인을 끌어안고 있을 이유가 없어진다. 비트코인 프로토콜을 옹호하는 사람들은 비트코인이 10개의 소수 자리로 표시되므로(제일 끝단의 비트코인 자릿수를 사토시라 부른다. 100만 분의 100비트코인을 의미한다), 비트코인의 수요가 늘어나면서 비트코인의 최소 단위가 지닌 구매력은 늘어나게 된다. 프로토콜을 변경해 더 잘게 분해할 수도 있다. 말하자면, 피코페이먼트(1조 분의 1 비트코인)를 가능하게 만들어 잠자고 있던 자투리 비트코인을 다시 채굴할 수도 있다.

다섯 번째 난점은 긴 대기 시간이다. 비트코인 블록체인 네트워크에서 거래를 청산하고 결제하려면 10분이 걸린다. 이는 대부분의 결제 메커니즘에 비해 전체 과정을 훨씬 단축하는 것이다. 하지만 판매 시점에 거래를 즉시 청산하는 것은 문제가 아니다. 진짜 문제는 장비의 지속적 소통을 보장해야 하는 사물 인터넷에서 10분이라는 시간이 너무 길다는 것이다. 핵심 개발자 개빈 안드레센은 이렇게 말했다. 서로 이어진 수조 개의 사물에 대한 해결 방안을 찾는 것은 "비트코인과 또 다른, 별도의 설계 공간을 확보하는 일이다". 이러한 공간에서는 대기 시간이 더욱 중요해진다. 또한 사기 행위는 별문제가 아니며, 당사자들이 비트코인 네트워크 없이도 수용 가능한 수준의 신뢰를 확보할 수 있는 것이 특징이다. 10분이란 시간은 특정 자산을 특정 가격으로 취득하는 것이 중요한 금융 거래에서도 너무나 긴 시간이며, 트레이더들은 이러한 대기 시간으로 말미암아 시장에서의 타이밍 공격과 같은 시간차 차익 거래에서 약점에 노출된다.[6] 기업가들을 위한 즉각적인 해결 방안은 비트코인의 코드 베이스를 포크하는 것이다. 말하자면, 몇 가지 파라미터를 변경해 소스 코드를 바꾸고, 참여를 촉진하기 위한 유인책으로 비트코인 대신 알트코인을 도입한 새로운 블록체인을 출범하는 것을 의미한다. 라이트코인Litecoin은 널리 알려진 알트코인으로 2.5분의 블록 타임을 자랑한다. 리플Ripple과 이더리움은 분 단위의 대기 시간이 아닌, 초 단위의 대기 시간을 갖고 있는 블록체인 플랫폼을 새로이 개발했다.

여섯 번째 난점은 행동의 변화다. 이 개념은 단순한 네티켓에 그치지 않고, 더 심오한 의미를 지닌다. 오늘날 많은 사람이 회계에서 실수하거나, 패스워드를 잊거나, 월렛이나 수표집을 잃어버렸을 때 은행이나 신용카드 회사에 의지하며, 개인적으로 아는 사람에게 상담하는 경우도 있다. 은행 계좌를 지닌 대부분의 사람은 돈을 잃을 수 있는 만일의 경우를 대비하지 않는다. 그들은 플래시 드라이브나 2차 저장 장치에 계좌 정보를 백업하거나, 서비스 제공자의 패스워드 리셋 기능에 의지할 필요 없도록 패스워드를 보존해 두거나, 컴퓨터 장비를 잃어버리거나 불에 탔을 때를 대비해 별도의 장소에 백업 자료를 두는 일이 드물다. 이러한 규율이 없다면, 그들은 지폐를 매트리스 속에 욱여넣는 편이 나을 것이다. 더 많은 자유(더 많은 프라이버시, 더 강력한 보안, 제삼자의 비용 부담과 시스템 고장에서 자유로운 자율 운영 방식)에는 더 큰 책임이 뒤따른다. 개인 키를 안전하게 백업하고 싶지만 스스로를 믿지 못하는 소비자들을 위해 제3의 저장소 제공자들이 백업 서비스를 제공할 수 있다.

일곱 번째 난점은 사회적 변화다. 금전은 여전히 사회의 가치관을 반영하는 사회적 산물이다. 금전이란 사회의 내생적 요소이며, 인간관계의 부산물로서 자연스럽게 세상에 모습을 드러낸다. 또한 변화를 거듭하는 인간의 수요에 맞춰 스스로 탈바꿈한다. 「파이낸셜 타임스」의 이자벨라 카민스카는 이렇게 말했다. "사회에서 금전을 없애기란 불가능합니다." "하지만 이러한 프로토콜 가운데 상당수는 절대주의자와 고도로 객관화된 시스템을 창조해 금전이 없는 사회를 시도하고 있습니다. 이들은 세상을 있는 그대로 반영하지 않습니다." 그녀는 유로 시스템을 예로 들어 단일 규모의 프로토콜(한 세트의 프로토콜)이 모든 국가에 적용될 수 없는 이유를 설명한다.[7] 안토노풀로스는 인류가 앞으로 나아가려면 용서와 망각이 필요하다는 점을 지적했다. 그녀는 안토노풀로스가 한 말을 상기하며 다음과 같이 덧붙였다. "금융계에서는 기록을 삭제하는 오랜 전통이 있었습니다. 사회인으로서 10~15년 전의 행위를 이유로 사람들을 박해하거나 차별하는 것이 부당하다고 믿기 때문입니다. 부채를 줄여 주려는 심리는 사람들이 또 한 번의 기회를 가져야 한다는 생각에서 비롯됩니다. 결코 삭제할 수 없는 시스템을 만든다는 것은 사회적 광기에 가깝습니다."[8]

　이는 곧 여덟 번째 난점으로 이어진다. 철회 불가능한 거래와 피할 수 없는 스마트 계약의 세상에서는 법에 의지하기가 어려워진다. 법학자 프리마베라 데 필리피Primavera De Filippi와 애런 라이트에 따르면 "실제로 사람들은 그들이 지키고 싶은 특별한 규율 체계를 자유롭게 결정할 수 있다. 하지만 결정을 내린 다음부터는 이러한 규칙으로부터 더 이상 벗어날 수 없다. 당사자들의 의사와 무관하게, 기술의 저변에 깔린 법률에 따라 스마트 계약이 자동적으로 집행되기를 기다리는 수밖에 없다".[9] 우리 사회에서 이처럼 높은 수준의 확실성(거의 수학적 확실성에 근접한다)으로 거래 결과나 스마트 계약의 이행이 보장된 적은 없었다. 스마트 계약은 아주 높은 효율성을 선사하며, 이러한 효율성으로 말미암아 이행하지 않을 리스크가 없어진다. 계약을 위반하고, 손해를 입힐 여지가 없기 때문이다. 하지만 부정적인 면 또한 존재한다. 스마트 계약은 인간에게 그 어떤 빈틈도 허락하지 않는다. 워싱턴 앤드 리 로스쿨Washington and Lee University School of Law의 조시 페어필드는 이를 다음과 같이 받아들인다. "혼란을 줄이기는커녕 더욱 확대할 뿐입니다. 우리는 '당신은 내 집을 시키는 대로 수선하지 않았어요. 그러니 돈을 돌려받아야겠습니다'와 같은 종류의 분쟁을 더욱 자주 목격하게 될 것입니다. 우리는 더욱 큰 혼란을 경험하게 될 겁니다. 하지만 인간사가 혼란을 겪는다고 해서 기술이 나쁘다는 것은 아닙니다."[10]

하지만 실제로 사람들이 계약 상대방을 법정으로 끌어들일 수 있을까? 필리피는 아날로그 세상에서는 80퍼센트의 계약 불이행이 강제 집행을 모면한다고 추정했다. 소송까지 가서 법정에서 해결하기에는 법률 비용이 너무 비싸기 때문이다. 블록체인 세상에서는 왜 이 비율이 오히려 늘어날까? 계약을 위반하지 않고 완전히 이행되었다는 것을 법률이 확인해 주더라도, 한 당사자만 결과에 만족하지 못한다면 그 당사자는 소송을 제기할 수 있을까? 법원이 이 사건을 인지할 수 있을까? 중소기업의 오너는 유명 로펌 기업 법무팀의 도움을 받지 않더라도, 자신의 힘으로 익명의 계약 상대방을 확인해 처음부터 소송을 제기할 수 있을까?

 **2. 지속 가능하지 않은 에너지 소비**

비트코인 블록체인의 초창기에는 제2장에서 언급된 작업 증명이 사람들의 신뢰를 쌓는 데 핵심적이었다. 지금부터는, 비트코인 블록체인의 우수한 점을 되돌아보고 음미해 보기로 한다. 화폐 생성과 신규 비트코인 할당에서부터, ID를 배정하고 이중 지불을 방지하는 것까지 전 과정을 다룰 것이다. 시선을 끌기에는 충분하나, 지속 가능해 보이지 않는 것 또한 사실이다. 암호화폐는 네트워크의 안전성과 익명성을 보장하기 위해 작업 증명을 활용하는 것이 특징이나, 암호화폐를 비판하는 사람들의 눈에는 지속 가능성 측면이 긍정적으로 보이지 않는 모양이다.

해싱은 거래를 처리하는 과정으로, 안전한 해시 알고리즘 256(SHA-256)을 통해 거래를 인증하고 블록을 분석한다. 이러한 해싱 작업은 많은 전력을 소모한다. 블록체인 생태계 속의 일부 사람들은 공동체의 문화 요소로 자리 잡을 대략적인 계산을 감행하고 있다. 추정컨대 비트코인 네트워크의 에너지 소비는 적을 때는 미국의 700가구가 사용하는 전력량에 맞먹으며, 많을 때는 사이프러스 섬 전체의 에너지 소비량과 맞먹는다.[11] 약 44억 900만 킬로아워 이상이며,[12] 엄청난 양의 탄소를 배출하게 된다. 이 정도 배출량을 계획해야만 네트워크를 보호하고 노드를 안전하게 유지할 수 있다.

2015년 초, 『뉴 리퍼블릭The New Republic』은 비트코인 네트워크의 처리 능력이 세계 제일의 슈퍼컴퓨터 500대를 합한 출력에 비해 몇 백 배나 크다고 보도했다. "유통 중인 30억 달러 이상 가치의 비트코인을 보호하고 처리하려면 매년 전기료가 1억 달러 이상 들어갑니다. 여기에 맞춰 엄청난 탄소를 배출하기 마련이죠." 이 글을 쓴 네이선 슈나이더Nathan Schneider는 그 후 우리의 의식에 자리 잡은 생각을 다음과 같이 표현했다. "암을 치유하고 별을 탐험하는 각양각색의 컴퓨터 자원이 비트코인 유형의 거래만을 수행하는 장비 속에 갇혀 버렸습니다."[13]

지구를 걱정하는 시민으로서, 우리 모두가 우려해야 할 일인 것은 분명하다. 여기에서 두 가지 문제가 등장한다. 하나는 장비를 돌리기 위한 전기 에너지이고 다른 하나는 장비가 고장 나지 않도록 냉각해야 할 에너지다. 여기 다음과 같은 경험 법칙이 존재한다. 컴퓨터가 전기를 1달러어치 소모하면, 냉각 비용으로 50센트가 필요하다.14 캘리포니아에 심한 가뭄이 들자, 귀한 물을 데이터 센터와 비트코인 채굴 운영에 써도 되는 것인지 우려 섞인 목소리가 존재한다.

비트코인의 가치가 늘어나면서, 새로운 비트코인에 대한 채굴 경쟁 또한 심화된다. 컴퓨터 처리 능력이 채굴에 집중될수록, 채굴자들이 풀어야 할 컴퓨터 관련 문제는 더욱 어려워진다. 비트코인 네트워크의 전체 처리 능력을 측정하는 지표는 해시 비율이다. 개빈 안드레센은 이렇게 설명한다. "블록마다 수백만 회의 거래가 존재한다고 가정해 봅시다. 각 거래는 평균 1달러의 거래 비용을 지불합니다. 채굴자들은 블록마다 수백만 달러를 지급받게 됩니다. 또한 그들은 그보다 살짝 적은 금액을 전기료로 지불합니다. 작업 증명의 경제는 이러한 방식으로 이루어집니다. 이것이 바로 비트코인의 실제 가격이며, 블록 안에서 얼마나 많은 보상이 이루어졌는지가 해시 작업의 빈도를 유도합니다."15 해시 비율은 1년도 안 되어 55배나 증가할 정도로 지난 2년간 월등히 증가했다. 이러한 추세는 에너지를 절약하기보다, 더욱 많이 소비하는 결과를 낳고 있다.

"중앙 기관이 없는 대가를 에너지 소비로 부담하는 겁니다." 필라멘트의 CEO 에릭 예닝스의 말이다. 필라멘트는 산업용 무선 센서 네트워크를 구축하는 회사다.16 이는 다양한 논란거리 가운데 하나다. '에너지는 에너지 자체일 뿐이며', 신용화폐를 안전하게 유지하는 데 필요한 비용에 견줄 수도 있다. 비트페이의 스티븐 페어는 이렇게 말한다. "모든 종류의 금전은 에너지와 관련됩니다." 그는 다시 한 번 이를 황금에 비유한다. "금 원자가 지구에 드문 이유는 금 원자를 생성하려면 압축된 에너지가 필요하기 때문입니다." 금이 비싼 이유는 물리적 성질에 기인한다. 이러한 금의 성질은 에너지에서 비롯되며, 페어는 인공적으로 금을 제조하려면 핵융합이 필요하다고 말한다.[17]

어떤 관점에서는 이러한 전력 소비를 이해할 수 있다. 코인 교환소 셰이프시프트ShapeShift를 창립한 에릭 부히스는 비트코인 채굴에 쓰이는 에너지를 낭비로 폄하하는 것이 부당하다고 지적했다. "목적을 달성하기 위해 전력을 소비하는 것입니다. 서비스가 제공되지 않습니까. 전기료를 납부하는 데는 그만한 이유가 있는 겁니다." 그는 비트코인 채굴에 쓰이는 에너지를 현재의 금융 시스템이 소비하는 에너지와 비교해 볼 것을 촉구한다. 거대한 아치형 지붕 건물을 상상해 보라. 고대 그리스 양식의 벙커 모양 건축물에 설치된 HVAC 시스템은 냉각된 공기를 환한 로비에 끊임없이 뿜어 낸다. 코너 구석구석까지 닿지 않는 곳이 없도록 찬 공기를 주입하며, 이 코너 사이사이에는 현금 인출기가 놓여 있다. 부히스는 이렇게 말했다. "브링크스Brink's• 무장 트럭이 검은 매연을 뿜어 내며 질주하는 광경을 본 다음, 비트코인에 소모되는 전력량과 비교해 보시기 바랍니다."[18]

에너지와 관련한 두 번째 문제는 컴퓨터 아키텍처다. 당신의 랩톱이나 PC는 일종의 복잡 명령 집합 컴퓨터CISC일 확률이 높다. 이러한 시스템을 취한 이유는 변화 속도가 느린 구형 컴퓨터 시스템과의 하위 호환성을 해소하기 위해서인데, 보통 사람은 구경하기조차 어려운 수학 앱도 광범위하게 돌릴 수 있다. 엔지니어들은 시장을 너

• 미국의 사설 보안업체.

무 앞서나갔다는 사실을 깨닫고 나서 이보다 단순한 간단 명령 집합 컴퓨터RISC를 개발했다. 독자들의 모바일 기기는 진보된 RISC 기기(ARM)와 마찬가지다. 한편, 채굴자들은 처리 속도를 올리기 위해 그래픽 처리 유닛을 활용할 수 있다는 것을 깨달았다. 오늘날의 GPU**는 각 칩마다 수천 개의 연산코어를 지니고 있으므로, 병렬식 연산에는 최적화된 구조라 할 수 있다. 비트코인 채굴에서 일어나는 해시 작업과도 마찬가지다. 어느 정도 균형이 잡히면서, 장비의 에너지 소비를 측정하기는 살짝 복잡해졌다. 하지만 대부분의 경우에는 GPU가 이 작업을 수행할 수 있었다.[19]

"만일 내가 RISC 컴퓨터를 초고속으로, 또한 대규모 기반으로 설계할 수 있다고 가정해 봅시다. 그렇다면 전력 소모 없이 천문학적 숫자의 코드를 동시에, 대규모로 병렬 처리할 수 있습니다. 이로써 생각지도 못한 수입원을 얻을 수 있죠."[20] 돈의 형제이자 최고정보관리책임자CIO인 밥 탭스콧이 한 말이다. 비트퓨리 그룹BitFury Group은 이러한 생각을 현실로 옮겼다. 그들은 에너지 효율적이고, 비트코인을 채굴하는 목적으로만 설계된 주문형 반도체를 활용해 대규모 병렬식 비트코인 솔버bitcoin solver***를 구축했다. 창립 멤버이자 CEO인 밸러리 배빌로브Valery Vavilov는 장비와 채굴 작업 모두 에너지 효율

** Graphic Processing Unit. 영상 정보를 처리하고 화면에 출력시키는 일을 하는 장치.
*** 솔버란 문제 풀이 프로그램의 일종으로 여러 개의 변수를 포함하는 수식을 제약 조건으로 하고, 그 조건의 범위 내에서 목표값을 얻기 위한 해답의 조합을 구하는 기능이다.

을 달성해 환경 친화적으로 변할 수 있다는 견해를 주장했다. 이 계획을 달성하려면 에너지 사용료가 저렴하고, 수력, 지열과 같은 신재생 에너지를 사용할 수 있는 추운 지역으로 이전하는 방법이 있다. 이러한 곳에서는 대자연 자체가 냉각을 담당할 수도 있고, 제조사들은 열을 식힐 수 있는 효율적인 방법을 찾을 수 있다. 예컨대, 비트퓨리는 데이터 센터 두 곳을 보유하고 있다. 하나는 아이슬란드에, 다른 하나는 조지아에 있다. 이제 곧 북아메리카에 센터 하나를 추가로 개설할 계획이다. 또한 그들은 침지 냉각 기술이 전문 분야인 홍콩 기반 스타트업 얼라이드 컨트롤Allied Control을 인수했다.[21] 결국 비트퓨리는 비트코인 인프라가 환경에 미치는 부작용을 줄여 주고 있다.

이러한 계획이 채굴에 따르는 탄소 발자국을 줄여 준다 해도, 지속적으로 업그레이드되는 장비를 빨리 소모하고 처분하고 있다. 여기에서 경력을 쌓고 싶은 채굴자들은 시스템을 지속적으로 업그레이드하고 특화해야 한다. 대부분의 채굴 장비는 수명이 3~6개월이다.[22] 밥 탭스콧은 비트퓨리와 같은 회사를 황금광 시대의 유콘 주상점 주인과 비교했다. 그들은 더 좋은 삽을 채굴자들에게 팔아 큰 돈을 벌었다.[23] 우리는 한 채굴자의 발언에 주목했다. 그는 ASIC 칩을 지닌 코인테라 테라마이너 IV 비트코인Cointerra TerraMiner IV bitcoin이 워낙 에너지를 많이 소모해 집 안의 전력으로는 감당이 불가능하다는 사실을 토로했다. "유닛 세 개는 팔아야겠어요. 우리 집이 너무 낡아서 전기 배선도 구식이거든요. 집에 불을 낼 수는 없잖아요." 첫 응찰은 5천 달러에서부터 시작했다.[24]

호주의 MRI와 같은 벤더들은 새로운 방식으로 재활용을 시도한다. 그들은 모든 전기 부품을 파쇄하지 않고 해체하며, 여기에서 양산되는 폐기물의 흐름을 관리한다. 이러한 창조적인 과정 덕분에 귀금속을 회수할 수 있고, 중량 기준으로 98퍼센트까지 재활용할 수 있다.[25] 하지만 안타깝게도, 대부분의 소비자는 하드웨어까지는 재활용하지 못하고 있다.

비트코인의 핵심 개발자들에게 이러한 우려는 타당할뿐더러 해결할 의의를 선사한다. "비트코인이 진정한 글로벌 팀 네트워크로 자리 잡는다면, 작업 증명의 굴레에서 조금씩 벗어날 수 있을 겁니다. 지금까지는 작업 증명을 보안을 지키는 유일한 수단으로 생각하고 있죠." 안드레센의 말이다. "오랜 뒤에는 작업 증명을 통하지 않고서도 네트워크의 보안을 지킬 수 있을 테고, 작업 증명은 다른 것과 조합을 이룰 겁니다."[26]

일부 알트체인altchain은 이미 이러한 시나리오를 현실로 옮기고 있다. 알트체인은 분권화를 유지하면서 네트워크의 보안을 지키기 위해 POS Proof of Stake(지분 증명)와 같은 대안적 합의 알고리즘을 개척했다. 비트코인 프로토콜은 오픈 소스를 표방하므로 기술적으로 구현하기가 용이하다. 기억하라. 합의 알고리즘의 목표는 의사 결정 권한을 분배하는 것이다. 의사 결정의 대상은 분권화된 일련의 사용자 그룹에 어떤 블록체인 상태를 짝지을지의 문제다. 이더리움의 선구자인 비탈리크 부테린의 생각에 따르면 안전하게 분권화된 사용자 집단은 세 개에 불과하며, 각 집단은 일련의 합의 알고리즘과 짝을 이룬다. 하나는 표준 작업 증명 알고리즘을 갖춘 컴퓨팅 파워의 소유자들, 다른 하나는 월렛 소프트웨어에 내장된 다양한 지분 증명 알고리즘을 갖춘 이해관계인들, 마지막으로 '연합 스타일'의 합의 알고리즘을 갖춘 소셜 네트워크 멤버들이다.[27] 이러한 합의 메커니즘 가운데 '능력'이라는 단어를 포함하는 집단은 오직 하나뿐이라는 사실을 주목하라. 이더리움 버전 2.0은 지분 증명 모델 위에 세워져 있고, 리플은 연합 모델을 활용한다. 리플은 SWIFT와 유사한 소규모 제어 집단이며, SWIFT란 보안이 보장된 국제적인 금융 정보 소통 체계다. 인증된 단체들은 블록체인상에서 합의에 도달한다.[28]

이러한 시스템들은 비트코인 블록체인과 달리 전력을 소모하지 않는다. 토르Tor를 창립한 브램 코헨은 에너지 낭비를 해결할 네 번째 방법을 소개했다. 그는 이 방법을 "POD proof of disk(디스크 증명)"라 불렀다. 여기에서는 디스크 저장 공간의 소유자들(이들은 컴퓨터 메모리의 상당 부분을 네트워크를 유지하고 네트워크 기능을 수행하는 데 할당한다)이 경제적 관점에서의 사용자 집단을 구성하는 것이다. 작업 증명을 대체하는 여러 가지 수단을 두고, 블록스트림의 오스틴 힐은 합의를 확보하는 용도로는 대체 수단을 쓰지 말라고 경고했다. "작업 증명 알고리즘을 실험하는 것은 위험합니다. 지금껏 보지 못했던 컴퓨터 과학의 새로운 영역이기 때문이죠."[29] 이는 새로운 차원의 혁신을 유도한다. 개발자들은 개발한 대상의 새로운 특색이나 기능이 잘 작동하는지 고민해야 할 뿐 아니라, 합의 알고리즘을 선택하는 것이 어떻게 그들을 안전하게 보호하고, 가장 적합한 경제의 틀에 배분되는지 점검해야 한다.

전반적으로, "뜻이 있는 곳에 길이 있다"라는 말이 현실로 드러나고 있다. 지구에서 가장 영리한 기술자들이 더욱 효율적인 장비와 신재생 에너지를 사용하면서 에너지 문제에 가장 창조적인 해결책을 제시하고 있다. 나아가, 컴퓨터 기술이 엄청나게 진보하면서 분명히 나름의 해결책을 제시할 수 있을 것이다. 비트코인 예수Bitcoin Jesus라는 별명을 지닌 비트코인 에인절 투자자 로저 버Roger Ver는 이렇게 말했다. "가장 똑똑한 인간의 IQ는 200 언저리겠죠. IQ가 250, 500, 5000, 500만인 인공 지능을 상상해 보세요. 해결책은 어떻게든 나올 겁니다."[30]

3. 또 하나의 장벽, 정부

나카모토 사토시는 자유주의자와 무정부주의자에게 다음과 같은 글귀를 남겼다. "그대들이 암호화 방식 속에서 정치 문제에 대한 해결책을 찾기란 불가능하다."[31] 그들은 거대 정부에 대한 해결책을 다른 곳에서 구할 수밖에 없었다. 사토시는 그의 실험을 완전한 격변이 아닌, 새로운 자유를 얻는 것으로 바라보았다. 정부가 냅스터와 같은 중앙 통제 방식 네트워크를 탄압했을 때, 토르와 같은 순전한 P2P 네트워크들은 살아남을 수 있었다. 비트코인 블록체인 네트워크는 거대 중앙 조직에 맞서 명맥을 유지할 수 있을까?

가장 예측하기 어려운 문제일 수도 있다. 전 세계의 입법, 행정, 사법 기관들은 블록체인 기술을 어떻게 활용할 수 있을까? "법원들은 블록체인을 오해할 겁니다. 아니, 이미 오해하기 시작했습니다. 그들은 실체가 없는 것에 지적 재산권 관련 법률을 적용하려 하고 있습니다. 그들은 가상 재산권과 지적 재산권 사이를 가르는 기준이 물리적인 실체라고 생각합니다. 하지만 그들의 생각은 틀렸습니다." 조시 페어필드의 말이다. "지적 재산의 요소란 존재하지 않습니다. 비트코인에는 지적 재산이라고 볼 만한 부분이 없습니다. 저작권의 대상이 될 만한 창조성이 없는 것은 물론, 특허로 인정할 만한 아이디어도 없고, 특허나 상표 또한 존재하지 않습니다."[32] 비트페이의 스티븐 페어는 이렇게 말한다. "비트코인의 가장 큰 위협은 언젠가 극심한 규제가 발동되어, 프라이버시와 익명성을 더욱 확실히 보장하는 경쟁자에게 시장을 완전히 잠식당하는 것입니다."[33] 하나만큼은 확실하다. "특정한 정치적 이슈가 무엇이든, 기술을 이해하지 못하고 그 기술에 깃든 함의를 이해하지 못한다면 실패할 수밖에 없습니다." 비트코인 정책 싱크 탱크인 코인 센터Coin Center의 제리 브리토Jerry Brito가 한 말이다. "만일 이들을 이해하지 못한다면, 기술 개발을 해치는 법률과 정책을 시도할 수 있습니다. 내가 무엇을 하고 있는지 제대로 알 필요가 있습니다."[34]

따라서 이들이 맞선 과제는 버거울 수 있다. 그들은 보이지 않는 것을 감독해야 한다. 한편 그들은 인신매매, 불법 마약 거래, 총기 밀수, 아동 포르노, 테러리즘, 탈세, 화폐 위조 등과 같은 최악의 상황을 과도하게 우려해 혁신을 옥죄지 말아야 한다. 다른 한편으로, 그들은 시민의 자유를 제한하기 위해 블록체인 기반 신원 관리 플랫폼과 같은 증명되지 않은 새로운 수단을 활용하지 말아야 한다.

규제의 불확실성을 최소화하기 위해 행정, 입법, 국제 협약을 꾸준히 매만져야 한다. 그래야만 투자자들은 글로벌 기술 개발을 꾸준히 지원할 수 있다.

비트코인의 관할 문제는 이미 수면으로 떠오른 지 오래다. 어떤 국가에서는 이를 원천적으로 금지하거나, 국책 은행에 명령을 내려 비트코인을 교환하지 못하도록 하는 경우도 있다. 실제로 중국은 이미 이러한 조치를 발동했다. 브리토는 이렇게 말했다. "중국의 관행으로 본다면, 불법이 아닙니다. 하지만 언제든 이러한 탄압이 자행될 수 있고, 모든 사람이 이러한 현실을 알고 있습니다."[35] 중국은 전사적인 전문 채굴 공동체가 활동하도록 허가하며, 이러한 채굴 풀은 비트코인 프로토콜로 업그레이드할 것인지 논의하는 토론에서 상당한 영향력을 행사하고 있다. 중국이 갑자기 채굴을 금지한다면 블록체인의 보안은 어떻게 될까? 다른 국가들은 미국 국세청과 마찬가지로 비트코인의 범위를 좁게 정의하려 하고 있다. 미국 국세청은 비트코인을 가치 평가에 따라 세금을 부과할 수 있는 자산으로 규정했다.

법률 체계 또한 문제 된다. 법학자 필리피와 라이트는 현재의 법률 체계가 전 세계에 퍼진 스마트 자산에서 비롯되는 문제를 포섭할 수 있다고 생각하지 않는다. 스마트 계약은 소유권을 규정하고, 또 관리한다. 스마트 계약의 코드는 권리의 양도와 관련해 그 어떤 가정도 덧붙이지 않는다. 또한 그들의 코드에 따르면 이러한 권리를 임의로 압류하거나, 환가하거나, 양도할 수 없다. 예컨대, 토지의 등기 과정에서 정부 관료가 부지의 적법한 소유자가 아닌 자에게 토지 소유권을 양도했다면, 양도받은 자는 해당 부지에 대한 절대적인 소유권을 취득하게 되고 적법한 소유자는 원인 무효의 양수 행위를 되돌리지 못한다.

조시 페어필드는 절차에 더욱 집중한다. "영미법은 기술 관련 법률에 영향을 미치는 것이 아닙니다. 영미법 자체가 기술 관련 법률입니다. 영미법은 인간의 시스템을 기술 변화에 적응시키는 과정입니다. (…) 과거의 기술에 맞춘 과거의 규율을 어떻게 받아들이고, 이를 신속하고도 유용하게 적응시키느냐가 진정한 과제입니다." 이러한 적용을 시작할 때 인식할 수 있어야 하나, 신기술이 본격적으로 부상할 때 최신의 상태를 유지할 수 있을 정도로 적용이 반복되어야 한다.[36]

마지막으로 결코 간과할 수 없는 것이 하나 있다. 당연하게 느낄지도 모른다. 정말 중요한 것은 개인의 신원이다. 아니면 최소한 블록체인상에서 이를 어떻게 구축하느냐가 중요하다. "사람들이 신원을 보는 시각은 매우 단순합니다." 안드레아스 안토노풀로스의 말이다. "나는 디지털 ID가 지닌 의미에 경악을 금치 못하겠습니다. 제 생각에 사람들은 늘 지름길을 택합니다. (…) 시각이 유연하지 못한 디지털 세상으로 개인의 신원을 옮긴다면, 우리는 사회 속에서 신원을 구축한 것이 아니라 무시무시한 파시즘적인 신원을 갖게 될 겁니다."[37]

정밀하게 코드화된 사회와 정밀하게 코드화된 인격이 짝짓는다면, 공상 과학 소설이나 아널드 슈워제네거 영화에 나오는 이야기가 등장할 것이다. 법학자 필리피와 라이트는 "벽을 두른 정원 또는 믿을 수 있는 시스템에 비견될 자기 집행 계약의 이미지를 제시했다. 복잡한 분권화 조직 네트워크가 이러한 체제를 독점해 관리하고, 이 네트워크는 아무런 헌법상의 보호 장치나 제약 없이 사람들이 할 수 있거나 할 수 없는 바를 강제한다". 달리 말하면, 기계가 주도하는 전체주의 체제다.

인공 지능 전문가 스티브 오모훈드로는 '독재자의 배움 곡선'이라는 개념을 소개했다. 또한 그는 동굴에서 살던 원시 인류가 어떻게 우주 시대를 살게 되었는지 말해 주었다. 세계 최고의 박사들이 포진한 전 세계 AI 연구소들이 세계 최고의 컴퓨터들에 접속한다고 상상해 보라. 박사들은 비트코인 코드를 포크하거나 상품 배달용 드론을 통제하는 스마트 계약을 기입할 수 있다. 여기에서 비트코인은 상품이 도착하는 정확한 시점까지 에스크로 계좌에 유보된다. 박사들은 이 소프트웨어를 인터넷에 오픈 소스 코드로 올릴 수 있다. 자신의 생각을 펼치기 위해 필요한 일이기 때문이다. 이와 마찬가지로, 지금의 ISIS는 AI 연구소가 불필요하며 소프트웨어 개발 팀이 필요 없다. 그저 상품을 수류탄으로 바꾸면 된다. 이것이 바로 독재자의 학습 곡선이며, 이 곡선은 완만하다. 하지만 그렇다고 해서 코드와 나눔의 문화 자체를 비난하지는 마라. 코드와 관련해 반드시 이러한 일을 하게 되는 것은 아니며, 벌어지는 일을 인지하지 못하는 것뿐이다. 마찰이 없는 세상을 이루면서 의도치 않게 나타나는 부작용인 셈이다.

🎲 4. 구 패러다임의 강력한 기득권자가 등장하다

제1세대 인터넷에 대한 우려가 현실로 드러나고 있다. 강력한 기업들이 기술의 상당 부분을 독점했고, 효용을 대부분 그들의 것으로 만들기 위해 방대한 글로벌 제국을 활용하고 있다. 우리가 휴대전화, 태블릿, 스마트 워치에 앱을 설치하려면 각 진영의 온라인 상점을 활용한다. 검색 엔진과 마케팅 부서는 콘텐츠의 중간마다 광고를 내보낸다. 소비자의 투명성을 촉진하고, 이로부터 번영하는 대기업은 그들의 기업 활동, 계획, 기술 인프라, 정보 자산을 철저하게 비밀에 부치기로 악명이 높다. 물론 자발적으로 이러한 정보를 공개하는 기업들도 있다. 하지만 많은 기업은 내부 고발자나 기자들의 폭로에 뜨뜻미지근하게 반응할 뿐이다. 기업들이 운영 상황과 정보를 숨기면서, 이러한 폭로 가능성 또한 더욱더 낮아진다.

간단히 말하면, 그들은 대중의 신뢰를 얻지 못했다. 은행 산업은 좋은 사례다. 「파이낸셜 타임스」의 카민스카는 이렇게 말했다. "은행들은 원래부터 비밀을 꽁꽁 숨겨 왔습니다." 그녀는 은행이 개인 정보를 알아야 누구에게 돈을 빌려주고, 상환을 어떻게 처리할지 제대로 판단할 수 있다고 설명한다. 그들이 더 많은 비밀 정보를 보유할수록, 정보의 비대칭이 확대되어 더욱 많은 이익을 노릴 수 있다. 하지만 이러한 이익은 시스템적 관점에서는 해로운 것이 분명하다.[38] 그렇다면 대기업이나 정부 기관 같은 강자들이 자신의 편협한 이해타산을 위해 블록체인 기술을 전용하지 못하게 만들 방법은 무엇일까? 비트페이의 페어는 이렇게 말한다. "당신이 보유한 모든 합의 메커니즘은 마케팅에 민감하게 반응합니다. 여기에서는 다수 지분권자가 사람들의 특별한 행동을 유도할 생각으로 자금을 집행할 수 있습니다."[39]

기업과 정부가 이 기술을 멀리해야 한다는 말은 결코 아니다. 어쨌든 블록체인 기술이 새로운 역량을 펴뜨릴 중요한 글로벌 자원으로 부상하고 있는 것은 사실이다. 더욱이 이 사회는 시민에 대한 서비스를 제공할 정부가 필요하며, 직업과 부를 창출할 기업 또한 필요하다. 하지만 사회에 대한 기여를 억누르는 방식으로 파괴적 기술의 보편성을 전용하는 것은 달리 생각해야 할 문제다.

또한 핵심 개발자와 블록체인 기업이 그들의 네트워크를 보호하기 위해 무엇을 하고 있는지 생각해 보기 바란다. 그들은 최악의 시나리오를 예상하고, 신속히 이에 대비하려 한다. 2014년, 도둑들은 민트팔 교환소에서 작업 증명 화폐에 해당하는 베리코인VeriCoin 800만 개를 훔쳐 냈다. 공격을 받은 지 며칠 만에, 베리코인 개발자들은 해킹 이전의 베리코인 블록체인을 포크할 수 있는 새로운 코드를 배포하고(한마디로, 과거를 되돌렸다) 이 코드가 확실히 적용될 수 있도록 교환소와 협력했다.[40]

이와 마찬가지로, 블록체인의 생산 책임자 케온 로드리게스Keonne Rodriguez에 따르면, "돈과 권력이 네트워크를 독점하려 든다면, 채굴자들은 비트코인을 현실로 옮겨 새로운 출발을 시도할 수 있다".[41]

중국은 51퍼센트의 지분을 갖고서 국가의 모든 정보 처리 자산과 비트코인 블록체인상의 모든 채굴 풀을 공격하거나, 최소한 어지럽힐 수 있다. 이러한 중국의 전횡을 방지할 방법은 무엇일까?

일부 부유한 독재자들이 기존의 인터넷처럼 비트코인이 자신의 권력을 갉아먹는다고 생각했다면 어떤 일이 벌어질까? 이 독재자는 모든 채굴 권한을 자신의 손아귀에 쥐려 할 테고, 악행을 용인해 주는 국가로부터 나머지 비트코인을 구입해 50퍼센트 이상의 해시 비율을 유지하려 들 것이다. 그 결과 어떤 거래를 블록에 포함시키고, 어떤 거래를 배제할지 결정할 수 있다. 과반수 이상의 지분을 확보한 그는 코드를 포크할지 말지 결정할 수 있고, 몇 가지 금지 사항을 도입할 수도 있다. 도박이나 자유 연설과 관련한 주소를 금지할 수도 있는 것이다. 그렇다면 정직한 노드들은 이러한 중앙 통제식 포크에 굴복할까, 아니면 새로운 코드를 포크할까? 라이트코인 협회의 이사 앤드루 베지터바일Andrew Vegetabile은 폭군의 시나리오에서 벗어날 방법은 없다고 말했다. 폭군이 네트워크의 51퍼센트를 좌지우지하기 때문이다. 국가 기관만이 이러한 일을 벌일 수 있는 것은 아니다. 세계적인 갑부나 엄청난 구매력을 지닌 공룡 기업의 중역 또한 비슷한 독재자를 표방할 수 있다.[42]

세 번째 시나리오는 지금의 시장 플레이어들이 자신의 영역을 지키려 하고, 로비를 시도해 탄탄한 기업들을 위한 규제 체계를 소규모 스타트업에도 무차별로 적용하고, 규제 요건을 충족한 스타트업을 상대로 고소를 남발하는 것이다. 이와 같은 혁신과 동떨어진 소송 전략은 그들에게 전략을 세우기 위한 시간을 벌어 줄 수 있다. 혹은 현재의 시장 플레이어들이 자신들이 보유하는 진정한 가치를 바닥낼 수도 있을 것이다. 구형 컴퓨터 시스템과 활동적 타성•을 생각해 보라. 이 두 요소는 폭군이나 마찬가지다. 학자들은 자물쇠 효과

• 기업이 시장의 변화를 무시하고 과거 자신들이 성공해 온 발자취나 방식을 그대로, 그것도 열심히 답습하려는 성향.

lock-in effect와 전환 비용-switching cost을 면밀히 분석해 왔고, 조직 융합 관리Post Merger Integration**의 어려움 또한 연구했다. 기반 시설에 엄청난 기술 투자를 감행한 기관들은 그들의 구형 시스템에 더 많은 돈을 쏟아부을지도 모른다. 블록체인상에서 전략적 실험을 시도하기는커녕, 권총 싸움을 앞두고 칼을 갈고 있는 것과 마찬가지다.

5. 분산된 대량 협력을 위한 인센티브 부족

채굴자들은 비트코인 인프라를 유지할 동기가 충분하다. 네트워크가 고장 나면, 그들이 채굴해서 벌어들인 미전환 비트코인은 전부 행방불명되거나, 무용지물되거나, 다른 종류의 위험에 처하게 된다. 인센티브를 더 깊이 파헤치기에 앞서, 채굴자들이 제공하는 서비스를 더욱 확실히 알아보자. 모든 전체 노드는 거래를 인증할 수 있다. 한편, 채굴자들을 통해 권력을 분배할 수 있다. 여기에서 말하는 권력이란 각 블록이 어떤 거래를 포함할지 결정하고, 코인을 주조하고, 진실이 무엇인지 투표에 붙일 수 있는 권한을 의미한다.

비트코인 채굴자가 되고 싶나요?

2015년 초, 우리는 연구의 일환으로 밥 탭스콧을 초빙했다. 그는 우리의 요청에 따라 비트코인 블록체인 스택 전체와 원장을 내려받았

** 기업 인수 또는 합병 후 통합 과정.

다. 이 실험은 경과 시간, 요구되는 노력, 소비된 에너지, 취미로서의 비트코인 채굴에 대한 (무)보수라는 측면에서 꽤 유익한 실험이었다.

밥은 여유분으로 갖고 있던 4스레드, 2코어 윈도 PC를 사용했다. 내려받는 데 꼬박 3일 걸렸고, 처리 능력의 20퍼센트를 평균적으로 할애했다. 채굴을 계속하려면 메모리는 200MB 남짓, CPU는 10퍼센트가 소요된다.

비트코인을 채굴하는 데 최적화되지는 않았지만 밥은 자신의 컴퓨터를 채굴 풀에 투입했다. 137시간 지나자, 컴퓨터는 152.8마이크로비트코인μBTC을 채굴했다. 이 정도 비트코인의 가치는 당시를 기준으로 대략 3.5센트에 해당했다. 전기 요금은 킬로와트아워당 10센트다. 밥의 컴퓨터는 전기료로 약 14센트를 지불했다. 밥은 이렇게 끝맺었다. "PC에서 비트코인을 채굴하던 날은 과거의 추억으로 남겨야겠어요."

따라서 알트코인이나 업그레이드를 통해 비트코인 프로토콜의 설계를 바꾸려면, 채굴자의 분권화를 유지할 만한 경제적 동기가 있어야 한다. 이러한 경제적 동기가 존재해야 네트워크도 채굴자들로부터 대량의 비트코인에 대한 충분한 대가를 획득할 수 있다. 비트코인의 핵심 개발자 피터 토드는 이러한 과업을 마트에서 우유를 구입하는 로봇 설계에 비유했다. "로봇에 후각 기능이 없다면, 로봇은 상한 우유와 신선한 우유의 차이를 구분하지 못합니다. 가게 주인들은 곧 이러한 로봇의 약점을 알게 될 테고, 상한 우유를 구입한 소비자들은 바가지를 쓰는 셈입니다."[43] 이는 토드에게 지리적으로 분산된 소액 채굴자들이 지리적으로 집중된 대형 채굴자들과 코앞에서 경쟁해야 한다는 것을 의미한다. 아이슬란드나 중국의 거대 채굴 풀에서 경쟁을 벌여야 하는 것이다.

문제는 과연 이것이 가능한지다. 새로이 주조된 비트코인의 숫자가 4년마다 절반씩 줄어들기에, 보상액이 0으로 줄어드는 날이 도래하기 마련이다. 그렇다면 어떤 일이 벌어질까? 채굴의 주기는 비트코인의 시장가에 달려 있다. 가격이 떨어지면, 일부 비트코인 채굴자들은 컴퓨팅 파워의 공급을 유보하고, 가격이 회복될 때까지 비트코인 복권 따기에 몰입한다. 공급을 유보하고 복권을 딸 여력이 없는 채굴자들은 채굴 장비를 건조하거나, 컴퓨팅 파워를 더 많은 이익을 창출할 수 있는 또 다른 알트체인으로 돌려 버린다. 이 와중에도 조금이나마 확률을 높일 수 있다는 희망을 품은 채굴자들은 컴퓨팅 파워를 노드에 풀링하며 채굴 풀에 유입된다. 이들은 최소한 아무것도 하지 않기보다는 조금이라도 승리할 확률을 높이려 든다. 이러다 보니 비트코인 채굴 공장 지대가 등장한다. 비트퓨리의 밸러리 배빌로브는 2016년 말까지 채굴 작업을 위한 데이터 센터의 용량을 최소 200메가와트까지 늘리게 될 것이라고 예상했다.

한 가지 해결책은 수수료를 부과하는 것이다. 사토시는 이렇게 말했다. "거래 수수료가 존재하기 마련입니다. 따라서 (채굴) 노드들은 그들이 소화할 수 있는 모든 거래를 받아들이고, 포함시킬 동기를 갖게 됩니다. 노드들은 주조된 전체 코인 양이 사전에 정해진 상한선에 닿는 순간, 거래 수수료밖에는 보상받을 방법이 없습니다."[44] 따라서 모든 비트코인이 주조되면, 수수료 구조가 수면으로 부상한다. 수십억 나노페이먼트가 이루어지는 상황을 생각해 보라. 각 블록이 고정된 최대치를 보유하므로, 채굴자가 감당할 수 있는 거래량에는 상한선이 존재하기 마련이다. 따라서 채굴자들은 수수료가 제일 높은 거래를 우선적으로 추가할 테고, 수수료가 낮거나 0인 거래들은 남는 공간을 채우는 용도로 쓸 것이다. 거래 수수료가 충분히 높다면, 채굴자들이 해당 거래를 다음 블록에 포함시켜 주리라 기대할 수 있다. 하지만 네트워크가 분주하거나 수수료가 너무 낮다면, 채굴자가 이 거래를 블록체인에 기록할 때까지는 두 개, 세 개, 혹은 그 이상의 블록이 소요될 수도 있다.

당장 수수료를 부담할 수 없는 사람들은 이를 어떻게 받아들일까? 블록체인은 전통적인 지불 방식에 비해 장점을 지니고 있다. 하지만 수수료를 부과하면 이러한 장점을 갉아먹지 않을까? 벤처 캐피털리스트 파스칼 부비에Pascal Bouvier에 따르면, "수수료는 거래를 인증하는 경계 비용을 반영한다." 블록에서 얻는 보상이 계속 반토막나 채굴자들에게 동기를 부여할 수수료가 없어진다면, 해시 비율은 떨어지기 마련이다. 해시 비율이 떨어지면, 네트워크의 보안 또한 흔들리게 된다.[45]

이러다 보면 51퍼센트의 공격으로 되돌아가게 된다. 거대 채굴 풀이나 이들의 카르텔이 51퍼센트의 해시 비율을 좌우했던 사례다. 엄청난 화력을 갖춘 이들은 다수결을 확보해 블록 생성을 가로채고 비트코인 네트워크상에서 그들만의 진실을 강요한다. 그들이 반드시 부유해지는 것은 아니며, 그들로서도 전혀 기대하지 않는 편이 좋을 것이다. 그들이 할 수 있는 전부는 이전 블록 내에서 과거의 거래를 되돌리는 것이다. 마치 신용카드의 승인 취소와 마찬가지다. 공격자들이 상인으로부터 고가품을 구입했다고 가정해 보자. 그들은 배송이 개시된 다음, 네트워크를 공격해 결제를 취소하고 돈을 착복할 수 있다. 그들의 고유한 블록을 블록체인의 말단에 덧붙이는 것이 아니다. 네트워크가 새로운 블록들을 지속적으로 생성하더라도, 모든 구입 내역이 담긴 블록과 여기에 후속했던 블록을 되돌리는 것이다. 여기에서 카르텔이 작업한 블록의 가지가 길어지면, 이는 새로운 유효한 블록체인으로 거듭날 수 있다. 사토시는 이 작업이 새로운 코인을 채굴하는 것보다 훨씬 많은 비용이 들 것이라 확신한다.

작업 증명 모델에 대한 51퍼센트의 공격은 중앙 집중화된 채굴 파워에서 비롯되며, 지분 증명 모델에 대한 공격은 중앙 집중화된 코인 통제에서 비롯된다. 코인 교환소는 보통 해시 비율을 가장 많이 보유한 최대 지분권자이기 마련이다. 일부 지역에서는 교환소가 인가를 얻어야 하고, 엄격한 규제를 받는다. 교환소 또한 평판을 보유하므로, 브랜드의 가치를 보호하고 계정 월렛account wallet에 담긴 코인의 가치를 보호해야 하는 다양한 동기와 유인을 갖게 된다. 하지만 유통되는 코인이 많고, 가치가 다양하고, 작업 증명과 지분 증명 블록체인에 등록된 전략적 자산이 많을수록 공격자들은 이러한 비용을 신경 쓰지 않을 것이다.

6. 블록체인이 기존 직업을 사라지게 만들 것이다?

2015년 스위스 다보스에서 열린 세계경제포럼 연례 회의에서 마이크로소프트, 페이스북, 보더폰의 기술 임원들은 기술이 직업에 미치게 될 영향에 대해 토론했다. 그들 모두는 기술 혁신이 노동 시장을 일시적으로 뒤흔들 수 있지만, 전체적으로는 새로운 직업을 만들고, 앞으로도 점차 많은 직업이 등장할 것이라는 데 동의했다. 구글 회장 에릭 슈미트는 이렇게 말했다. "굳이 지금 이렇게 유난을 떠는 이유가 뭘까요?"

자동화를 통한 근로 인력의 교체는 더 이상 새로운 일이 아니다. 인터넷이 여행 산업과 음악 유통 산업에 미친 영향을 생각해 보라. 우버와 에어비앤비는 시간이 남는 운전자와 방이 남는 집주인에게 수입 기회를 창출했다. 하지만 우버도, 에어비앤비도 건강 보험을 제공하거나 직원의 복지를 보장하지는 않는다. 두 서비스는 여행 산업과 접대 산업의 고소득 일자리를 대체하고 있다.

블록체인은 근본적인 자동화를 위한 특별한 플랫폼이다. 사람보다는 컴퓨터 코드가 업무를 담당하고, 자산과 사람을 관리한다. 자율 주행 차량이 우버 운전자를 대체한다면 어떨까? 전자화폐가 웨스턴 유니언의 전 세계 50만 POS를 대체한다면 어떻게 될까?[46] 금융 서비스를 공유하는 블록체인 플랫폼이 수십만 계좌와 IT 시스템 관리 직업을 없앤다면 어떤 일이 벌어질까? 사물 인터넷을 통해 새로운 비즈니스와 고용 기회가 많아진다면, 업무가 정형적이고 기술이 발달하지 않은 시장에서는 실업률이 늘어나지 않을까?

개발도상국의 기업가들은 자본을 조달하고, 자산과 지적 재산권을 보호하고, 가장 가난한 공동체에도 고용 기회를 제공하기 위해 블록체인과 암호화폐를 활용할 수 있다. 수많은 사람이 신설 기업의 소액 주주가 될 수 있고 경제 활동에 참여할 수 있다. 이 기술은 원조 활동의 저변을 넓히고, 필요한 사람에게 혜택이 돌아가도록 근본적인 개선을 추구할 수 있다. 또한 정부의 투명성을 높이고, 부패를 줄이며, 좋은 정부를 위한 환경(세계 어디에서라도 좋은 일자리를 제공하기 위한 전제 조건이다)을 구축할 수 있다.

선진국에서도 이러한 효과는 확실하지 않다. 글로벌 플랫폼은 거래 비용, 특히 신뢰 가능한 거래를 구축하고 부를 창출하는 비용을 떨어뜨리며, 그 결과 더욱 많은 참여를 유도할 수 있다.

이러한 기술 덕분에 더 적은 인적 자원으로 더 많은 일을 할 수 있는 것은 사실이다. 하지만 그렇다고 해서 기술의 진전을 두려워하고, 지체하고, 중지할 이유는 없다. 결국 중요한 것은 새로운 역량이 등장했다는 사실이 아니라, 사회가 얼마나 이러한 역량을 사회적 이익으로 바꿀 수 있느냐이다. 기계들이 그토록 많은 부를 창출한다면, 새로운 사회 계약이 등장해야 할 시점이다. 인간이 할 일을 새로이 정의하고, 생계를 유지하기 위해 얼마나 일해야 할지 결정해야 하기 때문이다.

7. 고양이를 한 방향으로 몰아가는 것만큼이나 어려운 프로토콜 관리

이러한 새로운 자원의 가능성을 실현하려면, 방향을 어떻게 잡아 주어야 할까? 인터넷과 달리, 비트코인 공동체는 개발 수요를 예측하고 결정 방향을 잡아 줄 ICANN, IETF*, 월드 와이드 웹 컨소시엄과 같은 공식적인 감독 기구가 미비하다. 또한 비트코인 공동체는 감독 기구가 없는 편을 선호하다 보니, 불확실성에 노출되기 마련이다. 블록체인의 분권화, 개방성, 보안성을 유지하고 싶은 사람들은 기존의 체제를 바꾸는 데 동의하기 어렵다. 하지만 거버넌스 문제를 해결하지 못한다면, 블록체인의 움직임은 파벌화를 겪으며 자멸할 수도 있다.

무수히 많은 이슈가 존재한다. 비트코인 핵심 개발자 개빈 안드레센과 마이크 헌은 1메가바이트인 블록의 크기를 20메가바이트까지 늘려야 한다고 주장했다. 비트코인은 "부유한 사람들이 두서없이 거래하기 위한 토큰이 아닙니다. (…) 비트코인은 결제 네트워크입니다". 안드레센의 말이다.[47] 그들은 비트코인이 글로벌 결제 메커니즘으로 진지하게 경쟁하려면, 주류에 편입될 것을 준비해야 한다고 주장한다. 거래의 흐름이 갑자기 블록체인의 용량을 넘어선다고 해도 갑자기 중단되어서는 곤란하다. 이러한 상황에서는 거래를 정산하려고 몇 달, 몇 년을 기다리기 싫은 사람들이 천정부지로 올라간 수수료를 감당해야 할 수도 있고, 소비자들을 보호하기 위해 모종의 중앙 권력이 개입해 오버플로를 처리해야 할 수도 있다. 2015년 8월, 그들은 가만히 있지 않고, 비트코인 XT를 내놓았다. 비트코인 XT는 8메가바이트 블록을 허용하는 블록체인 포크였다. 하지만 이 또한 논란에 휘말린 타협책에 불과했다.

* Internet Engineering Task Force. 국제 인터넷 표준화 기구.

반대자들은 사람들이 비트코인을 사용해 스타벅스에서 벤티 라테를 구입해서는 안 된다고 주장한다. "일부 개발자들은 세상의 모든 사람이 모든 거래를 지켜볼 수 있는 완벽한 인증 노드를 구동하기 바랍니다. 이들은 자신들 이외에 그 누구도 믿지 않죠." 안드레센의 말이다. "소프트웨어를 지난 몇 년간 구동했던 자발적인 기부자들은 거래 규모가 늘어나면 더 큰 블록을 개인적으로 다룰 수 없게 될까 우려합니다. (…) 저는 이들을 옹호할 생각이 없습니다."[48] 달리 말하면, 비트코인 블록체인이 확장과 보안 유지를 동시에 추구한다 해도 두 마리 토끼를 다 잡을 수는 없는 일이다. 일부 노드는 프로토콜을 전부 구동하고, 계속 커져 가는 커다란 블록 속에서 더욱 많은 거래를 처리할 것이다. 또한 전체 노드의 51퍼센트가 제대로 할 것이라 믿고, 단순한 결제 인증 모델만을 구동하는 노드도 있을 것이다.

비트코인 XT에 대한 가장 큰 반발은 중국의 채굴 풀에서 비롯되었다. 열성 온라인 게이머들처럼 진지한 비트코인 채굴자들은 정확한 해시를 찾기 위한 강력한 성능의 컴퓨터뿐 아니라, 네트워크에 즉시 공지하기 위한 초고속 밴드위스가 필요하다. 중국은 인터넷 밴드위스에 관한 닐슨의 법칙이 통용되지 않는 유일한 국가다. 밴드위스는 매년 50퍼센트씩 증가하지 않는다. 블록 사이즈가 너무 커지면, 세계 다른 지역의 채굴자에 비해 중국 채굴자들은 낮은 밴드위스의 불이익을 감수해야 한다. 쌓아야 할 새로운 블록을 받으려면 시간이 더 걸린다. 그들이 새로운 블록을 발견하면, 나머지 네트워크에 전송하는 데 더 오랜 시간이 걸린다. 이렇게 지연되면 결국 네트워크는 일부 블록을 거부하게 된다. 그들은 더 많은 밴드위스를 보유해 블록을 더 빠르게 전파할 수 있는 채굴자들에게 밀려난다.

"네트워크 프로토콜을 바꾸거나 부트스트랩하는 것은 기념비적인 업적입니다." 오스틴 힐의 말이다. "3억 달러에서 10억 달러에 이르는 자산을 어디에서나 관리할 수 있는 생태계를 즉석에서, 빨리 변경하고 싶지는 않을 겁니다."[49] 가장 중요한 것은 무엇일까? 안드레센은 이렇게 말한다. "이러한 거버넌스 모델은 사람들이 실제로 구동하고 싶은 코드, 사람들이 판매하는 장비 속에서 실행하고 싶은 표준에 상당 부분 좌우됩니다." 그는 비트코인이 인터넷과 마찬가지로 "복잡하고, 혼란스러운 거버넌스 과정을 겪게 될 것"이라 말했다. 이러한 거버넌스 과정의 결정체는 곧 사람들이 구동하는 코드로 나타난다.[50]

다시 한 번 상기하면, 우리는 규제를 이야기하는 것이 아니라 이러한 자원을 활력과 성공으로 유도할 수 있는 방법을 이야기하고 있다. 거버넌스는 표준을 세우고, 합리적인 정책을 도입하고 옹호하며, 기술의 가능성에 대한 지식을 개발하고, 감시 기능을 이행하고, 글로벌 인프라를 구축하는 작업을 포함한다. 우리는 다음 장에서 다중 지분 거버넌스 모델multistakeholder gavernance model을 논의할 것이다.

8. 분산식 자율형 에이전트가 스카이넷 같은 괴물을 만든다면?

착한 사람도 있고 나쁜 사람도 있는, 고도로 분산된 기업이 존재할 수 있다. 어나니머스Anonymous는 자발적 가입자들로 구성된 분산형 친화 집단으로, 기업 공작원, 내부 고발자, 감시자로 구성되어 있다. 어나니머스는 블록체인을 활용해 비트코인을 크라우드소싱하고 펀딩한 자금을 월렛에 보관한다. 프랑스 주주 모임이 이 돈을 청부업자들에게 송금하려 한다고 가정해 보자. 청부업자들은 파리 테러를 일으킨 테러리스트들의 행방을 추적해 살해할 임무를 맡게 된다. 주주들이 합의에 도달해 자금을 내보내려면 수천 명의 서명을 받아야 한다. 이러한 시나리오에서는 누가 자금을 통제해야 할까? 거래 결과를 누가 책임져야 할까? 투표권을 행사해 전체 의사 결정에 1000분의 1만큼 기여했다면, 그 사람이 부담해야 할 법률적 책임은 어디까지일까?[51]

자동판매기가 가장 수익성 높은 제품을 주문하도록 프로그램이 짜여 있다면, 불법적인 상품이나 약제의 공급자까지 찾아야 하는 걸까?(사탕 자동판매기가 엑스터시를 팔고 있다!) 사람을 죽일 수도 있는 자율 차량을 법으로 허용하는 것이 가능할까? 『와이어드Wired』 매거진에서는 두 명의 해커가 고속도로에서 지프 체로키의 통제 시스템을 어떻게 가로채는지 보여 주었다. 크라이슬러는 1,400만 대의 차량을 리콜했고, 운전자와 제조사, 정책 입안자 들 모두에게 주의할 것을 고지했다.[52] 테러리스트들은 참혹한 결과를 가져오는 끔찍한 범죄를 저지르기 위해 스마트 디바이스의 해킹법을 발견할 수 있을까?

분산형 기업 모델에는 또 다른 어려움이 존재한다. 사회는 이러한 법인체를 어떻게 규율할까? 기업의 오너들은 어떻게 통제권을 확보할 수 있을까? 무인 비즈니스에 대한 적대적 인수를 어떻게 방어할 수 있을까? 각 서버가 회사 경영에 목소리를 낼 수 있는 분권형 웹 호스팅 회사를 소유한다고 가정해 보자. 해커나 멀웨어가 100만 개의 서버인 듯 가장해 투표하면, 네트워크가 인정하는 합법적인 서버들의 투표수를 앞설 수 있다. 기존 기업들을 이러한 식으로 인수한다면, 결과는 뒤바뀔 수 있다. 분산형 자율 기업 쪽의 결과는 재앙에 가까울 수도 있다. 악의적인 법인체 하나가 분산형 웹 호스팅 기업을 좌우한다면, 현금을 고갈시킬 수도 있다. 다른 서버에서 개인 데이터를 누설하거나, 사람이 석방금을 지급할 때까지 데이터를 인질로 잡아 둘 수도 있다.

기계들이 학습 능력과 지적 능력을 갖게 된다면, 자율형 기기로 변모하기까지 시간이 얼마나 걸릴까? 예컨대, 군사용 드론과 로봇이 민간인을 목표물로 삼는다면? AI 분야 학자들은 몇 십 년이 아닌 몇 년 안에 이러한 무기가 현실화될 것이라 장담한다. 2015년 7월, 스티븐 호킹, 일론 머스크, 스티브 워즈니악이 참여한 상당한 규모의 과학자-연구자 단체는 인간의 조종을 완전히 벗어난 자율형 공격 무기 개발을 금지하라는 취지의 공개서한을 발송했다.[53]

"내가 생각하는 가장 끔찍한 뉴스 헤드라인은 '10만 개의 냉장고가 뱅크 오브 아메리카를 공격하다'입니다." 인터넷의 아버지로 널리 알려진 빈트 세프Vint Cerf의 말이다. "기본적인 보안과 프라이버시 기술만이 아니라, 대규모로 디바이스를 설정하고 업그레이드하는 것을 진지하게 생각해 봐야 할 겁니다." 그는 아무도 주말마다 집 안의 모든 기기에 전체 IP 주소를 쳐 넣고 싶지는 않을 것이라는 점을 주지했다.[54]

분산형 자율 기업과 사물 인터넷, 인허가를 광범위하게 규제하라 는 말이 아니다. 애플리케이션을 개발하는 매니저와 기업가들이 중 대한 사회적 영향(긍정적, 부정적, 중립적 영향)을 인지하고, 소스 코 드와 설계를 그에 맞춰 바꾸라는 것이다. 사전에 리스크를 최소화하 고, 대안을 확인하고, 신뢰를 구축하기 위해 그들의 발명품에 영향 을 받을 사람들과 미리 대화를 나눌 필요가 있다.

 ## 9. 빅 브러더가 (여전히) 우리를 감시하고 있다

"네트워크를 통제하려는 여러 가지 시도가 예상됩니다." 블록체인 의 케온 로드리게스의 말이다. "대기업과 정부 기관은 프라이버시를 침해하는 데 혈안입니다. 미국 국가 안전 보장국National Security Agency 은 지금도 블록체인상의 데이터를 앞다퉈 분석하고 있을 겁니다."[55] 블록체인은 상당한 수준의 익명성을 보장하지만, 어느 정도의 개방 성을 띤 것도 사실이다. 과거의 행위로 미래의 의도를 예측해 본다 면, 우리는 스파이 행위를 일삼는 기업, 사이버 전쟁을 일삼는 국가 들이 이익이 되는 일(돈, 특허, 광물 채굴권, 토지와 국보의 소유권 등) 에 두 배의 노력을 경주하리라 예측할 수 있다. 이는 인터넷의 최상 단에 커다란 황소 눈이 달린 것과 마찬가지다. 긍정적인 측면은 모든 사람이 사기 행위를 볼 수 있다는 것이다. 일부는 스파이 행위를 '폭 로'하는 데 커다란 동기를 가질 수 있다. 예측 시장을 통해 블록체인 을 공격하는 특별한 체제가 존재한다는 사실을 알 수 있기 때문이다.

현실 세상에서 개인을 영원히 추적할 수 있는 무한한 데이터를 수집하고, 전송하고, 분석할 수 있다면 어떤 일이 일어날까? 2014년 웹스톡Webstock의 프레젠테이션에서, 마시에이 세글로스키Maciej Ceglowski는 구글이 네스트Nest를 인수한 것을 맹비난했다. 네스트는 방의 온도 정보를 수집하는 센서를 지닌 고급 온도 조절 장치 메이커다. 네스트의 기존 온도 조절 장치에는 프라이버시 정책이 없었다. 이 스마트 온도 조절 장치는 구글에 정보를 전송할 수 있었다. 구글과 네스트는 마치 서로 남긴 피자 조각을 먹을 수 있는 스스럼없는 룸메이트 같았다.[56] 하지만 많은 사람은 위치를 추적하고, 어디에 가건 및 춤형 광고 메시지를 투하하는 소셜 미디어 환경이 불편하다. 블록체인 세상에서 우리는 더 많은 통제권을 확보할 수 있다. 하지만 미디어를 통제할 정도로 긴장의 끈을 놓지 않는 것이 가능할까?

이러한 프라이버시 문제들 가운데 그 어느 것도 진정한 장애물이 될 수는 없다. 세글로스키는 이렇게 말했다. "반가운 이야기를 들려드리죠. 이는 곧 설계의 문제입니다! 우리는 분산되고, 유연하고, 정부 기관을 짜증 나게 만들, 말 그대로 자유로운 인터넷을 어디에서든 구축할 수 있습니다." 1990년대, 우리가 그토록 원했던 바가 현실로 드러난 것이다. 프라이버시 빅 데이터 연구소의 앤 카부키언은 "비즈니스에 바람직하고, 정부에 바람직하고, 시민에게 바람직한" 일곱 가지 설계 원칙을 구상했다. 프라이버시를 기본 값으로 설정해야 한다는 첫 번째 원칙이 핵심이다. 그리고 보안과 프라이버시를 가르는 잘못된 이분법을 지양해야 한다. 모든 IT 시스템, 모든 비즈니스 관행, 모든 인프라는 완벽한 기능성을 갖춰야 한다. 리더들은 위반 사례에 대응하기보다 사전에 방어해야 하며, 모든 작용에 대한 투명성을 유지해야 하고, 그들의 조직을 독립된 인증 절차에 맡겨야 한다. 브랜드들은 사용자의 프라이버시를 존중해 사람들의 신뢰를 얻을 수 있고, 처음부터 끝까지 데이터의 보안을 지켜야 하며, 더 이상 필요하지 않을 때 데이터를 파괴해야 한다. 그녀는 이렇게 말했다. "서로가 윈윈하는 일입니다. 제로섬 게임이 아닌, 포지티브섬 게임입니다."57

세글로스키는 이렇게 말했다. "하지만 노력과 결단이 필요합니다. 영구적인 대규모 감시라는 비즈니스 모델을 완전히 폐기하는 것이기 때문입니다. 아주 쓰라린 일이 될 수 있습니다. 완고한 법률 시스템에 법을 밀어 넣는 일입니다. 잡음이 많을 수도 있습니다. 하지만 이러한 방식의 인터넷을 설계하지 않더라도, 계속해서 구축해 나간다면 아주 돋보이고 통찰력 있는 사람들을 끌어모을 수 있을 겁니다. 그들을 좋아하기는 힘들겠지만, 그게 중요한 일은 아니지요."58

 ## 10. 블록체인은 범죄자의 놀이터다?

비트코인 초창기에, 회의적인 사람들은 비트코인을 돈을 세탁하거나 불법 상품을 구입하는 수단으로 폄하했다. 비평론자들은 이 기술이 분권화, 빠른 속도, P2P라는 특징을 지니므로 범죄자들이 이용하기 쉽다는 점을 지적한다. 불법 마약을 거래하는 실크로드라는 어둠의 웹 시장을 들어 보았는가? 2013년 10월, 한창 왕성할 무렵 실크로드는 비트코인으로 가격을 매긴 13,756개의 리스트를 보유하고 있었다. 제품은 우편으로 배송되었고, 정부 기관의 감시를 피하는 나름의 요령이 있었다. FBI가 이 사이트를 폐쇄하자, 비트코인의 가격은 폭락했고 전자화폐는 곧 범죄와 동의어로 전락했다. 비트코인의 가장 암울했던 시기였다.

하지만 비트코인이나 비트코인 블록체인 기술이 다른 기술에 비해 범죄자들에게 더욱 유용하게 쓰일 만한 특별한 요소를 지닌 것은 아니다. 감독 기관들은 보통 전자화폐가 혐의에 대한 기록을 제공해 법률 집행을 도와줄 수 있다고 믿는다. 아마도 금융 서비스에서부터 사물 인터넷에 이르기까지 다양한 사이버 범죄를 해결해 줄 수 있을 것이다. 『누가 우리의 미래를 훔치는가』의 저자 마크 굿맨Marc Goodman은 최근에 이렇게 주장했다. "해킹이 불가능하다고 증명된 컴퓨터 시스템은 없었습니다."[59] 범죄 기회가 기술 발달과 더불어 확대된 것은 사실이다. "한 사람이 다수에게 영향을 미칠 수 있는 가능성은 비약적으로 늘어나고 있습니다. 좋은 쪽으로도, 나쁜 쪽으로도 이러한 영향은 확대됩니다."[60] 따라서 다른 인간을 해치려는 인간도 이러한 가능성을 누릴 수 있다. 범죄자들은 최신 기술을 사용하려 들 것이다.

그래도 비트코인과 블록체인 기술은 범죄로의 전용을 방지할 수 있다. 우선, 범죄자들조차 블록체인의 모든 비트코인 거래를 공개해야 하고, 따라서 법률 집행은 비트코인으로 지급한 내역을 현금에 비해 더욱 쉽게 추적할 수 있다. 현금은 아직도 범죄자들의 주된 지급 수단으로 사용되고 있다. 비리를 발견하려면 "돈을 쫓아라

follow the money"라는 오랜 워터게이트 사건의 격언이 있다. 블록체인 상에서는 다른 지급 수단에 비해 돈의 흐름을 추적하기가 훨씬 용이하다. 규제자들은 비트코인의 익명성을 들어 비트코인이 "검찰의 미래"라고 말하고 있다. 현금에 비해 더 쉽게 추적할 수 있고, 계산을 맞춰 볼 수도 있기 때문이다.

총기 난사 사건이 발생할 때마다, 전미총기협회의 회원을 선거 자금책과 지지자로 확보한 미국의 정치인들은 이렇게 말하기에 분주하다. "미국에서 일어나는 총기 사고의 책임을 총에 돌리지 맙시다!" 바로 이 사람들이 블록체인상에서 범죄를 저지를 수 있다는 이유로 블록체인 기술 자체를 금지한다면 얼마나 어이없는 일이겠는가. 기술 자체에는 대리인이 존재하지 않는다. 기술은 무엇을 아쉬워하거나 특정한 방향을 잡지 않는다. 결국 돈도 기술일 뿐이다. 강도가 은행을 털었다고 해서 강도의 짐짝에 든 돈을 비난하지는 않는다. 범죄자가 비트코인을 사용한다는 것은 저변의 장점에 비해 강력한 거버넌스, 규율, 인프라, 교육이 미비하다는 것을 시사할 뿐이다.

✦ 블록체인이 실패하거나 이행이 어려울 수 있는 이유

이처럼 엄청난 장애물이 블록체인의 미래를 막고 있다. 저 멀리 어렴풋이 보이는 것은 암호학자들의 Y2K에 해당하는 퀀텀 컴퓨팅이다. 양자역학과 이론전산학을 조합한 퀀텀 컴퓨팅은 암호 알고리즘과 같은 문제들을 오늘날의 컴퓨터에 비해 훨씬 빠른 속도로 풀 수 있다. 스티브 오모훈드로는 "퀀텀 컴퓨터는 이론상으로 아주 큰 숫자를 빠르고 효율적으로 분석할 수 있습니다. 또한 공개 키 암호 방식의 대부분은 이와 유사한 과업에 바탕을 두고 있습니다. 만일 현실로 드러난다면, 세상의 모든 암호화 인프라는 극적인 변화를 겪게 될 것입니다"라고 말했다.[61] 기술적 혁신과 진전에 대한 논의는 아주 오래전부터 지속되어 왔다. 혁신의 수단이 선한가, 악한가? 인간의 환경을 개선하는가, 되돌리는가? 풍자의 대가 제임스 브랜치 캐벌James Branch Cabell의 말처럼, "낙관주의자들은 우리가 사는 이 세상이 모든 가능한 세상 가운데 최고라고 믿는다. 하지만 비관주의자들은 이 세상이 정말 최고의 세상이면 어쩌나 하고 두려워한다."[62]

레프 테르멘의 이야기에서 보여 주듯, 개인과 조직은 혁신적인 기술을 선하게도 쓸 수 있고 악하게도 쓸 수 있다. 전기에서부터 인터넷에 이르기까지 광범위한 기술이 이러한 양면성을 경험했다. 커다란 반향을 일으킨 『네트워크의 부』의 저자, 요하이 벤클러는 우리 두 사람에게 이렇게 말했다. "기술이란 체계상으로 불평등을 지향하지 않으며, 고용 구조에서도 특정한 방향으로 쏠리지 않습니다. 이러한 쏠림은 사회, 정치, 문화적 전투의 산물일 뿐입니다." 기술은 비즈니스와 사회를 극적으로, 또 신속하게 바꿀 수 있다. 벤클러는 "어느 쪽으로든 결정론적인 방향이 되어서는 곤란하다"고 생각한다.[63]

전반적으로, 기술의 역사는 긍정적인 방향으로 흘러왔다. 식품과 의약품이 얼마나 진보했는지 생각해 보라. R&D에서부터 처방 및 예방에 이르기까지, 기술은 인간의 평등, 생산 능력, 사회적 진보에 기여해 왔다.

블록체인이 인터넷과 똑같은 함정에 빠지지 말라는 법은 없다. 블록체인이 중앙 집중화와 통제에 내성을 지닌 것은 사실이다. 하지만 경제적, 정치적 보상이 막대하다면, 강력한 이익집단이 블록체인을 장악하려 들 수 있다. 새로운 분산형 패러다임의 리더들은 모든 사람의 기회를 보장하려는 목적으로 그들의 주장을 펼치고, 경제적, 제도적 혁신의 파도를 일으켜야 한다. 이번에는 전망을 현실로 옮겨보자. 이 모든 것을 실현하기 위한 방안을 논의할 시점이다.

2장
다음 세대를 위한 리더십

'다산의, 열매를 많이 맺는'의 뜻을 지닌 'prolific'이란 형용사는 21세의 비탈리크 부테린을 그 어떤 단어보다도 탁월하게 묘사하는 것 같다. 비탈리크 부테린은 이더리움을 창시한 러시아 태생 캐나다인이다(말하자면 그를 '열매를 많이 맺은' 창시자라 표현하고 싶다). 그의 수많은 추종자에게 이더리움이 무엇인지 물어보기 바란다. 그들은 "블록체인 기반, 임의 상태, 튜링 완전 스크립팅 플랫폼"이라고 답해 줄 것이다.[1] 이더리움은 IBM, 삼성, UBS, 마이크로소프트와 중국 자동차 기업 완샹Wanxiang, 세계 제일의 스마트 소프트웨어 개발자들을 끌어들였다. 이들은 모두 이더리움이 모든 것을 바꾸는 전지구적인 대형 컴퓨터가 될 것이라 생각했다.[2]

부테린이 임의 상태, 튜링 완전의 개념을 우리에게 설명했을 때, 우리는 그의 심리를 엿볼 수 있었다. 음악을 듣는 것은 책을 읽거나 하루의 수입과 지출을 계산하는 것과 한참 다르다. 하지만 스마트폰으로는 이 세 가지 일이 모두 가능하다. 스마트폰의 운영 체제는 튜링 완전하기 때문이다. 이는 곧 튜링 완전한 다른 언어를 수용할 수 있다는 것을 의미한다. 따라서 혁신자들은 이더리움상에서 상상 가능한 어떤 디지털 애플리케이션이라도 만들 수 있다. 스마트 계약과 컴퓨터 리소스 시장에서부터 복잡한 금융 도구와 분산형 거버넌스 모델에 이르기까지, 완전히 다른 업무를 수행하는 애플리케이션을 만들 수도 있는 것이다.

부테린은 다양한 외국어를 구사한다. 그는 영어, 러시아어, 프랑스어, 광둥어(휴가 기간 두 달 만에 배웠다), 고대 그리스어, 베이직, C++, 파스칼, 자바 등에 통달했다.[3] 그는 이렇게 말했다. "저는 일반주의가 특기인가 봅니다." 그는 박식하지만, 자신의 학식을 과시하지 않는다. "보시다시피 관심사가 정말 다양했습니다. 여기에서 비트코인은 완벽한 통합 수단으로 보였습니다. 나름의 수학이 있고, 나름의 컴퓨터 과학이 있고, 나름의 암호학이 있고, 나름의 경제학이 있습니다. 나름의 정치와 사회적 철학이 있습니다. 나는 어느새 이러한 공동체에 이끌렸습니다." 그는 이렇게 덧붙였다. "강력한 힘을 느낄 수 있었습니다." 그는 온라인 포럼을 섭렵하며 비트코인을 소유할 수 있는 방안을 찾기 시작했고, 비트코인 블로그를 개설한 친구 하나를 찾아냈다. "블로그의 이름은 '비트코인 위클리'였죠. 그는 사람들에게 5비트코인을 주며 자신을 위해 글을 써 달라고 부탁했습니다. 당시 가격으로 치면 4달러 정도였죠." 부테린은 이렇게 말했다. "나는 글 몇 편을 기고한 대가로 20비트코인을 벌어들였습니다. 이 중 절반을 티셔츠를 사는 데 소비했죠.

이 과정을 겪으면서 이 사회의 근간을 이루는 벽돌을 쌓는 느낌에 휩싸였습니다."[4]

이 모든 것은 약 5년 전 비트코인을 깔보았던 그의 아버지로부터 비롯되었다. "2011년 2월경, 아버지가 이렇게 말씀하셨죠. '비트코인이라고 들어 본 적 있니? 인터넷에서만 존재하는 화폐인데 정부가 인정하지 않는대.' 아버지의 말을 듣고 바로 이런 생각이 떠올랐죠. '네, 비트코인 자체에 가치가 있는 건 아니죠. 비트코인이 효력을 발휘할 여지는 어디에도 없겠네요.'" 여느 10대들과 마찬가지로, 부테린은 인터넷에서 정말 많은 시간을 보내며, 주류에서 벗어난 다양한 생각을 접했다. 어떤 경제학자를 좋아하는지 물어보자, 그는 타일러 코웬Tyler Cowen, 알렉스 태버럭Alex Tabarrok, 로빈 핸슨Robin Hanson, 브라이언 캐플런Bryan Caplan을 이야기했다. 그는 게임 이론의 대가 토머스 셸링Thomas Schelling과 행동 경제학자 대니얼 카너먼Daniel Kahneman, 댄 애리얼리Dan Ariely의 업적을 토의할 수 있다. "놀라울 정도로 유용합니다. 포럼에서 다른 사람들과 정치를 비롯한 다양한 주제를 토론하며 얼마나 많은 것을 배우는지 모릅니다. 이것 자체만으로 아주 놀라운 교육적 경험을 할 수 있습니다." 그는 이렇게 말했다. 비트코인이 점점 다가오고 있었던 것이다.

그해 말까지, 부테린은 1주에 10~24시간씩 『비트코인 매거진』에 기고할 글을 준비했다. "대학에 들어간 지 8개월이 지나자, 대학 생활이 내 인생 전부를 접수했다는 느낌에 사로잡혔습니다. 기꺼이 내 인생을 바칠 수 있을 것 같았습니다. 워털루는 정말 좋은 대학이었고 프로그램 또한 내 마음에 쏙 들었습니다. 내가 중간에 그만둔 것은 대학 생활이 별로였기 때문이 아닙니다. '이게 정말 재미있는데, 저건 더 재미있잖아'의 문제였죠. 일생에 한 번 있을까 말까 한 기회가 왔는데, 그 기회를 놓칠 수 없었던 것뿐입니다." 그는 이 당시 겨우 열일곱 살에 불과했다.

부테린은 이더리움을 오픈 소스 프로젝트로 창안했다. 블록체인이 화폐를 뛰어넘을 수 있고, 프로그래머들이 비트코인 블록체인에 비해 더욱 유연한 플랫폼이 필요하다는 사실을 깨달은 순간이었다. 이더리움은 네트워크상에서 개방성과 프라이버시를 근본적으로 구현했다. 그는 개방성과 프라이버시를 모순되는 요소가 아닌 헤겔식 종합으로 바라보았다. 이 두 가지 요소는 변증법을 거쳐 자발적 투명성으로 귀결된다.

이더리움은 역사 속에 등장했던 수많은 기술과 마찬가지로 일자리를 없앨 수 있다. 부테린은 이것이 다양한 기술에 공통적으로 수반되는 자연스러운 현상이라고 생각하며 신선한 해결책을 제시한다. "반세기 안으로, 우리는 생계를 유지하고 번듯한 삶을 살기 위해 매일 8시간씩 일해야 하는 틀에서 탈피하게 될 것입니다."[5] 하지만 그도 블록체인 탓에 대규모 실업이 불가피한지 알쏭달쏭하다. 이더리움은 가치의 창출과 기업가 정신을 위한 새로운 기회를 만들 수 있다. "대부분의 기술은 시시한 일을 담당하는 인력을 자동화할 뿐입니다. 하지만 블록체인은 중심부를 자동화합니다." 그의 말이다. "블록체인은 택시 운전사의 일자리를 빼앗지 않고, 우버의 일자리를 빼앗아 택시 운전사와 고객을 직접 연결시켜 줍니다." 블록체인은 일자리를 없애지 않는 것은 물론이고, 일의 정의를 바꿀 수 있다. 이처럼 엄청난 대격변의 희생양이 될 사람들은 누구일까? "그 누구보다도 타격을 입을 직종은 50만 달러 이상의 연봉을 벌어들이는 변호사가 될 것이라 생각합니다. 실제로 그렇게 되면 좋겠습니다."6 부테린은 셰익스피어의 문장을 인용한다. "제일 먼저 할 일이 있어. 변호사들을 없애 버리는 거야."•7

이더리움은 또 다른 명백한 모순점을 지니고 있다. 이더리움은 염치없을 정도로 개인적인 동시에, 집합적 자기 이익 속에서 공개적으로 활동하는 분산형 대형 공동체에 의지한다. 실제로, 이더리움의 설계는 적합한 수단을 손에 쥔 개인들은 올바르게 행동할 것이라는 지속적인 믿음과, 사회의 강력한 대형 기관들의 동기에 대한 건전한 의구심을 동시에 반영하고 있다. 부테린은 현대 사회의 문제를 진지하게 비판하지만, 그의 어조는 분명 희망에 차 있다. "세상에는 부당한 것들도 많지만, 나는 점차 세상을 있는 그대로 받아들이며 기회라는 시각에서 미래를 생각합니다." 3,500달러면 한 개인을 말라리아에서 영원히 해방시킬 수 있다. 그가 이 사실을 알았을 때, 그는 개인, 정부, 기업 원조의 부족을 한탄하지 않았다. 그는 이렇게 생각했다. "세상에, 3,500달러면 인생을 구할 수 있는 거야? 투자 수익치고는 정말 훌륭하네! 당장 조금이라도 기부해야겠어."8 이더리움은 세상에 긍정적인 변화를 가져오기 위한 그의 수단이다. "기술의 발전으로 더 나은 세상을 만들기 위한 밀알이 되고 싶습니다."

• 셰익스피어의 『헨리 6세』 2부 4막 2장에 나오는 대사.

부테린은 사람들을 그의 아이디어와 비전으로 끌어당긴다는 점에서 리더의 자질을 타고났다. 그는 이더리움 공동체의 핵심 설계자이자 합의를 모으는 핵심 리더이며, 기술에 대한 주관이 확고한 영민한 개발자들을 규합해 폭넓은 공동체를 구축하고 있다. 그의 성공담이 기대되지 않는가?

누가 혁명을 주도할까

1992년, MIT의 컴퓨터 과학자 데이비드 클라크David Clark는 이렇게 말했다. "우리는 왕, 대통령, 투표를 모두 거부합니다. 우리는 대략적인 의사 합치와, 구동되는 코드를 신뢰할 뿐입니다."[9] 제1세대 인터넷 종사자들은 이러한 생각을 금과옥조로 받아들였다. 이 당시 대부분의 사람들은 인터넷이 새로운 커뮤니케이션 매체로 자리 잡고, 사회와 일상에서 갖는 의의가 기존 매체를 확실히 앞서게 될 것이라 예상치 못했다. 클라크의 말은 새로이 등장한 글로벌 자원의 거버넌스와 리더십을 위한 철학을 표현하고 있었다. 이러한 글로벌 자원은 기존 규범과는 한참 다르면서도, 놀라울 정도로 효과적인 거버넌스 생태계를 잉태했다.

제2차 세계 대전이 끝나고 나서, 국가를 바탕으로 세워진 기관들은 핵심적인 글로벌 자원을 관리했다. 가장 강력한 두 개의 기구, IMF와 WTO는 1944년 브레턴우즈 체제Bretton Woods System •에서 탄생했다. UN과 UN 산하의 기타 단체, 예컨대 WHO와 같은 기구들은 글로벌 문제를 해결하는 데 엄청난 재량을 위임받았다. 이러한 기관들은 처음부터 위계식 구조를 띠고 있었다. 위계식 구조가 전쟁으로 만신창이가 된 20세기 전반의 지배적인 패러다임으로 자리 잡았기 때문이다. 하지만 이와 같은 대규모 해결책은 디지털 시대의 도전을 해결하기에는 역부족이었다. 인터넷의 부상은 기존 거버넌스 문화에서 완벽하게 벗어나는 계기로 자리 잡았다.

1992년, 대부분의 인터넷 트래픽은 이메일이 차지했다. 팀 버너스-리의 월드 와이드 웹을 선물한 그래픽 방식의 브라우저가 도입된 것은 그로부터 2년 후였다. 대부분의 사람은 인터넷에 접속하지도 않았고, 인터넷이 뭔지도 몰랐다. 이처럼 중요한 자원을 관리, 감독하는 중요 기관들은 태동하는 단계이거나, 아예 존재하지 않았다. 인터넷 거버넌스의 다양한 측면을 다루는 국제 인터넷 표준화 기구도 세상에 등장한 지 4년밖에 되지 않았다. 도메인명과 같은 핵심적인 서비스를 제공하는 ICANN은 6년 전에 생겨났고, 빈트 서프Vint Cerf와 밥 칸Bob Kahn은 사람들을 규합해 인터넷 협회Internet Society라는 단체를 조직했다.

제2세대 인터넷은 개방성을 향유하는 동시에, 위계 구조에 대한 거부감을 표시한다. 이러한 정신은 사토시, 부히스, 안토노풀로스, 서보, 로저 버의 에토스ethos에서 드러난다. 오픈 소스는 훌륭한 조직 원리이나, 앞으로 나아가기 위한 방법이 되기에는 역부족이다. 오

• 미국 뉴햄프셔 주 브레턴우즈에서 열린 44개국 연합 회의에서 탄생한 국제 통화 제도를 일컫는다. 미국 달러화를 기축통화로 금 1온스를 35달러에 고정시켜 통화 가치 안정을 꾀했다.

픈 소스가 우리 사회의 많은 제도를 변혁한 만큼이나 조율, 조직, 리더십이 필요하다는 것을 부인할 수 없다. 위키피디아와 리눅스 같은 오픈 소스 프로젝트는 성과 기반의 운영 원리를 지니고 있음에도, 지미 웨일스Jimmy Wales와 리누스 토르발스Linus Torvalds와 같은 자애로운 독재자를 모시고 있다.

칭찬할 일이지만, 나카모토 사토시는 권력 분산, 네트워크식 무결성, 확실한 효용, 이해관계자의 권리(프라이버시권, 안전의 권리, 소유권을 포함한다), 기술로의 편입과 같은 원리를 코딩해 이해관계자의 동기와 유인을 한 방향으로 일치시켰다. 그 결과, 이 기술은 초기부터 번성할 수 있었고, 지금 우리의 생태계에 만발해 있다. 하지만 이처럼 한걸음 떨어진 이신론적 접근**은 아슬아슬한 모습을 보이기 시작한다. 모든 파괴적 기술과 마찬가지로, 블록체인 생태계에서는 서로 다른 견해가 대립한다. 핵심적인 블록체인 공동체조차 서로 다른 암호 진영으로 파벌이 갈리며, 각 파벌은 각자의 어젠다를 옹호한다.

백악관에 근무했던 브라이언 포드는 MIT의 전자화폐 구상을 지휘하고 있다. 블록체인을 옹호하는 그는 이렇게 말했다. "블록 사이즈에 대한 논쟁을 보고 있노라면, 정말로 블록 사이즈에 대한 논쟁인지 알쏭달쏭합니다. 매체에서는 블록 사이즈를 논의하는 듯 보이지만, 내 눈에는 사실 거버넌스를 토론하고 있는 것처럼 보입니다."10 그렇다면 어떠한 종류의 거버넌스가 필요할까? 더 구체적으

** 하느님이 우주를 창조하긴 했지만 관여는 하지 않고 우주는 자체의 법칙에 따라 움직인다고 보는 사상.

로 들어가면, 어떠한 종류의 리더십이 필요할까? 실제로, 남다른 재능을 지닌 핵심 비트코인 개발자 마이크 헌은 2015년 1월, 비트코인의 갑작스러운 종말을 예견하는 작별의 편지를 기고하며 업계에 상당한 파문을 일으켰다. 이 편지에서 그는 업계가 직면한 몇 가지 중대한 도전을 언급했다. 말하자면, 이처럼 중대한 기술적 표준의 문제가 아직 답을 얻지 못했고, 커뮤니티의 계층 간에 불협화음과 혼돈이 존재하고 있었다. 헌은 이러한 어려움 탓에 비트코인이 실패할 수 있다는 결론에 도달했다. 하지만 우리는 이러한 결론에 동의할 수 없다. 실제로, 헌이 신랄하게 비판한 비트코인의 단점은 우리의 눈에 다수 당사자 거버넌스multistakeholder governance의 중요성을 웅변해 주는 사례로 보인다. 코드 자체는 그저 수단일 뿐이다. 이러한 기술이 다음 단계로 진행하고, 장기적인 목표를 달성하려면 사람이 나설 필요가 있다. 우리는 모든 구성원들(네트워크의 모든 이해관계인)을 한데 모아 핵심적인 이슈를 해결해야 한다.

우리는 이미 일부 장애물을 살펴보았다. 이러한 장애물들을 가볍게 생각해서는 곤란하다. 하지만 그러한 장애물들은 혁신의 성공을 가로막는 요인일 뿐, 혁신을 반대하기 위한 이유는 될 수 없다. 지금껏 다양한 이슈가 해결되지 않았고, 많은 의문이 해답을 찾지 못하고 있다. 이러한 문제를 해결하려는 집단적인 움직임 또한 보이지 않는다. 기술은 어떻게 확장을 시도할까? 우리는 환경을 파괴하지 않고서도 기술을 확장할 수 있을까? 강력한 권력이 혁신을 가로막을까? 아니면 이와 반대로 혁신을 촉진할 수 있을까? 위계 구조로 회귀하지 않고, 표준을 확립하는 민감한 문제를 어떻게 해결할 수 있을까?

지난 2년간, 우리 두 사람은 이러한 질문의 해답을 찾는 데 초점을 맞췄다. 우리는 국가 기관들보다는 시민 사회, 민간 분야, 정부, 비국가 네트워크에 존재하는 개인들의 협력이 필요하다는 사실을 깨달았다. 이 네트워크들을 가리켜 글로벌 솔루션 네트워크라 불러보자. 이러한 웹 기반 네트워크들은 빠르게 확산되는 중이며, 새로운 형태의 협력, 사회적 변화, 글로벌 공공 가치의 창출을 구현하고 있다.

가장 중요한 것은 인터넷 그 자체다. 과거에는 상상할 수도 없었던 개인들의 무리, 시민 사회 조직, 기업, 국가의 암묵적 또는 적극적 지원이 어우러져 규율되고, 관리된다. 하지만 그 어떤 정부, 국가, 기업, 국가 기관도 인터넷을 통제하지는 않는다. 그렇다고 효율성을 잃지는 않는다. 이 과정에서, 다양한 이해관계인들은 포괄성, 합의, 투명성에 따라 글로벌 자원을 효과적으로 유도할 수 있다는 것을 증명했다.

시사점은 분명하다. 이처럼 복잡한 글로벌 혁신을 원만히 경영하는 것은 정부만의 책임이 아니다. 또한 이를 민간 분야에만 맡겨 둘 수도 없다. 상업적 이해관계가 결부되면 이러한 자원이 사회에 기여하는 방향으로 쓰이리라 장담할 수 없기 때문이다. 모든 이해관계인들은 전 세계적으로 협동하고, 리더십을 제공해야 한다.

 선수와의 접촉을 위해 필요한 선수 명단

블록체인 기술은 오픈 소스 커뮤니티에서 등장했지만, 각기 다른 배경, 관심, 동기를 지닌 무수히 많은 이해관계인을 재빨리 끌어모을 수 있었다. 개발자, 산업 종사자, 벤처 캐피털리스트, 기업가, 정부, 민간 조직들은 나름의 시각을 갖고 각자의 역할을 수행하고 있다. 이러한 핵심 이해관계자들 가운데 다수가 리더십을 원하며, 이들 스스로 전면에 나서고 있다는 조짐이 미리부터 보이기 시작한다. 여기에서 누가 전면에 나서고 있는지 검토해 보자.

블록체인 산업의 선구자들

에릭 부히스나 로저 버를 비롯해 이 업계의 신구자로 손꼽히는 사람들은 형식적인 거버넌스, 규제, 관리, 감독이 바보 같은 짓일 뿐 아니라 비트코인의 원리를 거스르는 일이라 생각했다.[11] 부히스는 이렇게 말했다. "비트코인은 이미 수학의 원리에 따라 잘 규제되고 있으며, 정부의 변덕으로부터 자유롭습니다."[12] 하지만 산업이 팽창하면서 수많은 기업가가 정부와 건전한 대화를 나누고 있다. 그들은 넓은 시각에서 거버넌스에 초점을 맞추고, 거버넌스 자체를 좋은 것으로 생각한다. 코인베이스, 서클Circle, 제미니Gemini와 같은 기업들은 무역 협회에 가입했고, 이들 중 몇몇은 MIT의 전자화폐 구상과 같은 신생 거버넌스 기관과 밀접한 관계를 유지하고 있다.

벤처 캐피털리스트

기업 내부의 암호화를 담당하던 이들이 어느새 실리콘 밸리에서 가장 촉망받는 최고의 벤처 캐피털리스트로 자라났다. 만인의 선망을 받는 안드레센 호로위츠도 여기에 포함된다. 지금 대형 금융사들은 벤처 캐피털리스트의 역할을 자처하고 있다. 골드만 삭스, NYSE, 비자, 바클레이스, UBS, 딜로이트는 스타트업에 직접 투자하거나 새로운 벤처를 육성하는 기업 인큐베이터를 지원하고 있다. 연금 펀드들은 치열한 경쟁에 돌입하고 있다. 오메르스 벤처스OMERS Ventures는 캐나다 최대 공적 연금이 설립한 수십억 달러 규모의 벤처로 2015년 첫 투자를 감행했다. 이 그룹을 경영하는 짐 올랜도Jim Orlando는 블록체인에서 구동할 차세대 킬러 앱을 찾고 있다. 블록체인에서의 이 애플리케이션은 '인터넷에서의 웹 브라우저'에 비유할 수 있다.[13] 폭발적으로 돈이 모였다. 2012년 200만 달러에서 시작한 모집액이 2015년 전반기에는 5억 달러로 늘어났다.[14] 분위기가 한껏 고조되는 중이다. 팀 드레이퍼Tim Draper는 우리에게 이렇게 말했다. "어쨌든 금융사들은 블록체인의 가능성을 과소평가하고 있습니다."[15] 목소리 큰 벤처 캐피털리스트들은 기술을 옹호하며 초창기의 거버넌스 기관들을 후원할 수 있다. 안드레센 호로위츠가 재정을 지원한 코인 센터Coin Center 등이 그 실례다. 배리 실버트Barry Silbert가 설립한 벤처 기업 전자화폐 그룹Digital Currency Group은 학자들과 기성세대이기를 거부하는 조언자들을 이사로 지명해 투자와 후원을 통한 더 나은 금융 시스템의 개발을 촉진하고 있다.

은행과 금융 서비스

바라보는 눈길이 이렇게 빨리 변한 산업은 없었을 것 같다. 아주 오래도록 대부분의 금융 기관들은 비트코인을 도박자나 범죄자의 투기적 수단으로 배척했고, 블록체인을 그들의 안중에도 두지 않았다.

그런데 지금은 말 그대로 올인하고 있다. 2015년에 실시간으로 이러한 현상을 지켜보자니 정말 놀라울 따름이다. 2015년 전에는 이 분야에 투자하겠다는 금융 기관이 거의 없었다. 하지만 오늘날에는 오스트레일리아 연방은행, 몬트리올 은행, 소시에테 제네랄, 스테이트 스트리트, CIBC, RBC, 캐나다 토론토 도미니온 은행, 미쓰비시 UFJ 파이낸셜 그룹, BNY 멜런, 웰스 파고, 미즈호 은행, 노르디아, ING, 유니크레딧, 코메르츠 은행, 맥쿼리를 비롯한 수많은 금융 기관이 이 기술에 투자하고 리더십의 방향을 논의하고 있다. 세계 최대 금융 기관들 대부분은 R3 컨소시엄에 서명했고, 더 많은 금융 기관은 리눅스 재단과 협력해 하이퍼레저 프로젝트를 론칭했다. 리더십의 토론장에서 은행들을 빠뜨릴 수는 없다. 하지만 다른 관련자들은 인터넷의 초기 시절과 마찬가지로, 현시점의 강자들이 이 기술을 통제하지 않도록 경계할 필요가 있다.

개발자들

공동체의 개발자들은 기본적인 기술 이슈를 두고 각기 의견이 다르다. 또한 공동체는 조절과 리더십이 필요하다고 말한다. 개빈 안드레센은 비트코인의 핵심 개발 인력으로, 블록 사이즈와 관련된 논의의 중심에 서 있다. 그는 이렇게 말했다. "나는 눈 뜨고 있는 시간을 내 입장을 옹호하는 데 들이기보다, 엔진 룸에 들어가 비트코인 엔진을 계속 구동하는 편이 좋습니다."[16] 하지만 확실한 리더십이 부재한 것을 감안하면, 안드레센이 지금껏 스포트라이트를 받아 온 것은 적절하지 못한 것 같다. 2015년 여름, 그는 우리에게 이렇게 말했다. "이후 6개월간, 내 할 일을 비트코인 기술과 함께하는 우리의 삶에 초점을 맞추려 합니다. 분명 2~3년 내 비트코인은 소액 결제, 주식 거래, 자산 이전 등의 다양한 비즈니스에서 쓰이게 될 겁니다." 이 과정에서는 무수히 많은 로비가 이루어지고, 이 기술을 옹호하는 목소리 또한 커지리라 예상한다. 그에게 인터넷 거버넌스 네트워크는 유용한 출발점이다. "나는 항상 롤 모델을 찾고 있습니다. 대표적인 롤 모델은 국제 인터넷 표준화 기구입니다."[17] 인터넷의 거버넌스는 그의 말대로 '혼란스럽고 뒤죽박죽'이지만, 거버넌스는 유효하게 작동하고, 또한 신뢰할 수 있다.

학계

교육 기관들은 연구소와 별도 기관의 설립을 지원해 이 기술을 연구하고 있으며, 외부에서도 그들의 동료들과 협력하고 있다. 브라이언 포드는 우리에게 이렇게 말했다. "우리는 MIT가 보유한 엄청난 자원의 일부를 활용하기 위해 전자화폐 구상을 시작했습니다. 차후 10년간, 가장 중요한 기술적 변신으로 자리 잡을 것이라 생각하기 때문입니다."[18] MIT 미디어 랩을 이끄는 이토 조이치는 학계가 나설 수 있는 기회를 이렇게 전망했다. "MIT와 학계는 확장성scalability•과 같은 주제를 편견이나 특별한 이해관계 없이 평가하고, 연구하고, 토의할 수 있는 최적의 장소입니다."[19] 여기에서 가장 두드러진 목

• 소규모 컴퓨터 시스템에서 상위 시스템까지 하드웨어 기능과 시스템 기능이 일관적으로 제공될 수 있는 것.

소리를 내고 있는 제리 브리토Jerry Brito는 조지메이슨대학의 메르카투스 센터Mercatus Center에서 일했고, 지금은 비영리 시민 단체인 코인 센터의 이사로 일하고 있다. "거버넌스의 문제는 심각한 의사 결정 사항이 있을 때 부상합니다. 또한 이 과정을 효과적으로 구현하려면 절차가 필요합니다."20 그는 히포크라테스의 선서로 시작할 것을 권고한다. 첫째, 그 어떤 해도 끼쳐서는 안 된다. "비트코인의 핵심 개발자들이 사용하고 있는 지금의 상향식 접근은 블록 사이즈에 대한 토론에서 다소 서투른 면을 보여 주고 있습니다. 어떻게든 합의에 도달하기란 상당히 어려울 겁니다." 브리토의 말이다. "우리는 이 포럼의 활성화를 도와주고 싶고, 그렇게 된 후에는 자기 규제 기관을 육성해 주고 싶습니다."21 스탠퍼드대학, 프린스턴대학, 뉴욕대학, 듀크대학은 블록체인, 비트코인, 암호화폐에 대한 강좌를 개설하고 있다.22

정부, 규제 기관, 법의 집행

세계 각국의 정부들은 제각기 다른 접근 방식을 취하고 있다. 자유방임적 정책을 선호하는 정부도 있고, 뉴욕의 비트라이선스BitLicense처럼 새로운 규율과 규제에 몸담는 경우도 있다. 어떤 정부는 대놓고 적대적인 입장을 취하기도 한다. 여느 산업들과 마찬가지로, 이 산업 또한 새로운 규율을 지지하는 측과 그렇지 않은 측으로 파벌이 나뉘고 있다. 심지어 정부의 간섭을 거부하는 사람들조차 거버넌스 논쟁을 벌이는 그들의 열정을 높이 평가한다. 업계의 큰손으로 인정받는 벤처 캐피털리스트 애덤 드레이퍼Adam Draper는 마지못해 다음과 같이 인정했다. "정부의 지지는 기관의 지지를 유도할 수 있습니다. 나름의 가치를 부정할 순 없죠."[23] 전 세계의 중앙은행들은 이 기술을 이해하기 위해 각기 다른 행보를 취하고 있다. 전임 뉴욕 주 금융 감독관 벤저민 로스키는 강력한 규제가 산업 성장을 위한 첫걸음이라고 말했다.[24]

비정부 기관

2015년은 NGO들이 급속히 결집한 시기였고, 민간 사회단체들은 이 기술에 특별히 집중하고 있다. 브라이언 포드의 전자화폐 구상은 MIT에 소속되어 있으나, 이 책에서는 민간의 범주로 분류했다. 다른 그룹들은 브리토의 코인 센터나 페리언 보링의 디지털 상공회의소를 포함하고 있다. 이러한 그룹들은 공동체에서 상당한 관심을 끌고 있다.

사용자들

당신과 나 모두가 해당될 수 있다. 신원, 보안, 프라이버시, 기타 기본권, 장기 생존 가능성, 공정한 재판, 잘못을 바로잡고 범죄자와 싸우는 포럼을 신경 쓰는 사람들의 이야기다. 범죄자들은 기술을 악용해 우리에게 소중한 것을 파괴하기도 한다. 모든 사람은 기본적인 분류 체계와 카테고리를 받아들이는 생각이 제각각인 것 같다. 블록체인은 비트코인 블록체인인가, 일반적인 의미에서의 블록체인인가? 고유명사로서의 블록체인인가, 일반적 의미에서의 블록체인인가? 화폐인가, 원자재인가, 기술인가? 이 모든 것을 포함하는 개념인가, 그 어떤 것도 포함하지 않는 개념인가?

블록체인 분야의 여성 리더들

많은 사람이 알다시피, 블록체인 운동에서는 남성 인력이 대부분이다. 기술 분야에서는 남성의 비율이 여성에 비해 압도적으로 높다. 하지만 오랜 경력을 자랑하는 여성들도 이 분야에서 회사를 설립해 운영하고 있다. 디지털 애셋 홀딩스의 CEO인 블라이드 매스터스, 자포Xapo 회장 신디 맥애덤Cindy McAdam, 케이스 월렛의 CEO 멜라니 샤피로Melanie Shapiro, 스텔라 개발 재단의 집행임원 조이스 김, 비트페사의 설립자이자 CEO 엘리자베스 로시엘로Elizabeth Rossiello, 서드 키 솔루션의 CEO 파멜라 모건Pamela Morgan이 대표적이다. 이러한 여성들을 통해 이 산업이 남성과 여성 모두에게 환영받는다는 사실을 시사한 셈이다. 블록체인에서의 벤처 캐피털은 다양성을 획득하고 있다. 비트고BitGo의 전임 사업 개발부서장 아리안나 심슨Arianna Simpson은 이 분야의 투자자로 탈바꿈했다. 잘락 조반푸트라Jalak Jobanputra는 VC 펀드를 통해 분권화된 기술에 투자하는 데 초점을 맞추고 있다. 이러한 글로벌 자원의 거버넌스와 관리에서는 여성이 주도권을 쥐고 있다.

하버드 버크맨 센터의 교수이자 파리의 국립 과학 연구 센터의 종신 학자인 프리마베라 데 필리피는 블록체인 기술의 영원한 예찬론자로, 거버넌스에 대해 가장 확실하고도 가장 우렁찬 목소리를 내고 있다. 그녀는 이 생태계에 대한 담론을 조직하고, 촉진하고, 광고하고 있다. 필리피는 또 다른 우군이자 변호사로 전업한 기업가 콘스턴스 최Constance Choi와 함께 하버드대학, MIT, 스탠퍼드대학, 런던, 홍콩, 시드니에서 일련의 블록체인 워크숍을 진행하고 있다. 그들은 업계의 다양한 이해관계인들을 한데 끌어모았고, 여기에서 더 나아가 커다란 이슈를 논의하기 시작했다. 토론에는 아무런 제약이 없었고, 사건에는 종종 서로 다른 배경, 종파, 믿음을 지닌 사람들이 한데 섞여 있었다.

엘리자베스 스타크Elizabeth Stark는 거버넌스 분야에서 떠오르는 유망주다. 그는 예일대 로스쿨 교수로서 이 산업의 의장 역할을 자처했다. 한편 맥아더 펠로MacArthur fellow*에 등극한 돈 송Dawn Song은 버클리의 컴퓨터 과학 교수이자 사이버 보안 전문가다. 스타크는 돈 송과 마찬가지로, 학계에서의 명성도 대단하지만 또 다른 야망을 품고 있다. 그녀는 스케일링 비트코인Scaling Bitcoin을 조직해 개발자, 현업 인력, 이론가, 정부 관료, 기타 몬트리올에서 활동하고 있는 이해관계인들을 끌어모았다. 이 분야의 기념비적 순간으로 평가되리라. 스케일링 비트코인은 블록 크기 논쟁의 교착 상황을 해소하는, 길이 남을 성과를 이룩했다. 오늘날 그녀는 사업가로서 비트코인 라이트닝 네트워크의 개발에 협업하며 블록체인의 확장 이슈를 해결하고 있다.

저널리스트 출신 텔레비전 리포터인 페리언 보링은 워싱턴에 소재한 거래 기반 협회인 디지털 상공 회의소의 설립자다. 1년 만에 디지털 상공 회의소는 찬란한 경력의 인재들(블라이드 매스터스, 제임

---

* 남다른 창의성을 보여 주는 개인에게 5년간 후원금을 주고 있다.

스 뉴섬James Newsome, 조지 길더George Gilder)을 영입할 수 있었다. "이 운동은 정부와 대화를 시작하기 위해 워싱턴에 뿌리를 내려야 했습니다." 그녀의 말이다. 언론계에 경험이 있는 보링은 소통과 방향 설정, 이미지 관리에 초점을 맞췄다. 그녀의 조직은 이 공동체를 육성하려 애쓰는 그 누구에게라도 열려 있다. 그녀의 말에 따르면, 이 조직은 급성장하는 블록체인 거버넌스 생태계의 정책, 지원, 지식 분야를 주도하고 있다.[25]

거버넌스를 위해 로비하려는 목소리가 커져 가는 것은, 시급한 만큼이나 앞날을 예측해 주는 일이다. 블록체인 기술의 거버넌스 논의는 최소한 규제에 관한 이야기로 국한되지 않는다. 무엇보다도, 중요한 글로벌 자원을 관리하는 데 규제를 발동하려면 심각한 한계가 존재한다. 이토 조이치가 말한 것처럼, 우리는 네트워크를 규제할 수 있고, 오퍼레이션도 규제할 수 있지만, 소프트웨어를 규제할 수는 없다.[26] 따라서 규제란 중요한 몇 가지 요소 가운데 하나일 뿐이다. 블록체인이 인터넷과 다른 이유는 돈이 정보와 다르다는 것에 있다. 월 스트리트 인력에서 블록체인 선구자로 완전히 전향한 블라이드 매스터스는 자신의 우려를 이렇게 표현했다. "신규 진입자들은 규제 일변도의 제도로 불가능한 것들을 할 수 있을 뿐입니다. 하지만 규제 없는 금융 활동에 소비자를 노출시키는 것이 좋다는 결론을 내리기 전에, 왜 이러한 규제들이 존재하고, 규제 목적이 무엇인지 생각해 볼 필요가 있습니다."[27] 결국 우리가 원하는 사회를 논의하는 것이 아니라, 중요한 글로벌 자원을 관리하기 위한 리더들의 기회를 논의하는 것이다.

# 블록체인 규제를 둘러싼 조심스러운 이야기

전임 뉴욕 금융 감독 국장 벤저민 로스키는 미국에서 가장 강력한 권한을 행사하는 은행업 규제 인력이었다. 워싱턴 시민들에게, 로스키는 매일 아침 도시 주변을 조깅하는 셀카 사진을 올리는 것으로 알려져 있다. 하지만 월 스트리트의 거물들에게 그는 욕심 많고 야망에 찬(열정이 과도한 것은 말할 필요도 없다) 싸움닭 같은 인물로, 비리가 있다고 생각하는 은행이라면 어떤 은행과의 싸움도 마다하지 않고, 자신의 공로를 찾으려 했다.

친구이자 오랜 정치적 동지인 앤드루 쿠오모Andrew Cuomo 주지사가 그를 임명했다. 그는 주에서 허가를 내준 은행들의 최고 감독 기관을 처음으로 지휘했다. 자리를 맡은 지 1년 만인 2012년에 그는 영국 스탠더드 차터드 PLC가 미국과 EU의 제제 조치를 위반하고 이란과 2억 5천만 달러의 거래를 완료한 것을 두고 3억 4천만 달러의 벌금을 부과해 신문의 헤드라인을 장식했다. 이 과정에서 뉴욕 금융 감독청 NYDFS은 비슷한 벌금을 부과하려던 법무부보다 한 발 앞서 나갔다.[28] 은행 규제가 너무 허술하다고 생각했던 사람들에게, 그는 새로 부임한 보안관이나 다름없었다. 그는 어디로 튈지 모르는 두려움 없는 지도자이자 개혁가였다. 자연스럽게 그는 은행들의 공공의 적 1호로 부상했다. 하지만 로스키는 본격적으로 발동을 걸 요량이었다.

2013년 중반, 아마도 로스키는 또 다른 대형 은행을 입건하고자 책상에 앉아 있었을 것이다. 그의 밑에서 일하던 경제 전문가 한 명이 그의 방문을 두드리고 들어와 아주 이례적인 이야기를 꺼냈다.

시내에서 개업 중인 몇몇 변호사의 말에 따르면, 일부 기업 고객이 비트코인이라 불리는 새로운 화폐를 거래하고 있었다. "대체 비트코인이 뭔데?"[29] 이 말을 처음 들은 로스키의 반응이었다. 경제 전문가들의 설명에 따르면, 이러한 기업의 고객들은 이 새로운 디지털 달러로 상품과 용역을 사고팔고, 거래하고, 결제하고 있었다. 변호사들도 매우 조심스럽게 이러한 송금이 허락되는지, 그렇다면 그들이 할 수 있는 일이 무엇인지 알고 싶었다. 뉴욕에서는 송금이 주 차원에서 규율된다. 뉴욕 금융 감독청은 뉴욕 주 감독관이기에 개인과 법인을 막론하고 송금과 연관된 그 어떤 당사자라도 규율할 의무가 있었다. 하지만 어떤 방법으로? 로스키는 이러한 기술을 들어 본 적도 없었다. 그의 의식 속에는 이 작업이 지금까지와 아주 다른 종류의 도전이 되리라는 염려가 자리 잡았다.

어느새 로스키는 아주 전형적인 문제에 맞닥뜨렸다. 파괴적 기술이 기존 규제 체계에 딱 맞아떨어지지 않았던 것이다. 디지털 시대의 표상이라고도 말할 수 있는 장애물이었다. 아무리 생각해 봐도, 비트코인은 기존 규제 체계에서 완전히 벗어나 있었다. 비트코인은 세계 곳곳에 퍼져 있었지만, 연방 정부와 주 정부는 그들이 관리하고 규제할 수 있는 범위에 갇혀 있었다. 나아가, 이 기술은 P2P와 분권화라는 속성을 지니고 있었다. 하지만 규제자들은 대형 중개인들을 감시하는 것이 일상 업무다. 엄청난 양의 데이터를 담고 있는 그들의 중앙 집중식 원장은 사례를 분석하기에 안성맞춤이다. 디지털 시대에는 정부 관료들이 시민의 관심사를 결정하기 위해 필요한 모든 정보를 소유하는 일이 드물다. 그들은 이러한 정보를 효과적으로 관리하기 위한 자원이 부족하며, 혁신에 대한 정보 또한 틀린 경우가 많다. 로스키는 정부와 디지털 기술 규제자들이 20년간 씨름해 오던 것을 어쩔 수 없이 받아들여야 했다. 인터넷이 성장하고 번성할 수 있었던 것은 운수, 예지력, 지금까지와 달랐던 규제 체계가 복합적으로 작용한 덕분이다. 암호화폐는 디지털 기술이 정부를 비롯한 전통적인 의사 결정권자로부터 통제권을 가져올 수 있는 또 다른 사례다.

여전히 로스키는 해야 할 일이 있었다. 그는 현재의 법 조항을 검토하고 나서, 놀라울 정도로 아귀가 맞지 않는다는 것을 깨달았다. 금융 감독청은 원래 남북 전쟁 당시 만들어진 법률을 갖고서 이 기술을 규제하려 들었다. 이러한 송금 관련 법률은 전자화폐나 사이버 보안은 고사하고, 인터넷과 같은 그 어떤 종류의 기술에도 적용할 수 없었다. "이 기술을 알아 갈수록, 이 기술이 지닌 위력에 빠져들었습니다. 시간이 지날수록 다양한 종류의 앱과 플랫폼이 생겨나더군요." 그의 말이다. 만일 그가 "생태계 안에서 원치 않는 사건을 피하기 위해 당장 규제를 시행할 수 있다면, 또한 규제가 너무 과도하지 않기를 바란다면, 아주 강력한 기술을 통해 우리의 시스템을 개선할 기회가 눈앞에 펼쳐진 것이다."[30] 로스키는 이렇게 끝맺었다. "아마도 우리는 질적으로 다른 무언가를 관리할 새로운 규제 체계가 필요한 게 아닐까요?"[31] 그가 제안한 비트라이선스는 이 새로운 산업을 효과적으로 규제하려는 최초의 본격적인 시도였다. 논란 끝에 법안이 준비되었으나, 좋은 의도로 기획한 법안도 의도치 않은 결과를 낳을 수 있다는 사실이 여실히 드러났다. 비트라이선스가 발효되자, 비트파이넥스Bitfinex, 고코인GoCoin, 크라켄Kraken과 같은 회사들이 뉴욕을 떠나 다른 곳으로 사업지를 옮기기 시작했다. 그들은 인허가 비용이 너무 크다는 것을 주된 이유로 들었다. 자본력이 탄탄하고 사업이 성숙한 일부 기업만이 뉴욕에 남아 있었다.

관리 감독의 개선과 소비자 보호와 같은 장점이 지대한 것만은 분명하다. 기관 고객들이 교환소가 은행처럼 감독을 받는다는 사실을 알게 되면서, 제미니와 같은 정식 교환소는 더욱 권한이 공고해졌다. 하지만 경쟁자가 거의 없는 상황에서는, 비트라이선스가 혁신을 틀어막고 성장을 방해하지 않을까? 브리토는 비트라이선스가 과거의 해결책을 새로운 문제에 적용하려 들면서 헛다리를 짚었다고 주장했다. 그가 인용하는 비트라이선스의 규칙에 따르면, 소비자의 자금을 보관하려면 인허가를 얻어야 한다. "비트코인을 비롯한 전자화폐는 다중 서명 기술을 이용하며, 전자화폐는 처음으로 분할 통제 개념을 소개합니다. 키 세 개 중 두 개가 필요한 다중 서명 주소에서는, 누가 자금을 보관하는 걸까요?"[32] 이 경우에는 구법에서 명확했던 보관의 개념이 모호해진다.

"향후 5년에서 10년 사이는 금융 시스템 역사상 가장 역동적이고 흥미로운 시간이 될 것입니다." 로스키의 말이다.[33] 그는 이 역동적인 환경의 중심에서 중요한 이슈에 매진하기 위해 뉴욕 금융 감독청을 그만두었다. "엄청나게 개혁적이고, 역동적이고, 흥미로운 화두의 한복판에서 시간을 보낼 수 있다면 인생이 얼마나 즐거울까요. (…) 이제 이러한 기술의 세상이 펼쳐진 겁니다. 거의 규제를 받지 않는 이 기술은 전 세계에서 가장 규제가 심한 금융 시스템과 충돌합니다. 이러한 충돌이 어떤 결과를 초래할지 아무도 알지 못합니다." 그는 이렇게 덧붙였다. "5~10년 후에는 정리가 될 테고, 나는 이 충돌의 한복판에 있고 싶습니다."[34]

 ## 세상을 바꿀 캐나다 상원 의원

2016년 6월, 캐나다 상원 금융 무역 상사 위원회에서는 '전자화폐: 뒤집을 수 없는 동전Digital Currency: You Can't Flip This Coin'이라는 제목의 신중한 내용이 담긴 보고서를 배포했다.[35] 블록체인 생태계의 다수 이해관계자들의 피드백을 종합한 이 보고서는 왜 정부가 블록체인 기술을 포용해야 하는지 자세히 보여 주었고, 명쾌하고 긍정적인 전망을 담고 있었다.[36]

"블록체인은 차세대 인터넷이 될 수 있습니다." 앨버타 주 캘거리의 상원 의원이자, 보고서 작성에 이바지한 더그 블랙Doug Black이 말했다. "차세대 텔레비전이 될 수도, 차세대 전화가 될 수도 있습니다. 우리는 국내, 국외를 가리지 않고 이에 대한 신호를 주고 싶습니다. 우리는 혁신과 기업가 정신을 지지합니다."[37] 벤저민 로스키와 마찬가지로, 블랙은 베테랑 변호사다. 그는 캐나다 일류 로펌에서 오일가스 생산 기업을 대표해 파트너 변호사로 일했고, 캐나다의 석유 산업을 통해 경력을 쌓아 왔다. 블랙 상원 의원이 로스키와 다른 점은 당장 새로운 규제의 발동을 꺼린다는 점이다. "정부는 길을 비켜 줘야 합니다!" 블랙이 한 말이다.[38] 블랙과 그의 동료들은 상원

의원이므로 공식적인 입법권을 보유하지 않는다. 하지만 지침을 발부하거나 정부를 향한 권고를 결의해 중요한 이슈에 영향을 미칠 수는 있다. 의원들의 평균 나이가 66세인 캐나다 상원이 블록체인과 같은 최신 기술에 관심이 있을 것 같지는 않다. 하지만 그들은 이러한 편견을 보기 좋게 비웃었다.

이 과정을 돌이켜 보며, 블랙은 생각을 더듬었다. "혁신을 억압하지 않고 촉진하는 환경을 어떻게 만들 수 있을까요? (…) 정부가 처음부터 이러한 생각을 갖는다는 것은 쉬운 일이 아닙니다." 블랙에 따르면, 정부는 리스크를 통제하고 최소화하려는 경향이 있다.[39] 블랙은 새로운 기술이 소비자와 업계에 미칠 수 있는 리스크를 인정하면서 다음과 같은 설명을 덧붙였다. "모든 것에는 리스크가 따릅니다. 신용화폐도 마찬가지죠. 우리는 리스크를 어느 선까지는 관리할 수 있습니다. 하지만 혁신이 육성되는 환경 또한 만들어야겠죠."[40] 블랙은 이 보고서를 통해 방향을 제대로 잡았다고 믿고 있다.

이 보고서는 매우 많은 권고 사항을 담고 있으나, 이 가운데 두 가지가 특히 두드러진다. 첫째, 정부는 국민들과 소통하는 수단으로 블록체인을 활용해야 한다. 블랙은 이렇게 말했다. "블록체인은 데이터를 보호할 수 있는 더욱 믿을 만한 수단입니다. 따라서 정부는 이 기술을 이용할 방법을 모색해야 합니다. 그 과정에서 아주 강력한 메시지를 전달할 수 있죠."[41] 이는 아주 강력한 발언임에 분명하다. 당신이 혁신의 허브이자 이 분야의 개척자가 되고 싶다면 당신 자신에게 직접 돈을 투자하고, 스스로를 혁신하면 된다.

그다음 권고 사항은 더욱 놀랍다. 정부는 규제를 완화해야 한다.

블록체인 기술에 관심을 쏟는 저명한 법률가들이 이렇게 주장하고 있다. 예시바대학 카도조 로스쿨의 애런 라이트는 이 기술이 성숙할 때까지 정부의 규제를 최소화하며 혁신가들의 활동을 촉진하는 세이프 하버safe harbor 법률을 지지했다.[42] 워싱턴 앤드 리 로스쿨의 조시 페어필드는 이렇게 말했다. "우리의 규제는 기술처럼 작동해야 합니다. 소박하고 실험적인 동시에, 재현될 수 있어야 합니다."[43]

 분권화 경제에서의 중앙은행

금융이란 세계에서 두 번째로 오래된 직업이다. 하지만 중앙은행은 비교적 최근에 등장했다. 전 세계에서 가장 강력한 중앙은행인 미 연방준비제도는 2013년에 설립 100주년을 맞았다.[44] 중앙은행은 비교적 짧은 역사에도, 그사이 여러 번 거듭났다. 금 본위 제도에서 신용화폐의 변동 금리 제도로 넘어간 사례를 마지막 대변화로 꼽을 수 있다. 전자화폐가 중앙은행의 경제적 역할을 바꾸고 있으므로 중앙은행이 블록체인 기술을 배척하리라 예상할 수 있다. 하지만 최근 몇 년간 중앙은행 또한 혁신의 의지를 보여 주었다. 미 연방준비제도는 모든 수표를 수기로 정산하고 결제하던 당시, 자동 어음 정산소Automated Clearing House, ACH 체제를 지원하며 자금의 전자 결제에 앞장섰다. 다른 중앙은행들과 마찬가지로, 미 연방준비제도는 실험을 시도했다. 가장 유명한(또는 악명 높은) 사례는 2008년 금융 위기를 맞아 양적 완화를 실시한 사례다. 이는 전형에서 벗어난, 검증되지 않은 정책을 시도한 사례로, 이 당시 미 연방준비제도는 새로이 주조한 화폐를 지불해 국채와 같은 금융 자산을 유례없는 규모로 매입했다.

중앙은행에서 각국의 경제에 블록체인 기술이 중요하다는 사실을 선제적으로 이해하게 된 것은 어찌 보면 당연하다. 이러한 리더십에는 두 가지 이유가 있다. 첫째, 이 기술은 금융 서비스를 개선하기 위한 강력하고도 새로운 수단이 될 수 있다. 다양한 금융 기관을 해체하고, 글로벌 경제에서 중앙은행이 담당하는 역할을 개선할 수 있는 것이다.

둘째, 블록체인을 통해 중앙은행이 존재하는 의의가 무엇인지 다시 한 번 생각해 보게 된다. 이는 사소한 문제가 아니다. 중앙은행은 글로벌 시장에서 그들의 통제를 벗어난 다양한 암호화폐의 향연 속에서 어떻게 효과적으로 임무를 수행할 수 있을까? 통화 정책은 중앙은행이 위기의 시대에 경제를 관리하기 위한 핵심적인 수단이다. 정부가 통화를 발행하지 않고, 전 세계적인 분산형 네트워크의 일부로서 발행된다면 무슨 일이 벌어질까?

세계의 중앙은행들은 이러한 질문의 해답을 모색하고 있다. 중앙은행에서 잔뼈가 굵은 캐나다 은행 총재 캐럴린 윌킨스는 우리 두 사람에게 이렇게 말했다. "지금은 우리의 패러다임을 자신합니다. 하지만 다양한 패러다임이 급속히 변한다는 사실을 잘 알고 있습니다. 몇 년간 문제없이 작동하다가도, 그 후에 삐걱댈 수 있습니다. 처음에는 수선이 가능하지만, 결국에는 다른 것으로 교체해야 할 시점이 오기 마련입니다." 그녀는 블록체인이 이러한 '다른 것'이 될 것이라 믿고 있다. "이처럼 혁신적인 것에 매료되지 않기란 어려운 일이죠. 이 기술이 쓰이는 방법은 현시점의 모든 기능을 아우르는 중앙은행에게 상당한 의미를 지니고 있습니다." 그녀의 말이다.[45]

연방준비제도의 전임 의장 벤 버냉키Ben Bernanke는 2013년, 블록체인 기술이 더욱 빠르고, 더욱 안전하고, 더욱 효율적인 결제 시스템을 촉진할 수 있다고 말했다.[46] 오늘날, 연방준비제도와 잉글랜드 은행(큰 목소리를 내지 않는 다른 중앙은행도 마찬가지다)은 블록체인 기술에 특화된 팀을 갖추고 있다.

중앙은행이 그토록 블록체인 기술에 관심을 갖는 이유는 무엇일까? 이를 이해하려면 우선 중앙은행이 하는 일을 설명할 필요가 있다. 남다른 권위를 갖춘 중앙은행들은 대략 세 가지 역할을 수행한다. 첫째, 이들은 이자율을 조정하고 유동성 공급을 조절해 통화 정책을 관리하며, 예외적인 환경에서는 금융 시스템에 자본을 직접 투입하기도 한다. 둘째, 그들은 금융 시스템의 안정을 유지하려 노력한다. 이는 곧 그들이 정부의 은행, 은행의 은행으로 작동한다는 것을 의미한다. 말하자면 그들은 최종대부자* 역할을 수행한다.

마지막으로, 중앙은행은 다른 정부 기관과 함께 금융 시스템을 규제하고 감시하는 역할을 분담한다. 특히 서민들의 저축을 수신하고, 대출을 집행하는 은행 활동을 관리한다.[47] 이 모든 역할은 늘 서로 엉키고 의지한다.

금융 안정의 주제부터 시작해 보자. "중앙은행은 유동성 공급의

---

* 금융시장에 위기가 발생했을 때 최종적으로 자금을 공급해 주는 기관을 의미함.

마지막 보루입니다. 우리는 캐나다달러로 유동성을 공급합니다. 따라서 캐나다의 금융 시스템에서는 캐나다달러가 유동성 공급원으로 중요합니다." 윌킨스의 말이다. 만일 거래가 비트코인과 같은 또 다른 통화로 이루어진다면 어떨까? 최종대부자로서의 역할이 제한될 수밖에 없다.[48] 그렇다면 해결책은 무엇일까? 중앙은행은 비트코인으로 준비금을 마련해 놓을 수 있다. 외화나 금 같은 기타 자산으로 준비금을 마련할 수 있는 것과 마찬가지다. 그들은 금융 기관에 국가 통화가 아닌 다른 통화로도 준비금을 마련해 놓으라고 요구할 수 있다. 이로써 중앙은행은 신용화폐와 암호화폐 두 분야에서 통화 정책을 수행할 수 있을 것이다. 나름 신중한 방안으로 들린다. 그렇지 않은가?

통화 정책과 맞물려 있는 금융 안정성을 분석해 보자. 윌킨스는 이렇게 말했다. "(통화 정책과) 관련된 전자화폐가 어떤 의의를 갖는지는 무슨 명목을 부여하느냐에 따라 달라집니다." 그녀는 최근의 연설에서 이 화폐를 이머니e-money라 부르며, 정부가 이머니를 국가 통화 또는 암호화폐로 지정할 것을 제안했다.[49] 그녀의 말에 따르면, 캐나다달러로 지정된 전자화폐는 관리하기 쉽다. 오히려 중앙은행으로서는 더 빠른 응답을 보일 수 있다. 여기에서 두 가지 조합이 등장할 확률이 높아진다. 중앙은행은 외환과 마찬가지로 블록체인 기반 화폐를 보관하고 관리하며, 신용화폐를 블록체인 기반 원장을 통해 이른바 이머니로 바꿀 수 있다. 이 새로운 세상은 상당히 다른 모습을 보여 줄 것이다.

중앙은행이 담당하던 규제자와 감시자 역할은 어떤 모습을 띠게 될까? 중앙은행은 각 나라에서 상당한 규제력을 행사하고 있다. 하지만 그들은 홀로 활동하지 않는다. 그들은 다른 중앙은행과 금융 안정 위원회, 국제결제은행, 국제통화기금, 세계은행 등과 협력하고 현안을 조율한다. 블록체인 관련 이슈를 해결하려면 더욱 강력한 글로벌 공조가 필요하다. 오늘날, 중앙은행들은 더욱 중요한 질문을 제기하고 있다. 캐럴린 윌킨스는 이렇게 말했다. "말은 쉽죠. 문제에 따라 규제를 발동해야 합니다. 하지만 무엇이 문제일까요? 우리는 어떤 혁신을 원할까요?"[50] 아주 바람직한 질문으로, 통합적인 환경에서는 이 문제를 더욱 효과적으로 해결할 수 있다.

브레턴우즈 체제는 바람직한 모델이다. 담배 연기 가득한 밀실이 아닌 민간 분야, 기술 공동체, 정부 기관 들을 비롯한 다양한 이해관계인들이 참여한 열린 포럼에서 두 번째 회의를 여는 것은 어떨까?

윌킨스는 이렇게 말했다. "캐나다 은행은 기술 자체와 기술이 의미하는 바를 이해하기 위해 전 세계의 다른 중앙은행들과 협업하고 있습니다. 우리는 다른 중앙은행들, 학계, 민간 분야의 인력들을 초청해 여러 번 콘퍼런스를 개최했죠."[51]

실제로, 중앙은행들에 관한 화두는 더 큰 이슈를 불러일으킨다. 정부는 급속히 바뀌는 세상에 반응할 노하우가 부족하기 마련이다. 분명 중앙은행의 견해는 이러한 논의에 중대한 영향을 끼칠 수 있다. 하지만 그들은 네트워크에 자리 잡은 다른 이해관계인 및 중앙은행들과 협력해, 아이디어를 공유하고, 리더십 이슈를 공조하며 어젠다를 추진해야 한다.

규제 대 거버넌스

가치와 금전의 개념이 기존과 달라진 것은 확실하다. 우리는 개인의 저축, 연금, 생계, 회사, 주식 포트폴리오, 경제 사정 등을 이야기하는 중이며, 이러한 요소들은 모든 사람에게 영향을 미친다. 신속한 규제가 필요하지 않을까? 정부는 앞으로 다가올 획기적인 변화를 앞두고 규제를 발동할 수 있거나, 발동해야 하는가?

가속되는 혁신의 시대에 중차대한 변화를 겪으면서 정부의 한계가 드러나고 있다. 예컨대, 2008년 금융 위기는 복잡하고 신속한 글로벌 경제 시스템 앞에서 기존의 중앙 집중식 의사 결정과 집행 방식이 얼마나 비효율적으로 변해 가는지를 보여 주었다. 하지만 더 강력한 규제가 능사는 아니다. 정부는 금융 시장, 기술, 경제의 모든 면면을 감독하고 규제할 수 없다. 이 분야에는 너무나 많은 사람이 존재하고, 상품과 혁신의 양태 또한 다양하기 때문이다. 어쨌든 지금까지 경험으로 볼 때 최소한 정부가 투명성을 강제하면 행동의 변화를 유도할 수 있다. 예컨대, 정부는 은행을 상대로 웹에서 투명하게 활동할 것을 요구할 수 있다. 또한 시민들이나 다른 주체에게는 그들의 데이터나 그들이 관찰한 내용을 제공하라고 요구할 수 있다. 시민들은 규제의 원활한 집행을 도와줄 수도 있다. 구매 양태를 바꾸거나, 그들이 갖춘 정보를 이용해 범법자들을 공개하는 공공 캠페인을 주도하면 된다.

물론 정부는 거버넌스의 핵심 이해관계인이자 리더다. 그들은 블록체인을 규율하는 그들의 역할이 지금껏 수행해 오던 통화 정책이나 금융 규제와는 근본적으로 다르다는 것을 인정해야 한다. 수천 년이 넘도록 국가는 화폐를 찍어 낼 권리를 독점해 왔다. 중앙 기관이 독점적으로 화폐를 발권하지 않고, 전 세계적인 분산형 P2P 네트워크에서 발권(최소한 부분적으로라도)할 수 있다면 어떻게 될까?

미국 정부는 보통은 긍정적인 입장을 보이면서도, 때로 이와 모순적인 태도를 취하기도 한다. "미국에서는 의회에서부터 법률 집행 부처를 비롯한 각종 정부 기관의 실무 부서에 이르기까지, 이 기술이 제대로, 알맞게 쓰일 수 있다는 사실을 깨닫고 있습니다." 제리 브리토의 말이다.52 실제로 미국 정부는 인터넷 본래의 속성과 제도적 설계에 맞춰 경계를 허물어뜨릴 혁신을 수용할 뿐 아니라, 적극 환영하는 입장을 보이고 있다. 하지만 한편으로는 규제를 통해 혁신을 가로막기도 한다. 이러한 규제 가운데 일부는 방향이 어긋나고 성급해 보이기까지 한다.

참된 의의를 확실히 알기 전부터 규제의 칼을 성급히 들이민다면 중대한 결과를 초래할 수 있다. 영국의 빅토리아 시대에는 이른바 자가 운전 열차(한마디로, 자동차)를 기존 법률에 따라 규제했다. 사람이 자동차 앞으로 빨간색 깃발을 들고 걸어가면서, 행인과 말을 상대로 이 희한한 기계가 접근하는 것을 경고해야 했다. 블록체인 산업을 선도하는 고코인의 CEO 스티브 보르가드Steve Beauregard는 규제의 함정을 아주 일찌감치 설명했다. "웹 페이지들이 처음 들어서기 시작했을 때, 규제 당국은 어떤 규제 체계를 적용해야 할지 진땀을 흘렸습니다. 웹사이트를 개설한 사람들이 밴드 라디오 개설 허가를 받아야 한다는 발상조차 나왔습니다. 웹사이트를 개설하기 위해

CB 라디오 허가를 받아야 한다니, 얼마나 황당한 일인가요."[53] 다행히도 그들은 이러한 발상을 현실로 옮기지는 못했다.

확실히 선을 그어야 한다. 규제와 거버넌스는 다르다. 규제는 행동을 통제하기 위한 법률이다. 거버넌스는 공통된 관심사에 영향을 미칠 관리, 협력, 동기에 관한 문제다. 하지만 경험에 따르면 정부는 기술을 규제하는 문제에 조심스럽게 접근해야 한다. 법률을 강력히 집행하기보다, 사회의 다른 분야에 협동하는 방식으로 행동해야 한다. 그들은 하향식 통제 체계의 집행자가 되기보다는, 상향식 거버넌스 생태계의 주자로 참가해야 한다.

코인 센터의 브리토는, 정부가 담당하는 역할을 신중히 수행해야 한다고 주장했다. 그는 다수 당사자의 해결책을 지지한다. 이 방법은 교육에서부터 시작한다. "의회, 기관, 언론에서 이를 설명하고, 그들의 질문에 직접 대답하거나, 제대로 대답할 수 있는 사람들을 접촉해야 합니다."[54]

블록체인 거버넌스를 위한 새로운 프레임워크

단순히 규제하기보다, 정부는 산업을 더욱 투명하게 만들고 민간의 참여를 독려해 산업의 행태를 개선할 수 있다. 민간의 참여는 더 나은 규제를 위한 대체 수단이 아니라, 현존하는 시스템을 보충하는 차원에 그친다. 우리는 효율적인 규제를 신뢰한다. 나아가, 의사 결정에서 투명성과 민간의 참여가 더욱 높이 평가되는 다수 당사자식 접근을 취해야 효율적인 정부를 구현할 수 있다. 인류 역사상 처음으로, 다수 당사자들의 비국가 네트워크가 글로벌 문제를 풀기 위해 결성되고 있다.

최근 몇 십 년간 두 가지 혁신이 새로운 모델의 밑바탕을 제공했다. 첫째, 인터넷의 등장은 개인에게까지 이르는 모든 이해관계인이 의사를 소통하고, 자원을 제공하고, 행동을 조정할 수 있는 새로운 수단을 창조했다. 우리의 목표와 노력의 방향을 한데 모으기 위해 더 이상 정부 관료가 필요 없다. 둘째, 기업, 학계, NGO, 기타 민간 분야의 이해관계인들이 전 지구적인 협력 차원에서 중요한 역할을 수행할 수 있게 되었다. 브레턴우즈 체제에서는 기업과 NGO, 민간 분야 당사자들이 철저히 소외되었다. 하지만 오늘날에는 이러한 이해관계인들이 정부와 협력해 인터넷과 같은 글로벌 자원의 거버넌스에서부터 기후 변화나 인신매매에 이르기까지 사회 모든 분야의 현안들을 해결하고 있다.

이러한 혁신들의 조합으로 새로운 모델이 생겨났다. 전 지구적인 문제들을 해결하기 위해 등장한 자생적 협력으로 말미암아 글로벌 차원의 협동과 거버넌스, 문제 해결이 가능해졌고, 기존 국가 기반 제도에 비해 더욱 빠르고 강력한 진전을 이룰 수 있었다.

블록체인 거버넌스 네트워크의 기초를 숙고하면서 몇 가지 핵심적인 질문을 제기하고, 이의 해답을 얻기 위한 프레임워크를 구상할 수 있다.

- 이러한 거버넌스 네트워크를 어떻게 설계할까?

- 처음부터 완전히 새로운 네트워크를 창조하는가, 이미 국제적인 금융 이슈를 해결해 왔던 기존 제도 주변으로 네트워크를 쌓아 가는가?
- 네트워크의 권한은 어디까지이며, 이러한 네트워크가 정책을 이행하고 집행할 권한을 가질 수 있을까?
- 블록체인 거버넌스 네트워크는 누구의 이익을 위해 작동하며, 누구에게 책임을 부담하는가?
- 무엇보다도, 국가와 정부는 그들의 권한을 글로벌 네트워크에 양도할 수 있는가?

전반적으로, 인터넷을 관장하는 생태계에서 수많은 시사점을 찾아볼 수 있다. 인터넷이 이토록 짧은 기간에 글로벌 자원으로 자리 잡은 것은 놀라운 일이다. 이에 저항하는 강력한 움직임에도 불구하고, 굳건한 리더십과 거버넌스가 큰 역할을 담당했다는 것을 결코 간과할 수 없다.

그렇다면 제1세대 인터넷은 누가, 어떻게 관리하는가? 기업, 시민 사회 조직, 소프트웨어 개발자, 학계, 정부, 미국 정부까지 한데 모인 방대한 생태계가 기존 상명하복 체제로는 불가능했던 공개, 분산, 협력의 원리를 바탕으로 관리를 수행하고 있다. 그 어떤 단일 정부나 정부 연합체도 인터넷 또는 인터넷의 표준을 통제할 수 없다. 미국의 일부 정부 기관이 인터넷에 자금을 지원했다 해도, 인터넷을 통제할 수 없는 것은 마찬가지다.[55]

인터넷의 초창기에 정부는 자제력과 예지력을 동시에 보여 주었다. 그들은 인터넷의 진화 과정을 통틀어 규제와 통제를 제한하는 자제력을 보여 주었고, 법률과 규제를 발동하기 전에 인터넷 생태계를 육성하는 예지력을 보여 주었다. 이러한 다수 당사자의 네트워크는 인터넷에서 상당한 효과를 발휘했다. 하지만 블록체인 기술을 규제하기 위한 더욱 큰 역할이 있다는 점을 인지해야 한다. 인터넷이 정보를 민주화한 반면, 블록체인은 가치를 민주화하고 은행업과 같은 기존 산업의 핵심에 다가섰다. 소비자와 시민들을 확실히 보호할 수 있는 규제 역할이 존재할 수는 있다. 하지만 우리의 연구는 인터넷의 거버넌스 모델이 훌륭한 본보기가 될 수 있다는 점을 시사한다.

기존 인터넷 거버넌스 공동체로부터 새로운 리더십을 어느 정도까지 끌어낼 수 있을까? 인터넷을 공동으로 발명하고, 인터넷 협회와 IETF(이 기관은 중요한 인터넷 표준을 거의 모두 수립했다)의 창설을 주도한 빈트 서프는 블록체인의 바람직한 출발점은 IETF 내에서 특수 목적 단체 BOFBirds of a Feather• 이익 집단을 만드는 것이라고 제안했다.56 처음에는, 인터넷 거버넌스와 관련된 다양한 기관이 전자화폐와 블록체인 기술을 그들의 영역 밖이라고 생각했다. 하지만 이러한 관념은 변하고 있다. 월드 와이드 웹 컨소시엄World Wide Web Consortium, W3C은 웹상에서의 결제를 우선순위로 논의했고, 블록체인은 이러한 논의의 핵심을 담당하고 있다.57 나아가 인터넷 거버넌스 포럼Internet Governance Forum, IGF은 블록체인과 비트코인에 관한 회의를

• 끼리끼리 모인다는 의미.

주재했다. 여기에서 참가자들은 블록체인 기술이 가능케 한 분권화 거버넌스 프레임워크를 모색했다.[58] 기존의 것과 새로운 것 사이의 경계는 명확히 정해진 것이 아니다. 인터넷 거버넌스 네트워크의 수많은 리더는 블록체인 거버넌스에서도 가장 효율적인 리더로 활동해 왔다. 예컨대, ICANN의 부의장이자 인터넷 협회 이사를 담당했던 인터넷 분야의 선구자, 핀다 옹Pindar Wong과 같은 사람들이다.[59]

새로운 거버넌스 네트워크는 어떤 모습일까? 앞서 언급한 글로벌 솔루션 네트워크에는 10개의 네트워크 유형이 존재한다. 이들은 기업, 정부, NGO, 학계, 개발자, 개인의 조합으로 이루어져 있다. 이들 중 어느 유형의 네트워크도 정부가 통제하지 않는다. UN, IMF, 세계은행, G8과 같은 정부 기반 기구가 통제하지 않는 것은 물론이다. 10개 유형의 네트워크 모두 블록체인 기술의 리더십과 거버넌스에서 중요한 역할을 담당할 것이다.

1. 지식 네트워크Knowledge Network

지식 네트워크의 주된 기능은 글로벌 문제를 해결할 수 있는 새로운 사고, 연구, 아이디어, 정책을 개발하는 것이다. 더 많은 정보를 갖춘 지혜로운 사용자들은 사기와 절도로부터 스스로를 보호하고, 프라이버시를 지킬 수 있다. 그들은 이러한 파괴적 기술의 진정한 가치를 깨닫고, 전 지구적인 번영을 확산할 기회를 창출하고, 금융 서비스의 유기적 연결을 구현할 수 있다.[60] 지식 네트워크는 개방성과 포용의 문화를 육성해야 하며, 투명해야 하고, 다수 당사자를 포함해야 한다.

블록체인에서의 함의: 지식 네트워크는 다른 글로벌 솔루션 네트워크와 더 넓은 세상을 향해 새로운 아이디어를 퍼뜨리는 출발점이다. 지식 네트워크는 함정과 장애물을 피하는 데 핵심적인 역할을 담당한다. 지식을 갖춘 이해관계인들은 더욱 효과적으로 정책을 만들어 지원할 수 있고, 공동 작업 또한 수월해진다. 지식 공유는 정부와의 영양가 있는 대화를 촉진한다. 코인 센터의 제리 브리토에 따르면, 특별한 정책 현안이 무엇이든 간에, 정부 측에서 "기술과 기술에 담긴 함의를 이해하지 못한다면, 그들은 실패의 나락으로 떨어지게 된다."[61] 아이디어와 정보를 공유하고 논의하는 공간을 만들어야 한다는 목소리가 비등하다. "제안이나 아이디어를 소개하기 위한 포럼이 있어야 합니다." 타일러 윙클보스의 말이다.[62] MIT의 전자화폐 구상은 선도적인 지식 네트워크로, 전 세계의 학계와 대학을 통합하려 애쓰고 있다. 수면 아래에서도 샌프란시스코 개발자 회동이나 뉴욕 개발자 회동과 같은 비공식적인 회동이 이루어지며, 이들 또한 지식을 우선순위에 두고 있다. Blockchainworkshops.org는 이해관계인을 한데 모아 지식과 핵심 교훈을 전파하고 있다. 온라인 포럼이자 커뮤니티인 레디트 또한 이 공간에서 새로운 지식의 토양을 구축하고 있다.

2. 전달 네트워크 Delivery Network

이 네트워크는 스스로 추구하는 변화를 우리에게 전달하며, 기존 제도에서 추진하던 노력을 보충하거나, 아예 건너뛰기도 한다. 예컨대, ICANN은 인터넷 거버넌스 네트워크에서 본질적인 역할을 수행하며, 도메인 이름의 형식으로 해결책을 제공한다.

블록체인에서의 함의: 동기와 유인이 분산형 대량 협업에 적합하고,
기술을 위한 최적기가 도래했다는 사실을 어떻게 확신할 수 있을까?
기관들이 본질적인 기능을 제공하려 결성하는 경우, 블록체인에서
도 이른바 'ICANN의 순간'을 누릴 수 있다. 하지만 ICANN과 인터
넷 거버넌스 네트워크의 기타 글로벌 솔루션 네트워크 유형들이 미국
식이더라도, 블록체인 리더들은 이러한 조직을 국제적인 조직으로 만
들 필요가 있다. 이토 조이치는 이렇게 말했다. "처음부터 거버넌스
를 미국식이 아닌, 국제적으로 조직하려는 거대한 움직임이 시작되었
다고 생각합니다. 우리는 ICANN으로부터 배운 것이 있습니다. 미국
의 일부로서 거버넌스를 시작한다면, 미국의 그늘에서 벗어나기 어
렵습니다."[63]

자동화 법률 신청 연합은 몇 가지 핵심 역할을 수행하는 글로벌
기구다. 이 기구는 지식을 전파하고 정책에 영향을 미치는 한편, 블
록체인 기술을 홍보하며 블록체인 기반 애플리케이션의 개발과 배
포를 후원한다. 이 모든 것은 커다란 장애물을 극복하는 데 핵심적
인 역할을 수행한다.[64]

3. 정책 네트워크 Policy Network

네트워크가 정부 정책을 창조하는 경우가 종종 있다. 민간 당사
자들이 참가하는데도 이러한 일이 가능한 것이다. 정책 네트워크는
정부의 지원과 무관하게, 정책 개발을 지원하거나 대안을 기획한다.
정책 네트워크의 목표는 정책 입안 과정을 두고 정부와 힘겨루기를
하는 것이 아니라, 의사 결정을 기존의 위계식 공지 모델에서 상담

과 협업 모델로 바꾸는 것이다.

블록체인에서의 함의: 오늘날, 정책 네트워크의 맹아가 솟아나고 있다. 워싱턴 D. C.의 비영리 정책 그룹인 코인 센터는 혁신, 소비자 보호, 프라이버시, 인허가, 자금 세탁 방지/고객 알기 제도로 요약되는 다섯 가지 핵심 가치에 초점을 맞춘다. 무역 기관인 디지털 상공 회의소는 전자화폐의 통용을 촉진하는 데 집중하고 있다.[65] 영국은 호주, 캐나다와 마찬가지로 독자적인 전자화폐 협회를 보유하고 있다. 코인베이스는 미국 정부의 원로 고문으로 활동했던 존 콜린스John Collins를 영입했다. 코인베이스는 무정년 정책 지원자들을 확보한 최초의 기업으로 자리매김했다.[66] 정책 분야에서 강력한 목소리를 촉진하고 규합하면 블록체인이 잠재력을 발휘할 가능성이 높아지기 마련이다. 예컨대, 우리는 채굴이 많은 에너지를 소모하고, 기후 변화 문제가 심각하다는 사실을 잘 알고 있다. 책임 있는 정책은 지속 가능한 미래를 건설하기 위해 오랜 시간이 필요하며, 정부 혼자서는 이 일을 맡기에 역부족이다.

4. 지원 네트워크Advocacy Network

지원 네트워크는 정부, 기업, 기타 기관의 정책이나 어젠다를 바꾸려한다. 인터넷은 협력 비용을 줄여 주었고, 나아가 오늘날의 세상은 더욱 글로벌하고, 널리 분산되고, 기술적으로도 유례없이 세련되고, 날로 강력해져 가는 지원 네트워크의 드라마틱한 부상을 목격하고 있다.

블록체인에서의 함의: 지원 네트워크는 기존 정치 기관, 민간 기구 들에 대한 환멸에서 비롯되었다. 그 결과, 이들을 블록체인 커뮤니티에 맞추며 기존 기관들의 문제 해결 방식을 뒤바꾸려 하고 있다. 하지만 초창기에는 지원 네트워크도 정부와의 협업 없이는 작동하기 어려웠다. 지원 네트워크는 정책 네트워크에 밀접하게 연관되어 있다. 따라서 코인 센터와 디지털 상공 회의소가 이 분야를 선도하고 있는 것은 놀랍지 않다. 우리는 여기에 COALA, MIT의 전자화폐 구상, 기타 조직을 포함시킬 수 있다. 지원은 블록체인 기술을 확대하는 데 핵심적이다. 이해관계인들과 이들의 권리를 지지하는 강력한 옹호자가 없다면, 정부와 기타 권력 기관들은 그들만의 이익을 위해 이런 강력한 개방형 네트워크를 억압하고, 비틀고, 약탈할 수 있다. 이는 또 다른 위험한 장애물로 작용할 수 있다.

5. 감시 네트워크 Watching Network

이 네트워크는 기관의 행위가 적절한지를 확인해 준다. 감시 대상은 인권, 부패, 환경에서부터 금융 서비스까지 각종 분야를 아우른다. 이 과정에서 그들은 공개 토론을 유도하고, 투명성을 장려하며 변화를 위한 움직임을 촉발할 수 있다. 감시자 역할은 지원 네트워크와 정책 네트워크의 기능과 불가분적으로 연관되어 있다. 감시자들은 이 산업이 정책과 부합하고, 컴플라이언스 준수를 효과적으로 이행하고 모니터링하도록 보장한다. 대중의 신뢰를 오용하는 정부 또한 감시 대상이며, 이러한 정부는 그에 맞는 책임을 부담해야 한다.

블록체인에서의 함의: 블록체인 연합Blockchain Alliance은 법률 집행 기관, NGO, 무역 기구, 민간 분야가 참여한 파트너십이며, 이 분야에서 최초로 등장한 진정한 지원 네트워크다. 코인 센터와 디지털 상공 회의소는 비트퓨리, 비트파이넥스, 비트고, 비트스탬프, 블록체인Blockchain, 서클, 코인베이스 등의 지원을 받아 미국 법무부, FBI, 비밀 정보부, 국토 안보부와 같은 법률 집행 기관과 협력 체제를 구축하고 있다. 범죄자들이 대규모로 장악한 블록체인은 장애물로 작용할 수 있다. 따라서 감시자들은 옹호자 역할을 아울러 담당하며, 이러한 역할을 과소평가할 수 없다. 파리 테러의 여파로, 유럽의 입법 기관, 규제 당국, 법률 집행 기관은 비트코인을 테러리스트의 거래원으로 비난했다. 블록체인 연합은 인내할 것을 요청했다. 두려움을 이유로 규제의 칼을 들이대지 말아야 한다[67]는 것이 그들의 요지였다. 이 책을 집필하는 지금도, 비트코인이 얼마나 효율적으로 운영되었는지 잘 모른다. 하지만 블록체인이 없었다면 정부가 이 문제를 획일적으로 접근하면서 사태가 더욱 악화되었을 것이다. 커뮤니티 멤버들은 포럼과 레디트에 모여 협력하고 토론하는 자기 감시 기능을 발휘한다. 하지만 이것 말고는 아직 별다른 감시 네트워크가 등장하지 못했다. 법률 집행 기관과 협업하는 것도 도움이 될 수 있다. 그러나 블록체인 생태계는 정부, 기업, 기타 기관을 감시하기 위해 완벽히 독립된 기관이 필요하다. 예컨대, 국제 사면 위원회나 국제 인권 감시단과 같은 기관들이다. 이러한 기관들이 없다면, 우리는 또 다른 장애물의 희생양으로 전락할 것이다. 부패하고 비양심적인 정부는 블록체인을 새로운 종

류의 강력한 감시 기구로 악용할 수도 있다.

6. 플랫폼Platform

디지털 시대가 도래하면서 다양한 조직들은 폐쇄성에서 벗어나 가치 창조, 혁신, 글로벌 문제 해결을 위한 플랫폼으로 탈바꿈했다. Change.org와 같은 기관을 통해 개인들은 인권, 기후 변화 등의 사회적 문제를 해소하기 위한 캠페인을 시작할 수 있었다. '청원 플랫폼'은 수백만 명의 집단적 힘을 이용하며, 꾸준히 이슈에 영향을 미칠 수 있도록 그들의 열정을 불사른다. 공개형 데이터 플랫폼은 기후 변화에서 블록체인에 이르기까지 다양한 이슈에 적용할 수 있다.**68**

블록체인에서의 함의: 블록체인 기술의 전반적인 영향력이 커지면서, 이해관계인들은 데이터를 종합하고 심사해야 한다. 비트코인 블록체인은 뿌리 깊은 개방성, 투명성, 조율 가능성을 자랑하지만, 금융 서비스에서부터 사물 인터넷에 이르기까지 모든 분야에 활용되는 폐쇄형 블록체인은 그 반대일 수 있다. 일반 시민들이 데이터를 종합하고 심사하는 플랫폼을 상상해 보라. 야금야금 커져가는 장애물, 국가의 방해, 지속 가능하지 않은 에너지 사용을 철저히 예방할 수 있다. 또한 이러한 플랫폼에서는 감시자와 옹호자들이 조직과 기업에 더 엄한 책임을 지우고 건설적인 토론을 유도할 수 있다.

7. 표준 네트워크Standards Network

표준 네트워크는 비국가 기반 기구로, 인터넷의 표준을 비롯해 거의 모든 것에 대한 기술적 스펙과 표준을 개발한다. 그들이 결정하는 표준은 제품 개발을 위한 기초적인 빌딩 블록을 제시하며, 대규모 차용을 달성하도록 혁신을 유도한다. 글로벌 표준 네트워크가 작동하려면, 전문 인력, 기관, 민간 기구, 민간 기업과 유대를 맺어야 하고, 무엇보다도 민간 기업과의 유대가 가장 중요하다.

IETF는 인터넷 거버넌스 네트워크를 위한 핵심 표준 기구로, 다양한 이해관계인들의 견해를 통합하는 데 두각을 나타내고 있다.

블록체인에서의 함의: 원래부터 비트코인 재단은 비트코인의 핵심 프로토콜 개발에 자금을 지원했다. 이러한 프로토콜은 커뮤니티가 사용하는 공통 표준이 되기를 지향했다. 하지만 재단이 붕괴 위기에 처하면서(미숙한 경영과 낭비 탓이었다) 네트워크형 거버넌스 해결책의 필요성이 부상했다. 이 기술의 깊은 중요성과 신중하게 관리하고 육성해야 할 필요를 인식하면서, MIT는 전자화폐 구상이라는 하부 조직을 창설했다. 이후 이 조직은 비트코인의 핵심 개발 인력들을 후원했고, 이러한 인력들은 조직의 후원 덕분에 연구에 매진할 수 있었다. "우리는 당장 손을 뻗쳐 그들을 MIT 미디어 랩으로 끌어들였습니다. 그들이 비트코인의 발전을 지원하는 데 올곧게 매진할 수 있도록 말입니다."[69] 주요 개발자들이 자율적으로 일할 수 있는 능력은 설계 과정의 핵심을 차지했다.

개빈 안드레센 또한 MIT에서 일하는 핵심 개발 인력이다. 그는 공통 표준에 관한 어젠다를 추진하는 데 리더십이 필요하다고 생각한다. 예컨대, 토론의 단골 메뉴인 블록 크기를 설정하는 문제 등이다. "아마도 위원회가 전구 소켓의 파형을 설정할 수는 있을 겁니다. 하지만 소프트웨어 표준을 그러한 방식으로 설계할 수는 없습니다." 웹의 초창기를 떠올리며, 안드레센은 이렇게 덧붙였다. "인터넷 모델은 확실한 리더가 없더라도 합의가 생기는 곳에 기술이 등장한다는 사실을 보여 주고 있습니다." 하지만 "한 사람의 리더가 나타나거나, 한 사람의 리더가 나타나는 과정을 겪게 됩니다. 적어도 둘 중 하나는 반드시 필요합니다."[70] 합의 메커니즘 하나만으로는 표준의 개발을 뒷받침할 수 없다.

Scalingbitcoin.org는 엔지니어와 학계를 모아 표준에 관한 문제를 비롯한 주된 기술적 이슈를 해결하는 조직이다. Scalingbitcoin. org의 기획 위원회를 지휘하는 핀다 웡은 주요 이해관계인들을 소집하고 기술적인 교착 상태를 해소하는 핵심 리더 역할을 담당해 왔다. 금융 서비스에서 R3와 하이퍼레저 프로젝트는 표준화와 관련한 핵심 이슈를 가지고 씨름하는 중이다. 미래 금융 서비스의 근간을 형성하는 블록체인 프로토콜에서부터 사물 인터넷의 프라이버시와 결제를 위한 공통 표준에 이르기까지, 다양한 것에는 늘 표준화된 네트워크가 따라다니기 마련이다.

이들 그룹 하나하나가 서로 다른 각도에서 서로 다른 어젠다를 갖고 문제점에 대처한다 해도 각각의 그룹은 공동의 목표를 공유할 수 있다. 인프라를 구축하고, 표준을 수립하고, 확장을 시도해서 이 기술이 가장 필요한 시기에 쓰이도록 준비하는 것이 그들이 공유하는 목표다.

8. 네트워크형 기관Networked Institution

일부 네트워크들은 아주 폭넓은 여유 능력을 제공하며, 우리는 이를 가리켜 '네트워크형 기관'이라 부른다. 이러한 기관들은 국가에 의지하지 않는 진정한 다수 이해관계인의 네트워크다. 이들이 창출하는 가치는 지식, 지원, 정책에서부터 진정한 해결책 제공에 이르기까지 다양한 범위를 아우를 수 있다.

블록체인에서의 함의: 세계경제포럼은 선도적인 네트워크형 기관으로, 블록체인 기술을 적극 옹호하고 있다. 블록체인은 2016년 1월, 다보스 회의의 핵심 현안으로 등장했다. 세계경제포럼의 금융 혁신을 주도하는 예세 맥워터스Jesse McWaters는 블록체인 기술이 인터넷과 마찬가지로 범용 기술General Purpose Technology•에 해당한다고 생각한다. 우리는 이러한 기술을 활용해 시장의 효율성을 근본적으로 높일 수 있고, 금융 서비스로의 접근 가능성을 개선할 수 있다. 세계경제포럼은 10년 내 전 세계 GDP의 10퍼센트를 블록체인에 저장할 수 있을 것이라 내다봤다.[71] 세계경제포럼은 기관의 지위에서 소득 불평등, 기후 변화, 송금에 이르기까지 각종 대형 현안에 나서고 이를 개선해 왔다. 다른 네트워크형 기관들 또한 규모에 관계없이 금융 활동으로 편입이나 의료 보험의 제공과 같은 대형 현안을 개선하기 위해 블록체인 기술을 지원하고 있다. 이러한 지혜를 보여 주는

• GPT로도 표기되며, 특정 신제품이나 이를 만드는 신공정이 아닌, 다양한 분야에 적용되어 새로운 기회를 제공하는 기술을 의미함.

대형 기관으로는 클린턴 재단Clinton Foundation, 빌 앤드 멜린다 게이츠 재단Bill and Melinda Gates Foundation 등이 있다. 네트워크형 기관들은 종종 정부 정책의 입안에 영향을 미치며, 수많은 장애 요인을 극복하는 데 핵심적인 연결 고리를 형성하고, 서로 간에 전략적인 파트너가 되기도 한다.

9. 디아스포라Diaspora

디아스포라는 오랜 고향을 떠나 이리저리 흩어졌지만, 문화와 정체성을 공유하는 사람들이 결성한 글로벌 커뮤니티다. 이러한 사람들 및 단체는 인터넷 덕분에 다수 당사자 네트워크에 모여 서로 협력할 수 있다. 오늘날 수많은 디아스포라는 일반적인 글로벌 문제를 해결하는 데 도움을 주고 있다.

블록체인에서의 함의: 디아스포라는 블록체인의 미래에 핵심적인 역할을 담당한다. 우선, 블록체인은 송금 비용을 낮추고 송금 과정을 단순화한다. 블록체인은 기존 일자리를 빼앗기보다는 시간과 자원을 늘려 주어 또 다른 직장에서 일하거나, 개인 사업을 시작할 기회를 제공한다. 필리핀과 케냐 같은 지역에서 몇 개의 기업이 시작했지만, 디아스포라들이 블록체인 결제 수단을 받아들이고 이에 관한 지식을 확산하려면 아직 갈 길이 멀다. 오늘날, 이러한 모델의 가능성을 엿보고 있는 아브라와 페이케이스Paycase 같은 기업들의 대다수는 미국, 영국, 캐나다, 중국에 본거지를 두고 있다.

10. 거버넌스 네트워크Governance Network

블록체인 거버넌스 네트워크는 나머지 아홉 가지 글로벌 솔루션 네트워크의 특징과 속성을 모두 결합한다. 궁극적으로, 블록체인 거버넌스 네트워크는 모든 이해관계인 그룹의 참여를 환영하고 이들을 포용하기 위해 노력해야 한다. 이 네트워크는 능력주의meritocracy에 기반해야 한다. 그 말인즉슨, 블록체인 공동체는 제안자의 지위와 신분과 무관하게 실현 가능한 제안을 지지해야 한다. 거버넌스 네트워크는 모든 데이터, 문서, 회의록을 대중이 검토할 수 있도록 공개해 투명하게 운영할 필요가 있다. 마지막으로, 결과에 대한 정당성을 얻기 위해 되도록이면 합의에 따라 의사를 결정해야 한다.

 내일의 디지털 시대를 여는 새로운 어젠다

블록체인 거버넌스 네트워크는 블록체인이라는 글로벌 자원을 관리하는 데 핵심적인 역할을 담당한다. 하지만 어떻게 해야 이러한 차세대 인터넷의 가능성을 실현할 수 있을까?

내일의 디지털 시대는 무한한 가능성, 심각한 위험, 새로운 장애물, 막대한 도전, 불확실한 미래를 우리 앞에 선사한다. 기술, 특히 분산형 기술은 모든 사람에게 기회를 창출한다. 하지만 가혹하게도 결과를 결정하는 것은 인간의 몫이다. 콘스턴스 최의 말에 따르면, "이 기술에는 가능성과 위험성이 동시에 깃들어 있다. 어떤 결과가 나오는지는 우리가 블록체인이라는 검을 어떻게 휘두르느냐에 달려 있다."72 이번 장에서 다룬 것처럼, 디지털 시대의 새로운 가능성을 구현하는 과정에서는 모든 주체가 나름의 역할을 가질 수 있다.

기존의 시대적 전이 과정에서, 사회는 새로운 합의, 법률, 제도를 실행하기 위한 행동에 돌입했다. 이러한 문명의 전환에는 보통 몇 백 년의 시간이 소요되었고, 갈등을 겪거나 혁명이 일어나는 경우도 있었다.

오늘날 상황은 달라졌다. 변화 속도가 무한히 빨라지고, 변화의 의의 또한 중요해졌다. 무어의 법칙은 변화율이 기하급수적으로 늘어나는 현실을 시사한다. 우리는 '체스판의 이레 절반'으로 표현되는 현실에 들어선 지 오래다. 이 용어는 기하급수치가 기하급수로 증가하면 천문학적 숫자로 확대된다는 뜻을 내포한다.73 그 결과 통용되는 규제와 정책 인프라는 놀라울 정도로 어색하고, 적응 속도는 뒤처지며, 디지털 시대의 요구에 전혀 부합하지 않게 된다. 현 체제의 붕괴가 너무 빠르다 보니, 현상을 제대로 이해하기에는 개인도 기업도 역부족이다. 붕괴가 미칠 영향을 관리하지 못하는 것은 말할 필요도 없다. 우리의 민주주의 제도와 이에 근거한 도구들은 산업 시대에 맞춰 설계되었다. 실제로 이 제도는 농경 기반의 봉건 사회로부터 산업 자본 국가로 전환되는 과정에서 생겨났다.

가속되는 기술 혁신과 파괴에 발맞춰, 인간의 변화를 가속할 방법은 무엇일까? 대규모 사회적 혼란이나 그보다 더 큰 참사를 피할 방법은 무엇일까? 기술 결정론자나 이상론자라는 비난에서 벗어나기 위해, 디지털 시대를 위한 새로운 사회 계약을 제안할 시점이다. 여기에서 정부, 민간 분야, 시민 사회, 개인 들은 새로운 공통된 합의를 도출하기 위해 협력해야 한다.

차세대 인터넷에 진입하면서, 디지털 시대를 위한 선언문을 준비해야 할 시점이다. 이를 '상호 의존 선언문'이라 부르자. 디지털 시대의 시민은 권리를 갖고 있다. 이러한 권리는 디지털 인프라, 탈문맹, 미디어 해독, 평생 교육의 자유를 비롯해 감시의 위협에서 벗어난 온라인에서 표현의 자유를 의미한다.

디지털 경제와 디지털 사회는 원칙에 따라 규율되어야 한다. 일하는 사람들은 그들이 창출하는 부를 나누어야 한다. 컴퓨터가 일을 대신한다면, 사람들은 기존 생활 수준을 그대로 유지하면서 노동 시간을 줄일 수 있다. 실제로 사토시가 제시한 블록체인 혁명의 암묵적 설계 원리는 인간의 삶을 잘 보필할 수 있어야 한다. 우리는 진실성, 보안, 프라이버시, 포용 원칙, 권리 보호, 분산형 권력에 따라 작동하는 제도가 필요하다. 처음부터 기회와 번영을 분배하기 위해 노력해야 하며, 기존의 계층 구조에 따라 형성된 부를 재분배하는 데 그치면 곤란하다.

블록체인 기술은 정부의 규모를 줄이고, 비용을 절감해 줄 수 있다. 하지만 우리는 여전히 많은 분야에서 법률이 필요하다. 지적 재산이나 소유권의 문제를 풀려면 기술적 해결책과 비즈니스 모델 차원의 해결책이 필요하다. 따라서 우리는 특허권을 과도하게 보호해 혁신을 가로막는 케케묵은 기존 법률을 다시 쓰거나 폐기해야 한다. 그 누구도 기본적인 인터넷이나 금융 서비스에 과도한 비용을 지불하지 않도록, 반독점 조치를 개선해 독점으로 쏠리는 추세를 가로막아야 한다. 미국인들의 80퍼센트는 인터넷 서비스 제공자를 마음대로 선택할 수 없다. 선진국들 가운데 미국의 인터넷 속도가 가장 느리고, 요금은 가장 비싼 이유가 다른 데 있는 것이 아니다. 외환부터 디젤 가스 배출까지 모든 것을 조작하는 범죄 해결사들은 합당한 기소와 처벌을 받아야 한다.

우리는 전반에 걸쳐 제도적 혁신이 필요하다. 중앙은행은 유동성 관리와 통화 정책에서 담당하던 역할을 바꿔야 하고, 경제와 사회 분야에서 더 많은 이해관계인들과 다면적으로 협동해야 한다. 우리는 블록체인 기반의 정형화된 협력적 교육 과정을 갖춘 학생 중심의 학교와 대학이 필요하며, 이러한 교육 체계를 통해 학생과 스승 모두 자유롭게 소규모 그룹 토의와 프로젝트에 참여할 수 있다. 우리는 블록체인상에 모든 환자의 기록을 담아야 하고, 시스템 밖에서 건강을 관리해야 할 때 협업 기반의 의료 혜택을 누릴 수 있어야 한다. 의료 보건 시스템 안에서도, 검증되지 않은 약제나 함께 복용하지 말아야 할 약제를 몰라서 고생할 필요가 없다. 정치인들은 스마트 계약이 공약의 이행을 보장해 주는 투명한 세상에 적응해야 한다. 전자화폐가 5천억 달러 규모의 송금 시장을 붕괴시킨다면, 이러한 후폭풍에 어떻게 대처해야 할까?

블록체인 기술은 이해관계인들 사이의 새로운 협력과 합의가 요구되는 새로운 물리적 인프라를 구축할 수 있다. 수백만 명의 우버 운전자가 수버에 일자리를 모조리 빼앗긴다면 어떤 일이 일어날까? 2025년에는 지능형 운송 시스템이 가능할 것이라는 시민들의 기대에 부응하기 위해, 각 도시는 어떤 조치를 취해야 할까? 집주인들이 전기를 소모하는 데 그치지 않고, 분산형 블록체인 기반 전력망을 통해 전기를 공급하는 모델로 이전할 효과적인 방법은 무엇일까? 블록체인 기반 개인 간 탄소 거래 체제를 실행하려면 어떤 지도력이 필요할까?

우리 곁에 다가선 신뢰 프로토콜

"과거의 리더들은 새로운 것을 끌어안는 것에 가장 큰 어려움을 느낀다"는 패러다임의 법칙이 이번에도 효력을 발휘할까? 돈의 1994년 저서 『디지털 이코노미』에 축하 메시지를 보낸 글로벌 리더들을 생각해 보라. 노텔 네트워크Nortel Networks, MCI, 나이넥스Nynex, 아메리테크Ameritech, GE 정보 서비스GE Information Services의 CEO들이 너도나도 축하 메시지를 보냈지만, 이 기업들은 지금 역사의 뒤안길로 사라진 지 오래다. 그나마 그 당시 코닥Kodak, 보더스Borders, 블록버스터Blockbuster, 서킷 시티Circuit City를 포함하지 않은 게 다행이다 (『블록체인 혁명』의 표지에 따뜻한 축하 메시지를 적어 준 분들에게 미리 알려 주고 싶다).

루퍼트 머독Rupert Murdoch은 왜 「허핑턴 포스트」를 창간하지 않았을까? 왜 AT&T는 스카이프를 출범하지 못했고, 비자는 페이팔을 만들지 못했을까? 효과적인 어구를 짜내는 일인데도, 왜 CNN은 트위터를 만들지 못한 걸까? GM이나 허츠Hertz는 우버를, 메리어트Marriott는 에어비앤비를 만들 수도 있지 않았을까? 개닛Gannett은 크레이그리스트Craigslist나 키지지Kijiji를 왜 만들지 못한 걸까? 이베이는 옐로 페이지Yellow Pages의 놀이터가 될 수도 있었다. 마이크로소프트는 구글을 창조하거나, 개인 컴퓨터를 넘어 인터넷 기반의 다양한 비즈니스 모델을 창조할 수도 있었다. 왜 NBC는 유튜브를 만들지 못했을까? 소니는 애플의 아이튠즈를 앞설 수도 있었다. 인스타그램이나 핀터레스트가 등장할 당시 코닥은 뭘 하고 있었을까? 『피플*People*』이나 『뉴스위크*Newsweek*』가 버즈피드BuzzFeed나 마셔블Marshable을 구상했다면 어땠을까?

이 책의 첫 장에서 밝힌 것처럼, "램프의 요정이 또 한 번 우리 앞에 나타난 걸까. (…) 기술력을 관장하는 램프의 요정은 시도 때도 없이 소환되어 명령을 기다리고 있다".

제1세대 인터넷과 마찬가지로, 블록체인 혁명은 비즈니스 모델과 산업을 완전히 뒤바꿀 전망이다. 하지만 이는 시작일 뿐이다. 블록체인 기술은 개방성, 가치, 분권화, 글로벌 참여로 서술되는 새로운 시대로 우리를 가열하게 몰아가고 있다.

한동안 투기와 남용이 기승하고, 높은 변동성에 노출될 수도 있다. 우리는 기존의 묵은 관습을 피해 쏜살같이 내달려야 하며, 강력하고도 꾸준한 질주를 멈춰서는 곤란하다. 이 기차가 금융 서비스에 어떤 영향을 미칠지는 그 누구도 알지 못한다. 금융 산업이 5년에서 10년 안에 사라질 것이라는 벤 로스키의 말이 사실일까? 팀 드레이퍼는 이렇게 말했다. "인터넷이 종이를 없앤 것처럼 비트코인은 달러를 없앨 것입니다."[74] 블록체인의 가장 열성적인 지지자들이 실은 블록체인이 지닌 장기적인 가능성을 과소평가하는 것은 아닐까? 블록체인은 복식부기와 합자 회사의 등장 이후, 산업의 효율성과 가치를 늘리는 최고 수단으로 자리 잡을까? 에르난도 데 소토는 블록체인으로 말미암아 전 세계 50억 명이 글로벌 경제에 참여하고, 국가와 시민의 관계가 더 나은 방향으로 바뀌고, 지구촌의 번영을 추구하는 강력하고 새로운 플랫폼이 자리 잡고, 개인의 권리를 보호하는 보증인의 역할이 생긴다고 말했다. 그는 다음과 같은 생각이다. "법률을 통한 평화, 하나의 인류라는 관념은 공통 표준에 대한 합의에 도달한다는 것을 뜻합니다. 우리는 세계 인권 선언이 블록체인을 통해 꽃필 수 있다는 것을 생각해야 합니다."[75] 어떻게 하면 이처럼 더 나은 미래를 우리 앞에 펼칠 수 있을까?

혁신을 주도하는 대부분의 사람은 여전히 베일에 가려 있다. 넷스케이프를 처음 개발한 마크 안드레센 정도가 예외인 것 같다. 독자들은 이 책에서 인용한 대부분의 사람이 생소할 것이다. 돌이켜 보면, 1994년에 이란 출신 이민자 피에르 오미다이어Pierre Omidyar나 월 스트리트 프로그래머 제프 베조스Jeff Bezos라는 이름을 들어 본 사람이 있었을까? 업계의 리더들이 어떠한 행보를 취하느냐에 따라 많은 것이 달라진다. 블록체인은 페이스북이나 트위터의 가능한 대안일까? 블록체인을 거치지 않아도 지금의 업계에서 데이터 소유와 프라이버시에 관한 사용자들의 우려를 해결해 줄까? 어느 쪽이든 상관없다. 결국 승리는 소비자의 몫이기 때문이다. 비자는 쇠락의 길을 걷게 될까? 아니면 비즈니스 모델을 바꿔 블록체인의 위력을 끌어안게 될까? 애플은 아티스트 중심의 음악 산업에 어떤 태도를 보일까? 별 볼일 없는 독재자들은 그들이 가로막거나 통제할 수 없는 탈중앙 집중식 인터넷을 어떻게 생각할까? 블록체인은 은행을 이용하지 못하는 지구촌 20억 이웃에게 기술의 혜택을 제공할 수 있을까?

스타트업의 실패율은 높기 마련이다. 따라서 지금껏 연구한 사례들의 상당수가 실패로 돌아갈 수도 있다. 블록체인 기술이 별로여서가 아니라, 각 사례마다 스타트업들의 경쟁이 치열할 수 있기 때문이다. 모든 스타트업이 전부 살아남을 수는 없다. 우리는 사토시의 원칙을 따르는 스타트업이 그렇지 않은 스타트업에 비해 더 성공할 확률이 높다고 믿는다.

아주 흥미진진하고도 위험한 순간이다. 비즈니스 리더라면 이 책을 전략 교과서로 활용하기 바란다. 하지만 게임의 규칙이 바뀌고 있다는 사실을 염두에 누어야 한다. 당신이 수행하는 비즈니스, 당신이 속한 산업, 당신이 맡은 자리를 생각해 보라. 어떤 영향을 받을 수 있고, 무엇을 할 수 있을지 고민해 보라. 역사가 알려 주듯, 수많은 패러다임의 전환이 만든 함정에 빠지면 곤란하다. 오늘의 지도자가 내일의 패배자로 전락할 수는 없다. 다수의 도움이 필요한, 정신을 바짝 차려야 할 상황이다. 우리 모두, 함께 나아가자.

후기 - 디지털 시대를 위한 새로운 사회 계약

마지막으로, 디지털 시대의 문명의 미래라는 이 책과 연관된 수수한 주제를 언급하고 싶다.

필자들이 『블록체인 혁명』을 집필한 이후, 지구촌은 브렉시트와 도널드 트럼프라는 원투 펀치를 경험했다.

이 책에서 필자들은 '번영의 역설'에 따른 위험성을 설파했다. 부의 크기는 늘어나지만, 다수를 위한 번영은 정체되거나 쇠퇴하는 현실 말이다. 아니나 다를까, 모두가 한계 상황에 달해 더 이상 견딜 수 없는 지경에 이르렀다. 그러다 보니 포퓰리즘이나 외국인 혐오증에 이끌리기 마련이며 그들이 처한 상황, 혹은 자신들의 선택에 따라 민족, 인종, 성별, 종교 등에서 자신들과 다른 소수자를 배척하기도 한다.

중도 정당은 쇠퇴해 가고, 헝가리와 폴란드, 독일과 프랑스에서는 우파 민족주의 정당들이 부상하고 있다. 파시즘 독재의 기억이 여전히 생생한 남부 유럽에서는 극좌 포퓰리즘 정당이 득세하고 있다.

민주당 경선에서 거의 이길 뻔했던 버니 샌더스는 자타가 공인하는 사회주의자로, 그가 미국 대통령에 당선되었다면 도널드 트럼프가 당선된 것 이상으로 끔찍했을 것이다. 그가 민주당 대선 후보가 되었다면 도널드 트럼프를 이길 수 있었으리라 생각하는 사람들도 있다.[*] 이런 상황에서는 깊어지는 경제 위기에 대한 불만, 이러한 사태를 불러온 기성 체계에 대한 불만이 자연스레 터져 나오기 마련이다.

전 세계는 과거에도 비슷한 상황을 경험했고, 그 결과 인류는 제2차 세계 대전을 겪어야 했다. 하지만 당시와 지금을 같은 선상에서 판단하기는 어렵다. 무엇보다도, 변화의 속도가 다르다. 디지털 혁명이 전개되면서 글로벌 경제, 노동 시장, 기성 제도, 사회 전반에 근본적인 변화가 다가오는 중이다. 이러한 변화로 말미암아 광범위

[*] 원저자들은 본 책의 곳곳에서 트럼프를 국수주의적 성향을 띠는 인물로 폄하하며 반트럼프의 논조를 유지하고 있다. 그러나 트럼프 취임 이후 대외 교역량 및 합법적 이민자의 수는 오히려 증가했고, PC(Political correctness, 동성애자나 난민 등 소수자 보호 명목을 내세운 정치 위선 분위기)에 염증을 느낀 상당수의 미국 민주당 지지자들 또한 최근 민주당을 버리자는 'WalkAway' 운동에 나섰다는 점, 폴란드 등에서도 PC에 대한 반발로 자유와 기독교적 윤리를 중시하는 흐름이 부상하고 있다는 점을 참조할 필요가 있다. 「뉴욕타임스」나 CNN 등 PC 성향에 경도된 미국의 메이저 언론들이 트럼프의 입장을 외국인 혐오증이나 국수주의로 배척하려는 논조를 취한다는 사실을 상기할 필요가 있다. 2018년 11월 6일 중간선거에서 공화당이 상원의 다수 의석을 지킨 것 또한 미국인들의 이러한 부분에 대한 의식의 각성을 대변한다.

한 혁신이 가능해지고, 전례 없던 규모의 풍요가 창출될 수 있다. 하지만 이와 동시에 사회적 불평등, 중산층의 몰락, 심각한 실업 문제와 저고용 상황이 불안을 부채질하고 있다. 네트워크로 말미암아 노동력의 아웃소싱과 해외 위탁, 노동 시장의 글로벌화가 가능해진다.

정부의 아키텍처나 정책은 별다른 진전을 이루지 못했고, 재정 위기와 산업화 시대의 사회 안전망에 대한 위협이 세계 도처에 드리우고 있다. 힘 있는 자들이 새로운 자산인 정보를 독식하며, 소수의 기업이 디지털 시대의 풍요를 비대칭적으로 독점하면서 개인의 프라이버시와 번영을 훼손하고 있다. 기후 변화가 지구의 생태계를 위협하면서 엄청난 규모의 인구 이동이 일어나고 수많은 혼란이 시작될 것 같은 느낌이다.

2부 5장~7장에서 다룬 것처럼 블록체인은 이러한 상황을 개선해 줄 수 있다. 블록체인, 머신 러닝, 로보틱스, 사물인터넷, 심지어 생명공학에도 집중된 제4차 산업혁명의 물결 속에서 지식 근로의 핵심 기능과 다수의 기업과 산업이 위기를 겪고, 많은 기존의 체계들이 쇠락하게 될 것이다.[1]

산업 시대의 글로벌 현안을 해결하기 위해 브레턴우즈 체제를 바탕으로 설립된 기관들은 제 기능을 하지 못하고 있다. 사회계약(개인, 기업, 시민 단체, 정부가 사회적 합의에 도달한 계약, 법률, 관행)은 그 수명을 다했다.

필자들은 이 책에서 새로운 사회계약의 필요성을 주창했다. 필자들은 이 새로운 사회계약을 '상호 의존 선언'이라 부른 바 있다. 대공황 당시에 딱 맞춰 이 문구가 등장했던 이유는 정부, 민간, 시민단체, 개인

들이 인식을 가다듬고 새로운 액션 플랜에 중지를 모았기 때문이다.2

이 책이 출판되고 나서 우리는 이 선언을 연구하고, 이에 관한 글을 쓰기 시작했다. 우리는 이 선언을 일종의 디지털 시대 성명서라고 생각한다. 이러한 화려한 혁신에 힘입어 인류 문명은 쇠퇴와 몰락의 위기에서 벗어나 새로운 도약의 기회를 누릴 수 있다. 차세대 디지털 경제는 글로벌 현안을 해결해 이 꿈을 실현하는 새로운 네트워크화 모델을 친구 삼아, 유례없는 풍요를 누릴 수 있다고 생각한다. 나아가 현 세대와 미래 세대가 주장할 수 있는 새로운 권리가 생겨날 수도 있다.

인격의 보호: 개인의 신원, 개인 정보의 프라이버시, 평판에 대한 권리. 블록체인은 이러한 권리를 현실화해 주지만, 이를 위해서는 리더십과 근본적인 사회적, 정치적 변화가 필요하다.

교육: 충분한 디지털 인프라, 학생 중심 교육, 전반적인 미디어 리터러시,* 평생 학습에 접근할 수 있는 권리. 블록체인은 새로운 플랫폼으로 작동할 수 있으나 구제도를 바꾸기란 쉬운 일이 아니다.

직업: 일하고, 직업을 바꾸고, 사업을 시작하고, 내 자산과 내가 생성하는 데이터를 현금화할 권리는 사회의 생산성에 이바지하며, 블록체인으로 말미암아 이러한 기여도가 경제적으로 평가될 수 있다.

• 다양한 매체를 이해할 수 있는 능력.

보건: 장기화된 질병에 시달리는 사람들과 장애인, 노령자들이 지속적인 케어를 받고, 안전하고 영양소가 풍부한 식품을 합리적인 가격에 구입하고, 약제, 의료 처방에 접근할 수 있는 등의 보건에 대한 권리이다.

경제 안전망: 나와 내 가족의 삶을 지탱하는 기본 소득에 대한 권리. 하지만 민간, 공공, 시민단체, 자선단체가 창출한 일자리에 대한 근로의 권리를 생각해 보자. 그렇다. 제4차 산업혁명은 전반적인 산업과 직업의 유형을 초토화하는 대신, 새로운 산업과 직업군을 만들어 낼 것이다.

기후 안정성: 맑은 공기, 깨끗한 물, 생태학적으로 건강한 토양을 영구히 누릴 수 있는 권리. 블록체인은 과학을 되돌려 주고, 진실을 검증하고, 녹색 정신에 바탕한 행위를 체계화하는 동시에 이러한 행동에 동기를 불어넣을 수 있다. 그 결과 이 사회를 움직여 환경 문제를 해결하도록 유도한다. 탄소배출권을 토큰화한다면 모든 인류의 친환경적 행동을 유도할 수 있지 않을까?

존엄한 평화: 국내 분쟁, 종교 분쟁, 부족 간 분쟁, 기타 폭력이나 압제가 없는 삶을 영위할 권리. 블록체인은 더욱 투명하고, 분산되고, 효율적인 군납 서플라이 체인을 구축할 수 있다. 테러리스트와 싸우는 것보다 더욱 중요한 것은 테러리스트 없이 번창하는 정의로운 세상을 만드는 일이다. "평화에 기회를 주자는 것이 우리가 할 이

야기의 전부다."•

정치적 책임과 제도적 책임: 온라인 환경 및 점증하는 자동화 절차 속에서 투명성을 누릴 권리. 선출직 공무원은 스마트 계약을 통해 유권자들에게 공약을 이행하고, 기업의 총수들은 기업이 활동하는 지역 공동체에 사회적 책임을 부담하고, 강력한 윤리 규범은 전 인류를 위한 기술적 발전을 계도한다.

이러한 권리를 인지하고, 구현하고, 집행하기 위해 교육, 의료·보건, 노동조합, 식품 서플라이 체인, 운송, 에너지 시스템, 정부를 비롯한 산업 구조와 인프라를 근본적으로 바꿀 필요가 있다. 무엇보다도 시급한 것은 정부를 바꾸는 일이다. 시민들은 네트워크 덕분에 스스로에 대한 거버넌스에 완벽히 참여할 수 있고, 다수의 숙의와 능동적 시민정신에 바탕한 제2세대 민주주의를 누릴 수 있다. 의무적인 투표는 능동적이고, 열성적이고, 책임감 있는 시민들에게 의욕을 불어넣는다.

글로벌 경쟁력과 단기적 주주 가치라는 명목 아래, 우리는 비즈니스를 너무나 오래도록 방임해 왔다. 장기적인 이익과 건강한 사회, 건전한 경제를 위해서라도 비즈니스 리더들은 새로운 사회 계약의 책임 있는 리더로 나서야 한다. 게다가 아니, '특별히'라는 표현이

• 존 레논John Lennon의 반전 노래, 「Give Peace a Chance」에서 차용한 표현이다.

어울리리라—온라인 세상의 정보가 폭발하는 지금에는 진리를 탐구하고, 선택지를 고민하고, 최근의 사회적 담론을 알려 줄 과학자, 연구자, 전문 언론인이 필요하다.

이 모두가 블록체인과는 무관한 이야기일까? 아닐 것이라 생각한다. 블록체인이라는 제2세대 인터넷은 한편으로 기성 체계를 해체하지만, 다른 한편으로는 새로운 가능성을 창출하기 때문이다.

이러한 기대가 너무 과하거나 이상주의적인 걸까? 필자들은 그렇게 생각하지 않는다. 인류의 앞에는 제2의 길이 놓여 있기 때문이다. 인류에게 보편된 번영을 선사할 것인가, 작금의 경제적 불평등을 계층 갈등으로 비화시킬 것인가, 라는 전례 없던 선택의 순간이 눈앞에 다가왔다.

새로운 사회 계약에 초점을 맞춘 필자들의 프로젝트가 이러한 권리를 생성하고 집행하기 위한 전략을 제공할 수 있다고 조심스럽게 생각한다. 이와 관련한 조사, 토론, 행동을 촉진하도록 돕는 것이 우리의 바람이다.

다음 웹사이트를 방문해 토론에 참여하기 바란다.

www.blockchainresearchinstitute.org/socialcontract

주

증보판을 위한 서문

1. The S&P 500 is an American stock market index based on the market capitaliza-
   tions of five hundred large companies having common stock listed on the NYSE
   or NASDAQ. The S&P 500 index components and their weightings are deter-
   mined by S&P Dow Jones Indices. Typically, the smallest member of the index
   has a market capitalization of around $7 to $9 billion.
2. The value of cryptoassets changes constantly. We've plugged in values from
   April 24, 2018, the date we finished the new material for the paperback. For a sense
   of how volatile this asset class can be, compare this figure with the market value
   today.
3. Jim Epstein, "Bitcoin Sends Elite Economists into Glorious Fits of Confusion,"
   Reason.com, Reason Foundation, November 30, 2017; reason.com/blog/2017/11/30/
   bitcoin-joseph-stiglitz-crypto-outlaw, accessed March 8, 2018. Both Joseph Sti-
   glitz and Paul Krugman have expressed skepticism about bitcoin.
4. Noah Buhayar, "Munger Calls Bitcoin a 'Noxious Poison' Government Should
   Tackle," *Bloomberg Markets*, February 14, 2018; www.bloomberg.com/news/arti
   cles/2018-02-14/munger-calls-bitcoin-a-noxious-poison-government-should
   -tackle, accessed March 8, 2018.
5. Vitalik "Not giving away ETH" Buterin @VitalikButerin, "So Total Cryptocoin
   Market Cap Just Hit $0.5T Today. But Have We *Earned* It?" Twitter, 4:46 PM,
   December 12, 2017; twitter.com/VitalikButerin/status/940744724431982594, ac-
   cessed March 8, 2018.

6. Vitalik "Not giving away ETH" Buterin @VitalikButerin, "How Many Unbanked People Have We Banked?" Twitter, 4:46 PM, December 12, 2017; twitter.com/VitalikButerin/status/940744820406013954, accessed March 8, 2018.

7. Vitalik "Not giving away ETH" Buterin @VitalikButerin, "How Much Value Is Stored in Smart Contracts That Actually Do Anything Interesting?" Twitter, 4:50 PM, December 12, 2017; twitter.com/VitalikButerin/status/940745607047548928, accessed March 8, 2018.

8. Vitalik "Not giving away ETH" Buterin @VitalikButerin, "The Answer to All of These Questions Is Definitely Not Zero, and in Some Cases It's Quite Significant. But Not Enough to Say It's $0.5T Levels of Significant. Not Enough," Twitter, 4:53 PM, December 12, 2017; twitter.com/VitalikButerin/status/940746391256 678400, accessed March 8, 2018.

9. Tommy Wilkes and Fanny Potkin, "Twitter to Ban Cryptocurrency Ads from Tuesday as Online Crackdown," Reuters, Thomson Reuters, March 26, 2018, www.reuters.com/article/us-crypto-currencies-twitter/twitter-to-ban-crypto currency-ads-from-tuesday-as-online-crackdown-widens-idUSKBN1H222H.

10. Joseph Lubin, interviewed via telephone by Don Tapscott, March 3, 2018.

11. JPMorgan Chase & Co., "FORM 10-K Annual Report Pursuant to Section 13 or 15(d) of the Securities Exchange Act of 1934, for the Fiscal Year Ended 31 Dec. 2017, Commission File Number 1-5805," Investor Relations, JPMorgan Chase & Co., February 28, 2018, 25; investor.shareholder.com/jpmorganchase/secfiling .cfm?filingID=19617-18-57&CIK=19617#CORP10K2017_HTM_S440D 20F00AA0567AADC9B36846A275C5, accessed March 8, 2018.

12. For more detail, check out *Cryptoassets* by Chris Burniske and Jack Tatar.

13. Michael del Castillo, "JPMorgan Integrates Zcash Privacy Tech into Quorum Blockchain," *CoinDesk*, October 18, 2017; www.coindesk.com/jpmorgan-inte grates-zcash-privacy-tech-enterprise-blockchain, accessed March 8, 2018.

14. https://metronome.io, accessed March 14, 2018.

15. Nick Szabo, "Winning Strategies for Smart Contracts," Blockchain Research Institute, December 4, 2017.

16. Charles Bovaird, "The #Flippening: Will Ether 'Pass' Bitcoin and What Would It Mean?" *CoinDesk*, June 14, 2017; www.coindesk.com/flippening-will-ether-pass -bitcoin-will-mean, accessed March 13, 2018.

17. Joseph Lubin, interviewed via telephone by Don Tapscott, March 3, 2018.

18. Scott Nelson, e-mail to Don Tapscott, March 12, 2018.

19. Primavera De Filippi, et al., "Regulatory Framework for Token Sales: An Overview of Relevant Laws and Regulations in Different Jurisdictions," Blockchain Research Institute and COALA, April 2018.

20. Michael Casey, "The Token Economy: When Money Becomes Programmable," Blockchain Research Institute, September 28, 2017.

21. "The New Digital Gold Standard," *RMG*, Royal Mint Ltd., n.d.; rmg.royalmint .com, accessed March 8, 2018.

22. Casey, "The Token Economy."

23. Marcia Dunn, "Elon Musk Hails 'Silly but Fun' SpaceX Rocket Launch," *Independent.ie*, February 7, 2018; www.independent.ie/world-news/elon-musk-hails -silly-but-fun-spacex-rocket-launch-36576997.html, accessed March 8, 2018.

24. Scott Reyburn, "Will Cryptocurrencies Be the Art Market's Next Big Thing?" *The New York Times*, January 13, 2018; www.nytimes.com/2018/01/13/arts/crypto currency-art-market.html.

25. DADA overview, dada.nyc/presale, and DADA white paper, dada.nyc/presale, accessed March 8, 2018.

26. Rachel A. J. Pownall, "TEFAF 2017 Global Art Market Report," *TEFAF.com*, March 6, 2017, p. 8; tinyurl.com/ycexbc6x, accessed March 14, 2018; http://1uyx qn3lzdsa2ytyzj1asxmmmpt.wpengine.netdna-cdn.com/wp-content/uploads /2017/03/TEFAF-Art-Market-Report-20173.pdf.

27. Charles "Chuck" Bair, "Some Good Things About the Petro," *Bair Dot Com*, March 8, 2018; bair.com/2018/03/08/good-things-about-the-petro, accessed March 14, 2018.

28. Jack Karsten and Darrell M. West, "Venezuela's 'Petro' Undermines Other Cryptocurrencies—and International Sanctions," Brookings Institution, March 9, 2018; www.brookings.edu/blog/techtank/2018/03/09/venezuelas-petro-undermines-oth er-cryptocurrencies-and-international-sanctions, accessed March 14, 2018.

29. Gabriel Abed, interviewed by Alex Tapscott, March 13, 2018.

30. Timothy B. Lee, "Why Experts Are Worried About Tether, a Dollar-Pegged Cryptocurrency," *Ars Technica*, February 5, 2018; arstechnica.com/tech-policy /2018/02/tether-says-its-cryptocurrency-is-worth-2-billion-but-its-audit -failed, accessed March 13, 2018.

31. Gabriel Abed, interviewed by Alex Tapscott, March 13, 2018.

32. www.linuxfoundation.org/press-release/linux-foundation-unites-industry- leaders-to-advance-blockchain-technology/#.WZ8FmCiG, accessed March 8, 2018.

33. www.hyperledger.org/about, accessed March 8, 2018.

34. Olga Kharif, "Next-Generation Crypto-Ledgers Take the Block Out of Blockchain," *Bloomberg Technology*, February 14, 2018; www.bloomberg.com/news/arti cles/2018-02-14/next-generation-crypto-ledgers-take-the-block-out-of-blockchain, accessed March 13, 2018.

35. www.hyperledger.org/projects, accessed March 8, 2018.

36. www.hyperledger.org/community/projects, accessed March 8, 2018.

37. Gary Wolf and Kevin Kelly, "About the Quantified Self," *Quantified Self*, November 1, 2016; quantifiedself.com/about, accessed February 22, 2018.

38. Doc Searls, "Sovereign-Source vs. Administrative Identity," *ProjectVRM*, March 25, 2012; blogs.harvard.edu/vrm/2012/03/25/sovereign-source-vs-administrative -identity, accessed February 21, 2018.

39. Moxie Marlinspike, "What Is 'Sovereign Source Authority'?" *The Moxy Tongue*, February 15, 2012; www.moxytongue.com/2012/02/what-is-sovereign-source -authority.html, accessed February 21, 2018.

40. UNICEF, "The Births of Around One Fourth of the Global Population of Children Under Five Have Never Been Registered," *UNICEF Data: Monitoring the Situation of Children and Women*, January 2018; data.unicef.org/topic/child-protection /birth-registration, accessed February 21, 2018.

41. Ibid.

42. Jean-Luc Lemahieu and Angela Me, directors, UN Office on Drugs and Crime, "Global Report on Trafficking in Persons 2016," 25; www.unodc.org/documents

/data-and-analysis/glotip/2016_Global_Report_on_Trafficking_in_Persons.pdf, accessed February 21, 2018.

43. UNICEF, "The Births of Around One Fourth of the Global Population of Children Under Five Have Never Been Registered."

44. "Principles on Identification for Sustainable Development: Toward the Digital Age," The World Bank Group, February 27, 2017; documents.worldbank.org /curated/en/213581486378184357/Principles-on-identification-for-sustainable -development-toward-the-digital-age, accessed February 22, 2018.

45. Samer Aburass, "Syrian Refugees' Documentation Crisis," NRC (Norwegian Refugee Council), January 26, 2017; www.nrc.no/news/2017/january/syrian-refu gees-documentation-crisis, accessed February 22, 2018.

46. Bronwen Manby, Jonathan Marskell, and Julia Clark, "'Papers Please?' The Importance of Refugees and Other Forcibly-Displaced Persons Being Able to Prove Identity," dev4peace Blog, June 20, 2017; blogs.worldbank.org/dev4peace/papers -please-importance-refugees-and-other-forcibly-displaced-persons-being -able-prove-identity, accessed February 22, 2018.

47. "Identification for Development (ID4D)," The World Bank, 2018; www.worldbank .org/en/programs/id4d, accessed February 22, 2018.

48. Special Correspondent, "Aadhaar Covers 99% of Adults in India: Prasad," The Hindu, January 17, 2017; www.thehindu.com/business/Aadhaar-covers-99-of -adults-in-India-Prasad/article17104609.ece, accessed January 17, 2018.

49. Unique Identification Authority of India, "[Aadhaar Authentication] Operation Model," Government of India, n.d.; https://uidai.gov.in/authentication/authenti cation-overview/operation-model.html, accessed 13 Jan. 2018.

50. "Aadhaar Card Data Security Issues: UIDAI Says System Fully Safe, Never Breached or Leaked," The Financial Express, November 20, 2017; www.financial express.com/money/aadhaar-card-data-security-issues-uidai-says-system-fully -safe-never-breached-or-leaked/940459, accessed February 22, 2018.

51. Joseph Lubin, "This Is How the Blockchain Will Disrupt the Election System," ConsenSys Media, November 7, 2016; media.consensys.net/this-is-how-the-block chain-will-disrupt-the-election-system-4e988d1d7d8f, accessed March 13, 2018.

52. Brendan Pierson, "Anthem to Pay Record $115 Million to Settle U.S. Lawsuits over Data Breach," Reuters, June 23, 2017; www.reuters.com/article/us-anthem-cyber -settlement/anthem-to-pay-record-115-million-to-settle-u-s-lawsuits-over-data -breach-idUSKBN19E2ML, accessed February 22, 2018.

53. Jessica Davis, "Anthem: Insider Theft Exposes Data of 18,000 Medicare Members," Healthcare IT News, October 26, 2017; www.healthcareitnews.com/news /anthem-insider-theft-exposes-data-18000-medicare-members, accessed February 22, 2018. The thief was an employee of Anthem's Medicare insurance coordinator, LaunchPoint Ventures.

54. Casey, "The Token Economy." See also "Bootstrapping Identity," OpenStack Docs, February 20, 2018; docs.openstack.org/keystone/pike/admin/identity-bootstrap.html.

55. Robert Hackett, "Can This Man Build a Better Bitcoin?" Fortune, December 18, 2017; fortune.com/2017/12/18/jp-morgan-bitcoin-zcash-wilcox, accessed February 23, 2018.

56. Christopher Allen, "The Path to Self-Sovereign Identity," CoinDesk, May 1, 2016;

www.coindesk.com/path-self-sovereign-identity, accessed February 21, 2018.

57. "OpenPDS/SafeAnswers: The Privacy-Preserving Personal Data Store," MIT Human Dynamics Group, Massachusetts Institute of Technology School of Architecture + Planning, n.d.; openpds.media.mit.edu. See also Yves-Alexandre de Montjoye, Erez Shmueli, Samuel S. Wang, and Alex "Sandy" Pentland, "Open-PDS: Protecting the Privacy of Metadata Through SafeAnswers," *PLOS ONE*, July 9, 2014; journals.plos.org/plosone/article?id=10.1371%2Fjournal.pone.0098790, accessed February 22, 2018.

58. https://gomedici.com/22-companies-leveraging-blockchain-for-identity-management-and-authentication.

59. Christian Lundkvist, Rouven Heck, Joel Torstensson, Zac Mitton, and Michael Sena, "uPort: A Platform for Self-Sovereign Identity," white paper, uPort.me, February 21, 2017; https://whitepaper.uport.me/uPort_whitepaper_DRAFT20170221 .pdf, accessed March 2, 2018.

60. "Decentralized Identity Foundation," n.d.; identity.foundation, accessed February 21, 2018.

61. "Working Groups," n.d.; identity.foundation/working-groups, accessed February 21, 2018.

62. Alyssa Hertig, "The Father of the ICO Is All About Identity Now," *CoinDesk*, December 5, 2017; www.coindesk.com/forget-token-sales-the-father-of-the-ico -is-all-about-identity-now, accessed February 28, 2018.

63. Elizabeth M. Pierce, "Designing a Data Governance Framework to Enable and Influence IQ Strategy," presentation, Proceedings of the MIT 2007 Information Quality Industry Symposium, Cambridge, MA, July 19, 2007; http://mitiq .mit.edu/IQIS/Documents/CDOIQS_200777/Papers/01_08_1C.pdf, accessed December 7, 2017.

64. Ibid.

65. David A. Jaffray, interviewed via telephone by Kirsten Sandberg, March 13, 2018.

66. Tom McCarthy, "How Russia Used Social Media to Divide Americans," *The Guardian*, October 2017, www.theguardian.com/us-news/2017/oct/14/russia-us -politics-social-media-facebook.

67. Yuval Noah Harari, "On Big Data, Google and the End of Free Will," *Financial Times*, August 26, 2016, www.ft.com/content/50bb4830-6a4c-11e6-ae5b-a7cc5dd5a28c.

68. "Cambridge Analytica Receives Top Honor in the 2017 ARF David Ogilvy Awards," *PR Newswire*, March 21, 2017, www.prnewswire.com/news-releases/cambridge -analytica-receives-top-honor-in-the-2017-arf-david-ogilvy-awards-300426997.html.

69. Harari, "On Big Data, Google and the End of Free Will."

70. Marcelo Gleiser, "Biometric Data and the Rise of Digital Dictatorship," National Public Radio, February 28, 2018, www.npr.org/sections/13.7/2018/02/28/589477976 /biometric-data-and-the-rise-of-digital-dictatorship.

71. Szabo, "Winning Strategies for Smart Contracts."

72. Eric Jaffe, "Old World, High Tech," *Smithsonian Magazine*, December 1, 2006; www.smithsonianmag.com/science-nature/old-world-high-tech-141284744/?no -ist=&page=2, accessed February 21, 2018.

73. Maki Shiozawa, "16 Things You Didn't Know About Vending Machines," *Coca-Cola Journey*, February 20, 2015; www.coca-colacompany.com/stories/16-things

-you-didnt-know-about-vending-machines-in-japan-and-around-the-world, accessed February 28, 2018.

74. Primavera De Filippi and Aaron Wright, *Blockchain and the Law: The Rule of Code* (Boston: Harvard University Press, 2018): 79.

75. For a good overview of jurisdictions, see "Can smart contracts be legally binding contracts? An R3 and Norton Rose Fulbright White Paper," http://www.nor tonrosefulbright.com/files/r3-and-norton-rose-fulbright-white-paper-full-re port-144581.pdf.

76. Nick Szabo, "Money, Blockchains, and Social Scalability," *Unenumerated*, February 9, 2017; https://unenumerated.blogspot.com/2017/02/money-blockchains-and-so cial-scalability.html, accessed September 27, 2017.

77. Szabo, "Winning Strategies for Smart Contracts."

78. Lucinda Shen, "The 10 Biggest Business Scandals of 2017," *Fortune*, December 31, 2017; fortune.com/2017/12/31/biggest-corporate-scandals-misconduct-2017-pr, accessed February 28, 2018.

79. Szabo, "Winning Strategies for Smart Contracts."

80. De Filippi and Wright, *Blockchain and the Law: The Rule of Code*, 29.

81. Alan Majer, "Slock.it: Enabling IoT and the Universal Sharing Network," Block-chain Research Institute, December 21, 2017.

82. Stephan Tual, "Share&Charge Launches Its Mobile App, On-boards over 1,000 Charging Stations on the Blockchain," *Slock.it Blog*, May 1, 2017; https://blog .slock.it/share-charge-launches-its-app-on-boards-over-1-000-charging-stations -on-the-blockchain-ba8275390309, accessed November 22, 2017.

83. Ibid.

84. Jon Buck, "UN Branch Using Ethereum-Based Smart Contracts for Public Confi-dence," *Cointelegraph*, August 7, 2017; cointelegraph.com/news/un-branch-using -ethereum-based-smart-contracts-for-public-confidence, accessed February 28, 2018.

85. Majer, "Slock.it: Enabling IoT and the Universal Sharing Network." Indeed, some have blamed the Solidity language itself for the difficulty in identifying anti-patterns like the ones that caused the attack on the DAO.

86. Ibid.

87. Tom Serres and Bettina Warburg, "Introducing Asset Chains: The Cognitive, Friction-free, and Blockchain-enabled Future of Supply Chains," Blockchain Research Institute, November 28, 2017.

88. Ibid.

89. Scott Nelson, e-mail to Don Tapscott, March 12, 2018.

90. Serres and Warburg, "Introducing Asset Chains."

91. Irving Wladawsky-Berger, "Building a Framework for Blockchain Adoption: What CEOs Should Know," Blockchain Research Institute, October 26, 2017.

92. Ibid.

93. Ibid.

94. Ibid.

95. Klaus Schwab, *The Fourth Industrial Revolution* (Geneva: World Economic Forum, 2016).

96. Oliver T. Bussmann, "Blockchain and the Global CIO: How Distributed Ledger Technology Will Transform Enterprise Architecture and the CIO Role," Block-chain Research Institute, January 3, 2018.

97. Vlad Gheorghiu, Sergey Gorbunov, Michele Mosca, and Bill Munson, "Quantum-Proofing the Blockchain," Blockchain Research Institute, November 23, 2017.

98. Open MIC Project, *Breaking the Mold: Investing in Racial Diversity in Tech; A Report for Investors*, February 2017; http://breakingthemold.openmic.org, accessed February 28, 2018.

99. Alberto Felice De Toni and Giovanni De Zan, "The Complexity Dilemma: Three Tips for Dealing with Complexity in Organizations," *Emergence: Complexity and Organization* 3–4 (December 2016): H1. Pindar Wong, interviewed via telephone by Don Tapscott, April 7, 2017.

100. Wong interview, April 7, 2017.

101. Andy Spence, "Blockchain and the Chief Human Resources Officer: Transforming the HR Function and the Market for Skills, Talent, and Training," Blockchain Research Institute, January 29, 2018.

102. Ibid.

103. Jeremy Epstein, "Blockchain and the CMO: The Next Era of Marketing," Blockchain Research Institute, September 28, 2017.

104. Ibid.

105. Paul H. Madore, "IOTA Update: The Tangled Web of Home-Rolled Cryptography," *Hacked.com*, September 10, 2017; hacked.com/iota-update-tangled-web-home-rolled-cryptography, accessed February 28, 2018.

106. Ethan Heilman, Neha Narula, Thaddeus Dryja, and Madars Virza, "IOTA Vulnerability Report: Cryptanalysis of the Curl Hash Function Enabling Practical Signature Forgery Attacks on the IOTA Cryptocurrency," *GitHub*, September 7, 2017; github.com/mit-dci/tangled-curl/blob/master/vuln-iota.md#iota-vulnerability-report-cryptanalysis-of-the-curl-hash-function-enabling-practical-signature-forgery-attacks-on-the-iota-cryptocurrency, accessed March 13, 2018.

107. Joichi Ito, "Our Response to 'A Cryptocurrency Without a Blockchain Has Been Built to Outperform Bitcoin,'" MIT Media Lab, December 20, 2017; www.media.mit.edu/posts/iota-response, accessed February 28, 2018.

108. Thomas M. Isaacson, "Patents and Blockchain Innovation: Strategic Approaches to Intellectual Property," Blockchain Research Institute, January 29, 2018.

109. Choe Sang-hun, "Samsung's Leader Is Indicted on Bribery Charges," *The New York Times*, February 28, 2017; www.nytimes.com/2017/02/28/world/asia/lee-jae-yong-samsung.html. Donna Borak, "Former Equifax Executive Charged with Insider Trading," *CNN Money*, March 14, 2018; money.cnn.com/2018/03/14/news/companies/equifax-insider-trading/index.html. Osamu Tsukimori and Aaron Sheldrick, "Mitsubishi Materials Finds More Products with Falsified Data," *Reuters*, December 19, 2017; www.reuters.com/article/us-mitsubishi-ma-scandal/mitsubishi-materials-finds-more-products-with-falsified-data-idUSKBN1ED14A. Ken Sweet, "Wells Fargo Says 3.5 Million Accounts Involved in Scandal," *AP News*, August 31, 2017; apnews.com/c3de75ac78004f04be8291b1b76c2cd0. All articles accessed March 14, 2018.

110. Global Solution Networks Program, a program conducted by The Tapscott Group for the Rotman School of Management, 2014–16; http://gsnetworks.org, accessed June 20, 2017.

111. The Muskoka Group, "Manifesto on Building a Healthy Blockchain Ecosystem," www.muskokagroup.org.

112. "Realizing the Potential of Blockchain: A Multi-stakeholder Approach to the Stewardship of Blockchain and Cryptocurrencies," www3.weforum.org/docs /WEF_Realizing_Potential_Blockchain.pdf.
113. Global Solution Networks, http://gsnetworks.org.
114. Don Tapscott, Hilary Carter, and Jill Rundle, "The Networked Hotbeds of Blockchain: Creating Global Hubs for the Internet's Second Era," Blockchain Research Institute, January 15, 2018.
115. Ibid.
116. Shiwen Yap, "Singapore Emerges as Third Largest Global ICO Hub," *Deal Street Asia*, November 27, 2017; www.dealstreetasia.com/stories/singapore-emerges -asia-ico-hub-86574, accessed December 22, 2017.
117. Sonal Chokshi, Chris Dixon, Denis Nazarov, Jesse Walden, and Ali Yahya, "Crypto Canon: Blockchain and Cryptocurrencies," Andreessen Horowitz, March 7, 2018; a16z.com/2018/02/10/crypto-readings-resources, accessed March 13, 2018.
118. See 99bitcoins.com/who-accepts-bitcoins-payment-companies-stores-take-bitcoins for a list.

1부 당신의 눈앞에 닥친 디지털 혁명, 블록체인

1장 정보의 바다에서 가치의 바다로

1. https://www.technologyreview.com/s/419452/moores-outlaws/.
2. https://cryptome.org/jya/digicrash.htm.
3. "How DigiCash Blew Everything," translated from Dutch into English by Ian Grigg and colleagues and e-mailed to Robert Hettinga mailing list, February 10, 1999. Cryptome.org. John Young Architects. Web. July 19, 2015. https://cryptome .org/jya/digicash.htm. "How DigiCash Alles Verknalde" www.nextmagazine.nl/ ecash.htm. *Next! Magazine*, January 1999. Web. July 19, 2015. https://web.archive .org/web/19990427/http://nextmagazine.nl/ecash.htm.
4. http://nakamotoinstitute.org/the-god-protocols/.
5. Brian Fung, "Marc Andreessen: In 20 Years, We'll Talk About Bitcoin Like We Talk About the Internet Today," *The Washington Post*, May 21, 2014; www.washingtonpost. com/blogs/the-switch/wp/2014/05/21/marc-andreessen-in-20-years-well-talk-about- bitcoin-like-we-talk-about-the-internet-today/, accessed January 21, 2015.
6. Interview with Ben Lawsky, July 2, 2015.
7. www.economist.com/news/leaders/21677198-technology-behind-bitcoin-could -transform-how-economy-works-trust-machine.
8. www.coindesk.com/bitcoin-venture-capital/.
9. Fung, "Marc Andreessen."
10. www.coindesk.com/bank-of-england-economist-digital-currency/.
11. Leigh Buchanan reports on the Kauffman Foundation research in "American Entrepreneurship Is Actually Vanishing," www.businessinsider.com/927-people -own-half-of-the-bitcoins-2013-12.

12. This definition was developed in Don Tapscott and David Ticoll, *The Naked Corporation* (New York: Free Press, 2003).
13. www.edelman.com/news/trust-institutions-drops-level-great-recession/.
14. www.gallup.com/poll/1597/confidence-institutions.aspx.
15. Interview with Carlos Moreira, September 3, 2015.
16. Don Tapscott is a member of the WISeKey Advisory Board.
17. Don Tapscott has been one of many authors to write about the dark side potential of the digital age, for example in *The Digital Economy: Promise and Peril in the Age of Networked Intelligence* (New York: McGraw Hill, 1995).
18. Interview with Carlos Moreira, September 3, 2015.
19. Tom Peters, "The Wow Project," *Fast Company*, Mansueto Ventures LLC, April 30, 1999; http://www.fastcompany.com/36831/wow-project.
20. Interview with Carlos Moreira, September 3, 2015.
21. "The Virtual You" is a term popularized by Ann Cavoukian and Don Tapscott in *Who Knows: Safeguarding Your Privacy in a Networked World* (New York: McGraw-Hill, 1997).
22. Scott McNealy, then CEO of Sun Microsystems, was the first in 1999.
23. Interview with Andreas Antonopoulos, July 20, 2015.
24. Interview with Joe Lubin, July 30, 2015.
25. Eventually sophisticated personal data query services will not even be able to read that data because it will be given to them encrypted. Still they will be able to answer questions regarding that data by asking those questions of the encrypted data itself using homomorphic encryption techniques.
26. Leading thinkers have a broad view of prosperity that goes beyond GDP growth. Harvard's Michael Porter has created a social progress imperative http://www.socialprogressimperative.org. Economist Joseph Stiglitz and others have researched measures beyond GDP—http://www.insee.fr/fr/publications-et-services/dossiers_web/stiglitz/doc-commission/RAPPORT_anglais.pdf. There are other efforts that try to improve GDP but stay closer to home—http://www.forbes.com/sites/realspin/2013/11/29/beyond-gdp-get-ready-for-a-new-way-to-measure-the-economy/.
27. Interview with Vitalik Buterin, September 30, 2015.
28. Luigi Marco Bassani, "Life, Liberty and . . . : Jefferson on Property Rights," *Journal of Libertarian Studies* 18(1) (Winter 2004): 58.
29. Interview with Hernando de Soto, November 27, 2015.
30. Ibid.
31. www.theguardian.com/music/2013/feb/24/napster-music-free-file-sharing, accessed August 12, 2015.
32. www.inc.com/magazine/201505/leigh-buchanan/the-vanishing-startups-in-decline.html.
33. *Naked City* was a police drama series that aired from 1958 to 1963 on the ABC television network.
34. An October 2015 World Economic Forum report suggests it will not become mainstream until 2027.
35. Interview with David Ticoll, December 12, 2015.

1. Interview with Ann Cavoukian, September 2, 2015.
2. Guy Zyskind, Oz Nathan, and Alex "Sandy" Pentland, "Enigma: Decentralized Computation Platform with Guaranteed Privacy," white paper, Massachusetts Institute of Technology, 2015. June 10, 2015. Web. October 3, 2015, arxiv.org/pdf/1506.03471.pdf.
3. Interview with Ann Cavoukian, September 2, 2015.
4. Ibid.
5. Interview with Austin Hill, July 22, 2015.
6. Interview with Ann Cavoukian, September 2, 2015.
7. Vitalik Buterin, "Proof of Stake: How I Learned to Love Weak Subjectivity," *Ethereum blog*, Ethereum Foundation, November 25, 2014. Web. October 3, 2015, blog.ethereum.org/2014/11/25/proof-stake-learned-love-weak-subjectivity.
8. Dino Mark Angaritis, e-mail attachment, November 27, 2015. He arrived at his calculation by "assuming hashrate of 583,000,000 Gh/s. (Gh/s = billion hashes /s). There are 600 seconds in 10 minutes. 600*583,000,000 = 349,800,000,000 billion hashes in 10 minutes. That's 350 Quintillion / 350,000,000,000,000,000,000 / 350 million million billion."
9. *Proof of burn* calls for miners to send their coins to a dead-end address where they become unredeemable. In exchange for burning these coins, miners gain entrance to a lottery where, presumably, they win back more than they burned. It's not a consensus mechanism but a trust mechanism.
10. Interview with Paul Brody, July 7, 2015.
11. Franklin Delano Roosevelt, "Executive Order 6102—Requiring Gold Coin, Gold Bullion and Gold Certificates to Be Delivered to the Government," *The American Presidency Project*, ed. Gerhard Peters and John T. Woolley, April 5, 1933, www.presidency.ucsb.edu/ws/?pid=14611, accessed December 2, 2015.
12. Interview with Josh Fairfield, June 1, 2015.
13. Allusion to Bandai's digital toy designed so that users would take care of it and protect it. It died if no one tended to it.
14. Joseph E. Stiglitz, "Lessons from the Global Financial Crisis of 2008," *Seoul Journal of Economics* 23(3) (2010).
15. Ernst & Young LLP, "The Big Data Backlash," December 2013, www.ey.com/UK/en/Services/Specialty-Services/Big-Data-Backlash; http://tinyurl.com/ptfm4ax.
16. The type of attack was named after "Sybil," a pseudonym of a woman diagnosed with dissociative identity disorder described in a 1973 book of that name. Cat-loving computer scientist John "JD" Douceur popularized the name in a 2002 paper.
17. Satoshi Nakamoto, "Bitcoin: A Peer-to-Peer Electronic Cash System," www.bitcoin.org, November 1, 2008; www.bitcoin.org/bitcoin.pdf, section 6, "Incentive."
18. Nick Szabo. "Bit gold." Unenumerated. Nick Szabo. December 27, 2008. Web. October 3, 2015. http://unenumerated.blogspot.com/2005/12/bit-gold.html.
19. Interview with Austin Hill, July 22, 2015.
20. Neal Stephenson, *Snow Crash* (1992). An allusion to *Snow Crash*'s virtual world, of which Hiro Protagonist is the protagonist and hero. Hiro was one of the top hackers of the Metaverse. Kongbucks are like bitcoin: the franchulates (corporate states, from the combination of *franchise* and *consulate*) issue their own money.

21. Ernest Cline, *Ready Player One* (New York: Crown, 2011).

22. Interview with Austin Hill, July 22, 2015.

23. John Lennon. "Imagine." *Imagine*. Producers John Lennon, Yoko Ono, and Phil Spector. October 11, 1971. www.lyrics007.com/John%20Lennon%20Lyrics/Imagine%20Lyrics.html.

24. Andy Greenberg. "Banking's Data Security Crisis." *Forbes*. November 2008. Web. October 3, 2015. www.forbes.com/2008/11/21/data-breaches-cybertheft-identity08 -tech-cx_ag_1121breaches.html.

25. Ponemon Institute LLC, "2015 Cost of Data Breach Study: Global Analysis," sponsored by IBM, May 2015, www-03.ibm.com/security/data-breach.

26. Ponemon Institute LLC, "2014 Fifth Annual Study on Medical Identity Theft," sponsored by Medical Identity Fraud Alliance, February 23, 2015, Medidfraud .org/2014-fifth-annual-study-on-medical-identity-theft.

27. Interview with Andreas Antonopoulos, July 20, 2015.

28. Michael Melone, "Basics and History of PKI," *Mike Melone's blog*, Microsoft Corporation, March 10, 2012. Web. October 3, 2015. http://tinyurl.com/ngxuupl.

29. "Why Aren't More People Using Encrypted Email?," *Virtru blog*, Virtru Corporation, January 24, 2015. Web. August 8, 2015. www.virtru.com/blog/aren't-people -using-email-encryption, August 8, 2015.

30. Interview with Andreas Antonopoulos, July 20, 2015.

31. Interview with Austin Hill, July 22, 2015.

32. Ibid.

33. Interview with Ann Cavoukian, September 2, 2015.

34. Ibid.

35. David McCandless, "Worlds Biggest Data Breaches," *Information Is Beautiful*, David McCandless, October 2, 2015. Web. October 3, 2015. www.information isbeautiful.net/visualizations/worlds-biggest-data-breaches-hacks/.

36. Interview with Haluk Kulin, June 9, 2015.

37. Interview with Austin Hill, July 22, 2015.

38. Coinbase privacy policy, www.coinbase.com/legal/privacy, November 17, 2014, accessed July 15, 2015.

39. See Don Tapscott and David Ticoll, *The Naked Corporation: How the Age of Transparency Will Revolutionize Business* (New York: Simon & Schuster, 2003).

40. Interview with Haluk Kulin, June 9, 2015.

41. ProofofExistence.com, September 2, 2015; www.proofofexistence.com/about/.

42. Interview with Steve Omohundro, May 28, 2015.

43. Interview with Andreas Antonopoulos, July 20, 2015.

44. Ibid.

45. Interview with Stephen Pair, June 11, 2015.

46. Edella Schlarger and Elinor Ostrom, "Property-Rights Regimes and Natural Resources: A Conceptual Analysis," *Land Economics* 68(3) (August 1992): 249–62; www.jstor.org/stable/3146375.

47. Interview with Haluk Kulin, June 9, 2015.

48. John Paul Titlow, "Fire Your Boss: Holacracy's Founder on the Flatter Future of Work," *Fast Company*, Mansueto Ventures LLC, July 9, 2015; www.fastcompany .com/3048338/the-future-of-work/fire-your-boss-holacracys-founder-on-the -flatter-future-of-work.

49. World Bank, September 2, 2015; www.worldbank.org/en/news/press-release/2015/04/15/massive-drop-in-number-of-unbanked-says-new-report.
50. "Bitcoin Powers New Worldwide Cellphone Top-Up Service," *CoinDesk*, February 15, 2015; www.coindesk.com/bitcoin-powers-new-worldwide-cellphone-top-service/, accessed August 26, 2015. FAQs, BitMoby.com, mHITs Ltd., n.d.; www.bitmoby.com/faq.html, accessed November 14, 2015.
51. Interview with Gavin Andresen, June 8, 2015.
52. Interview with Austin Hill, July 22, 2015.
53. Jakob Nielsen, "Nielsen's Law of Internet Bandwidth," Nielsen Norman Group, April 5, 1998; www.nngroup.com/articles/law-of-bandwidth/, accessed August 26, 2015.
54. Matthew Weaver, "World Leaders Pay Tribute at Auschwitz Anniversary Ceremony," *The Guardian*, Guardian News and Media Limited, January 27, 2015. Web. September 5, 2015, http://www.theguardian.com/world/2015/jan/27/-sp-watch-the-auschwitz-70th-anniversary-ceremony-unfold.

2부 파우스트 박사의 블록체인 거래와 혁신의 재창조

1장 금융 서비스의 재창조

1. Estimates range from $87.5 million to $112 million (IMF).
2. https://ripple.com/blog/the-true-cost-of-moving-money/.
3. Interview with Vikram Pandit, August 24, 2015.
4. www.nytimes.com/2015/07/12/business/mutfund/putting-the-public-back-in-public-finance.html.
5. www.worldbank.org/en/topic/poverty/overview.
6. http://hbswk.hbs.edu/item/6729.html.
7. Interview with Hernando de Soto, November 27, 2015.
8. http://corporate.westernunion.com/About_Us.html.
9. Interview with Erik Voorhees, June 16, 2015.
10. Paul A. David, "The Dynamo and the Computer: An Historical Perspective on the Modern Productivity Paradox," *Economic History of Technology* 80(2) (May 1990): 355–61.
11. Joseph Stiglitz, "Lessons from the Global Financial Crisis," revised version of a lecture presented at Seoul National University, October 27, 2009.
12. www.finextra.com/finextra-downloads/newsdocs/The%20Fintech%202%202%200%20Paper.pdf.
13. www.bloomberg.com/news/articles/2015-07-22/the-blockchain-revolution-gets-endorsement-in-wall-street-survey.
14. www.swift.com/assets/swift_com/documents/about_swift/SIF_201501.pdf.
15. https://lightning.network/.
16. Interview with Chris Larsen, July 27, 2015.
17. Interview with Austin Hill, July 22, 2015.
18. Interview with Blythe Masters, July 27, 2015.
19. Ibid.
20. Ibid.
21. Ibid.

22. https://bitcoinmagazine.com/21007/nasdaq-selects-bitcoin-startup-chain-run-pilot-private-market-arm/.

23. Interview with Austin Hill, July 22, 2015.

24. July 2015 by Greenwich Associates; www.bloomberg.com/news/articles/2015-07-22/the-blockchain-revolution-gets-endorsement-in-wall-street-survey.

25. Blythe Masters, from Exponential Finance keynote presentation: www.youtube.com/watch?v=PZ6WR2R1MnM.

26. https://bitcoinmagazine.com/21007/nasdaq-selects-bitcoin-startup-chain-run-pilot-private-market-arm/.

27. Interview with Jesse McWaters, August 13, 2015.

28. Interview with Austin Hill, July 22, 2015.

29. https://blog.ethereum.org/2015/08/07/on-public-and-private-blockchains/.

30. Interview with Chris Larsen, July 27, 2015.

31. Interview with Adam Ludwin, August 26, 2015.

32. Interview with Blythe Masters, July 27, 2015.

33. Interview with Eric Piscini, July 13, 2015.

34. Interview with Derek White, July 13, 2015.

35. Ibid.

36. Later, Bank of America, BNY Mellon, Citi, Commerzbank, Deutsche Bank, HSBC, Mitsubishi UFJ Financial Group, Morgan Stanley, National Australia Bank, Royal Bank of Canada, SEB, Société Générale, and Toronto Dominion Bank; www.ft.com/intl/cms/s/0/f358ed6c-5ae0-11e5-9846-de406ccb37f2.html#axzz3mf3orbRX; www.coindesk.com/citi-hsbc-partner-with-r3cev-as-blockchain-project-adds-13-banks/.

37. http://bitcoinnewsy.com/bitcoin-news-mike-hearn-bitcoin-core-developer-joins-r3cev-with-5-global-banks-including-wells-fargo/.

38. http://www.linuxfoundation.org/news-media/announcements/2015/12/linux-foundation-unites-industry-leaders-advance-blockchain.

39. www.ifrasia.com/blockchain-will-make-dodd-frank-obsolete-bankers-say/21216014.article.

40. http://appft.uspto.gov/netacgi/nph-Parser?Sect1=PTO2&Sect2=HITOFF&p=1&u=%2Fnetahtml%2FPTO%2Fsearch-bool.html&r=1&f=G&l=50&col=AND&d=PG01&s1=20150332395&OS=20150332395&RS=20150332395?p=cite_Brian_Cohen_or_Bitcoin_Magazine.

41. www.youtube.com/watch?v=A6kJfvuNqtg.

42. Interview with Jeremy Allaire, June 30, 2015.

43. Ibid.

44. Ibid.

45. Ibid.

46. Heralded as another sign the industry was "growing up"; www.wsj.com/articles/goldman-a-lead-investor-in-funding-round-for-bitcoin-startup-circle-1430363042.

47. Interview with Jeremy Allaire, June 30, 2015.

48. Interview with Stephen Pair, June 11, 2015.

49. Alex Tapscott has consulted to Vogogo Inc.

50. Interview with Suresh Ramamurthi, September 28, 2015.

51. E-mail correspondence with Blythe Masters, December 14, 2015.

52. Interview with Tom Mornini, July 20, 2015.
53. These ideas were originally explored in *The Naked Corporation* by Don Tapscott and David Ticoll.
54. Ibid.
55. www.accountingweb.com/aa/auditing/human-errors-the-top-corporate-tax-and -accounting-mistakes.
56. Ibid.
57. Interview with Simon Taylor, July 13, 2015.
58. Ibid.
59. Interview with Jeremy Allaire, June 30, 2015.
60. Interview with Christian Lundkvist, July 6, 2015.
61. Interview with Austin Hill, July 22, 2015.
62. Interview with Eric Piscini, July 13, 2015.
63. www2.deloitte.com/us/en/pages/about-deloitte/articles/facts-and-figures.html.
64. Interview with Eric Piscini, July 13, 2015.
65. Ibid.
66. Interview with Tom Mornini, July 20, 2015.
67. Ibid.
68. www.calpers.ca.gov/docs/forms-publications/global-principles-corporate-gover nance.pdf.
69. Interview with Izabella Kaminska, August 5, 2015.
70. http://listedmag.com/2013/06/robert-monks-its-broke-lets-fix-it/.
71. The Right to Be Forgotten Movement is gaining steam, particularly in Europe: http://ec.europa.eu/justice/data-protection/files/factsheets/factsheet_data_pro tection_en.pdf.
72. www.bloomberg.com/news/articles/2014-10-07/andreessen-on-finance-we-can -reinvent-the-entire-thing.
73. http://www.nytimes.com/2015/12/24/business/dealbook/banks-reject-new-york -city-ids-leaving-unbanked-on-sidelines.html.
74. Interview with Patrick Deegan, June 6, 2015.
75. Ibid.
76. https://btcjam.com/.
77. Interview with Erik Voorhees, June 16, 2015.
78. www.sec.gov/about/laws/sa33.pdf.
79. http://www.wired.com/2015/12/sec-approves-plan-to-issue-company-stock-via -the-bitcoin-blockchain/.
80. http://investors.overstock.com/mobile.view?c=131091&v=203&d=1&id=2073583.
81. https://bitcoinmagazine.com/21007/nasdaq-selects-bitcoin-startup-chain-run -pilot-private-market-arm/.
82. James Surowiecki, *The Wisdom of Crowds: Why the Many Are Smarter Than the Few and How Collective Wisdom Shapes Business, Economies, Societies and Nations* (New York: Doubleday, 2014).
83. www.augur.net.
84. From e-mail exchange with the Augur team: Jack Peterson, Core Developer; Joey Krug, Core Developer; Peronet Despeignes, SpecialOps.
85. Interview with Andreas Antonopoulos, December 8, 2014.
86. Interview with Barry Silbert, September 22, 2015.
87. Interview with Benjamin Lawsky, July 2, 2015.

1. Interview with Joe Lubin, July 13, 2015.
2. Companies like Apple and Spotify will be able to use the new platform as well. The goal is that it will be owned by many entities in the music industry, especially artists. It will likely be easier to earn tokens if you create content than if you just resell someone else's content.
3. https://slack.com/is.
4. https://github.com.
5. Coase wrote: "A firm has a role to play in the economic system if . . . [t]ransactions can be organized within the firm at less cost than if the same transactions were carried out through the market. The limit to the size of the firm [is reached] when the costs of organizing additional transactions within the firm [exceed] the costs of carrying the same transactions in the market." As cited in Oliver Williamson and Sydney G. Winter, eds., *The Nature of the Firm* (New York and Oxford: Oxford University Press, 1993), 90.
6. Oliver Williamson, "The Theory of the Firm as Governance Structure: From Choice to Contract," *The Journal of Economic Perspectives* 16(3) (Summer 2002) 171–95.
7. Ibid.
8. Peter Thiel with Blake Masters, *Zero to One: Notes on Startups, or How to Build the Future* (New York: Crown Business, 2014).
9. Lord Wilberforce, *The Law of Restrictive Trade Practices and Monopolies* (Sweet & Maxwell, 1966), 22.
10. Interview with Yochai Benkler, August 26, 2015.
11. John Hagel and John Seely Brown, "Embrace the Edge or Perish," *Bloomberg*, November 28, 2007; www.bloomberg.com/bw/stories/2007-11-28/embrace-the -edge-or-perishbusinessweek-business-news-stock-market-and-financial-advice.
12. Interview with Vitalik Buterin, September 30, 2015.
13. Interview with Andreas Antonopoulos, July 20, 2015.
14. The one exception is the Way Back Machine, which allows you to get a deeper history.
15. Oliver E. Williamson, "The Theory of the Firm as Governance Structure: From Choice to Contract," *Journal of Economic Perspectives* 16 (3), Summer 2002.
16. Ibid.
17. Michael C. Jensen and William H. Meckling, "Theory of the Firm: Managerial Behavior, Agency Costs and Ownership Structure," *Journal of Financial Economics* 305 (1976): 310–11 (arguing that the corporation—or, more generally, a firm—is a collection of consensual relationships among shareholders, creditors, managers, and perhaps others); see also generally, Frank H. Easterbrook and Daniel R. Fischel, *The Economic Structure of Corporate Law* (Cambridge, Mass.: Harvard University Press, 1991).
18. Vitalik Buterin, "Bootstrapping a Decentralized Autonomous Corporation: Part I," *Bitcoin Magazine*, September 19, 2013; https://bitcoinmagazine.com/7050/boot strapping-a-decentralized-autonomous-corporation-part-i/.
19. Nick Szabo, "Formalizing and Securing Relationships on Public Networks," http://szabo.best.vwh.net/formalize.html.
20. http://szabo.best.vwh.net/smart.contracts.html.

21. Interview with Aaron Wright, August 10, 2015.
22. Cryptographers started using "Alice" and "Bob" instead of "Party A" and "Party B" as a convenient way to describe exchanges between them, lending some clarity and familiarity to discussions about computational encryption. The practice is said to date from Ron Rivest's 1978 work, "Security's Inseparable Couple," *Communications of the ACM. Network World*, February 7, 2005; www.networkworld .com/news/2005/020705widernetaliceandbob.html.
23. GitHub.com, January 3, 2012; https://github.com/bitcoin/bips/blob/master/bip -0016.mediawiki, accessed September 30, 2015.
24. www.coindesk.com/hedgy-hopes-tackle-bitcoin-volatility-using-multi-signa ture-technolog/.
25. https://books.google.ca/books?id=VXIDgGjLHVgC&pg=PA19&lpg=PA19& dq=a+workman+moves+from+department+Y+to+department+X&source=bl&ots =RHbOqrpLz_&sig=LaZFqatLYllrBW8ikPn4PEZ9_7U&hl=en&sa=X&ved =0ahUKEwjgyuO2gKfKAhUDpB4KHb0JDcAQ6AEIITAB#v=onepage&q=a %20workman%20moves%20from%20department%20Y%20to%20department% 20X&f=false.
26. Elliot Jaques, "In Praise of Hierarchy," *Harvard Business Review*, January–February 1990.
27. Interview with Yochai Benkler, August 26, 2015.
28. Tapscott and Ticoll, *The Naked Corporation*.
29. Werner Erhard and Michael C. Jensen, "Putting Integrity into Finance: A Purely Positive Approach," November 27, 2015, Harvard Business School NOM Unit Working Paper No. 12-074; Barbados Group Working Paper No. 12-01; European Corporate Governance Institute (ECGI)—Finance Working Paper No. 417/2014.
30. Bank of America's Average Return on Equity since December 31, 2009, is less than 2 percent; https://ycharts.com/companies/BAC/return_on_equity.
31. Interview with Steve Omohundro, May 28, 2015.
32. E-mail interview with David Ticoll, December 9, 2015.
33. Interview with Melanie Swan, September 14, 2015.
34. https://hbr.org/1990/05/the-core-competence-of-the-corporation.
35. Michael Porter, "What Is Strategy?," *Harvard Business Review*, November–December 1996.
36. Interview with Susan Athey, November 20, 2015.

3장 블록체인이 만들어 낸 새로운 비즈니스

1. To prevent spam, it's possible that new public keys (personas) with low reputation will have to pay a certain fee to list. The fee can be moved to an escrow contract and be returned once the persona has successfully rented their property out, or perhaps after some period of time elapses and they decide to delete their listing. Large data items like pictures will be kept on IPFS or Swarm, but the hash of the data and the information identifying the persona that owns the data will be kept on the blockchain inside the bAirbnb contract.
2. Perhaps using the Whisper protocol.
3. Formatted and annotated with the Hypertext Markup Language (HTML).

4. David McCandless, "World's Biggest Data Breaches," *Information Is Beautiful*, October 2, 2015; www.informationisbeautiful.net/visualizations/worlds-biggest -data-breaches-hacks/, accessed November 27, 2015.

5. As defined by Vitalik Buterin: "Cryptoeconomics is a technical term roughly meaning 'it's decentralized, it uses public key cryptography for authentication, and it uses economic incentives to ensure that it keeps going and doesn't go back in time or incur any other glitch.'" From "The Value of Blockchain Technology, Part I," https://blog.ethereum.org/2015/04/13/visions-part-1-the-value-of-block chain-technology/.

6. www.youtube.com/watch?v=K2fhwMKk2Eg.

7. http://variety.com/2015/digital/news/netflix-bandwidth-usage-internet-traffic -1201507187/.

8. Interview with Bram Cohen, August 17, 2015.

9. Stan Franklin and Art Graesser, "Is It an Agent, or Just a Program? A Taxonomy for Autonomous Agents," www.inf.ufrgs.br/~alvares/CMP124SMA/IsItAnAgen tOrJustAProgram.pdf.

10. Ibid., 5.

11. Vitalik Buterin, https://blog.ethereum.org/2014/05/06/daos-dacs-das-and-more -an-incomplete-terminology-guide/. "Autonomous agents are on the other side of the automation spectrum; in an autonomous agent, there is no necessary specific human involvement at all; that is to say, while some degree of human effort might be necessary to build the hardware that the agent runs on, there is no need for any humans to exist that are aware of the agent's existence."

12. Ibid.

13. Technical detail: Because storing data directly on blockchains is very expensive, it's more likely that there is a hash of the data, and the data itself will be on some other decentralized data storage network like Swarm or IPFS.

14. Interview with Vitalik Buterin, September 30, 2015.

15. Interview with Andreas Antonopoulos, July 20, 2015.

16. Ibid.

17. Don Tapscott and Anthony D. Williams, *Wikinomics: How Mass Collaboration Changes Everything* (New York: Portfolio/Penguin, 2007). *Wikinomics* defined seven such business models. The list has been extended here.

18. Commons-based Peer Production is a term developed by Harvard Law professor Yochai Benkler in the seminal article "Coase's Penguin," *The Yale Law Journal*, 2002; www.yale.edu/yalelj/112/BenklerWEB.pdf.

19. http://fortune.com/2009/07/20/information-wants-to-be-free-and-expensive/.

20. Interview with Yochai Benkler, August 26, 2015.

21. Interview with Dino Mark Angaritis, August 7, 2015.

22. Andrew Lih, "Can Wikipedia Survive?," *The New York Times,* June 20, 2015; www .nytimes.com/2015/06/21/opinion/can-wikipedia-survive.html.

23. http://techcrunch.com/2014/05/09/monegraph/.

24. http://techcrunch.com/2015/06/24/ascribe-raises-2-million-to-ensure-you-get -credit-for-your-art/.

25. www.nytimes.com/201%4/15/technology/15twitter.html?_r=0.

26. http://techcrunch.com/2014/05/09/monegraph/.

27. www.verisart.com/.

28. http://techcrunch.com/2015/07/07/verisart-plans-to-use-the-blockchain-to-veri fy-the-authencity-of-artworks/.
29. Interview with Yochai Benkler, August 26, 2015.
30. Interview with David Ticoll, August 7, 2015.
31. Interview with Yochai Benkler, August 26, 2015.
32. www.nytimes.com/2013/07/21/opinion/sunday/friedman-welcome-to-the-shari ng-economy.html?pagewanted=1&_r=2&partner=rss&emc=rss&.
33. Sarah Kessler, "The Sharing Economy Is Dead and We Killed It," *Fast Company*, September 14, 2015; www.fastcompany.com/3050775/the-sharing-economy-is -dead-and-we-killed-it#1.
34. "Prosumers" is a term invented by Alvin Toffler in *Future Shock* (1980). In *The Digital Economy* (1994) Don Tapscott developed the concept and notion of "prosumption."
35. Interview with Robin Chase, September 2, 2015.
36. https://news.ycombinator.com/item?id=9437095.
37. This scenario was originally explained by Don Tapscott in "The Transparent Burger," *Wired*, March 2004; http://archive.wired.com/wired/archive/12.03/start .html?pg=2%3ftw=wn_tophead_7.
38. Interview with Yochai Benkler, August 26, 2015.
39. Called "the wiki workplace" in *Wikinomics*.
40. CAPTCHA stands for "Completely Automated Public Turing Test to Tell Computers and Humans Apart."
41. Interview with Joe Lubin, July 13, 2015.
42. Ibid.

4장 사물 원장, 현실의 세상에 생명을 불어넣다

1. Not their real names. This story is based on discussions with individuals familiar with the situation.
2. Primavera De Filippi, "It's Time to Take Mesh Networks Seriously (and Not Just for the Reasons You Think)," *Wired*, January 2, 2014.
3. Interview with Eric Jennings, July 10, 2015.
4. Ibid.
5. Interview with Lawrence Orsini, July 30, 2015.
6. Don predicted the development of such networks in Don Tapscott and Anthony Williams, *Macrowikinomics: New Solutions for a Connected Planet* (New York: Portfolio/Penguin, 2010, updated 2012).
7. Interview with Lawrence Orsini, July 30, 2015.
8. Puja Mondal, "What Is Desertification? Desertification: Causes, Effects and Control of Desertification," *UNEP: Desertifcation*, United Nations Environment Programme, n.d.; https://desertification.wordpress.com/category/ecology-envir onment/unep/, accessed September 29, 2015.
9. www.internetlivestats.com/internet-users/, as of December 1, 2015.
10. Cadie Thompson, "Electronic Pills May Be the Future of Medicine," CNBC, April 21, 2013; www.cnbc.com/id/100653909; and Natt Garun, "FDA Approves Edible Electronic Pills That Sense When You Take Your Medication," *Digital Trends*, August 1, 2012; www.digitaltrends.com/home/fda-approves-edible-electronic-pills/.

11. Mark Jaffe, "IOT Won't Work Without Artificial Intelligence," *Wired*, November 2014; www.wired.com/insights/2014/11/iot-wont-work-without-artificial-intelligence/.
12. IBM, "Device Democracy," 2015, 4.
13. Allison Arieff, "The Internet of Way Too Many Things," *The New York Times*, September 5, 2015.
14. IBM, "Device Democracy," 10.
15. Interview with Dino Mark Angaritis, August 11, 2015.
16. Interview with Carlos Moreira, September 3, 2015.
17. Ibid.
18. Interview with Michelle Tinsley, June 25, 2015.
19. Ibid.
20. McKinsey Global Institute, "The Internet of Things: Mapping the Value Beyond the Hype," June 2015.
21. Interview with Eric Jennings, July 10, 2015.
22. IBM Institute for Business Value, "The Economy of Things: Extracting New Value from the Internet of Things," 2015.
23. Cadie Thompson, "Apple Has a Smart Home Problem: People Don't Know They Want It Yet," *Business Insider*, June 4, 2015; www.businessinsider.com/apple-home kit-adoption-2015-6.
24. McKinsey Global Institute, "The Internet of Things."
25. Interview with Eric Jennings, July 10, 2015.
26. IBM, "Device Democracy," 9.
27. Ibid., 13.
28. McKinsey Global Institute, "The Internet of Things." MGI defined nine settings with value potential.
29. www.wikihow.com/Use-Uber.
30. http://consumerist.com/tag/uber/page/2/.
31. Mike Hearn, "Future of Money," Turing Festival, Edinburgh, Scotland, August 23, 2013, posted September 28, 2013; www.youtube.com/watch?v=Pu4PAMFPo 5Y&feature=youtu.be.
32. McKinsey, "An Executive's Guide to the Internet of Things," August 2015; www .mckinsey.com/Insights/Business_Technology/An_executives_guide_to_the_In ternet_of_Things?cid=digital-eml-alt-mip-mck-oth-1508.

5장 번영의 역설과 사업가 정신

1. http://datatopics.worldbank.org/financialinclusion/country/nicaragua.
2. www.budde.com.au/Research/Nicaragua-Telecoms-Mobile-and-Broadband -Market-Insights-and-Statistics.html.
3. "Property Disputes in Nicaragua," U.S. Embassy, http://nicaragua.usembassy .gov/property_disputes_in_nicaragua.html. There are an estimated thirty thousand properties in dispute.
4. Interview with Joyce Kim, June 12, 2015.
5. Ibid.
6. Ibid.

7. www.worldbank.org/en/news/press-release/2015/04/15/massive-drop-in-number
-of-unbanked-says-new-report; and C. K. Prahalad, *The Fortune at the Bottom of
the Pyramid: Eradicating Poverty Through Profits* (Philadelphia: Wharton School
Publishing, 2009). This figure is an estimate.

8. Interview with Joyce Kim, June 12, 2015.

9. www.ilo.org/global/topics/youth-employment/lang—en/index.htm.

10. Thomas Piketty, *Capital in the Twenty-First Century* (Cambridge, Mass.: Belknap
Press, 2014).

11. www.brookings.edu/~/media/research/files/papers/2014/05/declining%20busi
ness%20dynamism%20litan/declining_business_dynamism_hathaway_litan
.pdf.

12. Ruth Simon and Caelainn Barr, "Endangered Species: Young U.S. Entrepreneurs,"
The Wall Street Journal, January 2, 2015; www.wsj.com/articles/endangered-species
-young-u-s-entrepreneurs-1420246116.

13. World Bank Group, Doing Business, www.doingbusiness.org/data/exploretopics/
starting-a-business.

14. Interview with Hernando de Soto, November 27, 2015.

15. www.tamimi.com/en/magazine/law-update/section-6/june-4/dishonoured
-cheques-in-the-uae-a-criminal-law-perspective.html.

16. www.worldbank.org/en/topic/poverty/overview. To be precise, it was 1.91 billion
in 1990.

17. http://digitalcommons.georgefox.edu/cgi/viewcontent.cgi?article=1003&contex
t=gfsb.

18. http://reports.weforum.org/outlook-global-agenda-2015/top-10-trends-of-2015/1
-deepening-income-inequality/.

19. Ibid.

20. Interview with Tyler Winklevoss, June 9, 2015.

21. Congo, Chad, Central African Republic, South Sudan, Niger, Madagascar, Guinea,
Cameroon, Burkina Faso, Tanzania; http://data.worldbank.org/indicator/FB.CBK
.BRCH.P5?order=wbapi_data_value_2013+wbapi_data_value+wbapi_data_val
ue-last&sort=asc.

22. www.aba.com/Products/bankcompliance/Documents/SeptOct11CoverStory.pdf.

23. http://www.nytimes.com/2015/12/24/business/dealbook/banks-reject-new-york
-city-ids-leaving-unbanked-on-sidelines.html.

24. E-mail correspondence with Joe Lubin, August 6, 2015.

25. David Birch, *Identity Is the New Money* (London: London Publishing Partnership,
2014), 1.

26. E-mail correspondence with Joe Lubin, August 6, 2015.

27. Interview with Joyce Kim, June 12, 2015.

28. Interview with Hernando de Soto, November 27, 2015.

29. Interview with Haluk Kulin, June 9, 2015.

30. E-mail correspondence with Joe Lubin, August 6, 2015.

31. Interview with Balaji Srinivasan, May 29, 2014.

32. www.doingbusiness.org/data/exploretopics/starting-a-business.

33. Interview with Haluk Kulin, June 9, 2015.

34. Analie Domingo agreed to let us shadow her as she went through her normal routine

of sending money home to her mother in the Philippines. Analie has been an employee of Don Tapscott and Ana Lopes for twenty years and is also a close friend.

35. www12.statcan.gc.ca/nhs-enm/2011/dp-pd/prof/details/page.cfm?Lang=E& Geo1=PR&Code1=01&Data=Count&SearchText=canada&SearchType=Begins&SearchPR=01&A1=All&B1=All&Custom=&TABID=1.

36. https://remittanceprices.worldbank.org/sites/default/files/rpw_report_june _2015.pdf.

37. The remittance market is $500 billion; average fees of 7.7 percent translate to $38.5 billion in fees.

38. Dilip Ratha, "The Impact of Remittances on Economic Growth and Poverty Reduction," *Migration Policy Institute* 8 (September 2013).

39. Adolf Barajas, et al., "Do Workers' Remittances Promote Economic Growth?," IMF Working Paper, www10.iadb.org/intal/intalcdi/pe/2009/03935.pdf.

40. "Aid and Remittances from Canada to Select Countries," Canadian International Development Platform, http://cidpnsi.ca/blog/portfolio/aid-and-remittances-from -canada/.

41. World Bank Remittance Price Index, https://remittanceprices.worldbank.org/en.

42. 2011 National Household Survey Highlights, Canadian Census Bureau, www.fin .gov.on.ca/en/economy/demographics/census/nhshi11-1.html.

43. https://support.skype.com/en/faq/FA1417/how-much-bandwidth-does-skype -need.

44. Interview with Eric Piscini, July 13, 2015.

45. http://corporate.westernunion.com/Corporate_Fact_Sheet.html.

46. At the time of writing, Abra had not opened its doors in Canada. However, we were able to test Abra's technology with Analie and her mother successfully with Abra's help.

47. Interview with Bill Barhydt, August 25, 2015.

48. Ibid.

49. Ibid.

50. "Foreign Aid and Rent-Seeking, *The Journal of International Economics*, 2000, 438; http://conferences.wcfia.harvard.edu/sites/projects.iq.harvard.edu/files/gov2126/ files/1632.pdf.

51. Ibid.

52. www.propublica.org/article/how-the-red-cross-raised-half-a-billion-dollars-for -haiti-and-built-6-homes.

53. "Mortality, Crime and Access to Basic Needs Before and After the Haiti Earthquake," *Medicine, Conflict and Survival* 26(4) (2010).

54. http://unicoins.org/.

55. Jeffrey Ashe with Kyla Jagger Neilan, *In Their Own Hands: How Savings Groups Are Revolutionizing Development* (San Francisco: Berrett-Koehler Publishers, 2014).

56. E. Kumar Sharma, "Founder Falls," *Business Today* (India), December 25, 2011; www.businesstoday.in/magazine/features/vikram-akula-quits-sks-microfiance -loses-or-gains/story/20680.html.

57. Ning Wang, "Measuring Transaction Costs: An Incomplete Survey," *Ronald Coase Institute Working Papers* 2 (February 2003); www.coase.org/workingpapers/wp -2.pdf.

58. www.telesurtv.net/english/news/Honduran-Movements-Slam-Repression-of-Campesinos-in-Land-Fight-20150625-0011.html.
59. USAID, the Millennium Challenge Corporation, and the UN Food and Agriculture Organization.
60. Paul B. Siegel, Malcolm D. Childress, and Bradford L. Barham, "Reflections on Twenty Years of Land-Related Development Projects in Central America: Ten Things You Might Not Expect, and Future Directions," Knowledge for Change Series, International Land Coalition (ILC), Rome, 2013; http://tinyurl.com/oekhzos, accessed August 26, 2015.
61. Ibid.
62. Ambassador Michael B. G. Froman, US Office of the Trade Representative, "2015 National Trade Estimate Report on Foreign Trade Barriers," USTR.gov, April 1, 2015; https://ustr.gov/sites/default/files/files/reports/2015/NTE/2015%20NTE%20Honduras.pdf.
63. Interview with Hernando de Soto, November 27, 2015.
64. http://in.reuters.com/article/2015/05/15/usa-honduras-technology-idINKBN0O01V720150515.
65. Interview with Kausik Rajgopal, August 10, 2015.
66. World Bank, "Doing Business 2015: Going Beyond Efficiencies," Washington, D.C.: World Bank, 2014; DOI: 10.1596/978-1-4648-0351-2, License Creative Commons Attribution CC BY 3.0 IGO.
67. "ITU Releases 2014 ICT Figures," www.itu.int/net/pressoffice/press_releases/2014/23.aspx#.VEfalovF_Kg.
68. www.cdc.gov/healthliteracy/learn/understandingliteracy.html.
69. www.proliteracy.org/the-crisis/adult-literacy-facts.
70. CIA World Factbook, literacy statistics, www.cia.gov/library/publications/the-world-factbook/fields/2103.html#136.

6장 블록체인과 다가올 정치 혁명

1. http://europa.eu/about-eu/countries/member-countries/estonia/index_en.htm; http://www.citypopulation.de/Canada-MetroEst.html.
2. In-person conversation between Estonian president Toomas Hendrik Ilves and Don Tapscott at the World Economic Forum's Global Agenda Council meeting in Abu Dhabi, United Arab Emirates, October 2015.
3. www.socialprogressimperative.org/data/spi#data_table/countries/com6/dim1,dim2,dim3,com9,idr35,com6,idr16,idr34.
4. https://e-estonia.com/the-story/the-story-about-estonia/. Estonia is very proud of its e-Estonia initiatives and has published a lot of information on the Web. All of the information and statistics used in this section came from the Government of Estonia Web site.
5. "Electronic Health Record," e-Estonia.com, n.d.; https://e-estonia.com/component/electronic-health-record/, accessed November 29, 2015.
6. "e-Cabinet," e-Estonia.com, n.d.; https://e-estonia.com/component/e-cabinet/, accessed November 29, 2015.
7. "Electronic Land Register," e-Estonia.com, n.d.; https://e-estonia.com/compo

nent/electronic-land-register/, accessed November 29, 2015.

8. Charles Brett, "My Life Under Estonia's Digital Government," *The Register*, www
.theregister.co.uk/2015/06/02/estonia/.

9. Interview with Mike Gault, August 28, 2015.

10. "Keyless Signature Infrastructure," e-Estonia.com, n.d.; https://e-estonia.com/
component/keyless-signature-infrastructure/, accessed November 29, 2015.

11. Olga Kharif, "Bitcoin Not Just for Libertarians and Anarchists Anymore,"
Bloomberg Business, October 9, 2014; www.bloomberg.com/bw/articles/2014-10-09/
bitcoin-not-just-for-libertarians-and-anarchists-anymore. To be sure, there is a
strong libertarian trend in the American population as a whole. According to the
Pew Research Center, 11 percent of Americans describe themselves as libertarian
and know the definition of the term. "In Search of Libertarians," www.pewre
search.org/fact-tank/2014/08/25/in-search-of-libertarians/.

12. "Bitcoin Proves the Libertarian Idea of Paradise Would Be Hell on Earth," *Busi-
ness Insider*, www.businessinsider.com/bitcoin-libertarian-paradise-would-be-hell
-on-earth-2013-12#ixzz3kQqSap00.

13. Human Rights Watch, "World Report 2015: Events of 2014," www.hrw.org/sites/
default/files/wr2015_web.pdf.

14. Interview with Hernando de Soto, November 27, 2015.

15. Seymour Martin Lipset, *Political Man: The Social Bases of Politics*, 2nd ed. (London:
Heinemann, 1983), 64.

16. Interview with Hernando de Soto, November 27, 2015.

17. Hernando de Soto, "The Capitalist Cure for Terrorism," *The Wall Street Journal*,
October 10, 2014; www.wsj.com/articles/the-capitalist-cure-for-terrorism-14129
73796, accessed November 27, 2015.

18. Interview with Hernando de Soto, November 27, 2015.

19. Interview with Carlos Moreira, September 3, 2015.

20. Melanie Swan, *Blockchain: Blueprint for a New Economy* (Sebastopol, Calif.: O'Reilly
Media, January 2015), 45.

21. Emily Spaven, "UK Government Exploring Use of Blockchain Recordkeeping,"
CoinDesk, September 1, 2015; www.coindesk.com/uk-government-exploring-use
-of-blockchain-recordkeeping/.

22. J. P. Buntinx, "'Blockchain Technology' Is Bringing Bitcoin to the Mainstream,"
Bitcoinist.net, August 29, 2015; http://bitcoinist.net/blockchain-technology-bring
ing-bitcoin-mainstream/.

23. Melanie Swan, quoted in Adam Stone, "Unchaining Innovation: Could Bitcoin's
Underlying Tech Be a Powerful Tool for Government?," *Government Technology*,
July 10, 2015; www.govtech.com/state/Unchaining-Innovation-Could-Bitcoins
-Underlying-Tech-be-a-Powerful-Tool-for-Government.html.

24. See for example www.partnerships.org.au/ and www.in-control.org.uk/what-we
-do.aspx.

25. Interview with Perianne Boring, August 7, 2015. See also Joseph Young, "8 Ways
Governments Could Use the Blockchain to Achieve 'Radical Transparency,'"
CoinTelegraph, July 13, 2015; http://cointelegraph.com/news/114833/8-ways-gov-
ernments-could-use-the-blockchain-to-achieve-radical-transparency.

26. www.data.gov.

27. www.data.gov.uk.

28. Ben Schiller, "A Revolution of Outcomes: How Pay-for-Success Contracts Are Changing Public Services," *Co.Exist*, www.fastcoexist.com/3047219/a-revolution -of-outcomes-how-pay-for-success-contracts-are-changing-public-services. Also see: www.whitehouse.gov/blog/2013/11/20/building-smarter-more-efficient-gov ernment-through-pay-success.

29. R. C. Porter, "Can You 'Snowden-Proof' the NSA?: How the Technology Behind the Digital Currency—Bitcoin—Could Stop the Next Edward Snowden," *Fortuna's Corner*, June 3, 2015; http://fortunascorner.com/2015/06/03/can-you-snowden-proof -the-nsa-how-the-technology-behind-the-digital-currency-bitcoin-could-stop-the -next-edward-snowden/.

30. Elliot Maras, "London Mayoral Candidate George Galloway Calls for City Government to Use Block Chain for Public Accountability," *Bitcoin News*, July 2, 2015; www.cryptocoinsnews.com/london-mayoral-candidate-george-galloway -calls-city-government-use-block-chain-public-accountability/.

31. Tapscott, *The Digital Economy*, 304.

32. Al Gore, speech to the We Media conference, October 6, 2005; www.fpp.co.uk/ online/05/10/Gore_speech.html.

33. Ibid.

34. "The Persistence of Conspiracy Theories," *The New York Times*, April 30, 2011; www.nytimes.com/2011/05/01/weekinreview/01conspiracy.html?pagewanted =all&_r=0.

35. www.nytimes.com/2014/07/06/upshot/when-beliefs-and-facts-collide.html?mod ule=Search&mabReward=relbias:w;%201RI:6%20%3C{:}%3E.

36. "Plain Language: It's the Law," Plain Language Action and Information Network, n.d.: www.plainlanguage.gov/plLaw/, accessed November 30, 2015.

37. https://globalclimateconvergence.org/news/nyt-north-carolinas-election-ma chine-blunder.

38. http://users.encs.concordia.ca/~clark/papers/2012_fc.pdf.

39. http://link.springer.com/chapter/10.1007%2F978-3-662-46803-6_16.

40. http://blogs.wsj.com/digits/2015/07/29/scientists-in-greece-design-cryptograph ic-e-voting-platform/.

41. http://nvbloc.org/.

42. http://cointelegraph.com/news/114404/true-democracy-worlds-first-political -app-blockchain-party-launches-in-australia.

43. www.techinasia.com/southeast-asia-blockchain-technology-bitcoin-insights/.

44. Ibid.

45. www.washingtonpost.com/news/wonkblog/wp/2014/08/06/a-comprehensive -investigation-of-voter-impersonation-finds-31-credible-incidents-out-of-one -billion-ballots-cast/.

46. www.eac.gov/research/election_administration_and_voting_survey.aspx.

47. http://america.aljazeera.com/opinions/2015/7/most-americans-dont-vote-in -elections-heres-why.html.

48. Interview with Eduardo Robles Elvira, September 10, 2015.

49. www.chozabu.net/blog/?p=78.

50. https://agoravoting.com/.

51. Interview with Eduardo Robles Elvira, September 10, 2015.

52. http://cointelegraph.com/news/111599/blockchain_technology_smart_con
    tracts_and_p2p_law.
53. Patent Application of David Chaum, "Random Sample Elections," June 19, 2014;
    http://patents.justia.com/patent/20140172517.
54. https://blog.ethereum.org/2014/08/21/introduction-futarchy/.
55. Federico Ast (@federicoast) and Alejandro Sewrjugin (@asewrjugin), "The
    CrowdJury, a Crowdsourced Justice System for the Collaboration Era," https://
    medium.com/@federicoast/the-crowdjury-a-crowdsourced-court-system-for
    -the-collaboration-era-66da002750d8#.e8yynqipo.
56. http://crowdjury.org/en/.
57. The entire process is described in Ast and Sewrjugin, "The CrowdJury."
58. A brief description of the jury selection process in early Athens is described at
    www.agathe.gr/democracy/the_jury.html.
59. See full report and recommendations here, including a description of models
    worldwide: www.judiciary.gov.uk/reviews/online-dispute-resolution/.
60. http://blog.counter-strike.net/index.php/overwatch/.
61. Environmental Defense Fund, www.edf.org/climate/how-cap-and-trade-works.
62. Swan, *Blockchain: Blueprint for a New Economy*.
63. Interview with Andreas Antonopoulos, July 20, 2015.

7장 문화 산업은 어떻게 블록체인화되는가

1. "2015 Women in Music Honours Announced," *M Online*, PRS for Music, October
   22, 2015; www.m-magazine.co.uk/news/2015-women-in-music-honours-announ
   ced/, accessed November 21, 2015.
2. Interview with Imogen Heap, September 16, 2015.
3. David Byrne, "The Internet Will Suck All Creative Content Out of the World,"
   The Guardian, June 20, 2014; www.theguardian.com/music/2013/oct/11/david-by
   rne-internet-content-world, accessed September 20, 2015.
4. Interview with Imogen Heap, September 16, 2015.
5. In-person conversation between Paul Pacifico and Don Tapscott at the home of
   Imogen Heap, November 8, 2015.
6. "Hide and Seek," performed by Ariana Grande, YouTube, Love Ariana Grande
   Channel, October 17, 2015; www.youtube.com/watch?v=2SDVDd2VpP0, ac-
   cessed November 21, 2015.
7. Interview with Imogen Heap, September 16, 2015.
8. David Byrne, et al., "Once in a Lifetime," *Remain in Light*, Talking Heads, Feb-
   ruary 2, 1981.
9. Interview with Imogen Heap, September 16, 2015.
10. Johan Nylander, "Record Labels Part Owner of Spotify," *The Swedish Wire*, n.d.;
    www.swedishwire.com/jobs/680-record-labels-part-owner-of-spotify, accessed
    September 23, 2015. According to Nylander, Sony had 5.8 percent, Universal
    4.8 percent, and Warner 3.8 percent. Before its sell-off, EMI had a 1.9 percent
    stake.
11. Interview with Imogen Heap, September 16, 2015.
12. David Johnson, "See How Much Every Top Artist Makes on Spotify," *Time*,

November 18, 2014; http://time.com/3590670/spotify-calculator/, accessed September 25, 2015.

13. Micah Singleton, "This Was Sony Music's Contract with Spotify," *The Verge*, May 19, 2015; www.theverge.com/2015/5/19/8621581/sony-music-spotify-contract, accessed September 25, 2015.

14. Stuart Dredge, "Streaming Music: What Next for Apple, YouTube, Spotify . . . and Musicians?," *The Guardian*, August 29, 2014; www.theguardian.com/tech nology/2014/aug/29/streaming-music-apple-youtube-spotify-musicians, accessed August 14, 2015.

15. Ed Christman, "Universal Music Publishing's Royalty Portal Now Allows Writers to Request Advance," *Billboard*, July 20, 2015; www.billboard.com/articles/ business/6634741/universal-music-publishing-royalty-window-updates, accessed November 24, 2015.

16. Robert Levine, "Data Mining the Digital Gold Rush: Four Companies That Get It," *Billboard* 127(10) (2015): 14–15.

17. Interview with Imogen Heap, September 16, 2015.

18. Imogen Heap, "Panel Session," *Guardian Live*, "Live Stream: Imogen Heap Releases Tiny Human Using Blockchain Technology, Sonos Studio London," October 2, 2015; www.theguardian.com/membership/2015/oct/02/live-stream-imogen -heap-releases-tiny-human-using-blockchain-technology. Passage edited by Imogen Heap, e-mail, November 27, 2015.

19. Ibid.

20. Interview with Andreas Antonopoulos, July 20, 2015.

21. Interview with Imogen Heap, September 16, 2015.

22. Ibid.

23. Stuart Dredge, "How Spotify and Its Digital Music Rivals Can Win Over Artists: 'Just Include Us,'" *The Guardian*, October 29, 2013; www.theguardian.com/tech nology/2013/oct/29/spotify-amanda-palmer-songkick-vevo, accessed August 14, 2015.

24. George Howard, "Bitcoin and the Arts: An Interview with Artist and Composer, Zoe Keating," *Forbes*, June 5, 2015; www.forbes.com/sites/georgehoward/2015 /06/05/bitcoin-and-the-arts-and-interview-with-artist-and-composer-zoe-keat ing/, accessed August 14, 2015.

25. Ibid.

26. Joseph Young, "Music Copyrights Stored on the Bitcoin BlockChain: Rock Band 22HERTZ Leads the Way," *CoinTelegraph*, May 6, 2015; http://cointelegraph .com/news/114172/music-copyrights-stored-on-the-bitcoin-blockchain-rock -band-22hertz-leads-the-way, accessed August 14, 2015.

27. Press release, "Colu Announces Beta Launch and Collaboration with Revelator to Bring Blockchain Technology to the Music Industry," *Business Wire*, August 12, 2015.

28. Gideon Gottfried, "How 'the Blockchain' Could Actually Change the Music Industry, *Billboard*, August 5, 2015; www.billboard.com/articles/business/6655915/ how-the-blockchain-could-actually-change-the-music-industry.

29. PeerTracks Inc., September 24, 2015; http://peertracks.com/.

30. "About Us," Artlery: Modern Art Appreciation, September 3, 2015; https://artl ery.com.

31. Ellen Nakashima, "Tech Giants Don't Want Obama to Give Police Access to Encrypted Phone Data," *Washington Post*, WP Company LLC, May 19, 2015;

www.washingtonpost.com/world/national-security/tech-giants-urge-obama-to -resist-backdoors-into-encrypted-communications/2015/05/18/11781b4a-fd69-11e4 -833c-a2de05b6b2a4_story.html.

32. David Kaye, "Report of the Special Rapporteur on the Promotion and Protection of the Right to Freedom of Opinion and Expression," Human Rights Council, United Nations, Twenty-ninth session, Agenda item 3, advance edited version, May 22, 2015; www.ohchr.org/EN/Issues/FreedomOpinion/Pages/CallForSub mission.aspx, accessed September 25, 2015.

33. The UN report refers readers to the Centre for International Governance Inno- vation and Chatham House, *Toward a Social Compact for Digital Privacy and Secu- rity: Statement by the Global Commission on Internet Governance* (2015).

34. The Social Progress Imperative, *Social Progress Index 2015*, April 14, 2015; www .socialprogressimperative.org/data/spi#data_table/countries/com9/dim1,dim2,dim3 ,com9, accessed September 24, 2015. Our ranking is derived from the component scores, not from the overall opportunity score.

35. "Regimes Seeking Ever More Information Control," *2015 World Press Freedom Index*, Reporters Without Borders, 2015; http://index.rsf.org/#!/themes/regimes -seeking-more-control.

36. Reporters Without Borders, "Has Russia Gone So Far as to Block Wikipedia?," August 24, 2015; https://en.rsf.org/russia-has-russia-gone-so-far-as-to-block-24 -08-2015,48253.html, accessed September 25, 2015.

37. Scott Neuman, "China Arrests Nearly 200 over 'Online Rumors,'" August 30, 2015; www.npr.org/sections/thetwo-way/2015/08/30/436097645/china-arrests -nearly-200-over-online-rumors.

38. GetGems.org, September 2, 2015; http://getgems.org/.

39. "Factom: Business Processes Secured by Immutable Audit Trails on the Block- chain," www.factom.org/faq.

40. Interview with Stephen Pair, June 11, 2015.

41. Miguel Freitas, About Twister. http://twister.net.co/?page_id=25.

42. Mark Henricks, "The Billionaire Dropout Club," *CBS MarketWatch*, CBS Inter- active Inc., January 24, 2011, updated January 26, 2011; www.cbsnews.com/news/ the-billionaire-dropout-club/, accessed September 20, 2015.

43. Interview with Joichi Ito, August 24, 2015.

44. Ibid.

45. Interview with Melanie Swan, September 14, 2015.

46. Ibid.

47. "Introducing UNESCO: What We Are." Web. Accessed November 28, 2015; http://www.unesco.org/new/en/unesco/about-us/who-we-are/introducing-unesco.

3부 블록체인이 가져올 미래와 불안 요인

1장 실행을 가로막는 열 가지 도전

1. Lev Sergeyevich Termen, "Erhöhung der Sinneswahrnehmung durch Hypnose [Increase of Sense Perception Through Hypnosis]," *Erinnerungen an A. F. Joffe*,

1970. "Theremin, Léon," *Encyclopedia of World Biography*, 2005, *Encyclopedia.com*, www.encyclopedia.com, accessed August 26, 2015.

2. Maciej Ceglowski, "Our Comrade the Electron," speech given at Webstock 2014, St. James Theatre, Wellington, New Zealand, February 14, 2014; www.webstock .org.nz/talks/our-comrade-the-electron/, accessed August 26, 2015. Ceglowski's talk inspired the opening of this chapter.

3. Interview with Andreas Antonopoulos, July 20, 2015.

4. Interview with Tyler Winklevoss, June 9, 2015.

5. Satoshi Nakamoto, P2pfoundation.ning.com, February 18, 2009.

6. Ken Griffith and Ian Grigg, "Bitcoin Verification Latency: The Achilles Heel for Time Sensitive Transactions," white paper, February 3, 2014; http://iang.org/pa pers/BitcoinLatency.pdf, accessed July 20, 2015.

7. Interview with Izabella Kaminska, August 5, 2015.

8. Ibid.

9. Primavera De Filippi and Aaron Wright, "Decentralized Blockchain Technology and the Rise of Lex Cryptographia," Social Sciences Research Network, March 10, 2015, 43.

10. Interview with Josh Fairfield, June 1, 2015.

11. Izabella Kaminska, "Bitcoin's Wasted Power—and How It Could Be Used to Heat Homes," FT Alphaville, *Financial Times*, September 5, 2014.

12. CIA, "The World Factbook," www.cia.gov, 2012; http://tinyurl.com/noxwvle, accessed August 28, 2015. Note that Cyprus's carbon gas emissions in the same period were 8.801 million metric megatons (2012).

13. "After the Bitcoin Gold Rush," *The New Republic*, February 24, 2015; www.newre-public.com/article/121089/how-small-bitcoin-miners-lose-crypto-currency-boom-bust-cycle, accessed May 15, 2015.

14. Interview with Bob Tapscott, July 28, 2015.

15. Interview with Gavin Andresen, June 8, 2015.

16. Interview with Eric Jennings, July 10, 2015.

17. Interview with Stephen Pair, June 11, 2015.

18. Interview with Erik Voorhees, June 16, 2015.

19. Sangjin Han, "On Fair Comparison Between CPU and GPU," blog, February 12, 2013; www.eecs.berkeley.edu/~sangjin/2013/02/12/CPU-GPU-comparison.html, accessed August 28, 2015.

20. Interview with Bob Tapscott, July 28, 2015.

21. Interview with Valery Vavilov, July 24, 2015.

22. Hass McCook, "Under the Microscope: Economic and Environmental Costs of Bitcoin Mining," CoinDesk Ltd., June 21, 2014; www.coindesk.com/microscope -economic-environmental-costs-bitcoin-mining/, accessed August 28, 2015.

23. Interview with Bob Tapscott, July 28, 2015.

24. my-mr-wanky, eBay.com, May 8, 2014; www.ebay.com/itm/3-Cointerra-Terra Miner-IV-Bitcoin-Miner-1-6-TH-s-ASIC-Working-Units-in-Hand-/331192098368, accessed July 25, 2015.

25. "PC Recycling," *MRI of Australia*, MRI (Aust) Pty Ltd. Web. August 28, 2015; http://www.mri.com.au/pc-recycling.shtml.

26. Interview with Gavin Andresen, June 8, 2015.

27. Vitalik Buterin, "Proof of Stake: How I Learned to Love Weak Subjectivity," *Ethereum blog*, November 25, 2014; https://blog.ethereum.org/2014/11/25/proof-stake-learned-love-weak-subjectivity/.

28. Stefan Thomas and Evan Schwartz, "Ripple Labs' W3C Web Payments," position paper, March 18, 2014; www.w3.org/2013/10/payments/papers/webpayments2014-submission_25.pdf.

29. Interview with Austin Hill, July 22, 2015.

30. Interview with Roger Ver, April 30, 2015.

31. Satoshi Nakamoto, "Re: Bitcoin P2P E-cash Paper," *The Mail Archive*, November 7, 2008; www.mail-archive.com/, http://tinyurl.com/oofvok7, accessed July 13, 2015.

32. Interview with Josh Fairfield, June 1, 2015.

33. Interview with Stephen Pair, June 11, 2015.

34. Interview with Jerry Brito, June 29, 2015.

35. Ibid.

36. Interview with Josh Fairfield, June 1, 2015.

37. Interview with Andreas Antonopoulos, July 20, 2015.

38. Interview with Izabella Kaminska, August 5, 2015.

39. Interview with Stephen Pair, June 11, 2015.

40. Andrew Vegetabile, "An Objective Look into the Impacts of Forking Blockchains Due to Malicious Actors," The Digital Currency Council, July 9, 2015; www.digitalcurrencycouncil.com/professional/an-objective-look-into-the-impacts-of-forking-blockchains-due-to-malicious-actors/.

41. Interview with Keonne Rodriguez, May 11, 2015.

42. Vegetabile, "An Objective Look."

43. Peter Todd, "Re: [Bitcoin-development] Fwd: Block Size Increase Requirements," *The Mail Archive*, June 1, 2015; www.mail-archive.com/, http://tinyurl.com/pk4ordw, accessed August 26, 2015.

44. Satoshi Nakamoto, "Re: Bitcoin P2P E-cash Paper," Mailing List, *Cryptography*, Metzger, Dowdeswell & Co. LLC, November 11, 2008. Web. July 13, 2015, www.metzdowd.com/mailman/listinfo/cryptography.

45. Pascal Bouvier, "Distributed Ledgers Part I: Bitcoin Is Dead," *FiniCulture blog*, August 4, 2015; http://finiculture.com/distributed-ledgers-part-i-bitcoin-is-dead/, accessed August 28, 2015.

46. Western Union, "Company Facts," Western Union, Western Union Holdings, Inc., December 31, 2014. Web. January 13, 2016; http://corporate.westernunion.com/Corporate_Fact_Sheet.html.

47. Interview with Gavin Andresen, June 8, 2015.

48. Ibid.

49. Interview with Austin Hill, July 22, 2015.

50. Interview with Gavin Andresen, June 8, 2015.

51. Andreas Antonopoulos, "Bitcoin as a Distributed Consensus Platform and the Blockchain as a Ledger of Consensus States," interview with Andreas Antonopoulos, December 9, 2014.

52. Andy Greenberg, "Hackers Remotely Kill a Jeep on the Highway—with Me in It," *Wired*, July 21, 2015.

53. International Joint Conference on Artificial Intelligence, July 28, 2015, Buenos Aires, Argentina; http://futureoflife.org/AI/open_letter_autonomous_weapons #signatories.
54. Lisa Singh, "Father of the Internet Vint Cerf's Forecast for 'Internet of Things,'" *Washington Exec*, August 17, 2015.
55. Interview with Keonne Rodriguez, May 11, 2015.
56. Ceglowski, "Our Comrade the Electron."
57. Interview with Ann Cavoukian, September 2, 2015.
58. Ceglowski, "Our Comrade the Electron."
59. http://www.lightspeedmagazine.com/nonfiction/interview-marc-goodman/.
60. Marc Goodman, *Future Crimes: Everything Is Connected, Everyone Is Vulnerable, and What We Can Do About It* (New York, Doubleday, 2015).
61. Interview with Steve Omohundro, May 28, 2015.
62. *The Silver Stallion*, chapter 26; www.cadaeic.net/cabell.htm, accessed October 2, 2015.
63. Interview with Yochai Benkler, August 26, 2015.

2장 다음 세대를 위한 리더십

1. Stephan Tual, "Announcing the New Foundation Board and Executive Director," *Ethereum blog*, Ethereum Foundation, July 30, 2015; https://blog.ethereum .org/2015/07/30/announcing-new-foundation-board-executive-director/, accessed December 1, 2015.
2. *Ethereum: The World Computer*, produced by Ethereum, YouTube, July 30, 2015; www.youtube.com/watch?v=j23HnORQXvs, accessed December 1, 2015.
3. Interview with Vitalik Buterin, September 30, 2015.
4. Ibid.
5. Ibid.
6. Ibid.
7. *Henry VI*, part 2, act 4, scene 2.
8. E-mail correspondence with Vitalik Buterin, October 1, 2015.
9. David D. Clark, "A Cloudy Crystal Ball," presentation, IETF, July 16, 1992; http:// groups.csail.mit.edu/ana/People/DDC/future_ietf_92.pdf.
10. Interview with Brian Forde, June 26, 2015.
11. Interview with Erik Voorhees, June 16, 2015; interview with Andreas Antonopolous, July 20, 2015.
12. Interview with Erik Voorhees, June 16, 2015.
13. Interview with Jim Orlando, September 28, 2015.
14. http://www.coindesk.com/bitcoin-venture-capital/.
15. E-mail correspondence with Tim Draper, August 3, 2015.
16. Interview with Gavin Andresen, June 8, 2015.
17. Ibid.
18. Interview with Brian Forde, June 26, 2015.
19. Interview with Joichi Ito, August 24, 2015.
20. Interview with Jerry Brito, June 29, 2015.
21. Ibid.

22. www.cryptocoinsnews.com/us-colleges-universities-offering-bitcoin-cours
    es-fall/.
23. Interview with Adam Draper, May 31, 2015.
24. Interview with Benjamin Lawsky, July 2, 2015.
25. Interview with Perianne Boring at Money 2020, October 26, 2015.
26. Interview with Joichi Ito, August 24, 2015.
27. Interview with Blythe Masters, July 29, 2015.
28. For a full list of all the major victories Lawsky achieved while superintendent
    of NYDFS, please visit www.dfs.ny.gov/reportpub/2014_annualrep_summ_mea
    .htm.
29. Interview with Benjamin Lawsky, July 2, 2015.
30. Ibid.
31. Ibid.
32. Interview with Jerry Brito, June 29, 2015.
33. Interview with Benjamin Lawsky, July 2, 2015.
34. Ibid.
35. Required reading for anyone looking for a fresh take by a typically conservative
    government body: www.parl.gc.ca/Content/SEN/Committee/412/banc/rep/rep1
    2jun15-e.pdf.
36. Ibid.
37. Interview with Senator Doug Black of Canada, July 8, 2015.
38. Ibid.
39. Ibid.
40. Ibid.
41. Ibid.
42. Interview with Aaron Wright, August 10, 2015.
43. Interview with Josh Fairfield, June 1, 2015.
44. The Federal Reserve was not the first national bank in the United States. The
    First National Bank, brought into existence by Congress in 1791, and architected
    by the United States' first secretary of the treasury, Alexander Hamilton, was far
    more limited in scope and President Andrew Jackson ultimately dismantled its
    successor, the Second National Bank, in 1836.
45. Interview with Carolyn Wilkins, August 27, 2015.
46. http://qz.com/148399/ben-bernanke-bitcoin-may-hold-long-term-promise/.
47. In Canada: www.bankofcanada.ca/wpcontent/uploads/2010/11/regulation_cana
    dian_financial.pdf; in the United States: www.federalreserve.gov/pf/pdf/pf_5.pdf.
48. Interview with Carolyn Wilkins, August 27, 2015.
49. "Money in a Digital World," remarks by Carolyn Wilkins, Senior Deputy Gov-
    ernor of the Bank of Canada, Wilfred Laurier University, Waterloo, Ontario,
    November 13, 2014.
50. Interview with Carolyn Wilkins, August 27, 2015.
51. Ibid.
52. Interview with Jerry Brito, June 29, 2015.
53. Interview with Steve Beauregard, April 30, 2015.
54. Interview with Jerry Brito, June 29, 2015.
55. Don Tapscott and Lynne St. Amour, "The Remarkable Internet Governance

Network—Part I," Global Solution Networks Program, Martin Prosperity Institute, University of Toronto, 2014.

56. E-mail correspondence with Vint Cerf, June 12, 2015.

57. www.w3.org/Payments/.

58. www.intgovforum.org/cms/wks2015/index.php/proposal/view_public/239.

59. www.internetsociety.org/inet-bangkok/speakers/mr-pindar-wong.

60. Adam Killick, "Knowledge Networks," Global Solution Networks Program, Martin Prosperity Institute, University of Toronto, 2014.

61. Interview with Jerry Brito, June 29, 2015.

62. Interview with Tyler Winklevoss, June 9, 2015.

63. Interview with Joichi Ito, August 24, 2015.

64. http://coala.global/?page_id=13396.

65. www.digitalchamber.org/.

66. https://blog.coinbase.com/2014/10/13/welcome-john-collins-to-coinbase/.

67. http://www.digitalchamber.org/assets/press-release---g7---for-website.pdf.

68. Anthony Williams, "Platforms for Global Problem Solving," Global Solution Networks Program, Martin Prosperity Institute, University of Toronto 2013.

69. Interview with Brian Forde, June 26, 2015.

70. Interview with Gavin Andresen, June 8, 2015.

71. www3.weforum.org/docs/WEF_GAC15_Technological_Tipping_Points_report_2015.pdf, 7.

72. Interview with Constance Choi, April 10, 2015.

73. The digital revolution has moved on to "the second half of the chessboard"—a clever phrase coined by the American inventor and author Ray Kurzweil. He tells a story of the emperor of China being so delighted with the game of chess that he offered the game's inventor any reward he desired. The inventor asked for rice. "I would like one grain of rice on the first square of the chessboard, two grains of rice on the second square, four grains of rice on the third square, and so on, all the way to the last square," he said. Thinking this would add up to a couple bags of rice, the emperor happily agreed. He was misguided. While small at the outset, the amount of rice escalates to more than two billion grains halfway through the chessboard. The final square would require nine billion billion grains of rice—enough to cover all of Earth.

74. E-mail interview with Timothy Draper, August 3, 2015.

75. Interview with Hernando de Soto, November 27, 2015.

후기-디지털 시대를 위한 새로운 사회 계약

1. Klaus Schwab, *The Fourth Industrial Revolution* (Geneva: World Economic Forum, 2016).

2. Henry Wallace, the thirty-third vice president of the United States, used the phrase to describe the New Deal farm program when he was secretary of agriculture in 1933. See John C. Culver and John Hyde, *American Dreamer: The Life and Times of Henry A. Wallace* (New York: W. W. Norton & Company, 2001), 193.